主编单位　中国企业国有产权交易机构协会
Chinese State-owned Property Exchanges Association

中国产权市场年鉴

China Property Rights Exchange Market Yearbook

2013~2015

经济管理出版社
ECONOMY & MANAGEMENT PUBLISHING HOUSE

图书在版编目（CIP）数据

中国产权市场年鉴 2013~2015/中国企业国有产权交易机构协会主编. —北京：经济管理出版社，2016.11
ISBN 978-7-5096-4681-6

Ⅰ.①中… Ⅱ.①中… Ⅲ.①企业产权—产权市场—中国—2013~2015—年鉴 Ⅳ.①F279.21-54

中国版本图书馆 CIP 数据核字（2016）第 262168 号

组稿编辑：陈　力
责任编辑：陈　力　周晓东
责任印制：黄章平
责任校对：张　青　赵天宇

出版发行：经济管理出版社
　　　　　（北京市海淀区北蜂窝 8 号中雅大厦 A 座 11 层　100038）
网　　址：www. E-mp. com. cn
电　　话：(010) 51915602
印　　刷：北京晨旭印刷厂
经　　销：新华书店
开　　本：880mm×1230mm/16
印　　张：25
彩　　插：1.5
字　　数：754 千字
版　　次：2017 年 5 月第 1 版　2017 年 5 月第 1 次印刷
书　　号：ISBN 978-7-5096-4681-6
定　　价：399.00 元

2012 年 2 月 9 日，中国产权协会第一届第三次理事会暨专业委员会成立大会在青岛召开。

2012 年 3 月 17 日，由中国产权协会主办的第七届中国产权市场创新论坛在北京举办。

2012 年 5 月 24 日，中国企业国有产权交易项目信息统一发布系统在中国产权协会官方网站中国产权网正式开通。国务院国资委副秘书长郭建新主持开通仪式，国务院国资委副主任黄丹华（左三）、产权局局长邓志雄（右二）、中国企业国有产权交易机构协会会长蔡敏勇（左二）、副会长熊焰（右一）、秘书长夏忠仁（左一）共同启动电光球，标志系统正式开通。

2013 年 2 月 27 日，协会第二次会员大会召开。在主席台前排就座的为：国务院国资委副主任黄丹华（右四）、国务院国资委副秘书长郭建新（左四）、产权管理局局长邓志雄（右二）、直属机关党委副书记王平（右一）、协会一届会长蔡敏勇（右三）、新当选会长熊焰（左三）、新当选副会长高峦（左一）、秘书长夏忠仁（左二）。

2013 年 6 月 7 日，北方产权交易共同市场成员单位整体转为中国企业国有产权交易机构协会会员仪式上，协会领导为 19 家新会员颁发了会员证书和铭牌。

2013 年 9 月 6 日，中国产权协会与国务院国资委产权局在北京昌平召开推进产权交易市场"四统一"座谈会。

2014 年 3 月 18 日，中国产权协会召开二届二次理事会。

2014 年 5 月 22 日，民政部公布全国性社会组织评估结果，中国产权协会被评为 4A 等级，进入民政部、国务院国资委品牌协会行列。

2014 年 9 月 16 日至 18 日，全国产权产易行业 2014 年业务培训班在长春举办。

协会官方网站中国产权网、会刊《产权导刊》、《中国产权市场年鉴》、《企业家日报·产权交易资讯》是反映行业动态、展示行业形象、记录行业历史、共享市场信息的四个媒体。

2012~2014 年产权交易行业大事回顾

1. 产权交易机构主营业务与创新业务稳步推进，亮点频现

2012~2014 年，各地产权交易机构在核心业务领域精耕细作的同时，在国家经济结构调整、产业升级中把握政策机遇，发掘市场机会，在新的业务领域开拓进取，亮点频现。主营业务如产股权交易、实物资产交易稳步发展，业务增长明显。创新业务如增资扩股、股权质押融资、股权托管、大宗商品交易、金融资产交易、租赁经营权交易、公共资源交易、诉讼资产交易、碳排放权交易、农村产权交易、文化产权交易、体育产权交易、矿业权交易、全要素平台服务等各具特色，势头良好。一家交易机构获得中国人民银行颁发的第三方支付牌照，成为第三方支付平台，这是产权交易行业获得的首个互联网金融支付牌照。

2. 行业参与全国公共资源交易平台建设

2012~2014 年，国家出台一系列政策措施，持续推进公共资源交易平台建设。各地产权交易机构按照当地要求参与到平台建设的进程中，主要有四种方式：一是作为独立法人和市场主体参与其中；二是成建制划归公共资源交易中心；三是在公共资源交易中心设置服务窗口开展前台业务；四是交易业务与"一委一办一中心"的信息网络互联互通。截至 2014 年上半年，已有 5 家会员单位人员、业务、场所整体进入当地公共资源交易平台。中国企业国有产权交易机构协会及时学习研究有关文件，把握涉及产权交易行业的新政策、新要求，派出多个调研组分赴各地，跟踪了解各地产权交易市场发展的新动向，听取会员机构意见，向有关部门汇报和沟通，反映行业诉求。对会员单位参与公共资源交易平台建设提出指导意见，并为会员单位提供了与地方政府部门沟通中一对一的协调服务。

3. 在全国范围交易场所清理整顿中协会会员全部通过检查验收

2011 年 11 月，国务院发布《关于清理整顿各类交易场所切实防范金融风险的决定》（国发〔2011〕38号），启动了全国清理整顿各类交易场所工作。2013 年 12 月，国务院清理整顿各类交易场所部际联席会议宣布，对于清理整顿各类交易场所的验收工作基本结束，有 34 个省区市（含计划单列市）先后通过部际联席会议检查验收。至此，以上 34 个省区市的协会会员全部通过了检查验收。

4. 北方产权交易共同市场 19 家成员单位集中加入协会

2013 年 6 月 7 日，北方产权交易共同市场 19 家成员单位加入中国企业国有产权交易机构协会，至此，协会会员超过百家。同时，经过 10 年发展，覆盖 22 个省（市、自治区）、拥有 72 家成员单位的北方产权交易共同市场作为区域性产权交易市场完成了其历史使命，其会员发展、业务创新、培训交流等任务由协会承接。北方产权交易共同市场成员单位集中加入协会，标志着产权交易行业队伍进一步发展壮大。

5. 协会第二次会员大会召开，选举熊焰为第二届会长，高峦为副会长，夏忠仁续任秘书长

2013 年 2 月 27 日，中国企业国有产权产易机构协会第二次会员大会在北京举行。来自全国 73 家产权交

易机构的代表选举产生了协会第二届理事会、常务理事会。北京产权交易所董事长熊焰当选新一届会长，天津产权交易中心主任高峦当选副会长，夏忠仁继续担任秘书长。国务院国资委副主任黄丹华、副秘书长郭建新及9个厅局负责人出席大会。黄丹华副主任在讲话中指出，协会已经成为产权交易机构与政府、社会各界之间的有效沟通渠道。要求协会遵循章程和宗旨，做好为会员机构服务工作；坚持规范与创新并重，加强协会自身建设，努力创建品牌协会；坚持市场化办协会方向，担负起引领行业发展和自律的责任与使命。

6. 27家产权交易机构获从事央企资产转让交易业务资格

2013年12月18日，国务院国资委向各中央企业印发《关于中央企业资产转让进场交易有关事项的通知》（国资厅发产权〔2013〕78号）。《通知》指出，根据《中华人民共和国企业国有资产法》等有关法律法规，中央企业及其各级控股企业一定金额以上的资产对外转让，应当遵循公开、公平、公正的原则，在依法设立的企业国有产权交易机构公开进行。2014年5月、12月，国务院国资委先后印发《关于公布从事中央企业资产转让交易业务交易机构的通知》（国资厅产权〔2014〕286号）、《关于公布从事中央企业资产转让交易业务交易机构名单（第二批）的通知》（国资厅产权〔2014〕638号），分两批公布了从事中央企业资产转让交易业务的产权交易机构名单，第一批为18家，第二批为9家。至此，北京产权交易所、天津产权交易中心、安徽省产权交易中心等27家产权交易机构获准从事央企资产交易业务。

7. 协会二届三次常务理事会、二届二次理事会召开，吴汝川接任协会会长

2014年3月17日、18日，协会二届三次常务理事会、二届二次理事会在北京召开。两个会议的主要任务是，深入贯彻落实党的十八届三中全会和全国国有产权管理工作会议精神，总结协会成立3年以来的工作，分析产权交易行业面临的形势，部署2014年的重点工作。国务院国资委副秘书长郭建新，国务院国资委行业协会联系办公室副主任张涛，国务院国资委产权管理局副巡视员邸志宇受邀出席了会议。经两个会议先后审议通过，北京产权交易所党委书记、总裁吴汝川接任协会会长。

8. 协会被民政部评为4A级进入品牌协会行列

2013年5月，协会参加民政部全国性社会组织评估活动，申报4A级协会。按照民政部规定，社会组织评估标准分为5个等级，由高至低依次为5A级、4A级、3A级、2A级、1A级。2013年8月，民政部社会组织评估考察组对协会进行了实地考察，从基础条件、内部治理、工作绩效和社会评价四个方面进行综合考评，对协会成立不满3年所做的大量工作给予了充分肯定。2014年5月22日，民政部公布了评估结果，协会首次接受评估即跨入4A等级，进入了民政部、国务院国资委品牌协会行列。

9. 国务院国资委领导对协会工作做出重要批示

2014年协会两件大事得到国务院国资委领导的高度关注：一是协会二届二次理事会通过的三年工作报告；二是协会首次接受民政部全国性社会组织评估即获得4A等级，进入国务院国资委规定的品牌协会行列。从4月4日至6月11日，国务院国资委6位领导及有关厅局领导先后对协会工作做出了重要批示。6位领导是：国资委副主任黄淑和，国资委副主任黄丹华，国资委纪委书记强卫东，国资委副主任王文斌，时任国资委副秘书长郭建新，国资委研究局局长、行业协会联系办公室主任彭华岗。国资委领导对协会成立三年来取得的成绩表示肯定和祝贺，勉励全体工作人员开拓进取，提升水平，为促进国有企业深化改革做出新的贡献。

10. 协会与国务院国资委产权局协调共同召开 "四统一" 座谈会

2013年，国务院及有关部委做出的重要决策中明确，国有产权交易平台的改革和建设方向是"四统一"，即改革和完善国有产权交易制度，推进市场化改革，实行统一信息披露、统一交易规则、统一交易系统、统一过程监测。协会把握政策机遇，大力推进"四统一"。先后组织协调 3 个专业委员会起草了"四统一"工作方案，印发了《关于建设"四统一"信息集成服务平台的意见》。2013 年 9 月 6 日，协会与国务院国资委产权局在北京昌平召开推进产权交易市场"四统一"座谈会，行业就把握政策机遇、找准行业方向，整合利用行业信息网络资源，建设"四统一"信息集成服务平台统一了思想，达成了共识。随后召开的协会第二届常务理事会第一次会议原则通过了秘书处提交的《关于利用行业信息网络资源建设"四统一"信息集成服务平台的议案》所确定的上述方向性内容，并号召会员共建共用共享"四统一"信息集成服务平台。

11. 行业信息化平台建设初具规模

2012 年 5 月，企业国有产权交易项目信息统一发布系统在协会官方网站中国产权网正式开通。2012~2014 年，协会连续 3 年申请中央预算内非经营性基本建设项目，通过公开招标方式组织信息化项目开发建设。2013 年，协会建成了实物资产监测系统、行业交易业务统计分析系统。2014 年，协会建成了"四统一"信息集成服务平台，包括实物资产交易操作系统、交易竞价再现系统、视频会商系统。2013 年 10 月，"四统一"信息集成服务平台项目、北京金马甲产权网络交易有限公司网络平台项目同时入选工业和信息化部电子商务集成创新试点项目。加上在建的增资扩股交易系统、交易指数综合分析系统、电子档案管理系统，协会建成在建的信息化系统达 9 个。在信息化建设过程中，制定了行业统计体系规范、交易档案管理规范，统一了实物资产交易规则、增资扩股交易规则。金马甲网络交易平台、中国产权交易报价网、新金桥网络综合业务平台、人民法院诉讼资产网 4 个跨省际、区域性的信息网络平台不断发展完善，行业信息化平台建设初具规模。

12. 行业人才队伍建设充满活力

2012~2014 年，产权交易机构人才流动活跃，大量新鲜血液流入。新进人才涉及多个行业领域，如政府部门、监管机构、金融业、证券业、基金及私募业、律师业、互联网及 IT 业、媒体业等。人才流入涉及交易机构人才队伍各个层次，仅协会 11 家常务理事单位主要负责人中，新进人才即占 36%，具有研究生以上学历的达 72%，其中有两人是博士董事长、博士总裁，2014 年与 2011 年相比，平均年龄下降 6 岁。人才流动使得行业从业者特别是高级管理人员学历层次显著提高，专业结构更为合理，从业经历更为丰富，经营视野更加开阔，年龄结构进一步优化。在我国经济发展进入新常态、产业结构优化升级的新形势下，为产权交易市场这一新兴的资本市场的创新发展带来了新活力。2013 年 11 月 15 日，协会在北京召开评定会，评出了全国产权交易行业首批高级产权交易师，加快了行业人才队伍正规化建设步伐。2014 年 3 月，首批高级产权交易师颁证仪式在北京举行，82 位行业精英获得首批高级产权交易师资格证书。

13. 开展行业全员业务培训工作

2012~2014 年，协会持续开展行业人才培训工作，提高从业人员的业务素质和业务水平。共举办了 7 期常规培训班，包括专题业务培训和综合业务培训。培训内容涉及金融资产交易、涉诉资产交易、文化产权交易、统计业务、档案管理、从业资格认证。行业内外与产权交易相关的机构共 943 人次参加了培训，包括交易机构主要负责人和高级管理人员。培训教师既有政府部门相关政策法规的制定者，也有高校专家学者，还有经验丰富的行业资深专家和交易机构领导。2014 年 9 月，由协会组织编辑的全国产权交易行业首套培训教材面世，包括《产权交易学》、《政策法规汇编》、《典型案例汇编》。协会充分依靠行业力量，统一提供培训教材、授课视频，委托会员单位组织实施从业资格认证培训。2014 年 12 月至 2015 年 2 月，协会在多地设立考点，分时分点组织考试。全部认证考试涉及机构 74 家，共 797 人。协会向考试合格者颁发了行业从业资格证书。

14. 行业统计工作实现全口径信息化

为使行业内部准确掌握交易业务运营状况，正确研判和规划业务发展，有助于政府监管部门对产权交易市场进行监督指导，有助于社会各界更加及时、客观、全面地了解产权交易行业对经济社会发展所作的贡献，使行业在履行社会责任的同时，提升社会公信度和影响力，协会受国务院国资委产权局委托，组织行业内专家及高校学者开展产权交易市场统计体系规范化课题研究。2012 年 9 月，该课题通过专家评审。2012 年 11 月，协会印发《产权交易行业统计工作实施办法》。2012~2014 年，连续 3 年按照统一的统计规范开展行业统计工作。2012 年实现 9 类业务统计，2013 年实现 12 类业务全口径统计，2014 年首次通过协会开发的交易业务统计分析系统进行在线填报。信息化手段的应用，使统计数据的准确性和数据采集效率有了显著提升。

15. 积极参与制定行业国家标准

协会致力于产权交易行业业务标准化建设工作，积极参与制定行业国家标准。2013 年 5 月，应国家标准化管理委员会之邀，就国家标准化研究院提供的《产权交易服务流程规范》、《技术产权交易基础术语》、《技术产权交易信息披露规范》进行调研论证，提出了修改意见。推动上述标准在江苏省常州产权交易所进行试点。2014 年 5 月，协会召开讨论会，对全国技术产权交易国家标准征求意见稿进行讨论。中国标准化研究院全国服务标准化技术委员会成员、京津沪渝等地产权交易机构人员参与研讨。会议就行业列入国家标准化管理委员会修订的《技术产权交易基础术语》、《技术产权交易机构组织规范》、《技术产权交易服务质量评价指南》、《技术产权交易信息披露规范》四项标准征求意见稿进行了讨论。

16. 协会"四个媒体"持续改进和完善

协会成立之初，国务院国资委产权局提出了协会要建设"一报一刊一网站"的工作要求，协会认真抓落实。2011 年 5 月，协会官方网站中国产权网正式运行。2011 年 7 月，由天津产权交易中心主办、产权交易行业唯一公开出版发行的综合性财经类期刊《产权导刊》成为协会会刊。从 2011 年起，《中国产权市场年鉴》由协会主编、上海联合产权交易所承编，已出版发行两卷。2014 年 8 月，协会秘书处与重庆华融财讯文化传媒有限公司签署合作协议，通过该公司所属《企业家日报·产权交易资讯》统一发布行业相关信息，实现行业与媒体的融合联系。一报一刊一网站一年鉴"四个媒体"持续改进完善，发挥着宣传和推动全国产权交易市场建设，提高产权交易市场的社会影响力、促进产权交易行业信息资源共享的作用。

17. 开展产权交易市场创新典型案例征集评选活动

2013 年 8~11 月，协会组织开展了 2008~2013 年产权交易市场创新典型案例征集活动，共征集到 34 家交易机构 65 个案例。案例内容涉及诸多业务创新，如租赁经营权交易、公共资源交易、大宗物资采购、全要素平台服务等。这些案例在体现出产权交易机构在传统业务领域精耕细作的同时，在国家经济结构调整、产业升级中把握政策机遇，发掘市场机会，在新的业务领域做宽做广的趋势，代表了产权交易市场近 5 年来的业务创新方向和创新水平。2013 年 11 月，协会组织业内专家召开评选会，评出了十大经典案例和十大优秀案例。2014 年 9 月，协会将 20 个案例汇编成《典型案例汇编》，作为全国产权交易行业系列培训教材之一。

18. 中国企业国有产权交易机构协会五个专业委员会成立

2012 年 2 月 9 日，协会第一届第三次理事会会议暨专业委员会成立大会在青岛举行。五个专业委员会是：国际交流与合作培训委员会、业务标准研究委员会、政策研究与自律委员会、纠纷调处委员会、市场创新委员会。专业委员会是协会下设分支机构，经民政部批复正式登记。国务院国资委领导和协会领导向专业委员会颁发了证书、铭牌，向专业委员会主任、副主任颁发了聘书。专业委员会成立后，按照各自分工，充分依靠、调动业内资源，积极、有效地开展工作，承担或参加了多项行业重要任务。如在产权交易档案管理规范制定、实物资产交易规则制定、行业从业资格认证与职业资格评定等项工作中发挥了重要作用。

19. 第七届中国产权市场创新论坛召开

2012 年 3 月 17 日，协会主办的第七届中国产权市场创新论坛在北京召开。国务院国资委产权管理局局长邓志雄、副局长郜志宇，北京市国资委副主任孟韬应邀出席，来自全国 50 多家产权交易机构的负责人参加了论坛。本届论坛主题为"新挑战下的新机遇——围绕国家出台的相关政策规定，探讨产权交易行业如何在新形势下迎接挑战，把握机遇，再铸荣光"。邓志雄作了题为《健全市场体系完善市场机制，推动中国产权市场健康发展》的主题演讲，中国企业国有产权交易机构协会蔡敏勇会长作了题为 《在规范创新中推动我国产权市场科学发展》的讲话。

20. 从事央企资产交易业务的 4 家试点交易机构通过第四次、第五次综合评审

2012 年 6 月、2014 年 9 月，从事中央企业国有产权交易业务的 4 家试点交易机构——北京产权交易所、天津产权交易中心、上海联合产权交易所、重庆联合产权交易所通过了第四次、第五次综合评审。综合评审每两年进行一次，从第四次起，由国务院国资委、财政部、监察部、国家发展改革委、工商总局、中国证监会、一家中央企业和中国企业国有产权交易机构协会组成评审组，以"6+2"、"5+2"的形式进行评审。协会是首次参与评审。协会将 4 家试点交易机构的先进经验进行总结，形成经验材料，在全行业推广，推动各地交易机构结合当地实际创造性地应用，带动全行业业务新发展，管理上水平。

21. 京津冀产权市场发展联盟成立

2014 年 7 月 18 日，由北京产权交易所、天津产权交易中心、河北省产权交易中心联合发起的"京津冀产权市场发展联盟"在北京成立。当日，京津冀产权市场发展联盟信息联合披露平台上线，进一步实现三地交易平台的一体化。京津冀三地产权交易机构的负责人还同时作客大智慧网"北交所时间"栏目，就京津冀产权市场发展联盟如何开展合作、三地产权交易机构如何实现优势互补等问题接受了访问。联盟的成立旨在通过深化三家交易所的合作，破除各种体制机制障碍，逐步建立京津冀统一的要素市场体系，推动三地各类要素资源的自由流动和优化配置，同时积极、充分地发挥三地交易平台功能，服务京津冀协同发展的整体规划。

目　录

实践创新

交易统计

案例选编

法规选编

附　录

中国产权市场年鉴 2013~2015

China Property Rights Exchange Market Yearbook

市场述评

北京产权交易所 2012~2014 年业务创新情况

北京产权交易所

2012 年以来,北京产权交易所(以下简称北交所)在做好国有资产交易服务的基础上,继续围绕交易品种、服务模式开展创新,先后提出"央企全要素综合服务"的理念,推出旅游资源交易、体育产业资源交易等新业务,不断提升交易所平台功能,拓宽服务边界。

一、推进"全要素综合服务" 打造一站式服务平台

在服务国有资产交易的过程中,北交所发现更多服务央企国企的业务机会。为此,北交所于 2012 年初提出"全要素综合服务"理念,成立"央企全要素综合服务中心"(以下简称中心),首先面向中央企业推出该项服务。

所谓"全要素综合服务",是基于北交所集团各专业平台、各业务板块的专业优势、渠道优势、协同优势等,从各类产权的形成、运营、流转等环节入手,通过发挥平台投资、融资、流转、顾问四大服务功能,为包括中央企业、地方国有企业、民营企业、科技型中小企业等市场主体提供全方位、全产业链服务。中心设立后,主要开展以下工作:

一是多方协同。全要素综合服务的"综合性"对服务机构的专业性、投入程度及人员综合素质提出较高要求。为构筑专业高效的服务体系,中心从多个维度开展业务协同,最大范围地联合各方力量开展服务工作。首先,充分整合北交所在权益流转、顾问服务、投融资领域的资源优势及业务经验,形成合力推动服务提升。同时,组织学习集团各专业平台与全要素综合服务相关的业务内容,提

升服务意识、服务能力、服务思路。其次,在北交所集团范围内推动各专业平台开展业务协同。主要做法是:以中心为业务聚集点,依托集团各专业平台进行业务延伸,集团协同优势得到有效利用。中心汇总收集各专业平台全要素服务相关业务内容及服务优势,形成统一的业务开展思路及推介材料,面向企业进行服务理念及业务内容的推广。同时,结合央企各类服务需求,中心及时协调各专业平台开展服务工作。最后,在北交所会员单位中甄选优势会员开展业务合作。中心成立后,多次组织会员单位就全要素综合服务业务相关问题进行研讨,并特设"中央企业全要素综合服务特约服务机构",以特约服务机构身份与北交所共同推进全要素综合服务工作。

二是有效宣传。在内部梳理形成服务体系概念后,北交所全面启动全要素综合服务业务推介工作。中心结合服务功能定位、服务内容、服务优势、集团本部及各专业平台现有的相关案例,形成业务推介书。在具体的推广过程中,将日常走访与专题推介相结合、项目合作与战略合作相结合,通过一系列的工作向企业介绍全要素综合服务理念,并根据交流内容适时调整工作思路。为使服务理念能落到实处,进而转化为有效生产力,北交所推出《中央企业全要素综合服务战略合作框架协议》,结合企业需求深入沟通战略合作事宜。2012 年以来,北交所已与十六家中央企业签署战略合作协议,并逐步推动具体服务工作的开展。在此基础上,中心通过信息化手段的运用将服务内容、服务主体、服务对象等组合成为有机整体,在北交所门户网站推

出"中央企业全要素综合服务专栏"。专栏整合北交所本部、各专业平台及特约服务机构资源，动态展现服务工作推进情况，以统一的形象对外展示综合服务功能，进一步夯实了全要素综合服务的基础建设工作。

三是积极探索。基于各项基础工作的顺利推进，全要素工作探索如何实现服务理念向实际案例的转化。在投资服务方面，会同中国航天科工集团旗下资产公司研究交易所并购服务模式（反向挂牌），推出"央企投资并购服务平台"；面向央企进行基金项目的推介；配合国资委"央企走进吉林"活动，协办长春北湖科技园央企招商活动；策划山东地方政府面向央企招商事宜。在融资服务方面，成功运作华龙证券有限责任公司增资扩股项目，北交所60天内凭借强大的平台优势在全国范围内征集到包括上市公司、实业集团等符合条件的11家投资机构，向华龙证券增资共计10.86亿元；协助中广核集团探索产权市场融资方式；面向市场对央企基金项目进行推介。在流转服务方面，尝试以高铁列车杂志摆放权转让进场交易为试点，全面推进全国铁路广告资源通过产权交易所公开转让，项目公示期间征集到多家意向方，经网络竞价，两家杂志社分别以2450万元/年的价格取得摆放权；挖掘企业资产负债表中"经营性实物资产"进场交易，继续丰富实物交易品类，促成南方电网网线类备品备件实物资产进场转让；协助国投处置对多家企业的投资权益，根据处置计划组织召开专场项目推介会。在顾问服务方面，就理顺产权管理职能、建立产权管理工作综合检查评价体系、专业化处置无效资产等主题协助组织国投公司与五矿集团等央企开展业务交流；与多家电力央企研讨降低资产负债率的可行措施；服务中央企业资产管理公司俱乐部等，相关工作得到了企业认可。

四是整合资源。对北交所全集团资源的充分挖掘也是全要素实施工作中的关键点。从各专业平台为央企提供服务来看，北京金融资产交易所"委托债权投资"业务2012年为央企融资1555亿元；在技术产权领域，为解决拥有多项专利技术央企集团在专利评级、转让、许可等方面的困难，中国技术交易所开发了"专利价值分析体系"，形成了专利价值分析的18个指标及完备的评价机制和流程，

已经启动为大唐电信集团等央企进行专利价值分析方面的服务；在节能减排领域，北京环境交易所已经协助多家央企开展CDM项目交易、合同能源管理等工作；北京国际矿业权交易所为推进矿业权央企之间的交流合作，牵头成立了"中央企业矿业俱乐部"，逐步在为矿业央企提供专业服务方面树立了品牌；北京石油交易所不断创新融资服务模式，继"油信通"后，设计了"油贸通"、"油单通"等15种融资产品，为多家会员企业融资过亿元。

通过上述工作，北交所已形成"一个中心（全要素服务中心）、一个专栏（北交所网站全要素综合服务专栏）、四大服务功能（投资、融资、流转、顾问）、十家专业平台、二十三家特约服务机构"组成的全要素综合服务体系，并在此基础上不断拓展特色服务，以契合央企对产权市场的多元化业务需求。

二、服务政府职能转变 拓展旅游资源交易

2012年12月，北京市人民政府发布《关于加快北京市旅游产业发展的若干意见》，明确提出要建设旅游产业相关资源的交易平台。根据意见指示精神，2013年9月，受北京市旅游委的委托，北交所成立"北京旅游资源交易平台"（以下简称旅游平台）。作为全国第一家正式启动交易的旅游资源交易平台，平台立足北京、面向全国，致力于为地方政府、旅游企业以及关注旅游产业发展的投融资机构提供旅游项目招商、旅游企业融资、旅游企业股权交易、旅游实物资产交易、旅游产品发布等各类服务。具体包含以下方面：

一是旅游项目招商，面向地方政府和旅游企业，提供旅游景区的开发建设招商、旅游项目、旅游活动招商等；二是旅游企业融资，面向旅游行业企业，提供股权、债权、设备采购、设备售后回租、保理等多种方式融资；三是旅游企业股权交易，面向旅游企业的股东，提供股权流转、交易服务；四是旅游实物资产交易，面向旅游企业，提供包括但不限于建筑设施、游乐设备、办公设备、车辆等流转交易服务；五是旅游产品发布，面向景区、园区提供游乐活动发布的服务，为旅游企业打造一个旅游产品宣传的窗口。

旅游平台自成立以来，在北京市旅游委及社会各界的支持下，截至 2015 年 6 月，共发布项目 500 多个，项目涉及金额 1700 多亿元，其中成交 60 多个，成交金额达到 28 亿元。

三、创新市场运营机制 成立体育产业资源交易平台

2014 年 10 月，国务院印发《关于加快发展体育产业促进体育消费的若干意见》（国发〔2014〕46 号），提出要"充分发挥市场在资源配置中的决定性作用和更好发挥政府作用，加快形成有效竞争的市场格局"，要"研究建立体育产业资源交易平台，创新市场运行机制，推进赛事举办权、赛事转播权、运动员转会权、无形资产开发等具备交易条件的资源公平、公正、公开流转"。

根据文件指示精神，北交所与北京华奥星空科技发展有限公司于 2014 年 12 月 18 日联合创建"体育产业资源交易平台"（以下简称体育平台）。体育平台将体育产业与产权行业有机结合，秉承产权市场的"公开+竞争"设计理念，通过项目聚集、投资人聚集，发现价格、发现投资人，充分发挥平台功能，服务体育产业发展。具体表现在以下方面：

一是信息发布功能。通过将项目方、投资人、各类中介机构的信息资源汇聚到平台上，有利于交易双方相互了解、自由交易。

二是价格发现功能。平台通过大量的项目交易、通过竞价方式实现市场定价，发现公允价格。

三是优化市场环境功能。通过产权市场建立统一的交易规则、管理制度、交易系统、风控体系，优化体育产业资源交易的市场环境，确保阳光、透明，增强体育产业的从业者和投资人信心。

四是优化资源配置功能。市场化运作机制符合"充分发挥市场在资源配置中的决定性作用"的改革要求，实现体育产业与产权资本的对接和融合，优化体育产业资源配置。

五是产业孵化功能。通过对产业信息的汇集，尤其是体育新兴项目和投资方的集聚，可以从项目研讨与交流，天使投资引入，到风投的后续 N 轮跟进，起到多层次、全方位体育产业孵化作用。

体育平台自成立以来，先后上线了多个交易项目。其中，"2015 世界斯诺克世界杯权益招商项目"获得农夫山泉独家冠名赞助，这是体育平台成立以来，赛事招商项目成交的第一单，标志着体育平台的建设和运营实现了突破性进展，在推进我国体育产业资源交易工作中成功开辟了新的路径，为进一步探索体育产业资源交易工作指明了前进的方向。

对于未来，体育平台有以下几个发展方向：

一是提供公开透明、严谨规范的交易服务。产权市场作为中立第四方，具备足够的公信力，可推动实现体育产业的各类交易公开透明、严谨规范。

二是解决国有权益转让的定价难题。通过发挥平台的价格发现功能，解决国有权益"如何定价、谁来定价、按什么标准定价"等难题。

三是实现体育产业与资本对接，吸引社会资本进入体育领域。发挥北交所在聚拢投资人资源方面的优势，为体育产业发展提供股权融资、债权融资、项目融资等融资服务，通过组建基金、股权众筹等方式吸引社会资本进入体育领域，实现体育产业与资本的对接与融合。

四是协助完善市场机制、培育市场主体，支持创新创业。体育平台可协助体育主管部门进行市场机制创新，在推动传统体育主体进行市场化改革的同时，侧重支持体育领域创新者、创业者的事业拓展，通过培育新的市场主体、创新赛事运营机制来激发社会创造力。

五是协助挖掘大数据资源，提供体育产业发展分析及相关专项调研服务。体育平台可基于互联网技术，结合历史交易数据，对体育产业领域发展动向进行动态研究，对企业发展的政策支持、资金支持、市场环境等需求，协助贵局开展相关专项调研。

六是协助体育领域京津冀一体化战略的落实，发挥北京的引领作用，形成辐射效应。

七是协助开展体育领域国际合作，引入或推介优质赛事资源、俱乐部资源。体育平台可利用各类运动协会的关注度、各类赛事运营公司和体育经纪的聚集效应，实现体育领域优质赛事资源、俱乐部资源的信息交换，为打造精品赛事、培育百年俱乐部、丰富赛事内容、提升赛事品质，发挥国际交流的桥梁作用。

西南联合产权交易所 2012~2014 年业务开展情况综述

西南联合产权交易所

西南联交所牢牢把握定位和产权市场发展趋势，积极应对新常态下产权市场的变化，按照四川省委、省政府、西藏自治区政府关于"构建川藏地区统一、集中、规模化产权市场"的总体要求，紧紧围绕"市场化、信息化与集团化"的建设方向，在不断做大做强第三方平台的同时开始创新寻找搭建第四方平台的思路。

2012~2014 年，西南联交所连续三年实现业绩增长。

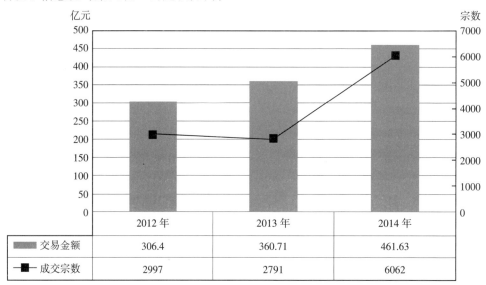

图1　2012~2014 年度西南联交所项目成交情况

	2012 年	2013 年	2014 年
交易金额	306.4	360.71	461.63
成交宗数	2997	2791	6062

2014 年，西南联交所集团共计完成交易项目 8713 宗，按投资比例折算后西南联交所共实现交易额 813.6 亿元。其中本部完成各类交易 6062 宗，交易金额 461.6 亿元。

良好的业绩离不开发展与创新，以及对战略方向的正确把握。现将这三年西南联交所的主要发展情况总结如下：

一、构建"多点多极支撑"的产品体系

西南联交所积极探索从传统的产权流转领域向产权形成和产权运营领域拓展，实现了从单一产权的流转扩大到与产权相关要素的流转。三年间，通过搭建各种平台、创新业务，不断地拓宽业务种类

与服务覆盖范围，以便更好地服务实体经济。

在国有产权交易方面，征集合作方类项目获得巨大成功，为多家企业找到最佳投资人与合作伙伴；国有资产招租类项目通过良好前期辅导、定向宣介，溢价率屡创新高，圆满地实现国资保值增值。同时，金融类国有资产交易也取得了良好业绩，与多家国有商业银行、国家政策性银行、全国股份制商业银行、城市商业银行及资产管理公司等签订了《战略合作协议》。

2014 年，西南联交所首次取得国家级示范机构的殊荣，被科技部确定为第五批国家技术转移示范机构。除了多方征集发明、实用新型等专利项目外，还利用企业进行股权、实物资产转让的机会，

吸引企业生产技术项目入场转让。

西南联交所涉讼资产处置平台已成为四川省高院指定的司法拍卖平台与成都市中院指定的司法拍卖、变卖交易平台，并与四川省各地法院建立了良好的合作关系。

二、推进平台建设，打造权益性要素市场

西南联交所平台化发展迅速，除原有发展态势良好的国资服务中心、涉讼资产服务平台、技术产权交易平台、广告交易中心、金融资产交易平台外，结合新常态对产权市场发展的客观要求与国资国企改革的实际，又迅速新增八大业务平台，即资产电商平台、投融资综合服务平台、大企业大集团并购重组平台、PPP服务平台、加工贸易企业废料处置平台、公车处置平台、上市公司资产处置平台与混合所有制项目发布平台。其中，混合所有制项目发布平台得到四川省国资委、成都市国资委的授权与大力支持，截至2014年底共发布项目138宗，涉及金额近400亿元。

三、加强渠道建设，布局分支机构

为构筑"川藏统一产权市场"、更好肩负履行多层次资本市场基石的重任，西南联交所在整合市场资源上也做出了出色成绩，完成了对成都（川藏）股权交易中心的投资，与锦江区政府共同打造了"广告交易中心"，与四川省中小企业服务中心打造了"四川省中小企业产权交易市场"，与广汇申蓉集团达成公车处置战略合作关系等。

为扩大市场覆盖范围，切实为各地客户提供高效、便捷的服务，西南联交所于2012年设立全资子公司"西藏产权交易中心有限责任公司"，并在四川境内通过市场整合、合作新设等方式在各大城市布局分支机构。截至2015年6月，西南联交所在四川境内设立了巴中所、攀枝花所、德阳所、凉山所、雅安所、广元所6大分支机构。

四、确立"做优做强第三方平台、创新构建第四方平台"的发展规划

根据西南联交所总体部署和安排，2014年全面启动公司未来三年（2015~2017年）发展战略编制工作。在规划纲要中，西南联交所将按照"平台化、信息化、集团化"发展战略，致力于打造成为西部地区最具公信力和影响力的各种要素有序流转的交易平台、促进资本与资源对接的综合性服务平台、地方政府促进区域经济发展的基础平台。

西南联合产权交易所业务创新介绍

西南联合产权交易所

一、广告交易平台

（一）平台简介

广告交易平台是西南联合产权交易所与成都市广告创意产业运营管理有限公司合作共建的专业交易平台。立足于园区，面向川藏，辐射西部，充分依托和整合西南联交所和成广运营的资源优势，打造一个广告要素积聚、流通的区域性交易平台：为广告要素的供应者、需求者提供资源集中流转和优化配置的统一服务；为广告主提供广告设计、制作、发布的新渠道；为广告企业、广告发布者营造业务创新和开拓的新环境。

（二）平台特色

（1）建立公开、透明和充分竞争的广告要素资源交易机制。

（2）为投资者投资广告企业和为广告企业融资提供安全、高效的通道。

（3）以广告主为导向，全面满足广告主在广告设计、策划、制作和发布等方面需求。

（4）通过资源集聚，为广告主、广告企业提供

非广告类的增值服务（资产重组、财税辅导、资本流转等）。

（5）为广告企业营造行业研究、产品研发、精准营销的互动环境。

（三）产品和服务种类

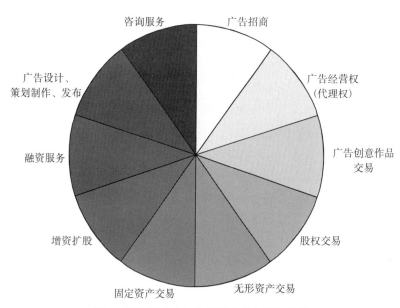

图1 西南联合产权交易所产品和服务种类

（四）经典案例

1. 四川高速公路广告牌使用权转让

2013年12月，四川省内高速公路169个广告牌使用权广告交易中心公开挂牌转让，挂牌底价为每个广告牌使用权每年6.38万元，其间广告交易中心还面向社会公众举行了项目推介会。12月底，上述广告牌分为若干个资产包相继成交，并通过网络竞价得到极大增值。其中，厦蓉高速的川南路段的部分广告牌经过了90余轮竞价，以10.01万元的价格成交，增值57%；遂渝高速和兰海高速部分路段也经过80余轮竞价，以8.66万元的价格成交，增值36%。此次项目近80%的广告牌成功转让。

2. 新青年空间运营场所求租项目

2014年4月，新青年空间运营场所求租项目在广告交易中心公开挂牌转让，新青年空间求租项目是广告交易中心在创意文化领域的一次有益的探索。

公开透明的交易平台。通过在广告交易中心网站和《成都商报》同时发布项目公告，使该项目信息得到了充分披露，并随时悉心接待意向供应方的咨询，真正做到了交易的公开透明和有效的市场竞争机制。

量身定做的交易方案。项目挂牌后，为更好地达到需求方的要求，我们对这个项目量身打造了比选＋竞价（反向）的交易方案。通过多样化的交易程序设计，为需求方寻求最满意的供应方。

规范公正的操作程序。为了真正做到程序上公开透明，实体上公正公平，在项目专家抽取和设计方案比选环节，广告交易中心都邀请专业机构的公证人员现场公证，并出具具有法律效力的公证书。

最后这个项目的需求方资格被具有丰富创意设计经验的成都市老巢理念家居有限公司取得，E78青年空间现已建成并成为四川高校大学生创业示范基地，通过广告交易中心交易达到了供需双方都比较满意的效果。

二、川藏废料交易平台

（一）平台简介

川藏废料交易平台，主要负责加工贸易废料交易，包括加工贸易企业内销处理的边角料交易、海关特殊监管区域内企业出区内销的边角料及残次品交易，以及一定时间内与特定对象交易上述物品的资格交易，此外还包括加工贸易企业内销副产品以及海关特殊监管区域内的废品等保税货物。

（二）平台特色

西南联交所为废料交易平台自主开发了一套竞价系统，完全能够满足保税区加工贸易企业的需求。通过西南联交所平台公开处置废料，有效地解决了加工贸易废料处理中存在的价值认定难、管理不规范、环境危害大等问题，而且还通过竞价的方式提高了单品交易价格，增加了政府税收。参与竞价交易的回收企业也通过这个平台实现了公开、透明交易，有助于回收企业做强做大。从加工贸易企业来看，通过第三方平台公开处置，实现了废料处置收益的最大化。

（三）经典案例——富士康（成都）公司加工贸易废料处置

2015年4月20日，富士康（成都）公司1318吨加工贸易废料通过西南联交所废料交易平台成功处置。其中，588吨旧包装盘及塑胶栈板类废料项目起拍价为10683.76元/吨，最终成交价为12483.76元/吨，增值率16.85%；730吨旧木托板拍价50元/吨，最终成交价为150元/吨，增值率200%。富士康（成都）公司的相关人员表示，成交情况大大超出意外，成交价格远远高出预期价格，对交易结果感到十分满意，对交易平台充满信心，并已开始进行后续的项目合作。

三、增资扩股业务

（一）业务简介

2006年3月6日，四川省国资委出台了《关于印发〈四川省企业国有产权转让管理暂行办法的实施细则〉的通知》（川国资产权〔2006〕66号），明确了企业新股东投资入股、原非国有股东增加投资或国有股东和非国有股东不同比例增加投资，导致企业国有股权比例减少的，必须进入指定的交易机构，规范操作，阳光交易，正式拉开了国有企业增资扩股进场交易的序幕。

西南联交所积极推进增资扩股进场交易制度的落实，梳理增资扩股业务流程、操作规则，进一步完善了增资扩股制度建设，健全了风险管控机制，同时还配套制定了适应增资扩股业务各环节需要的标准文件，为国有企业开展增资扩股业务提供了规范有效的指引。经过多年的积累，西南联交所在充分发挥交易平台的融资功能、积极推动增资扩股进

场交易方面取得明显效果，为国企寻找战略投资者引入资金达133亿元，同时在方案设计、流程把握、风险防范方面也积累了丰富的经验，进场完成的增资扩股项目操作规范、合法，无任何违规、违纪情况，未接受过客户投诉，也未发生任何的法律纠纷。

（二）业务特色

一是推进混合所有制改革发挥重要作用。增资扩股是实现混合所有制的具体体现，西南联交所给国有企业和民营企业提供了一个投融资平台，投资人可以通过产权交易平台寻找优质投资项目、企业也可以采取多种融资手段实现各种资源的自由搭配。

二是发现投资人、发现价格的功能。

三是资源整合功能。西南联交所历经多年历练根据国有企业的需要，利用自身优势整合相应资源，发挥市场优化配置功能，为企业提供专业、高效、优质的服务，帮助企业实现全方位资源整合。

四是信息集聚功能。西南联交所多渠道地进行项目推介宣传，使增资扩股信息在第一时间实现最大范围的覆盖，充分发挥了"媒体或网络"的信息公示、信息集聚功能。

五是规范交易、实现保护国企管理人员的作用。增资扩股进场操作，按照市场的规则和要求，通过严格的评估和引入竞价机制，通过制度设计和信息化手段，通过产权市场公开发现、甄别和选择战略投资者，可在一定程度上避免"暗箱操作"；另外，进场交易为公司加快战略进程及规范上市奠定了坚实的基础。对于国企管理人员也是一种"自保机制"。

（三）经典案例——四川省安县银河建化集团有限公司增资扩股

2012年，银河建化公司增资扩股引进战略投资人项目进入西南联交所，西南联交所为之策划采用"拆分股权、团队竞购"的方式以及"融资与融资源相结合"的理念，引入支持银河建化发展的产业资源、资本运作资源、科技研发资源、市场资源等。该项目吸引到包括九鼎投资在内的很多PE基金的青睐，最终成功征集到以四川三新投资公司为主的竞购团，以每元新增注册资本4.5元的价格共同认购银河建化集团新增5000万元的注册资本，其认购价格高于4.48元挂牌价格0.02元，共实现

融资 2.25 亿元。成功地整合了以久远集团为代表的科技研发资源、以四川发展（四川三新为其全资子公司）为代表的产业发展资源、以北京亘古和保峰投资为代表的资本运作资源，实现了在未来战略发展过程中的全方位资源整合。此次成功引进战略投资人，将积极助推银河建化集团在产业发展和资本运作方面的双跨越，也助推了企业上市步伐。

四、二手车（公车）处置平台

（一）平台简介

二手车（公车）交易平台是由西南联合产权交易所与广汇申蓉汽车股份有限公司强强联手，共同打造的专为公车处置、司法拍卖、社会车辆等二手车交易提供全流程化服务的第三方"阳光"交易平台。

（二）平台特色

为配合党中央、国务院推行公车改革的进程，西南联交所深入研究了公车处置政策动态以及二手车交易市场的特点，搭建了符合政策法规规范、兼顾二手车交易特点的公车处置平台，推出了互联网动态报价+线上线下互动服务模式，引入专业汽车服务商共同为客户提供一条龙的服务。

西南联交所提供的网络竞价方式，解决了传统公车拍卖中围标串标现象，实现交易成本的降低、交易流程的透明。广汇申蓉集团的加入，解决了传统公车拍卖市场上无法提供的第三方评估、看车、堆场、金融、过户、售后维护等服务，是产权市场对要素市场资源整合能力的一次有力证明。

（三）典型案例

1. 中房集团成都房地产开发有限公司公务车转让项目

2014 年 5 月，西南联交所为中房集团成都房地产开发有限公司 20 辆公务车转让项目制定了以互联网动态报价模式为基础的"批量挂牌、单车竞拍、动态报价"的交易策略；结合项目实际，精心制定了车辆停放、现场照片采集、宣传材料制作、项目推介、媒体造势等一整套的项目运作方案。项目最终成交 14 辆，成交率 70%，累计报价 371 轮，竞价标的平均报价 27.2 轮，竞价率 71.4%，总成交金额 57.49 万元，较 14 辆车挂牌总价 47.55 万元增值 9.94 万元，增值率 20.9%。

2. 西南联合产权交易所攀枝花分所公车处置项目

2014 年 7 月，西南联合产权交易所攀枝花分所以网上公开拍卖的形式对 3 家单位的 8 辆公车进行了处置，成交率达 100%，平均增值率 57%。

五、涉抵押财产处置业务

（一）业务简介

目前，包括银行、融资担保公司、小额贷款公司在内的企业对于涉抵押财产的处置通常采取通过法院诉讼追偿。诉讼追偿具有强制性和可执行性强的优点，但缺点是司法程序复杂、链条长；诉讼成本高；解决问题的周期长。抵押权人希望快速处置抵押资产，迅速回笼资金，西南联交所的平台可为抵押权人快速处置抵押财产，避免其通过冗长的诉讼、执行程序实现抵押权，从而达到抵押权人迅速回笼资金的目的。

（二）业务特色

西南联交所处置抵押财产需得到所有权人的授权委托，根据获得授权委托的时段不同，将涉抵押财产处置业务分为两种情况：一是有前置资产处置协议的抵押财产。借贷双方签署抵押贷款协议时，提前明确当借款人不能按时还款时，可将抵押财产交由联交所处置。二是无前置资产处置协议的抵押财产（后置抵押财产处置）。借贷双方签署抵押贷款协议时并未明确除司法途径以外的财产处置方式，当债务人不能按时偿还借款本息时，借贷双方协商同意委托西南联交所处置抵押财产。

六、混合所有制项目发布平台

（一）平台介绍

为配合新一轮的国资国企改革，响应中央关于发展混合所有制经济的有关要求，在四川省国资委的最终授权下，西南联交所配合省国资委产权处快速搭建发展混合所有制经济的项目数据库和专业平台——混合所有制经济项目发布平台，并于 2014 年 6 月正式试运行。随后成都市国资委、成都市武侯区国资办也利用此平台权威发布下属国企混改项目。

（二）平台特色

对四川省属、成都市属等国有企业发展混合所有制经济项目进行权威、集中发布，一方面有利于监管部门迅速获得企业发展混合所有制经济动态情况，集中管理、及时调整；另一方面有利于西南联交所国资服务团队进行市场分析，并结合经济动向，对项目策划推介做出有效调整；此外，透明集中的信息发布方便意向投资者寻找投资项目，满足社会公众知情权，方便其对国资国企改革进行社会监督。

（三）平台效果

截至 2014 年底，混合所有制项目发布平台共发布项目 138 宗，涉及金额约 400 亿元。西南联交所同时对民企推出投资企划、融资服务等配套业务，挖掘开发新金融产品，实现跨区域、跨市场的资本流动，将有助于更好地发挥平台功能、推动混改顺利进行。

七、公开征集合作方

（一）业务简介

公开征集合作方业务是国有企业及其各级子企业作为征集方，通过西南联交所的交易平台，公开征集投资者进行项目的合作开发、运营，如企业土地招商合作开发、合作经营、加名联建等方式。2014 年，四川省国资委就出台了《关于省属企业资产合作项目征集合作方管理的指导意见》（川国资产权〔2014〕23 号），使征集合作方业务有了明确的政策依据和指导方针。

（二）业务特色

公开征集合作方业务是西南联交所由传统的产权流转领域向产权形成和产权运营领域拓展的积极探索，实现了从单一产权的流转扩大到与产权相关要素的流转。业务本着公开、公平、公正的原则，引入市场竞争机制，采取公开方式进行，以提高企业资产的利用价值，实现资产价值最大化。

（三）经典案例

1. 四川化工控股集团成都城南房地产合作开发征集合作方项目

2013 年 9 月，四川化工控股（集团）有限责任公司城南房地产开发项目经西南联交所策划采用"通过市场化公开征集合作方"的方法寻找投资者，最终与四川省清凤现代房地产开发有限公司签订《城南房地产合作开发协议》，历时 3 个多月的房地产开发项目合作方征集终于落下帷幕。相比预期的 5.1 万平方米返还面积，最终的成交面积为 13 万平方米，增加了 7.9 万平方米，按照当时该地段最低市场价计算，至少增值 8 亿元，增值率达到 154.9%。此项目背后蕴含了国资监管、国企民企合作、交易机构市场化运作等诸多内容，尤其是该项目最终采用"通过市场化公开征集合作方"的方法，契合了党的十八届三中全会"让市场在资源配置中起决定性作用"的精神。这一交易历程，对产权交易机构未来在产权形成、产权运营方面向纵深发展，意义重大。

2. "月色风情小镇"闲置资产改造征集合作方项目

凉山州邛海泸山规划风景区开发建设有限责任公司的"月色风情小镇"项目经西南联交所策划采取征集合作方分享投资收益模式、以每月每平方米的投资收益作为竞价变量，公开挂牌。最终，该项目于 2014 年 10 月 23 日以 17 元/月/平方米的报价成功签约，由 16 元/月/平方米（总计 4151.75 万元）底价增值到 17 元/月/平方米（总计 4411.23 万元），增加征集方总的投资收益为 259.48 万元。

广州产权交易市场 2013~2014 年发展情况介绍

广州产权交易所

2013 年，是全面贯彻党的十八大精神的开局之年，广州产权交易市场继续不断创新发展理念，破解发展难题，一方面在扎实推进传统产权交易业务的基础上，积极开拓新业务，创新平台功能，先后启动广东碳排放权交易，以及有色金属和白酒等大宗商品第三方公共交易服务平台，并完成广州市涉诉资产网络竞价交易的各项准备工作；另一方面切实加强制度、流程、系统等方面建设，不断完善风险防控体系。经过努力，以"广交所设计、广交所标准、广交所定制、广交所价格"为核心的广交所模式被国内同行广泛认可，逐步实现广州产权交易市场"模式输出"的战略目标。

一、2013年广州产权交易市场发展情况

2013年，广州产权交易市场完成各类权益类交易项目 56000 多宗，成交金额 630 多亿元，碳排放权、物流、商品类交易项目涉及交易金额 200 多亿元。

（一）配合开展碳排放权交易试点工作，以市场化手段推进低碳经济发展和生态文明建设

一是积极发挥碳交易平台功能，配合省发改委开展碳排放权交易试点工作。12月16日，广州碳排放权交易所配合省发改委开展国内首次碳排放权配额有偿竞价发放；12月19日，启动广东省碳排放权交易。作为国内第一个启动的碳排放权交易有偿配额发放试点省份，广东省碳市场首日交易创下多个国内第一：碳配额规模第一、首日交易量第一、首日成交单价第一、首日交易额第一。

二是大力开拓市场化创新业务。2013年1月，广州碳排放权交易所获得国家发改委正式备案，成为全国5家温室气体自愿减排交易机构之一，现已与国内五大 CDM 项目储备中心签署合作协议，并储备全国首例按 VCS 标准开发的江西林业碳汇 288万吨；通过与韶关、清远、湛江、梅州、肇庆等地区开展生态补偿项目合作，共同推进当地绿色低碳发展；搭建碳中和交易平台，推出个人购碳业务，倡导低碳生活理念，年内累计成交 2000 多吨自愿减排量。特别是在第二届广州金融交易博览会期间，与组委会签署金交会"碳中和"协议，为博览会实现部分碳中和，打造绿色博览会；与浦发银行和兴业银行签署合计 150 亿元的意向授信协议，并与浦发银行开展碳金融创新合作，布局包括配额在线融资、碳债券、碳基金、碳资产管理在内的一系列碳金融产品。

（二）拓展大宗商品交易品种，延伸服务链条，推进专业市场功能再造

一是顺应有色金属产业发展需要在南海区大沥镇搭建广东有色金属交易平台。广州商品交易所秉承"服务实体经济，创新商业模式"的理念，本着为有色金属贸易企业减负、增强有色金属贸易企业市场竞争力、促进大沥镇有色金属产业进一步集聚和产业升级的目的，经过长达三年的市场调研和沟通协调，成功地推动南海区人民政府出台关于扶持大沥有色金属交易平台建设和发展的政策，对在大沥镇从事有色金属贸易批发业务的企业进行专项奖励，奖励金额最高可达企业当年贸易总额的0.7275‰。这一政策将极大增强贸易企业的盈利能力，助推有色金属企业做大做强，更加稳固南海区有色金属产业的传统区位优势，并直接推动广东有色金属交易平台的成立。预计通过 3~5 年的建设运营，广东有色金属交易平台将争取实现交易会员超1000家，年交易额超10000亿元的目标，打造广东有色金属的"价格指数"，成为国内最重要的有色金属现货交易平台。

二是推出国内首个供应链全流程整合的中国白酒第三方公共交易服务平台。为规范和引领中国白酒市场，让白酒价格回归理性、舌尖上的安全得到保证，中国白酒第三方公共交易服务平台主要是建立一套标准体系、标准流程，探索白酒行业供应链全流程整合再造，一方面通过白酒交易平台使供应方与消费者直接对接，降低传统经销商因流通环节过多而导致的高成本；另一方面以第三方的身份，充当其质量及成分安全鉴别的监管卫士，为白酒交易各方搭建一个"公开、公平、公正"的平台。

（三）多点联动，不断提升广州物流交易所影响力和辐射力

一是增强市场网络辐射。为打破单独网点资源缺乏的局限性，拓展广州物流交易所市场辐射网络，广州物流交易所与江苏具有区域影响力和带动作用的大型物流园区宏福园区合作建成当地物流电子交易公共平台，成功在丹阳设立广州物流交易所第一家分支机构，开启广东与江苏两地物流信息联网和数据共享，并为下一步在全国各地拓宽市场积累了宝贵经验。

二是拓展大宗物流招投标业务。广州物流交易

所发挥交易所信息集聚和平台撮合的优势，研究物流项目招投标模式，积极助推各类所有制，尤其是国有企业大宗物流项目进场交易，降低物流成本，促进经济转型升级。其中，年内成功完成了东莞福满多方便面厂设备运输招标项目，为委托方节省20%的物流成本。

三是创新供应链金融业务。依托物流交易电子系统的数据分析以及会员信息流、资金流所形成的信用评级系统分析作为基础，与互联网金融服务公司对接，为中小物流企业开展创新型供应链金融服务。

（四）推广订单农业产业化模式，探索农林产权抵押贷款等涉农金融公共服务新途径

一是探索农林产权抵押贷款业务，培育区域性农村金融要素市场。广州农村产权交易所以从化市为切入点，在相关部门的大力支持下，与当地金融机构探索共同搭建涉农金融公共服务平台，建立具有当地特色的农林产权抵押不良贷款退出机制。

二是从意向方入手推动农村土地承包经营权流转。广州农村产权交易所突破传统的农村土地转出方式，改按意向方提出的交易条件为其向指定区域地块的有关方进行积极沟通与协商，成功实现了承包或承租签约项目60余宗，涉及交易金额约400万元。

三是开拓"订单农业"市场化业务，提供供应链融资服务。广州农村产权交易所采用以销定产的方式，开展订单农业，运用市场化手段完善、健全农产品供求体系以及价格发现和保护机制，并以"订单农业"为契机，提供农产品供应链融资服务，拓宽农村经济组织的融资新渠道。

（五）建设区域性技术产权交易市场，促进科技创新与金融创新相结合

广州技术产权交易中心按照平台化、园区化、国际化、信息化、项目化、金融化的运作思路，打造区域技术与知识产权交易市场，通过整合各类资源，在国内首创知识产权质押融资新模式：一是借助期权定价数学模型，开发知识产权价值认定（评估）系统；二是引进担保、保险、再担保、再保险等金融工具，结合银行创新信贷产品，打造有效的知识产权风控及分担机制；三是利用产权交易市场平台，完善知识产权的退出渠道。

（六）进一步完善涉诉资产交易平台网络竞价和保证金结算功能，以阳光交易助力广州市司法制度改革

一是启动涉诉资产网络竞价平台。为充分体现市场价格发现机制，杜绝场内"围标"、"串标"行为发生，提高涉诉资产交易成交率和增值率，广州产权交易所运用网络资讯技术，设计便捷高效的电子竞价交易系统，实现最广泛的市场发动，让竞买人足不出户即可轻松参与竞买活动。

二是开展涉诉资产保证金的统一缴存。广州产权交易所完成涉诉资产交易资金监管制度设计，改变拍卖保证金通过法院银行账户缴存的传统模式，巩固交易所的"防火墙"作用，为涉诉资产开设银企直联账户，优化涉诉资产交易工作效率。

2013年，广州市涉诉资产交易成交标的585个，综合成交率为56.14%，成交总额为17.67亿元，增值额为3.03亿元，增值率为20.70%。

（七）推广"广交所模式"，打响企业品牌

广州产权交易市场经过多年探索发展，以"广交所设计、广交所标准、广交所定制、广交所价格"为核心的广交所模式已初步形成，模式创新、风险控制、流程规则、制度建设、系统开发、管理团队等专业优势日益凸显。其中，大宗商品现货交易、中小客车增量指标竞价等"广交所模式"，受到同行的效仿和借鉴，成功向国内其他城市输出推广。

二、2014年广州产权交易市场发展情况

党的十八届三中全会首次提出，要使市场在资源配置中起决定性作用，这对明确产权市场在激发市场活力、提高资源配置效力等方面的作用具有重大意义。2014年，广州产权交易市场在省、市有关部门的指导下，紧抓时代机遇，深入落实科学发展观，创新发展理念，破解发展难题，坚持以"广交所设计、广交所标准、广交所定制、广交所价格"为核心的广交所模式，进一步强化市场网络辐射力，发挥平台资源优化配置、发现价值的功能，打造有影响力的第三方交易公共服务平台，取得了较好的发展成效。

（一）服务质量保持优势，整体经营情况良好

2014年，广州产权交易市场完成交易金额

1030亿元。其中，权益类交易项目近5万宗，涉及交易额496.7亿元；商品、碳排放权、物流类交易项目涉及交易额533.3亿元。

一是广州产权交易所业务优势持续向好。作为广东省国资委确定的从事广东省企业国有产权交易业务的机构之一，广州产权交易所搭建企业国有产权交易平台，在规范国有产权交易的基础上，以市场化机制优化资源配置，发掘项目价值，通过创新交易方式，促进国有资产保值增值，助力广州国有企业混合所有制改革。此外，广州产权交易所作为广州市行政事业资产、公共资源交易平台，在受理处置市、区属行政事业单位国有资产转让、出租项目、户外广告经营权等项目的基础上，2014年还累计举办中小客车增量指标竞价活动11期，配置增量指标42995个，成交金额超5亿元；举办广州市小型汽车号牌号码公开竞价发放活动3期，共成交汽车号牌210个，成交金额约0.22亿元。

二是广州碳排放权交易所保持市场份额领先优势。作为广东省政府指定的碳排放配额有偿竞价平台和市场交易平台，广州碳排放权交易所碳交易成交量约占全国碳市场的46%，总成交金额约占全国碳市场的58%。2014年，广州碳排放权交易所举行6次广东省配额竞价发放，成交配额1312万吨，总成交金额7.19亿元；实现配额再交易市场交易139万吨，总成交金额7316万元。

三是广州商品交易所有色金属交易平台业务实现突破。2014年，广州商品交易所重点打造广东有色金属交易平台，力争扩大本地有色金属贸易行业的话语权，成为华南地区乃至全国有色金属贸易价格行情的"风向标"和"晴雨表"。该平台自2014年6月上线交易以来，日均在线交易额最高已突破6亿元。

四是广州物流交易所平台功能优势显著。广州物流交易所物流信息交易平台不断成熟，信息发布、会员管理等功能不断完善，现已发展会员15万名，每天实时在交易平台上公告的物流信息量达5000多条，成交4000多条，撮合成交率81%以上，每天成交额达4000多万元。

五是广州农村交易所项目撮合功能进一步提高。广州农村交易所继续开拓"订单农业"服务业务，累计完成签约项目40多宗。其中，由于2013年撮合《仙草种植合同》订单农业项目得到交易双方的高度认可，2014年该项目委托方在上一年300亩布点的基础上，再次以订单农业的方式征集1000亩的原材料供应基地。

（二）统筹跨区域战略布局，强化"广交所模式"输出

一是设立广州交易所集团清远综合交易中心，推进广清合作共建要素市场交易平台。该中心将充分发挥广交所集团平台运营管理经验以及信息技术优势，结合清远市交易机构本地经营的地域优势，在企业国有产权交易、涉诉资产交易、招商引资、企业融资、增资扩股等方面加强合作，未来也将择机就农村产权、碳排放权、大宗商品、技术与知识产权等其他交易业务开展合作。目前，广交所集团与清远市公共资源交易中心的网站都已开设"广清要素市场"专栏，累计发布交易项目1000多宗，涵盖企业股权、实物资产、涉诉资产等多个交易品种，该平台已成为广东省对口帮扶工作创新点。

二是共建面向全国的涉农产品大宗商品现货交易平台。广交所集团与香港上市公司国农控股有限公司订立联合运营框架协议，将共同开发、建设、运营、管理现时全国综合全方位化经营的农业产品交易平台，就涉农产品交易以及农村土地产权流转两个板块开展全面合作，打造依托全国各地供销社经销网络和现货资源的大宗现货交易第三方平台。

三是设立广州交易所集团番禺办事处，推进番禺区属公有企业物业出租等多种交易行为市场化运作。番禺办事处专项承接番禺区属公有企业物业出租、大宗商品和服务事项采购、经营权出让、重大资产处置进场交易项目，为国有资产资源交易提供服务，通过市场机制，最大限度地实现国有资产保值增值。目前，番禺区属公有企业物业出租、经营权出让、重大资产转让其合同标的交易总金额在30万元以上的交易活动已开始进场交易。

四是大力支持广州碳排放权交易所打造全国碳交易市场统一平台，推动局部区域试点向全国统一市场迈进。广东省具有良好的金融经济基础，配额总量居全国第一，碳市场规则制度建设在国内领先，产品创新能力强，广州碳排放权交易所具备成为国家碳交易平台的独特优势。为此，广州碳排放权交易所在稳步推进碳交易初始交易市场和再交易市场运作的同时，完善会员建设，吸收控排企业会员 211 家，机构投资者会员 13 家，个人投资者会员 43 名，以及 1 家服务类会员与 1 家战略合作会员；加大碳金融产品开发力度，与浦发银行合作开发一系列服务控排企业实体经济的碳金融创新产品，其中碳排放配额抵押融资和碳交易法人账户透支产品已获省发改委批准，将在 2015 年正式推出；继续推进碳交易专业人才队伍建设，年内累计举办 7 期碳交易师培训，培训学员 200 余名，为广东省储备具有碳交易专业知识和技能的人才队伍。

五是以中心城市带动区域合作，激发联动效应。广州产权交易所突破条块分割的市场壁垒，进一步加强与江门、肇庆、湛江、清远等地市股权、实物资产交易项目的合作，广州产权交易所 2014 年受理产权项目中近 4 成均为异地项目。其中，广州产权交易所促成省属大型企业以 25.628 亿元成功收购肇庆市某高速公路公司 51% 股权，比委托交易底价增值 6.55 亿元，增值率达 34.32%。该项目也是目前省属国有企业第二大产权交易收购项目；广州产权交易所受理清远、从化等地区批量房产转让项目，其中连州市 104 套房产一次性成功整体转让，成为近年来广州产权交易所房产整体转让中涉及房产数量最多的一次案例，受到业内广泛关注。同时，广州物流交易所基本实现省内业务全覆盖，该所"以核心会员带动资源进场"模式取得新成效，物流交易业务延伸至清远、中山、英德、惠州、东莞等多个地市，省内市场影响力得到进一步加强。

六是鼓励培育当地特色农村产权试点项目，实现良性互动优势互补。广州农村交易所在从化、清远、阳山、佛冈等多地设立办事处和联络机构，积极培育当地各类农林资源转化的综合服务平台。其中从化作为订单融资的试点地区，率先取得业务突破。2014 年，广州农村交易所通过从化办事处向多家农民专业合作社征集了融资意向，并成功向供销小贷公司推荐了当地 14 家农民专业合作社办理申请授信额度。

（三）坚持创新驱动发展，寻找业务新突破

一是启动央企实物资产进场交易。广州产权交易所获国务院国资委批准开展中央企业实物资产转让交易业务，并于 2014 年 5 月作为业内首批交易机构率先接入国务院国资委实物资产交易监测系统，实现国务院国资委、纪委等有关部门对交易过程的动态监测，确保了交易过程的透明、公开。目前，广州产权交易所已受多家中央企业委托处置各类实物资产，以专业化、市场化的运作模式，搭建流转顺畅、公开透明的央企实物资产交易平台，促进国有资产保值增值。

二是进一步推动传统批发市场交易所化，多品种纳入广州商品交易所市场体系。广州商品交易所按照"统一平台、统一规则、统一结算、统一信息系统"、"一所多中心"、"一中心主打一类交易品种"的基本架构，设计采用"交易平台+渠道商+供应链金融+交易商"的商业模式，引导不具备平台功能的"交易中心"、"渠道商"以业态合作的方式加入广州商品交易所市场体系。目前，广州商品交易所市场体系日趋成熟，在有色金属平台的基础上，广州商品交易所还成功引入种子、珠宝玉石、涉农产品大宗商品等其他新品种，继续通过打造现代交易平台服务体系，推动部分传统批发市场交易所化。

三是大型企业中长期物流交易业务取得新突破。广州物流交易所以大型民营企业为切入点，突破发展"瓶颈"，利用信息平台的聚集和辐射功能，启动中长期物流交易服务，以满足长期、稳定、大宗物流项目的交易需求，减少物流成本，提高物流效率。2014 年，广州物流交易所成功承接中山、清远等多地大型企业中长期物流交易项目，涉及物流金额 2000 多万元。

四是开启农村产权交易订单融资服务。广州农村交易所创新开启"农业订单融资"金融中介服务，通过采用"科研技术+公司+基地+农户+订单融资"和"科研技术+公司+合作社+农户+订单融资"的订单农业产业化模式，拓宽农村经济组织的融资渠道。2014 年底，广州农村交易所成功与一家专为全省农户及中小微企业提供融资、咨询等综合金融服务的小额贷款机构结为合作伙伴，以西红柿农产品基地种植合作项目为试点，共同为农民专业合作社提供农村投融资服务。

五是知识产权质押融资新模式日趋成熟。广州产权交易所技术产权交易中心以市场化、科学化、系统化的方式成功突破知识产权价值认定、融资风险兜底、坏账资产处置三大难题，在国内首创知识产权质押融资新模型，通过引进期权定价的原理，导入权威大数据，从而计算出相对科学、合理的知识产权市场价值，并据此开发了知识产权价值分析认定系统。江门某公司知识产权质押融资项目成功运用知识产权质押融资新模型，实现单个专利权质押融资，成为当地乃至广东省开展科技金融创新服务的新尝试。

（四）提升商业模式研发力，挖掘新发展潜能

一是探索碳期货现货市场平台对接。一方面，广州碳排放权交易所主动参与由中国证监会、国家发改委等国家、省、市发起的多个重大课题研究，积极开展碳交易相关的前沿研究工作，以理论研究带动业务发展；另一方面，广州碳排放权交易所进一步加强与欧盟相关政府部门、国际排放交易协会（IETA），以及洲际交易所、国内四大期货交易所等交易机构的交流学习，加深与 IFC、浦发银行等金融机构，以及挪威、法国等欧洲碳资产管理公司的沟通合作，完善广州碳交易市场体系，为碳期货现货市场对接做好充分准备。

二是探索科技与金融创新相结合。广州产权交

易所技术产权交易中心探索创新知识产权质押风控系统，搭建连接科技企业、银行、担保、保险机构和科技部门的第三方交易公共服务平台，形成风险控制、分担机制和完善的知识产权退出渠道，简化知识产权质押登记流程，该项工作得到了金融、科技部门和企业的高度认可。此外，该中心还致力服务于科技市场建设，科技成果转化，技术转移应用，积极探索创新服务模式，促进科技和金融深层次结合的基础条件、运营模式、发展路径，为建立广东省技术产权交易服务平台做了大量的研究和实践。通过项目申报、推荐及专家评审，广州产权交易所成为广州市唯一一家承担 2014 年"广东省知识产权运营机构试点项目"的单位。

三是探索与农村集体"三资"平台合作。广州农村交易所加强与农村集体"三资"平台的合作，并与白云区集体资产交易中心就充分发挥农林产权交易平台的辐射和集聚作用进行探讨；双方签订业务合作协议，约定在集体资产交易项目及集体资产交易外的其他涉农资产交易方面进行友好合作，实现资源共享，积极发挥市场配置资源的作用。

创新发展，构建产权市场大平台

福建省产权交易中心

党的十八届三中全会拉开了全面深化改革的大幕，改革进入攻坚期和深水区，经济发展进入新常态。创新发展、转型发展已成为产权市场适应经济发展新常态的重要途径。2012 年以来，福建省产权交易中心（以下简称"中心"）加强交易品种、交易模式的创新，不断延伸平台服务领域，强化市场配置资源能力，加快推进产权市场转型升级，积极构建区域性产权市场大平台。

一、延伸服务领域，提升多元化服务功能

"中心"作为一个阳光化交易平台，充分发挥信息集散、发现价格、发现投资人的市场功能，有力保障了国有产权顺畅流转和国有资产的保值增

值，得到了社会各界的充分认可。2012 年以来，"中心"加大业务拓展力度，将企业国有产权交易成功模式复制到涉讼资产、行政事业资产等公共资源领域，提升了平台多元化服务功能。

2012 年，省监察厅、省机关管理局等部门联合下发了《关于规范省直行政事业单位国有资产交易行为的通知》，明确规定省直行政事业单位国有资产交易及租赁业务需进入"中心"规范运作。近三年来，省直行政事业资产处置平台建设取得显著成效，截至 2014 年 12 月 31 日，"中心"完成 513 宗省直行政事业资产处置，成交额 8.87 亿元，平均增值率达 24.23%，其中租赁项目 471 宗，租赁成交额 4.59 亿元，较原租金增值 51.96%，不少租

赁项目增幅达到 3 倍以上。

2012 年,省高院出台了《福建省高级人民法院司法评估拍卖工作规定（试行）》,指定"中心"作为涉讼资产第三方交易平台,是全国较早实施涉讼资产进场交易的省份。2012 年 5 月,"中心"受永泰县法院委托实施了福建省首笔永泰樟城镇龙峰园司法拍卖进场交易项目,最终以 2020 万元成交,比评估价 586 万元增值 245%,受到省高院的肯定。

现阶段,"中心"已实现由单一的国有产权转让向国资、民资、外资等各类投资者进场交易的多元化市场的转变,业务领域逐步拓展到企业国有资产、行政事业资产、金融资产、涉诉资产、林权、租赁权等多个领域,交易品种不断丰富。

二、精心策划和招商,积极服务国企混合所有制改革

党的十八届三中全会提出允许更多国有经济和其他所有制经济发展成为混合所有制经济。发展混合所有制经济已经成为新一轮深化国资国企改革的主线和方向。近几年来,"中心"根据国资国企改革的新要求及企业发展的新需求,在继续做好国有存量股权转让的基础上,积极探索和实践国企增量融资实现混合所有制改革的业务。

2014 年,"中心"采用"综合评审+密封式报价"交易方式,成功运作了三明市煤气公司增资扩股项目,为三明市煤气公司引入燃气行业实力雄厚的香港上市民营企业入股,49% 的增量股权以 3.2 亿元成交,较底价 1.83 亿元溢价 1.37 亿元,增值率达 75%,取得良好成效。

该项目的成功运作,探索出利用阳光化、专业化的产权交易平台实现国资国企混合所有制改革的有效模式,较好解决了国资国企混合所有制改革中如何确定混改对象、如何确定混改对价、如何防止国有资产流失和预防腐败等问题的发生。

三、开发高速公路资产交易,丰富市场化配置品种

近年来,"中心"加强交易产品的开发和设计,丰富市场配置品种,平台的规模和影响力日益增强。目前,"中心"的高速公路资产交易已成为行业内比较有特色的交易板块。

2013 年初,"中心"获知福建省高速公路公司因资金等原因,高速公路沿线的一些土地闲置尚未开发。"中心"主动接洽福建省高速公路公司,希望通过中心平台,帮助其有效盘活闲置资产,提高资产的运行效益。2013 年 7 月,福建省高速公路公司将福州竹岐服务区一块闲置土地委托"中心"对外招商,引入社会资金合作开发建设。"中心"根据该项目实际情况,精心设计了招商方案:①依规确定该地块用途,项目规划建设为员工素质拓展基地,旅游集散服务中心及名优产品展示、销售、配送中心;②确定投资规模,由合作方负责项目的投资、建设、运营,合作方建设总投资不低于 1.5 亿元;③确保委托方合作收益,在合作期间,合作方每年须向委托方支付土地租赁费用,免费提供 20 次会议及员工素质拓展的场所,合作期结束,合作方将项目无偿移交给委托方。该项目经公开招商,最终由一家民营企业取得合作开发权,在合作期内,该民营企业须向福建省高速公路公司支付 2290.26 万元土地租赁费用,并投入 1.5 亿元资金用于项目开发建设。

该项目的成功运作,不仅解决了委托方开发土地资金缺乏的困境,而且确保了委托方取得合理的合作收益,同时也解决了因土地闲置被违规侵占的问题,有效盘活闲置资产,提高资产的运行效益,取得良好的示范效应。此后,福建省高速公路公司将高速公路沿线广告牌、加油站、服务区等招商项目委托"中心"进行市场化配置,截至 2014 年 12 月 31 日,"中心"完成高速公路资源市场化配置项目近 300 项,平均增值率达 49.58%。

四、创新交易模式,提升平台规范化运作水平

近年来,信息化技术的运用极大地提升了产权市场规范化运作水平,业务流程的网络化,有效确保了国有资产交易的公开、公平、公正和高效开展。2014 年,"中心"进一步加快信息化建设步伐,在网络竞价的基础上,针对采用综合评审的交易项目开发了一套先进的电子评审系统,全面推行进场项目全电子化交易模式。该电子评审系统实现项目评审过程全流程电子化,评审专家通过各自独立的账号进入评审系统,根据事先量化的评审指标对投

资人进行独立、客观的评分,系统自动采集专家的评审信息,最终自动生成评审结果,同时,系统设置了电子监察端口,对评审过程实行实时监控。该电子评审系统实现了评审过程全流程留痕,有效降低人为因素干扰,确保了评审结果的公正。

2014年,福建省实施省级行政机关所办(属)脱钩企业整合工作,"中心"承接本次省级单位脱钩企业清产核资中介机构选聘的组织工作。此次脱钩接收工作涉及157家企业、总资产142亿元,选聘工作时间紧、任务重、工作量大。"中心"通过该套电子评审系统,确保了选聘工作公开、公平、公正和高效开展,并顺利完成。该电子评审系统相继运用到高速服务区、餐厅等多项招商项目中,均取得良好的效果,有效提升了"中心"规范化运作水平。

五、推进新兴市场建设,拓展产权市场发展空间

近年来,"中心"对区域股权市场、文化产权市场、海洋产权市场等新兴市场平台进行了探索和实践,进一步拓展了"中心"发展空间。

(一)区域股权交易市场初具规模

2012年,"中心"积极争取省政府支持开展股权交易市场建设,做了大量前期工作。经省政府批准,"中心"联合台湾金融机构等多家单位发起设立"海峡股权交易中心","海峡股权交易中心"是适应海峡两岸的新型区域性股权交易市场,是目前国内唯一外资参股的区域性股权交易市场。"海峡股权交易中心"于2013年6月通过国家验收,7月正式挂牌营业,截至2014年底,"海峡股权交易中

心"累计挂牌企业1214家,各类会员107家,合格投资者合计5580户,实现为中小微企业融资16.17亿元,综合性融资服务市场平台已初具规模。

(二)着力推进国家级"海洋产权交易中心"申报工作

2014年,"中心"提出了建设国家级的"中国海洋产权交易中心"的思路和方案,并积极推进该项目申报工作。经省海洋渔业厅的积极配合和争取,国家海洋局于6月发布的《关于进一步支持福建海洋经济发展和生态省建设的若干意见》明确"鼓励和支持福建建设'海洋产权交易中心',委托国家海洋咨询中心参与建设交易中心,以局省共建方式予以立项授牌并给予适当资金支持;交易中心建成后承担全国大宗海域、海岛及其他海洋资源的招拍挂工作"。

"中国海洋产权交易中心"是创新海洋管理和市场化配置海洋资源的有效抓手;是通过市场化手段,达到海洋权益确权和流转、保护海洋权益。该国家级的海洋产权交易平台建成后,将为我国海洋战略发挥积极作用。

(三)尝试进入文化产权交易领域

2012年,"中心"与福州寿山石文化产权交易所签订合作协议,共同建设新型寿山石艺术品交易平台,促进寿山石文化与资本对接,推动作为福州名片的寿山石走向全国,12名国家级工艺美术大师成为首批签约的寿山石艺术大师。"中心"将发挥平台优势,着力推动福建省文化产权市场建设,促进文化要素资源的有效流转,服务福建省文化产业大繁荣大发展战略。

发挥产权市场功能 完善投融资服务体系

常州产权交易所课题组

近年来,产权交易迅速发展,产权交易市场已经成为各类企业重要的投融资市场之一。产权市场投融资服务是指为在产权市场挂牌的各类项目寻找更多的投资者,为投资者提供更多的参与产权市场里各类项目的投融资机会和服务。完善产权市场投融资服务体系对促进区域经济发展具有重要意义。

一、常州产权市场投融资服务体系建设现状

（1）以产权交易为纽带，初步建立投融资服务体系。常州产权交易所是 20 世纪 90 年代在常州市经济体制改革和国有企业改革改制的大背景下成立的，在服务企业产权有序流动、国有资产清资核产、国有资产增值保值方面发挥了基础性作用。现已建成股权转让、招投标、拍卖、股权托管、产权交易、创投、担保等多元化的投融资服务体系，是常州市综合性要素资本市场的重要组成部分。目前，常州产权交易所综合实力在全省同行业中处于领先地位，尤其是在标准化、信息化建设方面成效突出。2012 年 1~10 月，全所共完成产权交易、招投标项目 1097 项，交易、招标成交金额 12.6 亿元。另外，由产交所起草的江苏省服务业地方标准 DB32/T2035—2012《产权交易服务规范》已被国家标准化管理委员会批准于 2012 年 5 月 31 日正式实施；起草的《政府采购代理机构服务规范》已获省级立项；"产权交易服务标准化试点"、"政府采购代理服务标准化试点"已由省质监局向国标委推荐申报国家级试点；起草的《产权交易服务规范》国标初稿已经完成。

（2）开展科技金融，进一步延伸发展投融资服务。一是自 2007 年以来，产交所受托管理政府引导资金参股常州市创投基金、科技担保等金融机构，通过投、保、贷联动的合作模式，发挥财政专项资金的杠杆、滚动放大效应，让金融资本与产业资本进行对接，助推常州市科技金融发展，使国家"千人计划"、常州"龙城英才计划"企业及其他有融资需求的中小企业，享受到了较好的融资服务。至 2012 年 11 月末，产交所参股创投企业共投资项目 45 项，总投资额达 2.94 亿元。至 2012 年 10 月末，参股担保机构累计为 327 户科技型中小企业担保 368 笔，担保金额达 12.31 亿元。累计帮助企业解决科技融资 15 亿元。二是 2012 年产交所与江南银行、工商银行等金融机构合作，积极推动知识产权质押、股权质押服务工作，进一步缓解了科技型中小企业融资难的问题。目前，两家科技型中小企业已经在产交所的大力帮助下，利用专利权、商标

权等知识产权成功从江南银行获批贷款 2700 万元。另外，还有近十家企业正接受贷款审批。

（3）以满足不同企业的发展需要为目标，不断创新投融资服务模式。近年来，常州产权交易所以服务企业发展为主旨，提高服务水平，引领下属平台、相关机构开创"链式"和"一站式"两大特色服务："链式"服务是指围绕企业初创阶段、成长阶段、成熟阶段，利用下属各平台，提供产权交易、招标采购、股权托管、创业投资、技术对接、股权质押、专利质押、融资担保等服务，构建"企业成长全过程服务链"，推动企业从"幼苗"发展成为"参天大树"；"一站式"服务是指利用与律师事务所、审计师事务所、评估事务所等中介机构及签约金融机构、担保机构的合作关系，为交易双方提供法律咨询、评估审计、商业贷款、按揭贷款、并购贷款、融资担保咨询等"一站式"综合配套服务。

二、常州产权市场投融资服务体系建设存在的问题

与产权市场交易规模迅速增长的势头相比，投融资业务发展则较为迟缓，主要存在以下问题：

（1）投融资主体协调性较弱。产交所作为常州市产权交易市场的管理运作者，是财政局下属事业单位，主要负责产权交易、股权托管、招标采购、政府引导资金管理和投融资服务等工作，任务繁重，涉及行政管理部门较多，协调难度大。加之相关部门利益交叉、管理条块分割、协调配合不够紧密，较大程度上影响着产权市场投融资工作的效率。

（2）市场化融资方式较少。常州市产权交易市场目前利用外资、民营资本、证券、债券、信托等市场化融资方式较少。虽然政府近年来也在着力支持该类融资途径，但受政府投融资管理体制和资本市场等方面的约束，使得市场内该类融资比重一定时期内难以有较大的突破。

（3）投融资人才资源匮乏。从整体情况上看，以常州市产权市场投融资平台为支撑的投融资服务系统人才总量不足，人才队伍业务结构还不合理，缺乏具备投融资、资本运营、市场分析等方面的专业人才。

三、部分省市产权市场投融资服务体系建设的实践经验

产权市场作为地方政府部门主管的综合类要素资本市场，是政府和市场之间的枢纽载体。近年来北京、天津、上海、深圳等地产交所在当地政府政策、资源配置等方面的支持下，依托产权交易平台，创新开展各类投融资服务，取得了成功的经验。

（1）北京产权交易所打造中关村多层次投融资促进模式。经过近20年的摸索，北京产权交易所为中关村科技园区构建了一个满足创新型企业不同阶段、多元化的有效融资需求的多层次投融资促进模式。其特点可概括为"一个基础，九条渠道"："一个基础"是指以企业信用体系建设为基础，以信用促融资；"九条渠道"包括创业投资、天使投资、并购重组、技术产权交易、担保贷款、信用贷款、企业债券和信托计划、境内外上市、代办股份转让。

（2）天津产权交易所积极开展非上市公司股权融资。天津股权交易所2008年9月底获批成立，天交所主要为"两高两非"公司（即国家级高新技术产业园区内的高新技术企业和非上市非公众股份有限公司）股权和私募股权基金（即合伙型基金、信托型基金和公司制的创业风险投资基金等）份额的流动以及私募股权基金投资的退出提供规范、有效的场所，开启了非上市公司利用资本市场直接融资的先河。

（3）深圳产权交易所建立投资广场。深圳产交所把完善科技园区创业服务体系作为实施自主创新战略的重要措施，于2007年成立了创业投资广场。吸收和引进专业风险投资基金，政府科技扶持基金，券商投行部和非上市业务部，产权交易中心，评估、会计、律师事务所及担保、信用、专利服务中介机构，将这些相关机构吸引、聚集在一个统一的平台上，构筑起"一条龙"金融服务链条和运作模式。

四、完善常州产权市场投融资服务体系的对策和建议

完善市场化投融资服务体系，为常州经济实现超常规、跨越式发展提供强有力的金融支撑。建议如下：

（1）进一步完善政策体系。建议政府在全面、科学评价的基础上，结合当前形势和企业需求，立足产权市场功能发挥，对现有关于鼓励产权市场投融资发展的文件等进行补充和完善，出台鼓励和扶持产权市场投融资发展的完备政策体系，改变过去资源分散、政府部门条块分割管理、信息不能共享、企业融资集约化效益不能形成的低效管理状态；建立部门联动制度，各级部门要从政策、资源配置等方面给予产交所必要的支持，把重要的资源统一整合集中到一个平台当中，发挥金融资源的协同效应，调控地方经济。同时，政府要对政策执行的流程予以优化，提高工作效能，增强政策激励效应。

（2）完善投融资专业配套。一是完善产交所投融资服务职能。要在原有服务特色的基础上，进一步开辟融资途径，增大创投、担保基金，扩大资本规模，寻求与国际、国内创业资本的合作，发挥投融资平台的作用，切实成为科技型中小企业与投资者实现对接的纽带。二是大力引进和培育为投融资服务的各类金融中介机构。加快引进银行、保险、证券、信托、担保、期货、租赁、典当、投资基金、汽车金融、财务公司，以及产权交易、信用评级、资产评估、会计师事务所、律师事务所、商标、专利事务所等金融服务机构，努力发展一批资本充足、内控严密、运营安全、服务和效益良好的投资和中介机构，发挥其引水注渠的作用，进一步丰富产权市场投融资市场体系。三是完善投融资服务平台。通过市场化、社会化投融资服务组织和信息网络的建设，在产权市场逐步培育形成完善的投融资服务平台，包括多种类型的投资平台、贷款平台、担保平台、保险平台、技术和产权交易平台，提高整合配置各类资源的能力，通过社会化、市场化、专业化的资源配置方式，继续为众多企业提供"一站式"、"链式"服务。

（3）培育和用好高端金融人才群。产权市场在新的国际国内金融环境中，能否获得更多话语权，取决于能否培育和用好一大批懂得经济与金融规则、熟练驾驭金融管理工具的高端金融人才群。一是要引进培育高端专业人才。积极参与国际、国内人才交流与合作，参照金融行业标准，有针对性地

引进、集聚一批创投、担保等金融领域的高层次金融业务人才和管理人才，打造一支能够开展综合性业务的管理团队。二是创新金融人才工作机制。完善人才政策体系，建立健全"公开、平等、竞争、择优"的金融人才资源配置机制，逐步实行企业经营管理人才的市场化配置和合同化管理，制定和完善有利于金融人才集聚的政策措施，积极营造有利于高端金融专才工作的金融生态环境，构筑新一轮发展需要的战略人才方阵。建立人才培养、激励机制、约束机制和退出机制，一方面吸引和鼓励风险企业的经营管理者，另一方面要求管理人员对渎职、重大失误等行为承担责任。

（4）进一步拓宽投融资渠道。一是全力以赴抓上市。进一步加大对企业上市的扶持服务力度，加快企业股份制改造步伐，千方百计推进符合条件的企业通过"借壳上市"、直接上市等途径，在主板、中小企业板、创业板、新三板及海外上市，提高资产证券化率。同时积极扶持已上市公司发展，选择成长性强、带动作用大的上市企业，作为龙头进行重点扶持，发挥好它们在融资、并购等方面的优势作用，支持它们进行资源整合，帮助它们做大做强，打造一家或几家"航母式"公司。二是大力发展产业基金及风险基金。目前以我国为代表的亚洲私募股权市场正在迅速成长，将成为未来全球私募资金发展的核心市场之一，潜力巨大。要把握形势，抢抓机遇，突出重点，积极争取国家支持，设立和壮大有自身产业优势的产业基金，如新能源汽车产业基金、新材料产业基金、生物与医药产业基金、战略性新兴产业基金、动漫产业基金等，同时加快引进和培育各类风险投资基金，引导其投资域内高新技术产业及企业，加快优势产业或企业发展。三是以业务创新为突破，寻求市场开拓新的增长点。抓住国家证监会将着手建立和启动全国统一而有区别的场外交易市场的契机，积极协调整合区域现有资源，交易品种拓展到非上市企业股权、文化产权、碳交易、花木交易、农村集体土地、集体林权等各个领域。重点开展中小企业非上市公司股权交易、股权质押、专利质押等服务，解决中小企业融资难题。

（5）加快投融资信息网络建设。丰富产权市场投融资服务网站的内涵，为投融资供需双方汇集、整理、提供高质量信息，有效解决投资机构、金融机构与中小企业信息不对称问题；促进产权市场金融、投资、担保、保险业协会等一批投融资服务企业网络组织的形成和壮大，使其成为自主、自为、自律的行业组织，成为产权市场汇集投融资服务信息的平台、企业和政府沟通的桥梁、联系海内外各类投融资市场的网络。发挥产权市场的政府协调职能，建立与投融资服务企业间的定期联系制度，促进专业法律、政策的学习、业务创新的研究和经验交流。同时加大宣传力度，通过国内外主流媒体，采取各种有效方式，积极开展融资环境大宣传活动，使产权市场的服务功能和各项扶持政策为社会所熟知，营造良好的舆论环境。

（6）组建区域金融控股公司。为使中小企业在初创、成长和发展过程中在不同阶段得到政府部门政策性融资，政府应依托常州市产权交易市场，通过同业兼并、重组，无偿划拨等方式，整合现有分散的金融资源，组建非营利性区域金融控股公司，使之成为新的企业融资平台。新企业组建后，通过产权市场的政策扶持和自我完善、发展，交易与融资互补，迅速提升企业经营业绩，在时机成熟具备条件的情况下，吸纳社会资本，直接为各类企业提供融资服务。

（7）加强对投融资的服务与监管。进一步打造服务型投融资体系，致力于营造"法制、高效、透明、公正"的软环境。要进一步清理审批事项简化手续，优化相关办事流程，压缩办事时限，提高工作效能，以最快的速度、最灵活的方式，积极促成投融资合作。要规范各项制度安排，建立资金运用的绩效考核评价机制，建立健全相应的风险补偿机制、资本金补充机制，不断提高常州产权市场投融资交易的市场服务能力。

哈尔滨产权交易中心大宗物资采购创新情况

哈尔滨产权交易中心

近几年，哈尔滨产权交易中心牢牢树立危机意识，时刻开动脑筋，请进来，走出去，积极学习外地先进经验，不断创新业务品种。2008年，央企实物资产进场交易。2009年，根据财政部"54号文"，非上市金融国有资产进场交易。2010年，国企财产保险采购进场交易。2011年公共资源进场交易；金融资产交易中心成立。2012年涉诉资产鉴定、评估、拍卖进场交易；公共资源交易中心成立。2013年，大宗物资采购阳光平台成立；国有企业资产公开租赁进场交易。2014年，企业废旧物资及再生资源处置平台成立；探索农村产权交易。本文主要介绍大宗物资采购和废旧物资及再生资源处置创新业务，借此抛砖引玉，以便大家相互交流，共谋发展。

一、背景介绍

（一）产权市场的功能提升为开展创新业务创造了条件

中国产权交易市场经过20多年的跨越式发展，从一个最初为国有企业产权转让提供服务的单一性市场，已发展成各类产权资源优化配置的综合性市场；由一般性要素市场已发展成为集物权、债权、股权、知识产权等于一体的综合性资本市场。应该说，经过多年从事国有企业产权转让工作的磨砺，每一家产权交易机构都有能力开展物资采购等创新业务。产权市场多年来形成的交易规则和流程，是开展企业物资采购等创新业务的最宝贵财富。

（二）创新业务是产权市场的生命力源泉

目前，产权市场作为我国资本市场的重要组成部分已为社会各界所认识。但客观而言，目前的产权市场仅是一个单纯的卖方市场，卖产权、卖股权、卖债权、卖各类产权资源，卖不同所有制主体的产权。产权市场卖的资源越多，储备的项目就越少。随着传统的国有产权转让业务逐渐萎缩，打破发展"瓶颈"的最好办法，就是不断开拓新的业务来源。哈尔滨产权交易中心开展的物资采购和废旧物资及再生资源处置业务是产权市场的下一个"蓝海"，发展空间巨大。

（三）当前社会形势为开拓创新业务创造了有利条件

新一届中央领导集体开展八项规定、群众路线教育实践活动以来，全党全社会形成了反腐倡廉的强大合力。公开透明是防止腐败的最有效方式。产权市场搭建的大宗物资采购平台的优势十分显著，一是坚持公开透明、公平公正的原则，以公开透明、公正公平来统领物资采购的每一个环节；二是形成充分市场竞争，以竞争来形成物资采购的合理价格。

二、国企财产保险采购工作介绍

企业的健康发展离不开保险。财产保险采购业务具有覆盖面广、可持续性强、业务稳定等特点，是典型的"现金牛"，能够带来可观且稳定的现金流。可以说，财产保险采购是大宗物资采购平台最为稳定的业务品种。

（一）平台搭建的初衷

为加大对哈尔滨市属国有企业的监管力度，切实履行出资人职责，2010年初，市国资委对所辖国有企业及其控股企业的商业保险采购情况作了调研，发现各企业在财产保险投保过程中存在信息不公开、"暗箱操作"的可能，导致保险费率相差较大、参保财产范围各不相同、参保税种不到位、保费支付不统一等问题。针对这些问题，市国资委决心对国有企业商业保险采购进行改革，委托第三方——产权市场进行国企财产保险公开采购。

（二）保险采购改革历程

2010年3月，市国资委选择哈药集团作为保险采购试点单位，正式吹响国企财产保险采购的号角。哈药集团作为我国的一家知名医药企业，具有企业规模大、资产质量好、经营管理强、社会美誉度高等众多优势，保险采购项目一经推出，立刻引起了保险界的强烈关注。哈尔滨产权交易中心当时采用的是询价加评审的方式。经专家综合评审，产权交易中心推荐排序前四名的保险机构为入围保险机构并报送国资委备案。国企保险采购工作初战告捷。

改革从来就不是一帆风顺的。2010年之后的两年，保险采购没有新的举措。2013年5月，国资委和产权交易中心对所属企业财产保险采购情况进行了一次专项检查，发现了诸多问题。因为保险市场环境变化，企业选择承保机构存在随意性，导致保险费用反弹。同时，由于入围保险机构的"二次展业"，企业在保险采购过程中存在"暗箱操作"等"潜规则"，致使各种问题不断涌现。

（三）二次改革

哈尔滨产权交易中心结合调研情况，理清工作思路，不急不躁、主动出击，做好改革准备工作。一是积极沟通协调，赢得各方支持。我们先后走访了省保监局、省保险协会以及四家入围保险机构，组织召开了国有企业保险工作动员会。经过面对面的交流，哈尔滨产权交易中心了解到各参与主体的诉求，协调企业与保险机构之间的矛盾；在国资委的支持下，各企业集团积极表态要将全部财产保险采购进入产权市场；在保险监管部门的支持下，保险机构也表态要积极配合产权市场，共同维护这来之不易的局面。二是参与制度设计，规范采购行为。哈尔滨产权交易中心引进了保险经纪公司为国有企业保险采购服务，代国资委拟订保险采购通知，力争实现保险参与各方的共赢。三是在国家政策许可的条件下，为国有企业争取到最优惠的保险费率和最优质的保险服务。国企财产保险采购工作二次改革的时机已经成熟。

如何公平、公正地为企业选择保险机构，是产权交易中心替企业选择，还是延续过去企业自行选择的做法，这是企业和保险机构都非常关注的问题，也是国企财产保险采购工作的关键点和难点。

哈尔滨产权交易中心对此非常重视，提出了坚持"三公原则，推权让位"的改革思路，推掉替企业选择保险机构的权利，权利让位于制度，让制度说话，按规则办事。

2013年末，市国资委下发的《进一步加强哈尔滨市属国有及国有控股企业购买商业保险管理的通知》中明确规定：产权交易中心应采用公开方式选择承保保险机构，积极帮助企业降低财产险和机动车辆保险费率，通过公开摇号的方式优选车辆保险承保机构；对财产险、责任险等商业保险采购，应采取网络竞价或招投标等方式，公开选择承保保险机构。

"失"和"得"的关系是矛盾的，但也是辩证的。正是由于产权交易中心的"推权让位"，坚决贯彻实施国有企业商业保险阳光采购，赢得了国资委的信任，赢得了国有企业的支持，赢得了保险机构的信任。

（四）保险采购显成效

国资委通知下发后，大部分国有企业和保险机构都能够严格遵守采购制度，但仍有个别企业和保险机构出现了违规操作的现象。制度建设关键在于落实。一方面，我们走访了部分企业集团，推进保险采购进场工作。另一方面，我们对于违规的保险机构严格处罚，规范管理。无规矩不成方圆，有规矩就要遵守。产权交易中心规范管理，净化了市场环境，赢得了各方的支持。

保险集中采购，就是要让国有企业真实享受优惠费率，得到优质保险理赔服务。哈尔滨产权交易中心在改革初期就制定了"力争服务升级，降低投保成本"的工作方针。在"服务升级"方面，哈尔滨产权交易中心在保险机构原有服务的基础上，推出了提供公开选择承保保险机构、代收代缴保险费用、防灾防损培训、协调出险理赔、风险评估及风险管理咨询等服务。企业通过网络就可完成投保，足不出户就享受到了优惠投保、送单上门的优质服务。在"降低投保成本"方面，哈尔滨产权交易中心与入围保险机构约定，国企机动车辆投保商业保险，包括新购置的车和出险的车一律享受七折优惠，这是企业单独承保所无法享受的优惠。企业财产保险阳光采购程序透明、方式阳光、成本降低，效果显著：国企机动车辆商业险费用一律七折。财产保险费率由千分之三降低至万分之二点五，投保险种拓展为保险范围最大的"一切险"。

时任国务院国资委产权局副局长邓志雄曾对哈尔滨产权交易中心开展的保险采购活动做出高度评价：哈尔滨交易中心是全国第一家国有企业进入产权交易市场进行保险采购的，产权交易平台由过去单方向的"卖"东西到现在既"卖"又"买"，这是产权交易行业的一个崭新的突破，是质的跨越，为建设综合性双向的多功能产权交易市场迈出了坚实的一步。

三、大宗物资采购工作介绍

（一）平台搭建的初衷

每个企业的生存都离不开人财物、产供销，物资采购更是企业生产经营价值链主链条上的第一环，其重要性不言而喻。如何合理规范国有企业的大宗物资采购行为，既能降低采购成本，防止国有资产流失，又能够保质保量，杜绝腐败行为，是摆在国有企业监管者面前的一个难题。

党的十八届三中全会明确提出了"经济体制改革是全面深化改革的重点，使市场在资源配置中起决定性作用和更好发挥政府作用"。规范国有企业的大宗物资采购行为的关键，是发挥市场平台的资源配置功能。市国资委继国企购买商业保险改革后，提出大宗物资采购进入产权市场的监管新思路，通过市场化的阳光采购，让腐败没有生存的空间，实现监管机构、国有企业、产权市场、保险机构的多方共赢。

（二）平台建设情况

作为在全国产权交易界率先拓展国有企业大宗物资采购这项新领域的产权交易机构，哈尔滨产权交易中心依靠多年来积累的资源和经验，在短时间里完成了整章建制、征集代理机构、建设采购平台、严格规范管理等大量基础性工作。

哈尔滨产权交易中心采取多种手段进行平台建设：一是派人与国资委领导共同去温州、义乌公共资源交易中心学习交流，带着问题去学习；二是制定并不断完善物资采购制度，规范采购行为；三是与金马甲共同开发了"金马甲网络采购系统"（即互联网反向竞价），为大宗物资采购业务奠定了技术保障；四是面向社会公开征集具有甲级政府采购资质的招标代理机构，严格约束中介机构行为；五是根据业务中出现的新问题、新情况，制定了项目会签制度、例会制度、AB角制度、专家独立评审制度等；六是非常重视员工专业知识学习，大力支持员工学习培训。可以说，哈尔滨产权交易中心开展国企大宗物资采购这项创新业务，不是偶然的，而是多年来积累和沉淀的结果。

2014年底，哈尔滨产权交易中心大宗物资采购平台在原有4家招标代理机构的基础上，经重新公开征集，现共有7家招投标代理机构，采购方式包括公开招标、邀请招标、竞争性谈判、网络竞价等。哈尔滨产权交易中心大宗物资阳光采购平台的建立，对完善大宗物资采购体系起了重要的补充作用。目前，哈尔滨已形成了哈尔滨市建设工程项目进入建设工程交易中心（哈尔滨市建委所属）、财政资金采购项目进入政府采购中心（哈尔滨市财政局所属）、国有企业大宗物资采购进入产权交易中心（市国资委所属）的新格局。

（三）法规依据

在工作中，我们严格遵守《中华人民共和国招标投标法》，参照《中华人民共和国政府采购法》，按照省市国资委相关规定的要求开展工作。2012年12月，黑龙江省国资委颁发了《关于进一步加强出资企业物资采购管理的通知》（黑国资办〔2012〕307号），要求国有企业大宗物资采购行为必须全过程公开并置于有效的监督管理之下。

2014年，哈尔滨市国资委下发了《哈尔滨市人民政府国有资产监督管理委员会关于进一步规范市属国有及国有控股企业大宗物资采购工作的通知》（哈国资发〔2014〕208号）。文件规定："要充分利用哈尔滨产权交易中心采购平台，开展大宗物资采购工作。""哈尔滨产权交易中心负责建立健全企业大宗物资采购阳光平台。完善进场企业大宗物资采购规则和流程，为企业大宗物资采购提供优良服务，按照有关规定建立评标专家库和招投标代理机构备选库。""市国资委将对企业大宗物资采购及进场情况进行监督检查。及时组织各企业进行总结交流，宣传和推广采购管理工作先进经验，并将企业大宗物资采购工作纳入监事会日常监管及企业领导人员业绩考核管理体系。"

同时，哈尔滨产权交易中心先后制定并发布了

《哈尔滨市国有企业大宗物资采购操作规则》、《哈尔滨市国有企业大宗物资采购网络动态报价实施办法》、《哈尔滨产权交易中心采购摇号程序规则》等制度，进一步规范了市属国有企业大宗物资采购行为。

（四）加强风险防控

在开展物资采购业务实践中，哈尔滨产权交易中心认识到，物资采购最重要的环节就是防控风险。物资采购工作经常会发生供应商质疑和投诉的情况，我们只要阳光操作、严格管理，质疑和投诉并不可怕。常言道：打铁还需自身硬。哈尔滨产权交易中心首先要求中心员工牢固树立职业道德操守，遵守工作纪律；其次，制定采购制度，规范采购流程，约束中介机构行为；最后，通过"采购项目会签制"，抓住采购文件的制定关，把好开标、评标这两个关键关口，规范物资采购工作的流程，质疑和投诉程序。我们曾经接到的多起质疑和投诉，最终都得到妥善的解决。

（五）平台效果初显现

哈尔滨产权交易中心国企大宗物资采购阳光平台主要开展了保险类、物资类、服务类三类采购业务。其中，①保险类采购，主要提供机动车辆险、财产险、责任险等多种保险，目前共完成4000余台机动车辆保险采购，保险金额近200亿元，保费总计3000余万元，为企业节约保费600余万元。②物资类采购，主要为公益类项目提供采购服务，企业自主经营行为，如生产性原材料等不在此范围，目前已经给七家集团提供了服务。交通集团采购500台公交车节约资金883万元，供水集团煤炭采购每吨节约142元，节约率高达25%。③服务类采购，主要是指提供专业服务类的采购项目，文旅集团的软件采购，城投集团的物业服务公司采购，地铁集团刚刚完成的安检服务采购等，均取得了满意的效果。共完成各类物资采购121项，成交额5.7亿元，为企业节约采购资金3630万元。

四、废旧物资及再生资源处置平台介绍

（一）平台搭建的初衷

多年来，我国对企业的废旧物资及再生资源处置实行粗放式管理，很多国有企业监管机构未重视这一领域的潜在价值，很多企业都由看护人员或管理人员自行处置了，有的甚至未列入企业账目，这既有可能造成国有资产流失，也可能带来环境污染问题。2013年，国务院印发了《循环经济发展战略及近期行动计划》，加上党和国家对国有企业管理人员等监督力度的加强，需要通过公开的手段来处置这类资产，也需要有一个公平、公开、公正的平台来为国有企业的这类物资处置提供服务，产权市场顺应这一大环境，搭建专门的处置平台，开展企业废旧物资及再生资源处置业务。

哈尔滨产权交易中心一直从事的交易业务中，有很多是报废设备、废旧物资、生产加工废料、市政拆迁过程中残留物及报废资产等，去年中心与苏州产权交易中心交流中发现，苏州市将保税区内生产企业的生产加工产生的废料通过产权交易机构公开处置，中心吸取了这一点经验，将我们的平台功能提升，搭建了中心废旧物资与再生资源交易平台。

（二）平台建设情况

该平台搭建后，中心参照协会发布的《实物资产交易规则》制定了相应的交易规则和制度，并加强了风险控制，拟订的主要处置对象分四大类：一是报废设备和锅炉；二是拆迁残留物；三是煤炭燃烧产生的灰渣及粉煤灰；四是生产加工废料。为避免不必要的纠纷，中心建立工作制度，要求具体项目的经办人员一定要到标的所在地核实标的情况，与评估报告、转让方标的说明和批复作对比。交易规则确定后，中心根据不同的业务分类进行实际的操作。因为有的废旧物资和再生资源标的不规则，有的不好评估，有的重量或体积不定，有的对处置时间要求比较紧，所以中心实行了不同的处置方法。针对每一个交易项目，中心都会梳理标的，将有潜在价值的标的单独列出，发掘标的潜在价值，在后续的培训中会做介绍。

（三）平台效果初显现

中心共完成各类废旧物资及再生资源交易106余宗，成交额达5088万元，增值865万元，平均增值率达17%，个别项目增值率近800%。哈尔滨市物业供热集团煤炭灰渣及粉煤灰项目，采用网络竞价方式，挂牌底价为550万元，经过激烈的竞价，最终成交价为1149万元，增值599万元。其中一个标段由底价9.53元/吨，经过933轮报价，最终以85.11元/吨成交，增值率达793%，这项工

作得到了哈尔滨市市长和常务副市长的高度赞扬。此次交易的标的，只是哈尔滨每年冬季供暖期产生的煤渣和粉煤灰的冰山一角，还有大量的煤渣和粉煤灰未进场交易。另外，对于正在城市建设的哈尔滨来说，拆迁残留物规模巨大；对于正在实施产业升级和节能减排的企业升级改造来说，闲置和废旧设备体量巨大的；对于重工业城市来说，生产加工企业数量众多，所产生的生产加工废料规模也是相当巨大的。所以说，这项工作的前景很广阔。

五、平台搭建实现的意义

当前，在中央倡导"八项规定"、"六项禁令"和反"四风"的活动中，从具体事情落实，深入推进物资采购和废旧物资及再生资源处置进场交易正当时。

（1）社会主义市场经济发展的客观规律。社会主义公有制经济的主要表现载体是国有企业，国有企业进行生产资料采购和废旧物资及再生资源处置从企业"自己说了算"发展为制度约束下的交易，是社会主义市场经济发展的客观规律。

（2）国资部门监管和源头反腐的重要举措。哈尔滨市国资委开始实施"大国资"的战略，对出资企业建立全方位、立体式的监管机制，监管的各国有企业集团物资采购和废旧物资及再生资源处置作为重要监管机制之一，充分发挥了产权市场的资源配置优势，增收节支，保障了国有企业财产安全，有效防止了国有资产流失。作为建立健全防止商业贿赂长效机制的一个重要方面，产权市场搭建阳光交易平台，在政府强有力的反腐斗争中获得了新的发展机遇，规范国企物资采购和废旧物资及再生资源处置行为，有效防止了采购行为中的商业腐败。

（3）公平竞争市场的必由之路。要想充分挖掘大宗物资采购、废旧物资及再生资源处置的市场价格，必须充分发挥市场机制，使市场在资源配置中起决定性作用。在充分竞争的市场环境下，采购人和供应商都是赢家，采购人可以公开择优选择，增收节支，获得最大的收益和最优质的服务；供应商通过产权市场公开、公平、公正的平台，获得充分展示自己优势的机会，促进了正常有序竞争，防止了恶意竞争，改善了市场环境。

（4）产权交易市场全面发展的必然选择。产权

交易市场作为我国多层次资本市场的重要组成部分，落实党的十八届三中全会的精神，建设一个全面发展的双向的综合性平台，才能真正发展成为一个健全成熟的交易市场。

六、改革面临的困难

哈尔滨产权交易中心开展大宗物资采购、废旧物资及再生资源处置的业务，通过阳光操作，替国资监管部门严格把关，为国有企业增收节支，为供应商创造了公平竞争的市场环境，获得了各方的支持和赞誉。尽管中心的创新业务取得了社会各界的认可和支持，但还是面临着一些困难：

（一）无明确的法律法规支持

大宗物资采购、废旧物资及再生资源处置的业务都面临着缺乏法律法规的困惑。以大宗物资采购为例，尽管我国已经颁布了《中华人民共和国政府采购法》、《中华人民共和国招标投标法》等相关的法律法规，但是对国企大宗物资采购来说，还面临着法律法规空白的情况。

采购主体包括政府、事业单位、团体组织、企业、个人消费者。政府、事业单位和团体组织的使用财政性资金采购依法制定的集中采购目录以内的或者采购限额标准以上的货物、工程和服务的行为由《中华人民共和国政府采购法》及配套法规进行约束。《中华人民共和国招标投标法》及配套法规未对采购主体做出明确的规定，而对各类采购主体的下列行为进行约束：①大型基础设施、公用事业等关系社会公共利益、公众安全的项目；②全部或者部分使用国有资金投资或者国家融资的项目；③使用国际组织或者外国政府贷款、援助资金的项目等工程建设项目包括项目的勘察、设计、施工、监理以及与工程建设有关的重要设备、材料等的采购。个人消费者根据个人喜爱自主进行合法正当的采购行为，自然无须法律法规进行约束。

采购主体是国有企业，由于国有企业的所有制性质是全民所有制，所以国有企业经营必须要受到国家相关部门的监管，国有企业进行的大宗物资采购更是各级国资部门的重点监管领域。由于尚未在法律法规层面建立完整的国有企业大宗物资监管体系，哈尔滨产权交易中心在开展大宗物资采购业务中，最大的困惑是没有明确的法律依据，只能依据

《招标投标法》，参照《政府采购法》开展工作，但这两部法律在许多方面还存在不一致的地方，给国企物资采购业务规模化、快速化的发展带来了障碍。

（二）部分国企领导重视程度不够

现在还有相当一部分国有企业领导不重视监管大宗物资采购、废旧物资及再生资源处置的进场采购工作，没有充分意识到进场阳光采购是促进管理提升，规避廉政风险，防止或减少权钱交易、商业贿赂等腐败问题发生的重要举措，认为自行采购或委托招标代理机构采购就可以了，认为进场采购增加了采购成本，多此一举，再加上国家没有明确的法律规定，市国资委的通知不具有强制性，找各种理由拒绝进场。

七、下一步工作计划

（一）打造保险采购"一站式服务"模式

目前，哈尔滨产权交易中心能够为国企提供公开选择承保保险机构、代收代缴保险费用、防灾防损培训、协调出险理赔、风险评估及风险管理咨询等服务，下一阶段，将完善出险机动车维修、保险公估等其他保险配套服务，力争打造投保便捷、费率优惠、理赔迅速、服务到位的国企保险"一站式服务"模式。

（二）抓紧市属国企大宗物资采购评审专家库的建设

为完善大宗物资采购平台建设，哈尔滨产权交易中心正积极推进专家库的建设。目前，专家库系统的硬件设备已经到位，软件正在调试中。评审专家的征集工作已经开始。

（三）制定大宗物资采购工作手册

哈尔滨产权交易中心根据国家法律法规和省、市国资委的要求，制定《大宗物资采购工作手册》，明晰采购工作流程，为国企大宗物资采购提供工作指引，规范采购活动。

（四）开展国企大宗物资采购进场宣传工作

目前，市属国企保险采购基本实现进场采购工作。而市国资委下属19家企业集团中，只有7家企业集团进场采购，中心要争取国资委的支持，走访各家企业集团，积极宣传国企大宗物资采购工作的优势，争取所有市属国企大宗物资采购都能够进场。

（五）加强员工专业知识学习

创新业务的专业性很强，保险政策不断地调整，物资采购和废旧物资及再生资源处置标的涉及面极为广泛，不仅需要掌握采购和资产处置方面的相关知识，而且需要掌握一定的法律知识，所以哈尔滨产权交易中心计划要加强员工专业知识学习，为顺利开展工作打下坚实基础。

市场经济的本质特征是市场自主配置资源。产权市场配置资源的最大优势是公开、公平、公正，使标的物在市场运行规律的能动作用下，快捷、高效地实现优化配置。哈尔滨产权交易中心开拓的大宗物资采购和废旧物资及再生资源处置业务，就是充分发挥了市场资源配置功能，取得了良好的社会效益和经济效益，赢得了社会各界的认可和支持。

"创新理论"之父，美国经济学家熊彼特提出，企业家应具备三个条件：一是有眼光；二是有能力，有胆略；三是有经营能力，善于动员和组织社会资源。产权行业20多年来发展的历程本身就是不断创新的过程，今后创新发展仍是产权行业进步的主旋律。当前，"互联网+"正引领传统社会发生巨大的变革，这是挑战更是机遇，产权人一定要有眼光，有胆识，有能力抓住这个历史性机遇，运用创新性思维，大胆开拓，相信产权市场的明天一定会更加美好。

浙江省产权交易共同市场探索及建议

浙江产权交易所　吴二石

产权交易市场是资本市场的重要组成部分。在

社会主义市场经济条件下产权交易是深化国有企业

产权制度改革、促进市场在资源配置中起决定性作用的基本方式之一。建设一个规范、有序的产权交易市场，推进产权市场健康、持续、可协调发展，对深化国有企业改革、促进社会主义市场经济的健康发展具有重要意义。

一、浙江产权交易市场发展现状

从交易机构发展情况看，到 2013 年全省已建有 29 家国有产权交易机构，其中省级 1 家，地市级 12 家，县市级 16 家。29 家交易机构中，事业单位体制和企业各占约一半，大部分属地市国资委监管，也有一部分机构由地市财政部门监管，与地市政务大厅或公共资源交易平台平行存在。主要有以下四种模式：第一种，独立市场地位型。具有独立法人地位独立运营的。如浙江产权交易所、杭州产权交易所以企业法人身份独立运作，与公共资源交易中心关系割裂。嘉兴产权交易中心以事业法人身份独立运作，由多部门组成的公共资源管理办公室监管。第二种，法人独立经营型。并入公共资源平台，保留独立法人地位，业务分类监管，人员身份、业务不变，自主经营。如台州产权交易所、衢州产权交易所。第三种，信息联网监管型。被纳入公共资源平台，只做信息联网，独立经营。如宁波产权交易中心。第四种，回归行政管理型。业务被并入公共资源中心，取消法人地位，在编人员进入事业单位公共资源中心。如温州产权交易中心、湖州市招投标中心产权交易分中心。

从各交易机构开展的业务活动来看，大多数县市级交易机构只是从事传统国资交易业务及招商引资为主，包括房产租赁、二手车及公共广告位交易，兼做一些公共资源业务如政府采购、建筑工程，部分开展了股权登记、股权质押、未上市公司股权流转等业务，总的来说功能比较单一。虽有部分交易机构参加了上海联合产权交易所发起的长江流域产权交易共同市场，但只挂个名而已，绝大多数只是在相应的行政区域范围内开展业务。

从各交易机构办公场所和人员配置来看，县市级交易机构办公场地偏小，正式工作人员一般只有 4~6 人。由于全省产权交易市场没有科学系统的人才培养发展计划，既懂经济和法律又懂工程、技术和国际惯例的高层次产权交易专业人才和管理人才

缺乏，客观上影响了产权交易平台的构建和完善。

2004 年前后，省内多家事业单位体制的产权交易机构并入公共资源交易中心，虽然从地理上交易机构与政府更贴近了，交易上却并没有越来越红火，嘉兴、绍兴等交易机构的交易额同比出现了大幅萎缩。其中除了各地国企改革和战略性调整完成传统国资转让业务急剧减少的因素外，产权交易机构进入公共资源平台后，政府的工作中心放在了招投标上，交易机构希望的叠加效应并未出现也是重要因素。由于浙江省当前产权交易存在的市场行政割裂、资源配置功能不强、交易竞争不充分等一系列问题，使成交量上升缓慢，市场规模难以形成，国有产权交易机构数量虽然不少，但年交易总量在 10 亿~100 亿元的只有浙江、宁波、杭州三家，大部分交易机构未形成交易规模，全省成交总量不超过 200 亿元（据省金融办的统计数据，2013 年截至 11 月一般权益类产品交易额为 172.37 亿元），与国内行业龙头—北京产权交易所集群、上海联合产权交易所集群年均 1 万亿元左右的交易额还有很大差距。

二、发展浙江产权交易市场的几点思考

（1）规范和创新是产权交易市场生存发展的重要手段。《国务院关于清理整顿各类交易场所切实防范金融风险的决定》（国发〔2011〕38 号）和《国务院办公厅关于清理整顿各类交易场所的实施意见》（国办发〔2012〕37 号）等文件出台，对各类交易场所，其中重点是产权交易场所进行了清理整顿。不规范的运作不仅会严重影响资源配置的效率以及产权交易市场的发展，而且直接影响交易行为的公正，导致违纪违法问题的发生。规范发展的关键是培育和发展健全的产权交易市场体系，重点是规范产权交易行为，产权交易市场只有自律和规范经营才能生存和发展。

（2）规范创新要靠信息化。规范和创新本身的一个共同手段就是信息化。信息化本身就要求规则统一、操作统一、监测统一，所以信息化本身就是规范化，较为复杂的、系统的规范化必须通过信息化才能得以实现。产权市场是一个为转、受让方以及经纪中介提供服务的平台，需要信息化的方式披露交易信息，信息化的方式撮合交易，信息化的手

段监测交易过程。

（3）推进产权交易市场"四统一"建设。自2013年以来，《国务院办公厅关于实施〈国务院机构改革和职能转变方案〉任务分工的通知》（国办发〔2013〕22号）、《国务院办公厅关于贯彻落实国务院第一次廉政工作会议精神任务分工的通知》（国办函〔2013〕63号）、《关于国资委贯彻落实2013年反腐倡廉工作任务分工的意见》（国资委纪检〔2013〕97号），分别对整合建立公共资源交易平台、国有产权交易平台的市场化改革和"四统一"，即统一信息披露、统一交易规则、统一交易系统、统一过程监测提出明确要求。根据浙江省政府常务会议纪要〔2012〕7号文件精神，在浙江产权交易所完成增资扩股的基础上，将行政事业单位国有资产及其下属企业国有产权、罚没资产、涉讼涉诉资产及其他公共资源由有关部门明确纳入，择机开展浙交所与杭州产交所有关资源的整合与合作，逐步将浙交所打造成真正的省级产权交易平台。在省国资委的指导下联合全省有条件的产权交易机构或部门，以设立浙江产权交易共同市场的形式，形成以国资交易项目为主的全省统一互联、流转顺畅的产权交易大市场，实现国资交易"四统一"，以共同市场的方式辐射全省形成区域性产权交易市场体系，并利用先进的互联网技术搭建共同市场信息网络平台，使产权交易市场联网运作、资源共享、优势集中，为参与产权交易各方提供高效便捷的服务。

三、全省产权交易共同市场可行性分析及建议

（一）山东产权交易中心设立办事处模式

山东省人民政府办公厅转发山东省国资委等部门《关于加强企业国有产权交易监管有关问题的意见的通知》（鲁政办发〔2007〕99号），山东省国资委也专门下发鲁国资产权〔2008〕6号文件，对统一全省产权交易机构做了专门规定，明确"企业国有产权交易业务应在统一监管机构、统一信息发布、统一交易规则、统一审核鉴证、统一收费标准'五统一'的制度框架下，在山东产权交易中心及其分支机构内进行的统一要求，经批准已成为山东产权交易中心分支机构，加挂山东产权交易中心办事处牌子的原各市产权交易机构，法人资格、管理

体制以及除国有产权交易业务外的其他业务的经营和管理模式不变，以山东产权交易中心办事处名义从事我省企业国有产权交易业务。尚未申请加挂山东产权交易中心办事处牌子的原各市产权交易机构，由所在市国资监管机构推荐，经审查符合条件的，可加挂山东产权交易中心办事处牌子。凡没有取得山东产权交易中心办事处资格的产权交易机构，原已受理的业务，应于2008年3月底之前办结，未办结的移交山东产权交易中心办理"，并规定"企业国有产权交易实行会员代理制。与国有产权交易相关的经纪、咨询、拍卖和招标等中介机构，可根据《山东产权交易中心会员管理办法》，申请成为山东产权交易中心的会员"。据了解，所有办事处承接的国有产权交易业务，资料最后均需递交山东产权交易中心审核并在中心挂牌交易，中心只负责国有产权业务的指导和审核，办事处其他业务的经营包括盈亏与中心无关。

（二）广州产权交易所组建共同市场模式

2008年9月，广交所牵头实施了"以成员所方式横向整合市场"的方案，得到了省内梅州、汕头、佛山、江门、湛江、顺德等地区以及广东产权交易中心、广州技术产权交易所的积极响应，短短半年，即有15个交易机构按照"统一市场平台、统一交易规则、统一商业模式、统一培训机制、统一沟通协调"的原则，签订了加入广州产权交易共同市场的协议。2009年3月28日，由广交所牵头、广东省内15个同质化产权交易机构共同参与的"广州产权交易共同市场成员所第一届理事会"在广州召开，会议通过了《广州产权交易共同市场经营管理守则》，成立了广州产权交易共同市场理事会，搭建了统一市场网络信息平台，达成了实现珠三角及周边地区产权交易市场一体化的共识。不同于全国其他省内整合的市场，广州产权交易共同市场没有任何行政力量推动，其成员所的理念在于"交易规则、市场平台、商业模式、企业文化和业务培训"的统一。共同市场为非独立法人联盟，现有21家成员所，理事会及秘书处均设在广交所，成员所之间是纯粹的业务合作关系，根据各自实际情况的不同与广交所签订合作协议，广交所派出技术人员指导设置网站端口，统一信息发布，交易数据由秘书处统一报送国务院国资委。成员所之间建

立起一种新型战略合作关系，并通过开展紧密的业务合作，彻底打破了行政条块分割的市场壁垒，促进了珠三角及周边地区产权交易市场的和谐统一及高效运作。另外，广交所作为共同市场的牵头者，能充分发挥其自身在区域产权交易市场中的核心作用与辐射力，积极向各成员单位输出先进的经营理念并带头开展实质性的业务合作。据了解，在市场化理念极其深厚的广交所的组织下，广交所业已成熟的"企业托管"、"股权质押"、"私募股权"等模式在更大范围内得以推广。共同市场的组建以及各成员机构的加入均以平等、自愿、共赢为前提和基础，该种合作方式比行政干预具有无法比拟的优越性、科学性。另外，在各地加快产业升级转型的经济形势下，该模式除带动各成员机构协同发展之外，还能使各成员机构依托省会中心城市产权市场的影响力和辐射力，进一步发挥产权交易机构特有的功能，优化资源配置，促进区域经济结构调整。

综上所述，我们提出以下建议：根据市场在资源配置中起决定性作用的指导思想和浙江省产权市场现状，参考广州产权交易共同市场模式，向浙江省国资委报送建设全省四统一共同市场报告，要求全省国有产权交易机构依托浙交所构建浙江产权交易共同市场。同时，浙江产权交易所要做好共同市场的组建筹备工作。以统一国有产权交易为突破口，实物资产租赁及海域使用权出让项目等业务为载体，以互联网竞价系统、产权交易业务培训等为辅助载体，搭建共同市场信息网络服务平台，实现成员所信息统一发布及共享，为产权交易各方提供服务。浙江产权交易所牵头制定和完善共同市场产权交易规则及操作规程，确保全体成员所项目操作符合国家有关政策规定，并根据成员所各自的特点签订合作协议，合作协议在场地租金、信息发布、佣金分配等方面一地一签，突出个性，为成员所提供业务培训、互联网竞价系统包括办公场所、人员招聘、网站开通维护等全方位支持。共同市场汇总、统计、分析各成员所交易数据并统一上报省国资委、国务院国资委，最终与国务院国资委企业国有产权交易监测系统整体对接，实现国资交易的四统一，并通过四统一共同市场平台建立信息共享、资源共享、业务共享、成果共享机制，强联强、大帮小、强扶弱，携手把机构优势凝聚成行业优势，把行业优势转化为市场竞争优势，推动区域性产权交易市场迈向新的高度。

吉林长春产权交易中心业务创新概况

吉林长春产权交易中心

一、三大创新

吉林长春产权交易中心（以下简称中心）坚持以创新交易品种、创新交易手段、创新金融服务为核心的"三大创新"，积极稳妥推进市场发展，呈现出以阳光交易平台和融资服务平台为"双轮驱动"的新格局和快速发展趋势。

在创新交易品种和创新金融服务方面，积极稳妥地加强市场平台建设，中心已经拿到"全牌照"。成为拥有9家全资单位（吉林省股权登记托管中心、吉林股权交易所、长春农村产权交易中心、长春金融资产交易中心、长春农村物权登记托管交易融资有限公司、长春国利投资管理有限公司、长春国利典当有限公司、长春国利物业管理有限公司、吉林省股权投资基金协会）、控股两家单位（吉林省技术产权交易中心、吉林省文化产权交易所）、参股3家单位（吉林环境能源交易所、长春市新兴产业投资基金有限公司、北京金马甲网络产权交易有限公司）的集团型、多元化的市场平台和多层次资本市场的重要组成部分。这些专业"牌照"的取得，不仅实现了对各类产权和资源性、权益性资产交易业务的全覆盖，而且，能为企业融资提供专业化服务。为产权交易市场赋予了新的内涵,开创了产权市场的新局面。对市场未来持续发展奠定了基础。

在创新交易手段方面,推行"互联网+"模式,并作为市场运营的常态化运营方式坚持下去。利用中心与各地交易平台互通互联的优势,以网络手段为基础,从线上交易资源的挂牌转让和融资项目的推介、企业展示、资讯汇集,到线下"贴身管家式"服务,不间断运行。为方便企业和社会公众参与交易项目的竞买,开通了网上报名登记系统,应用网络电子竞价交易系统进行无障碍交易。

二、特色服务

对产权交易业务实行部门分工操作并实行项目经理负责制。为了使产权交易项目通过市场化规范运作,得到有效增值,并从源头上预防腐败,体现"公开、公平、公正"的市场特征,中心制定了科学的产权交易操作流程,对所有进场交易项目从最初接受委托到最后成交的整个业务环节,采取部门分工操作并实行项目经理负责制,责任和个人利益挂钩,并进行严格的考核与监督。使同一个项目,由不同部门和人员分别负责各自业务环节的具体事务,相应做好全程优质服务,如项目受理、政策和业务咨询、审核、现场勘察、挂牌、推介、交易、交割结算、出具转让鉴证、存档等各项工作。

对重点交易项目实行上门服务。中心本着对委托方高度负责的精神,切实保障买卖双方的合法权益,对重点项目进行深入调查研究,详细了解项目情况,客观分析项目优势和存在的瑕疵,制定推介方案,选择恰当的交易方式,促使交易项目以真正市场价值顺利成交。在服务央企方面,提供上门服务和进行现场办公。

以股权托管为基础,搭建银企对接桥梁,为中小微企业做好金融服务。中心坚持以扶持中小微企业发展为己任,搭建了金融服务的综合性市场平台。吉林省股权登记托管中心免费为公司制企业办理股权登记托管,以低成本、更快捷、更安全的股权质押方式,协助企业融资;吉林股权交易所对非上市公司提供融资、股权挂牌转让、定价、规范管理、品牌宣传等服务;中心金融部及其他相关业务部门经常与省内各市(州)金融办、工信局等部门

沟通,并深入企业了解融资需求情况,组织金融机构召开融资项目预审会或通报会,有针对性、有目标地召开银企对接会,让企业和银行之间在资金和金融产品的配置上更有选择性,同时,也有助于推动金融服务创新,切实解决企业融资难题,促进实体经济增长。创造了"托管增信—对接融资—配套服务"的"吉林模式",得到国务院国资委的肯定和推广。

三、市场核心

中心伴随着全省经济发展的步伐而不断成长壮大,市场功能有效提升、交易种类不断增加、服务领域进一步延伸。在资源聚集、资本流动、信息辐射等方面起到带动和支撑作用,成为全省产权交易市场体系的核心与服务载体。引领并指导省内各市(州)产权交易机构,大力开展产权交易、股权登记托管业务及其他相关服务。逐步实现全省产权交易市场的"四个统一",即统一交易规则、统一信息披露制度、统一交易系统、统一监管体系。

四、区域市场

吉林股权交易所自2013年6月28日开市运营以来,致力于拓宽中小微企业融资渠道,破解资金难题。根据企业需求细化服务功能。将原有市场结构分拆,形成吉林精选板、吉林初创板、吉林展示板三个相互衔接的立体板块。打造转板通道顺畅、融资渠道多样、行业覆盖广泛的区域性股权交易市场。在增强融资服务功能方面,相继推出了中小企业私募债、小额贷款公司私募债、"股通宝"、"股兴保"等一系列金融产品。与省内各大银行、投资公司开展合作,丰富融资渠道、丰盈融资方式。

各板块的功能和挂牌条件如下:

吉林展示板,是吉交所为聚集各类优秀企业资源、提供形象展示、品牌宣传、信息发布、财务顾问、融资对接等服务,满足企业多项需求,促进企业健康发展而设立的功能板块之一。以其得天独厚的平台资源优势和贴身服务,赢得企业的信赖和支持。企业申请在吉林展示板挂牌,应当符合以下三个条件:一是依法设立且合规经营的公司制企业;二是在吉林省股权登记托管中心进行股权登记托管;三是业务明确,具有持续经营能力。该板块具

有门槛低、无成本、方便快捷、手续简便、贴身服务等特点。

吉林精选板，是由吉交所推出的非上市股份公司股权挂牌交易平台，该板块的设立，在解决企业融资、优化资源配置、建立现代企业制度方面发挥了积极作用。同时为吉林省非上市股份公司提供股权定价、转让、形象宣传等服务；为更高层次资本市场孵化、筛选、输送上市后备企业。企业申请到该板块挂牌，需满足以下条件：一是实缴注册资本500万元以上；二是主营业务完整、经营业绩良好的股份有限公司。吉林精选板挂牌流程：企业申请，需经推荐机构推荐，并由中介服务机构对该企业展开尽职调查。通过专家评审、监管机构备案、媒体公示后即可正式入市挂牌。该板块具有门槛低、效率高、成本少、功能全的特点。

吉林初创板，是吉交所为了满足企业创业和创新需求而设立的板块。吉林初创板的服务对象为具有自主创新能力的初创期企业，小微型新兴企业，高成长性科技企业。

企业登录吉林初创板挂牌需满足以下条件：①在吉林省股权登记托管中心托管；②依法设立的股份有限公司，实缴注册资本低于500万元；③为有自主创新能力的初创期企业、小微型新兴企业或高成长性科技企业；④最近一个会计年度内无违反法律、法规行为，无不良信用记录；⑤不存在任何可能严重影响公司资产和业务的法律诉讼案件，或有负债等事件；⑥公司股东人数不超过200人。

吉林初创板挂牌流程：企业或推荐机构向吉交所提交推荐书和申报文件—吉交所完备性审核—吉交所组织专家评审—签订《公司挂牌协议》—向监管

机构报备—指定披露平台公告—吉交所挂牌。

该板块特点：吉林初创板与吉林精选板、吉林展示板相比，其最大的特点是为企业提供众筹融资。企业及个人有创业意向或科技成果，可向吉交所提出需求，吉交所组织相关机构对该项目形成募集对接方案，通过吉交所平台进行场内众筹，为创业者和投资者之间架起高速通道。

服务举措：近年来，吉交所为了做好中小微企业服务，协助企业融资，扶持企业成长，除了搞好市场规范和对挂牌企业股权加强日常管理，主要推出三个方面的服务举措：一是深入企业走访，进行调查研究，努力践行"贴身管家服务"。指派8名业务人员分别奔赴吉林、四平、通化、白山、辽源、松原、延吉等地，回访企业300余户，了解企业需求，助力企业解决生产经营中的问题。经过深入细致了解，32家企业提出融资需求，吉交所工作人员迅速跟进，与合作银行、投资机构反复沟通，协助企业融资。二是发挥平台功效，辐射全省中小微企业。吉交所共举办市场推介会5次，其中延吉市1次、珲春市1次、敦化市1次、长春市2次，与当地工信局、管委会、金融办等职能部门紧密合作，共服务企业190余户。三是免费为企业提供培训服务。召开"赢在资本市场"培训会3次，免费为场内挂牌企业及意向挂牌企业高管提供法律、财务等咨询服务，共有80余家企业的近180人受益。这些举措的有效实施，不仅使企业对区域性多层次资本市场的功能与服务有了深刻认识，也让企业得到了真正的实惠。因而，赢得了企业的信赖与支持。

沈阳联合产权交易所市场发展情况综述（2012~2014年）

沈阳联合产权交易所

近年来，随着地方国有企业改制的基本完成，企业国有产权交易资源持续下降，市场发展面临严峻考验。在各级党委政府和有关部门的关注支持

下，沈阳联合产权交易所（以下简称沈交所）立足服务东北金融中心建设与沈阳中心城市功能提升，结合辽沈地区经济特点和市场建设实践，确定了以

构建区域非上市产权与资本汇集流转中心为目标，以国有产权交易为支柱、以非上市股权交易为顶层、以服务新兴产业产权流转和公共资源市场化配置为两翼，打造十大服务平台，建设与东北老工业基地振兴需要相适应的多层次、多元化、多功能综合性产权市场的发展战略。积极转变经营观念、创新交易平台、拓宽市场领域、提升服务功能，市场运行平稳，创新成效显著，先后投资设立辽宁股权交易中心、辽宁沈阳文化知识产权交易所、沈阳农村综合产权交易中心、沈阳环境资源交易所、沈阳技术产权交易中心、辽宁股权登记托管服务公司等专业市场，2014 年沈阳联合产权交易所集团完成注册，市场建设进入历史最好时期。沈交所在区域多层次资本市场体系建设中的战略地位和主要作用进一步强化，成为沈阳打造东北金融中心战略的重要环节。

一、深化服务，打造国有产权流转主市场

按照新的发展战略，沈交所配合区域经济体制改革整合国有产权交易，做强服务平台。一是做长服务链条，开展了企业私募股改、并购重组、实物资产处置及企业不良资产处置等创新业务，努力为各类国企转方式、调结构提供更为有效的服务。先后完成沈阳振兴环保股权转让、沈鼓集团增资扩股、沈阳机床资产整合等一批重大项目，国有资本增值达到30%以上。二是拓展金融资产交易，三年来各银行、资产管理公司在沈交所挂牌交易金融产权及债权额243.9 亿元，产权转让值41.6 亿元。其中，鞍山银行股权转让在沈交所完成。三是争取央企及省属企业资本运作、省属能源企业并购重组、国家产业扶持基金退出依托沈交所进行。2012 年中信集团通过沈交所成功挂牌转让其投资企业的股权，产权转让值近 30 亿元，由多家私募基金联合受让，是为私募基金参与国有企业重组的成功范例。四是搭建全省涉讼国有资产处置平台。2012 年末，经过省高法公开遴选司法拍卖网络交易机构的激烈竞争，沈交所获得全省唯一的国有涉讼资产网络交易资质，沈阳市首宗进场司法拍卖资产增值率即达14.4 倍。五是公共资源市场化配置获得重大社会效益。相继开展了行政事业资产处置和租赁等创新业务。在全国首单由产权交易机构配合政府

公车改革，先后处置了大东、浑南和沈北公务车辆共 535 台，平均溢价近 50%，增值国有资本收益超过 300 万元；组织完成地铁集团委托的沈阳市政府广场商业配套使用权招租项目，标的额为 13 亿元、租赁期 26 年，达到了广泛征集、规范操作示范效应。六是相继获得国家及省级国有产权、金融、非上市股权、文化、技术以及涉讼资产等 12 类经营资质，交易业务实现中央到地方的全覆盖，服务对象涵盖国有、民营、股份制等各种所有制形式。

二、纵向提升，推进全省区域场外市场建设

为拓宽非上市企业融资渠道，沈交所积极组合市场、创造条件，推进全省非上市企业股权交易市场构建。一是经省政府批准，2013 年 1 月，沈交所联合券商及上海证券交易所共建的"辽宁股权交易中心"注册成立，沈交所作为主要投资人出任董事长单位，成为上交所继沪、浙之后在全国参与出资的第三家区域性场外交易市场。二是经积极争取，沈阳股权托管公司成为非上市公司股权托管业务的省级平台，托管盛京银行、锦州银行、沈鼓集团等省内非上市企业百余户，股权 170 亿元，形成了可流动产权及可投资项目的"蓄水池"，并以增值扩股、质押贷款、信托投资等形式协助企业融资 57.6 亿元。三是布局省内股权融资服务体系，先后发起成立了沈阳股权投资协会、辽宁省股权和创业投资协会，密切与各类投资机构的联系。

三、横向开拓，努力成为区域资本市场体系建设"孵化器"

积极争取各级政府部门支持，主动将企业国有产权进场交易的成功经验复制到其他新兴产业领域，开展相关市场孵化与培育。一是在市国资委、科技局的支持下整合沈阳技术产权交易中心，并获得国家专利技术展示中心资质。经科技部批准，与泗水科技新城共建的国家科技成果转化服务（沈阳）示范基地正式启动，成为全国十大基地中主持基地综合信息服务平台建设的唯一产权交易机构。经省有关部门批准，沈交所成为全省知识产权托管试点单位，为开展高科技企业利用知识产权质押融资奠定基础。二是对沈阳文化知识产权交易所进行

了股份制改造，引入民营战略投资者，实现国有资本增值和股权多元化。三是在 2012 年国家清理整顿各类交易场所中，沈交所及所属分市场均通过省政府审核和国家部际联席会议备案。其中，文化、碳排放交易所分别在各自领域内成为全省唯一保留的交易所机构法人。

重庆联合产权交易所集团创新发展情况综述

重庆联合产权交易所

一、总体情况

10 年前，为堵住国有资产不规范交易造成流失的漏洞，实现国有资产保值增值，经市政府批准，建立重庆联交所，成为重庆金融要素市场的重要组成部分。

成立以来，重庆联交所按照"政府监管、企业化经营、市场化运作"的体制机制，坚持"公开、公平、公正"的服务原则，锐意进取，开拓创新，从无到有、由小到大，用 10 年时间走过了中国产权市场 25 年的发展历程，专业化、市场化的服务，得到各级党委政府以及社会各界的充分肯定，被黄奇帆市长誉为"重庆要素市场的范例"。截至 2014 年，联交所累计完成交易 3 万多宗，实现交易额 4700 亿元，交易规模稳居中西部之首，列全国前三。进入联交所交易的项目平均成交率 80%，其中，七成以上是竞价成交，竞价项目平均增值 20%，成为全国产权交易行业和重庆要素市场具有影响力的交易平台。

二、主要成效

（一）建成了极具公信力的国有资产阳光交易平台

国有资产交易政策性强，规范性要求高，社会关注度高，责任重大。阳光规范是联交所立身之本，重庆联交所始终将平台公信力建设放在首要位置。一是机制建设，按照受理、审核、监督"三权分立"原则，联交所建立起前中后场相对独立、互为支撑、相互制衡的业务运行体系。受理作为前台，主要是三个交易部门和分支机构，负责对接客户；审核作为中台，对项目独立审核，把控风险，有一票否决权，有效防范交易风险；监督是后台集团，纪委（监事）办负责内部监督，设立了投诉举报信箱，畅通监督渠道。二是制度完善，先后制定了 80 多项交易及内部管理制度，并整理形成 6 本、1300 多页、120 万字的制度汇编，下发各部门、各分支机构，让大家熟悉规则，敬畏规则，真正用规则管人管事管物。2013 年，还出台了员工从业"十八条禁令"，进一步规范员工廉洁从业。三是技术保障，通过先进技术杜绝腐败。我们不断升级改造交易方式，先后从传统敲锤拍卖，发展到同处一室的局域网竞价，再到互不见面的互联网交易。如今，我们在全国率先实现网上报名、网上缴纳保证金、网上竞价、网上支付结算等全流程互联网操作，对竞买人信息实现彻底物理隔离，完全杜绝了围标串标、职业控场等现象，同时也方便了投资人。联交所成立以来，交易规范率一直保持 100%，无一例败诉和员工违规违纪案件，平台的阳光公正得到社会各界认可，也推动了新业务不断进场。

（二）建成了高效率配置资源的要素市场

重庆联交所始终坚持市场化能力建设，通过发挥平台的集聚辐射作用和影响力，致力于建设一个实现产权跨地域、跨所有制有序流转，各种要素资源高效配置的"真市场"。一是信息发布面尽可能广，覆盖群体尽可能大，我们借助网络、通信和数字媒体技术，开展包括搜索引擎、电子邮件、即时通信、博客、微博、微信等方式的互联网营销，集团门户网站日均浏览量达到 1.4 万人次，我们运营的人民法院诉讼资产网日均浏览量达到 7.2 万人次。同时，还实行了重大项目在京津沪渝四大交易机构同步挂牌发布制度。二是通过多年积累，收集投资人意向信息，并进行分类归并，建立了超过5000人的经常投资人信息库，对项目进行精准推介。三是注重项目包装策划。在项目进场前，提供上门服务，帮助客户拟订合理高效的处置方案、准备相关资料；进场后，保持全程客户跟踪，及时响应客户需求，提供快速、合规、专业的帮助。四是出台会员管理制度和限时包销政策，充分调动会员积极性，提高活跃市场的能力。目前，共有各地各类会员200多家，对活跃产权交易市场起到了积极的推动作用。如今，在联交所的平台上，每年有1000亿元以上的资产在市场流转，汇聚了1万人以上的机构或个人投资者，平均每月有1000个新挂牌项目，每个工作日有20多场网上竞价会，有30个项目顺利成交。通过这个市场化平台，激活了各种要素，提高了资产的流转速度、管理质量和利用效率，促进了资本市场的发展。

（三）建成了极具价值的现代企业

重庆联交所成立以来，坚持企业化运作，严格按照市场主体要求完善内部管理，保证平台活力。一是实行"集团化运作、一体化管理、多元化布局"的模式，集团旗下拥有9个专业化子企业，31家分支机构覆盖重庆市域所有区县，按照"总所—分所—支所"三级纵向管理模式，成为全国唯一省级区域全统一、全覆盖的市场。二是坚持"交易服务+配套金融服务"双轮驱动战略，促进企业价值不断提升。在交易方面，以传统产权业务为依托，积极拓展司法拍卖、特许经营权出让等20多个领域；在金融服务方面，组建联付通支付结算公司、惠民金融服务公司、联房通融公司，推出"产易贷"、"快贷通"、"十日贷"等活跃交易的金融服务产品。三是在管理体制上，所有人员转为企业身份，不再保留事业编制；在法人治理结构上，建立了股东会、董事会、监事会和经理层相互独立、相互制衡的现代企业制度；在财务管理上，建立了严格的财务预算控制制度，成本收入比控制良好；在员工管理上，按照"干部能上能下、员工能进能出、收入能高能低"的原则，建立激励约束机制。

三、下一步打算

（1）继续深耕产权业务。主要是花大力气帮助

区县政府盘活存量资产和沉睡资源。区县政府国有资产体量大，降债任务重，联交所主动对接区县政府，区县也有这个需求，共同用好联交所这个平台，将闲置资产公开挂牌转让，盘活存量资产，减轻政府债务。同时，将过去看起来不起眼的沉睡资源，通过公开市场，发现其市场价值，帮助财政增收。

（2）拓展交易品种。重点从服务企业增资扩股、PPP项目进场和市外诉讼业务方面着力。增资扩股是吸引社会资本，推进国企混改最主要也是最有效的途径之一。重庆联交所将积极争取成为国务院国资委指定的中央企业增资扩股工作试点交易机构。在推动PPP进场方面，积极储备人才，主动对接发改委，配合完善操作方案，做好进场的准备。在市外诉讼业务方面，重庆联交所运营的最高院"人民法院诉讼资产网"已覆盖全国所有法院，13个省市法院通过平台开展网上竞价交易，我们将加快诉讼业务合作延伸工作。

（3）发展金融服务。2014年7月，重庆联交所全资子公司"联付通"获批第三方支付牌照，开展互联网支付服务，实现了对全市产权市场结算业务的全覆盖。2014年5月，成立惠民金融服务公司，创造了国有平台、国有银行、国有担保的"黄金三角"P2P业务模式，着力解决"两个80%"问题（让人群中占80%、银行较少关注的老百姓能享受安全、稳定、高收益的投资理财产品；让占总数80%、通过银行融资困难的中小微企业以较低成本获得资金融通）。联交所将加大力度，用好联交所的品牌效益和影响力，拓展更广市场，积极打造平台转型升级新的增长点。

重庆联交所集团将在夯实政策性业务的基础上，通过制度创新、管理创新和业务创新，大力发展市场性、竞争性业务，激发企业活力，提高市场竞争力。按照市委、市政府的要求，力争到"十二五"末，将重庆联交所集团打造成为管理规范、运行高效、服务一流的千亿级产权交易所和在全国有较大影响力、集聚力和辐射力的重要金融要素市场。

深圳联合产权交易所业务创新情况述评

深圳联合产权交易所

一、国有增资

深圳市国资委十分重视增资扩股进场工作。2009年底，深圳市国资委就出台了《深圳市属企业国有产权变动监管规定》，2012年3月深圳市国资委在总结近几年实践经验的基础上印发了《深圳市属企业国有产权变动工作指引》，并对联交所增资服务工作给予了积极的指导和督促。

深圳联交所重视制度规范，先后制定了《深圳市国有企业增资扩股交易操作规则》、《企业增资竞争性谈判操作指引》等增资业务规则及竞争性谈判内部操作指引，为工作规范开展提供了保障。

深圳联交所采用专业的投行模式，积极主动上门服务，先期介入，充分了解企业的需求，帮助企业制订科学合理的实施方案，立足全面了解企业真实情况和增资需求，在具体方案设计时把握两个重点：一是要征集到足够多的意向投资者，以便优中选优；二是设计合理的最终投资者选定方式，因涉及不同类型的投资者，最终价格如何统一是个难点。确定以上两个重点问题后，建议企业适当降低投资者入围条件，同时利用交易所的投资者渠道积极推介，广泛征集意向投资者，为后续的竞争性谈判打下良好的基础。与此同时，用心建设和拓展投资人库和专家库。

深圳联交所研发的增资业务模式是产权市场为国有企业增资扩股服务的有益探索，也是产权市场提升融资功能的重要转型。增资扩股业务不能简单停留在信息发布和一般意义上的合法合规程序审查，而是要在增资方案设计、投资人推介、组合利用各类资源、满足企业个性化需求、促成交易实现双方共赢等方面发挥作用。

二、国有资产招租

2013年11月28日，深圳市国资委出台了《关于加强市属国有企业资源型资产租赁综合监管的指导意见（试行）》，对市属国有企业资产出租提出公开挂牌招租的要求，明确单宗资产或一次性招租资产租赁面积在500平方米以上或者招租底价每年在100万元以上，必须进入市国资委认可的交易机构实行公开招租。深圳联合产权交易所作为该项业务指定的公开交易平台，由租赁权交易部负责实施该项业务工作，实行公开招租成效显著。

一是市场竞价挖掘潜在价值。推行公开招租，吸引社会更多关注度和参与度，有效利用市场发现价格的机制，充分挖掘项目的潜在价值。

二是阳光招租促进廉洁从业。推行公开招租，将招租信息和招租程序向市场公开，实现企业资产租赁工作的阳光化，促进企业管理人员的廉洁从业，帮助企业排除人情压力，提高招租效率。如机场集团社会停车场有4个车区冠名项目，地处深圳主要交通枢纽，人流密集，地理位置优越。曾有不少意向承租方托各种关系希望低价承租，给企业领导人员造成极大困惑。企业将该项目在联交所挂牌公开招租，面向社会广招意向方。经过公开招租程序，该项目不到一个月的时间就顺利找到承租方，有效避免了"低价长租"、"人情出租"等现象的发生。

在公开招租以网络竞价为主的基础上，持续深度探索，创新交易形式，提升服务质量。根据项目具体情况及业务开展需求，制定了公告期内一次报价、综合评审、竞争性谈判等多种交易方式，满足企业各类资产招租的需要。

三、金融资产

深圳联交所小贷资产权益业务结合互联网金融，在充分保障投资人收益的前提下，满足优质小额贷款公司对资金的需求和合格投资者的投资需求。一方面作为风险小、收益高的理财产品增加了广大群众的理财收入，另一方面大大加强了资金募集力度，盘活社会资金存量的同时，解决小贷行业再融资难题，并让更具活力的小贷公司反哺中小微企业，切切实实体现了普惠金融。

四、技术转移

2014年，技术转移部在2013年研发出"可客

观量化的专利质量评估方法论"的基础上，建立了评估统计模型。通过对模型的不断调整完善、论证、筛选，以及与软件开发公司积极沟通开发需求，最终于2014年9月成功开发出联交所专利评估系统。目前，系统一期开发已完成并上线试运行，有专利评价、公司申请人评估、代理公司评价、行业评价、系统使用说明等六个模块功能，并可以实现评价数据的各数据项展示以及实现数据搜索、收藏、报告下载等功能。联交所研发的这套专利评估系统，不仅有助于本所平台上专利技术交易的撮合和匹配效率的提高，还将加快科技成果转化的步伐，为解决经济和社会发展中的难点、热点、重点问题做出卓越贡献，社会意义重大。

武汉光谷联合产权交易所业务创新情况述评

武汉光谷联合产权交易所

近几年来，武汉光谷联交所加大转型发展和深化改革力度，主要体现在对传统功能的突破和资本功能的创新上。在规范发展传统国有产权交易业务的同时，武汉光谷联交所重点创新拓展交易平台功能，探寻专业平台商业模式，完善交易市场体系，发挥平台协同发展功能，各类业务和平台发展出现了新格局和新态势：

一是国有产权交易稳中有进。从2012年初至2014年12月，光谷联交所本部共完成国有产权交易项目195宗，成交额81.25亿元，已涵盖企业国有产权、行政事业单位国有资产和金融企业国有资产三大板块，供销社资产、集体企业资产、央企实物资产等也陆续进场交易，在应对国资改革发展需要等方面功能显著。

二是股权托管凸显融资功能。截至2014年12月30日，武汉股权托管交易中心挂牌企业数量达到351家，挂牌总股本71.71亿股，总市值529.78亿元，挂牌企业共成交10.35亿股，成交总金额14.95亿元；累计实现融资101.79亿元（含股权直接融资9.98亿元，股权质押融资91.81亿元）。

2014年9月25日，武汉股交中心"科技板"（简称S板）正式启动，专门为科技型中小企业提供挂牌交易、股权托管、上市培育等服务，让科技与资本"联姻"，首批100家"科技板"后备企业登录中心展示，这也是全国区域股权市场首个"科技板"。

三是金融资产交易全面拓展。自2014年以来，武汉光谷联交所主要从加强与金融机构合作入手，先后与招商银行、天风证券、兴业银行、长城资产管理公司签署全面战略合作协议，在金融资产交易、金融产品创新等方面开展广泛合作，致力于打造一个聚集信息、发现价格、规范交易、优化资源的金融资产交易平台。2014年10月9日，湖北产权市场首单产权交易并购融资项目正式签约，标志着传统产权交易在进场环节融资实现了零的突破。

四是法院涉讼资产交易从武汉向全省拓展进展顺利。截至2014年12月，共受理武汉市、区两级人民法院委托审计评估和拍卖案件3274件，组织随机选择中介机构摇号活动286场；实际完成案件2957件，三年平均结案率达到90.03%，涉及案件金额达123.13亿元。省高院已正式出台《湖北省高

级人民法院关于贯彻实施〈最高人民法院关于人民法院委托评估、拍卖工作的若干规定〉的通知》、《湖北省高级人民法院关于印发 〈司法委托拍卖和变卖工作实施细则（试行）的通知〉》（鄂高法〔2012〕292 号），对全省法院司法委托拍卖、变卖工作进行改革，确定武汉光谷联交所及分支机构为全省唯一的涉讼资产交易平台。

五是文化产权投融资机制启动。在规范发展文化单位传统产权交易的同时，武汉光谷联交所积极推动文化艺术品交易的投融资机制建设，以此来促进文化产权交易市场的活跃和繁荣。2014 年 9 月 18 日，湖北书画名家真迹作品电子数据库和华中文交所艺术品网络商城同步启动，同时华中文交所投融资交易平台圆满上线，这是湖北省艺术品收藏业、文化产业与金融及互联网科技融合发展的一次创新实践，标志着文化艺术品交易的投融资机制建设取得突破性进展，得到了省委宣传部和省政府金融办的充分肯定。

六是碳金融创新取得突破性发展。湖北碳交中心是国家发改委备案的全国七个碳排放权交易机构之一，对促进中西部地区碳排放权交易市场具有重要意义。湖北碳交易运行半年来，市场运转良好，市场机制促进经济低碳转型、控制温室气体排放的效果初步显现，受到广泛关注和一致好评。截至 2014 年 9 月底，市场交易总量、交易总额、累计日均成交量、投资者数量、省外引资金额等各项市场指标均位居全国第一。2014 年 9 月，武汉光谷联交所推动全国首单碳资产质押贷款项目正式签约，标志着湖北碳市场的金融创新取得了重大突破。同年 11 月，湖北省碳金融创新项目签约仪式暨全国首只碳基金发布会隆重举行，标志着湖北碳市场在创新品种和创新规模上实现双向突破。根据省政府提出的"打造全国碳金融市场"的总体要求，中心计划依托"现货远期产品"和"（CCER）收益权产品"创新，进一步抢占全国碳市场份额，继续保持湖北碳市场流动性高的优势；同时，建设全国首个碳金融高端实体平台——"碳汇大厦"，形成全国性碳金融资本与市场要素的集聚区，为湖北争夺全国碳交易中心奠定基础。

七是全面推进创新平台建设。第一，积极推进知识产权交易平台的增资扩股。武汉光谷联交所将知识产权交易平台作为深化改革的试点，着力强化电子化网络功能，凸显互联网金融属性，创新技术转移服务模式，努力构造科技金融创新可以依托的新型平台。第二，新设矿业权和矿产品交易平台。武汉光谷联交所计划与湖北省地矿局共同组建矿业权交易市场，建立湖北省统一的矿业权和矿产品的流转平台，用以规范矿产与土地资源的交易行为，发挥市场优化配置作用，确保国家矿产与土地资源权益不受侵犯。第三，积极研究新交易平台的试点功能。根据国家对排污权试点的政策要求，依托湖北环境资源交易中心，正在积极研究湖北省排污权的交易模式及平台功能。根据国家对水权交易试点的政策要求，正在与省水利厅研究和筹划建立水权交易平台，以加快培育和发展水经济、彰显湖北水优势和开展水权交易金融创新。

中国产权市场年鉴 2013~2015

China Property Rights Exchange Market Yearbook

发展研究

关于产权交易风险管控的探索与思考

海南产权交易所　　王国庆　李符虹

一、产权交易活动过程中存在的主要风险

产权交易，是资产所有者将其资产所有权和经营权全部或者部分有偿转让的一种经济活动。国家通过一系列政策法规规定，国有资产转让应当在依法设立的产权交易场所公开进行。在大多数具备条件的国有企业改制已经基本完成以及非公经济和混合经济主体对产权交易市场的融资服务需求日益增长的今天，环境和资源的约束对产权交易活动的影响日益增强，产权交易活动呈现的风险也日益显著，概括起来，主要有以下风险：

（一）交易法律风险

产权交易过程是一个涵盖处置决策、价格评估、信息公告、组织竞价、交易签约、资产交割等多环节的过程，单纯从交易流程来看，产权交易并不复杂，但由于产权交易都是非标准化交易，每个交易项目不可能完全按交易规则走流程就能完成。每个环节涉及的法律风险都有可能导致交易行为是否公开、公平、公正进行。如产权转让是否经过法定决策程序、转让的价格是否进行依法评估、信息公告披露的内容是否完整真实、竞价过程是否公开透明、签订的合同与公告的内容是否一致、资产交割与公告或合同的约定是否一致等，或者有些项目内幕背景复杂，涉及多方利益的博弈，每个交易环节都可能出现关联交易、内幕交易、市场操纵等危害交易秩序的情形，都存在潜在的法律风险，甚至

可能引发诉讼纠纷，因此必须予以重视，确保交易环节在合法有效的过程中进行。

（二）资金管理风险

国有产权交易进场制度规定，产权交易机构实行交易资金统一进场结算制度。交易机构开设独立的结算账户，组织收付产权交易资金，保证结算账户中交易资金的安全。产权交易资金包含竞买保证金和结算价款，这些资金涉及面广，社会影响大，直接关系到国有资产的权益。在产权交易过程中，资金结算作为一个专业化强、安全性要求高的金融服务业务，是维护市场各方权益的重要环节，资金安全和渠道规范是防范风险的关键。如资金管理的监管机制不规范，有可能引发极大的风险。因此，必须建立一套严密规范的资金管理机制，才能有利于防范资金管理风险。

（三）职业道德风险

产权交易工作与国有资产保值增值和国有资产权益息息相关，不仅要求从业人员具备经济、金融、评估、财务、法律等领域的专业知识，熟悉国家相关政策法规，能够熟练操作业务，更重要的是，对从业人员的职业道德也提出较高的要求，从业人员的公正执业、廉洁从业是应当坚决遵守的底线和生命线。风险防范仅仅具有较完善的交易规则和严密的内部工作制度是不够的，因为规则、制度是要靠人去执行的，任何一个从业人员职业道德水准低下或是违规操作，都可能导致产权交易未能按

照公开、公平、公正的标准进行。只有形成全员风险意识，才能认真执行制度、切实履行职责，真正将交易风险降至可控之内。这就要求从业人员坚决杜绝操纵交易、吃拿卡要等利用职务谋取私利的行为，做到忠诚事业、爱岗敬业、真诚服务、诚信守法，严格遵守职业道德。

（四）互联网交易风险

产权交易通过运用电子竞价手段，采用异地、限时、连续、竞争报价的方法进行操作，实现了在网络平台上完成项目的处置，节约了买卖双方成本，增加了产权交易行为的便捷性和保密性。另外，由于电子信息技术可能存在的网络攻击、病毒感染、交易软件系统不能正常运行、交易资料和档案消失、电源与设备安全等环境与技术问题，极有可能影响产权交易活动的正常开展，说明互联网技术条件下的产权交易系统的复杂性。因此，也应当将产权交易的风险防范理念落实到电子竞价系统软件当中。

二、各地产权交易机构风险防范的主要做法

随着产权市场的不断发展和完善，为了保证各类资产公平交易和有序流转，各地产权交易机构越来越重视风险管控工作，都将风险管控工作作为保证产权市场规范创新的重要举措。当前，全国各地产权交易机构开展风险管控工作的主要措施有：

（1）在思想道德教育方面，各地产权交易机构都较为重视廉洁从业教育，把廉洁风险教育融入产权交易机构思想政治工作中，作为反腐倡廉教育重要组成部分，纳入企业文化建设重要内容，深入开展廉洁风险专题教育。

（2）在部门岗位设计方面，各地产权交易机构依据实际需求，均设立专门的风险防范内设部门，例如，类似风险控制部、法律事务部或者合规审计部，由经济、审计、法律等具备专业知识的人员担任，主要实行项目挂牌、合同审核、出具鉴证、规章制定等与风险防范有关的职能，以增强产权交易机构的风险控制能力。

（3）在管理制度建设方面，各地产权交易机构的交易行为、章程、交易规则和管理制度均遵循中央及各省关于国有产权处置的相关政策法规制定，

资产处置过程也严格按照有关政策法律规定进行。一是遵循中央层面的政策规范；二是遵循当地政府或当地国有资产管理部门颁布的有关企业国有产权交易监督管理政策法规；三是各地产权交易机构均建立了较为完善的内部制度体系和具体操作办法，以市场平台的规范保证国有产权处置的规范。

（4）在监督制约机制方面，国务院国资委与有关部委联合组织实施了检查工作，各级国资委积极协调政府有关部门，逐步形成了多部门共同参与、全方位、多层次、多形式的企业国有产权转让监督检查工作制度，促进了监管工作的逐步到位和企业国有产权交易的规范操作。同时，有的地方国资委设立了专职监管机构，专司产权交易市场日常监管；多数地方政府授权国资委负责日常业务监管；许多地方国资委会同有关部门对所选择的产权交易机构建立了月度抽查评审和市场争端协调解决机制，企业国有产权交易日常监管机制逐步完善。与此同时，各产权交易机构也不断完善交易操作规则和信息系统，加强对交易过程的规范与监测。

三、海南产权交易所风险管控的主要做法

海南产权交易所自2004年12月成立以来，一直根据国家、海南省国有产权转让相关政策法规规定要求，坚持规范操作、阳光交易，坚持以完善管控制度为基础，以建立监督机制为重点，以拓展管控领域为延伸，形成了科学严密、管用有效的风险管控体系，保证了市场平台规范运作，提高了资源配置效率，促进了产权市场健康持续发展。主要做法有：

（一）明确重点，完善风险管控制度

（1）明确风险管控重点部门。坚持以"每个岗位有职责、每个环节有规范、每个风险点有措施、每项管控有制度"为总体要求，突出交易部、报名受理部、财务鉴证部、纪检法律审计室等重要职能部门职责，以部门职能为根本、岗位职责为依据、业务流程为主线，在项目挂牌、受让报名、出具鉴证过程中，鉴证、法律等部门提前介入，参与监督，将关口前移，加强风险防范，不断规范交易项目审批行为。

（2）找准风险管控关键环节。一是针对交易业务人员在项目的操作层面，把项目受理、关键信息

保密、组织交易、费用收取等确定为关键环节；二是针对鉴证人员在项目的整体审核层面，把信息披露、审核鉴证、档案保管等确定为关键环节；三是针对财务人员在项目的资金结算管理层面，把交易价款交割结算、保证金划转等确定为关键环节；四是针对法务风控人员在项目的规范审核层面，把项目挂牌、资格审查等确定为关键环节；五是针对项目信息保密方面，全员签订保密承诺书，将对项目信息进行保密作为关键环节；六是针对受让资格信息保密方面，与银行签订保密协议，要求共同做好受让客户信息资料保密工作，维护市场交易秩序。

（3）完善风险管控制度。制定了《海南产权交易所产权交易操作规则》以及货币资金和财务结算等有关制度，制定了《海南产权交易所国有产权交易规则》、《业务管理制度》等配套制度，并结合《企业国有资产法》、国务院国资委·财政部3号令、财政部54号令，编印了《产权交易操作指南》，完善了业务管理制度。针对产权交易资金结算涉及大量的保证金和价款的现状，着重规范了资金结算特别是退还保证金和支付交易款的审批程序，要求财务人员熟悉产权交易流程，与业务部门保持紧密联系，掌握项目动态，对收款人、收款账户、结算金额必须反复核对，做到付款不延误、金额不出错、票据不遗漏、交易零风险。

（二）加强管理，建立健全内控监督机制

（1）完善法人治理结构，建立健全监督制约机制。积极向董事会报告经营管理有关情况，保持沟通顺畅和信息充分完整，重大事项提请董事会决策、征求董事会意见建议或争取董事会支持，为董事会行使权利、履行职责创造有利条件，认真做好董事会授权范围内的工作。同时支持监事会依法依规开展工作，及时向监事会提供必要的信息和资料，以便监事会对公司经营管理情况进行有效的监督、检查和评价，确保监事会的各项职能得到切实履行。

（2）坚持重大项目严格执行集体研究和报告制，强化民主监督。认真执行《海南产权交易所"三重一大"决策制度实施办法》，确保决策程序规范化、科学化。如在业务方面，坚持"三级审批"制度，对产权交易过程的"四个阶段"、"7个重点

环节"实行严格把关，通过制度、岗位、流程、监督等设计，保证产权交易过程客观、公正。

（3）构建法务风控体系，强化法律监控。外聘专职法律顾问，负责对重要交易合同进行梳理、分析、审核，发现存在的问题和风险，及时提出建议；协调处理内部决策、经营和管理中的法律事务，参与重大经营决策，保证决策的合法性，并对相关法律风险提出防范意见；在产权交易各个关键环节的日常审批流程中，法务部门全程参与、层层把关，履行挂牌公告、受让资格、交易合同、交易鉴证等与风险防范有关的职能工作。通过上述措施对各类产权交易活动实施严格的法律监督与管理，有效地规避法律风险的发生。

（4）调整优化部门职能，强化流程监控。印发了《关于建立交易项目联动机制、提高服务质量和效率的通知》，完善项目挂牌、信息发布、报名受让、资料保管、组织交易、鉴证出具、资金结算等各环节的工作制度，明确了业务分工、岗位职责，规范了工作流程，督促各部门认真履行工作职责，提高工作效率，提升防范风险能力，形成了相互监督、密切配合的格局。

（三）推进创新，拓展廉洁风险管控领域

（1）推进监管体系创新，把风险管控体系由各部门各环节拓展到全省产权交易市场。按照"统一监管机构、统一信息发布、统一交易规则、统一审核鉴证、统一收费标准"的"五统一"模式，重点对信息发布、交易、鉴证、结算四大环节进行监管，加强对关键环节的控制，在产权交易过程中实现了以点带面、由横向到纵深的廉洁管控全覆盖网络体系，形成了规范、开放、统一的监管体系。

（2）推进业务品种创新，把风险管控体系由企业国有产权交易领域拓展到各类产权交易领域。除传统的全省企业国有产权外，廉洁风险管控体系延伸到省直行政事业单位、农垦系统、金融管理公司、金融机构及中央驻琼企业等领域资产。在业务领域不断拓展的进程中，海南产权交易所从健全交易品种、规范业务操作、再造交易流程等方面入手，分别完善了业务的操作制度，使不同类型的交易项目均可按章办理，为涉讼资产和其他各类产权全面进入产权交易市场公开交易创造条件。

（3）推进信息化建设创新，把风险管控纳入软

件系统以电子信息技术手段实施交易全程监控。从资产交易竞价都依托网络系统以电子竞价或网络竞价的方式来完成，实现了以信息化控制操作、控制流程、控制风险，避免了人为因素造成的交易风险，提高了竞价率，确保了国有资产保值增值；以信息化实现与国务院国资委信息监测系统、省政务服务中心联网监控系统的对接，将产权交易组织服务活动的每一环节都纳入到有关部门的直接监测之下，实现交易过程即时、全程监控，使交易过程更加公正、客观、规范；以信息化实现与全国兄弟产权交易机构联网，扩大了信息辐射面，规范了项目信息统一发布行为。

四、风险管控实践中需要关注的几个问题

（1）处理好项目瑕疵披露和项目亮点推介之间的关系。产权交易为非标准化交易，每个项目除了有交易亮点，固有的瑕疵也在一定程度上存在。产权交易机构为了撮合交易，应当充分挖掘项目亮点进行推介，以较大范围吸引投资者，但同时，对项目的固有瑕疵也不能忽视，不能为了推介项目而忽略瑕疵披露，否则出现交易风险时，交易机构依然难以免责，可能因为披露不清或不实而卷入诉讼当中。项目的亮点和瑕疵都属于对买受人决策有影响的事项，处理好二者的关系，就应当认真审核标的资料，梳理标的信息，对标的的亮点和瑕疵都做到充分披露、如实披露，以便于投资者做出客观正确的决策。

（2）处理好项目挂牌条件和公平公正之间的关系。在产权转让过程中，转让方出于项目的复杂性和资产转让的各种目的，对项目的挂牌条件可能提出一些特殊的要求，这些特殊条件有可能是合法合理的，但也可能不够全面、不够完善、不合常规，或者带有一定的倾向性或排他性。产权交易机构在审核项目的挂牌条件时，应当充分结合项目的特点，如项目处置后续的投资或重大业务处理确实需要特定范围的投资者来进行，在把握原则的情况下，可尊重转让方对挂牌条件提出的特殊要求。如项目本身无太多的特殊性，各种投资者均可参与，产权交易机构应当建议转让方对挂牌条件不设定特殊要求，以充分征集项目受让方，促使项目公平公正交易。

（3）处理好政策把握和项目策划之间的关系。产权交易很多项目都不能简单一挂了之，需要经过有效的专业策划才能实现资产顺利处置或保值增值。转让方基于自身角度考虑，对项目的策划处置方案可能提出各种想法和要求，产权交易机构在面对这些策划建议或要求的时候，要在交易事项符合政策法规和交易规则的前提下尽可能关注转让方正当合理的要求，体现交易的"三公"原则，既要遵守政策法规的原则进行项目策划，又要善于把握和灵活运用政策，不能用政策直接对项目生搬硬套。如果遇到可能违反政策法规的策划要求，应当反复协商、解释、说服甚至辩论，寻求既符合政策法规又能兼顾交易双方合理要求的平衡点。在项目策划中体现足够的耐心、个性修养、职业操守、法规政策与专业水平，防范交易风险。

（4）处理好纠纷调解和合同签订之间的关系。产权交易项目处置后应当签订《产权交易合同》，但由于有些转让方、受让方对项目的交割、价款的结算或者项目本身等事项未能达到协商一致，迟迟不愿意签订《产权交易合同》。为了防范此类风险，产权交易机构：一是在项目挂牌时督促转让方及时提交按公告条件内容拟订的交易合同，供意向受让方查阅并确认知悉；二是遇到交易双方对交易合同有分歧的情况，应及时组织交易双方进行协商，充分倾听交易双方的诉求，在保持中立和尽量不损害各方利益的前提下，提出解决问题的方案。如尚有协商不能达成一致的事项，应充分说服交易双方先签订《产权交易合同》，其他事项再通过补充协议的形式予以明确，以促成项目的顺利处置。

五、结论和建议

探索与实践表明，产权交易机构既承担企业国有产权转让中主体合法性、行为合规性的形式审查，又发挥集散交易信息、撮合交易和发现价格的市场职能，产权交易市场风险防范管理工作有效促进了交易公开公平进行，防范了交易风险，推进了惩防体系建设，创新了反腐倡廉工作方法，深化了预防腐败制度建设，增强了党员员工的风险意识和廉洁从业意识，为各类资产规范处置提供了一道风险"防火墙"。同时，我们还应看到，产权市场风险防范工作仍处于发展阶段，方式和手段还需要不

断创新，范围和功能还需要不断拓展，对此，特提出如下建议。

（1）始终以公开公平公正作为产权市场生命线，做好风险管控工作。《企业国有资产法》明确指出，国有资产转让应当遵循等价有偿和公开、公平、公正原则。《企业国有产权转让暂行管理办法》也明确指出，企业国有产权转让应当坚持公开、公平、公正的原则，保护国家和其他各方合法权益。产权交易市场是为服务深化国企改革而生的，从产权交易工作实践和产权交易市场可持续发展来看，坚持做好公开、公平、公正交易，才能有效实现买卖双方交易行为的公平合法和公开规范，维护各方的合法权益，推动国有产权有序流转和优化配置，保证国有企业改制重组和产权转让的顺利推进。

（2）加强完善相关制度。建立风险管控长效机制的核心就是持之以恒地抓制度，要强化交易机构内部管理和风险控制制度，强调风险防范的预防为主、事后救济为辅，制度要跟得上产权市场转型升级发展形势的需要，要不断适应反腐倡廉的制度要求，要突出针对性和可操作性，真正实现制度管人、管权、管事的硬约束。

（3）不断探索利用科技管控的手段和方法。充分运用产权交易系统的信息管理平台，在实现对交易过程动态监管的同时，做好网络举报信息的采集分析和风险防范的预警处置工作，力争在动态监控、全方位监控中把产权交易的风险降到最低点，提升利用科技手段防范交易风险的水平，积极预防交易风险的发生。

（4）加强检查考核。加强检查考核是确保风险防范管理工作取得实效的重要手段。要建立和完善风险防范管理考核制度，坚持定性分析与定量分析相结合，加强对风险防范各项措施落实情况的考核评估。

（5）建立长效机制。建立健全廉洁风险管控的长效机制，把风险管控工作与当前开展的整治庸懒散奢贪专项治理活动相结合，与效能监察建设相结合，与加强作风建设相结合，与保持党的纯洁性建设相结合，与绩效考核奖惩相结合，不断提高产权交易从业人员防腐拒变能力。

混合所有制经济的实现路径以及产权市场的作用

北京产权交易所党委书记、董事长　吴汝川

党的十八届三中全会的一项重要理论创新，就是提出"混合所有制经济"是我国基本经济制度的重要实现形式。一年多来，从中央到地方，从国资监管部门到央企、地方国企，再到各类非公有资本，从理论界到市场，都在热烈讨论如何进行混合所有制改革。国务院国资委已经启动"四项改革"试点，北京、上海、广东、湖北等地公布了当地国有企业混合所有制改革的方案，中石油、中石化等中央企业也拿出部分业务板块开展了混合所有制改革的积极尝试。作为中国产权交易市场的一名从业者，我想结合当前的政策和市场形势，以及自身的工作实际，就如何推进混合所有制经济发展，谈几点看法。

一、如何认识"积极发展混合所有制经济"

所谓"混合所有制经济"，从宏观层面来讲，是指一个国家或地区多元化的经济所有制结构，包括国有、集体、个体、私营、外资、合资、合作等各类公有制经济和非公有制经济。微观层面的"混合所有制经济"，是指不同所有制性质的产权主体多元投资、交叉渗透、互相融合而形成的多元产权结构的企业。这意味着"混合所有制经济"从本质上说是一种股份制经济或以股份制为基础的经济，并且是不同所有制资本共同参股或联合的股份制经济。

"混合所有制经济"在中国并不是一个新提法，而是随着我国社会主义市场经济的不断发展逐步提出和演化的。1993年党的十四届三中全会首次提出"混合所有"的概念；到1997年的党的十五大，首次提出"混合所有制经济"一词。再到党的十六大、十七大，逐步强化，到2013年党的十八届三中全会，中央将"积极发展混合所有制经济"提高到一个前所未有的高度，作为我国公有制主体、多种所有制共同发展的基本经济制度的重要实现形式，作为新时期我国国企改革的主要方向。

我国目前的这一轮改革，称为"全面深化改革"，应该说，它是在总结过去35年改革开放成功经验，同时总结积累下来的一系列问题基础上的"第二次改革"，改革的目的很明确，就是"让一切劳动、知识、技术、管理、资本的活力竞相迸发，让一切创造社会财富的源泉充分涌流"。

在国企改革方面，我国总结过去35年的实践，取得了显著成绩但也存在一些深层次问题。比如，积极推进建立现代企业制度，但受制于政府主管部门与国有企业剪不断理还乱的关系，这一制度距离完善还很遥远；国家在2005年推出"非公经济36条"，但被学术界评价为"基本没有被执行"，还出现了玻璃门、弹簧门、旋转门等说法，以致非公资本对这一次改革提出发展混合所有制经济，存在不愿混、不敢混的种种顾虑。所以，积极发展混合所有制经济，推动国有经济和非公资本的融合，并不是孤立的市场行为，需要在思想意识、市场环境、法律制度、社会信用体系建设等多个方面，有一整套的制度安排提供支撑。

二、混合所有制经济的实现路径

此次全面深化改革有一项重要原则，就是"注重改革的系统性、整体性、协同性"，对于通过发展混合所有制经济深化国企改革来讲，这提供了理论和政策依据，也是推进混合所有制经济发展所必需的路径保障，具体来说主要包括以下几个方面：

第一，需要中央的顶层设计，出台发展混合所有制经济的原则方案和相关细则。2014年7月，国务院国资委发布"四项改革"试点，分别在"开展国有资本投资公司"、"开展发展混合所有制经济"、"开展董事会行使高级管理人员选聘、业绩考核和

薪酬管理职权"、"开展派驻纪检组"四个方面进行改革，这一改革试点体现了中央的谨慎，同时也表明了混合所有制改革是本轮国企改革的重点方向。作为顶层设计的《全面深化国有企业改革指导意见》和《关于国有资产管理体制改革的指导意见》仍在修订，各界都在期待着这两大原则政策以及相关细则的出台，作为指导和推动微观层面混合所有制经济发展的导向标。

第二，各界要淡化公私界限，树立"国民共进"的理念。过去几年，市场上一直在争论"国民进退"的问题，实质上，作为平等的市场主体，谁进谁退应该由市场决定，政府的职能是建立平等的市场竞争环境，这也体现出三中全会提出的"经济体制改革的核心问题是处理好政府和市场的关系，使市场在资源配置中起决定性作用和更好发挥政府作用"的改革要求。所以，淡化公私界限，做到你中有我、我中有你，让国有资本和非公资本的进退成为一种"新常态"。

第三，建立完善的现代企业制度，建立规范的董事会运行机制。目前，国有企业的现代企业制度还存在很多不完善的地方，比如国有企业和政府之间还存在比较密切的关系，政府机关对于国企负责人的选聘有很大的话语权，这在一定程度上弱化了董事会的职责。民营企业同样存在类似问题，很多民营企业治理结构不够规范，家族式管理问题严重，企业管理现代化水平低，即使是一些上市公司，企业家行为仍然随意性很大，公司治理不够规范，这使得民营企业难以在公司管理方面与国有企业融合，可能导致管理冲突和文化冲突。所以国有企业和民营企业都要致力于建立完善的现代企业制度，进而形成共通的企业运行机制和企业文化，为混合所有制的发展奠定深层次的内在基础。

第四，建立统一开放、竞争有序的市场体系。统一开放、竞争有序的市场体系，是各类所有制经济公平竞争、共同发展的基础，也是混合所有制经济发展的重要保障条件。总体而言，我国的这一市场体系还没有完全形成，在一些重要行业还存在国有经济的垄断行为，存在民营企业进入的"玻璃门"问题，严重制约着国有经济和民营资本的融合。2014年7月，国务院发布了《关于促进市场公平竞争维护市场正常秩序的若干意见》，明确提出

要"制定市场准入负面清单",这一方面有利于激发非公有资本的积极性,另一方面体现了"法不禁止即自由"的法治理念,划定了国有企业混合所有制改革和非公有资本参与的范围,对于推进民间资本参与国企改制重组,建立公平、透明的市场环境意义重大。

第五,亟须建立完善的法律体系和产权保护制度。从法律体系看,现有法律还不能完全保证各种所有制经济同等受到法律保护,不能完全保证各种所有制依法平等使用生产要素、公开公平公正参与市场竞争,发展混合所有制经济的法律环境还有待完善。尤其是,产权保护和产权流动的法律保障制度有待进一步完善。产权是所有制的核心,产权清晰、权责明确、保护严格、流转顺畅的现代产权制度是混合所有制企业组建和健康持续发展的最基本保障,我国在现代产权制度建设方面还有许多工作要做。2015年6月,中央全面深化改革领导小组会议通过了《关于在深化国有企业改革中坚持党的领导加强党的建设的若干意见》、《关于加强和改进企业国有资产监督防止国有资产流失的意见》,明确提出国有企业要坚持党的领导,加快形成全面覆盖、分工明确、协同配合、制约有力的国有资产监督体系,为深化国企国资改革做出保障性安排。

以上工作,构成了保障混合所有制经济顺畅发展的内部和外部条件,缺一不可。

三、产权市场在服务混合所有制经济发展中的作用

作为政府设立的市场化平台,企业国有产权交易业务一直是产权交易市场的基础业务和核心业务。以北京产权交易所为例,成立十一年来,北交所累计成交企业国有产权项目11000余项,成交金额近5000亿元。2014年,民营企业、自然人、外资企业等非国有资本受让企业国有产权宗数占比78.4%,受让金额占比39.78%。所以,过去十一年,北交所一直是民间资本参与国企改制重组、服务国有企业混合所有制形成和发展的重要平台。具体来说,产权市场服务混合所有制经济的形成和发展,可以起到以下三方面的作用:

一是有效组合民间资本。我国民营企业经过30多年的发展,出现一大批大型现代企业,一些民营企业还成为上市公司,实现了由私人资本向社会化资本的转型。但是,总体上看,我国绝大多数民营企业的规模较小,还不具备参与国有企业股权多元化改革的实力。通过产权市场平台,可以将众多具备一定资金实力的民营企业以及其他非公资本集合起来,通过成立产权并购投资基金,解决单个私人资本不足的问题,迅速形成进入资源密集型产业和资本密集型产业的资本实力。同时,由于当前民营企业和国有企业在管理模式和企业文化上存在较大差别,通过组合各类资本,以专业投资机构的身份参与到国有企业的改制重组和生产经营,有利于帮助国有企业建立现代企业制度,在投资决策、人才引进、薪酬制度等方面形成较为灵活、适合现代市场经济发展的企业运行体制机制。

二是为产权交易项目定价。产权市场的基本功能是"发现投资人、发现价格",在产权市场上,通过充分、广泛的信息披露,最大范围内发现投资人,通过完备的交易规则、会员代理制的交易机制以及信息化交易系统等,保证交易各方公平地参与项目竞价,最终的成交价格无论溢价与否,得出的都是项目在当时时点上的"公允"价格。在国有企业混合所有制改革的过程中,必然涉及大量的产权交易、资产交易、融资租赁、增资扩股行为,如何为交易标的定价至关重要,产权市场的平台功能和交易机制恰恰能够为这些标的定价,发现标的的"公允"价格。

三是保障国有产权阳光流转。2014年的全国"两会"上,习近平总书记专门提道:"发展混合所有制经济,基本政策已明确,关键是细则,成败也在细则,要吸收过去国企改革经验和教训,不能在一片改革声浪中把国有资产变成牟取暴利的机会,改革的关键是公开透明。"13年前的2002年,产权市场正是在中纪委"四项制度"①推动下复兴和逐步建立的,目的就是搭建一个公开透明的市场化平台,防范国企改革中的国有资产流失。13年来,

① 2002年,中纪委第十五届第七次全会提出"实行经营性土地使用权出让招标拍卖、建设工程项目公开招标投标、政府采购、产权交易进入市场四项制度","四项制度"为企业国有产权进场交易奠定了基础。

产权市场很好地扮演了"国资守门人"的角色，促进了国有资产保值增值，保护了国企领导干部，得到国资监管部门的高度认可。以混合所有制为特征的新一轮国企改革中，通过产权市场这一公开、透明的市场化平台挂牌、披露信息、交易、结算、鉴证，将成为防范国资流失，规范开展国企改革的制度性保障。

四、北交所服务混合所有制经济发展的探索

国有企业发展混合所有制，主要有两大方式，一是对存量的国有企业进行混合所有制改革，其实质是通过产权关系的变化，通过产权转移，比如股权转让、增资扩股等方式，将非国有资本引进来。二是对于新设的国有企业，则是从一开始就考虑采用混合所有制的方式设立。对于北交所来说，服务将主要从两方面着手。

第一，北交所在 2012 年初就提出"全要素综合服务"。全要素综合服务是依托北交所的集团化运营，将服务范围从单一的企业国有产权交易，拓展到为央企国企提供包括股权、债权、物权、知识产权、林权、环境等各类权益和资产处置的"大产权"概念下的服务，同时将流转服务，拓展到投资、融资、流转和顾问服务四大方面，形成是一种全方位、全产业链条、全流程的服务。在央企国企开展混合所有制改革中，涉及横向和纵向的多种服务需求，北交所都可以提供。

第二，在 2014 年年初，北交所抓住三中全会提出"组合民间资本参与国企改制，服务混合所有制经济的形成和发展"的工作重点。一年多来，北交所的工作取得初步进展。一是推出了"民间资本参与国企改制专栏"、"北交所企业增资板"，为各类民间资本提供国企改制、增资扩股信息；二是与 10 家投行、PE、咨询机构等签署战略合作协议，管理资金规模超过 500 亿元；三是与超过 90 家的民营企业、专业投资机构、高净值个人等建立了紧密的对接关系；四是 2014 年 7 月 18 日，北交所推动设立的两只产权投资并购基金正式成立，这两只基金募集的资金将主要投向北交所的挂牌项目，目前，北交所正在积极开展项目遴选和推介工作，力争早日实现项目落地。

当前，"积极发展混合所有制经济"，在强大的国家机器动员下，已经形成燎原之势，但我们必须清醒地认识到，"发展混合所有制经济"需要多方面的改革作为基础和支撑，这决定了这场改革的长期性和艰巨性。作为产权市场来讲，必须不断提升和充分发挥作为公开市场的平台功能，促进国有经济和非公经济的融合，促进国民经济的健康、持续发展。

关于我国产权市场未来发展的思考

北京产权交易所副总裁　高佳卿

产权是所有制的核心，也是金融交易的源头。我国产权市场经过近 28 年的探索与发展，已经成为我国国有企业改革发展过程中非标产股权交易的重要资本市场组成部分。随着国有企业改革的深化、金融混业的发展、互联网金融的崛起，产权市场面临着对未来发展之路的抉择。

一、产权市场实质是国有企业改革衍生的资本市场

自 1988 年 5 月在武汉设立第一家交易机构起，产权市场迄今有近 28 年的历史，基本上是伴随着国有企业产权制度改革与国有产权流转发展起来的。尤其是 2003 年国务院国资委与财政部联合出台的《企业国有产权转让管理暂行办法》，为市场

的规范化、阳光化和公开化交易创造了快速发展的机遇。多年来，产权市场为国有企业改革和国有经济结构性调整提供了"三公"交易的阳光平台，并逐步扩展到各行业权益性要素资源的流转配置与创新交易，如技术交易、林权交易、矿权交易、知识产权交易等，形成了虽各自分散但别具中国特色的多层次资本市场的基础构件。2015年，随着《关于深化国有企业改革的指导意见》等国企改革"1+N"文件的陆续出台，产权市场被清晰地定义为国有产权改革的重要资本市场组成部分，且呼之欲出的新"三号令"又将对市场下一个十年的发展带来新的机遇与挑战。

如果说产权市场是国有企业改革过程中为应对委托—代理链寻租、实现资产保值增值的市场化制度设计，那么国企改革衍生的这个资本市场，过去尽管市场极为分散，但伴随改革进程通过授权交易的简单手续费运营模式已经得到了长足发展，未来能否真正发挥资本市场的核心功能才是关键。也就是说，产权市场开展产权交易的传统模式仍可持续，但未来产权市场能否突出发挥充分信息披露、广泛权益交易、快速价格发现、综合融资支撑、高效产权流转配置等功能，这是整个产权行业必须面对的挑战。

二、产权市场必须正视供给侧结构性改革带来的机遇与挑战

供给侧结构性改革的核心在于从提高供给质量出发，用改革倒逼的办法推进结构性调整，矫正要素配置扭曲，扩大有效供给，提高供给结构对需求变化的适应性和灵活性，提高全要素生产率。毫无疑问，供给侧结构性改革涵括了深化国有企业改革，其实质是发挥好市场在资源配置中的决定性作用，产权市场正好在产权流转与配置方面发挥着重要作用，这是产权行业的重要机遇。因此，探索产权市场的发展趋势，就是要顺应深化国有企业改革政策，把深化国有企业改革放在"供给侧结构性改革引领新常态"的大背景下，探索产权市场未来长期化市场化发展之路。

我们必须认识到，供给侧结构性改革不仅仅包括国有企业，还涉及大量股权的流转、资产的转让与资产的证券化，这客观上要求产权行业打破"主

要为国有、主要提供转让、少数人参与、不充分竞买"的当前相对封闭的格局。

因为，供给侧结构性改革意味着缩减垄断领域和垄断环节，放宽市场准入条件，放低准入门槛，更多社会资本通过产权、PPP、证券化的方式进入竞争性领域和公共服务领域，倒逼国有企业改革其产权、资产、业务以实现资本管理。由于产权行业一方面已经集聚了国内较大比例的优质股权、资产、项目、权益，同时还要迎接供给侧结构性改革过程中更多的国有非国有产权的流转服务，而这些资产同时又是大量金融混业集团、大量互联网金融平台希望获得的金融理财与投资计划的资产源。客观上，要求产权行业在整合资产端、放大参与者、对接金融端、优化监督链、穿透信息披露、统一互联网等方面，探索统一市场、综合服务的路径。产权市场如果简单地按照新"三号令"按部就班、区域分散提供简单交易服务，就等于浪费了供给侧结构性改革背景下深化国有企业改革带来的大力发展资本市场功能的机会。

如果把公共资源中心也当作政府改革与供给侧结构性改革过程的衍生物，那么产权市场在全力为当地公共资源交易提供服务的过程中，也必然会遇到手续费政策规范及调低的可能性，这对产权交易行业的影响将是深远的，也要求产权市场提前布局，提升自身作为资本市场服务功能以便丰富未来的收入模式。

三、产权市场发挥资本市场功能所面临的内忧外患

产权市场看似简单，是因为其在法律上至少有《企业国有资产法》、国资委财政部"三号令"以及证监会牵头的清理整顿各类交易场所联席会议办公室（以下简称清整联办）的"38号文"、"37号文"来支持，在业务上至少有国有控股以及实质性企业强制进场业务的支撑，还可以保证这个市场相对专业又封闭地运行较长时间。但产权市场未来的复杂性在于，谁也无法保证除了证券市场，产权行业的上述机会在产权交易机构、区域股权交易机构如何分布？国务院国资委为了追求融资效率和用户的广泛参与，会不会同时授权大型互联网金融平台、金融互联网平台、其他报价发行平台来提供产权流转

服务？国有和非国有的产权流转用户会根据哪些因素在上述机构间进行选择挂牌与交易结算？如果交易手续费持续下降，交易市场还能创造哪些中间业务收入或者自营业务收入？一言以蔽之，竞争是永恒的，如果不能提供足够丰富的资本市场价值，没有足够的交易规模和交易用户群，不能按照市场化方式吸引非国有产权客户，恐怕连固守国有产权这块蛋糕的专业服务魅力都会大打折扣。

首先，产权行业自身存在很多问题，各自在努力创新，没有形成合力。一方面，产权市场目前的状况是"地方为主、各自为政、系统不通、用户不联"，使得覆盖全国主要省市、涉及国有客户信用较好的近百万亿产股权的市场被物理上割裂了。尽管一些非国有企业以及地方融资平台也开始进场寻求交易，但是大量金融机构与投资用户由于得不到充分的资产信息、找不到便捷的流程切入点与融资产品的设计点，参与积极性不够高，也影响了融资创新与价格发现。所以，基于统一产股权项目、用户、竞价、结算的全国统一产权市场实际上还没有形成。另一方面，产权市场必须严格遵守"38号文"、"37号文"对交易标的"不得拆细、不得连续、不得标准化"的有关规定。虽然有些交易所基于股权和资产提供的保证金融资、价款融资、质押融资等服务方面已经取得了良好效果，但由于证监会既对交易所对接互联网平台而进行的私募债拆分以及挂钩收益衍生产品的销售进行了监管和规范，又对产权交易所发展所谓的股权众筹"五板"的态度还不明朗，使得产权市场纵然有近30年的专业积累，但与资本市场、金融产品市场、类资产证券化业务、类投行服务的实质还有距离，还需要积极创新，努力争取这些政策的创新空间。

其次，产权行业外围的市场发展很快，已经开始包抄进入很多类似非国有产股权的流转与金融服务，持有用户抢占产股权端业务，具备了面向国有产权市场提供服务的可能性。主要包括三个方面：第一，以淘宝的涉诉资产交易、京东的众筹平台、蚂蚁金融入股天津金融资产交易后的权益类资产平台为代表的大型互联网金融平台，对产权市场进行包抄。这些互联网平台基本都形成了海量企业与个人用户、可靠的在线交易平台、全牌照金融服务、大数据征信、在线支付结算等完整的资产交易与金

融服务生态链，战略上高举高打进入资产交易所，除了没有国有产股权授权，他们几乎具备了一切。第二，以证监会中证私募报价平台为代表的面向非标私募产品和私募股权的机构间报价发行与转让业务平台，形成了对传统产权市场拓展非国有业务与融资创新的包抄，其对非标资本市场对接主板、中小板、创业板、新三板等标准产品资本市场也形成近水楼台之势。第三，以商业银行中小企业投行平台及投贷联动服务平台、产业链龙头的供应链金融及信用资产流转平台、基于融资租赁和信托受益权为基础金融理财平台等，也具备了面向国有企业直接提供金融服务的能力。

这些内忧外患，不仅限制了传统产权市场延伸至非国有领域提供服务的空间，而且现有国有客户产股权端延伸的中间金融服务、创新产品服务也有可能逐步被上述各平台逐步分割或替换。因此，稳固、延伸、扩展、统一产股权端业务，开放合作、创新提升中间金融服务，聚拢投资机构与个人客户，成为产权市场未来发展不得不考虑的重要举措。

四、产权市场未来发展之路——"一产两翼，三大战役"

在供给侧结构性改革、深化国有企业改革、互联网金融发展以及金融混业大资管的这个时代，独守近百万亿国有产股权、关联数十万亿金融资产的产权市场亟须变革传统模式，树立"平台统一、流量制胜、资产共享"的产权金融生态架构理念。具体来讲，就是"一产两翼"。"一产"是统一的产股权报价交易发行平台，"两翼"是金融化综合服务平台与产权+移动互联网服务入口。

首先，统一的产股权报价交易服务平台，需要由行业主要产权机构联盟、行业共同认可机构或协会来牵头，建设行业统一的股权资产登记、信息披露、发行、竞报价、结算、监管平台，对接区域交易所的交割与落地服务，形成机构间互为渠道、互为代理、共同发展项目、共享服务收益的统一市场，并在此基础上，谋求扩充产权市场基于产股权和客户其他资产的非标私募产品的报价与发行平台，形成非标产权金融产品的统一交易平台和可穿透的信息披露服务。其次，需要建立或合作满足上述产股权交易过程中的买卖方融资服务平台，包括

股权质押、资产质押、债权转让、信用资产交易、受益权转让、网络借贷、资产管理计划、收益凭证等理财产品和融资服务。最后，统一产权市场移动互联入口及按区域、按品类、按属性细分的投资频道，对接统一报价平台，形成基于项目数据、用户账户、征信服务等统一基础之上、面向企业、机构与个人客户的统一品牌市场（比如该统一品牌叫"中产互联"）。"一产两翼"的目的是贯通和建立产权行业的产权金融生态链，包含了云计算平台、大数据征信、登记注册、支付结算、各种竞报价、融资创新、落地交割与服务、交易监管等在内的产权金融服务和新型产权资本市场，在此基础上开放对接其他互联网平台、金融服务平台和高级报价平台，导入投资用户与金融服务产品，形成更多机构与个人参与、承接国有非国有转让、丰富的金融创新支撑、相对充分的价格发现、高效的落地交割服务、严格的信息披露与风险监管在内的非标产权资本市场，让产权人在新常态下焕发新生机。

要实现上述思路，产权行业至少需要启动三大革命性战役：行业信息技术革命、行业金融服务革命、行业披露监管革命。首先，产权交易行业信息技术水平需要改变目前分散基础上的低水平徘徊状态。要向互联网与证券金融行业看齐，充分运用先进的移动互联、云计算、大数据等技术，大幅度提高竞报价业务处理速度，大幅度优化交易流程，大幅度改善用户参与交易和投资的互联网体验。其次，产权交易行业要改变线下项目对项目的传统融资服务介绍模式，形成基于国资基础评估、项目信息穿透、价值投资导入、结合互联网其他大数据的综合动态定价与风险控制机制，并在此基础上开发设计金融产品服务，广泛对接各类金融服务渠道。最后，法律法规是金融交易的基石，产权交易行业需要在新"三号令"基础上继续清晰完善和界定产权业务与资本市场和金融业务的法律交叉边界，将产权交易市场及其业务创新守法合规地融合到资本市场与金融市场范畴中，并通过统一的行业登记注册与结算服务平台，实现不同类型产品、不同类型交易模式在登记、确权、质押、转移等层面的法律关系转换与行业监管。

产权交易行业注定要前行，交易机构需要重新架构其核心业务，特别是要增加金融、投资与互联网等因素，强化细分交易与综合服务，适时启动行业内并购重组，及时推动与金融机构和互联网平台的合资合作，这些都迫切需要在中央和地方相关部门的支持下，开放创新，迎来行业未来十年发展新局面。

建立健全广西区域性股权交易市场研究

广西联合产权交易所　蒋　稳

一、建立广西区域性股权交易市场的重要性和可行性

（一）广西区域性股权交易市场建立的重要性

（1）区域性股权交易市场是我国多层次资本市场的重要组成部分。我国多层次资本市场分为主板、创业板、中小板和场外市场。其中场外市场又分为新三板、区域性股权市场及券商自办的柜台市场。由于各层级资本市场对企业准入标准不一样，占绝对数量的中小微企业无法通过主板、创业板、中小板市场获得融资，因此客观上需要被业界称为"四板"市场的区域性股权交易市场的存在和发展。尤其在以中小微企业为主导的广西壮族自治区建设区域性股权交易市场对资本市场的建设具有重要战略意义。

（2）区域性股权交易市场是广西中小微企业融资的重要通道。据广西工商数据显示，截至2013年底，全区共有中小微企业121.42万户（含个体户，规模以下中小企业25.42万户），占全区企业总数的99%以上，占全区生产总值的50%，上缴税收

占全区总额的 43%，提供约 86% 的就业岗位。中小微企业是广西国民经济发展的主导力量，然而由于现有的金融体制、环境等影响，融资难、成本高等问题成为广西中小微企业发展的重要阻碍。据不完全统计，2013 年底广西中小企业流动资金缺口超 1100 亿元，通过银行信贷获得的融资率仅 1.8%，低于全国平均水平 8.2 个百分点。尤其在当今货币政策收紧的大环境下，金融机构放贷慎之又慎，更优先考虑向合作稳定、风险较低的大企业放贷，无形之中中小企业的银行信贷通道门槛变得更高，广西许多中小企业将会被拦在银行信贷门外。区域性股权交易市场是为资本寻找企业股权、债权项目投资、为中小挂牌企业寻找资金的私募市场，可以创新金融融资模式、拓宽融资渠道，能为广西中小微企业获得直接融资提供通道，促进中小企业创新和创新成果依托资本市场转化为市场发展力，帮助广西广大中小企业做大做强。

（3）区域性股权交易市场有利于分散和化解广西金融风险。从经济发展规律和经验来看，过于依托以间接融资为主的金融体系，由于融资渠道和方式的过于集中，不利于分散和防范系统性金融风险的发生；一旦经济实体发生严重问题，将会导致大量银行坏账，引发系统性金融危机，将整体经济拖入泥塘。区域性股权交易市场依法建立准入、风控、监管体系，并创新融资工具、方法，开辟多种融资渠道，为符合条件的企业提供直接融资通道，减少实体经济发展杠杆，引入众多的合格投资者，让市场进行的有效选择和配置资源，可以分散和化解金融系统风险问题。

（4）建设广西区域性股权交易市场是落实国家建设沿边金融综合改革试验区的重要举措。2013 年 11 月 20 日中央联合多个部委印发《云南省广西壮族自治区建设沿边金融综合改革试验区总体方案》中，提出"培育发展多层次资本市场。支持符合条件的企业参与非上市股份公司股份转让试点。在完成清理整顿各类交易所工作的基础上，探索发展符合国家政策的区域性股权转让市场"。因此，建立健全广西区域性股权交易市场是国家政策发展战略要求，是广西沿边金融改革试验的重要组成部分，是利用资本力量推动广西企业做大做强，乃至落实企业走出去战略及助推中国—东南亚贸易一体

化和人民币区域国际化的重要举措。

（二）广西区域性股权交易市场建设的可行性

（1）建设广西区域性股权交易市场拥有先例和政策依据。2012 年之前天津、重庆经国家批准金融创新试点成立了股权交易（私募）市场场所，积累了许多成功制度建设和案例运作经验，其试验取得了成功和国家认可。2012 年 8 月中国证监会出台了《关于规范证券公司参与区域性股权交易市场的指导意见（试行）》（以下简称《指导意见》），认为区域性股权交易市场为多层次资本市场的重要组成部分，明确支持区域性股权交易市场的规范发展，对区域性股权交易市场的市场定位、审批监管、参与主体以及转板机制等做了详尽规定，为区域性股权交易市场的健康发展提供了制度保障。至今全国各地掀起了区域性股权交易市场的建设热潮，在重庆、吉林、上海、广州等地的股权交易中心陆续出现，当前各省基本均有已建或在建的股权交易市场项目。

2013 年《云南省广西壮族自治区建设沿边金融综合改革试验区总体方案》明确提出支持云南、广西培育多层次资本市场，建立区域性股权交易市场。

（2）建设多个广西区域性股权交易市场场所存在基础条件。在成立广西的区域性股权交易市场前，广西已经存在广西联合产权交易所、广西联合股权托管中心、广西北部湾产权交易所、广西北部湾股权托管交易所等初级资本市场平台载体，在经过清理整顿保留后，各所在规范管理、合理布局、资源整合方面取得了长足发展，在拥有的人才、经验、制度基础之上建设区域性股权交易市场的条件完全存在。同时，广西中小微企业的庞大数量和融资缺口需求规模也为广西区域性股权交易市场的发展奠定了市场需求基础。

二、广西区域性股权交易市场发展现状

（一）市场平台建设状况

当前广西只有一家区域性股权交易市场平台——2014 年 9 月 3 日由广西北部湾股权托管交易所增资扩股成立的广西北部湾股权交易所，目前该所仍然处于平台建设和业务发展的初期阶段，开展私募债备案发行业务（成功发行 4 家私募债券，金额约 4 亿元），其他业务尚处在筹发阶段。另外

一家自治区级市场平台——南宁股权交易所正处在报批阶段。

与广西实体经济对资本市场的迫切需求相比,广西的区域性股权交易市场平台和市场主体建设仍存不足,需要加快发展步伐。

(二)配套政策出台状况

当前,在公开资料查询中仅见南宁市政府等出台了一些鼓励措施,《南宁市鼓励和扶持企业上市(挂牌)若干规定》(南府办〔2014〕80号)第六条鼓励中小企业到场外市场挂牌中规定:"(一)对同时符合以下条件的,给予拟挂牌企业一次性改制工作经费补助50万元:1.拟挂牌企业完成股份有限公司设立,并经工商登记注册的。2.拟挂牌企业与中介机构(证券公司、会计师事务所、律师事务所等)签订挂牌服务协议,中介机构正式进场开展工作,并完成尽职调查报告的……(二)对在设在南宁的区域性股权交易平台正式挂牌的股份制企业,给予一次性工作经费补助20万元。"但政策主要内容是对成功在主板、创业板公开上市融资或再融资企业提供的财政补贴鼓励,针对鼓励区域性股权交易市场建设的内容少。且与先进、发达地区相比,政策支持的手段和力度明显落后,广西地方政府应尽快出台配套完整的鼓励市场平台发展的政策措施。

三、建立健全广西区域性股权交易市场的建议

(一)加快市场平台建设,促进市场主体进场

首先,南宁作为中国—东盟国际博览会的永久举办城市、广西的政治经济中心、广西实施国家金融改革试验区的中心城市、面向东南亚的经济贸易桥头堡,有必要尽快争取自治区政府批准设立南宁股权交易所,以增强南宁发展的首位度。

其次,广西实体经济发展对私募资本市场存在需求量大的客观现实,客观上也可以容纳1家以上的区域股权交易市场载体。

最后,广西拥有两家以上的区域性股权交易市场平台,可以给广西企业提供更多的融资选择机会,有利于市场平台间的竞争完善,为各市场主体的进入提供更优质的服务和创新融资工具、模式,从而更好地推动广西区域性股权交易市场发展和服务广西实体经济发展。

作为市场平台的交易场所也应优化人才结构,加大产品研发创新能力建设,提升市场治理、运营水平,制定出管理规范、分配有效的市场规则,提升发行企业、推荐商、承销商、合格投资人等市场主体的参与度,提供更多、更好的融资工具和产品服务工作,真正发挥出市场平台优化配置资本与项目资源的作用,为广西资本市场发展起到应有作用。

(二)完善区域性股权交易市场发展政策

各地区域性股权交易市场发展经验表明,区域性股权交易市场的成长发展离不开地方政府强有力的政策扶植,建议各级地方政府应尽快出台刺激区域性股权交易市场发展的政策体系。在出台政策时可以参考重庆、吉林、浙江、广州等先进地区、发达地区的做法,特别建议参考充分体现"市场主导,政策驱动"特点的广州模式做法,针对市场各环节建设出台了一系列互为配合的支持政策:

(1)出台政策支持市场平台的设立与创新建设。在《关于支持广州区域金融中心建设的若干规定》(穗府〔2013〕13号)中规定,"对新设立的区域性金融市场交易平台给予1000万元的一次性奖励"、"对进入广州股权交易中心挂牌交易的广州地区股份制企业给予每家30万元的一次性补贴"、"对金融机构开展金融产品、金融技术、金融服务、金融管理创新给予奖励,金融创新奖设一等奖3名,奖金各100万元,二等奖10名,奖金各50万元,三等奖20名,奖金各30万元"。

(2)出台政策鼓励企业进入股权交易场所进行挂牌、股改、交易和融资。在《广州股权交易中心挂牌企业补贴资金管理办法》(穗开发改〔2013〕102号)中规定,"办法所涉及的股权交易中心挂牌企业补贴资金从区金融发展专项资金列支,主要用于区内在广州股权交易中心挂牌企业的股份制改造费用补贴、挂牌费用补贴、股权质押融资贴息、交易手续费补贴"、"对在广州股权交易中心挂牌的前30家股份有限公司给予每家50万元的股份制改造费用补贴,之后的按照广州市股份制改造费用补贴资金1∶1进行配套支持"、"对在广州股权交易中心挂牌的前100家企业的挂牌费用按照实际发生金额进行补贴,包括广州股权交易中心收取的费用和推荐机构会员收取的费用,每家企业挂牌费用补贴最高不超过1万元"、"对广州股权交易中心挂牌企业

以股权质押进行债务融资的利息给予补贴，融资形式包括银行贷款、信托贷款、小额贷款、公司贷款、银行委托贷款等贴息金额按照广州市对挂牌企业股权质押融资贴息资金 1：1 进行配套支持"、"对挂牌企业在广州股权交易中心进行股份转让、增资扩股、定向增资产生的交易手续费，广西按照实际发生金额给予交易双方单笔最高不超过 10 万元人民币，最低不低于 1 万元的补贴，未达到最低补贴金额的不予补贴"。

在广州市金融办《广州市企业进入广州股权交易中心挂牌补贴资金的申请和发放办法》（穗金融函〔2012〕624 号）中规定，"从战略主导产业发展资金的市金融产业发展专项资金中安排相应资金，对与推荐机构签约到广州股权交易中心挂牌的前 50 家股份制企业，每家给予 30 万元的股份制改造费用补贴"。《广州股权交易中心挂牌企业股权质押融资贴息专项资金发放管理办法》（穗金融函〔2013〕138 号）中规定，"专项资金按企业股权质押融资金额的 1%给予补贴"。

（3）出台政策为股权交易场所股权质押业务办理提供高效、便捷服务。在广东省工商行政管理局下发《关于支持我省企业利用广州股权交易中心融资发展的通知》（粤工商企字〔2013〕96 号）中，明确要求为广州股权交易中心开展的股权质押融资业务开通便捷性、高效的"绿色通道"。

广州市政府和广东省政府及相关职能部门的这些政策规定，从企业到股权交易场所进行股权托管到挂牌、股改、交易、融资、质押、过户，以及股权交易所的设立、产品创新等均出台了一系列针对性强的鼓励措施，利用补贴、奖励、绿色通道等手段形成一个优良的鼓励区域性股权交易市场发展的政策环境，更好地发挥出区域性股权交易市场的资源优化调配作用，极大地促进了企业进入广州股权交易中心进行挂牌、交易、融资和业务创新、发展，为中小企业融资提供了新路径。这些具体鼓励措施值得广西各级地方政府在制定政策时借鉴、参考。

广西地方政府应当积极参与广西的区域性股权交易市场平台建设，出台政策鼓励、引导本地中小企业去成立股权交易市场场所挂牌融资，支持本地中小企业通过利用股权交易市场场所进行股权挂牌、交易、融资等活动，完善治理结构、提升中小企业治理和融资水平，利用资本市场助推本地中小企业发展。

产权交易机构从业人员应当强化证据意识

湖南省联合产权交易所　李　铮

产权交易机构所组织的产权交易活动，涉及多个交易相关方，涉及复杂的交易环节，而交易本质上属买卖关系，是一种民事法律活动。因此，对于每一个交易环节所生成的具有证据价值的相关文件资料，产权交易机构都应当妥善地加以保管。本文就强化产权交易机构从业人员证据意识相关问题作一简要探析。

一、强化证据意识的重要性

证据是一个十分重要的法律概念。在我国的法学体系中，有专门的"证据法学"这一研究性学科。在我国的三大诉讼法（民事诉讼法、刑事诉讼法、行政诉讼法）中，均有专门的一章对"证据"作了十分详尽的规定。

那么何为证据？证据是指证明事实的依据。从民事诉讼法的角度看，证据是指能够证明民事案件真实情况的客观事实材料。按照其表现形式，民事诉讼证据一般可分为：①当事人的陈述；②书证；③物证；④视听资料；⑤电子数据；⑥证人证言；⑦鉴定意见；⑧勘验笔录。在产权交易活动中，各类合同（协议）、各种书面函件、转（受）让方提供的资质证明文件、资产转让信息发布申请书、受让申请书、财务报告、审计报告、评估报告、法律意见书、公证书等，从民事诉讼证据分类的视角看，均为书证。在业务运作过程中，往来的电子邮件、QQ 聊天记录、微信聊天记录，以及电子扫描文件、Word 文件、Excel 工作表、网络竞价电子记录等，均属于电子证据。在竞价现场形成的录音录像资料，属于视听资料。

为什么要在产权交易活动中如此郑重其事地强调证据的重要性呢？这是因为，从产权交易的角度来看，目的就在于防患于未然。如果在交易过程中发生任何争议，那么首先应当查清引发争议的基本事实，在厘清基本事实的基础上妥善解决争议。而要查清基本事实，依靠的就是证据，即那些与交易有关的各类文件资料。试想，如果我们不重视证据的收集和保管，那么，在解决争议时，就会处于十分被动的局面。因为，作为产权交易机构，你如果要证明你所履行的交易程序是合法、合规的，那么你需要用证据来"说话"，否则口说无凭啊！不仅仅是在证明自己的交易程序的合法、合规性方面，证据还能发挥无可替代的重要作用，而且，当交易相关方损害产权交易机构的合法权益时，产权交易机构也能够通过举证证明自己的相应主张（诉求）。比如，当产权交易机构起诉相关方或被他人起诉，在诉讼过程中，举证情况无疑是决定诉讼结果至关重要的因素。律师行业就有句行话："打官司，就是打证据。"这句话非常直白地道出了证据的重要性。当事人咨询律师相关意见时，律师总是会问：你的这些主张，有证据来证明吗？

基于上述分析，作为产权交易机构的从业人员，应当充分认识到证据的重要性，自觉强化证据意识。在日常工作中，应当严格按照工作程序的相关要求，高度重视收集、整理、保管好业务相关的文件材料，切不可马虎大意。

二、在实际工作中如何强化证据意识

就如何强化证据意识，笔者试从业务操作的层面，提出一些思路性建议，供业内同人参考。

（一）重视文件材料原件的作用

在民事诉讼案件中，只有复印件而无原件佐证的文件材料，其证明力是十分脆弱的。基于这一原因，在业务操作过程中，我们应当要求交易相关方提供原件的，必须提供原件，没有任何"通融"的余地。只需留存复印件的资料，如自然人的身份证明，应当场核实其原件。在业务经办过程中，由于时间紧迫，交易相关方暂时只能提供传真件、扫描件的，应当事后及时提供相应的原件。在实际工作中，一些跨地区的资金结算，为了提高资金结算的效率，在风险可控的前提下，可先采用经核实无误的传真件、扫描件进行结算，但事后应当及时取回相应的原件，并归于业务档案保存。

需要特别提示的是，有些重要的业务原件如果产权交易机构并无责任保管，则在查验原件后，留存复印件即可。比如，银行应受让方的申请向转让方出具的无条件支付、不可撤销的《银行保函》（用于担保交易价款的支付）、其他相关担保函等，其原件宜由受益人或者担保权人持有并保管。如果这些原件，本无须产权交易机构保管，但却留存在产权交易机构，则产权交易机构需承担因文件遗失或保管不当而产生的相关风险和责任。我们可以想见，类似于《银行保函》的这些文件材料，一旦遗失或毁损，其后果不堪设想（会导致相关权利人因遗失、毁损这些重要的文件材料而无法行使相应权利，从而遭受难以挽回的重大损失）。

（二）重视业务"证据"的收集整理

第一，要明确哪些材料需要作为业务"证据"纳入档案管理。例如，产权转让公告、司法变卖公告的网站发布版本，需进行网络截图并打印，作为档案保管。为何要如此呢？原因有二：一是证实这些公告的内容本身；二是证实已通过网站进行了发布。再如，资料的领取，应当做好书面签收，以避免将来发生争议。对于采用邮寄方式递送资料的，寄件人应当在邮件寄送单上注明资料的名称、寄件人姓名、寄件日期，并将邮件寄送单存档保管。必要时，还可通过网络查询邮件的投递状态，并截图打印存档。

第二，要掌握业务"证据"收集整理的方法。比如，发布在报纸上的产权转让公告，该报纸的整版应当完整保存，不宜将该公告从报纸中裁剪下来后保管。其原因在于：如果进行了裁剪，则无法反映整版的全貌，难以体现出该版面顶部所体现的版次及报纸出版日期等重要信息，从而失去证据的应有价值。

第三，要按照相关规定或要求，做好业务"证据"的生成。比如，需对交易活动进行录音录像或拍照的，应当严格遵照执行，并妥善保管好这些资料。

第四，要有业务"证据链"意识。通俗地说，就是在收集整理业务"证据"时，要留意各个"证据"材料是否相互印证，做到"一环扣一环"。在整理档案时，在不违背档案归类原则的前提下，可将属于同一个证据链的业务资料保管在一起，以便查询和利用。

（三）从严管理业务档案

档案管理也是业务工作的延伸，是业务风险控制的重要内容之一。档案管理好了，证据就得到了有效的保护。从严管理业务档案，应注意以下几个方面：

1. 及时归档

在具体的业务过程中，对于业务档案，建议边形成边整理边造册，这有利于防止业务资料四处存放，以避免出现等需要集中整理时发生资料缺失的情形。业务活动一旦结束，应及时整理档案，并按照相关规定移交给档案管理部门统一保管。

2. 加强档案室的日常管理

业务档案室应当由档案管理部门进行专门管理。未经档案管理部门同意，任何人不得擅自进入档案室。要严格按照中国企业国有产权交易机构协会《企业国有产权交易档案管理规范（试行）》和其他相关要求，做好档案的防盗、防火、防潮、防尘、防光、防高温、防污染、防有害生物的"八防"要求。

3. 严格执行档案查询程序

产权交易机构内部工作人员，因工作原因，需要查阅已归档的档案的，应当按照内部管理程序，说明需要查询的原因，并经相关领导同意后，档案管理部门方可提供查阅服务。

公检法机关来产权交易机构查阅、复制相关业务档案的，应当严格履行法定程序。符合法定程序

规定的，产权交易机构应当积极配合。《民事诉讼法》、《行政诉讼法》均规定，人民法院有权向有关单位和个人调查取证。《刑事诉讼法》规定，人民法院、人民检察院和公安机关有权向有关单位和个人收集、调取证据。有关单位和个人应当如实提供证据。但是，公检法机关工作人员未按规定出示相关身份证明和调查文书、参与调查的人员人数不符合规定，或者出现其他违反调查取证法定程序的情形，产权交易机构可拒绝其调查取证要求。

公安机关办理刑事、行政案件，向有关单位和个人调取证据，应当经办案部门负责人批准，开具调取证据通知书。人民法院办理民事案件需收集调查证据，应由两人以上共同进行。人民法院在办理民事、刑事案件过程中进行调查取证，对当事人提供的证据，应当出具收据，注明证据的名称、收到的时间、份（件）数和页数等，由审判员或书记员签名。

公检法机关以外的其他单位到产权交易机构查询档案的，产权交易机构应当核实该单位查询的原因、该单位是否与查询事项具有关联性、查询的范围是否合理等，经相关领导同意后，方可提供查询服务。

对于业务档案尚未交由档案管理部门保管前的相关查询，也应当严格履行查询程序（向部门负责人报告，经相关领导批准后方可提供查询服务），不得随意对外提供查询。比如，以司法拍卖业务为例，假设某一司法拍卖业务已经完成全部程序，在业务档案尚未移交档案管理部门前，有一案件当事人提出要查询该项目的拍卖档案，可否？从风险控制的角度看，司法拍卖业务的档案，只接受委托法院、买受人、承拍的拍卖机构和进入司法程序后公检法机关的查询，不接受其他人的查询（包括申请执行人、被执行人和其他相关当事人或案外人等）。即便是向买受人提供查询服务，其查询的范围也是有限的，即其仅可查询与其竞买有关的相关材料，无关的材料其无权查询。

大宗物资采购阳光平台建成　双向多功能产权大市场呼之欲出

哈尔滨产权交易中心

自 2013 年 7 月以来，在全国产权交易界率先拓展国有企业大宗物资采购这项新领域，作为第一个吃这个大"螃蟹"的产权交易机构，哈尔滨产权交易中心依靠多年来积累的资源和经验，在短短的三个月的时间里完成了整章建制、征集代理机构、建设采购平台、严格规范管理等大量基础性工作。从最初的一无所有到阳光采购平台建设的初具规模，目前已步入项目平稳推进的健康发展轨道，虽然历经艰难险阻，却也取得了令人欣喜的成绩。

2013 年注定是不平静的一年，南方的酷暑让很多人备受煎熬，东北又迎来了 1998 年之后最大的一次洪涝灾害，当暴涨的松花江水有惊无险地流淌过美丽的冰城哈尔滨时，一场产权交易界的创新也正在哈尔滨产权交易中心酝酿萌芽。经过多年的积蕴和沉淀，产权交易界第一个大宗物资采购阳光平台横空出世，它犹如落花生，一出生就显示出强大的生命力，快速生长着，产权人多年来构建双向多功能产权大市场的梦想在此刻变得更加真实，触手可及。

一、背景介绍

中国产权交易市场经过 20 年的跨越式发展，从一个最初为国有企业产权转让提供服务的单一性市场，已发展成各类产权资源优化配置的市场；由一般性要素市场已发展成集物权、债权、股权、知识产权等于一体的综合性资本市场。产权市场作为资本市场的重要基础市场已为社会各界所广泛认可。但客观而言，目前的产权交易市场仅是一个单纯的卖方市场，卖产权、卖股权、卖债权、卖各类产权资源，却缺失了另一项重要功能，即买方市场，这无疑对平台的全面、多功能发展造成了一大缺憾。能卖能买，建设一个全面发展的双向的综合性平台，才能真正发展为一个健全成熟的交易市场。

哈尔滨产权交易中心能够率先在全国产权交易界建立大宗物资采购平台，创建了双向综合性平台之先河，有其偶然因素，但细细分析，偶然之中蕴藏着必然。

（1）是社会主义市场经济发展的必然。我国现阶段的经济制度是以公有制经济为主体，多种所有制经济共同发展，社会主义的根本经济特征是生产资料公有制。作为公有制经济的主要表现载体是国有企业，国有企业进行生产资料采购从企业"自己说了算"发展为制度约束下的自主采购，是社会主义市场经济发展的必然。

（2）是国资部门监管的必需。哈尔滨市国资委 2014 年开始实施"大国资"战略，对出资企业建立全方位、立体式监管机制，其所属国有企业集中采购大宗物资应运而生。这项工作的开展，规范了其全资、控股企业采购行为，加强了大宗物资采购的监督管理，充分发挥了规模采购的优势，降低了采购成本，提高了产品质量，有效防止了国有资产流失。

（3）是阳光采购源头反腐的必要。近年来，中央治理商业贿赂领导小组将工程建设、土地出让、产权交易、医药购销、政府采购、资源开发和经销列为我国目前商业贿赂最严重的六大领域进行专项治理。作为建立健全防治商业贿赂长效机制的重要机制，产权交易市场搭建阳光采购平台，在政府的强有力的反腐斗争中获得了新的发展机遇，规范企业大宗物资采购行为，防止采购行为中的商业腐败，这对于产权交易市场的长期健康发展是利好的。

（4）是产权交易市场全面发展的必然选择。产权交易市场经过多年从事国有企业产权转让工作的磨砺，形成了一系列完整的交易规则和流程，有效地防止了"暗箱操作"和违规行为，为企业大宗物资采购积累了宝贵的经验，提供了有力的技术保障。特别是哈尔滨产权交易中心具有多年来从事国有企业财产保险采购业务的经验，与金马甲共同开发了"金马甲网络采购系统"（即互联网降价竞价），建立健全了采购制度，完善了采购流程，使产权交易市场初步具备了"由卖到买"的功能，有能力为国有企业大宗物资采购提供服务。

哈尔滨作为国企大宗物资阳光采购平台的这项创新业务的诞生地，既是幸运女神的眷顾，也是多年来积累和沉淀的大爆发。

二、法规依据

在采购工作中，我们严格遵守《中华人民共和国招标投标法》，参照《中华人民共和国政府采购法》，按照省市国资委相关规定的要求开展工作。2012 年 12 月，黑龙江省国资委颁发了《关于进一步加强出资企业物资采购管理的通知》（黑国资办〔2012〕307 号），要求国有企业大宗物资采购行为必须全过程公开并置于有效的监督管理之下。哈尔滨市国资委对市属国有企业大宗物资采购的相关管理办法也正在起草拟订之中，不久即将颁发。

我们先后制定并发布了《哈尔滨产权交易中心招投标代理机构管理办法》、《哈尔滨市国有企业大宗物资采购网络动态报价实施办法》、《哈尔滨产权交易中心采购摇号程序规则》等相关管理办法，严格规范开展采购业务，为大宗物资采购的顺利开展奠定了良好基础。

三、工作流程

我们根据相关法律法规的规定，制定发布了大宗物资采购平台工作流程。

（1）批复进场。采购企业进行大宗商品采购，应先取得哈尔滨市国资委相关批复文件，取得批复后进入产权交易中心进行采购。

（2）签订《采购委托协议》。采购企业需向产权交易中心提报大宗物资采购计划，明确采购标的、采购方式和采购时间、采购标的详细技术要求、供应商资格要求，产权交易中心依据上述材料与采购企业签署《采购委托协议》。

（3）选定代理机构。产权交易中心与采购企业签订《采购委托协议》后，根据采购企业选定的采购方式推进项目：①采用公开招标、邀请招标、竞争性谈判、单一来源采购、询价采购等采购方式的项目，在产权交易中心入围招标代理机构中采用公开摇号方式选取招标代理机构推进项目（以下流程均以公开招标方式为例列示）；②采用网络动态报价采购方式的项目，产权交易中心作为代理机构推进项目。

（4）采购准备工作。选定代理机构后，产权交易中心负责组织采购企业、中签招标代理机构召开采购准备会，明确各方职责，推进项目。

（5）发布采购公告。代理机构根据采购企业提交的采购计划及相关采购要求制作采购公告，经采购企业审核确认后，在中国采购与招标网、哈尔滨产权交易网、代理机构网站及纸质媒体上进行公开信息发布。

（6）编制发售招标文件。招标代理机构负责编制发售招标文件。招标文件经采购企业审核确认后，招标代理机构在产权交易中心指定窗口对投标人进行报名登记，出售招标文件，产权交易中心负责收取招标文件费。

（7）投标答疑会。招标代理机构按照招标文件规定时间内在产权交易中心组织投标答疑会，澄清、解答潜在投标人针对招标文件中的商务技术条款提出的疑问，并负责将所有的澄清、解答以书面形式发给所有购买招标文件的潜在投标人，经采购企业、投标人签署的投标答疑会会议材料属于招标文件的组成部分。产权交易中心负责提供会议场所，并对会议过程全程进行监督。

（8）受理投标文件。招标代理机构在产权交易中心指定场地负责受理投标文件，潜在投标人要按照规定的时间、地点、方式递交投标文件，并提供招标文件规定的相应方式和金额的投标保证金。产权交易中心负责收取投标人的投标保证金。

（9）组建评标委员会。产权交易中心负责组织采购企业、招标代理机构各方共同从省发改委专家库中随机抽取相关领域的技术、经济等专家，组建评标委员会，并共同签署《黑龙江省评标专家库专家抽取结果记录表》。

（10）开标。招标代理机构应按招标文件规定的时间在产权交易中心组织开标，邀请所有投标人派代表参加，产权交易中心负责通知监督部门进行开标、评标现场全过程监督。招标代理机构按程序组织开标，投标人代表、采购企业代表、唱标、监标和记录等有关人员在开标记录上签字确认。

（11）评标。评标由评标委员会负责。招标代理机构应按招标文件规定的时间在产权交易中心组织评标。评标委员会负责向采购企业推荐中标候选人，或经采购企业授权后直接确定预中标人。

（12）中标。招标代理机构协助确定预中标人，在中国采购与招标网、哈尔滨产权交易网、代理机构网站进行中标公示。采购企业按照评标委员会推荐的中标候选人以及公示结果，根据法律法规和招标文件规定的定标原则确定中标人。采用网络动态报价方式的，成交供应商需签署《动态报价结果通知单》、《动态报价记录单》。

招标代理机构在采购企业确定中标人后向中标人发出中标通知书，同时将中标结果通知所有未中标的投标人。产权交易中心向采购企业发出《采购结果通知书》。

（13）收取服务费和履约保证金。中标供应商领取《中标通知书》后，应在规定的时间向哈尔滨产权交易中心交纳履约保证金及服务费。

（14）签订合同。采购企业与中标人应当自发出中标通知书之日起 30 日内，依据中标通知书、招标、投标文件中的合同构成文件签订《采购合同》。

（15）资金结算和档案管理。产权交易中心负责收取招标项目中标人的中标服务费，在采购完成后按与招标代理机构约定的分配比例进行资金结算。招标代理机构在确定中标人的 15 日内将招标投标情况书面报告提交产权交易中心，并整理全部招投标资料，形成招标备案资料及存档档案，分别向采购企业、产权交易中心提交。

四、采购工作进展情况

自开展市属国有企业大宗物资采购业务以来，一方面，中心抓紧建立健全大宗物资采购平台的建设。中心已经公开征集了四家具有甲级政府采购资质的招投标代理机构，丰富了大宗物资采购方式。现在我中心可采取公开招标、邀请招标、竞争性谈判、动态网络报价等多种采购方式为国有企业进行大宗物资采购提供综合性服务。另一方面，中心依法、合规地有序推进已经进场的企业采购项目，目前已经完成和正在推进的大宗采购项目近 10 宗，采购预算金额近 3 亿元。其中典型案例如下：

（1）8 月 8 日，哈尔滨市属国有企业大宗商品采购第一单——哈尔滨排水集团有限公司采购的 21 台排水专用车辆通过大宗物资采购平台的"金马甲"竞价采购系统，最终采购标的由 463 万元，降为 404.5 万元，特别是第二包由最初的报价 153 万元，直降为 96.5 万元，少支出资金 56.5 万元相当于购置三台车辆的资金，降幅高达 36.9%；本次采购项目竞价过程激情四射，竞价幅度很大，大大节约了采购资金，有力地保障了采购人的利益，超出了包括采购人在内的所有各方的想象力，为其他企业进场交易进行大宗物资采购开了一个好彩头。

（2）9 月 24 日，哈尔滨市公共电车总公司、哈尔滨市公共汽车总公司委托的 500 台公交车辆采购项目，通过产权交易中心大宗物资采购平台顺利完成。

500 台公交车辆采购项目是哈尔滨交通系统历史上最大一次的公交车采购项目，采购预算金额高达 2.5 亿元，采购期间内适逢两个采购企业的主管部门由原哈尔滨市交通局变更为新成立的哈尔滨交通集团有限公司，该项目能否公开、公平、公正地进行，自始至终为各方所瞩目。

产权交易中心作为项目的组织者，中心领导高度重视，亲自挂帅，要求项目会审、抽取专家、开标、评标、收保证金等环节全过程进场，确保采购过程公开，采购条件公平，采购标准公正。由于该项目采购标的数量大、品种多、金额高、情况复杂，在项目推进过程中我们遇到了国家政策变化、项目融资、标包划分等诸多难题，中心与各方沟通协调，稳步推进项目实施。我们采取多种措施确保采购过程公开透明，尽量屏蔽各种场外因素对评标过程的干扰，包括严格规范抽取专家；评标室与投标人分区管理；切断评标专家与外部信息沟通；纪检监察人员现场监督、全过程视频监控，等等。特别是在关键的抽取专家环节，中心组织各方代表于开标日当天早上 7：00 从省发改专家库抽取评审专家，抽取专家人员就地封闭，互相监督，待 9:30 正式进行开标、评标环节，各位评审专家到场后，各方代表才能撤离。这些都为阳光采购的顺利进行奠定了基础。评标专家到场后，手机等通信设备一律上收。历经 10 小时的辛苦工作，宇通客车、安凯客车、厦门金龙、中通客车、中国重汽五家知名厂商中标，其中有四个厂商是上市公司，节约资金883万元，为哈尔滨历史上公交车采购节约资金最多的一次。

500台公交车采购项目对于刚刚成立的哈尔滨国有企业大宗物资采购平台来说是一次大考，哈尔滨产权交易中心在这次大考中交出了令各方满意的答卷。采购人哈尔滨市公共电车总公司、哈尔滨市公共汽车总公司的负责同志见证了整体评标过程，他们对招标活动进行了总结概括："这次采购公开透明，采购车辆牌子最响、质量最好、价格最低。"

五、后记

哈尔滨产权交易中心大宗物资阳光采购平台的建立，对完善大宗物资采购体系起了重要的补充作用。目前，哈尔滨已形成了哈尔滨市建设工程项目进入建设工程交易中心（哈尔滨市建委所属）、财政资金采购项目进入政府采购中心（哈尔滨市财政局所属）、国有企业大宗物资采购进入产权交易中心（市国资委所属）的新格局。

大宗物资采购业务作为产权交易的一个创新业务，是一个大有作为的广阔天地，中心希望从哈尔滨开始把这项业务推向全国，形成一个大气候。星星之火可以燎原，如果全国各兄弟产权交易机构形成合力，共同推进大宗物资采购平台建设，使这项业务制度化、规范化，共同做大做强这项业务，为国资部门监管站好第一班岗，为阳光采购源头反腐打下坚实基础，将更加有利于国有企业大宗物资采购业务在产权交易行业里健康阳光发展，更加有利于产权交易市场全面发展。

产权市场：多层次资本市场体系中不可或缺的基础性服务市场与坚实基座

西南联合产权交易所　周雪飞

多层次资本市场体系的建立和完善，源于经济社会发展要求的演变过程，且没有一成不变的固定模式。虽然西方发达市场已有上百年的历史，但时至今日这个过程仍在进行之中，并未终结。

循着中国多层次资本市场体系的构建与发展，多层次资本市场体系从"倒三角"、"正三角"到"有基座支撑的金字塔形"的演进，也正是国有企业市场化改革、发展方式转型与经济结构调整、积极发展混合所有制经济的集中反映和客观要求。

与国外成熟、规范市场相比，我国资本市场发展只有短短几十年的时间，因此基础建设显得尤为重要。在促进发展方式转型与经济结构调整、积极发展混合所有制经济的大背景下，面对占据绝对主导的非上市公司、非标准化资产，唯有汇聚特色，夯实基础，进一步发展壮大产权市场，方能使其为实体经济提供更为宽广、稳固的平台支撑和金融服务。

从这个意义上讲，我国产权市场作为基础性服务市场，理应成为构建"金字塔形"资本市场体系的坚实基座。

一、多层次资本市场体系的市场功能观点与维度划分

（一）多层次资本市场体系的市场功能观点

多层次资本市场作为现代资本市场复杂形态的一种表述，是资本市场有机联系的各要素总和，具有丰富的内涵。在资本市场上，投资者和融资者基于自身规模与主体特征的不同，对资本市场金融服务存在差异化需求。投资者与融资者对投融资金融服务的多样化需求，决定了资本市场应该必须是一个多层次的市场体系。

基于市场功能观点理论，资本市场需要体现差异性，需要不同层次、不同功能的内在市场结构与市场体系，来服务于不同的融资者和投资者，进而满足不同层次的资本供给和需求：不同发展阶段、不同规模企业多样性的融资需求，决定了资本市场

的多功能性；投资者的复杂性也决定了资本市场的多功能性；不同所有制经济形式的并存与融合同样决定了资本市场的多功能性。

（二）资本市场的两种维度划分

按照"资产存在形式"维度，资本市场可以划分为证券资本市场和非证券资本市场。前者是指证券化的产权交易场所，以多层次的股票市场（如主板、二板、新三板即全国中小企业股份转让系统、四板即区域性股权交易市场）为代表；后者是指资产尚未实现单元化、证券化的企业进行整体性产权交易的场所，即为企业产权交易提供平台与服务的产权市场。

按照"市场交易方式"维度，资本市场可以划分为标准化交易的资本市场和非标准化交易的资本市场。多层次股票市场中，主板、中小板、创业板、新三板均为标准化交易，四板则为非标准化交易。而产权市场主要采取非标准化的产权交易方式，如协议转让、竞价交易、招标转让、合作开发等。

二、中国多层次资本市场体系从"倒三角"到"正三角"的演进

（一）在服务"国企改革改制与解危脱困"中形成的"倒三角"资本市场体系：以主板为主的场内市场

中国资本市场的建立和完善，从一开始便定位于"为国企改革提供配套服务"。这种为"国企改革改制、解危脱困"服务的目标诉求，也为"倒三角"资本市场体系的形成埋下了伏笔。

在此过程中，大批国有企业通过改制上市、兼并重组，依托资本市场成为公众公司，向国有企业市场化和国有资产资本化方向路径不断迈进。

从上市家数和市值来看。截至 2012 年底，沪深两市上市公司达 2494 家。其中主板 1438 家，中小板 701 家，创业板 355 家。[1] 沪深两市总市值 23.04 万亿元，流通市值 18.17 万亿元。其中，中小板总市值 28804.03 亿元，流通市值 16244.15 亿元；创业板总市值 8731.20 亿元，流通市值 3335.29 亿

元。[2] 与此同时，截至 2012 年底，场外市场的代办股份转让系统挂牌公司仅有 200 家。[3]

就整个资本市场体系的上市家数与流通市值而言，这是典型的"倒三角"结构。因为按照国外成熟资本市场的体系设计，场外市场挂牌公司数量应多于创业板公司，创业板公司数量应多于中小板公司，而中小板公司数量应多于主板公司。目前，中国市场的情况正好相反（参见图1）。

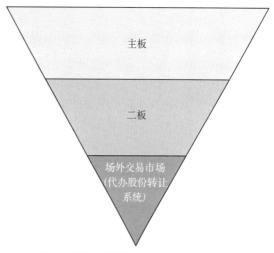

图 1　"倒三角"的多层次资本市场体系

然而，国内资本市场体系这种"倒三角"格局既不稳固也不完善，存在明显结构性缺失：注重发展场内交易市场，但忽略了场外交易市场的发展。

与此同时，国内中小企业、小微企业融资难现象日益突出，大量民间资金迫切需要寻找新的投资或投机出口，因此资本市场体系的"倒三角"格局亟待改变。

（二）转型升级中的"正三角"资本市场体系：从场内市场到场外市场

"十二五"规划的主线，就是加快转变经济发展方式。发展方式转型和经济结构调整，为我国资本市场发展提出了更高的目标要求：从主要服务于国企改革改制，转向服务于经济发展方式的转型、支持经济结构的调整和科技创新型企业的发展，必然需要多层次、多元化、多功能资本市场体系的支撑，需要中介机构提供各类差异化的金融服务。

---

①② 中国证监会编：《中国证券监督管理委员会年报 2012》，中国财政经济出版社 2013 年版。
③《中小企业股份转让系统揭牌　场外市场步入正轨》，中国经济网，2013 年 1 月 17 日。

国际经验表明，一个高效而健全的多层次资本市场体系对于经济成功转型具有重要推动作用。从中国的发展实践来看，每当经济面临结构变化挑战时，证券市场估值都会呈现分化局面：既有的成熟行业相对衰落，一大批新兴行业从无到有、从中小市值转为大市值，并逐步在证券市场中占据相对主导地位。在此过程中，证券市场通过赋予新兴行业以更高估值，通过价格机制引导民间私人资本流向这些行业，从而引领经济转型、结构调整。

在这种背景下，一种自然而然的思路便是：在不断扩充主板、中小板、创业板等场内交易市场规模的同时，加快发展全国性和区域性场外交易市场，将资本市场体系的"倒三角"扭转为"正三角"，以满足众多中小企业、小微企业长期发展的融资需求（参见图2）。

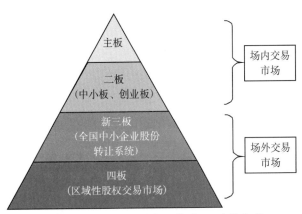

图2 多层次资本市场体系的"正三角"架构

但必须应当正视的现实是：截至2013年底，全国各类企业总数为1527.84万户。其中小微企业1169.87万户，占企业总数的76.57%。① 而目前主板、中小板、创业板等场内交易市场上市公司加在一起还不到3000家。更何况，今后每年能够进入资本市场发行上市的企业同样较为有限，绝大多数企业短时期内将无法在场内市场甚至场外市场获得融资需求满足。由此，从"倒三角"到"正三角"的演进虽是一种进步，堪称"帕累托改进"，但还不够，远不能满足实际需要，资本市场体系结构依然需要由"正三角"向"有基座支撑的金字塔形"拓展、延伸。

① 国家工商行政管理总局：《全国小微企业发展报告》。

三、积极发展混合所有制经济的资本市场路径选择：依托产权市场实现各类资本的融合

党的十八届三中全会审议通过的《中共中央关于全面深化改革若干重大问题的决定》明确提出：产权是所有制的核心。积极发展混合所有制经济，"有利于国有资本放大功能、保值增值、提高竞争力"，有利于各种所有制资本取长补短、相互促进、共同发展。允许更多国有经济和其他所有制经济发展成为混合所有制经济。

凡此种种，掀起了新一轮国企改革的序幕。而当前急需研究推进混合所有制经济的实现途径，也就是国有资本、集体资本、非公有资本等相互融合的路径选择。事实上，无论是国企改革"管资产向管资本转变"的主方向还是积极发展混合所有制经济，本质上都与产权流转密切相关：随着混合所有制经济发展步伐的加快，更多非上市企业需要通过并购重组来实现资源的优化配置。而国有资产的保值增值，同样需要通过主动参与多层次资本市场体系中的产权交易来得以实现。

市场的"优选法则与需求表达"机制充分表明：在推进混合所有制经济发展的进程中，应当因应实体经济的需要，为各类所有制资本的融合提供公开、透明的交易平台，让市场更好地发挥其资源配置的决定性作用。可以说，在积极发展混合所有制经济的大背景下，国有企业与市场经济实现融合的最为直接、有效的路径应当是：依托多层次资本市场体系进一步深化改革，实现企业资本结构的多元化和国有资产的资本化。

而伴随国有企业改革改制成长起来的产权市场，无疑具有承担这一重要使命的基础性服务功能和作用：企业国有产权进入产权交易机构挂牌交易的制度安排，使得国有企业除通过证券市场上市实现混合所有制的"高贵"方式之外，又有了更具操作性的合法途径与现实选择，即通过非证券资本市场的产权市场来实现产权多元化、资产资本化：大多数国有企业由于规模实力、行业限制、发展阶段等诸多原因，无法通过标准化的证券市场实现混合所有制。而产权市场由于其资本介入的非标准化，

同时具有证券市场公开透明的交易环境和制度保障，成为国有企业走向混合所有制最可行、最稳妥的路径选择。

不难看出，产权市场可以充分利用其在企业国有产权转让领域的优势，成为混合所有制的实现平台，以及国资监管部门对持有的混合所有制企业国有股权、混合所有制企业的法人财产进行监管的平台。概言之，产权市场是实现产权多元化的"搅拌机"，能够为推进混合所有制经济提供流转服务；是实现"双向"产权保护的"稻草人"，能够防止"国有资产的流失"和"民营资产被侵吞剥夺"。

四、产权市场是构建"金字塔形"资本市场体系不可或缺的坚实基座

（一）产权市场的基础性服务功能

从市场的功能角度讲，产权市场是多层次资本市场体系中"非标准化、非公众"的非证券资本市场，是最贴近实体经济的、为证券资本市场提供基础性服务的市场，居于多层次资本市场体系的基座位置，是地方金融体系的重要有机组成部分。

产权市场的基础性服务功能主要体现为：为中国的产权制度改革和各类所有制资本融合提供平台服务；为众多非上市公司优化企业股权结构、资产结构提供投融资服务，为上市公司法人财产处置提供市场监管服务，为大量非标准化资产交易提供流转服务；为包括场内市场和场外市场在内的证券资本市场提供上市资源的输送服务。

（二）产权市场是中国独有的、多层次资本市场体系不可或缺的坚实基座

以产权交易机构为代表的产权市场，应国有企业改革需要自发产生、不断成熟，是中国独有的，在多层次资本市场体系中具有不可或缺的地位和作用。

与国外成熟、规范市场相比，我国资本市场发展只有短短几十年时间，要想赶超、融入全球资本市场，构建具有中国特色的资本市场体系，加强基础建设既是现实需要，更是一条可靠的捷径。在促进发展方式转型与经济结构调整、积极发展混合所有制经济的大背景下，面对占据绝对主导的非上市公司、非标准化资产，唯有汇聚特色，夯实基础，进一步发展壮大产权市场，方能使其为实体经济提供更为宽广、稳固的平台支撑和金融服务。

从这个意义上讲，我国产权市场理应成为构建"金字塔形"资本市场体系的坚实基座（参见图3）。

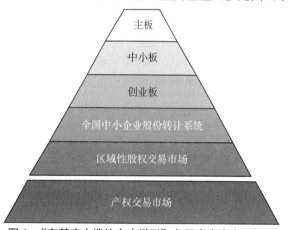

图3 "有基座支撑的金字塔形"多层次资本市场体系

产权市场能够承担公共资源公开交易的新使命

西南联合产权交易所 周雪飞

党的十八届三中全会决议提出，要进一步简政放权，建设统一开放、竞争有序的市场体系。新一届国务院明确要求，要转变政府职能，处理好政府与市场的关系。

从这个意义上讲，公共资源公开交易不仅需要构建一个完整的市场体系，其模式设计更应廓清"政府与市场的边界"，充分体现和反映"市场在资源配置中的决定性作用"。

理论和实践告诉人们，"管办分离"的市场模式能够充分发挥市场在公共资源配置中的决定性作

用，并且可以有效防止腐败行为的产生。而产权交易所的制度设计、市场化运作、电子化交易，决定了其完全具备作为公共资源交易受托人和实施主体的条件与基础，能够承担公共资源交易市场体系构建的新使命。

一、公共资源公开交易的主要目的

（一）实现公共资源的市场化配置

公共资源公开交易的首要目的在于实现公共资源的市场化配置，即实现公共资源配置的效率最大化。而在现代市场经济的运行机制下，衡量资源配置效率最重要的指标与信号莫过于价格：更高的价格意味着运用资源的能力越强，配置效率也就越高。接下来的问题是，如何实现公共资源的市场化配置，即如何设计公共资源公开交易的模式，才能保证公共资源公开交易进场资格开放化，参与机制均等化，价格竞争公开化，进而在充分竞争之后实现公共资源的市场化配置？

值得关注的是，因在"稳定配置理论和市场设计实践"领域的杰出贡献而获得 2012 年诺贝尔经济学奖的埃尔文·E.罗斯（Alvin E. Roth）和罗伊德·沙普利（Lloyd Shapley），两位经济学家的共同研究方向恰恰就是"资源的配置，以及如何设计合理的市场机制来达到有效的配置效果"，其理论已被广泛运用。

埃尔文·E.罗斯认为，市场设计和中央计划的最大不同在于，一个良好的市场设计，会让市场参与者来决定最后有效分配的结果。在罗斯看来，中国在市场设计上有很多机会。[①] 但他也着重强调：市场设计的出发点是通过所设置的规则让参与者决定有效的结果，而不是由政府代替市场做出决定。

经济学家的成熟理论告诉人们：公共资源公开交易的模式设计，更应廓清"政府与市场的边界"，充分体现和反映"市场在资源配置中的决定性作用"。

（二）避免交易中的腐败现象

公共资源公开交易的另一目的，意在实现公共资源交易全流程透明化管理，推进惩治和预防腐败的体系建设，避免交易中的腐败现象。而"避免腐败"与其说是实行公共资源公开交易的目的，不如说是公共资源市场化配置中产生的辅助效果。

个中逻辑在于，公共资源交易中之所以存在"寻租"、腐败现象，究其原因是政府"越位"、权力"入市"使然，其实质在于"政府与市场的边界模糊"，导致政府干预涉足"过深"、官员在公共资源交易中"暗箱操作"，致使交易价格并非通过竞争形成，公共资源配置低效，从而损害了公共利益，产生"政府失灵"。

从这个意义上讲，只有实现公共资源的公开交易和市场化配置，方可避免公共资源交易中的腐败与寻租行为，进而矫正"政府失灵"现象。

二、公共资源公开交易的核心问题

要达到公共资源公开交易的两大目的，需有与之相匹配的、科学合理的模式设计与路径选择，核心问题在于"公共资源交易涉及的主体及不同主体之间关系的安排"这一关键。换言之，公共资源由什么人或组织（who）参与交易，在什么地方（where）进行交易，以什么方式（how）进行交易。

（一）公共资源交易涉及的主体

通常，公共资源交易主要涉及委托人、受托人（交易人、代理人）、监督人三大主体。而从构建统一规范的公共资源交易市场体系以及公共资源交易过程考虑，公共资源交易还涉及"规则制定人"和"管理服务机构"等主体（参见表1）。

主体	委托人	受托人	监督人	规则制定人	管理服务机构
具体内容	政府及政府相关部门	受托组织公共资源交易的市场主体，亦即公共资源交易机构	包括各类公共资源的监管部门、行政监察机关和社会公众等	包括法律及国家政策赋予的有关公共资源的监管部门等	由政府直接搭建的为公共资源交易提供服务和管理的机构

表 1　公共资源交易涉及的主体

---

① 2012 年诺贝尔经济学奖获得者埃尔文·E.罗斯：《与计划不同，市场设计由参与者做主》，《东方早报·上海经济评论》2012 年 10 月 18 日。

（二）不同主体之间关系的安排

一般来讲，公共资源交易的委托人多为政府及其相关部门，而受托人即公共资源交易机构作为市场主体和交易实施主体，要按照规则组织完成具体交易，监督人则应是多部门与社会公众组成的监管联合体。

显而易见，委托人、受托人与监督人三者应当"分离"，不能同为一体：委托人与受托人之间体现的是"政府与市场"的关系，监督人则要对交易活动与行为、交易全程进行监控，确保交易的"公正、公开、公平"。作为公共资源交易的规则制定人，应当在法律和制度的框架下制定各项办法、操作规程等。这种规则的制定应对所有的市场主体"一视同仁"，不能带有歧视或偏袒，以体现公正与机会均等。

特别需要强调的是，公共资源交易管理服务机构，不能作为公共资源交易的受托人。毕竟，公共资源交易的受托人应当是独立的市场机构，而公共资源交易管理服务机构属于政府事业单位，其主要职责应当定位于"为公共资源交易提供现场服务与管理"，而非直接组织具体的交易活动。

（三）不同主体之间关系的安排形成不同的交易模式

目前的公共资源交易结构中，委托人是政府机构，监督人是政府相关部门与社会舆论。但是由于"受托人"（交易人、代理人）的选择不同，形成了公共资源交易"同体监督"的政府模式与"管办分离"的市场模式两套体系。

三、公共资源公开交易两种不同模式的由来与效果评价

（一）"同体监督"的政府模式与"管办分离"的市场模式的由来

2002年1月，党的十五届中央纪委第七次全会公报提出"实行经营性土地使用权出让招标拍卖、建设工程项目公开招标投标、政府采购、产权交易进入市场四项制度"。"四项制度"提出后，国资、国土、建设、财政等部门积极落实，但方式方法各异。其中，土地使用权出让、建设工程项目招投标、政府采购领域采取"由政府行政主管部门设立事业编制的专项交易部门，作为受托人（代理人）进行交易"的办法，由此形成了"行政主管部门设立事业性质的交易中心、自我委托、自我交易、自我监督"的公共资源交易"同体监督"的政府模式（见图1）。

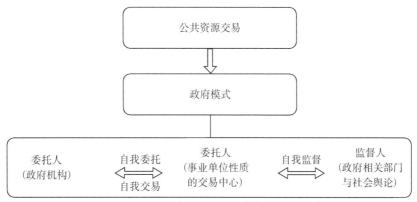

图1 公共资源交易"同体监督"的政府模式

而"国有产权交易"则通过出台3号令（《企业国有产权转让管理暂行办法》）等一系列制度，在各级国资委的统一指导下，由第三方的产权交易机构具体组织交易，接受国资、财政、监察等六部委组织的联合监督检查。由此形成了"国资部门制定规则、交易交由第三方市场独立机构'产权交易所'实施、多部门联合监管"的公共资源交易"管办分离"的市场模式（见图2）。

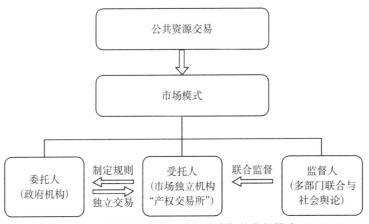

图 2　公共资源交易"管办分离"的市场模式

（二）公共资源交易两种不同模式的效果评价

不难看出，如果采取"土地使用权出让、建设工程项目招投标、政府采购"的公共资源交易模式，即政府主管部门设立事业编制的专项交易部门的公共资源"同体监督"的"政府模式"，则委托人、受托人、监督人均归属于同一群体，公共资源交易的公开透明、公正有序、公平合理将会受到严重质疑，同时也会让人产生公共资源交易是在"左手倒右手"、玩"自娱自乐"游戏的心理暗示。更为重要的是，这种落后的、行政化的模式极易造成寻租、腐败。

反观"国有产权交易"在国资多部门监管下委托第三方独立机构进行交易的"市场模式"，委托人、受托人与监督人完全实现了角色分离，形成"三权分立"的完美交易结构，完全依托市场为主体，能够充分发挥市场在公共资源配置中的决定性作用，并且可以有效防止腐败行为的发生。

现实层面，国资监管部门这种市场化的模式设计及其实际效果得到中纪委及社会的广泛认可，其经验多被借鉴或效仿，有些地方还将涉诉资产处置、特许经营权甚至其他公共资源配置直接交由当地合法的产权交易机构实施。应当讲，企业国有产权进入产权交易机构公开交易与公共资源公开由市场配置的精神一致、目的一致、一脉相承，二者融合共同推进公共资源优化配置的基础完全具备。

四、公共资源公开交易的理想结构与模式设计

公共资源交易要做到规范透明，必须在交易结构上做到"管办分离、相互制衡、有效监管"。从政府角度考虑，在公共资源交易过程中，政府是天然的委托人，其可以充当规则制定人、管理服务者、监督者的角色，但唯独不应充当受托人和交易实施者的角色。

循着这种逻辑和思路，"政府搭建的公共资源交易平台、服务场所、公共资源交易管理服务机构，是否成为受托人和交易实施主体"成为问题的关键。假如政府搭建的公共资源交易平台、服务场所、公共资源交易管理服务机构成为受托人和交易实施主体，那就意味着这种模式设计毫无新意，仍是"穿新鞋走老路"，在重蹈覆辙；假如采取政府直接搭建的"公共资源交易服务场所"和"市场主体建设运营的公共资源交易服务场所"并行作为受托人和交易实施主体的模式，那么这二者既不可能获得同等的机会，又达不到让市场真正在公共资源配置中起决定性作用的目的。这种"双轨制"的做法，同样不可能取得成功。

因此，理想的公共资源交易结构与模式设计应当是：政府或政府相关部门（委托人）将具体的公共资源交易项目委托给公共资源交易机构（受托人），公共资源交易机构按照规则制定人制定的"游戏规则"（如国资制定的企业国有产权交易规则）组织交易，交易的过程接受公共资源交易管理服务机构的管理、监测，同时接受监督人的监督。这种结构能够确保委托人、规则制定者、执行者、监督者之间的有效制衡。

五、产权交易所能够承担公共资源交易市场体系构建的新使命

自 2003 年 12 月 31 日国务院国资委、财政部出台 3 号令以来，企业国有产权转让按规定必须进入产权交易机构公开进行。经过 10 多年的发展，我国产权交易市场逐渐壮大，各产权交易所日趋成熟，交易模式公开透明，成为规范运作的市场主体，能够保证公共资源交易的科学有效性、公开透明性、公平合理性与公正有序性，完全具备作为公共资源交易受托人和实施主体的条件与基础，能够承担公共资源交易市场体系构建新的历史使命。

（一）产权交易所的制度设计符合公共资源交易"管办分离"的基本要求

平台定位上，产权交易所着力打造阳光化、多样性的交易平台。管理体制上，产权交易所在产权上按《公司法》要求接受股东的监管，业务上按照各类资产交易有关规定接受行业主管部门的指导和监督，在行业及机构方面接受各级金融办的监管。可以说，产权交易所的制度设计完全符合公共资源交易"管办分离、相互制衡、有效监管"的基本要求。

（二）产权交易所的市场化运作能够提高公共资源的配置效率

产权交易所多年来形成了一整套转让定价、审核、挂牌、推介、竞价交易、鉴证、结算等规章制度、操作规程和风控措施，构建了多渠道、多层次的投资人信息资源库和营销推广体系，能够通过市场化的手段和运作方式，更好地发现投资人、发现价格，从而真正提高公共资源的配置效率。

（三）产权交易所的电子化交易能够有效地防止腐败的出现

产权交易所拥有完备的信息化交易系统和业务处理系统，实现了交易方式电子化、交易过程规范化，做到了"电脑管人脑"、"全程留痕不可逆"和实时在线监测，市场运行和监管体系成熟，有效防止了商业贿赂、关联交易、内幕交易、合谋操控等寻租、腐败行为的发生。

参考文献：

1.《2012 年经济学诺奖关注资源分配》，《北京商报（北京）》2012 年 10 月 16 日。

2.《十五届中央纪委第七次全会公报》，2002 年 1 月 25 日。

3.《企业国有产权转让管理暂行办法》，2003 年 12 月 31 日。

创新国有产权转让会员代理交易规则研究

重庆联合产权交易所集团　高级顾问　**杨晓舫**

成都航空有限公司　高级工程师　**钟先致**

一、引言

1988 年我国创建产权市场为国有产权流转服务。25 年来，产权市场延伸服务于各类产权权益融资，弥补了我国证券市场的功能性缺陷，为市场经济和社会发展提供了重要支持，提高了人们对建设区域性、开放性产权市场的实践和理论创新认识。

我国建设产权非标准化交易市场、产权标准化交易市场，使我国的资本市场形成了多元化、多形式、多层次市场体系，扩大了直接融资规模和比重，凸显了中国市场经济的特征。

把产权市场的一次性交易融资看作证券市场 IPO 融资，2004~2010 年《产权市场统计年鉴》和《证监会年度报告》的信息，是产权市场 7 年平均融资大于证券市场 IPO 融资。特别突出的是在 2007~2010 年金融风暴中，实体经济大量进入产权

市场融资，产权市场 4 年平均融资为 4646 亿元，证券市场 IPO 为 2731 亿元，凸显了产权市场抗风险特征，深化了人们对中国发展市场经济应该建设与政治体制、经济文化体制相适应的资本市场体系认识。建设产权市场的 25 年实践证明，产权市场是我国发展市场经济不可或缺的资本权益非标准化交易市场，市场功能是其他要素市场不能替代的。

但是 25 年来，产权市场的国有产权交易规则几经变化，并没有实现规则实务的统一。特别是 2004 年以后，产权市场建设环境转暖出现了：市场机构坚持创新交易规则，通过创新信息化交易机制，绝大多数产权市场取代了既有交易规则的人工拍卖、通过将会员代理转让方交易，改为会员带来受让方交易的规则，不断实现和提高了交易实务的最大化。实践证明创新交易规则的重要性，也表明了产权交易规则创新执行亟须统一的重要意义。

2013 年 5 月，国家相关部门按照国务院办公厅发布的国办函（2013）63 号《关于贯彻落实国务院第一次廉政工作会议精神任务分工的通知》要求（以下简称国办 63 号文件），正在积极推进"五个市场平台建设"。怎样建设产权市场？统一交易规则已经成为新时期建设产权市场不能绕开的问题了。

理论和实践认为，国有产权交易信息化，有利于遏制人工拍卖发生交易围标，使交易监督更加简单、透明，有利于提高交易竞价、增值，规则应该统一。对规则既有的会员代理转让方交易实务遭遇的挑战，研究认为，规则创新涉及利益调整需要找到突破口。

为了找到创新突破口，我们对产权市场既有交易规则的形成、市场机构目前的执行情况进行了研究、调查，以期找到统一交易规则的创新理论依据、实践依据、法律依据。希望通过抛砖引玉，与国有产权监管部门、经济社会的专家、学者、产权市场的业界交流。

二、对既有交易规则的研究

关于交易规则，这里专门指国有产权交易的会员代理交易的规则。我们与早期产权市场建设从业者一起，通过追索产权市场既有约定形成的交易规则历史，基本达成了共识。即产权市场交易规则起源于早期的武汉市产权交易事务所约定的产权协议

交易的"规则雏形"。

"规则雏形"演变如下：1988 年，武汉市政府为协调国有企业建立现代企业制度，企业处置闲置资产和债权与银行等债权人发生的矛盾，专门成立产权交易事务所代理企业公开进行产权转让。相关部门达成的共识是：改制企业将拟转让标的委托交易事务所，在当地报刊发布转让公告广泛征集受让人。社会投资人可以直接向交易事务所报名，或由中间人代理向交易事务所报名，与企业协商交易。协商成功，中间人按事前约定向买方收取中介费，交易事务所向代理交易的转让方收取一定比例的服务费。

由于这种资产处置方式具有公开化意义，债权人、企业职工能接受，不到两年时间全国就有 20 多个省市地建立了 50 多家产权交易所，普遍采用了武汉市产权事务所的交易规则实施国有企业产权转让。

由于改制企业性质变化，1991 年全国大面积发生了资金"断奶"的供需矛盾，国家推出上海、深圳证券交易所建立了市场融资渠道。同时，原国家体改委、计委、财政部、国资局 4 委部局针对各地场外处置国有资产不断引发企业职工上访、游行等群众性事件，上半年连续两次联合发出文件，力图引导改制企业处置国有资产进入产权交易所公开进行，以期协调社会矛盾。不久，一些地方产权交易所发现了证券市场会员制可以推动产权转让方进场的方法。

1993 年左右，成都等地产权交易所率先将既有的产权转让流程，改为机构会员代理转让方进场取得交易资格，交易成功后会员与机构 5∶5 分享转让方、受让方交纳的交易服务费，形成了所在机构的约定交易规则，并很快在全国产权交易所达成了共识。大家希望借助会员制推动转让方进场，改变相关文件不能与实际对接的尴尬。

由于会员代理转让方具有市场第三方的代理交易意义，机构约定的会员代理转让方形成的国有产权交易规则在特定的环境中能够产生一定效果。1995 年全国各地建立的产权交易所已达 200 多家。

实际上，机构设计的会员代理转让方交易规则，在深层次上掩盖了转让方和社会既得利益者与政府的意志博弈，与早期的"规则雏形"政府意志

发生了本质变化。面对现实产权交易所具有很大的无奈。事实上直到 1998 年体改委、计委、国资局在国务院机构改革中被撤销，4 部委局早期下发的两次文件并没有产生市场预期效果。国有资产转让事项大多游离在场外交易，给产权交易所带来了极大的生存压力。

1996 年，在上海产权交易所与四川省产权交易所联合发起成立长江流域产权共同市场研讨会上，20 多家机构代表通过了将上海产权交易所作为与会成员所的项目挂牌主板市场，项目实行多地挂牌，促进快速招商交易议题。还通过了上海产权交易所提出的"机构会员"改为"经纪会员"建议，进一步明确了依托经纪会员在转让方拿项目进场，会员也可以推荐受让方，交易成功，会员享有转让方或受让方交纳的服务费 80% 的分配比例。

这次会议虽然意在共同发展产权市场。事实上，在大量产权场外交易的现实和机构生存受制环境的多重压力下，产权交易所不得不进一步为经纪会员双向代理交易、服务费拿"大头"打开大门。

有幸的是，1998 年国务院清理整顿产权交易所关闭了 230 多家制度不健全、违规执业的机构。全国保留的 30 多家产权交易所，按照自查自纠要求，将经纪会员可以双向代理交易的约定规则，改为了经纪会员在转让方拿项目进场，取得单边代理资格的交易规则。但是，约定的服务费分配比例拿"大头"的标准没有改变，一直沿用到今天。

三、对既有交易规则的执行调查

调查表明，2002 年中纪委提出了建设 4 项权益性交易平台的反腐败斗争要求。党的十六大《政治报告》表明了建设产权市场意志。2003 年，国务院国资委、财政部联合发布的《企业国有产权转让管理暂行办法》法规建立了企业国有产权转让监督机制，各地相关部门在执行这部法规中坚持了"应进必进"的国家意志，推动了其他国有资产权益性转让事项进场，改善了产权市场建设环境，产权市场得到了恢复性发展。但是各地产权市场机构对既有交易规则的认识和执行也发生了变化。

为了规避机构交易风险，2009 年国务院国资委产权局领导在一次业内会上，提出了机构统一执行交易规则的指导意见。由于这次会议讨论的执行

交易规则没有新思想，与会机构没有达成共识。

2013 年 7 月，国务院国资委按照国办 63 号文件分工，提出了产权市场"四统一"建设目标。在长期关注产权市场建设中，于 2013 年 8 月 16 日随机抽号，通过两个月时间对 3 家央企产权市场机构、12 家省企机构、20 家市地机构目前执行既有交易规则的情况进行了调查。通过电话讨论发现了会员代理转让方进场取得代理交易资格的认识和执行、交易竞价率、增值率、服务费收取、分配等 7 个方面问题。

（1）规则认识和执行不统一。一是有 8 家省企机构和 20 家市地机构认为，会员代理转让方交易与国家"应进必进"的刚性意志相悖。28 家机构在 2005 年前后，在属地相关监管部门、纪检监察机关支持下陆续实行了由机构直接代理转让方标的进场，招商成功以后，直接采用信息化机制实施交易。

二是这 28 家机构有部分机构允许会员参与对市场受让方招商，招商成功，交易成功，机构按照与会员的约定，根据协议转让或竞价转让的实际，与招商成功的会员按比例分享受让方交纳的服务费，促进了交易成功。

三是另有 2 家省企机构仍然执行既有交易规则，即会员单边代理转让方、代理会员按 80% 的交易服务费分配比例不变。

四是另有 3 家央企机构、2 家省企机构实行了规则动态执行方法。即以项目进场为前提，机构可以接受在转让方拿到项目的会员提出的设置转让条件要求，还可以接受会员提出的降低转让方、受让方的服务费标准，按交易双方实际交纳的交易服务费总额最大化的要求。

（2）会员制设计不统一。一是有少数机构的会员制，模拟了证券市场的"会员席位制"。即凡申请加盟成为该机构的会员者，符合条件的申请者还需要交纳不同额度的"席位费"。"席位费"不予退还，席位可以转让。

二是个别机构会员制则实行"会员保证金制"。即申请加盟该机构会员者，符合条件的申请者需要交纳一定的"保证金"。保证金用于对当事人取得会员资格以后的执业监督。当其退出会员资格时全额退还保证金。

三是有 80% 的机构吸收会员是免收任何费用的。

（3）交易信息化效果差异明显。8 家省企机构、20 家市地机构运用信息化交易机制提高了交易竞价率、增值率。3 家央企机构、4 家省企机构信息化交易机制的执行竞价率、增值率不明显。

（4）服务费收取、分配混乱。35 家机构均有当地物价部门批准的收费标准。但是 3 家央企机构、4 家省企机构突出存在不能正常执行物价部门批准的收费标准；不能正常执行既有规则约定的服务费分配比例等问题。会员借能在转让方拿到项目，游走在机构之间，向机构无序地提出降低转让方、受让方收费，无理要求提高自己的分配比例，已经成为这 7 家机构的会员与机构、会员与会员、机构与机构争项目的潜规则。

（5）3 家央企机构会员身份多重化比较严重。

（6）3 家央企机构存在的会员一手拿项目，一手向机构索取转让方、受让方实际交纳的服务费总额 80%~90% 的分配比例潜规则已经越来越严重。

（7）35 家机构约有 90% 的机构所执行的交易规则大多依附于市场其他的制度中，并没有拟订独立完整的交易规则依据。

四、创新交易规则是新时期建设产权市场的必然要求

针对产权市场既有的交易规则形成历史和调查反映的 7 个方面问题。我们认为，国有产权交易规则应该遵循产权市场具有专门为国有产权转让提供市场化服务的特殊性质，坚持"应进必进"的国家意志，按照国有资产所有权界定法理和相关法律、法规原则，结合 28 家省市地机构直接代理转让方交易能够遏制会员代理转让方进场潜在的交易潜规则风险，提高竞价概率、增值概率的经验，坚持制度经济学的市场理论对既有的交易规则予以创新。

理论和实践认为，创新建立由转让方标的持有者走完内部程序后，直接委托属地市场机构或就近选择市场机构代理交易，会员对市场受让方实行专门服务的国有产权交易规则。不仅维护了国有产权转让"应进必进"的国家意志，更是实现交易最大化的国家意志的正确路径，也是新时期建设产权市场创新既有交易规则的历史总结。

研究认为，我们提出的创新交易规则观点是能够获得理论的、实践的、法律法规的支持：

（一）理论方面

（1）运用国有资产所有权界定理论，对国有资产所有权、占有使用经营权、投资权、处分权、收益分配权进行界定，能够对国有资产的转让方身份产生清晰认识。理论认为，国有资产的占有使用者、经营者，无论他们对经营性国有资产标的转让，还是对非经营性国有资产标的权益事项转让，在法理上属于资产所有者的授权。但是由于标的转让方与资产所有者内存关联关系，因此他们的产权转让事项必须按照制度经济学的市场原则委托市场第三方代理。

（2）按照产权市场的特殊市场性质，资产占有使用者、经营者将转让事项直接委托或就近选择委托市场第三方，即产权市场机构代理交易，使既有的交易规则回归了早期的"规则雏形"政府意志，更与新时期的国家"应进必进"的刚性意志相吻合。会员对市场实行受让方招商服务，使创新的交易规则完全符合制度经济学的市场理论。

（二）实践方面

（1）从执行机制创新的层面看。以 21 世纪我国最具有影响的机制创新案例为例。即重庆法院将产权市场机构作为市场第三方，将《破产法》设计的涉讼资产司法拍卖与产权市场对接，直接将涉讼资产标的委托重庆产权市场机构代理处置，拍卖公司按照产权交易流程与产权市场对接，创新的涉讼资产处置执行机制，弥补了《破产法》设计的司法拍卖的涉讼资产性质、拍卖执行机制、执行监督机制的三个不对称，产生了源头防腐，遏制了法官寻租，保护了法官被"沦陷"，提高了涉讼资产竞价交易、增值交易，保护了各方债权人的利益，提高了人民法院的执行公信力。实践证明，将产权市场机构定位于市场第三方，是重庆法院创新《破产法》的司法拍卖执行机制成功核心。

（2）从风险防范、交易监督的层面看。将 28 家省市地机构直接接受转让方标的持有者属地委托、就近选择机构代理交易，与 3 家央企机构和 4 家省企机构实行的会员代理转让方进场实行的既有交易规则情况比较，发现这 28 家机构不但遏制了会员利用社会关系在转让方拿项目，游走选择交易

机构的潜规则，而且弥补了相关国有产权转让监督机关对转让标的进场前的中间环节监督缺失，使交易监督更加简单透明、执行有效。事实上这 28 家机构近 6 年没有发生一起会员与机构、机构与机构、会员与会员争项目代理权，会员无理要求机构降低交易双方服务费收取标准，提高会员服务费分配比例的潜在案例，反而提高了交易竞价概率。说明转让方标的属地委托，或就近选择机构代理的机制更加有利于防止交易风险和市场潜规则，有利于提高交易监督效应。

（3）从市场的服务层面看。在信息化交易机制监督更加简单、透明下，转让方标的持有者直接委托或就近选择产权市场机构代理交易，不仅使交易双方咨询更方便，而且，25 年的实践证明，各种国有产权转让的前期咨询服务，实际上都是由所在机构承担了对转让方的全部无偿服务。这不争的事实佐证了产权市场的转让方无须由会员提供标的转让前的咨询服务。

（4）从有利于降低交易成本的角度看。毫无疑问，机构直接代理转让方交易能够最直观地减少交易双方和代理会员不必要的交通费、通信费、出差补贴等开支，可以最大限度地直接降低交易双方发生的交易成本和时间成本。

（三）法律、法规方面

（1）相关法律认为，产权市场作为一个公开的市场，由产权市场机构约定交易规则不具有市场公信力。

（2）产权市场既有交易规则明显混淆了非标准化和标准化两种不同标的产权交易的会员作用，会员代理机制不对称。

（3）依据《中华人民共和国宪法》的所有者定义和产权界定法理，依据《中华人民共和国企业国有资产法》，依据国务院国资委、财政部、环保部、国务院机关事务管理局等国家部委颁布的相关法规、规章等，明确的企业国有产权、金融企业国有产权、国家行政机关非经营性国有资产、国有资源性产权等交易事项必须在指定的产权交易市场执行交易的内涵，国有产权转让、国有资产权益性转让事项走完内部程序后，由标的持有者直接委托属地产权市场机构，或就近选择产权市场机构代理交易，使相关监管部门、纪检监察机关对本级次的国

有产权转让事项的监督、监察，更加简单、透明、有效。必将遏制现实中央级次所有产权转让交易事项均由总部决定选择交易市场的决定权不透明；外部监管、纪检监察受制于体制障碍不能到位，在外部监督、监察软化的既存环境中，会员借代理转让方名义掩护利益寻租者，制造的与机构争夺转让事项代理权的潜规则。并为减少相关监管部门、纪检监察机关对所有中央级次的交易事项的监督、监察执法人力、物力、财力投入创造了便捷的工作机制。

五、深化交易规则创新认识

综上所述，揭示了目前产权市场既有交易规则存在转让方身份法理错位、会员代理交易的规则执行与产权市场的特殊性质不对称、规则设计主体不对称等的若干深层次问题，充分证明了产权市场既有的交易规则不具有公信力。

市场是以健全、透明的规则为基础的，规则执行有效是保障市场的基础。研究认为，创新的交易规则应该将中国企业产权交易机构协会作为统一交易规则执行的市场监督协调机构，将相关国有资产监管部门作为协调复议的仲裁机关，这将弥补 25 年来产权市场机构、转让方、会员、受让方执行交易规则的监督机制缺失。同时，我们坚信创新的交易规则必将在"国有产权交易法"缺失期间发挥积极的效应，并为未来这部法律的诞生提供充分的实践依据。

为了证明我们提出的创新的交易规则具有革命性意义。特对创新的交易规则设计作以下补充：

（1）创新的交易规则应该明确和包括：机构的责、权、利；会员的责、权、利；申请会员资格的基本条件；机构、会员资格的授予、管理；机构、会员执业管理、监督；机构员工、会员的业务技能培训；明确中国企业国有产权交易机构协会是交易规则执行的监督市场常设机构，履行对产权转让方、标的持有者、代理交易机构、会员、受让方等对规则执行、纠纷协调、仲裁、规则修订等市场协调职责；并以挂牌项目为依据，依照国有资产监管权明确国家 6 部委是产权转让方、标的持有者、代理交易机构、会员、受让方等执行交易规则的监管、纠纷仲裁的行政复议机关。

（2）创新的交易规则应该明确机构与会员谁发

现意向受让人，交易成功后谁受益的实务；固定会员与机构分享受让人应交纳的交易服务费比例，形成产权市场多形式、多渠道、多元化招商机制，弥补了目前产权市场机构的平面媒体公告一次性招商和信息化招商的功能性盲区，突出了产权市场主要是发现受让人的市场特征，有利于产生快速发现市场受让人，实现交易，促进交易最大化的规则效应。有利于预防市场机构独家招商存在的交易方式不确定性潜在风险。

六、结论

创新的交易规则明确了涉及产权转让市场的转让方、转让标的持有者、代理交易机构、会员、受让方、规则执行监管、调协、仲裁、纠纷仲裁复议机构等各方相应职责，体现了规则完善。监督执行、纠纷协调仲裁、监管仲裁复议分离，必将使交易规则凸显新时期我国建设产权市场强力的公信力。对实现国办 63 号文件提出的建设产权市场最大化目标提供重要的基础保障，从而推动我国产权市场持续有效、规范、健康发展。

发挥产权市场融资"造血"功能　缓解中小企业资金短缺"贫血症"

常州产权交易所　顾鼎成

当前，我国经济处于转型升级的阵痛期，作为实体经济的主力军，广大中小企业一方面被赋予了更多的历史使命；另一方面又因为融资难，缺少资金，自身发展受到了多重限制。

产权市场作为中国特有的产物，历经 20 多年的探索实践，业务范围和服务对象不断扩大，目前，除了拥有价格发现、交易流转两大专属功能，其融资功能也日益得到强化，现已发展成为多层次资本市场体系的重要补充。然而，不少中小企业却没有意识到或者忽视了产权市场的融资功能，没有在融资过程中很好地借助这个平台，从而导致融资屡屡受挫。因此，如何进一步发挥好产权市场的优势，为中小企业提供量身定制的投融资服务，缓解其久治不愈的资金"贫血症"，目前已成为整个产权交易行业甚至全社会的热点话题。

一、中小企业融资难的主要成因

（一）自身原因难以形成对信贷资金的吸引力

中小企业经营规模小、资产少、底子薄、信用不高、抵御风险能力差，是企业贷款的最大障碍。大多数中小企业普遍缺乏规范的公司治理结构，财务制度不健全，加上所处行业并不是垄断行业，同行业竞争激烈，盈利水平总体较低，致使金融机构对中小企业的资信存有疑虑，不敢轻易向其提供信贷支持。

（二）缺乏专门服务中小企业的金融平台

从金融体系的角度来看，我国缺乏定位于服务中小企业的金融平台与金融工具。目前，我国信贷资金的主要供给者为国有商业银行，其贷款的支持重点主要放在效益好的大型企业。而本应为中小企业提供信贷支持的地方商业银行，又因其机构数量和信贷规模与中小企业的资金需求相距甚远，"僧多粥少"也是造成中小企业融资困难的原因之一。

（三）政府对中小企业的政策支持力度不够

长期以来，国家扶持政策一直倾向于大企业，相应地，信贷政策也向其倾斜，中小企业没有同等话语权。尽管近年来政策有所改变，但实质性变化不大，尤其是对大企业实行的信贷优惠政策，中小企业仍然不能平等享受，从而造成即使有金融机构想为中小企业提供服务，也无据可依、无规可循，间接削弱了对中小企业的信贷支持力度。

二、产权市场帮助中小企业融资的优势

（一）公信力强是产权市场最大的优势

产权市场的公信力是与生俱来的，其特许经营的资质是政府经过一系列的评估和认定才被赋予的，最初经营的政策性业务又为其奠定了公信力的基础，这是大部分投融资中介机构无法比拟的。之前提到，中小企业整体信用不高是金融机构"慎贷"、"惧贷"的一个重要因素，而产权市场拥有的强大公信力则正好能弥补中小企业信用不足的问题，由产权市场推出的投融资项目，更容易获得投资人的信赖。

（二）聚集了能为中小企业提供对口服务的投融资机构

产权市场作为推动产权顺畅流转和高度集聚资本的市场化平台，除金融机构外，市场还广泛汇聚了国内外专业的 PE、VC、担保公司和小额贷款公司等投融资机构，他们的风险承受能力要比银行高得多，相对而言，更能接受中小企业的融资风险，更愿意为其提供对口融资服务。

（三）能够为不同企业提供差异化的融资服务

非标准化是产权市场最重要的特点，也是区别于标准化资本市场——股票市场的最大不同之处，正因为此，市场不仅可以围绕不同中小企业所处的不同发展阶段，为企业提供股权、物权、债权和知识产权等各类权属的交易和融资，系统解决资本从进入到退出的全流程服务，还可以凭借自身平台为企业专门设计个性化的组合融资品种，为企业"贫血"开出专门"良方"。

三、常州产权交易所帮助中小企业融资的相关实践

（一）初步形成多元化的融资服务体系

近年来，常州产权交易所不断加强与银行、创投、风投、担保等金融机构和投融资机构的合作，积极整合各类投融资资源，打造融资服务链条，将分散的资源变为集中资源，把单一的融资方式变为多样化的融资组合。产交所现已与建行、交行、中行、工行、江南银行等9家金融机构和中国风投研究院、深创投、上海秉贤资本、省信用再担保公司等20余家投融资机构结成战略合作伙伴关系，初步建成以产权交易方式融资为基础，股权托管、知识产权质押、创投、担保等融资方式为补充的多元化融资服务体系。

（二）构建了"保、贷、投"联动的融资服务模式

作为政府用市场化手段支持中小企业发展的载体，自2008年以来，常州产权交易所及下属平台受托管理创业投资、科技担保、龙城英才、应急周转金等各类政府引导资金5.75亿元，"保、贷、投"联动，把支持项目建设和企业发展结合起来，有效引导财政专项资金使用方向，发挥资金循环滚动放大效应。一是通过采用阶段参股创投和担保公司的方式，以有限的政府性投入撬动更多的社会投资；二是通过对常州"龙城英才计划"企业进行跟进投资，以股东的身份积极参与项目决策，引导创投资金投向成长性好、创新能力强的早中期企业；三是通过管理发放应急专项资金，帮助众多因转贷资金周转不灵而发愁的中小企业解决了临时难题。

（三）为各类中小企业提供差异化的融资服务

针对中小企业不同发展阶段的融资需求和特点，近年来，常州产权交易所引领下属平台、相关机构，开创了"链式"和"一站式"两大特色服务。"链式"服务是围绕企业初创期、成长期、成熟期，分别提供产权交易、招标采购、股权托管、天使投资、知识产权质押等服务，构建"企业成长全过程融资服务链"；"一站式"服务是指利用与律师事务所、审计师事务所、评估事务所等中介机构及签约金融机构、担保机构的合作关系，为交易双方提供法律咨询、评估审计、商业贷款、按揭贷款、并购贷款、融资担保咨询等"一站式"融资配套服务。

四、存在问题

（一）市场帮助中小企业融资的扶持政策较少

虽然常州产权交易所在探索帮助中小企业解决融资难方面取得了一些成效，但由于产权市场缺乏帮助中小企业融资的相关扶持政策，导致产交所在努力走出一条为中小企业提供全方位融资服务之路时，单打独斗的现状难以改变，从而使得步子迈得不够大，创新能力不够强，服务领域不够宽。

（二）融资服务体系还不够完善

当前，常州产权交易所虽已初步搭建起具有产权市场特色的融资服务体系，但体系内的元素不够丰富，尽管与金融、担保、创投等机构开展了一些合作，但开展的融资业务品种较少、规模偏小，还不能充分满足广大中小企业的融资需求。

（三）专业的投融资管理人才匮乏

目前，常州产权交易所虽努力打造了一支专业的产权交易人才队伍，但随着投融资业务的不断发展，所内熟悉该业务的高端管理人才不多，更谈不上融资团队的整体运作，现已成为制约全所进一步拓展投融资服务平台功能的一个重要"瓶颈"。

五、部分产权交易机构服务中小企业融资的经验借鉴

（一）北京产权交易所

北交所是国家工业和信息化部指定的"区域性中小企业产权交易试点机构"，为各类中小企业提供股权融资和股权交易服务。为了缓解科技型中小企业的融资"瓶颈"，在科技部和工信部等相关政府部门的指导和支持下，北交所率先推出"企业增资扩股附返售权交易平台"，为优秀的科技型中小企业开辟了一条股权融资渠道。同时，也为投资者提供了长期性和经常性的投资机会，并建立了投资者进入与退出的安全机制。

（二）上海联合产权交易所

上交所帮助中小企业实现融资主要通过三个手段：一是政策融资，帮助高新技术企业申请国家无偿拨款和享受税收方面的优惠政策；二是债务融资，目前已和国家开发银行、中国工商银行、上海银行、中信担保等近两百家金融机构和投资公司建立合作关系，寻找第三方担保人，促进中小企业与资本的对接；三是权益融资，使中小企业通过增股扩股、股权转让、技术入股的方式获得资金。

（三）广州股权交易中心

中心在国内创新出台了"无门槛、有台阶"的挂牌政策，凡是依法设立、合法存续、有完善治理结构的中小企业，不管是股份有限公司还是有限责任公司，均可到中心挂牌，并已形成了针对风险投资和创业投资公司投资为主的股权投融资服务，以

股权质押融资为主的商业银行间接融资服务，以券商及信托公司专项投资计划为主的投融资服务，以担保公司、小贷公司和典当行业务为主的灵活快捷融资服务等多层次的投融资服务体系，切实解决了挂牌企业的融资难题。

六、相关建议

（一）政策扶持，凸显产权市场的融资服务功能

一是建议政府尽快出台针对产权市场帮助中小企业融资的相关扶持政策。例如，在知识产权质押融资方面，应尽快设立风险补偿专项资金，建立风险共担机制，为产交所全面服务科技型中小企业融资"保驾护航"。二是建议在常州产权交易所管理现有财政专项引导资金的基础上，将政府分散在其余各部门的引导资金，全部整合归口到产交所进行统一管理，进一步壮大引导资金规模，提升政策扶持的综合性、系统性，有效吸纳、带动社会资本"聚焦"常州市战略性新兴产业，对不同发展阶段的中小企业提供有针对性的资金扶持。

（二）平台升级，完善丰富融资服务体系

利用常州产权交易所转型升级常州创业投资集团有限公司的契机，在现有交易板块日益成熟、交易融资已经形成规模的基础上，加快对融资板块的构筑和完善。一是要进一步加大与金融机构和投融资机构的合作力度，广泛聚集众多国内外投资人和优质项目资源，促进中小企业与国资、民资、外资等各种资金、各类资本的对接；二是要积极争取各类金融牌照，通过成立小额贷款公司、融资租赁公司、担保公司等多种方式，不断深化平台内涵，拓展融资服务领域，充分发挥平台为中小企业融资的"造血"功能。

（三）广纳贤才，打造专业融资服务团队

根据融资业务的不断拓展，一方面要参照金融行业标准，大力引进一批熟悉和了解国家金融政策、融资工具、融资渠道以及资本运作的高层次人才和复合型人才；另一方面要建立一套完善的激励机制、考核机制和淘汰机制，使人才既有"用武之地"，也能"优胜劣汰"，从而真正练就一支能打硬仗的专业队伍，为投融资平台的成功运作提供强劲的智力支撑。

防范混合所有制改革中国有资产流失的几点措施

福建省产权交易中心 李大守

党的十八届三中全会提出："积极发展混合所有制经济。国有资本、集体资本、非公有资本等交叉持股、相互融合的混合所有制经济，是基本经济制度的重要实现形式，有利于资本放大功能、保值增值、提高竞争力，有利于各种所有制资本取长补短、相互促进、共同发展。允许更多国有经济和其他所有制经济发展成为混合所有制经济。"这是国有企业改革的方向，即混合所有制改革。但广大干部、群众长期以来，对国企混合所有制改革过程是否造成国有资产流失的问题表示担忧，本文就混合所有制改革中如何防止国有资产流失的相关问题做些探讨。

一、正确选择国企混合所有制改革的方式，控制国有资产流失

在国企混合所有制改革中由于混合的客体多种多样，不仅限于资金，几乎其他各类生产要素都有可能，因此国企混合所有制改革的方式也多种多样。但主要可归纳为两大类：一是国有方为资产类，非国有方为货币资金类，其方式主要是通过国有资产转让或增资扩股引入非国有资本而组成混合所有制企业。二是国有方为货币资金类，非国有方为资产类，其方式主要是通过国有企业收购非国有股权或资产而组成混合所有制企业。

（1）涉及收购非国有企业资产的混合所有制改革，国有资产流失风险比较大。主要原因有两个方面：一是由于资产（股权）的多样性、复杂性，加上有的非国有企业管理不够规范，其资产评估的可靠性、真实性、确定性较低；二是资产的多样性、复杂性、非标准化、可比性差，在收购非国有企业资产时难以做到"货比三家"，大多通过"一对一"谈判方式达成交易，难以使市场在这类资源配置中起决定性的作用。例如，媒体曝光举报宋林有关案件中至少有2个案例与收购非国有所有制有关。案例一：2010年2月，华润电力通过旗下山西华润联盛能源投资有限公司同金业集团（民营企业）签订《企业重组合作主协议》，约定华润联盛、中信信托、金业集团分别以49%、31%、20%的比例出资，成立太原华润煤业有限公司，并收购金业集团旗下的资产包，定价103亿元（前3个月大同煤矿集团公司收购该资产的价格约为52亿元，但收购启动不久，因故被停。华润电力的出价高了51亿元），华润电力收购其80%的产权。此后，在宋林的直接指示下，迅速向金业集团支付81亿元收购款，其中违反收购协议提前支付50多亿元。案例二：华润燃气收购武汉通宝燃气。通宝燃气于2002年由自然人仲顺年、蒲文强和杨越鸣出资，初始注册资本5000万元，实收500万元。2005年武汉工商局认定通宝燃气注册资本由1700万元到5130万元的变更中，3430万元系虚假增资。2007年仲顺年将名下80%的股份抵押给了武汉信风资产管理有限公司，用于贷款5300万元。通宝燃气成立后一直没有实现盈利，靠贷款支撑。华润燃气以2.65亿元收购51%股份（都是大股东仲顺年持有的）。2009年武汉通宝燃气变更为中外合资的武汉华润通宝燃气公司，51%股权变更至华润燃气名下。原通宝燃气小股东举报何以公司濒临破产、虚增注册资本没有补充，还能卖出如此高价等。这两个案例说明由国企出资收购非国有企业资本这种方式，容易造成国有资产流失。国有资产流向非公有组织再流向个人腰包是国有资产流失的常见渠道。

（2）通过国有资产转让或增资扩股引入非国有资本的混合所有制改革方式，国有资产流失风险可以控制。国有产权转让又可分为存量转让与增量转让两种，国有产权转让主要指存量转让，在股本不变的基础上拿出部分股权转让给非国有经济，组成

混合所有制企业；国有产权增量转让，一般称国有企业增资扩股。国有方为资产类，转让国有产权引入非国有资本而组成混合所有制企业改革方式，与国有方为货币资金收购非国有企业比国有资产流失的风险小。国有产权转让，通过国有资产评估，并公开发布转让信息，引入市场竞争机制，动员尽可能多的意向方参与竞买，形成"一对多"的竞争局面，使市场在这类资源配置中起决定性的作用，国有资产流失的风险就较小。例如，2014年初，福建省三明市煤气公司通过福建省产权交易中心增资扩股。在评估的基础上，发布信息增资扩股，广泛征集受让方，引入市场竞争机制，最终有效竞价的有3家，49%的增量股权以3.2亿元成交，较底价1.83亿元溢价1.37亿元，增值率达75%，并且比原先的合作意向方的报价高出0.6亿元。使市场在资源配置中起决定性作用，有效避免国有资产流失以及防范混合所有制改革中的腐败风险。同时企业国有产权转让或增资扩股能够更大限度地发挥民间资本参与国有企业改革的积极性，因此在国企混合所有制改革中应限制采用收购非国有企业资产的方式，而尽量采用企业国有产权转让或增资扩股的方式以控制国有资产的流失。

二、创造条件使市场在国企混合所有制改革这类资源配置中起决定性作用

新中国成立60多年，国有企业经历了多轮的改革，也可以说是不断的改革，改革中腐败及国有资产流失的问题时有发生，其主要原因是行政干预过多，发挥市场作用过少。

（1）创造统一、开放、竞争、有序的市场氛围，公平对待各市场主体参与国企改革。统一对待各市场主体，不搞地区、行业封锁及所有制歧视，杜绝任何形式的行政干预，尽量不设门槛，鼓励更多的市场主体参与国企改革，参与竞争受让国有资产。国企改革信息的披露除了准确、完整，信息披露的媒体要求受众面广，可以在多家、多种媒体披露，至少要同时在受众面较广的本地报刊、省级以上报刊和一家网络媒体披露，以最大限度地征集参与国企改革的市场主体。信息披露的时限要足够长，涉及股权转让和收购的信息披露时限至少要30个工作日，项目较大或复杂的要相应延长信息

披露时限，收集报价资料或竞价时间至少要5个工作日。因为股权是抽象的资产，研究分析、决策等准备要有一定的时间。信息披露时限过短，留给参与方准备时间不足，国企改革的效果就差，许多参与者将由于没有足够的准备时间放弃参与竞争，竞争不充分；来得及准备的可能是事先得到信息，提前准备，这对于其他参与者和潜在参与者都是不公平的，有的项目过亿元，却只有20天的准备时间，人家哪有那么多的钱等在那里？除非是事先准备好，否则20天能调集亿元资金的又有几家？

（2）国有企业混合所有制改革必须在依法设立的交易场所公开进行，以保障市场的决定性作用。《企业国有资产法》明确规定：国有资产转让要在依法设立的产权交易场所公开进行。其中的"依法设立的产权交易场所"，主要指证券交易市场、各级政府设立的公共资源交易市场和产权交易市场。这些市场运作比较规范、透明，并且市场的建设、监管与交易代理（会员）相分离，市场建设比较规范，市场监管比较到位，是从事企业国有产权转让和改革的专业平台，是防止国有资产流失，防范企业国有产权转让和改革过程产生腐败行为的制度安排。通过引进第三方交易平台，并增加透明度，能有效化解国企混合所有制改革中不同性质经济成分之间"短兵相接"的局面，在国有经济与非国有经济之间起到缓冲作用，防止交易双方合谋，更好地避免行政干预，从而截断利益输送的链条，保障市场的决定性作用。

（3）以市场对资源配置是否起决定性作用，作为推动国企改革的前提条件。前文已论述国有方为资产类，非国有方为货币资金的，市场对资源配置起决定性作用的可能性较大，国有资产流失风险小，这类国企混合所有制改革一般可积极推动，但是如果征集到的有效参与受让国有资产方不足两家的，说明市场竞争不充分，应查找原因、问题，完善实施方案，重新发布信息征集受让方，直到有效参与受让方达到或超过两家才能继续组织竞价，否则应中止改革。对于国有方为货币资金类，非国有方为资产的，主要是国有企业收购非国有股权或资产。由于资产的多样性、复杂性、非标准化、可比性差，在收购非国有企业时大多通过"一对一"谈判方式达成交易，难以使市场在这类资源配置中起

决定性的作用。因此应严格控制这类混合所有制改革，确实需要的应开阔视野，尽量多找几家同类企业作为收购对象，防止"在一棵树上吊死"，并通过专业机构及专家组，比较评价，确定性价比最高者为最终收购对象。

三、防止混合所有制改革中由于职工持股造成的国有资产流失

本企业职工对该企业的经营情况及发展前景最了解，他们受让国有资产（股权）可说是胸有成竹，在这种博弈中，国有资产流失的可能性就大，这就是职工持股"停停打打"的主要原因。但是通过让职工持股有利于改善股权结构，发挥职工的积极性、创造性，因此也不能全盘否定，两全其美的办法是区别对待，有条件地让职工持股。

（1）对于垄断行业，严禁职工持股。这类企业效益好的原因是得益于国家政策或政治的有利因素，应全民共享。并且这些因素影响的时间长短，数额大小难以定量，因此这类企业不宜职工持股。

（2）对于非垄断企业的混合所有制改革，可以考虑职工持股问题，但是有其他非公有制企业也愿意参与该企业混合所有制改革的情况下，职工持股问题宜次后实施，等待其他非公有制企业参与混合所有制改革，并且产生交易价格（股价）后，根据产生的股价决定职工持股的价格，这样能够更好地避免自买自卖之嫌，又能体现本企业职工与其他市场主体平等对待的公平原则。

（3）对于完全竞争性企业，并且信息发布后没有征集到受让方的，即没有其他非公有制企业愿意参与混合所有制改革的，可鼓励本企业职工持股，但股价原则上不得低于净资产的10%。

四、通过完善制度压缩权力寻租的空间，防止国有资产流失

混合所有制改革涉及面广，技术性、专业性强，细节繁多，国有资产流失的风险大，必须完善相关法规制度。习近平总书记曾指示说："发展混合所有制经济，基本政策已明确，关键是细则，成败也在细则。不能借改革之名把国有资产变成牟取暴利的机会。改革关键是公开透明。"这里两个"关键"，一是指制度方面的细则，二是指操作方面的

细节。制度方面的细则科学、完整，才能指导改革细节，规范实施。

（1）完善相关制度是防范国有企业混合所有制改革中国有资产流失的前提与保障。国有企业混合所有制改革，资产流失风险较大，改革的各个步骤、各个环节、各个方面都应该做到有法可依、有章可循，从而杜绝人为干预，控制国有资产流失，保障改革公平、公开、公正实施。改革中国有资产流失，不是没有完善相关法规，就是不按相关法规制度规范运作。只有完善相关制度才能做到有章可循，才有可能保障国有资产不流失。

（2）相关制度的完善要体现普遍性与特殊性的统一。各级政府可根据党的十八届三中全会精神结合本地区经济情况，从宏观角度提出分类、分步骤的国企混合所有制改革指导意见；相关监管部门可根据有关法规，制定混合所有制改革管理办法，改制企业及其母公司根据监管部门及其他有关法规制度，结合本企业的具体情况，制定混合所有制改革方案。凡能使市场在资源配置中起决定性作用的改革，才能继续推进，否则，要暂停推进，并将可能发生的种种情况报有关企业和政府部门，而后再做决定。使每项改革都有一套完整的方案，并做到普遍性与特殊性的统一，规范性与可操作性的统一。多层次的制度、细则增强改革方案的指导性、针对性和可操作性，防止国有资产流失。

（3）为防止国有资产流失细则制度主要内容应包括如下方面：

一是如何正确选择国企混合所有制改革的方式，控制国有资产流失。

二是如何引入市场机制，使市场在国企混合所有制改革这类资源配置中起决定性作用，以防止国有资产流失。

三是如何区别对待，有条件地让职工持股防止国企混合所有制改革中由于职工持股造成的国有资产流失。

四是如何采取相应措施，避免国企混合所有制改革职工下岗转嫁及加重国家负担，增加社会不安定因素。

五是明确责任追究制度。明确混合所有制改革造成国有资产流失的参与各方应负担的经济、行政和司法等方面的责任，并明确监管主体、查处的主

体和查处的程序。

六是明确规定回避制度。国有企业混合所有制改革，如果非国有一方，属国企高管或相当于高管（如母公司有关人员等）亲属的应回避，国企高管不得参与决策，不得参与企业混合所有制改革方案的制定，有条件的也可另选交易对象。因为企业的估值仅靠账务报告和资产评估报告是不能准确反映的，账务报告和资产评估报告在企业估值中有些弊端，账务报告只反映过去，对于将来的损益不能反映；在资产评估中，运用不同的方法估值不同，不同的评估公司评估的结果也不同。特别是知识产权等无形资产只有业内专业人员才能了解。以前在交易中有几倍于评估值增值的案例也说明了这类情况。如果相关人员有利害关系将可能利用掌握的信息对国有资产做出不利的估值，发生利益输送。只有在没有利害关系的情况下才能做到"身正"，保障国有资产保值增值。

关于产权市场开展增资扩股业务相关问题的探讨

甘肃省产权交易所　安　涛　喻泽文

一、一次成功的融资项目

2013 年 3 月 28 日，甘肃陇神戎发药业股份有限责任公司（以下简称"陇神戎发"）增资扩股业务在甘肃省产权交易所圆满完成，陇神戎发成功增发 2000 万股，募集资金 1.18 亿元。这是继 2012 年 3 月首次增资扩股之后，陇神戎发实施的再次增资扩股行为。

陇神戎发是一家集新药研发、中药加工和生产经营为一体的制药企业，拥有滴丸剂、膜剂、片剂、胶囊剂四条生产线，主要产品有元胡止痛滴丸、斯娜格药膜、酸枣仁油滴丸、麻杏止咳胶囊、七味温阳胶囊五个全国独家品种，以及消炎利胆片、复方丹参片、消栓通络片等 15 个国药准字号药品。公司主打产品、国家中药保护品种元胡止痛滴丸已被列入《国家基本用药目录》，极具发展潜力，市场前景广阔。

陇神戎发在甘肃是一个极具发展潜力的企业，然而长期以来，资金不足的难题掣肘着该企业做大做强。为了解决这一难题，实现企业可持续发展，2012 年 3 月陇神戎发借助甘肃省产权交易所成功实施第一次增资扩股，引进 9 家战略投资者，增发 2000 万股，募集资金 1.05 亿元。

此次增资扩股之后，陇神戎发股本规模达到 4500 万股。经过保荐机构华龙证券的论证，确定陇神戎发上市前股本规模应达到 6500 万股。所以，2013 年 3 月，该企业再次启动增资扩股项目。

接到委托之后，甘肃省产权交易所按照《公司法》、《企业国有资产法》以及国务院国资委《进一步规范国有企业改制工作的实施意见》等法律法规和甘肃省政府、省国资委对陇神戎发增资扩股工作的有关要求开展业务。

通过定向发布信息、登记审核投资意向、现场密封报价等环节工作后，征集到西北永新集团有限公司、通用技术创业投资有限公司、甘肃生物产业创业投资基金有限公司、东证融通投资管理有限公司、甘肃金源投资有限公司、甘肃时代华威矿业投资有限公司、甘肃省新业资产经营有限责任公司 7 家老股东和兰州天域资产管理有限公司、甘肃拓普沃尔投资有限公司、甘肃省循环经济产业投资基金 3 家新晋投资人。此次增资扩股，陇神戎发再次成功增发 2000 万股，募集资金 1.18 亿元。

借助于产权市场实施两次增资扩股后，陇神戎发股本规模由 2500 万股增加到 6500 万股，达到了保荐机构的要求，为上市铺平了道路。同时，通过两次增资扩股行为成功募集资金 2.23 亿元，为企业扩大生产规模、引进先进设备和技术提供了资金保障，有利于企业综合竞争力的提升。

二、增资扩股助推企业向好发展

在甘肃，陇神戎发并不是唯一一家接受过产权市场增资扩股服务的企业，从 2006 年开始，先后有刘化集团、兰州供水集团、焦家湾粮库、华龙证券、甘肃稀土、金川公司、兰州中信房地产公司等多家企业通过产权市场实施过增资扩股，解决企业发展资金及相关问题。其中甘肃稀土公司与陇神戎发一样，先后两次实施增资扩股，而在甘肃省国资委的规划中，未来将有更多的企业采用增资扩股实施企业融资和改制。

就目前而言，企业在融资方面有多种方式和平台可以选择，而且各个融资平台和中介机构都在不断地完善着自身的融资服务和措施。即便这样，为什么还会有越来越多的企业选择采用增资扩股的融资方式。笔者认为，相比于其他的融资方式，增资扩股更有利于企业的长期发展。

（一）筹集资金，夯实基础

增资扩股是企业根据发展需要，通过引进新股东，扩大股本融进所需资金的一种方式。增资扩股利用直接投资所筹集的资金属于自有资本，与借入资本比较，它更能提高企业的资信和借款能力，对扩大企业经营规模，壮大企业实力具有重要作用，并且企业可以根据经营状况向投资者支付报酬，比较灵活，没有固定支付的压力，财务风险比较小。

与普通的股权转让相比，增资扩股的优势更为明显。普通的股权转让可称之为存量股权转让，在征得其他股东同意的情况下，原股东转让所持股权的一种行为，是股东寻求投资回报或退出投资的一种方式，所得资金归原股权持有者所有，并不会转化为企业发展资金。增资扩股可以简单地理解为增量股权转让，是企业扩大股本进行融资的行为，不论是采用原股东同比例增资还是邀请出资，所得资金均为企业自有资金，可直接转化为发展资金。

如上文提及的案例，陇神戎发通过两次增资扩股合计融资 2.23 亿元。这些新增资本为陇神戎发进一步做大规模做强滴丸产业，走大品种大品牌大企业的发展之路，加快技术创新和新药研发、成果转化，延伸产业链，提升企业的可持续发展能力和竞争实力等方面奠定了坚实的资金基础。

（二）引进战略投资者，增强企业抗风险能力

产权市场提供的增资扩股服务，在满足企业融资初衷的同时，还可增强企业防风险能力，提升综合竞争力。

（1）优化企业股权结构，提高内部决策水平和能力。国有企业通过增资扩股，特别是邀请出资的方式完成增资扩股的，引进了新的合格投资者，优化了企业股权结构，有利于提高企业内部决策水平和能力。这种情况在国有独资企业引进社会资本后作用尤为明显。

（2）引入新的管理模式和经验，增强可持续发展能力。增资扩股会帮助企业引进优质的战略投资者，考虑到投资回报的最大化，战略投资者在一定程度上会介入融资企业的管理，为企业带来先进的管理模式和经验，提高融资企业的管理水平和能力，增强企业可持续发展能力。

（3）利于产业资源整合，优化和延伸产业链条。从业务开展实际情况来看，聚集在产权市场的部分风投和私募基金，出于控制投资风险的角度，更愿意在自己熟悉的领域进行投资，久而久之就会在某一行业聚集一定的产业资源，而这些资源也有利于被投资企业整合或延伸产业链条，有助于企业做大做强企业本业，并向多元化方向发展，提高企业的市场竞争力。

陇神戎发引进的战略投资者中，有几家就是专门做生物制药行业的投资，在药物生产、销售等产业链条上具有突出的资源优势，对陇神戎发进行产业资源整合有很大的帮助。

（三）增加企业股本，为上市铺平道路

部分企业选择增资扩股的深层次目的就是为上市做准备，我们知道中国证监会对首次上市企业的股本规模有严格的要求，很多企业的股权数量达不到要求，选择在上市之前通过增资扩股的方式来达到证监会的要求。

陇神戎发在实施增资扩股之前，只有 2500 万股，股本规模远未达到证监会首次公开发行股票并在创业板上市的要求。按照该企业上市保荐机构华龙证券的论证，其上市前股本规模应达到 6500 万股。按照这一要求，陇神戎发先后两次分别发售 2000 万股，达到上市要求。

三、增资扩股加速产权市场功能转变

我们可以看出，正是因为增资扩股为企业自身发展带来诸多利好，这种融资方式已经被越来越多的甘肃企业所接受和采用。尤其是 2012 年实施的甘肃稀土、金川公司增资扩股项目，分别为融资募集到资金 5.04 亿元和 128 亿元，在当年资源类企业陷入低迷的时期，产权市场的融资功能被充分展现。

如果我们从整个产权市场的发展来看，增资扩股项目的大量实施折射出产权市场的发展轨迹，即由原先单纯的存量股权流转向增量融资的转化。

"以前，产权市场主要服务于国有资产的处置，不过经过多年发展，产权市场的功能必然要向融资方向拓展。一方面，为企业做大做强服务；另一方面，也是产权市场业务创新和实力提升的表现。"[1]

目前，产权市场的增资扩股正处在方兴未艾的阶段，毋庸置疑，增资扩股方式的引入，以有力的方式体现了产权市场强大的融资功能。

"从严格意义上讲，企业增量融资才能真正算作通过资本市场的融资行为。国内产权市场结合各地企业发展的需要，积极推出的增资扩股类型服务，就是利用产权市场这一资本市场平台，通过定向募集方式向社会投资者募集资金，不仅仅满足企业融资需要，也充分体现了市场的融资功能。"[2]

其实，从目前的情况看，对于产权市场的融资功能，很多人都不存在疑问，但是相比股票市场、证券市场等耳熟能详的资本市场，大部分人对产权市场的融资能力和融资过程缺乏深入的了解，遑论市场特点及融资优势等更深层次的问题。在此，笔者做一粗疏整理，以期对产权市场的融资特征和优势做一推广和宣传。

（一）制度完善，操作规范

国务院国资委成立之后，为规范国有企业产权转让行为，2004 年国务院国资委、财政部联合颁布实施了《企业国有产权转让管理暂行办法》。此后，国务院国资委又先后多次出台配套政策和措施，在产权市场形成了规范开展业务的"一托十二模式"，对进入产权市场流转的国有资产企业内部决策、转让批准、资产评估、核准备案、公开挂牌、公平竞争、场内结算、凭证出具等各环节工作都进行了规范和约束，使产权市场交易行为的每一个环节都实现了"有法可依"，规范了交易行为。

增资扩股业务虽然与股权转让工作有一定的区别，但是业务环节趋同，完全可以参考成熟的股权转让工作流程和相关规定来进行，形成规范的市场交易规程。

（二）监管机制成熟，有效规避风险

产权市场具备完善的监督管理机制。首先，国务院国资委、省级国资监管机构，通过动态监测系统对产权市场流转项目进行实时动态监测，利用现代网络技术和信息化手段杜绝各种违规操作；其次，地方国资委会同地方有关部门每年都对地方产权市场进行联合检查，督促产权市场规范运行；最后，各产权交易机构都按国家要求形成了较为完善的风控体系，在业务第一线筑起了"防火墙"。

正是因为具备了完善的市场交易制度体系和严格的监管制度，产权市场的业务运行形成了"双保险"机制，打造了产权市场的"阳光模式"，有效规避了项目运行中的风险。

（三）市场功能完善，实现多方共赢

经过多年的市场探索和政策规范，产权市场已经形成了完善的市场服务流程和配套的服务体系。就一般项目而言，在项目进驻之后，产权市场会根据项目特征，制订项目实施方案，通过多种报纸、网站及其他渠道广泛进行项目信息披露，公开征集意向竞买人，在标的竞价方面采取网络竞价、传统拍卖、综合评审、招投标及其他多种竞价模式，采用公开竞争的方式保证交易行为公开、公平、公正。特别是在增资扩股业务开展中，产权交易机构在项目的前置阶段就介入项目，在公司股份制改制、拟订章程、市场询价等方面提供咨询服务，协助设计合格的投资人资格条件、股本结构等增资方案，并在项目签约之后，督促各方履行合同，协助企业完成工商变更等，为企业增资扩股提供配套的市场服务。可以说，产权市场现有的制度、交易模

① 林喆：《进场增资扩股风潮涌动　产权市场尽显融资功能》，《中国证券报》2010 年 9 月 6 日。
② 李志豹：《产权市场打造企业增资扩股平台》，《中国企业报》2011 年 11 月 11 日。

式保障了整个交易流程严谨、行为规范和交易结果公平合理，实现标的企业、原股东和新股东各方满意和共赢的效果。

正是因为有了上述特征，产权市场在提供增资扩股服务中，可以保证交易结果的最优化，实现多方共赢的结果。原江西产权交易所总裁任胜利在文章中这样评价增资扩股的结果："可以对原有股权进行较为彻底的量化，防止变相底价转让和低价稀释股权，实现国有股权价值最大化，保障国有资产保值增值。"①

四、增资扩股业务急需专项政策规范

通过以上分析，我们可以看出，产权市场的平台功能和服务优势，确保了增资扩股业务的顺利实施，因此，已经成为广大企业进行融资的重要选择，将极有可能在以混合所有制为主的新一轮国有企业改制中扮演重要"角色"。

但是，与市场的快速发展相比，国家的配套政策并没有及时跟上。截至目前，国家相关部门并没有针对产权市场的增资扩股业务出台相关的配套政策，对增资扩股的融资行为进行规范和监管。因此，当务之急是国家配套政策的制定和出台，这些政策应包含以下方面：

首先，应赋予产权市场增资扩股"合法"身份。早在2005年，国务院国资委在《关于进一步规范国有企业改制工作的实施意见》中明确规定，"拟通过增资扩股实施改制的企业，应当通过产权交易市场、媒体或网络等公开企业改制有关情况、投资者条件等信息，择优选择投资者"，为产权市场开展增资扩股业务提供了政策通道。

但是，实际情况是很多企业在开展增资扩股业务时，并没有进入产权市场进行，而是自己开展或者借助于其他中介机构，出现了"暗箱操作"等很多问题。同时，增资扩股融资是典型的资本市场融资行为，从规范资本市场发展的角度看，应当赋予

产权市场开展增资扩股融资的资质和合法身份。

其次，应出台规范市场行为的配套制度。如前文所述，目前增资扩股已经形成了较为完善的市场服务体系，但是缺乏国家相关部门的行业规范政策，造成行业内部对部分问题的理解和认知出现偏差。例如，有一种观点认为，作为私募融资的一种方式，增资扩股的项目信息只能定向披露，不宜采用公开披露方式，否则就存在公募之嫌。笔者认为，产权市场的增资扩股业务必须坚守"非标准"、"非公众"的原则不能突破，但是这并不代表征集意向投资方的信息披露只能采用定向发布的方式，可以采用公开信息披露的方式，在更广泛的领域寻找意向投资人，并通过充分竞争和综合评审等方式择优选择特定的合格投资人。这样既能坚持私募融资"非公众"的要求，又可以帮助融资方找到更多潜在的合格投资方。凡此种种，不一而足，业内存在的诸多不同认知和做法，都需要政府相应政策的规范和引导。

所以，为规范增资扩股业务的发展，相关部门应当适时制定规范各环节工作的制度和规定，帮助行业形成统一认识，指导市场行为健康发展，真正实现资源通过市场进行配置。

最后，应明确将产权市场纳入多层次资本市场体系。产权市场的融资功能有力地弥补了现有金融机构在市场融资中的不足，在资本市场的融资中扮演着重要角色。但是，我国正在建设的多层次资本市场体系，并没有将产权市场纳入。一方面作为新兴的非标准化资本市场，帮助众多企业募集发展资金，起到资本市场的融资作用；另一方面，却被抛弃在资本市场体系之外，在这一点上，产权市场陷入一种尴尬的境地。笔者认为，本着从完善资本市场层次和功能的角度出发，国家相关部门应该承认产权市场的融资功能和作用，将产权市场纳入多层次资本市场体系建设中，并出台相关政策对这一层级的资本市场进行规范和约束。

---

① 任胜利：《通过产权市场增资扩股是实现国企改革和稳定发展的双赢》，任胜利新浪博客，2009年8月12日。

浅议新形势下产权市场的发展

新疆产权交易所顾问　全秉中

党的十八届三中全会闭幕以来，各项改革的具体措施陆续出台，改革进入快车道。产权交易市场正是体制改革的产物，必然会随着改革的全面深化而迅速发展。但是，条件的存在不会代替条件的利用，宝贵的机遇总是只赋予那些有识、有备之人的。因此，只有确立和感知产权市场的历史地位和重要使命，抓住新形势下的机遇，充分利用良好的条件，以创新的思维，奋起开创局面的精神，才能拓展产权交易领域，推出业务新品种，促进产权交易市场迅速发展。

一、产权市场的历史地位与使命

市场经济之所以是商品经济的高级阶段，一个重要特征就是生产要素的市场化。产权交易市场从经济性质来讲，就是各种生产要素的资本权益市场，体现和承载着生产要素的市场化。因此，在我国市场化改革中，产权交易市场不是可有可无的，它的历史地位和使命也是不可轻视的。

改革开放之后，在 20 世纪 80 年代股份制处于试点阶段的时候，当企业兼并重组起步，物权、股权、债权及知识产权需要流动之时，产权交易市场就应运而生了。这是中国特有的、市场经济转型中的创新。对我国建立现代产权制度来说，产权交易市场扮演了它的"唤起者"和"践行者"的角色；对生产要素市场来说，产权交易市场承担着生产要素有序流动的"主渠道"；对国有产权有序转让、股权融资和保值增值防止流失来说，产权交易市场就是一把"金钥匙"；对推动高新技术产业来说，产权市场就是技术与资本相结合的"桥梁"；对多层次资本市场建设来说，产权交易中的股权交易为资本市场多层次发展奠定了场外交易的基础。

二、把握新形势下产权市场发展的机遇

党的十八届三中全会对推进全面深化改革的力度前所未有。当前，全国已经掀起了新一轮改革浪潮，而且是以经济体制改革为重点。核心是拓展市场化改革的深度和广度，着力解决好市场体系完善和政府加强监管的问题。这就为产权交易市场带来了新的发展机遇，需要我们不失时机牢牢把握。

第一，抓住要素资源配置市场化改革的机遇，重点围绕"竞争性环节"，创新交易品种和交易模式，把产权交易的平台功能提升到一个新的水平。《中共中央关于全面深化改革若干重大问题的决定》多处提到要素资源市场化配置和要素价格市场化形成的内容。如要完善主要由市场决定价格的机制。提出"凡是能由市场形成价格的都交给市场"、"开放竞争性环节价格"、"发展技术市场，健全技术转让机制"、"建立农村产权流转市场"、"发展环保市场，推行节能量、碳排放权、排污权、水权交易制度"等。这些方面的市场化改革，都为拓展产权交易领域创造了条件。

第二，抓住国有企业改革重点向"混合所有制"转变的机遇，将企业国有产权交易重点由原来的"辅业资产剥离、低效和无效资产处置"向服务于优质的、出于企业增资扩股、吸纳战略投资者，以及不同所有制的股权转让方面转变。引导和支持非国有产权向国有产权参股，推动混合所有制发展。

第三，抓住深化科技体制改革的机遇，着力推进技术产权交易业务。《决定》对知识产权的保护和科技成果资本化、产业化提出了许多新的改革政策。如"发挥市场对技术要素价格、各类创新要素配置的导向作用"、"推进应用型技术研发机构市场化改革"、"发展技术市场，健全技术转让机制"、"改善科技型中小企业融资条件"、"完善风险投资机

制创新商业模式，促进科技成果资本化、产业化"等。这些改革政策都为进一步开拓科技产权交易创造了有利条件。

第四，抓住国务院国资委发布的《关于中央企业资产转让进场交易有关事项的通知》的机遇，尽快做好相关准备，保障央企资产交易业务规范开展。央企资产转让过去是否可在当地出让，无明确规定。现在《通知》明确各地产权交易机构在满足一定条件的情况下，可以开展中央企业资产交易业务。交易所需要按要求完善交易规则做好准备，积极开展央企的资产转让业务。

第五，抓住"允许混合所有制经济实行员工持股"改革的机遇，扩大股权托管、股权柜台转让过户和为员工持股提供分红派息服务的业务。

第六，抓住金融体制改革允许民间资本依法设立中小型银行等金融机构和国有资本投资项目允许非国有资本参股的机遇，发挥产权交易平台功能，引入民间资本向公有资本参股，并开展民间金融股权流转业务，支持民营银行集股设立。

总体来看，在新形势下，全面深入推进市场化改革本身就是产权交易进一步发展的最大机遇。由于产权交易是以产权为对象的交易，而产权涵盖的领域很广，表现形式也极为丰富，因此，随着改革的深化，过去的一些制约因素逐步解除，特别是政府直接配置资源的减少，必然会带来市场需求的增加，为产权交易市场的发展创造广阔的前景。

设立"中国海洋产权交易中心"服务我国海洋资源市场化配置

福建省产权交易中心总经理　张亚明

为深入贯彻党的十八届三中全会关于"建设统一开放、竞争有序的市场体系"、"使市场在资源配置中起决定性作用"、"完善主要由市场决定价格的机制"以及"要健全自然资源资产产权制度"等精神，加快推进我国海洋资源市场化配置，构建规范有序的海洋产权交易市场，创新海域海岛、海洋知识产权与技术等海洋产权交易及管理机制，搭建涉海科技型企业及高科技成果转化项目投融资平台，促进资本与技术高效融合，提高海洋资源配置能力，服务海洋经济发展，2012年底，我们向福建省政府提出争取设立国家级海洋产权交易平台——"中国海洋产权交易中心"的建议。

经过积极推动和多方努力，"中国海洋产权交易中心"项目得到国家海洋局的大力支持。2014年6月，国家海洋局发布的《关于进一步支持福建海洋经济发展和生态省建设的若干意见》第三条明确规定：鼓励和支持福建建设海洋产权交易中心，委托国家海洋咨询中心参与建设交易中心，以局省共建方式予以立项授牌并给予适当资金支持；交易

中心建成后承担全国大宗海域、海岛及其他海洋资源的招拍挂工作。

一、建设海洋强国是国家战略

党的十八大提出：提高海洋资源开发能力，发展海洋经济，保护海洋生态环境，坚决维护国家海洋权益，建设海洋强国。

我国是个海洋大国，有300多万平方公里海域、2.2万平方公里沿海滩涂、7000多个岛屿、14万平方公里可供养殖的浅海水域、1.8万公里海岸线和1.4万公里岛屿海岸线。2012年海洋生产总值达到5万亿元。海洋经济已成为拉动国民经济发展的有力引擎。

但是，随着我国海洋开发步伐加快，开发与保护、利用与储备的矛盾更加突出。为此，在建设海洋强国的过程中，需要创新海洋管理手段，科学利用和保护海洋资源。要按照党的十八届三中全会精神，发挥市场在资源配置中的决定性作用，服务建设海洋强国的国家战略。

二、海洋产权具有流动性

海洋产权是多种权利的集合，包括占有权、使用权、收益权、处分权，是可界定、流动和交易的。通过对海洋资源的产权划分和权益界定，使海洋产权明晰化；通过海洋产权的有序流动，实现海洋资源的优化配置。

海洋产权包括海洋水体资源、海洋土地资源、海洋生物资源、海洋能源、海洋矿藏资源和海洋空间资源等有形资源，以及海洋高新技术产权、海洋排污权等各种无形资源。

我国有丰富的海洋资源，但长期以来海洋资源的无偿利用和滥用已经造成了极为严重的危害：一是国有资源产权虚置，导致了国有资产大量流失；二是资源的无偿使用，造成了经济效益评价失真；三是资源浪费和破坏严重，制约海洋经济的可持续发展。

产权交易市场是基础性、权益性的要素市场。通过搭建专业化的海洋产权市场化平台，推进海洋产权市场化配置，可以进一步提高我国海洋资源的集约利用程度、合理配置海洋资源生产要素、优化海洋资源空间布局、加快转变海洋经济发展方式。

三、海洋产权交易试点工作已在开展

国家已经批准包括福建、山东、浙江、广东四个省份的海洋经济发展规划，并且批复了沿海各省的海洋功能区划。

兄弟省份在实施海洋发展规划时，不断推出新举措，开展各种创新海洋管理试点。例如，山东烟台和浙江象山分别设立"烟台海洋产权交易中心"和"象山县海洋产权交易中心"，开展海洋产权交易试点。

四、福建具有建设国家级海洋产权交易市场的基础条件

1. 福建是海洋大省

福建省位于台湾海峡西岸，北接长三角，南连珠三角，扼东海与南海交通要冲，是我国的一个重要海洋省份和海洋资源大省，具有发展海洋经济的区位、资源、环境等综合优势。

福建全省海域面积 13.6 万平方公里，比陆域面积大 12.4%，海岸线 3725 公里，近海海洋生物种类 3000 多种，可作业渔场面积达 12.5 万平方公里，海洋矿产资源已发现 60 多种。福建拥有优越的海洋区位条件，拥有"港、渔、景、油、涂"五大海洋资源优势，具有较强的海洋环境承载能力。2012 年全省海洋生产总值 5220 亿元，增长 18.1%，占全省 GDP 的 26.5%，总量保持全国第五位，增幅位居全国前列。海洋产业结构持续优化，三次产业比例由 2006 年的 9.7∶40.2∶50.1 调整为 8.1∶44.6∶47.3。海洋主导产业进一步壮大，海洋渔业、海洋交通运输、滨海旅游、船舶修造、海洋工程建筑五个海洋传统优势产业增加值预计达 1652 亿元，水产品总产量 628.6 万吨，居全国第三位。

福建省的海洋科研力量雄厚，国家海洋三所等科研机构以及以厦门大学等高校为代表的教育科研力量雄厚，一些领域已居全国前列。

2012 年 9 月，国务院批准了《福建海峡蓝色经济试验区发展规划》，国家发改委批复了《福建海洋经济发展试点工作方案》，对海峡蓝色经济试验区建设和海洋经济发展试点工作做出了部署，赋予一系列支持政策，标志着福建海峡蓝色经济试验区建设上升为国家战略。福建省积极落实国家部署，把建设海洋经济强省作为推进福建发展和海西建设的重大举措，加大推进力度，海洋经济进入快速发展阶段。

2. 福建拥有深厚的海洋文化底蕴

自古以来福建就有经略海洋的特质和传统，是我国对外通商最早的省份之一。

泉州是我国古代海上丝绸之路的起点，与海外有着广泛的联系，在东南亚、南亚、西亚有很高的知名度。

福州是中国船政文化的发祥地和近代海军的摇篮。同时，福州也是郑和下西洋的驻泊点，是我国早期对外通商的港口。福州海洋文化对我国造船工业、海防事业有着深远的影响。

3. 福建较早推进海洋资源市场化配置

福建省积极探索海域资源市场化运作模式，率先开展海域资源招拍挂制度，培育壮大海域二级市场，海域资源市场化配置工作保持全国领先地位。截至 2013 年上半年，全省通过市场化方式配置海域使用权 614 宗，面积 1.9 万公顷，海域使用权招

拍挂种类、宗数、面积均居全国之首。此外，福建省还在全国率先开展湾外围填海研究和规划编制，新规划 11 处湾外围填海区域，新增可围填海面积约 202 平方公里。

4. 福建省产权交易市场发育较为完善

福建省是我国较早建设产权市场的省份之一，1995 年就成立了省级产权交易机构——福建省产权交易中心。福建省产权交易中心是省国资委指定并报国务院国资委备案的承办国有产权转让业务的机构，是省财政厅指定并报财政部备案的承办金融企业国有资产交易业务的机构，是省机关事务管理局等部门指定的承办省直行政事业单位资产转让业务的机构，是省高级人民法院指定的司法拍卖第三方交易平台。

福建省产权交易中心有成熟的产权交易运营模式、完善的产权交易制度体系、先进的电子化交易系统，市场体系较为完善。福建省产权交易中心不断创新交易品种和交易方式，不断扩展服务功能、延伸服务领域，创办了两岸股权柜台交易市场"海峡股权交易中心"，取得良好成效。

探索打造产权市场国资系网贷平台

浙江产权交易所　吴二石

互联网金融的持续高烧，催热了上市公司的相关投资并购链条。1 月 26 日，停牌四个月的上市公司巢东股份公告斥资 16.82 亿元切入互联网金融，收购小额贷款、融资租赁、典当、担保、网贷平台（P2P）5 家类金融公司股权，被业界称为"泥水匠"的跨界逆袭，而这样传统行业向新兴行业的跨界已经在 A 股市场频频上演。根据上海盈灿商务咨询有限公司与清华大学中国金融研究中心、网贷之家联合发布的《2014 年中国网络借贷行业年报》统计，获得风投青睐的平台多达 29 家，上市公司、国资国企入股的平台各为 17 家，银行背景的平台为 12 家。从上述数据可以看出，上市公司、国资国企系成为布局网贷行业的重要力量。

我国 P2P 网贷从 2006 年起步，在 2012 年之后异军突起，发展势头迅猛，P2P 作为金融体系的补充，在过去三年里出现了 1400 多家，2014 年全年交易金额超过 2400 亿元。但目前仍属互联网金融发展的早期阶段。据高盛预计，2024 年互联网企业发放的信贷规模是 6.8 万亿元，占社会融资存量（剔除股票/债券）的 2%；互联网金融企业利润将增至 400 亿美元，年均复合增长率为 41%，相当于 2024 年银行整体盈利的 8%。P2P 在 2013 年总规模 270 亿元，预计至 2024 年可以达到 2 万亿元，占社会融资存量（剔除股票/债券）的 0.9%。P2P 平台有如此迅猛发展和增长潜力，离不开以下双重背景：

一、P2P 平台发展的宏观背景

据中金公司的数据，国内居民存款达 40 万亿元，债券总规模 30 万亿元，保险 8 万亿元，理财产品 12 万亿元，信托产品 10 万亿元。居民家庭配置房地产的比例已经到达阶段性拐点，股市和债市将是新增资金配置的重点去向，存款保险制度出台，银行理财产品不在保险范围内，投资人寻找收益相对较高、风险较低的投资平台需求潜力十分巨大。

二、P2P 平台发展的产权市场背景

产权市场项目转让"高大上"，缺乏"短平快"的"草根"产品，投资人投资偏好变化，转让完成一宗是一宗，缺少标准化、持续交易的品种，都导致产权交易平台无法受到机构投资者和个人投资者的持续关注。另外，随着经济信息化、全球化不断发展，线下交易带来更多的是对当地的影响，线上线下的结合，带来的经济规模和效益的提升效果更加显著。在此背景下，如何集聚更多的客户和信息资源，将多年以来众多参与产权市场的机构或者个

人转化为投资人，为投资者提供 P2P 全流程、全天候在线投资平台，提高产权交易平台影响力和金融属性，打造产权互联网平台成了产权市场从业者共同探讨研究的课题。

三、产权市场打造 P2P 平台的优势与特点

（一）产权市场的优势

产权市场国企规范交易平台联手国有专业担保公司（包括国有证券公司、国有资产管理公司、国有控股小贷公司等）和国有企业（包括央企、省属国企、地市县国资委所属企业），以产权交易国企平台的公信力、国有担保公司的严格风控、国有企业的良好信誉，"三驾国字号马车"组成的"国家队"三箭齐发，在保障投资人（出借人）收益的同时筛选优质借款企业和项目，通过严格的风控措施和合理的融资成本，如年化收益 8%~12%，做大平台影响力，降低出借人的违约风险，确保投资人的投资安全，提高中小企业融资效率，降低融资成本，真正践行 P2P 网贷"普惠金融"的核心理念。平台系统开设债权转让区，投资者购买私募债经过封闭期后可以在平台上自由转让，待条件成熟时，开通债权质押贷款业务。产权交易机构自有资金也可以利用平台网上放贷或摘牌，进行拾遗补阙。

（二）与其他网贷平台比，产权交易机构打造网贷平台有如下特点

（1）发债主体不同：其他网贷平台发行主体是民企，而产权交易机构是央企、省属国企、地市县中小国企，服务于国有企业。

（2）增信机构不同：其他网贷平台没有增信或自融自用，风险不言而喻，而产权交易机构是国资系的担保、小贷、资产管理公司。

（3）投资群体不同：其他网贷平台面向普通投资者，而产权交易机构偏重机构投资者，个人投资者设置投资门槛和审核流程，以控制风险。

据中国互联网络信息中心数据显示，截至 2014 年 12 月，互联网理财产品用户规模为 7849 万，网贷之家的统计数据也显示，单是在刚过去的 1 月，全国网贷行业的成交量就接近 358 亿元。一端是投资者滚滚而来的理财资金，另一端是不断丰富的金融资产类型，它们在 P2P 平台上实现匹配对接，从一定程度上来说，很多国资国企系 P2P 平台都开始向互联网金融超市方向发展。国资国企系批量进军 P2P 网贷，对于行业而言，一方面，加剧了行业竞争，提高准入门槛，加速行业淘汰；另一方面，也促进了行业发展，提高行业整体的合规和有序。可以预计，未来将有更多的国资国企系加入 P2P 投资。伴随着银监会明确 P2P 监管十大原则和监管部门监管思路的逐渐细化，行业相关法律法规在 2015 年有望加快出台，笔者认为，P2P 的粗放式增长时代已经宣告结束，行业将面临大规模重组洗牌，未来一段时期，结构优化、管理规范化的国资国企系 P2P 平台大有可为，有望成为我国信贷体系中不可或缺的重要组成部分。产权市场已经有不少机构先行先试，通过搭建面向投资人的"全流程在线服务平台"，如天津金交所与淘宝搭建的"中国资产拍卖会"交易平台，金马甲的"金宝会"，深圳联合产权交易所的"壹宝贷"，浙江股权交易中心的"浙里投"，为实现传统金融机构借助互联网平台的业务转型，为打造区域性融资平台奠定基础。

推动传统产权市场向资本要素市场转型发展

武汉光谷联合产权交易所　陈志祥

中国产权市场经过 20 多年的发展，通过规范转让国有资产和信息公开的功能，帮助各类企事业单位完成产股权转让，实现企业改制重组，盘活资产和债权存量，多年来很好地完成了助推国企改革的历史使命。但随着上一轮国企改革逐步完成和新一轮国企改革的展开，面对经济"新常态"下转型

发展的要求，传统产权交易市场必然要实现向资本要素市场的转型。

一、资本要素市场的基本内涵

1. 资本要素市场的概念

资本要素市场是一般生产要素市场的重要组成部分，指通过直接或间接的形式，最终投入产品、劳务和生产过程中的中间产品和金融资产。狭义上理解资本要素是指资本（资金）在要素市场中的流通，以此促进生产或地方经济发展。资本要素市场是指资本要素依据市场规律，在区域间流动所形成的相对固定的交易模式。狭义的资本要素市场是介于资本市场和要素商品市场之间的市场，也是介于有形商品市场和无形资本市场之间的市场。

在区域经济发展中，资本是经济发展命脉中的"血液"，资本市场依据供求关系将"资本血液"输送到最为需要的各地方或部门，以此形成完整的资本要素市场，促进要素市场中各要素之间的配置，使要素市场整体功能得到巨大的发挥。

2. 发展资本要素市场是市场发挥决定性作用的基础

《中共中央关于全面深化改革若干重大问题的决定》指出："大幅度减少政府对资源的直接配置，推动资源配置依据市场规则、市场价格、市场竞争实现效益最大化和效率最优化；使市场在资源配置中起决定性作用和更好发挥政府作用；加快形成企业自主经营、公平竞争，消费者自由选择、自主消费，商品和要素自由流动、平等交换的现代市场体系，着力清除市场壁垒，提高资源配置效率和公平性。"

使市场在资源配置中起决定性作用，并不是说政府完全放手不管，全部推向市场。因为我们能够发挥配置资源作用的市场机制和体系还不够完善，通过发展资本要素市场是完善市场体系的重要环节。

一是发展资本要素市场可以形成资源价格的形成机制。市场配置资源是要有一定条件的，要让统一开放、竞争有序的市场体系更加完善，这样才能让市场真正发挥配置资源的决定性作用。改革开放以来，市场决定价格的机制已经逐步形成了，特别是在商品市场领域，大部分商品由市场决定价格了，政府管制的价格越来越少。但在资本要素市场领域，价格体系要进一步完善，要形成主要由市场决定资本要素价格的价格形成机制。

二是发展资本要素市场可以加大市场配置资源的改革力度。资本、劳动力和土地这类最重要的生产要素市场的发展，应该是未来市场改革和发展的重点。我国要素市场，尤其是资本要素市场发展缓慢。市场经济要求生产要素商品化，以商品的形式在市场上通过市场交易实现流通和配置，商品市场得到迅速发展。但由于我国劳动力市场发育不健全，资本市场功能不完善以及土地市场转让不规范等原因，造成我国要素市场起步晚，发展相对缓慢。特别是资本要素市场发展的不均衡，已经成为阻碍经济发展的重要障碍。面对这一现状应加快对要素市场的建设，尤其是要注重发展资本要素市场。

发展资本要素市场，使各种经济资源依据市场需求，通过市场合理的引导流向更需资金支持的企业，改变以往极具行政行为性的经济资源分配行为。资本要素以商品的形式在市场上通过市场交易实现流动和配置，从而形成各类要素市场。随着市场业务范围的迅速扩展，各专业资本要素交易平台的设立不仅及时地完善了资本要素市场的建设，更有利于实现资本要素市场发展的专业化和市场服务的精细化。

二、产权交易市场向资本要素市场转型发展的必要性

1. 经济发展模式转变的需要

中国经济转型的关键是产业转型，产业转型的基础是市场转型，市场转型的突破口是构建多元化的资本市场体系，成熟的资本市场体系是优化资源配置的制度保障。产权市场是各类生产要素优化配置的市场平台，更是基础性、权益性资本市场。产权市场逐步成为不同所有制形式产权进行交易的平台，在促进企业国有产权有序流转的同时，不仅带动了非国有企业产权规范交易，也带动了其他权益性资本交易，丰富了要素市场体系建设。

2. 承接行政审批制度改革的需要

党的十八届三中全会《决定》指出，要进一步简政放权，深化行政审批制度改革，最大限度地减少中央政府对微观事务的管理。中国经济改革走过30余年，无论是投资品还是消费品的市场化都已

基本完成，目前中国 90% 的商品定价是由市场决定的。在商品领域，中国的市场机制已经成为绝对的支配性力量，当前中国市场化进程中真正滞后的是要素市场化。

长期以来，与企业运行密切相关的各类要素资源多掌握在政府手中，或采用官方定价，或实行双轨制，如货币（利率）、土地、煤、电、油以及其他资源都不能由市场定价，市场在这些资源的配置中无法起基础性作用，致使不同类型的企业在诞生之初即处于不同的起跑线上。更为严重的是，非市场化的配置方式往往导致资源配置效率低下、无序、浪费和腐败。原有的部分政府主管部门习惯于强调行政审批在资源配置中的决定作用，不利于市场竞争主体的健康成长。要改变这种状况，必须推进要素资源的市场化，依靠市场主体的自主创新能力推动体制框架的不断改进，政府逐步退出具体经济运行领域，进而成为社会公共服务的供给者。尊重市场规律，充分调动市场各方的积极性，让市场在资源配置中起决定性作用，政府则主要发挥监管职能。

以产权市场为基础发展起来的专业交易平台发挥市场优势，以市场的方式承接了部分政府行政职能，代替了政府"有形之手"运用，在市场发展中挑选优胜者给予资本支持，发挥了政府在市场中的管理、分配、引导职能。产权交易市场形成了以资本要素市场为导向，产权交易产品多样化的新局面。

例如，武汉光谷联合产权交易所在保证传统产权交易创新的基础上，全面向新业务进行拓展和转型，形成了以满足交易标的多元化为主的新交易模式，开展具有区域特色的多层次资本要素市场建设。目前针对不同层次资本要素市场的需求，建立了针对非上市企业股权交易而设立的武汉股权交易托管中心、针对知识产权转化为资本而设立的武汉知识产权交易中心、针对文化产权交易设立的华中文化产权交易中心、针对碳排放权交易而设立的湖北碳排放权交易中心、针对排污权交易而设立的湖北环境资源交易所等一系列创新平台。下一步，还有矿业权、体育产权、水权等相关新平台逐步建立。

3. 交易所模式弥补传统金融缺陷的需要

传统金融模式缺陷主要表现在：传统金融模式存在比较大程度上的垄断性，市场化程度低，带来金融效率相对比较低；传统金融产品同质化严重，不能完全满足融资者的需要；在传统金融模式下，小微企业的融资成本较高，融资渠道单一。在全面深化改革和互联网金融发展的大背景下，多年以来赖以生存的传统金融模式正在受到冲击，天然的优势逐步丧失。以资本要素交易为导向的交易所新金融模式能有效弥补传统金融模式的不足，解决传统金融所不能解决的事情。

第一，在交易所新金融模式中，交易所为资金的供需双方提供对接平台，使双方信息高度对称，有利于为客户量身打造符合其需求的融资产品，在这种资源配置方式下，双方或多方交易可以同时进行，信息充分透明，定价完全竞争，避免交易风险的产生。

第二，建立以资本要素交易为导向的交易所新金融模式可以充分发挥互联网金融的优势，改变以银行为主导的金融模式，使市场中更多的融资需求者可直接参与到融资活动中去，实现了以市场投融资为需求的资金对接模式，降低了投融资的成本，提高了投融资效率。

第三，交易所以其技术、信息、网络等优势资源，为投融资双方提供融资信息平台，有针对性地满足客户对市场信息的需求，跨越了时间和空间的限制，方便小微企业融资业务的进行，从而节省投融资双方人力、物力、时间等成本，使收益大于投入。

第四，以交易所为载体的新金融模式为企业提供多渠道的融资服务。例如，企业可以通过股权、知识产权、碳排放权等权益及实物资产进行融资，其融资渠道丰富，便于中小微企业融资发展。

4. 功能定位和市场竞争的需要

传统产权市场侧重于交易功能，资本要素市场则更突出融资功能，重点服务实体经济和中小微企业。资本要素市场中资本和金融属性更强，是传统融资体系的有益补充。

国家和各省对产权市场定位是"覆盖多种经济成分、多功能、多层次的综合性产权交易机构"，如仅是单一的产权交易，则很难支撑起一个大市场。产权市场发端于武汉，源于国企改革。湖北产权市场经过十几年的发展，市场体系逐步建立，平台体系日渐丰富。但面临上一轮国企改革任务的逐步完成和新一轮国企混合所有制改革的历史机遇，面临适应经济新常态和互联网经济的冲击，传统产权交易市场的优势不再明显，必须实现向资本要素市场的转型发展，才能适应市场竞争的需要。

三、发展资本要素市场，助推地方经济发展

1. 资本要素市场对地方经济发展的积极作用

现代金融活动已不局限于资本或资金的借贷功能，而是更广泛、更深刻地对经济和社会的发展发挥引导、渗透、激发、扩散作用。如何利用好资本这一稀缺资源，发挥其最大效益已成为当前地方各级党委和政府经济工作的核心任务。

一是发展资本要素市场能推进地方经济的增长。从我国经济增长的整个时期看，经济增长主要是靠资本带动的，资本投入贡献最大。资料表明，1978~2008年资本投入对中国经济增长的贡献接近60%。在地方经济发展过程中，没有足够、持续的资本供给，既不可能形成新的经济增长点，也不可能实现区域经济持续稳定发展。资本要素最大化逐利的本性和规避风险的特性，迫使各方利益相关者加剧对经济利益的竞争，引起资本要素市场的供求变动，从而导致资本要素从收益低、风险高的地区和部门流向收益高、风险低的地区和部门。地方政府若要吸引资本流入，就必须保证流入的资本在流入地区能够得到相对流出地区高的利润。资本要素市场显然是资本的洼地和价值的高地。

二是发展资本要素市场便于为地方小微企业提供直接融资。发展资本要素市场，实现中小企业股权、知识产权、文化产权、林权、矿业权等各类资本要素交易与投融资，使得这些财富资源能够通过资本要素平台来发现自身价值，进而转化为可以带来新价值的"货币"和"资本"，以此来吸引资本要素的流入，丰富地方资本存量，解决企业直接融资难题。

三是发展资本要素市场有利于整合要素资源。资本要素市场以其对资本运作的了解、对市场信息的掌握和政策给予的支持，为各类企业实现安全、便捷、快速、高效的融资服务，成为资本市场中投融资的最佳平台。资本要素平台便于整合地区内各种要素资源，使当地政府能够正确认识本地区要素资源的优势，以此营造优质要素集聚的发展环境，提升要素市场对地方经济的促进作用。充分利用资本市场平台，加快资产的金融化、证券化，丰富资本市场交易品种，推进地方资本市场的完善。

四是发展资本要素市场有利于引导和保障资本投入。通过发展资本要素市场提高资本要素流通和使用效率，创造良好的地方经济环境，降低要素的配置成本。促进不同所有制企业、不同性质的股份之间产权的进一步明确化，有利于资源在不同所有制之间的流动和配置，有利于市场资源配置效率的提高，提高资本运用效率，提高投资收益，加速地方产业结构优化。

2. 发展资本要素市场的相关举措

一是把发展资本要素市场纳入地方金融发展的总体战略。地方金融发展因经济总量限制，要想突破性发展传统金融机构、吸引金融总部设立其空间是很有限的。资本要素市场因其与实体经济联系紧密，进入门槛低可以成为地方金融发展新的增长点。如在湖北省县域和市域金融发展较好的地方，其经验就是重视和运用好了资本要素市场。

在发展资本要素市场中，要重视构建一个多层次资本市场体系和多元化的金融要素业态体系，适应不同形态的实体经济的发展需要，满足实体经济不同阶段的发展要求，在经济下行、市场失灵的情形下，发挥政府有形之手的作用和市场无形之手的作用，做好金融要素市场、企业、政府的"三方协同"。

二是改善地方金融要素市场环境。资本要素市场不仅可以为金融资本投资产业和实体经济提供量化工具及快捷通道，而且能推动多层次资本市场建设，拓宽融资渠道和提高直接融资比例。因此，把促进改善地方金融要素市场环境作为金融要素市场为地方经济发展服务的一项重要内容，具有十分重要的意义。地方政府应正确地认识金融要素资源及其对地方经济的重要性，有效配置地方金融资源，优化金融环境，维护金融安全，形成金融资源的良性循环系统。

加强地方资本流动监管。对于金融资本流动而言，因其逐利本性，往往会利用金融杠杆通过各种融资渠道进行融资，而不考虑真正的市场需求，有悖于市场经济的发展规律。因此，地方政府应充分

发挥政府的监管职能，着力解决市场体系不完善和监管不到位问题。对于市场上流动的投机、套利等资本要素进行监管，确保国有金融资本及私有金融资本通过流动能适时地实现各自追逐的利益，促进资本要素市场健康有序的进行。

三是建立地区多层次资本市场。从资本供给者和需求者的多样化出发，资本市场必定通过细分来最大限度、高效率地实现供求均衡才能体现其效率和功能，要达到这样的目的，多层次的资本市场也就成为必然，在地方政府未来的经济工作中，完善地方资本要素市场，建立多层次的地方资本市场将成为重点，以此解决地区内企业融资难的问题，带动地方经济。

资本要素市场中资本属性最高的是区域性股权市场，将其纳入多层次资本市场体系，一方面有助于夯实交易所市场的基础，使潜在的公司在很小的时候，通过区域性市场挂牌，就按照股份公司的规范来运作；另一方面有助于放大交易所市场的带动作用，交易所市场的优化调整和加快发展，其效应将迅速传递到区域性市场，从而扩大多层次资本市场服务范围。区域性股权市场将聚集金融资源和相关服务机构，聚集较高成长性中小微企业，聚集投资融资项目信息，打造成面向中小微企业的综合性的金融服务平台。

四是重组优化资本要素市场。资本要素市场因是介于商品市场和资本市场之间的市场，既有优势也有劣势。优势在于联通商品市场和资本市场，劣势在于因受金融分业监管的管制，交易模式和交易产品都会受到一定的限制。因此，要结合地方特色和优势，重点打造符合地方经济发展的要素平台。

资本要素市场要在现有产权交易市场的基础上，将中小企业股权、知识产权、文化产权、碳排放权、矿业权、水权等权益类资本纳入进来，同时结合地方优势，发展矿产品、农产品、石化能源产品等商品类资本要素市场。大力推进产品和服务创新，探索开展股权质押、知识产权质押、订单质押、土地承包经营权质押、农业设施和农业机械抵押等适合小微企业和"三农"的抵质押贷款业务，大力发展产业链融资、商业圈融资和企业群融资等适合小微企业的新型融资模式，切实缓解实体经济融资难题。通过资本要素市场的优化重组，实现企业生产要素优化重组，为市场经济发展提供生产要素重组的途径，优化资本配置和经济结构，推动产业升级和资本在全社会范围内的优化配置，为地方经济发展起到积极推动作用。

推动农村产权交易市场发展前行

广西北部湾产权交易所

一、农村产权交易市场方兴未艾

农村产权交易市场作为一个立足农村、服务农民的专业化市场，在产权交易市场中并不是一个小众市场。近年来，从党的十七届三中、四中、五中全会到十八届三中全会，以及2014年中央"一号文件"，农村产权流转交易市场建设被提到了极其重要的高度，农村产权交易市场也呈现出遍地开花的繁荣景象。然而，在这方兴未艾的建设大潮中，不容忽视的是农村产权交易对于我国产权交易市场来说仍是一个较新的领域，在法律法规、制度流程、交易模式等方面均需要进一步的探索、完善和创新。

二、农村产权交易市场需要专业建设者

从2008年10月13日全国第一家综合性农村产权交易所——成都农村产权交易所依托成都市联合产权交易所组建成立开始，产权交易机构便在农村产权交易市场建设中扮演着重要角色，随后，在成功运作有形的农村产权交易市场方面，上海、广

州、天津、杭州等地的农村产权交易所均有许多先进经验，其中，它们的共同点之一便是依托和利用了当地产权交易机构的信息、交易和融资平台来建设农村产权交易市场。

按照中央纪委 2002 年以来关于企业国有产权交易进入市场，从源头上治理腐败的工作要求，国务院国资委通过推动建立企业国有产权进场交易制度，建立起规范企业国有产权转让的制度框架体系。在此基础上由国资监管部门选择确定的以国有产权交易为主的产权交易机构，经过多年的发展，积累了丰富的交易实操经验和信息、投资人渠道资源，建立起先进的电子竞价系统、规范高效的交易体系和覆盖全国的同业市场联动网络，逐步成为各区域各类权益要素流转的专业服务平台。

农村产权交易的相关标的，包括土地承包经营权、林权、农村房屋产权、农村经济组织股权、集体建设用地使用权、农业知识产权等，作为一种权属，其交易也是各类要素资源在一定时间期限内的让渡，而交易的成功组织，离不开一个专业的第三方平台的公正撮合，这就需要产权交易机构在渠道、资源、规程和技术等方面提供有效的支撑。

同时，就目前来说，农村产权流转交易操作的瓶颈较多，市场化程度尚弱，且交易只是农村产权流转交易市场的基本功能，还应深度挖掘更多的市场化创新手段来实现农村全要素资源的资本化，改善农村要素市场、资本市场发育滞后等状况，这就需要产权交易机构充分发挥其服务延展和创新能力，利用其自身的核心研发团队和产权交易平台的行业驱动力，来推动农村产权流转交易市场的健康快速发展。

三、广西农村产权交易市场的启动

2013 年 8 月 2 日，田东县人民政府与广西北部湾产权交易所签署了《关于推动建设田东县农村金融服务体系战略合作框架协议》，合作双方将联合共建广西第一家县级农村产权交易机构——田东县农村产权交易中心，以自治区级产权交易机构完备的交易制度规则体系和技术平台为支撑，推动田东县农村产权阳光高效流转，实现田东县域内农村产权项目挂牌的统一信息发布和交易，为田东县建立完善现代农村金融服务体系，实现农村金融与农

村经济的良性互动。

2014 年 2 月 8 日，广西北部湾产权交易所参与建设的广西首家地市级农村产权交易机构——玉林市农村产权交易中心在玉林正式揭牌运营。玉林是广西统筹城乡综合配套改革试点城市，广西北部湾产权交易所作为自治区级的综合性产权交易机构，参与中心建设，主要是发挥交易所交易规程体系、技术平台、信息渠道和资源等优势，为玉林市搭建统一的农村产权交易市场平台提供专业支撑，以推动玉林农村各类资源要素合理流转，进一步激发玉林城乡一体发展活力，进而为全区统筹城乡综合配套改革与农村产权制度改革探索新路。玉林市农村产权交易中心的成功运作，受到自治区党委、政府的高度重视，交易中心成立后，自治区多位领导先后视察了玉林市农村产权交易中心的工作。视察过程中，广西北部湾产权交易所向自治区领导汇报了交易所参与玉林市农村产权交易中心建设及开展全区农村产权交易工作的有关情况，得到了自治区领导的认可，并鼓励交易所继续推进与各地合作，研究探索建立自治区级农村产权交易平台的有关工作。

2014 年 11 月 27 日，广西北部湾产权交易所与田阳县人民政府签署战略合作协议，参与共同筹建田阳县农村产权交易中心。田阳县农村产权交易中心是由田阳县农改办牵头搭建的农村产权交易服务平台，广西北部湾产权交易所将通过整体规划方案设计、业务设计、风控体系设计、技术输出和辅助人员培训等方式全面支撑平台筹建工作。

四、积极推动广西农村产权交易市场建设

广西拥有广阔的农村，不少山区发展仍较滞后，如何快速有效地发展农业、繁荣农村、富裕农民，向农民释放"改革红利"，最迫切、最核心的工作就是推进农村产权制度改革，而建立符合市场经济规律的归属清晰、权能完整、流转顺畅、保护严格的现代农村产权制度，建立农村产权流转交易市场，正是推进农村产权制度改革的一个重要手段。

广西北部湾产权交易所积极参与全区各地农村产权交易流转市场的建设，既是担当作为自治区级产权交易机构支撑和推动全区农村产权交易市场建设的基础使命，也是探索建立广西农村产权交易统

一市场和实现城乡要素平等交换、公共资源均衡配置以及区域城乡经济良性互动的有益尝试。

目前，广西北部湾产权交易所已初步形成了构建一个具备统筹布局功能、技术和服务指导功能以及参与项目实操工作的区域统一农村产权交易市场

体系思路，并取得了阶段性成效。今后，交易所将进一步加大力度投入到广西农村产权交易市场建设工作中，为这个新兴的市场注入源源不断的活力，为广西的经济全面发展做出更大贡献。

推动专利保险，畅通科技企业融资渠道的思考

常州产权交易所　沈　励　高筱兰

自 2008 年实施国家知识产权战略以来，我国知识产权创造、运用、保护和管理能力显著增强。仅从专利创造能力来看，2012 年中国的发明专利申请量居世界第一位，授权量居世界第三位，PCT 国际专利申请量居世界第四位。但相对专利创造能力的攀升，我国专利运用水平还处在相对较低的水平，还存在转化难、风险大等诸多问题。专利制度对于高科技产业而言犹如双刃剑，在保护自身权利的同时容易侵害其他权益主体的合法权益或是受到不当侵害，为了引导企业运用市场化手段加强专利保护，本文尝试从专利技术的交易转让的视角分析专利保险业务的操作与实务。

一、专利风险与保险

（一）专利风险

风险来源于不确定性。专利是对人类智力成果的一种专属性保护制度，知识产权的转化、使用往往存在时间、空间上信息不对称，专利侵权等专利纠纷时有发生，因此会给企业的正常生产经营活动增加不必要的风险，甚至有时候是致命性的一击。

专利风险的来源是专利权获得的不确定性、专利权有效性的不确定性和专利权保护范围的不确定性，包括专利权瑕疵风险、诉讼风险以及保护制度风险等。

（1）瑕疵风险。在我国，专利分为三种类型，发明专利、实用新型专利和外观设计专利，除发明专利采取实质审查形式公告授权，后两种专利均采取形式审查后直接授权，所以专利授权后，有相当

大的可能遭到有效性的质疑而宣告专利无效或撤销专利权的情况发生。这些情形在专利权有效期间内是否发生，专利权是否真的无效、被撤销都存在不确定性，也就是专利权瑕疵风险。

（2）诉讼风险。专利诉讼常用来保护权益，但败诉所要承担的巨额赔偿金额，诉讼程序的复杂性，给企业带来巨大的生产经营风险。

（3）保护制度风险。企业若要拓展海外市场，就不得不考虑一些特殊国家和保护政策，以免遇到遭受风险而不自知的危险。另外，一些发达国家还通过实施高水平的环保、安全等技术标准，将一些国外企业的专利纳入到标准中，形成了新的贸易壁垒。随着国际化进程的推进，我国企业应该采取积极的风险管理措施。

（二）风险管理

保险制度是转移风险和分散风险的最佳管理机制。知识产权是指对智力劳动成果所享有的占有、使用、处分和收益的权利，是一种无形财产权，与房屋、汽车等有形财产一样，具有价值和使用价值，受国家法律的保护。专利保险就是用于承保为了维护自有专利权或针对被诉可能侵犯他人专利权进行抗辩时所产生的费用，分散企业风险和市场风险，促进专利技术申请、转化应用与实施。

（三）专利保险的发展

我国专利保险制度起步较晚。2010 年底，专利侵权保险在广东佛山开辟"试验田"，开创了我国专利保险事业的先河。2012 年初，国家知识产权局启动全国专利保险试点工作，选取北京、武

汉、镇江等 8 市作为专利保险试点城市。2013 年，试点工作进一步铺开，专利保险试点地区新增了 20 个城市。

二、技术产权交易中专利保险的必要性

技术产权交易是技术成果转化的重要市场化手段，促进科技进步、产业发展。知识产权转化的重要前提就是权属既定，市场主体权利义务对称。由于智力成果的关联性、复杂性及其制度本身的复杂性等特点，专利技术成果的交易面临交易难、转化难的难题。专利保险是一种专业性的风险管理制度，有利于降低风险、控制风险、提高市场公信力，为知识产权交易市场所急需。

（一）有利于分散风险，促进市场交易

保险的基本功能就是把风险转移给保险人，一旦发生意外损失，保险人将补偿被保险人的损失，特别对于国外的知识产权保护，专利保险就是企业的重要保护手段。首先，保险使专利风险发生损失的不确定性转变为可确定性；其次，专利无形资产评估机构、保险公司等第三方机构处理保险业务过程中，会对专利技术进行综合性的专业评价，增加交易的可行性。

（二）有利于科技进步，加速科技成果转化

专利制度一个重要特点就是专利公开制度，智力创造越多，发明申请专利和知识溢出越多。根据信息经济学，信息不对称会导致劣品驱逐良品，市场失灵。专利保险提高了市场的透明度，降低市场失灵可能，交易更容易发生，而知识的应用和辐射进一步提高了生产效率；从而推动市场良性发展，加速知识进步。

（三）有利于专利质押业务开展，推动科技金融发展

专利技术往往是科技企业的重要资产，专利质押贷款已经成为获得融资的重要途径，也是科技撬动金融的重要方式。专利质押的难度在于：一是科技成果价值难以评估，二是科技转化能力难以评价，而专利保险可以通过保险费率的形式对此予以评价，降低风险。再者，保险和银行的结合拓宽了科技金融的范畴，保险有效搭建了金融和企业之间的双向桥梁。

三、我国专利保险业务的经验与实践

毋庸置疑，专利交易风险伴随着其交易的整个过程，其风险与专利交易方式、地域范围、时间范围等直接相关。专利交易又具有知识外溢性和知识扩散的特征，对促进区域经济发展具有重要的意义。因此，专利交易具有浓厚的政策倾向性，兼具有形财产交易及服务提供的共性特征。同样，我国专利保险业务也是在政府的推动下逐步试点开展起来的。

（一）佛山市禅城区专利保险资助模式

2008 年，国家出台的《国家知识产权纲要》明确指出，鼓励和支持市场主体依法应对涉及知识产权的侵权行为与法律诉讼，提高应对知识产权纠纷的能力。专利保险作为专利运用的重要方面，能够最大限度地转移和降低企业研发、生产和经营风险，为企业的创新发展提供保障。2010 年底，专利侵权保险在广东佛山走向实践，禅城区经促局与中国人保禅城支公司签订专利保险试点战略合作协议，区财政给予每个投保企业 2000 元的补贴，推动专利保险业务的开展。

（二）成都、苏州的专利保险专项资金分类支持模式

苏州重点支持市级以上知识产权优势企业、密集型企业、示范企业、版权重点企业以及小微企业，专项补贴资金采取后补贴、按比例补贴等方式，由知识产权局、财政、保监分局组织实施。成都则依据《成都市科技与专利保险补贴资金管理暂行办法》由财政、科技部门对高新技术企业、创新企业、技术服务企业开展科技与专利保险支持政策。

（三）镇江专利保险统保模式迅速推广

自 2012 年起，镇江市知识产权局与人保财险镇江市公司联合开展专利保险，选择了一批高新技术企业和知识产权优势企业的重点专利，市知识产权局发动企业申报，采用统保模式参保，人保财险公司在费率上给予大幅度优惠，市财政补贴大部分保费，对获得国家、省、市专利奖的专利，全额赠送保险。目前，镇江市的专利保险模式已经得到快速推广，首批共收到 100 家企业的 142 件专利或者产品投保申请，有 10 件投保专利已经拿到人保财险公司系统的第一批专利保险保单。

四、开展专利保险业务的建议

（一）政策支持

专业保险业务的开展要借助保险、科技等部门的政策支持和大力推进；建议相关部门进行市场调查研究，鼓励企业投保；对于保险机构可以以风险补偿的形式给予补助或者税收等方面的优惠，调动保险市场的积极性。

（二）以技术产权交易促进

常州技术产权交易中心依托产权交易所，已发展成为区域性的技术交易机构，具备技术产权招标、挂牌、拍卖的组织实施能力，具备较好的市场基础，而且在知识产权质押、典当、担保等知识产权运用项目上已经积累了一定的经验。另外可通过技术产权对接、"5·18"活动、"专利周"活动以及国家专利展示中心的软硬件设施，向科技企业、科研院所重点推荐专利保险业务；联合金融保险部门

开辟专场投保会的形式开展专利保险。

（三）与法律维权相结合

常州市知识产权维权援助中心依托 12330 知识产权维权援助与举报投诉热线已经在专利侵权、专利预警等风险控制方面做了很多卓有成效的工作。同时，专利保险业务离不开法律部门的保障，建立专利保险项目风险评估机制，降低和控制业务风险。

（四）统筹专利托管、质押、保险业务发展

专利质押是常州技术产权交易中心联合常州市金融机构正在大力推动的一项业务，取得了积极的成效。把专利保险业务和专利托管、专利质押等市场信息共享协同，发展专利业务链条。

（五）建立专项资金

借鉴其他城市的做法，建立专项资金补贴，风险补偿金，发挥行政和市场两只手的调节功能，政策扶持和市场引导并进。

PPP 模式推广中的产权市场对接与可为之举研究

西南联合产权交易所　周雪飞

一、PPP 模式的内涵实质、主要优势与政府推广

（一）PPP 模式的内涵实质

PPP（Public-Private-Partnership）模式，中文直译为"公私合作制"，即政府和社会资本合作模式，是指政府部门与私人部门基于公共项目而形成的相互合作的伙伴式关系。通过这种合作形式，各方可以达到比预期单独行动更为有利的结果。

追溯历史，PPP 模式于 20 世纪 90 年代从英国兴起，主要目的是为解决英国当时的城市公共管理效率问题，目前已在全球范围内被广泛接受和应用。PPP 模式实质是在公用事业领域引入社会资本，将公共项目的所有权和经营权交给社会投资者，通过竞争机制和市场配置，发展混合所有制经济，进而提高公用事业的服务质量和效率。

（二）PPP 模式的主要优势

一般来讲，PPP 模式适用于政府负有提供责任又适宜市场化运作的公共服务、基础设施类项目，其主要优势在于：以合作协议（合同）为依据，在市场机制下运行，能够节省成本（10%~20%）、提高效率。

具体而言，开展和推广 PPP 模式，有利于创新投融资机制，拓宽社会资本投资渠道，增强经济增长内生动力；有利于推动各类资本相互融合、优势互补，促进投资主体多元化，发展混合所有制经济；有利于理顺政府与市场的关系，加快政府职能转变，充分发挥市场配置资源的决定性作用。

（三）政府着力推广运用 PPP 模式

自 2014 年 9 月以来，国务院、财政部与国家发改委相继发布了指导意见、操作指南、示范案例等文件，分别从政府政策和实际操作层面明确了

PPP 模式的基本操作流程、制度规范和法律地位、利益保障等问题，对 PPP 模式的推广运用予以指导（参见表 1）。多部委连续出台政策文件，强调政府和社会资本合作模式的重要意义，拉开了 PPP 模式的推广大幕，企业与政府机构合作开发更多项目的意愿得到加强，接下来 PPP 项目将会大面积铺开。

<table>
<caption>表 1　近期推出的有关政府和社会资本合作政策一览</caption>
<tr><th>日期</th><th>发文部门</th><th>政策名称</th><th>重点内容</th></tr>
<tr><td>2014 年 9 月 23 日</td><td>财政部</td><td>《关于推广运用政府和社会资本合作模式有关问题的通知》</td><td>充分认识推广运用政府和社会资本合作模式的重要意义；积极稳妥做好项目示范工作；做好制度设计和政策安排，明确适用于政府和社会资本合作模式的项目类型、采购程序、融资管理、项目监管、绩效评价等事宜</td></tr>
<tr><td>2014 年 10 月 2 日</td><td>国务院</td><td>《国务院关于加强地方政府性债务管理的意见》</td><td>推广使用政府与社会资本合作模式，鼓励社会资本通过特许经营权等方式参与城市基础设施等有一定收益的公益性事业投资和运营</td></tr>
<tr><td>2014 年 10 月 23 日</td><td>财政部</td><td>《地方政府存量债务纳入预算管理清理甄别办法》</td><td>地方各级政府要结合清理甄别工作，认真筛选融资平台公司存量项目，对适宜开展政府与社会资本合作（PPP）模式的项目，要大力推广 PPP 模式；在建项目要优先通过 PPP 模式推进，确需政府举债建设的，要客观核算后续融资需求</td></tr>
<tr><td>2014 年 11 月 29 日</td><td>财政部</td><td>《政府和社会资本合作模式操作指南（试行）》</td><td>保证政府和社会资本项目实施质量，规范项目识别、准备、采购、执行、移交各环节操作流程</td></tr>
<tr><td>2014 年 11 月 30 日</td><td>财政部</td><td>《关于政府和社会资本合作示范项目实施有关问题的通知》</td><td>进一步完善实施方案，必要时可聘请专业机构协助，确保示范项目操作规范，符合《通知》、《政府和社会资本合作模式操作指南（试行）》和标准化合同文本等一系列制度要求；依法公开充分披露项目实施的相关信息，保障公众知情权，接受社会监督</td></tr>
<tr><td>2014 年 12 月 2 日</td><td>发改委</td><td>《关于开展政府和社会资本合作的指导意见》</td><td>从项目适用范围、部门联审机制、合作伙伴选择、规范价格管理、开展绩效评价、做好示范推进等方面，对开展政府和社会资本合作（PPP）提出具体要求；各地要认真做好 PPP 项目的统筹规划，及时建立 PPP 项目库，按月汇总，积极推动 PPP 项目顺利实施；依托各类产权、股权交易市场，为社会资本提供多元化、规范化、市场化的退出渠道</td></tr>
<tr><td>2014 年 12 月 31 日</td><td>财政部</td><td>《关于印发〈政府和社会资本合作项目政府采购管理办法〉的通知》</td><td>贯彻落实《国务院关于创新重点领域投融资机制 鼓励社会投资的指导意见》（国发〔2014〕60 号），推广政府和社会资本合作（PPP）模式，规范 PPP 项目政府采购行为</td></tr>
<tr><td>2015 年 1 月 19 日</td><td>发改委</td><td>《基础设施和公用事业特许经营管理办法（征求意见稿）》</td><td>鼓励和引导社会资本进入基础设施和公用事业领域，提高公共服务质量，稳定经济增长、持续改善民生；未经实施机关同意，特许经营者不得转让、出租、质押、抵押或者以其他方式擅自处分特许经营权、与特许经营活动相关的资产、设施和企业股权，不得将特许经营项目的设施及相关土地用于特许经营项目之外的用途</td></tr>
</table>

二、产权市场与 PPP 模式的交集和对接

（一）产权市场与 PPP 模式具有多重交集

产权市场作为我国改革开放和市场经济条件下的产物，是伴随企业改制和产权制度改革而发展起来的新兴资本要素市场，意在为国有产权提供公开、公平、公正的市场化流转平台，推动"归属清晰，权责明确，保护严格，流转顺畅"的现代产权制度的建立和完善。

党的十八届三中全会首次明确提出"使市场在资源配置中起决定性作用和更好发挥政府作用"、"积极发展混合所有制经济"，为产权市场的改革发展提供了机遇、指明了方向。正是由于产权市场作为要素资源配置的平台、场所，在近 30 年的改革发展探索中，已经初步形成了市场化的运行机制，因此与当下政府着力推广的、需要在市场机制下运行的 PPP 模式产生多重交集，形成有效对接。

（1）产权市场是国有产权流转的平台，而 PPP 模式最终形成的恰恰就是国有产权（国有资产、国有股权）。因此，产权市场能够为 PPP 模式下的国有产权提供流转平台服务。

（2）产权市场是实现混合所有制经济的重要途径，而 PPP 模式恰恰就是通过"公私合作伙伴"方式实现混合所有制经济的。因此，PPP 模式完全可以借助产权市场来征集"合作伙伴"即社会资本，从而实现混合所有制经济。

（3）产权市场是要素资源市场化配置的场所、投融资平台，而PPP模式恰恰内含了投融资需求、要素资源的聚集。因此，在PPP模式的退出机制形成中，各类产权、股权交易市场能够为社会资本提供多元化、规范化、市场化的退出通道，进而拓宽了社会资本投融资渠道。

（二）产权市场和PPP模式的有效对接

1. PPP模式中的"合作伙伴选择"与产权市场的"征集合作方"业务

PPP合作模式的关键点之一，在于如何选择"能胜任的社会资本"即合作伙伴。根据相关要求，合作伙伴的确定应"按照《招标投标法》、《政府采购法》等法律法规及有关规定，依法选择"[1]。在此过程中，政府部门要"通过公开招标、邀请招标、竞争性谈判等多种方式"[2]，"综合评估项目合作伙伴的专业资质、技术能力、管理经验和财务实力等因素，择优选择诚实守信、安全可靠的合作伙伴，按照平等协商原则明确政府和项目公司间的权利与义务"[3]。

而在产权市场业务领域里，"征集合作方项目"经过多年发展，已经日臻完善、较为成熟。所谓征集合作方，是指企业以其拥有的房产、设备以及土地使用权、矿权、知识产权、货币资金等征集合作方共同合作或设立新公司，按照合作协议约定共同开发、共同经营、共享利益、共担风险的项目。这种"征集合作方"的做法，其实就是PPP模式中的"合作伙伴选择"。

因此，PPP模式中的"合作伙伴选择"与产权市场的"征集合作方"业务形成了有效对接。换言之，产权市场能够为PPP模式的"合作伙伴选择"提供市场化的征集方式和信息储备支撑。

2. PPP模式中的产权融资与产权市场的融资功能

在特许经营和政府建立一定收入调节机制下，PPP模式中的项目融资可通过借助成熟金融市场和相关金融产品来实现，其可利用的融资资源包括银行借贷、产权融资、政府补助、非运营业务等。

作为投融资、要素资源聚集的平台，产权市场无疑能够为PPP模式提供产权融资渠道和途径。换言之，PPP模式中的产权融资与产权市场自身拥有的融资功能同样形成了有效对接。

3. PPP模式中的资产移交（出租）与产权市场"资产招租"业务

在包含政府向社会资本主体转让或出租资产的PPP合作项目中，还涉及"政府移交资产"问题。国家发改委发布的《政府和社会资本合作项目通用合同指南》第七章中，重点约定政府向社会资本主体移交资产的准备工作、移交范围和标准、移交程序及违约责任等[4]。

作为国有资产转让的场所与平台，产权市场的"资产招租"业务开展非常成熟。换言之，PPP模式中的资产移交（出租）与产权市场"资产招租"业务也由此形成有效对接。

4. PPP模式中的社会资本退出机制与产权市场"产权转让"业务

在PPP模式应用中，社会资本退出机制的建立非常重要，因为资本的流动、要素资源的市场化配置是市场机制运行的常态。

作为产权转让的平台场所、混合所有制经济发展的搅拌器，产权市场可以为PPP模式下的特许经营权等产权提供公开交易的平台与通道，能够保证在公开透明的交易环境下实现社会资本的有序退出，从而完善、优化项目公司的产权结构。

5. PPP模式中的信息公开披露与产权市场的"公开透明，预防腐败"功能

在PPP模式中，特别强调"政府、社会资本或项目公司应依法公开披露项目相关信息，保障公众知情权，接受社会监督"。而产权市场自出现之日起，"公开透明，预防腐败"的功能便与之相伴随行。换言之，产权市场能够为PPP模式中的信息公

---

[1] 财政部：《关于推广运用政府和社会资本合作模式有关问题的通知》，2014年9月23日；国家发改委：《关于开展政府和社会资本合作的指导意见》，2014年12月2日。

[2] 国家发改委：《关于开展政府和社会资本合作的指导意见》，2014年12月2日。

[3] 财政部：《关于推广运用政府和社会资本合作模式有关问题的通知》，2014年9月23日。

[4] 国家发改委：《政府和社会资本合作项目通用合同指南（2014年版）》，2014年12月2日。

开披露提供强有力的条件与环境支撑，二者在信息披露方面形成有效对接。

三、产权市场在 PPP 模式推广中的可为之举

（一）开发"PPP 项目合作伙伴征集储备库"

产权市场、交易机构可以在原有"征集合作项目库"的基础上，积极与政府部门对接、沟通，按照 PPP 模式的适用条件要求，充分利用互联网平台优势，开发、构建"PPP 项目合作伙伴征集储备库"，根据相关法律法规，通过征集合作方等多种方式，依法合规、公平择优选择具有相应管理经验、专业能力、融资实力以及信用状况良好的社会资本作为政府的合作伙伴。

（二）构建 PPP 项目"合作伙伴选择—产权融资服务—资产移交—社会资本退出"的全程参与体系

正是由于产权市场在征集合作方、产权融资、资产招租、产权转让等业务领域具有显著的专业优势，因此，在 PPP 项目的推广运用中，产权市场、交易机构理应发挥业务优势，整合专业团队，构建 PPP 项目"合作伙伴选择—产权融资服务—资产移交—社会资本退出"的全程参与体系，拓展、研发与 PPP 相关的创新产品与服务。

（三）建立 PPP 项目信息发布平台

产权市场、交易机构在信息公开、透明方面，具有一套完整、严格的制度规范，完全可以通过建立"PPP 项目信息发布平台"方式，公开披露 PPP 项目相关信息，确保社会公众知情权、监督权的满足，进而发挥防腐功能。

依法治国下的产权市场

内蒙古产权交易中心董事长　马志春

党的十八届四中全会开启了依法治国的伟大时代，在全社会存在信仰动摇、诚信缺失、原则混乱、精神迷茫的状态之下无疑是对症下药，这是从问题导向和底线思维出发做出的明智选择。社会主义市场经济的本质就是法治经济，而当前的经济领域还存在着很多法制不完善的情况，重点是对经济利益主体所存在的一些产权的保护不力，一些社会诚信体系不健全，一些经济体的经济行为不规范等现象。企业家冯仑曾经写了本书《野蛮生长》，正是对那个年代最好的描述，随着党的十八届四中全会将法治国家的号角吹响，应该说宣布了那个年代的结束。依法治国在经济领域的集中体现就是维护公开、公平、公正的法治环境，划清政府行为与市场行为的界限，充分发挥市场的资源配置功能，提高经济发展的效率和效益。无疑，这对于产权市场而言意味着巨大的利好消息，产权理论的本身就是起源于制度经济学的法律概念，可以说没有健全的法律框架和制度体系就不会有界限清晰的产权，更不会有体系完善的产权交易市场。

《孟子·滕文公上》曰："民之为道也，有恒产者有恒心，无恒产者无恒心。"市场经济的核心就是产权归属，市场经济的活力也来源于人们对于产权的追求与保障，因为人们追求利益的激情与活力是生产力的原动力。中国改革开放 30 多年创造的经济奇迹就是调动了人们追求财富、拥有产权的积极性，而党的十八届四中全会则开启了未来 30 年人们保护产权、合理流动的中国梦。党的十八届三中全会第一次提出国有产权和民营产权同样受到尊重，国有资本和民营资本同样受到法律的保护，提出对于公有制经济和非公有制经济要坚持权利平等、机会平等、规则平等，废除对非公有制经济各种形式的不合理规定，消除各种隐性壁垒。民营企业可以通过参股、控股或并购等多种形式依法参与国有企业的改制重组，实现产权和股权多元化、社

会化，把原来的国有独资企业变为多家持股甚至混合所有制的企业。鼓励和支持优质民营企业以参股、合作等方式进入基础设施领域和垄断行业，以及金融、电信、铁路等服务业。所以说产权在法律意义上的所有权是产权制度的基础，而产权多元化的实现和确权则是产权交易产生的前提，也是产权市场能够出现和产权顺利进行市场化流动重组的根基。

产权交易市场的发展历史也有20多年了，但一直处于行业法律的空白时期，仅仅只有一部《企业国有资产法》中提到了产权交易场所，较之证券行业、基金行业、信托行业，甚至于拍卖行业都显得非常滞后，这对于一个发展较早、机构较多、相对规范、效果明显的行业而言无疑是一大缺憾。造成这种现状的原因有很多，但其根本原因还是我们没有真正建立起完善的现代产权制度体系，全社会没有形成强烈的产权保护意识，自然也就没有形成对产权交易法律制度的强烈需求。从全国的市场实践来看，由于没有全国统一性的产权市场顶层设计，更没有全国统一的强有力的市场监管部门，导致产权市场一直停留在区域分割、政策扶持、各自为政、跨界发展的阶段，甚至于很多人士包括业内人士都已经混淆了产权市场的边界，忘记了产权市场的定位，迷失了产权市场的发展方向。这种现状已经影响到了行业的健康发展，影响到了产权交易机构的持续成长，而且区域的经济差异使得越是边远地区这种情况越是明显。在党的十八届四中全会的大背景下，国家对于非标准化的权益资产交易实践理应规范，应当及早出台《产权交易法》，进一步完善有中国特色的资本市场法律体系。产权交易行业更是急需依法治业，打造法治市场，我们强烈呼吁产权交易机构联合起来共同打造统一规范的产权市场，打破区域分割，借互联网发展之势加快业务创新转型，早日形成法制健全、功能强大、市场"四统一"、业务"全覆盖"的产权市场。

产权交易说白了是为众多交易双方提供第三方公共服务的平台，发挥的是在信息对称的基础上保障双方权益的公信力作用，之所以需要产权交易机构是因为我们的社会除政策法规以外，仍然需要有专门的维护公平交易、实现交易信用的有形机构，实际上这是一种社会信用缺失的表现和无奈之举。在当前的历史阶段，产权交易平台仍然是维护市场规则的最重要的制度建设，是实现法律契约的必要途径，也是培育和提升社会契约精神的重要手段。在我们的交易实践当中，即使再严密的制度设计仍然会出现交易双方违约的情况，这虽然也属于市场行为的正常情况，但反映出我们的社会当中不重视契约仍是一个普遍的现象。但更令人担忧的是在很多人的传统观念当中往往根深蒂固地认为产权交易机构只是一个普通的中介而已，产权交易机构的规则是可以随意变通的，产权交易机构是可以为实现某些不正当目标所利用的工具，而且还是在看似严格地按照相关法律法规来设计的方案中实现的，这就有可能给产权交易市场的从业人员带来极大的道德风险、经营风险甚至法律风险。同时从另一个角度也对产权市场从业人员提出了更高的从业要求，需要我们产权人只有修炼成火眼金睛的孙大圣才能顶得住这个局面。产权交易机构从业者经常会在严格执行规章制度与灵活变通实现撮合成交方面纠结，经常会囿于解决竞争激烈造成的业务来源不足与规范操作带来的客户逃离市场的矛盾当中，这当中的无奈与坚持相信很多产权人都有感觉。

产权交易机构无法改变客户，只能改变自己，但在党的十八届四中全会后法治中国启程之机，我们多么希望产权交易机构不再是一滴在太阳下坚强地反射光芒的雨滴，而是汇成蓝天下波澜浩瀚的海洋，到时产权交易机构已没有必要去刻意维护法律契约，全社会的法制精神已使交易的制度成本大大降低，我们全部的精力都在关注交易的效率和效益，这就是我们产权市场的中国梦。然而当下的现实是我们尚处于产权市场发展初级阶段，产权交易机构存在着强烈的正规化建设需求，面对互联网环境下技术和商业模式转型提升的要求，只有进一步加强产权市场的法制基础，创新产权市场的服务内容，加快产权市场的技术进步，巩固特许经营下的顶层设计，超越传统意义上的市场公信力，才能打造出真正意义上的全国统一的产权资本市场。

以诚信为本做好产权交易的风险防范

湖南省联合产权交易所 吴汉顶

诚信缺失是当今一大社会问题，各种假冒伪劣产品、各种欺诈拐骗行为和各种行贿受贿权钱交易的腐败行为等都是人人深恶痛绝的。产权交易机构身处各种利益关系领域，不可能独善其身。虽然这么多年来产权交易机构的制度建设与行业自律日趋完善，风险控制意识不断增强，风险事故发生率很低。但作为服务行业不出事则已，一旦出事，公信力丧失，整个平台就垮了，就无生存余地了。更何况近年来全国产权交易界形形色色的问题也不在少数。风险事故的发生与诚信守业密切相关，或者说正是因为不能诚信守业才导致风险事故的发生。因此诚信建设也是产权交易行业自身建设的一重大要务。

一、正确理解诚信服务与风险防范的关系

诚信是基本的道德准则，是做人做事的基本准绳，是一种处世的社会责任，放在企业便应该是企业的一种基本经营理念。作为促进生产要素有序流转的产权交易机构，是为各交易主体提供撮合成交提供中介服务的平台，是交易各方对你的托付。为什么将交易事项对你托付，为什么愿意将交易资金汇到你的账户进行结算，为什么可以凭你出具的交易凭证办理产权交割，是基于对你的信任。为什么会如此信任你，是因为你提出了"公开、公正、公平和依法依规依程序"办事的服务宗旨，更是因为你不折不扣地认真践行了你提出的这种服务宗旨，你认真担当起了这种社会责任。这就是诚信为本和诚信服务。保证诚信服务这一服务理念和基本准则，是靠不断完善的政策法规和行业运行规则，认真执行政策法规和运行规则，处理好各种复杂的交易事项，纠正偏差，甄别真伪，维护市场秩序，保证交易按照各方愿意有序顺利地进行，这就是交易

机构的风险防范。因此可以说风险防范是维护诚信的基本手段，是保证诚信服务不走偏差。只有以诚信服务为本才会有强烈的风险防范意识，才会在处理复杂的交易事项中如履薄冰，生怕发生差错，生怕服务不周到；才会自觉地抵制不正当的诱惑，维护公平正义；才会急用户之所急，解用户之所难。所以要做好诚信服务，必须强化风险防范。从这个角度上理解，风险防范与交易业务不但没有冲突，反而更好地促进了交易业务的发展。在交易业务中如果将正当的风险防范认为是对业务工作的阻挠，将业务与风险对立起来，这说明业务部门和风控部门没有在诚信服务的基本理念下统一认识，这是急需解决的认识误区。风险防范建立在诚信服务的基础上，诚信服务为各交易主体提供优质服务，优质服务也包括风险防范，都是要竭诚为用户排忧解难，而不是帮用户违规操作。带着诚信服务去防范风险事故的发生，是促进业务的顺利进行，与业务工作的目标是高度一致的。

二、用户至上，公正维护各方合法权益，从社会责任中体现诚信服务，防范风险事故

诚信服务表现在方方面面，有时尽管与自身的利益没有多少相关性，但作为一个正派人，一个正派机构，遇事应该正直无私，急别人之所急。这样即使发生激化事件，也能帮别人和为自己化解矛盾、平息矛盾。湖南联合产权交易所这么多年来一直倡导这一服务理念。这里举两个小例子，其一，2014年6月和8月分别有两位自然人既没有针对哪一个项目，又没有与湖南省产权交易所任何人接洽，无缘无故分别向交易所汇款5万元和400万元，对于这种来历不明的钱财，交易所没有因为这是他人自身所为，就听之任之，任其摆在所里账上，而是在积极落实寻找真正汇款人的同时，包括

请求法律顾问认真研究妥善处理的办法。其二，一宗司法拍卖业务，因委托法院在拍卖会召开前夕，几番变故下达开拍与停拍指令，造成众多竞买人在湖南省产权交易所纠缠一整天。此事虽然不是交易所的责任，但作为组织交易的载体，交易所没有置之不理，而是一方面做耐心的解释与劝导工作，安排中晚餐饮；另一方面反复与委托法院协调，帮11位竞买人争取了适当的经济补偿，较为平稳地处理了事件。尽管交易所为此需要付出，但我们认为这是必须做的，是一种社会责任和社会道德。诚信为本，要有一种担当精神，做事做人不可能没有差错，在服务中出现了差错，是自己的要勇于承担，虚心认错，及时纠错；是别人的，尽己所能帮助化解难题，纠正差错。用诚对待差错，用诚化解矛盾，用诚感人。诚信为本，不是刻意为某一项工作、某一事件表现诚信，而是在所有的日常事务中，在每一件细微的事情上对你的客户，对你的员工，对你周边的一切事、一切人都要真诚相待，提供帮助，提供优质服务。只有这样你才能防范各种不良事态的发生，才能在这个社会立足，才能实现自身的社会价值。

三、诚信服务是市场经济的基本要求

竞争是市场经济的基本特征，从长远看，产权市场也不应该是政策性市场，不是靠政府养附着的市场，而应该是面向整个社会的按照市场运行法则的全方位放开的市场。如果是这样，组织产权交易的市场平台本身也存在着竞争。作为服务中介，竞争中的赢家，最基本的优势是服务质量，而服务质量中的核心便是诚信。市场平台只有树立了社会公信力，才有服务来源，而社会公信力是建立在诚信为本的基础上的。市场竞争中的服务对象对你的服务质量，包括对你的忠诚、对你的正派与公正、对你的热情与执着，对你处理复杂问题的能力等都是一目了然的，也就是所谓群众的眼睛是雪亮的。你的诚信服务赢得了服务对象的信赖，你的服务质量就上去了，你的公信力就建立起来了，你就能在竞争中获胜。在市场的竞争中通过优质服务、诚信服务的取胜，是光明磊落的取胜，是遵循市场运行法则的取胜，因而也就杜绝了歪门邪道产生的风险事故。因此诚信服务既是在竞争中取胜的保证，同时也是防范风险事故的保证。产权交易机构内部应当将诚信服务作为一种管理机制，纳入日常管理范围内，将其作为对员工的考核评比的项目。在全单位形成诚信服务的良好氛围，形成一种单位文化。

以省级产权交易机构为核心　构建中小微企业金融服务平台

吉林长春产权交易中心主任　谭志刚

按照吉林省委、省政府关于"发展区域资本市场，加快以吉林长春产权交易中心为核心的全省产权交易市场体系建设"的要求，2007年吉林省的股权登记托管工作全面启动。在省、市领导和相关部门的大力支持下，经过6年的积极运作，股权登记托管工作初具规模，逐步建立完善了中小微企业金融服务平台，为地方经济发展发挥了积极作用。

一、吉林省股权登记托管体系建设情况

随着国企改革的不断深入，以建立现代企业制度为目标的股份有限公司、有限责任公司等公司制企业以及股份合作制企业得到了广泛的建立和发展，对吉林省经济发展起到了积极的促进作用。但一些公司制企业由于改制和运营的不规范，引发了很多矛盾和社会问题。有些公司存在着股本不实、大股东损害小股东利益，以及由于监管缺位，股东

权益得不到保障、股权不能有序流动等诸多问题，严重影响了公司制企业的健康发展。特别是以产权制度改革为核心的国企改革，大批国有企业改造成为公司制企业，股权多元化后，如何使股东的知情权、参与权、决策权和收益权得到合法维护，推动股权公开、公正、公平有序流转，成为十分迫切的任务。

产权交易中心在做好为企业国有产权交易、改制重组服务的同时，积极调研企业情况，结合地方国有产权交易日趋减少、交易机构寻求创新发展，以及股权流转要求具有的份额清晰、权属明确、流转方便等情况，提出了规范开展公司制企业的股权登记托管及转让、融资等工作，建立规范、公开市场平台的工作目标。

经反复论证，2006 年，省政府批转省上市办《关于规范开展企业股权集中登记托管工作指导意见的通知》，明确了股权登记托管工作的指导思想、原则、目标任务、方法步骤以及机构设置、业务职能和监管机构。要求"凡在我省依法设立的非上市股份有限公司、有限责任公司（包括国有独资公司）、股份合作制等形式企业的国有股、法人股、集体股、内部职工股和社会个人股等股权，都应集中到登记托管机构办理登记托管手续"。同时指定产权交易中心所属的托管机构为省级托管机构，各市（州）指定一家市级托管机构，以会员方式加入中心，负责受理本地企业的股权登记托管业务。

2006 年底，省、市政府共同组建吉林省股权登记托管中心，作为政府授权的股权管理和服务机构，产权交易中心为出资代表。鉴于股权托管涉及企业出资比例、股东构成、股权转让等核心机密，为提高社会公信力，托管中心为不以营利为目的的国有企业性质。

2007 年初，托管中心及吉林、四平、辽源、延边、松原、通化 6 个地区、7 家会员单位先后启动股权登记托管工作，通过规范的股权管理和创新服务，明晰了股权权属，提高了股权管理公信力，维护了股东合法权益，有效推动了股权流转和质押融资。目前，全省统一的股权登记托管体系初步建成，通过覆盖全省的股权登记托管数据库和信息网络系统，为中小微企业的快速发展、股权流转和股权融资搭建了优质、高效的服务平台。全省登记托管各类公司制企业 11464 户，股权金额 1290 亿元；办理股权转让业务 15775 宗，转让金额 139 亿元；代理分红派息 6.1 亿元；通过股权质押协助 898 户企业融资 367 亿元。

二、中小微企业金融服务创新的做法

随着托管工作的有效开展和不断深入，吉林省托管企业数量、托管股权数额快速增长。大量的市场资源为股权合理流动、创新金融服务创造了条件。针对中小微企业普遍存在的资金短缺、融资难等问题，产权中心积极探索，大胆实践，增设专职部门，选配专业人才，努力实施以企业融资发展为目标的创新服务，搭建金融机构与企业间的融资桥梁。

1. 以合作建通道

产权交易中心主动加强与省内各商业银行及担保、投资公司等金融机构的联系，利用市场平台开展融资服务，推进中小微企业发展等进行深入沟通、交流并达成共识。先后与中国银行、招商银行、工商银行、建设银行、交通银行、光大银行、中信银行、农业银行省市分行等在内的 23 家金融机构建立合作关系。通过项目带动金融机构建立完整的内部控制制度和风险控制体系，为托管企业开辟了一条全新的融资通道。很多商业银行的国内第一笔股权质押贷款业务都是从吉林开始起步的。

从 2012 年的统计数据可以看到，各金融机构已全面开展股权质押贷款业务，同时银行直接开展股权质押融资的比重在快速提高。股权融资额为 182 亿元，其中银行直接质押贷款 113 亿元，占 62%；担保公司担保融资 41 亿元，占 23%；小贷、信托、租赁、典当、财务和投资公司等融资 28 亿元，占 15%。

2. 以托管汇信息

通过众多的托管企业资源，产权交易中心积极开展市场平台和融资产品宣传，先后向托管企业及股东发放相关信函 5 万多封，并逐户与托管企业、逐个托管股东的联系，广泛征集融资项目，专人跟踪服务，使企业及股东逐渐了解、熟悉、利用各个创新融资方式，使股东手中的静态股权转化为宝贵的发展资金。

通过银企对接会的形式，产权交易中心组织省内银行、担保、投资等机构，与地方政府合作，在长春、四平、辽源、吉林成功举办银企对接活动 6 场，协助中小微企业融资 17 亿元。

3. 以创新促发展

产权交易中心积极探索业务创新模式，与银行合作，对优质企业股权开展免担保、基准利率、手续简化的质押贷款业务，极大地降低了融资成本；与科技部门合作，对长吉图科技项目推广开展科技企业联保贷款；配合吉林股权交易所的组建，与 11 家银行达成整体授信贷款意向 153 亿元，为场内的挂牌企业、投资机构、服务机构等提供全面的资金和服务支持；与担保公司合作，降低担保费用和融资成本，使担保成为股权质押的有力补充；还相继开展了资产类贷款、并购贷款、基金项目对接等服务。

目前已合作开发并正在推广著名商标权质押贷款、专利权质押融资、低碳金融、租赁金融等创新服务。每一项业务创新，都为中小微企业增添了新的融资发展渠道。

4. 以服务创品牌

为了体现市场的服务性和非营利性，产权交易中心除对达成股权融资的项目收取股权冻结费用外，对非股权融资项目，如资产类贷款、并购贷款、商标权贷款以及银企对接、项目推介等，全部实行免费服务。同时，提供工商质押登记全程免费代办和股权变现服务，使企业和金融机构享受"一站式"办公的高效和便捷，形成涵盖投融资信息汇集、创新金融产品推广、推介对接、股权冻结、工商登记代办及股权流转交易的一条龙服务，为中小微企业发展提供了综合性支持。

三、工作经验体会

1. 政府的支持是股权托管和创新金融服务的保证

几年来，吉林省、市领导和政府相关部门十分重视产权市场的建设与发展，多次到产权交易中心视察指导工作，对产权交易、股权托管和融资服务做出要求和部署，并给予了大力支持。

2007 年，省委、省政府下发《关于进一步深化金融改革　推进金融业加快发展的意见》，明确"对全省非上市的股份公司等企业的股权实行集中托管，依法进行股权登记、质押、转让过户、挂失查询、分红等股权集中管理业务"。省国资委、财政厅、工商局、统计局联合下发通知，指定产权交易中心承办省、市财政、国资部门所属企业的国有资产产权登记及全省的统计汇总、年检工作，并明确要求产权登记与股权登记托管一并进行。2008 年，省经委、省工商局联合下发《关于进一步规范开展全省企业股权集中登记托管工作的通知》，推动股权托管在省内全面展开，当年托管企业达 5299 户。

2008 年底，省经委、省工商局、省金融办、人民银行长春中心支行、吉林银监局联合印发《吉林省股权质押融资指导意见》，引导金融机构加大支持中小微企业的力度，促进了股权质押融资业务的健康发展。此前的股权质押融资总额仅为 9.3 亿元，全省只有长春市开展此项工作。2009 年股权质押融资额大幅增长至 29.5 亿元，2011 年达到 110 亿元。

2. 股权登记托管是创新金融服务的基础

自托管第一户企业起，产权中心始终实行免费入场，目的是迅速聚拢市场资源，形成市场氛围，为后续创新服务奠定基础。与金融机构的顺利合作以及各项创新的有序推进，正是数量可观的托管企业潜在的业务资源吸引着金融机构。由于创新业务模式在产权中心推广下可广泛复制到托管企业，因此，政府的相关部门、各类金融机构、科研部门等将更多的创新业务引入产权交易中心。

3. 规范管理和加强服务是稳步开展工作的保障

产权中心严格执行各项规章制度，制定了完善的工作程序和服务标准，配合增设省市工商分部，强化落实网上信息公开、企业现场办公以及随来随办、当天办结等服务措施，得到企业、金融机构和工商部门的认可。股权冻结及高效变现基本消除了金融机构对质押物的顾虑。目前，没有发生一笔股权转让纠纷和质押贷款到期无法偿还的情况。

4. 多方合力是创新金融服务的关键

虽然提供贷款的主体是银行，但针对创新服务中存在的问题，需要各方面的大力支持。政府要牵头组织好银企对接并给予政策支持，金融机构要搞好操作程序和风险防范体系，工商部门要做好规范股权出质登记和维护交易安全，担保机构要积极参与补充，股权托管机构要发挥融资平台作用，做好股权登记托管、市场价值评价、动态跟踪监测和股权流转变现等配套服务，这样才能为金融服务开启一条新的途径。

5. 市场需求为创新金融服务提供了良好契机

一方面，企业难以找到融资成本低、适合自身发展的金融服务机构；另一方面，银行花费很大精力难以找到满意的融资项目。特别是吉林省近年陆续引进了招商、兴业等股份制商业银行，先期只在省会城市设立分支行，对省内其他地区有强烈的业务扩张要求。产权交易中心的融资平台为企业和金融机构搭建了平等、畅通、便利的对接通道。对股份制商业银行在全省拓展业务和各地区的融资发展

起到了积极而重要的促进作用。

下一步，吉林长春产权交易中心将按照党的十八大关于"更大程度更广范围发挥市场在资源配置中的基础性作用"的要求，勇于实践，勇于变革，勇于创新，不断深入推进股权托管和融资服务工作。紧紧抓住加快多层次资本市场建设的有利契机，大力发展区域性股权交易市场，推动吉林股权交易所全面运营，开辟非上市中小微企业的直接投资通道，改变吉林省直接投资比例偏低的局面，积极打造全省统一的股权流转平台和融资引资平台，努力为中小微企业发展提供全方位服务，为产权市场发展做出应有的贡献。

整合金融专业资源　提升企业资金价值

青岛产权交易所　刘　欣

一、搭建企业金融理财平台的必要性

（1）有些企业特别是大中型国有企业在生产经营中，经常会存在闲置资金，而资金具有时间价值，如不加以利用或运用不当，就无法实现利润最大化甚至造成损失。

（2）一些手握重金的投资担保类企业，为实现资金收益、风险、成本的平衡，也常会寻找银行等金融机构开展资金过桥担保等项目对接，以获取安全保险的投资收益。

（3）企业通常会因为历史沿革、距离远近甚至人际关系等原因与某一金融机构建立比较固定的资金业务关系，这就很难对比选择不同类型、不同层次金融机构提供的产品服务，获取最大化、差异化的资金收益。

（4）我国金融体系改革不断深化，金融机构与服务创新如雨后春笋，但仍未实现真正意义上的混业经营与监管。差异化需求必然催生差别化服务，还没有一家金融机构能满足不同企业的财务需求。

（5）在金融行业中，常会出现名称各异而实质内容一致的金融产品或服务，呈现大量的同质化竞

争现象，而面临信贷比例、规模业绩考核、头寸紧张等经营压力，导致采取隐性高息、靠关系拉业务等特殊手段的"揽储大战"，形成无序竞争、恶性循环，隐含金融风险与危机。

（6）利率和汇率的市场化、浮动化改革，丰富并拓宽了金融服务差异化竞争的空间。但金融机构往往是从所服务的企业范围或行业领域，推出某一类创新产品，目的是实现效费比的最大化，但难以真正体现个性化，其实质在于资金供求的信息不对称，导致资金供求的社会化成本无法准确合理的核算。

综上所述，为满足企业提高资金使用效益、寻求投资渠道或促进现金流动等需求，有必要将这些需求集中起来，通过一个公开的、专业化的平台进行信息发布，同时聚集银行、信托、券商、投融资机构的金融产品设计、资金理财能力，以公开的市场化运作模式，促进合法有序竞争，实现资金供需的高效低成本对接。在充分释放金融改革的政策红利的基础上，努力提高企业财务资金管理水平，形成服务企业的财富中心。

二、搭建企业金融理财平台的指导原则

1. 信息公开

为企业打造谋求提升闲置资金收益、征寻筛选金融产品的信息发布平台，为银行等金融机构提供理财服务宣传、对比评价资金项目并设计法人金融理财产品，最终实现成功对接的平台。通过对资金额度、期限、收益率等指标进行对比，逐步实现大额资金交易价格指数。

2. 公平竞争

企业不分大小，只要存在一定额度的闲置资金，让渡一定时间的资金使用权，均可到平台上待价而沽；只要是依法设立、合规经营的金融机构，均可以利用平台搜寻资金项目，进行评估并推出真正个性化的服务产品来对接。也就是为企业摆场子，让金融机构来打擂台。

3. 依法公正

在充分研究并严格遵循金融法规条例、企业财务资金管理制度等相关法律法规的基础上，制定兼顾各方权益的业务制度体系；同时，把建立业务指导委员会作为构建平台的顶层设计，邀请金融领域专家、监管机构和上级主管部门负责人、专业人士等组成顾问团，对平台业务体系和市场建设发展提供前瞻性的建议，对出现的问题及时进行督导指正。

三、依托产权市场搭建平台的可行性分析

1. 具有搭建金融交易平台的坚实基础和丰富实践经验

产权市场作为法定的国有资产交易场所，依托严格规范的公共服务平台体系不断创新，成为构筑中国特色多层次资本市场的有机组成部分。在国家和当地政府的支持下，2008 年天津成立股权交易所，按照"小额、多次、快速、低成本"的模式为中小微企业提供特色融资服务，累计股权直接融资额超过 51 亿元；2011 年北京设立金融资产交易所，并成为"中国银行间市场交易商协会指定交易平台"，累计金融资产交易额超过 1.1 万亿元。随着产权市场与金融创新的深度融合，为搭建综合性的、高层次的服务创新平台提供了广阔空间。

2. 汇聚资源推进产品与服务创新

企业作为资金供给方，可以对资金规模、存放或投资期限、保底收益或投资金融工具的选择方向、范围等提出要求，由平台设计成格式化项目挂牌发布信息；银行等金融机构根据资金供给信息设计并提出金融产品或服务方案，作为本机构的特色服务项目进行挂牌信息发布，通过平台网络开展资金供需项目对接。产权市场现有成熟的运作体系，包括协议成交、电子化竞价、网络竞拍等交易方式，以及完善的中介撮合及投融资会员制度等，通过与金融业务融合创新，可以成为平台业务启动与发展的坚实基础。

3. 提供资金供需转化的全方位对接机制

资金闲置与资金短缺是任何企业在不同时间段必然发生和存在的。对于当期或未来可预计的融资需求，企业可以通过平台网络将信息挂牌发布。金融机构则根据企业资金需求规模、期限、风险、成本等因素进行评价，设计并提供个性化金融产品：贷款、担保、发债、投资、融资租赁等，也可以在基于金融法规许可的业务范围内开展产品与服务创新。企业通过对不同金融机构、不同产品的对比，选择最适合的金融产品来满足融资需求。资金供需的任何一方，只有在市场化的条件下，以信息最大化促进竞争和创新，才能实现资金使用的最优化，这也是搭建金融理财平台，助推企业财富中心的主旨。

四、应重点把握的几个问题

（1）平台所发布的资金供需信息仅限定于法人资金，目的在于解决企业资金沉淀和融资难的矛盾，提升法人资金使用效益，因此不宜面向社会个人资金，避免公众揽储，才能确保与非法集资划清界限。

（2）平台的参与主体是企业法人和各类金融机构，借助资金逐利的博弈性，以金融创新促进资金流动性，通过金融产品交易与撮合，实现供需双方的有效对接，并逐渐发展成为对接各类金融平台（市场）的桥梁。因此，与民间借贷、第三方理财等各类财富中心定位不同。

（3）有别于直接投资中的风险与收益对等原则，平台金融创新与风险可控要始终保持对等一致，确保本金安全和获得同类资金收益率应成为平台的底线与台阶，在此基础上的产品与服务创新才有意义。

中国产权市场年鉴 2013~2015

China Property Rights Exchange Market Yearbook

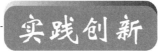

实践创新

贵州阳光产权交易所业务创新情况综述

贵州阳光产权交易所

一、产权交易业务

贵州阳光产权交易所发挥产权市场在产权形成、运营与流转各环节中的服务功能，为企业国有产权优化配置提供更好平台。具体做到以下几点：一是将国有企业的产权招租项目引导进场交易，更好地为国有资产保值增值。二是通过使用产权市场功能，充分发挥产权市场在非公上市公司增资扩股、引进战略投资者中的作用，为贵州省国有产权的混合运营提供更好的市场化操作平台。三是大胆创新，针对企业改制需求，组建专业咨询服务团队，制订科学合理的实施方案，建章立制、规范操作，探索设计在交易所信息平台征集投资方，吸引各类投资者参与，并通过竞争性谈判确定最终投资方。

二、推动 PPP 模式良性发展

贵州阳光产权交易所作为行业先行者，自2003 年小河污水处理厂开始，已经从事 BOT、TOT、BOO 等特许经营项目咨询、招标及股权转让十多年，完成贵阳市自来水公司特许经营、贵阳市生活垃圾焚烧发电 BOT 特许经营、贵阳市二桥污水处理厂 TOT 特许经营、贵州省全省道路客运联网售票系统 BOT 特许经营、贵阳农产品二级批发市场 BOT 特许经营、贵阳市科技馆 PPP、高雁城市生活垃圾卫生填埋场沼气综合利用 BOO 特许经营以及遵义 1000 台出租车特许经营等 80 多个项目咨询、招标及股权转让工作，积累了丰富的经验、打造了一支强有力的技术团队，并针对 PPP 模式，成立了专门机构——PPP 事业发展部，统筹组建了律师事务所、会计师事务所、大数据交易所、数据分析师事务所等行业单位共同参与的庞大技术咨询团队。我司竭诚为政府方、社会资本方、融资方提供优质的 PPP 培训、咨询等服务工作，推动 PPP 模式良性发展。

三、搭建技术革命和产业变革新平台

为贯彻落实贵阳市委、市政府发展互联网金融和大数据产业的指导精神，推动贵阳市创建全国大数据集聚区，根据陈刚书记关于大数据交易中心建设的具体指示，贵州阳光产权交易所积极参与，面对技术革命和产业变革的嬗变大潮，抓住贵州大数据产业发展千载难逢的契机，以下属控股子公司贵州技术产权交易所与九次方、富士康、亚信等国内顶尖专业机构的股权合作，实现强强联合，成立大数据交易所，通过数据交易模式及规则的创新及衍生金融产品的创设等，共同打造全国第一家大数据交易所平台，助推贵州大数据产业的快速发展。

甘肃省产权交易所业务开展情况

甘肃省产权交易所

（1）涉诉资产的开展。2012 年 6 月取得甘肃省高级人民法院确定的全省涉诉资产指定交易机构资质，与全省各市州中级人民法院进行了沟通衔接，开展涉诉资产业务。在多方努力下，2012 年 11 月，甘肃省产权交易所首笔涉诉资产业务进场交易，截至 2014 年年底，共完成涉诉资产交易业务 13 宗，总成交额为 44280.2 万元，涉诉资产业务已经成为甘肃省产权交易所重要的业务构成。

（2）民营资产的进场交易。2014 年 11 月，甘肃省产权交易所完成了兰州星原特种锅炉设备有限公司 23%股权转让项目，该项目为该所组织完成的首笔民营企业股权转让项目，为民营企业资产转让积累了经验。

（3）在国有资产生成阶段进行有益探索。2014 年 7 月，甘肃省产权交易所成功完成了兰州新区商业服务中心房产转让项目，该项目转让为民营企业兰州宏建公司，受让方为兰州新区独资的城投公司。该项目的实施，是该所完成的首笔国有资产生产阶段的项目，为保护国有资产创新了思路和做法。

宁夏产权交易所实践创新情况述评

宁夏产权交易所

宁夏产权交易所（以下简称宁交所）成立于 2005 年，是经国务院清理整顿部际联席会议审核通过，由宁夏回族自治区人民政府批准保留的宁夏第一家产权交易机构，是集股权、物权、债权、知识产权交易为一体的综合性产权交易市场平台。

一、基本情况

宁交所是市场化的交易平台。实行会员制，拥有经纪类、专业类、交易类等各类会员机构数百家，分布遍及全国多个省市。

宁交所是科技化的交易平台。已投入使用电子交易大厅、大型全彩 LED 显示屏、千兆光纤传输、触摸式检索终端等硬件设施，并采用国内先进的网络竞价交易系统和项目推广系统、会员合作发展系统。

宁交所是制度化的交易平台。实行严格的项目审核控制体制，采用电子化项目审核系统实现全流程风险控制；制定各项交易规则 33 项、其他内部管理制度 31 项，交易文本近百种，成为具备第三方交易结算功能的现代化产权交易场所。

二、资质荣誉

宁交所经自治区国资委、财政厅宁国资发〔2008〕64 号、宁财（企）发〔2010〕819 号文件批准，从事全区企业国有产权交易和金融企业国有资产交易工作；是国务院国资委和财政部备案的中国企业国有产权交易机构协会成员单位；自 2005 年以来，先后挂牌成为自治区招商局产权交易服务部、上海联交所宁夏分所、上海环境能源交易所宁夏分所、联合国南南全球技术产权交易所宁夏工作站、长江流域产权交易共同市场常务理事单位；宁夏回族自治区党校干部教育培训基地（全国第二家）和全国首家党外代表人士培训基地；与京津沪渝产权市场建立战略合作，成为中央企业进场交易在宁唯一代理机构。宁交所的发展受到了区内有关部门以及业内的关注和肯定，调研指导工作的自治区区市领导和相关部门领导上百位。2013年初，经国务院交易所清理整顿部级联席会议审核、自治区人民政府批准，成为宁夏首家保留的产权交易机构，并明确由自治区金融工作办公室业务主管。

三、工作业绩

宁交所业务范围涵盖国有资产公共资源转让、中小企业投融资、文化、科技、节能减排交易以及穆斯林产业交易等领域。自成立以来，坚持高起点设计、高标准建设，善于吸收学习国内先进经验，按照规范化、科技化、市场化、信息化、国际化目标，打造高效的权益交易市场平台。本所引进拥有居国内先进水平的网络竞价交易系统；自主研发了国内领先的项目营销推广系统和项目全流程审核系统；创新采用"产权交易＋电子商务"模式，试运行了国内唯一的穆斯林中小企业投融资、贸易项目在线交易平台，即将上线国内唯一的再生资源电子交易平台。2010年，实现国有资产成交额7.64亿元，与挂牌价相比，平均增幅达36.4%，是全国平均水平的2倍，最高增值率近5倍，增值金额2.04亿元。实现了进场交易国有资产的规范处置和保值增值。2005~2012年，宁交所累计实现交易金额约30亿元，涉及资产逾百亿元；服务各类中小企业1260家次，成交项目434宗，成交金额10余亿元。为自治区资源配置、成果转化、招商引资、中小企业融资等做出了应有的贡献。

近年来，宁交所致力于打造综合性普惠金融市场平台，2013年底，经自治区金融办授权，成为全区唯一的企业私募债券发行交易平台；2014年，经自治区金融主管部门批准，成立全区唯一的基础性金融服务平台——宁夏股权托管中心；2014年至今，成立宁夏金开贷金融信息服务公司和宁夏惠融通金融信息服务公司，建立了全区唯一的交易所互联网金融平台；逐步形成了集长中短期、大中小额、与企业生命周期相匹配的金融服务产品链条；与广大会员机构合作，建立普惠金融服务联盟，构建包容、合作、共享的普惠金融生态圈。

充分发挥产权市场功能　为国有企业增资扩股优化产权结构服务

深圳联合产权交易所

近年来，随着国有企业结构调整的进程不断深入，国有企业通过以存量资产增资扩股方式进行改制、引进战略投资者优化股权结构的需求日益增加。深圳联合产权交易所在深圳市国资委的指导和支持下大胆创新，针对企业增资需求，充分发挥产权市场作用，借鉴投行机构做法，探索设计在深圳联交所信息平台征集投资方，吸引各类投资者参与，并通过竞争性谈判确定最终投资方的业务模式。现将有关情况报告如下。

一、为企业增资扩股服务的做法与体会

国有企业增资扩股业务是发挥产权市场融资功能的重要切入点，近两年来，深圳联交所积极探索完成了10宗企业增资扩股项目，引入社会资本近10亿元，为企业壮大了资本实力，优化了产权结构，实现了优势互补和共赢。

（一）勇于探索，国资委推动是前提

深圳市国资委高度重视，积极推动监管企业增资扩股进场工作，2009年底，深圳市国资委就出台了《深圳市属企业国有产权变动监管规定》，明确"市属全资及控股企业增资扩股引进投资者的，应

当通过产权交易机构公开有关情况、投资者条件等信息，择优选择投资者"。2012 年 3 月深圳市国资委在总结近几年实践经验的基础上印发了《深圳市属企业国有产权变动工作指引》，大胆先行先试。首先，从制度上明确增资扩股项目公开征集意向方后，由产权交易所组织竞争性谈判、招投标、竞投等工作，按照公开、公平、公正的原则，择优确定受让方，将企业增资扩股行为纳入产权变动监管体系。其次，加强政策指导，市国资委对联交所的增资扩股交易模式深度介入，主动参与联交所增资扩股操作规则制定，始终把握工作的规范性、科学性以及可操作性。最后，及时总结经验，不断完善增资扩股进场交易模式。市国资委产权管理处通过对已完结项目委托方和标的方进行意见征询，将企业对增资扩股进场交易的意见反馈联交所，督促我们加以改进和完善。

（二）建章立制，规范操作是保障

联交所开展企业增资扩股业务之初，首先着力制定完善相关业务规则和工作流程，使得增资扩股业务各个具体工作环节有章可循、有规可依，取得参与各方的充分肯定。在深圳市国资委的指导下，先后制定了《深圳市国有企业增资扩股交易操作规则》、《企业增资竞争性谈判操作指引》等增资业务规则及竞争性谈判内部操作指引，为工作规范开展提供了保障。

（三）借鉴经验，组建专业投资服务团队是关键

与产权转让不同，增资扩股是引入新的合作伙伴，除价格因素以外，还要考虑对企业发展理念、企业文化的认同、资源的互补整合利用等其他非价格因素，有利于企业未来的发展。从国际上看，企业引进战略投资者通常是通过专业投资银行进行操作的。因此，联交所从外部引入了具有投资银行业务实践经验的人员，组建专业、高效的服务团队，走访了中金公司、中信证券、香港汉华集团等国内外大型投资银行，吸收借鉴投行机构相关做法。在此基础上大胆创新，在公开、公平、公正的基础上，以兼顾企业和投资者需求、符合国有产权管理相关规定为原则进行业务流程设计，并在实践中加以修正完善。

（四）先期介入，制订科学合理的实施方案是核心

企业从提出引资设想到实施完成有一个较长的过程，且每一个企业的情况不同，有的只引入财务投资者，有的要引入资源型或业务关联型投资者，有的希望管理层也同时入股。各个企业的情况不同，没有固定统一的模式进行程序化的操作。联交所积极主动上门服务，先期介入，充分了解企业的需求，帮助企业制订科学合理的实施方案。如深圳市建科院增资项目，该项目有意同时引入不同类型的战略投资者，同时也有管理层持股上的考虑。联交所立足全面了解企业真实情况和增资需求，在具体方案设计时把握两个重点：一是要征集到足够多的意向投资者，以便优中选优；二是设计合理的最终投资者选定方式，因涉及不同类型的投资者，最终价格如何统一是个难点。确定以上两个重点问题后，联交所建议企业适当降低投资者入围条件，同时利用交易所的投资者渠道积极推介，广泛征集意向投资者，最终征集到的意向方超过初定的投资人数量，为后续的竞争性谈判打下了良好的基础。在最终投资者确定方式上，联交所多次与国资监管部门进行汇报和沟通，最终确定采用分阶段多轮次报价的竞争性谈判模式，投资者进行第一阶段谈判后可根据谈判情况进行多次报价，该项目最终实现的增资价格比挂牌价格提高 5.8%，在为企业择优引入战略投资者的同时实现了国有资产保值增值。

（五）建设"两库"，合格投资者和专家团队是基础

增资扩股进场交易成功的关键之一在于能否征集到一定数量的合格投资者。为避免与《证券法》中不得向不特定对象公开发行证券的有关规定相冲突，联交所更多地立足于整合自身信息资源，挖掘投资人资源。在多年的产权交易过程中，联交所的股权登记托管业务平台、公有产权交易平台、投融资平台、金融资产交易平台、合作机构平台等汇聚了众多的投资人资源，合格投资人数量累计已达 20 余万，其中较活跃投资人约占 10%。同时，联交所与国内多家知名券商、机构投资者、私募基金协会等建立了合作关系，不断充实投资人数据库，广泛积累各行业战略投资人、PE、VC 等资源。目前，联交所投资人资源库覆盖互联网、物流、房地产、电子商务、生物制药、影视传媒、信息技术、消费等多个行业，在承接引进战略投资者项目中，能精准地按照企业需求进行项目推送，有利于后续谈判的开展。

专家库可以提供各行业的专家，在项目评审谈判过程中，专家独立发表意见。目前联交所评审专家人数近500名，涉及法律、财务、投资、物流、城市规划、建筑设计、互联网、电子商务、传媒等多个专业。随着增资业务的不断拓展，联交所不断与各行业协会、高校研究院所、政府机构等积极合作，多渠道开拓专家信息入库工作，继续加强行业细分、增加相关行业可选择专家人数并适时更新，确保联交所专家库资源使用的持续性、稳定性。

二、产权市场为企业增资扩股服务的优势

深圳联交所增资业务模式是产权市场为国有企业增资扩股服务的有益探索，也是产权市场提升融资功能的重要转型。通过对联交所近年操作增资项目的回顾和分析，我们认为产权市场为企业增资扩股服务有以下优势。

（一）可以充分发挥市场发现价值的功能

在联交所设计的增资进场交易流程中，意向投资方有多次报价的机会，即在第一次书面报价之后，参加竞争性谈判的投资者还可以根据具体谈判情况，进行第二轮现场报价。在竞争性谈判过程中，投资者还可以在报价的同时承诺其他相关资源投入。如在建科院增资项目中多家意向投资方均在二次报价中提高了报价金额，充分体现了竞争性。建科院项目增资挂牌底价为每股10.41元，通过竞争性谈判最终确定增资价格为每股11元，实现增值5.8%。又如深影院线增资项目，谈判小组成员通过与意向投资方进行反复磋商与谈判，意向投资者在二次报价环节中不仅提高了报价，同时还承诺追加新的资源投入。该项目在仅有一家意向投资方参与的情况下，仍然发挥出沟通谈判的溢价能力。由此可见，产权市场完全可以发挥自身的优势，为国有企业吸引外部投资者，促进双方合作共赢提供多方位创新服务。

（二）体现公开、公平、公正原则，实现阳光化操作

联交所在增资项目中严格遵循公开、公平、公

正的原则，确保业务流程和方式规范化、阳光化。在方案制订阶段，由联交所根据企业需求和国有产权管理相关规定制订实施方案，并及时向国资监管部门汇报沟通；涉及管理层和骨干员工持股的，通过召开职工大会保障员工知情权和合法权益，严格要求相关人员不进入谈判组，避免利益冲突；在竞争性谈判阶段，根据项目的具体情况，由国资监管部门、股东单位代表和外部专家组成谈判组，国资监管部门或委托方派出代表全程列席，对谈判过程和谈判文件进行必要的监督。国有企业增资扩股进入产权市场，并按市场规律进行操作，相关各方平等参与，关键环节监督到位，整个过程透明公开，维护了投融资各方合法权益，有效防止了"暗箱操作"，促进了国有资产保值增值。

（三）组合协调社会资源，提高融资效率

产权交易机构掌握的投资人资源，与券商、银行、基金、信托等金融机构以及律师事务所、会计师事务所、评估机构等中介建立的合作关系是其具备的优势。可以在信息发布、政策咨询、财务顾问、方案设计、中介机构资源组合、工作协调等方面发挥作用，提高融资效率。如联交所操作一央企增资扩股项目，从接洽企业了解情况和需求开始，仅一个多月时间内征集到8家意向投资方，并组织各意向投资方完成尽职调查，引导意向投资方参与到后期的询价环节。最终联交所推荐的意向投资方在询价过程中以最高报价入围，得到委托方的高度认可，充分体现了产权交易平台的信息集聚优势和价格发现功能。

（四）公开操作可降低项目后续实施过程中的潜在风险

国有企业通过产权市场实施增资扩股，整个过程公开、透明，有利于国资监管部门监管，防范交易风险。产权交易机构通过参与方案设计、制定竞争性谈判规则，实现过程中的风险控制，最大程度地保障各方利益。在竞争性谈判过程中外部专家的作用得到发挥。如在深影院线增资项目谈判中，谈判小组成员就增资协议主要条款与意向投资方进行反复磋商，谈判内容涉及日后组织结构设置、期后损益分配以及履约担保责任等。在谈判过程中，外部专家就提出签订《履约担保协议》等方面建议，保证相关方面做出的承诺能够履行，并承担相应法

律责任，降低了项目实施风险。

三、对国有企业增资扩股进场的思考与建议

党的十八届三中全会明确提出积极发展混合所有制经济，允许更多国有经济和其他所有制经济发展成为混合所有制经济，国有资本投资项目允许非国有资本参股。国有企业引进社会资本增资扩股，是发展混合所有制经济的重要实现形式。而产权市场经过多年的发展，融资功能日渐凸显，国有企业增资扩股优化产权结构，给产权市场带来了新的机遇，也提出了新的挑战。

（一）加强政策引导，建立健全相关制度

国有企业增资扩股进场是发挥市场配置资源作用的探索和创新，需要国资监管部门的积极引导和推动。从联交所的操作实践看，初期国有企业增资扩股进场操作积极性不高，觉得程序烦琐、自主性受限。但只要产权交易机构能真正发挥自身优势，提供有益的增值服务，与企业进行良好互动沟通，国有企业增资扩股进场交易意愿将大大提高。因此，一方面是国资监管部门应研究出台相关政策指引，引导国有企业通过产权市场广泛吸引社会资本

的参与；另一方面产权交易机构也要在规范操作的同时，提升自身的服务能力和服务水平，真正为各参与方提供有价值的服务。增资扩股有别于产权转让，既要遵循市场规律，又要符合相关法律法规和国资管理规定，因此有必要制定统一的业务规则或指导意见。在实施路径上可采取先地方试行，积累案例并总结经验后进一步全国推广。

（二）尽快提高产权交易机构市场化服务能力

国有企业通过产权交易机构进行增资扩股，必须遵循"规范化、市场化"的原则。相对于规范化，提高产权交易机构市场化服务能力更是当务之急。产权交易机构要跳出长期以来为企业产权转让服务形成的思维定式，全方位提高自身为企业融资提供服务的能力，思考能为企业增资扩股提供什么样的有益帮助，包括企业价值判断、方案设计、咨询建议、投资者甄选等。这就需要产权交易机构在服务意识、人才队伍、信息资源、合作渠道等各个方面的提升，以适应不同企业的不同需求，不能仅仅停留在信息发布和一般意义上的合法合规程序审查，更要在投资人推介、组合利用各类资源、满足企业个性化需求、促成交易实现双方共赢等方面发挥作用。

创新交易方式、实现采购商品价格和质量双赢

内蒙古产权交易中心

2015 年 5 月 7 日，内蒙古大兴安阿尔山旅游开发有限责任公司旅游客车车辆采购报价会顺利举行，共有宇通、金龙、海格、安凯、中通、亚星 6 家全国知名客车生产企业或经销商参与本次采购活动。

2015 年内蒙古自治区森工集团按照国家要求全面停止天然林商业采伐，森工集团非主业转变为集团公司主业。内蒙古大兴安阿尔山旅游开发有限责任公司作为森工集团的国有全资子公司，主要经营旅游资源开发利用，公司拥有阿尔山国家森林公园、阿尔山国家地质公园、扎兰屯（柴河）国家重

点风景区（核心部分）及阿尔山自然博物馆、阿尔山国家地质博物馆和玫瑰峰景点及玫瑰庄园、兴安度假村两个酒店。2009 年被评选为国家 AAAA 级旅游景区。阿尔山国家森林公园是公司的核心旅游景区，是全国十大文明风景区之一，也是内蒙古自治区倾力打造的旅游重点——阿尔山柴河旅游区的核心景区。公园面积为 103149 公顷，属于火山熔岩地貌寒温带湿润区，全年平均温度-3℃，植被无霜期 77 天，森林类型属寒温带针阔混交林，森林覆盖率达 80%。主要景观有天池群、地池、杜鹃湖、石塘林、不冻河、三潭峡、玫瑰峰等。主要植

物有 522 种，野生动物 90 多种，罕见的七座火山天池群，70 多眼温泉均属国内外所稀有，其中的石塘林面积 20000 公顷，为亚洲第一，世界第二。旅游景区现已形成了集观光、疗养、休闲、度假、健身、娱乐、会展、科考、探险等多功能的服务体系。

作为内蒙古森工集团经营转型重要举措，内蒙古大兴安阿尔山旅游开发有限公司，在几年的经营中获得长足发展，本次旅游客车采购是公司为满足旅客需求、提升景区服务水平、优化旅游线路的一个重点项目。2015 年 4 月，内蒙古产权交易中心受采购人内蒙古大兴安阿尔山旅游开发有限公司委托，公开采购 12 米柴油客车（公交版）30 台、12 米新能源插电式油电混联客车（公交版）10 台。自接受委托后，在充分了解采购人实际需求基础上，对客车生产要求和客车生产厂家排名等情况进行详细调研，包括生产厂家排名和近三年客车整车销售情况排名、客车生产技术先进性、客车配套企业生产情况等，通过前期调研以及结合客车生产国家公告目录，为了有利于实现采购价格和客车质量可靠、优质采购的目的，中心就采购方式选择同采购人进行多次沟通，最终确定采用组合采购方式进行本次旅游客车采购。通过优化采购流程，做到了采购产品质量和交期双控制，实现采购人采购要求，主要从以下几方面进行采购流程设计和控制：

一、做好客车生产企业资格预审关，遴选出优秀客车生产企业

本次内蒙古大兴安阿尔山旅游开发有限责任公司采购的旅游客车主要用于阿尔山景区 117 公里旅游线路服务，因此客车安全质量是本次采购首要关注点。通过与采购人沟通，在考虑采购人实际需求的基础上，对全国客车生产企业生产技术做了全面了解，有针对性制定供应商前期资格要求。一是客车车身结构安全方面，鉴于全承载式车身是目前客车市场主流产品，生产技术可靠、安全性最高的一种车身结构，因此，供应商提供的产品必须是全承载式车身结构；二是客车使用环境方面，阿尔山景区地处大兴安林区，旅游客车年使用时间在 4~5 个月，其余时间都停放在室外，加之林区湿度较大，冬季时间长且气温较低的原因，出于车辆防锈蚀考

虑，选择了客车生产企业必须具备客车车身整车电泳技术要求资格条件；三是交货时间考虑，本次客车采购是为了满足近几年阿尔山景区游客快速增加需要而进行的，且景区夏季旅游季节较短，只有 3~4 个月，因此采购人要求在较短时间内交货，为了保证客车按期交货，指定客车生产企业必须具备年生产能力 10000 辆以上资格条件；四是整车质量控制方面，作为景区用旅游客车，安全、稳定、可靠是采购产品必须保证的，要求客车生产企业必须通过 ISO/TS16949 质量认证或 ISO 9001 认证要求。通过上述资格条件设定，将全国优秀的客车生产企业进行筛选，保证后期供货产品质量。

二、通过采购方式的组合与设计，在保证采购人对采购产品技术质量要求的前提下，节约采购人采购资金

采购方式的选择是实现采购人目的重要手段。本次采购通过 3 轮组合竞价方式进行采购，一是供应商按照采购文件要求，制作报价文件，并报出一轮报价，根据一轮报价结果确定采购文件要求的基础配置条件下采购车辆最低采购价，激发供应商参与后续采购报价热情，打破供应商高价中标幻想；二是通过二轮澄清答疑环节，在充分沟通的情况下，确定出符合质量要求、高于基础配置的优选车辆配置方案，从而为后续报价确定配置最优方案；三是通过二轮环节确定的最优配置，供应商在充分响应最优配置的前提下进行报价，根据报价结果确定本次采购最低报价。从而在保证采购客车质量前提下，实现采购人节约采购资金目的，完成本次采购活动。本次内蒙古大兴安阿尔山旅游开发有限责任公司采购的旅游客车在保证质量的前提下，较采购人预期的采购价格再次实现降低，二种车型平均节资率为 10%。

三、本次采购活动中，引入专家评审环节是保证采购顺利完成的关键

本次采购活动不同于以往招投标方式采购，也不同于竞争性谈判方式采购，也不是单一竞价方式采购，而是基于前述几种方式采购思路组合一种新的采购方式，基于以下几种原因，需要评审专家参与本次采购评审工作：一是由于本次采购客车为非

标准配置产品，各客车生产企业对客车主要配置车桥、发动机、转向器等产品的生产厂家、品牌、型号都不尽相同，难以直接用价格因素对客车做出整体评判；二是评审专家需要对供应商基于采购文件要求作的报价文件是否充分响应采购文件相关技术配置要求、交货期、质保期进行审核；三是供应商对其报价文件涉及的技术参数和配置情况向评审专家小组进行澄清、说明、答疑，解释其价格合理性，评审专家小组对已发布的采购文件中技术参数和配置要求进行合理调整和补充，确定采购车辆最终技术标准及配置要求后，进入二次报价环节。因此，评审专家专业能力决定采购活动质量，本次内蒙古大兴安阿尔山旅游开发有限责任公司旅游客车采购得到自治区政府采购专家库大力支持下，同时，自治区各大专院校汽车专业人才也参与本次客车采购评审工作，本次采购专家小组发挥重要作用，得以在供应商和采购人之间搭建起专业对话的桥梁，是本次采购活动得以圆满完成的专业保障。

四、本次内蒙古大兴安阿尔山旅游开发有限责任公司旅游客车采购借鉴意义

本次车辆采购通过自治区企业阳光采购平台公开进行，得到自治区国资委、内蒙古森工集团和采购方内蒙古大兴安阿尔山旅游开发有限责任公司大

力支持。内蒙古产权交易中心作为自治区人民政府指定的国有企业"阳光交易"平台，为了贯彻落实党的十八届三中全会精神，依据市场规则、市场价格、市场竞争原则，搭建起国有企业大宗物资和服务采购平台，为国有企业集中采购提供服务，借助产权交易市场成熟的市场运作体系来推动国有企业集中采购上台阶、上水平。国有企业是国有资产的重要承载主体，采购是国有企业的一项重要经营活动，国企采购关系到国有企业的经济效益和党风廉政建设。现实中，国有企业采购工作还主要由企业自身完成，存在采购费用大、成本高以及封闭运行等问题，是企业容易滋生腐败的主要源头之一。因此，通过一个具有社会公信力的第三方平台进行公开采购，是落实中央八项规定，反腐倡廉，建设节约型政府的一项有益尝试，也是实现各类资源公平参与社会循环、提升效率的成功实践。国有企业大宗物资采购通过产权交易市场进行采购，既为政府加强国有企业大宗物资采购监管提供了新思路，也为国有企业大宗物资采购实现阳光化提供了有益的借鉴。

今后，中心将继续秉持以市场为导向，以服务赢得客户为宗旨，以忠诚、责任、创新为原动力的企业精神，做大做强企业，为自治区在市场化配置资源过程中继续发挥更大更强作用。

产权交易机构充分发挥国有企业增资扩股的平台作用

新疆联合产权交易所

近年来，在国家政策的支持下，在产权交易平台日趋完善下，众多国有企业相继借助产权市场的融资平台通过增资扩股方式实施企业改制和解决企业融资等问题。一方面通过产权市场的市场化运作择优选择投资者，进一步规范了企业改制行为；另一方面通过产权市场的价值发现功能助力股权升值，缓解企业资金压力，解决企业融资难题。

一、增资扩股概念

增资扩股是指企业通过向社会募集股份、发行股票、新股东投资入股或原股东增加投资等方式扩大股权，从而增加企业资本金的行为。

二、增资扩股进场交易的法律依据

为进一步规范国企改制行为，防止国有资产流失，国家从制度上加以防范，为国有企业增资扩股

提供了制度保障，避免增资扩股成为国有资产流失的缺口。2003 年，国务院办公厅下发的《国务院办公厅转发国务院国资委关于规范国有企业改制工作意见的通知》（国办发〔2003〕96 号）规定："国有企业改制，包括转让国有控股参股企业国有股权或者通过增资扩股来提高非国有股的比例等，必须制订改制方案。"该通知首次将增资扩股纳入国企改制范畴。2005 年，国务院办公厅下发《进一步规范国有企业改制工作的实施意见》（国办发〔2005〕60 号），针对 96 号文进行了细化与完善，意见规定，"拟通过增资扩股实施改制的企业，应当通过产权交易市场、媒体或网络等公开企业改制有关情况、投资者条件等信息，择优选择投资者"。将产权交易市场确定为企业增资扩股的融资平台。自治区国资委于 2013 年 1 月转发了《新疆联合产权交易所增资业务规则》的通知，要求各监管企业在发生增资事项时，应充分发挥产权交易市场发现投资人、发现价值的功能，确保国有资产保值增值。

三、增资扩股进场交易的业务要点

（1）标的企业制定增资扩股方案时需明确：增资扩股目的、拟增资额、定价、增资扩股后的股本结构；投资人准入条件及确定投资人的方法；增资扩股后董事会、监事会的人员安排等主要内容。

（2）增资扩股业务设定投资人条件是整个业务重要的组成部分，是能否顺利完成的基础。①标的企业及其大股东的增资意愿要充分体现，特别是增资规模及后续企业发展的定位等，主要在拟引入多少家投资人及各自的持股比例；②对于增资前标的企业接触的各类意向投资人的准入，即对于设定投资人条件，应体现公平合理的条款。

（3）增资扩股业务投资人确定方式是整个业务的核心，也是能否顺利完成的基础。最后确定交建集团增资扩股 11000 万股，分成 9 档分别引入意向投资人。通过与交建集团的充分论证，最后确定采取竞价加评审的方式。

（4）增资扩股业务的投资人设定条件及确定方式是公告需要披露的全部内容，无论采取哪一种方式，都要在公告中予以全面告知。

（5）标的企业履行内部决策及上报国资监管程序需到位，审计、评估、备案、增资方案及法律意见书等资料完整。

（6）要充分挖掘标的企业的亮点，也是完成增资扩股业务的要点。

四、新疆交建集团首次进入新疆联合产权交易所完成增资扩股

根据自治区国资委的工作安排，新疆交通集团增资扩股业务的评估结果于 2013 年 12 月进入备案阶段。为做好此次增资扩股业务，交易一部前期研究学习了交易所制定的《增资扩股规则》和有关文本，并在全国交易机构网站整理学习有关增资扩股案例。在此之前交易一部已与交建集团密切联系，根据交建集团增资扩股的实际情况与现有内地交易机构的案例，代为起草了相关增资扩股草案。

通过学习与研究，并与交建集团反复沟通，在增资扩股方案中设定意向投资人条件及交易方式上统一思想，在文字上仔细斟酌，几易其稿，终于达成共识，增资扩股方案定稿内容符合交易所增资扩股规则，也满足了交建集团的意愿。

交易所对交建集团递交材料审核后，于 2014 年 1 月 21 日在《新疆经济报》及交易所网站公开发布信息。挂牌金额 1.91 元/单位注册资本，截至公告期满征集到 9 家战略投资人，最终成交价为：1.99 元/单位注册资本，增值率达到 4.2%，实现融资金额 2.189 亿元，总股本从 3.4 亿元达到 4.5 亿元。本次增资扩股进一步加强了交建集团的资产规模，优化了法人治理和股权结构，增强了财务及融资能力，提高了市场竞争力和抗风险能力，为交建集团下一步上市工作奠定了坚实的基础。交建集团增资扩股业务得到了相关各方的好评。

依据交建集团增资扩股公告要求，对以上 9 家报名企业资料的审核，均符合报名条件及投资要求。按照此次增资扩股股权最终认购价格为每档股权价格加权平均的方式确定，最终的交易价格为 1.99 元/股。

五、总结

办理增资扩股业务总体要兼顾三方面，即标的企业、国资监管部门、交易所，标的企业以实现增资为目的，国资监管部门以达到企业股权多元化结构调整为原则，交易所以公正可操作性为标准。此

次增资扩股行为将进一步加大交建集团资产规模，优化资产、股权和法人治理结构，增强财务及融资能力，提高市场竞争力和抗风险能力，为下一步上市工作奠定了坚实的基础。

搭建海峡两岸股权交易之桥

福建省产权交易中心

百舸争流，大潮涌动。

在我国产权交易市场着力创新、活力迸发、跨越发展的大背景下，福建省产权交易中心以一种时不我待的历史责任感，充分利用海峡西岸的政策和区位优势，积极搭建海峡两岸股权交易之桥，创新股权交易市场模式，推动具有鲜明特色的海峡股权交易市场的形成。

一、海西潮起　两岸股权柜台交易构想萌动

福建与台湾一水相隔，具有对台交往的独特优势，是加强两岸交流合作、推动两岸和平发展的重要前沿和纽带。党中央、国务院高度重视海峡西岸经济区的建设：2009 年 5 月，国务院出台了《关于支持福建省加快建设海峡西岸经济区的若干意见》；在 2011~2012 年的两年内，国务院先后批准福建实施"三规划两方案"，即《海峡西岸经济区发展规划》、《平潭综合实验区总体发展规划》和《福建海峡蓝色经济试验区发展规划》，以及《厦门市深化两岸交流合作综合配套改革试验总体方案》和《福建省泉州市金融服务实体经济综合改革试验区总体方案》。中央对海峡西岸经济区建设的支持力度空前，这是中央着眼两岸和平统一全局所做出的重大战略决策，意义重大，影响深远。

嘹亮的号角，催人奋发，激励人们跨上与时俱进的征鞍。地处海峡西岸的福建省产权交易中心，如何审时度势、抓住机遇、有所作为、乘势而上？

（一）迅速行动

2009 年 6 月，时任福建省产权交易中心负责人的郑康营总裁迅速行动，邀请海西区内 4 省（闽、浙、赣、粤）交易机构负责人齐聚福州，共商海西产权市场发展大计，与会者一致同意加强区域内机构合作，创造条件逐步与台湾多层次资本市场实现市场对接、项目对接、资本对接，促进区域内 20 个城市非标准化、半标准化与标准化的各类产权资源的优化配置；委托福建省产权交易中心与台湾有关方面商谈合作事宜及设计海峡联合产权市场的构建方案。

2010 年 5 月，福建省产权交易中心组织省证监局、省财政厅、人民银行福州中心支行、省委党校产业与企业发展研究院等部门赴台湾考察证券交易所、柜台买卖中心等机构，就两岸资本市场的合作模式和路径进行了初步探讨。

（二）构想出台

福建省国资委也非常重视海西产权市场发展。

2009 年 7 月，福建省委八届六次全会审议通过了《福建省贯彻落实〈国务院关于支持福建省加快建设海峡西岸经济区的若干意见〉的实施意见》，明确提出"加快海峡产权市场建设，探索引入台湾上柜和兴柜交易机制，推动设立两岸股权柜台交易市场，打造闽台企业对接的直通平台"；2010 年 4 月，《福建省人民政府办公厅关于印发 2010 年金融服务海西建设工作要点的通知》提出："促进场外市场建设"，"研究推动省产权交易中心为非上市非公众公司开展私募股权融资和股权转让业务，并争取发展成为海峡两岸股权交易市场，为台资企业和海西区域内的非上市公司股权融资与转让提供区域性的市场平台。"

上述两个文件的出台，标志着建设海峡两岸股权交易市场工作正式拉开帷幕。

二、精心运筹　海峡股权交易市场应运而生

可是，福建省产权交易中心推动建设海峡两岸股权交易市场的过程却是阻力重重、一波三折。

（一）遭遇挫折

由于当时与某些部门未能达成一致意见，福建省产权交易中心的推进工作遇到极大困难。

2010年初，福建省发改委与福建省科技厅着手推动依托省科技厅下属"福建省高新技术产权交易所"为载体建立股权交易市场；2010年8月，省发改委与省科技厅联合向省政府上报《关于构建福建省创新创业企业股权融资与交易市场的试点方案》，并于2010年底获得省政府办公厅批复同意。上述方案明确提出"股权交易市场依托省高新技术产权交易所进行构建"，并将"探索引入台湾上柜和兴柜交易机制，推动两岸股权柜台交易市场发展"写入方案。

在此情况下，福建省产权交易中心几乎被排除在股权交易市场建设之外。

（二）再创机会

2010年10月，福建省产权交易中心建设股权交易市场一事显然已陷入绝境。虽然知道再批一个的难度极大，在当时甚至可以说几乎是不可能的，但我们觉得仍应尽最大努力，力争抢占股权交易市场一席之地。

我们知道，这是一个重大挑战，同时也将大有可为。当时有种时不我待和重任在肩的强烈责任感和紧迫感。

中心通过各种渠道积极运作。一方面，通过台湾专家向省领导递送一份《建设海西柜台交易市场之建言》的建议材料，引起高层的足够重视；另一方面，联合省政府发展研究中心、人行福建中心支行、福建证监局、福建银监局、省台办、省财政厅、省发改委、省经贸委、省外经贸委、省国资委等多个单位，共同完成《关于建设海峡股权交易市场研究》的重大金融研究课题，并得到多位省领导的重要批示。在完成前面的铺垫工作之后，正式向省政府上报了《海峡股权交易所建设方案》，并多次与省政府办公厅进行沟通和研究。

峰回路转，各种政策支持随后接踵而至。2011年2月，《福建省人民政府办公厅转发人民银行福州中心支行、福建银监局、福建证监局、福建保监局关于2011年金融服务福建科学发展跨越发展工作要点的通知》明确提出要"积极争取国家政策支持，借鉴台湾地区上柜和兴柜模式，在省内探索建立台资企业及中小企业股权柜台交易市场（或海峡股权交易所），为中小企业、大陆台资企业融资提供服务"。2011年3月，《福建省人民政府办公厅转发省发展改革委关于2011年重点领域改革工作意见的通知》更进一步明确要"争取设立海峡股权交易所"。

2011年9月，福建省政府正式批准同意福建省产权交易中心组建"海峡股权交易所"，并明确：第一阶段开展区域内中小企业股权交易，第二阶段争取引入台湾上柜兴柜交易模式、开展台资企业股权交易。

经过不懈努力，克服重重困难后，福建省产权交易中心终于重新抢占到股权交易市场建设机会。

（三）瓜熟蒂落

2011年10月26日，福建省产权交易中心在平潭综合实验区正式注册成立了"福建海峡股权交易所有限公司"。

与此同时，中心积极与台湾金融机构联系合作事宜。2012年3月，省访台团赴台交流，与台湾证券交易所、柜台买卖中心、中华开发金控、富邦金控等机构就合作建设"海峡股权交易所"进行深入沟通。经与多家台湾金融机构的多轮谈判，最后确定引入台湾富邦金控参股"海峡股权交易所"。

2012年9月，"海峡股权交易所"引进台湾富邦金控及省内多家国有企业进行增资扩股，注册资本增至1.9亿元。同时，根据中国证监会的意见，更名为"海峡股权交易中心"。

2013年7月，海峡股权交易中心正式开业运营，揭开了福建区域性股权交易市场的新篇章，在福建资本市场发展过程中具有划时代意义。

（四）模式创新

如何立足优势，做出特色，这一直是我们思考的问题。

创新是永恒的主题，在建设海峡两岸股权交易市场过程中，福建省产权交易中心根据对台区位有利条件的特点，注重几方面的创新。

一是定位的创新，海峡两岸股权交易市场注册在"两岸共同家园"平潭综合实验区，定位于成为两岸股权交易的合作平台；二是服务对象的创新，海峡两岸股权交易市场将为大陆台资企业提供股权融资和股权交易；三是交易模式的创新，海峡两岸股权交易市场将借鉴台湾柜台买卖中心交易模式；四是股东结构的创新，是大陆第一家引入台湾金融机构股东的股权交易市场，同时还让各个地市各派一家国有企业入股。

海峡两岸股权交易市场的设立，是福建省产权交易中心审时度势，充分运用国家对海西的支持政策，充分利用对台区位优势，谋划适应海峡两岸的新型股权交易市场。福建省产权交易中心历时多年，精心运筹，积极争取地方政府支持，变不可能为现实，终于推动海峡两岸股权交易市场应运而生，为产权市场融入新型资本市场进行了有益的探索，对两岸资本市场的交流与合作具有重要意义。

三、展望未来　两岸股权交易领域合作可期

海峡两岸深化合作交流是大势所趋，建设海峡两岸股权交易市场是顺势而为。

（一）国家支持

福建省产权交易中心推动建设海峡两岸股权交易市场得到国家的大力支持和肯定。2012年11月，国务院批准的《福建海峡蓝色经济试验区发展规划》中，明确"支持设立两岸股权柜台交易市场，探索引入台湾上柜和兴柜交易机制"，标志着福建省产权交易中心建设两岸股权柜台交易市场正式列入国家规划。2013年3月，福建省政府向中国证监会发函商请支持福建省建设两岸股权柜台交易市场，4月22日中国证监会正式回函福建省政府，明确表示："我会支持海峡两岸资本市场加强合作，支持贵省在两岸资本市场合作中先行先试。"

（二）合力推进

海峡股权交易中心作为两岸股权柜台交易市场的载体，对推动两岸相关领域的交流和合作发挥了积极作用。2012年10月，海峡股权交易中心人员赴台湾柜台买卖中心学习台湾柜台交易市场及做市商方面的制度、运作及监管等；2013年4月，"两岸资本市场体系合作发展研讨会"在福州举行，中心与台湾证券柜台买卖中心、台湾中华经济研究院、台湾证券公会、台湾富邦证券等机构的专家就地方场外资本市场培育与建设、推进两岸股权柜台交易市场建设等问题进行了有效的交流和探讨；2013年4月，台湾证券柜台买卖中心总经理李启贤先生应邀到访海峡股权交易中心，对海峡股权交易中心的建设和经营提出许多有益的建议，双方还就共同推进两岸股权柜台交易市场建设达成共识；2013年5月，"海西2013·两岸经济暨金融研讨会"在福州举行，中心与台湾证券柜台买卖中心吴寿山董事长、台湾证券交易所许仁寿总经理等多位台湾资本市场专家就两岸股权柜台交易市场建设等问题进行深入交流。两岸业界对海峡两岸股权交易市场充满期待，表示将合力推进。

海阔凭鱼跃，天高任鸟飞。展望未来，根据发展策略，海峡两岸股权交易市场将着重突出对台特色，充分发挥中央赋予海西对台合作先行先试的政策优势，在业务、制度、人才、资本等方面加强两岸的对接和合作，为两岸经济深度融合做出积极贡献。

海西潮涌助跨越，扬帆启航正当时。如果说昨天留给我们的是光荣的一页，那么今日只有义无反顾地延续明天的梦想。起点是美的，但更美的是在奋斗中崛起。中心将审时度势、锐意进取、不断创新，谱写新的辉煌！

服务财政改革需要　坚持市场化转型发展

江苏省产权交易所所长　吕宗才

一、江苏省产权交易所概况

1993 年，省政府在全国较早批准成立了江苏省产权交易所（以下简称"省产交所"）。近年来，省产交所立足市场化转型发展，业务范围不断扩展，市场功能已由当时的防止国资流失，发展为资源配置的要素市场、资本市场，基本形成产权交易转流、基金投资管理、股权登记托管和省级产权交易协会四大平台。此外，省产交所全资子公司江苏省金融资产交易中心的工作也在稳步推进。近几年，省产交所抓住财政改革发展的重大发展机遇，按照财政厅党组要求，重点打造基金投资管理平台、建章立制、从零做起、锻炼队伍、取得实效，切实发挥财政资金的放大引导作用，推动了江苏经济的转型升级，为实现"两个率先"做出努力。

二、基金管理情况

（一）管理基金情况

1. 江苏省新兴产业创业投资引导基金

2012 年，省产交所作为引导基金出资人代表，受托管理引导基金，主要负责审核《出资人协议》、《章程》或《合伙协议》、《资产委托管理协议》、《资金保管协议》等创投企业法律文本，督促创投企业规范运作，及时向引导基金管委会办公室汇报情况和提交管理报告。引导基金总规模 10 亿元，已确定的投资金额为 9.29 亿元，共参股设立 42 家创投基金，所参股创投基金已投资 328 家企业，累计投资金额达 36.32 亿元。

2. 江苏省省级产业发展资金

2014 年 2 月，省产交所全资子公司金财公司受托管理江苏省省级产业发展资金（以下简称"产业资金"），资金总规模 5 亿元。金财公司全权负责产业资金的投资管理工作。经一年多的努力，已有

江苏邦盛、南京毅达、苏州盛泉、平衡资本、苏豪创投 5 家管理团队通过专家评审并达成合作意向，投资规模 1.41 亿元。除与管理团队合作外，省产交所已储备多个直投项目。

（二）基金运作成效

（1）快速投入企业，降低企业融资成本。相比银行等金融机构，引导基金和省级产业发展资金可以更加快速、有效、安全和低成本地为企业提供融资，支持企业健康发展。

（2）争取中央资金，带动社会投资，服务产业转型升级。获得国投高科认可，被指定为地方政府引导基金出资人代表，帮助地方政府获得 2 亿元中央资金；新兴产业引导基金 10 亿元已带动各类资本出资 69.79 亿元，放大 7.9 倍；省级产业发展资金已认缴出资 1.41 亿元，吸引其他各类资本出资 21.48 亿元，放大 16 倍。

（3）基金落地地方，培养政府未来财源。吸引全国资本设立地方创投基金、落户江苏、重点投资省内企业，为政府培养未来税源和股权投资收益，服务地方经济。

（4）为自主运管基金奠定基础。自开展管理基金工作以来，省产交所组建团队、建章立制、加强学习、积累经验，为今后自主管理基金、投资运管奠定了基础。

三、体会和建议

财政资金在设立基金时，需明确基金的功能定位、运作模式和主体，采取市场化的阳光操作，避免利益输送，加强资金监管，赋予管理人权责利对等，调动积极性。

（一）围绕财政改革发展需要，做好基金管理工作

基金管理人应充分发挥贴近市场的优势，按照

财政改革要求，认真履行基金管理人职责，配合财政部门做好"拨改投"试点工作，为财政部门提供决策依据。对基金运作中发现的问题，应及时向财政部门进行汇报和提出建议。

（二）明确基金的功能定位、运作模式和各管理主体职责

按照决策与管理相协调、政府与市场相结合的原则，构建市场化运营的基金管理构架。一是确定功能定位。可根据产业发展需要，按行业和投资阶段明确基金功能定位，但宜对不同定位的基金统一扎口管理，避免出现多头管理及与社会资本争利等问题。二是明确运作模式。建议采取"母—子基金"的运作方式，财政部门作为母基金出资人，下设不同子基金（可分为政府直投子基金和市场化子基金），母基金的投资方式可以包括：阶段参股创投企业（子基金）、股权直接投资、债权投资、融资担保或财政部门批准的其他方式。三是明确主体责任。财政部门的相关业务处室负责制定母基金管理办法，确定投资领域和投资限制条件，并选定母基金的管理人。母基金管理人全权负责母基金的投资管理工作，对基金投资盈亏负责，并建立合理的绩效奖惩制度。

（三）市场化阳光操作，防止利益输送

母基金管理人在选择合作管理团队设立子基金时，一是要按市场规律操作，公开合作条件，公开阳光进行，选择多家业绩优秀、管理规范的团队合作，分散投资风险。二是对子基金管理公司的资格条件加以限定，要求管理公司至少具有一定人数及一定投资年限以上的专职管理人员，已受托管理、经备案的创投企业或已管理基金达一定数量和规模。三是母基金的管理人要加强对参股子基金的投资监管，进行合规性审查。四是参股设立的子基金要积极引入民营资本，用市场规律来约束监督管理团队。五是需规定国有控股基金转让投资项目，应当通过产权市场公开进行。六是借助中介机构和外部专家力量，控制投资风险。

（四）加强资金管控，防止挪用资金

要求参股的子基金必须在股份制商业银行进行资金托管，母基金的管理人通过管理印鉴章等方式，对参股基金的资金拨付程序进行控制。

探索开展中小企业私募债、小贷资产权益交易

广西北部湾产权交易所

2014 年新年伊始，广西建设沿边金融综合改革试验区工作会议在南宁召开，会议强调大力推进与优化中小微企业金融服务体系建设，缓解中小微企业融资难、融资贵等问题。广西北部湾产权交易所作为自治区级国有产权交易机构，在巩固和发展阳光交易平台功能的基础上，积极抢抓这一重大历史机遇，全力打造投融资服务专业市场平台，发挥产权市场信息、资源集聚效用，大胆先行先试，通过创新金融服务产品和服务方式，进一步提升广西多层次资本市场服务实体经济的能力，为加快广西沿边金融综合改革试验区建设做出了有益的尝试与探索。

一、首推广西本土中小企业私募债

2014 年 8 月 28 日，广西北部湾产权交易所首批成功推出 4 家中小企业私募债，发行总规模为3.5 亿元。此次产品以主要由广西本土的各大中介机构和金融机构设计、发行、担保、挂牌以及管理销售为最大特色，不仅为广西中小企业开辟了新的融资渠道，节省了企业的融资时间和成本，还有效盘活了广西参与交易的社会存量资金，同时，也可以把沿海的闲置资金引入广西，助力区域经济发展。

所谓中小企业私募债券，是指中小企业在中国境内以非公开的形式发行或转让，并在约定期限还本付息的债券。根据相关规定，私募债券的发行人

为未在上证所和深交所上市的中小企业，发行期限为 1 年（含）以上，并要求发行利率不能超过同期银行贷款利率的 3 倍。目前，广西北部湾产权交易所私募债的年化总成本在 13%~15%。

发行私募债是广西中小企业融资的重要新路径，相比传统形式的公司、企业债以及银行借贷，其具有发行条件较宽松、发行程序便捷、筹集资金用途灵活、融资成本较低等诸多优势。

二、广西小贷资产权益融资本地首发

2014 年 9 月 12 日，广西本土首笔小额贷款公司债权收益权融资业务公开挂牌仪式在广西北部湾产权交易所交易大厅举行。此次小贷收益权产品的发行是广西小额贷款公司债权收益权首次在区内实现再融资。

广西小额融资贷款行业的快速成长与融资比率过低、渠道单一的矛盾日益凸显使产品的推出受到小贷公司的一致欢迎。在此之前，由于广西没有相关服务，一批优秀的小额贷款公司不得不远赴外省解决融资问题，融资效率和融资成本均无法得到有效控制。

为了进一步促进和扶持广西小额贷款行业的发展，自治区人民政府于 2012 年出台了《关于促进小额贷款公司发展的意见》，明确对运行情况良好、合规经营的小额贷款公司，经自治区金融办审核同意，可与地方资产交易平台合作开展资产转让等业务。因此，小额贷款公司债权收益权通过广西北部湾产权交易所阳光平台公开挂牌融资，实质上是自治区金融主管部门落实对小额贷款公司政策扶持的重要手段之一，不仅便于对小贷公司更好的监管，而且也能够积极引导和促进其有序发展，进一步缓解小贷公司融资难问题。

三、金融创新关键在风险防控

在创新业务当中，如何进行风险控制始终是广西北部湾产权交易所首先要考虑的因素。

在中小企业私募债业务方面，广西北部湾产权交易所主要通过甄选区内优质的、成长性较好的中小企业为主要服务对象，推荐到区域股权市场进行备案挂牌后，由广西北部湾产权交易所进行承销和受托管理，企业通过募集来的资金投入到日常的生产经营中。中小企业私募债业务的流程包括尽职调查、推荐发行、资金监管、信息全面披露等环节，以此来保护投资者的合法权益，最大限度地保障业务的规范性和透明度。此外，还设置了每个环节的风控措施，有力保护了投资者的合法权益，确保私募债的发行和回收的安全。

在小额贷款公司债权收益权业务方面，广西北部湾产权交易所对产品的定义是以小贷公司优质信贷资产为基础的再融资业务。产品是以基础信贷资产的未来还款现金流为支持，出让其收益权的一种再融资方式。交易所以自治区金融办对小贷公司评级作为参考依据，在全区范围内甄选管理规范、信誉良好的且遵循"小额、分散、现金流相互隔断"原则的小贷公司，并与交易所的担保会员、承销会员一起筛选出现金流和风险度匹配的优质信贷资产包进行挂牌转让，以担保公司对其到期回购提供担保为前提，由交易所投资会员进行受让。小贷公司通过将债权在一段时间内的对外让渡获得相应时间的对价资金达到融资的目的。交易所根据情况引入承销商对产品进行销售，承销商在投资会员认购不足时以自有资金认购补足。产品可根据基础资产现金流情况分为优先级和普通级，优先级向投资会员发售且由担保公司对小贷公司的到期回购（债权及债权收益）提供连带责任担保，普通级由小贷公司自持且不得销售转让。产品在广西北部湾产权交易所挂牌后，投资会员通过交易所或承销商进行申购，交易所进行资金托管和清算。

在产品设计上，广西北部湾产权交易所也充分考虑了各个环节的风险控制，其主要包括：

（1）产品必须向特定投资人——交易所机构投资会员进行转让；

（2）产品向不超过 200 位机构投资会员转让（通过发行规模与最低认购额限定）；

（3）产品挂牌以担保公司担保作为前提条件，担保公司从债权资产包的审核筛选环节开始控制产品的系统风险；

（4）担保公司连带责任担保降低投资会员风险；

（5）小贷公司以他项权证质押作为反担保降低担保公司风险；

（6）小贷公司法定代表人承担连带责任担保；

（7）小贷公司回购资金提前归集；

（8）风险信息及时披露；

（9）进行投资会员风险偏好评估。

四、产权市场金融创新示范效应

广西北部湾产权交易所是广西第一批通过国家部际联席会议验收的交易场所，也是交易所清理整顿后广西唯一的自治区级综合性产权交易机构，自成立以来即定位于构建泛北部湾区域综合性权益流转和中小企业融资服务平台，遵循规范、专业、创新、服务的理念，通过发挥市场功能，优化区域各类资源配置，服务区域经济发展。首批中小企业私募债和小贷资产权益产品的成功发行，标志着广西北部湾产权交易所中小企业投融资的服务功能正在逐步建立与完善，今后更多的产权交易服务创新、投融资产品创新将在广西产权市场得到探索和实践。

随着广西建设沿边金融综合改革试验区工作的不断深入推进，支持金融创新系列政策相继出台，为广西投融资领域的积极探索提供了有力的政策保证。此两项业务的本土化落地只是开端，产品创新示范作用将影响深远，一方面可激发广西北部湾产权交易所及其金融合作机构更多的探索实践，为广西拓宽全新的融资渠道，带动区内各方金融力量共同发展；另一方面，实现各类金融产品创新业务的协同推进与有机联动，为广西全面深化经济体制改革与推进沿边金融综合改革试验区建设探索新途径、积累新经验。

大宗物资采购平台的"现金牛"

哈尔滨产权交易中心

管理学上有一个著名的波士顿矩阵模型，它将企业产品所处的发展时期分为四大类：问题型业务（Question Marks）、明星型业务（Stars）、现金牛业务（Cash Cows）、瘦狗型业务（Dogs）。

现金牛业务（Cash Cows），又称厚利产品。它是指那些在成熟市场已经取得可观市场份额，利润丰厚稳定的业务。何为大宗物资采购平台的"现金牛"业务？这项业务有何神奇的魅力，能够带来大量且稳定现金流，支撑大宗物资采购平台业务的顺利发展？本文结合哈尔滨产权交易中心（以下简称"产权交易中心"）的实践经验，重点介绍大宗物资采购平台的"现金牛"业务——财产保险采购。

一、大宗物资采购平台品种

产权市场搭建的大宗物资采购平台的采购品种是指除工程建设项目、政府采购项目以外的，各种形态和种类的货物和服务。

大宗物资采购平台的货物采购包括但不仅限于原材料、燃料、车辆、设备、包装物等（商业企业正常经营的商品采购除外）；服务采购是指包括但不仅限于印刷、出版、软件开发、网络建设维护、保险、车辆维修、工程监理、工程设计、会议、培训、接待、软件开发、机关事业人员医疗健康体检、社会中介机构的选择等服务类品目（参见各省市政府集中采购目录）。

这里所说的保险即是本文所称的财产保险采购，是指包括但不仅限于机动车辆交强险及商业保险、企业财产险、公众责任险等商业保险。

二、财产保险采购的特点

现金牛业务（Cash cows），指低增长、高市场的份额业务。这个领域的市场已经成熟，企业不必大量投资来扩展市场规模，同时作为市场中的领导者，该业务享有规模经济和高边际利润的优势，因而给企业带来大量现金流。

财产保险采购业务作为大宗物资采购平台的重要项目，每一个企业都需要商业保险，或为财产保险，或为责任险，抑或为机动车辆保险，等等。正因其具有覆盖面广、可持续性强、业务稳定等特点，财产保险采购业务作为大宗物资采购平台"现金牛"业务，脱颖而出。

三、哈尔滨的探索

（一）背景介绍

为加大对哈尔滨市属国有企业的监管力度，切实履行出资人职责，2010年初，哈尔滨市国资委（以下简称"国资委"）对所辖国有企业及其控股企业（以下简称"国有企业"）的财产保险投保情况作了调研，发现各企业在财产保险投保过程中存在信息不公开、"暗箱操作"的可能，导致保险费率相差较大、参保财产范围各不相同、参保税种不到位、保费支付不统一等问题。针对这些问题，哈尔滨市国资委决定将市属国有企业财产保险采取统一委托哈尔滨产权交易中心来公开组织操作，出台了《哈尔滨市属国有及国有控股企业购买商业保险有关问题的通知》，要求市属国有企业投保工作由产权交易中心统一采购。

（二）初始做法

产权交易中心向驻哈13家财产保险公司发出通知，邀请其参与此次企业财产保险公开投保工作，具体流程如下：

（1）产权交易中心接受企业委托。企业向产权交易中心提出要求为其选择保险公司的委托，产权交易中心在接受企业委托后，针对国有企业的不同需求，面向社会广泛征集保险公司。

（2）确定询价方式。询价方式具有广泛性和公开性，能够征集到符合条件的保险公司，同时综合评审过程又具有相对的封闭性和严肃性，符合选择保险公司工作的特点。

（3）制定并发放询价文件。产权交易中心根据企业要求，制定详细的询价文件，就保险公司的报价、技术能力、财务状况、经营规模、企业信誉、服务水平等内容进行了详述，并制定了评审标准。

（4）组织询价评审工作。产权交易中心组建了5人评审专家组，其中1名为企业代表，其他4名则由产权交易中心从专家库中随机抽取。这4名专家都从事相关专业工作并具有高级职称，熟悉政府采购有关法律、法规，并邀请国资、纪检等部门人员作为询价评审会监督员，现场全程监督，黑龙江省监察厅通过电子监察系统全程监控。

（5）公布询价结果并备案。评审专家对照评审标准对保险公司递呈的询价文件逐项打分，根据得分推荐排名靠前的保险公司作为入选人，依据评审专家组意见，产权交易中心提出最终优选的4家保险公司并报送国资委备案。

（6）企业根据实际情况选择保险公司。企业根据自身情况在4家推荐的保险公司中选择最终投保公司签订投保合同，并报产权交易中心，产权交易中心对选择结果予以公示，上报国资委。

（三）目前的做法

2010年之后的两年未进行新的财产保险采购工作，仍维持原有的保险格局。2014年5月，国资委针对所属企业保险公开进场采购等问题，进行了一次专项检查，发现在后续的保险投保过程中，因为没有为企业选定确定的保险公司，导致企业在后续投保的过程中，保费有所上升，保险公司选择也比较随意。另外，财产保险市场的环境也发生了变化，为规范保险市场，针对保险公司间恶意竞争的现象，黑龙江省保监局出台了一系列规定，在财产保险、机动车商业险优惠政策方面做了限制。为此，产权交易中心在新一次财产保险采购中既要规避上一次采购中存在的问题，又要更好地为企业服务，所以打造了以产权交易中心为纽带，国有企业为价值核心，保险公司、保险经纪公司、公估机构、机动车维修企业为服务节点的全方位的、综合性财产保险服务体系。

1. 前期准备

（1）成立或合作保险经纪公司。产权交易中心拟出资设立哈尔滨北方产权保险经纪有限责任公司或与一家保险经纪公司合作。保险经纪公司为采购企业拟订投保方案、办理投保手续；协助被保险人或者受益人进行索赔；为委托人提供防灾、防损或者风险评估、风险管理咨询服务。

（2）征集财产保险公司。产权交易中心发布财产保险公司征集公告，评审专家在报名公司中优选出若干家满足机动车辆保险采购折扣、承诺提供投保机动车辆相关服务、保障投保机动车理赔服务质量并已交纳履约保证金的保险公司为入围财产保险公司。

（3）征集保险公估机构。产权交易中心发布财产保险公估机构征集公告，全国范围内的保险公估机构均可报名参与。评审专家在报名机构中优选出若干家承诺提供财产保险标的的评估、勘验、鉴定、估损、理算等服务。

（4）征集机动车维修企业。产权交易中心发布机动车维修企业征集公告，哈尔滨市属各区具有一类机动车维修经营业务许可资质的企业均可报名。评审专家在报名企业中优选出为提供机动车辆维修服务。

2. 企业财产保险采购新流程

（1）提交采购申请和采购计划。采购企业根据自己的需求，向产权交易中心提出保险采购申请，并提供采购计划等相关资料及主管部门批准文件，产权交易中心在采购企业提供各项资料完毕后，向采购企业发出受理通知。

（2）签订采购委托协议。产权交易中心对采购企业的资格、采购条件、批复和所提供材料的真实性、合法性以及规范性进行审核后，与采购企业签订《国有企业财产保险采购委托协议》。

（3）制作并发布采购公告。产权交易中心根据企业提交的采购计划制作采购公告，经采购企业签章确认后，在哈尔滨产权交易网上进行信息公开发布。

（4）选择保险公司。产权交易中心应采用公开方式选择承保保险机构。产权交易中心应积极帮助企业降低机动车辆保险费率，通过公开摇号的方式优选车辆保险承保机构；对财产险、责任险等商业保险采购应采取网络竞价或招投标等方式，公开选择承保保险机构。

（5）公示成交保险公司。产权交易中心应当在财产保险采购完成后次日将成交结果公告在网站上发布。

（6）签订财产保险合同。采购人、成交保险公司及产权交易中心按照最终的保费报价、优惠条件及承诺提供的保险服务签订三方《国有企业财产保险采购合同》。

（7）保险经纪费用结算。产权交易中心将授权哈尔滨北方产权保险经纪有限责任公司或合作保险经纪公司向成交保险公司按双方约定比例收取保险经纪费，产权交易中心与保险公司按保险项目结算保险经纪费。

（8）企业自行选择入围机动车维修企业。企业机动车辆如果发生机动车事故，可通知附近的入围机动车维修企业提供维护、修理以及维修救援，按约定的服务价格提供优质服务。

（四）发展现状

在保险采购业务开展初期，产权交易中心领导班子就制定了响应市国资委文件要求的"力争服务升级，降低投保成本"的工作方针。

在"服务升级"方面，借鉴保险机构服务宝贵经验，推出了提供公开选择承保保险机构、代收代缴保险费用、防灾防损培训、协调出险理赔、风险评估及风险管理咨询等服务。企业通过网络就可实现投保业务，足不出户就享受到了优惠投保、送单上门的优质服务。下一阶段，产权交易中心将加紧完善现场出单、出险机动车维修、保险公估等其他保险配套服务。力争打造投保便捷、费率优惠、理赔迅速、服务到位的国有企业保险"一站式服务"模式。

在"降低投保成本"方面，据测算，哈尔滨市属国有企业每年支付保费金额约3000万元，通过产权交易市场公开采购商业财产保险后，可节省保费近800万元。截至2014年3月末，产权交易中心已完成哈药集团、工投集团、城投集团、物业供热集团、地铁集团、市政集团、建工集团、供水集团、排水集团、哈投集团、创投集团、文旅集团、哈西房开、群力房开、松江避暑城、哈综开、交通集团等多家企业，共近4000台机动车辆保险采购，在实现企业保险采购程序透明、方式阳光、成本降低等方面取得了显著效果。目前，住房、水投等企业集团的保险采购也正在积极推进中。

四、经典案例

2013年3月19日，哈尔滨市城安停车场停车泊位公众责任险采购项目作为产权交易中心第一宗竞价采购项目在金马甲采购平台公开进行，参与的4家财产保险机构经过长达26轮激烈的降价方式报价，单个停车泊位公众责任险由起始价35元/个，最后降到19元/个，降幅达45.71%，取得了良好的效果。

该项目创下诸多全国第一，是全国首次采用金马甲竞价系统（即反向多次报价）的采购项目，此案例被2013年金马甲公司评选为年度经典案例。这为下一步财产保险采购开拓了新的工作思路。

五、成效及启示

通过产权交易大宗物资采购平台，市属国有企业保险阳光采购收到了显著效果，国企机动车辆商业险费用一律七折，财产保险费率降低至万分之几，投保险种拓展为保险范围最大的"一切险"。

（一）国资委出资人监管职能得到了加强

《企业国有资产法》明确了各级国资委代表本级政府履行出资人职责，对出资企业依法享有参与重大决策权。国资委落实《企业国有资产法》，在不干预企业经营活动的前提下，要求企业统一公开选择财产保险公司。首先，它将市国资委的监管职能具体化，有助于国资监管职能的发挥；其次，通过引进第三方，形成监督制约机制，规范了企业基础管理工作，实现从制度上监管的目标；最后，通过阳光操作，建立了"防火墙"机制，预防国有企业在选择保险机构过程中出现个人腐败行为，实现通过制度来保护干部的监管职责。

（二）国有企业实现了获利

通过公开选择保险机构，监管企业一方面可以统一选择有实力的保险公司，多维度比较参与报价的保险公司，做到优中选优，使企业获得保险公司高质量服务，企业保险工作更规范；另一方面还可以通过保险公司之间的竞争，压低费率，直接减少企业财务支出，等于增加了企业利润。

（三）产权市场功能得到完善

产权交易市场是企业国有产权公开交易的专业市场平台，近年来，全国产权交易市场交易范围不断扩大，交易品种不断增加，市场功能不断完善，市国资委将国有企业选择保险机构工作交给产权交易中心，无疑增加了产权交易市场功能，使产权交易中心功能由过去单方向为企业的"卖"东西到现在既"卖"又"买"，实现了产权市场功能的根本性转变。

（四）有实力的保险公司市场占有率得到了提高

为国有企业统一公开选择保险机构的目的是在降低费率的同时，选择有实力的保险公司强强联合。产权交易中心按照这一宗旨，根据企业财产规模、性质和不同要求为国有企业选择不同的保险公司，通过阳光采购，公正、公平、公开的竞争，总的来看，这项工作使有实力的保险公司增加市场占有率，促进了保险公司之间的正常有序竞争，防止了恶意竞争，改善了保险行业的市场环境。

财产保险采购业务作为大宗物资采购平台的"现金牛"，显示出了强大的生命力，能够带来可观且稳定的现金流，是大宗物资采购平台发展初期的主打业务，支撑了大宗物资采购平台业务的顺利发展，成为产权市场的众多创新业务中一个崭新的亮点。随着传统国有的产权转让业务逐渐萎缩，可以预见，此项业务将成为产权市场持续发展的重要业务之一。

开启退市公司绝境的破冰之旅

西南联合产权交易所　　徐鑫月　蒋　炜

一、项目背景

中国四川国际合作股份有限公司（以下简称"中川国际"）于1994年4月4日在上海证券交易所（以下简称"上证"）上市，是上证早期几十家上市公司之一。公司的前身中国四川国际经济技术合作公司是1980年经国务院批准成立的全国第一家省级对外经济技术合作公司，经改制后在上证上市，曾经盛极一时。但由于受巨额合同诈骗案的影响，中川国际内忧外困，经营受到沉重打击。2005年9月16日中川国际由于连续3年亏损终止在上证上市，转入代办股份转让系统（俗称"三板市场"）挂牌交易（代码400040，简称"中川3"）。

中川国际退市后，虽然在第一大股东四川省国有资产投资管理有限责任公司（以下简称"省国资公司"）为主组建的中川国际经营班子的带领下，基本情况有所好转，但仍然处于严重的资不抵债状况，随时可能进入破产清算程序，而且海外工程业务逐渐萎缩，公司持续经营存在重大不确定性。为了保留中川国际的对外承包工程经营资质、化解债务危机、维护公司债权人和股东的利益，在现有主要股东无法注资的情况下，公司急需引入重组方改造现有资产负债结构，以达到继续经营的状态。

二、项目难点

中川国际处于严重的资不抵债状况，重组方需要向其注入巨额的资产，同时中川国际国资控股的背景也使其对重组方的门槛要求较高，许多投资者和意向重组方都是心有余而力不足，只能望而却步。

虽然《退市公司重新上市实施办法》和《上海证券交易所股票上市规则》的修改使退市公司重新上市成为可能，但是随着 2014 年 IPO 的重新开闸，中川国际上市公司壳资源的价值和吸引力也会随之降低，使得征集重组方项目变得迫在眉睫。

中川国际重组的主要驱动力是通过重组后实现重新上市的目标。从债务重组到最终上市将是一个漫长的过程，其中存在着太多不确定因素，而这些不确定因素随时都可能导致重新上市计划失败，重组方还必须承担重组后上市失败的风险，这就大大增加了中川国际顺利征集到重组方的难度。

三、项目运作

西南联合产权交易所（以下简称"西南联交所"）自介入此项目后，投入了大量的时间与精力，致力于协助中川国际征集重组方。为了尽可能在满足省国资公司要求的前提下吸引更多的意向重组方，西南联交所召开了多次专题会议讨论和研究重组方案，详细分析了项目的可行性与重组程序安排，对重组方设置的每一个基本条件都进行了反复推敲，并根据省国资公司的要求制定了一套完善的比选方案和评分标准。

从接手到项目在西南联交所网站挂牌，还需要经过省国资委对重组方案审批等一系列复杂程序，然而，中川国际项目晚挂牌一天，征集到合格意向重组方的成功率就会少一分。西南联交所的工作人员加班加点，尽最大的努力加快项目挂牌的进程。

在做好充分的前期准备后，省国资公司通过西南联交所征集中国四川国际合作股份有限公司重组方项目在交易所官网上正式挂牌，并先后 4 次在《成都商报》上发布公告征集意向重组方。为更广泛地宣传和发掘潜在意向重组方，西南联交所还根据项目的具体情况和特点，从多年积淀的投资人库中筛选出一批可能对征集重组方有积极影响的投资人进行了项目推介。

同时，省国资公司根据西南联交所反馈的市场情况，在符合产权交易机构公开交易规则的前提下，相应调整少量非原则性的对重组方的要求，进一步降低重组方参与的门槛。

最后，中川国际通过西南联交所成功征集到合格的意向重组方，在交易所的组织下，经过长达一个多月的谈判与协商，省国资公司、鸿德投资集团有限责任公司与中川国际达成了重组协议。

四、项目经验与启示

这次中川国际征集重组方项目能够取得成功，除相关法律的规定使得公司重新上市成为可能和企业自身债权人结构比较简单以外，以西南联交所为代表的产权市场在其中所起的作用也是无可取代的。

产权市场是我国多层次资本市场的一部分，与证券市场相比，产权市场在交易品种、估值方式、流动性、投资者和监管方面都有很大的区别。也就是这样的产权市场，能够为中川国际这样的退市公司提供独特的融资服务。

第一，产权市场是非标准化的区域性资本市场，以市场化的方式为非上市企业提供融资服务。区域性资本市场的建设是构建完整、有效、合理的多层次资本市场的必要环节。我国企业层次参差不齐，在标准化股票市场融资的企业仅仅是数量巨大企业中的凤毛麟角。大量不能进入标准化股票市场的企业使产权市场自然成为各种非标准化资源优化配置的融资市场。这也为退市公司的壳资源提供了大量潜在的客户。

第二，产权市场通过公开的市场化操作，优化企业结构，成为企业上市的桥梁。产权市场交易体系从建立一开始就秉承了"公开、公平、公正"和"诚实信用"的原则，为非上市企业提供多渠道的金融服务。通过在产权市场进行融资，补充资本，能够促进企业的发展壮大。产权市场能够为各种产权转让提供服务，股权债权都是产权的范畴。在国家法律法规允许的前提下，非上市企业可以通过产权市场优化企业股权结构，为企业进一步上市奠定良好的基础。主板市场退市企业当然也可以在产权市场通过债权债务转让，优化企业内部资产结构，实现重返 A 股市场。这两者在原理上是一样的，在法律上是可行的。

此外，本次重组方的成功征集也得益于西南联交所自身在产权交易领域具有很好的基础和丰富的经验。西南联交所借鉴了京、津、沪、渝等发展较成熟的产权交易市场经验，培养了大量专业化服务型人才，积累了丰富的客户资源、项目资源及市场资源，凭借广泛的网络资源及信息发布推广渠道，建立规范完善的"场前→场中→场后"的"全产权链"专业化市场化服务体系，在产权交易领域内能为客户提供高效优质专业的服务，充分发挥产权市场"发现价格，发现投资人"和"资源合理配置"的市场功能。

首先，关注场前诚信积累，培育诚信的交易氛围，通过主动上门服务、组织专业培训以及召开座谈交流会等方式对业务开展提供咨询、辅导及协助，提供重大项目的前期谈判、策划组织及现场服务支持，帮助客户解决困难和疑惑。在他们了解相关的政策法规、规范流程、操作技巧以及风险防范措施的同时，还针对不同客户的需求有针对性地提供方案设计、交易策划、竞价模式选择等优质的服务。譬如中川国际重组项目在挂牌后，西南联交所根据项目的具体情况和特点，从多年积淀的投资人库中筛选出一批潜在意向重组方进行了推介，对重

组方的征集起到了一定的宣传作用。

其次，着力打造场中能力。全面了解和分析转让标的，深度挖掘项目亮点，广泛披露项目信息，拓展信息发布、市场宣传途径和渠道，拟订项目推广、营销策划及执行方案，科学策划竞价方式直至成功将项目推向市场实现多赢，创造更好的经济效益和社会效益。西南联交所对中川国际项目精心设计和筹划，多次召开专题会议讨论和研究重组方案，详细分析了项目重组的可行性与重组程序安排，对重组方设置的每一个基本条件都进行了反复推敲，并根据省国资公司的要求制定了一套完善的比选方案和评分标准，为能够成功征集到重组方做了大量的推动工作。

最后，打造完善的场后服务。增强后续产权变动、客户建档、纠纷调处、关系维护等服务，对成功经验进行分析和总结，提炼精华，制作经典案例，并及时向监管机构提供有利的数据分析，建立服务型产权交易机构，不断提高服务质量和客户满意度。中川国际征集到合格的意向重组方后，西南联交所的工作人员组织中川国际、中川国际控股股东省国资公司和重组方进行了多次谈判和协商，积极为中川国际重组出谋划策，得到了省国资委和重组方的高度认可。

中川国际重组项目实现了控股股东联合债权人借助于产权交易机构走出绝境的第一步，开创了退市公司借力产权市场重组的先例，也标志着西南联交所在相关领域取得了又一里程碑式的成绩，西南联交所希望更多的投资者和企业能够关注到产权市场在多层次资本市场中独特的优势，会有更多的退市公司通过包括西南联交所在内的产权市场获得重生。

青岛产权交易所涉讼业务发展和创新

青岛产权产易所

2012 年初，青岛市中级人民法院（以下简称市中院）和青岛产权交易所经过多次磋商和论证提

出了按照以人民法院为主导、以拍卖机构为实施主体、由第三方也就是青岛产权交易所提供独立交易

平台的思路，并于 2012 年底形成了司法拍卖改革方案，起草了《青岛市中级人民法院司法拍卖工作规定（试行）》（青中法〔2012〕190号）。文件第五条指出"司法拍卖活动，应当在市中级人民法院设立的拍卖厅进行，拍卖厅设在青岛产权交易所，司法拍卖应当采取互联网电子竞价方式进行"。2012年 12 月 25 日，青岛产权交易所受即墨市人民法院委托向社会发布了第一期以互联网电子竞价方式进行司法拍卖的公告，青岛市司法拍卖至此进入了"互联网"时代。

一、青岛市司法拍卖大体分四个部分

1. 拍卖职责分工

各法院决定委托拍卖事项，市中院统一摇号确定拍卖机构、各法院审查拍卖公告以及对拍卖过程进行监督等事项；拍卖机构负责查看标的，草拟公告、竞买协议等文书，发布公告，主持拍卖会等事项；青岛产权交易所负责提供场地及互联网电子竞价系统，负责组织报名签订竞买协议以及资金结算，负责成交后各种电子单据的出具等事项。

2. 拍卖启动

法院案件承办人将拍卖标的资料移送司法技术管理部门。各基层法院司法技术管理部门立案后发送至市中院司法技术管理部门。拍卖机构统一由市中院司法技术管理部门在备案名单中，以轮候随机的方式选择确定。拍卖机构确定后，市中院司法技术管理部门将选择结果在法院局域网公布，相关法院根据结果出具拍卖委托书。

3. 拍卖委托

在市中院以轮候随机的方式选择确定拍卖机构以及相关法院根据结果出具拍卖委托书后，拍卖机构和青岛产权交易所确定拍卖会时间，然后将司法拍卖公告交相关法院审核，审核无误后三方分别同时在报刊以及各自网站发布拍卖信息。

4. 拍卖实施

拍卖机构在接受委托后，需查看拍卖标的，熟悉标的情况，并将标的照片通过青岛产权交易所 OA 系统客户端上传至青岛产权交易所网站。青岛产权交易所负责意向竞买人报名和相关咨询工作。报名截止后如有人报名受托拍卖机构指派拍卖师主持拍卖会，宣读竞买须知，法院现场监督，青岛产

权交易所对场地及电子竞价系统进行操作和维护。成交后青岛产权交易所将系统出具单据及买受人资料交拍卖机构转法院同时将案款转账法院指定账户。

市中院在统一摇号环节，全程录音录像，各拍卖机构派人列席，法官和监察人员现场监督；在拍卖环节，各拍卖机构与青岛产权交易所既相互配合又相互监督，各法院在整个拍卖过程中采用远程监控和现场监督相结合，竞买人也可以通过网络实时观看拍卖现场情况，多方有效的参与和监督，确保了整个拍卖过程公开透明，实现了司法拍卖的公开、规范、高效。

二、青岛产权交易所司法拍卖开展情况

青岛市中院于 2012 年底和 2013 年底陆续将司法拍卖和司法变卖纳入青岛产权交易所平台，交易所依据市中院《青岛市中级人民法院司法拍卖工作规定（试行）》（青中法〔2012〕190号）和《青岛市中级人民法院流拍财产变卖工作规定（试行）》（青中法〔2012〕218号）管理规定，陆续制定了《青岛产权交易所涉讼资产进场交易规则》、《青岛产权交易所涉讼资产业务管理规定》、《青岛产权交易所有限公司司法变卖业务管理规定》、《青岛产权交易所涉讼资产资金业务管理规定》以及配套的 30 多个相关表格，将拍卖流程进一步细化到部门及操作岗位。

1. 互联网司法拍卖业务指标

2014 年度，青岛产权交易所受理司法拍卖项目 673 宗，公告 1386 期（含降价公告），全年互联网司法拍卖累计成交项目 199 宗，成交金额 8.67 亿元，挂牌成交率 40.95%（其中暂缓或中止项目 57 宗、处于拍卖公告期项目 130 宗）。

2. 互联网司法变卖业务指标

青岛产权交易所 2014 年受理司法变卖项目 58 宗，涉及金额 2.85 亿元。公告已到期项目 48 宗，处于变卖公告期项目 10 宗。全年互联网司法变卖累计成交 21 宗，成交金额 0.86 亿元，挂牌成交率 43.75%。

3. 司法拍卖典型案例

2013 年 7 月 2 日 10 点 50 分，在青岛产权交易所司法拍卖大厅，随着拍卖师的正式宣布竞价开始，即墨黄酒厂 100% 股权互联网电子竞价正式启

动,标的底价 937.54 万元,经历了长时间的激烈竞争后,最终以 2.3 亿元成交,此次互联网电子竞价共计报价 2947 次,成交价较委托底价增值 23.5 倍,增值金额达到 2.21 亿元。

2014 年 7 月 31 日 10 时整,烟台市牟平区王格庄镇的花岗岩矿采矿权通过青岛产权交易所互联网电子系统进行网络竞价,该标的通过多位竞买人踊跃竞价,最终也以增值率高达 3081.27% 拔得当年增值率排行第一。

三、青岛市司法拍卖优势

(1)青岛市司法拍卖按照省高院"五个统一"精神在青岛产权交易所设立全市统一的司法拍卖厅和交易受理柜台,无论哪个法院的案件、哪个拍卖机构的标的,报名、竞买、确认等手续都集中到同一场所办理,省却了竞买人东奔西跑之苦。

(2)青岛市司法拍卖采用多渠道发布公告模式,能有效扩大拍卖标的影响力,青岛市司法拍卖有效发挥各参与方优势,拍卖机构查看标的、组织看样、挖掘潜在客户;青岛产权交易所现场咨询、重点标的推介、严格审核意向竞买人资料,特别是一些非标准化标的物;各法院则将工作重点放在监督整个拍卖环节。

(3)青岛市司法拍卖方式目前采用互联网电子竞价系统,该系统是由深圳金证科技股份公司和青岛产权交易所联合开发的适用于涉诉类、权益类资产进行网上报价的竞价系统,互联网电子竞价具有以下特点:

第一,避免竞买人之间的相互干扰,有效杜绝围标、串标等传统弊端行为。

第二,竞买人可以随意选择竞价场所和邀请顾问、合作伙伴等一起参与报价,有助于竞买人理性出价。

第三,安全、高效、低成本。目前青岛产权交易所电子竞价系统服务器托管于青岛市政府电政办,由专业人员进行网络维护,确保竞价安全。采用互联网报价模式,竞买人可以随时随地地报价,极大地节省了竞买人的时间成本和交通成本。

第四,拍卖过程阳光透明,市中院可以随时通过网络实时监督整个拍卖会过程,普通竞买人也可以通过网络观看整个过程,而且电子竞价全程电子留痕,便于事后可查。

四、青岛市司法拍卖下一步发展和创新

(1)青岛市司法拍卖目前均采用柜台报名、网上竞价模式,在实行了两年多时间后已得到广大意向竞买人的认可,下一步准备实行线上线下同时报名,可以更加方便意向竞买人。

(2)目前各入册拍卖机构通过青岛产权交易所OA系统客户端登录后直接上传公告和照片至青岛产权交易所网站,市中院有效监督各拍卖机构是否按时按质完成推送。下一步陆续将拍卖标的从委托至结束整个流程完善到系统中,各法院可以随时登录查看自己委托标的进展情况。

探索林权交易平台新模式

云南产权交易所

长期以来,林地合法流转渠道不通畅,流转行为不规范,多数处于无序状态。随着林权确权工作的深入推进,林业经济快速发展,广大林农、农村集体林权交易日趋活跃。在专业交易市场缺失,信息不对称的机制下,"暗箱操作"、价格操纵、低价转让现象屡见不鲜,以致林权投资人、经纪人炒买炒卖林业资源,攫取高额利润,林农的合理转让价值远不能得到客观、真实的体现。随着我国林权制度改革的深入发展,以市场手段推动森林资源资产的有序流转和优化配置已经势在必行。建立专业化的林权交易市场,是实现林权规范和有序流转、促进产业资本向林业产业聚集、推动现代林业产业快

速发展的重要保障。

云南省作为重点林区之一，在加大林权主体改革力度的基础上，健全现代林业服务体系、建立森林资源流转体系，依托制度健全、操作严明、信息公开、监管严格的省级国有产权交易平台，成立云南林权交易中心，为优化林业生产要素配置和促进林业社会化服务提供市场平台，有效推进了林权合理流转，盘活森林资源资产，促进各类林业生产要素的流动和有效组合，为兴林富民，实现市场化配置林业资源创造了必要条件。

一、背景介绍

云南是我国的林业大省，森林资源丰富，生物多样性富集，是中国植物种类最多的地区，全省林业用地面积 3.71 亿亩，占全省面积的 64.71%，活立木蓄积量约 17.12 亿立方米，均居全国第二位。但林业总产值只占全国的 2.39%，在全国排在第 17 位，"大资源、小产业、低效益"的状况依然十分突出，"林业弱、林区困、林农穷"成为云南省林业产业快速发展的瓶颈。林业是一项重要的基础产业，是具有特殊功能的公益事业，在经济建设和社会发展中具有重要地位。省委、省政府历来高度重视林业工作，为加快实现从林业资源大省向林业经济强省的跨越，始终将加快林业改革发展、建设森林云南放在重要战略位置。2006 年，云南省率先在全国开展了以"明晰产权、放活经营、规范流转、综合配套"为主要内容的集体林权制度主体改革。截至 2009 年主体改革已基本结束。在推进主体改革的同时，配套改革也随之深入推进，林业产业迎来新的发展机遇。2013 年 3 月，国家林业局出台了《关于进一步加强集体林权流转管理工作的通知》，要求"各地应加大林权流转引导和规范，建立和完善流转服务平台"。随着新时期集体林权改革的深入推进，促进林权流转和加快建设林权交易市场逐渐拉开了序幕。

云南产权交易所有限公司（以下简称"云交所"）顺应林权制度改革的大趋势，抓住改革契机，认真贯彻落实省委、省政府关于林业产业化发展战略的重要部署，积极发挥产权市场的优势和功能，加快推进云南林权交易平台建设步伐。从 2011 年 5 月起，多次向省政府、省林业厅、省财政厅等相关领导请示汇报，并通过到省外考察学习、加强信息网络系统建设、建立健全交易制度等，形成林权交易平台建设方案建议。2011 年 8 月，就林权交易平台建设事宜邀请相关领导莅临云交所实地调研。2011 年 11 月 7 日，在省政府和省林业厅的高度认可和大力支持下，由省政府领导授牌云交所成立"云南林权交易中心"。经过近两年的努力，云交所林权交易中心已步入规范运作正轨，通过创新交易体制，林权流转已形成一套科学的、成熟的、规范的市场体系，建立了全省统一的林权流转阳光服务平台。

二、主要做法

（一）以"三级联网"方式，建立覆盖全省的林权流转信息共享平台

在云南林权社会化服务体系建设中，云交所积极发挥产权交易机构的优势，以林权管理、评估、交易、融资为主要内容，配合相关单位共同建立了林权社会化服务信息平台，经过不断调试、修改，日臻完善，并通过与林权管理信息系统无缝对接，有效汇聚全省林权基础信息数据，规范全省林权电子档案及林权登记管理制度，为在全省范围内开展林权交易打下了坚实的基础。目前该信息平台已覆盖省、市、县三级行政区域，实现林权登记信息查询、林权流转、融资、保险、林权宗地管理和系统管理等多项服务功能。同时，云交所还配套建立了云南林权交易网、林权交易系统等，与省、市、县三级信息平台联网，共建信息合作平台，实现信息联通、信息共享。

（二）为便捷林农林权流转，构建"管理、交易、服务"一体化的高效服务平台

云交所以"服务林农、便民惠民"为原则，根据云南省森林资源及林权交易的实际情况，不断建立和完善林权交易中心林权流转运行机制，创新业务拓展模式，积极向森林资源丰富且林权交易比较活跃集中的州（市）、县、乡（镇）延伸，与其林业局签署合作协议，以林权管理服务中心为载体，充分利用网络信息技术，不断提高信息资源的利用，深入推进"五统一"平台建设。通过统一交易平台、统一信息披露、统一交易规则、统一资金结算平台和统一监管平台，实现林权流转、交易与林

业主管部门的网络化连接，实现信息化管理与全省林权交易全覆盖。同时，云交所针对林权交易风险高、估价难、融资难等特点，汇聚国内一流专业的律师事务所、会计师事务所、评估机构、金融机构、咨询机构等中介服务资源，建立省、市、县林权管理、林权交易、中介服务为一体的林业产权交易市场，构建了评估、金融、交易机构与林农、林业部门协作的一体化高效服务平台，为林权流转提供专业的全方位服务。

（三）加强试点平台建设，积极推进云南省林权流转业务规范化、操作统一化

2012 年 7 月，林权配套改革试点普洱市林权社会化服务平台正式启动。通过一年时间的试点，云交所紧紧围绕云南省林权社会化服务体系建设的目标，按照省林业厅"进场交易、规范运作、透明操作、服务林农"的要求，加强试点平台建设，建立信息发布系统、网络竞价系统、交易管理系统，与林权社会化服务系统形成有效对接，推进试点林权流转业务顺利、规范开展。在试点中，云交所认真总结经验，完善林权交易制度，优化林权交易流程，形成全省统一的《云南林权交易指南》和《林权社会化服务体系规范手册》后上报省林业厅审核，最终以省林业厅名义下发执行。同时，编写培训教材，制作交易手册、宣传册、PPT 培训文件等，加大宣传力度。以"集中和分点"的形式，对试点普洱市及下辖一区九县进行林权交易业务培训，并逐步将培训工作从试点推广到部分条件成熟的州（市）、县，其中包括昆明市、曲靖市、红河州、文山州及下辖县（市）、区等，努力实现全省林权进场交易，积极推进云南省林权流转业务规范化、操作统一化。

（四）拓展平台功能，打造具有林权市场特色的投融资服务

依托云交所成立的云南林权交易中心，最核心的功能在于交易。通过统一的信息发布平台、先进的网络竞价系统以及公开规范的运营管理，建立起合理的市场制度，为林业资源流转提供专业的交易服务。基于林权交易市场的资源与投资人信息积累优势，云交所联合商业银行、融资担保公司、投融资企业等相关合作机构，为林农和社会投资者提供一系列投融资服务，具体表现为引进企业战略投资者、抵押融资、项目合作伙伴征集、资产处置、寻找投资对象、提供投资渠道等资本性增值服务，帮助解决企业找地难与林农筹钱难的"两难"问题，加大对林业发展的资金投入和林业产业的投资规模，增强林业经济的实力和活力，实现产业资本与金融资本的深度融合，逐步建立适应林业产业投资发展的多元化、社会化的投融资服务体系。同时，通过加强信息共享机制和内控机制建设、营造有利的金融政策环境等举措，积极推进集体林权制度改革与林业发展的金融服务工作。

三、取得成效及启示

（一）有效解决信息不对称，确保集体资产保值增值

专业规范的交易市场、林权流转信息共享平台的建立，是实现买卖双方信息互动的理想平台，不仅能有效解决市场供求信息不对称，降低交易双方的搜索成本、调查成本、谈判成本等一系列交易成本，提高交易效率，而且能有效构筑起防治腐败的坚实"屏障"，杜绝"暗箱操作"，预防腐败。同时，通过汇聚林权信息和资源，充分发现买主，发现价格，形成良性竞争机制，避免传统资产评估可能造成的价格偏差，避免一对一谈判或幕后交易产生的低价转让，从而最大限度地实现集体资产保值增值。

（二）以县级林权管理服务中心为核心，实现一站式林权交易服务

云南省林地数量多且较为分散，多集中在县、乡（镇）一级，云交所以县级林权管理服务中心为核心，覆盖乡（镇），完成了林权流转规范化、林权管理信息化建设工作，构建了一套完整、规范、简便的林权流转服务体系。通过统一的流转信息发布窗口、统一的业务规则、先进的网络电子竞价系统，实行规范的市场化运作，形成与各地林权管理服务中心的高效协作，以信息化、网络化的方式将全省林权交易业务进行联动，实现林权流转信息查询、审核与受理、林地勘察、信息发布、交易、鉴证、权属变更等一站式服务。

（三）试点平台建设，形成良好示范效应，顺利通过专家组验收

普洱市作为云南省"林权社会化服务体系建

设"的试点，在全省率先建立了林权社会化服务信息平台，通过采取行政管理与社会化服务相结合的运作方式，搭建了以管理、交易、服务三大职能为主的新型林权流转平台，实行林权证动态管理，收集发布林权流转供求、林权抵押贷款等信息，规范林权市场化流转。云交所通过创新交易体制，充分利用市场手段，提高"资源、资产、资金和资本"的流转效率，降低流转成本，推动林业要素进行市场化、资本化运作，有效盘活森林资源，优化森林资源配置，圆满完成普洱市江城县林权交易试点工作，形成良好示范效应。2013 年 6 月，林权社会化服务信息平台顺利通过专家组验收，专家组认为，试点交易工作具有探索性、实践性及可操作性的特点，具有推广价值，对促进云南省林权制度改革的深化、推动云南省林业产业化和规模化发展具有重要意义。

以产权视角推动对俄经贸合作创新升级

黑龙江联合产权交易所

俄罗斯是我国重要的经济合作伙伴，截至 2012 年末，中俄双边经贸额达到 900 亿美元，预计到 2020 年前将提高到 2000 亿美元。随着中俄经贸合作的日益加深，企业购并与重组、股权交易、大宗商品交易、项目投融资、资金结算、交易鉴证以及其他方面合作将全方位展开。黑龙江省委、省政府高度重视对俄经贸合作，按照党的十八大报告关于"统筹双边、多边、区域次区域开放合作"和"发展多层次资本市场"的要求，明确提出建立对俄跨境市场、对俄期货商品交易市场以及对俄经贸合作项下产权交易促进体系。黑龙江联合产权交易所（以下简称黑龙江联交所）经过一系列调查研究，提出了搭建中俄联合产权交易市场的初步设想。

一、搭建中俄产权交易市场的必要性

（一）有意义

一是有利于促进中俄经贸合作和创新，实现互利共赢。中俄联合产权交易市场的建设，支持中俄企业之间的合营、参股、控股、并购、投资建设等，有利于推动中俄双方企业的合作方式向多元化、市场化方向发展。中俄联合产权交易市场的建设，为中俄园区、企业利用中俄投资基金、中俄地方合作基金以及中俄金融机构进行直接融资、投资、合作开发提供了平台，有利于促进中俄产业项目投资合作。中俄联合产权交易市场将通过信息网络发展电子商务，打造中俄大宗原材料采购平台和中俄期货商品交易市场，有助于创新中俄之间能源、木材、金属等大宗商品贸易方式。中俄联合产权交易市场的建设，有利于鼓励黑龙江省企业对俄投资，促进黑龙江省与俄罗斯的合作，深化黑龙江省对俄开放"桥头堡"和"枢纽站"作用。二是有利于建立双方企业互信的平台机制。中俄双方企业由于地缘政治因素、国家体制因素、经济制度因素等方面的差异，在一定程度上限制了两国的经济合作和发展，尤其是民间投资与合作。在此背景下，通过中俄联合产权交易市场公开规范的制度设计，以双方共同认同或接受的方式，提供安全、稳定、可靠的交易、融资、结算等服务，将有利于保护双方正当权益，降低合作风险，从而吸引更多投资者加入到经贸活动中来。

（二）有需求

俄罗斯加入世贸组织后，将迎来自身经济发展和对外经贸合作的新起点，同时也预示着中俄经贸合作将进入一个新阶段，有利于中国企业走出去开拓俄罗斯市场，这为中俄联合产权交易市场提供了新机遇、新任务。中俄互为最大邻国和最重要的战略合作伙伴，在能源、高科技、金融等领域的合作不断向纵深发展，相互投资稳定增长，截至 2012 年末，仅我国对俄投资额就达到 120 亿美元，这些投资所形成的产权、股权需要流动平台和退出渠道。《中国东北地区面向东北亚区域开放规划纲要（2011~2020）》和《2025 年前远东和贝加尔地区经济社会发展计划》的相继出台，为中俄邻界地区的发展创造了条件，提供了机遇，这将为中俄联合产权交易市场提供可观的交易业务。中俄两国实施创新发展和结构调整战略，十分需要中俄联合产权交易市场为双方项目合作提供服务。中俄投资基金全面启动，据统计，所投项目 70% 在俄方，需要中俄联合产权交易市场提供投资退出渠道。中方、俄方及双方共建的工业园区、保税区内的项目建设，也需要中俄联合产权交易市场提供融资服务。

（三）有前景

一是中俄在能源、高科技、金融等领域的合作不断向纵深发展，贸易结构日趋完善，相互投资稳定增长，预计 2020 年将达到 2000 亿美元，中俄之间稳步增长的贸易合作为中俄联合产权交易市场创造了大量的交易机会。二是中俄正重点推进图瓦铅锌矿等 5 个矿产合作项目、中俄林业合作二期规划等 16 个林业合作项目、远东地区 6 个农业合作项目和 2 个水产合作项目、乌苏里斯克建筑及建材等 7 个建筑及建材项目、同江铁路大桥等 4 个交通基础设施建设项目、天狼星电站工程等 10 个综合项目，这些大项目建设为中俄联合产权交易市场提供了大量的业务资源。三是中俄之间的矿产、石油、化工、木材等大宗商品交易，交易面广，交易额大，为中俄联合产权交易市场增加了交易量。四是黑龙江省的科技部门、科研院所和一些专家、学者掌握着俄罗斯许多科研机构的技术成果清单，但由于缺乏撮合技术商品交易的中介服务机构和咨询评估机构，俄罗斯许多科研机构的技术成果至今得不到评估，难以实现技术商品的转让和交易，这为中俄联合产权交易市场提供了交易创新机会。

（四）有条件

一是政府高度重视。当前，中俄经贸合作特别是地方间的合作面临着新的重要机遇期。黑龙江省委、省政府提出了加速推进对俄经贸合作创新发展与转型升级战略部署，制定了到 2015 年和 2020 年黑龙江省对俄经贸发展的中长期发展目标。为切实推动对俄经贸合作创新发展与转型升级，发挥黑龙江省对俄合作"桥头堡"、"枢纽站"作用，中俄联合产权交易市场至关重要。为此，省政府指派专门机构对组建中俄联合产权交易市场的可行性进行调研，省商务厅提出依托黑龙江联交所建设对俄经贸合作项下产权交易促进体系，切实解决中俄两国法律制度和产权制度差异问题，为国内外企业参与对俄经贸合作搭建科学规范、顺畅高效的市场进入和退出保障机制。二是前期准备充分。黑龙江联交所由总部、12 个地市子公司组成，正在推进 60 个县级分公司建设，将逐步形成"1+12+60"的市场体系，下设黑龙江省股权登记托管中心、黑龙江省公共资源交易所和全国同行业唯一的博士后科研工作站，配备了齐全的软硬件设施。同时，黑龙江联交所自成立以来，就将搭建中俄联合产权交易市场作为一项重点工作，依托下设的博士后科研工作站进行了大量的调查研究，充分论证了中俄联合产权交易市场的运作模式、经营范围、盈利模式等。黑龙江中俄科技合作及产业化中心、四川天府商品交易所、天津贵金属商品交易所、强国（天津）中俄商品交易市场有限公司等机构均表达了合作共建中俄联合产权交易市场的意愿。

二、搭建中俄产权交易市场的模式

中俄产权交易市场将采取"一个市场、一套网络、四个业务平台、多个分支机构、会员广泛参与"的运作模式，业务范围涉及中俄产权交易、股权交易、知识产权转让、技术产权转让、大宗商品交易、企业并购重组、企业增资扩股、项目融资、工业园区（保税区）建设项目融资等。交易品种涉及石油、石油产品、天然气、电力、金属、木材、林产品、农产品、食品、航天、运输、矿产资源开采开发、机器设备、科技产品、知识产权、新能源、新材料等。

（一）"一个市场"

"一个市场"即中俄联合产权交易市场。由中俄两国政府主导，黑龙江省政府牵头，在有关部门的指导下，由黑龙江联交所会同中俄两方的有关机构，共同出资设立。为便于业务开展，在中俄双方各设一个总部，分别负责本国的产权交易、投融资等业务。中方平台负责在中国的项目以及中方在俄罗斯投资形成的项目，俄方平台负责在俄罗斯的项目以及俄方在中国投资形成的项目。

（二）"一套网络"

"一套网络"即搭建统一的网站信息发布系统，分为中文版和俄文版。无论是中方的项目，还是俄方的项目，统一在该网站进行信息发布、招商、交易等。

（三）"四个业务平台"

"四个业务平台"即为实现中俄双方的信息流、物流、资金流等资源对接，市场创建初期提供产权交易、大宗商品交易、投融资、鉴证及结算四项服务。

（1）中俄企业产权交易平台。通过黑龙江联交所的市场平台、投资人资源以及中介服务机构，为中方、俄方及中俄合作的企业、科研机构、自然人提供产权交易、股权交易、知识产权转让、技术产权转让等产权交易服务。

（2）中俄大宗商品交易平台。充分发挥黑龙江省对俄枢纽的区位优势，为中俄两国的机器设备、矿物燃料、木材、钢材、肥料、化工产品、有色金属、纸浆、粮食等资源交换提供大宗商品交易服务，搭建功能完善的电子交易系统、财务结算系统，并提供配套的咨询策划服务。

（3）中俄项目投融资平台。汇集融资项目，为投资者提供投资机会；汇集投资者，提供融资服务。通过与中俄两国的银行、证券、基金、投行等机构合作，为中方、俄方及中俄合作方提供企业并购重组、企业增资扩股、项目融资、工业园区（保税区）建设项目融资等提供投融资服务。

（4）中俄经贸合作鉴证和结算平台。增强中俄联合产权交易市场的公信力，充分发挥交易市场的"增信"功能，为中俄企业之间、企业与个人之间以及个人之间的业务合作提供鉴证服务；同时，通过龙江银行、哈尔滨银行等金融机构，为交易双方提供安全、高效、有序的跨境资金结算服务。

（四）"多个分支机构"

为扩大中俄产权交易市场的覆盖范围，根据需要，可在中俄两国分别设立全资子公司，负责办理各自区域内的产权交易、投融资等业务。

（五）"会员广泛参与"

引入会员机制，充分活跃市场，提高项目成交率。招募银行、证券、基金、金融、科研机构、园区管委会、经纪、担保、投资、资产管理、律师、审计、评估（尤其是专业的科技产品评估机构）等各类会员机构，吸引我国地方政府及投融资机构、俄远东州政府及投融资机构，与俄罗斯及远东州设立的交易所合作，充分发挥会员机构的优势，为参与市场的各方提供优质服务。

三、搭建中俄产权交易市场的难点问题

搭建中俄产权交易市场，为中俄两国贸易提供金融服务和交流平台，促进两国在科技、文化、艺术等领域互利双赢，共同打造互动式商贸联合体，是一个重大而又复杂的工程，需要各方的共同努力。主要有以下几项难点问题：

（一）充分取得政府的大力支持

搭建中俄联合产权交易市场，促进中俄两国资源、资本的有效对接，仅靠产权市场的力量是不够的。因此，需要有关部门牵头向省政府申请依托黑龙江联交所搭建中俄联合产权交易市场，并将中俄联合产权交易市场作为黑龙江省"十二五"规划的重点工作，必要时通过省政府向国务院汇报，将中俄联合产权交易市场上升为国家战略规划。

（二）找准两国政策、法律的契合点

一方面，俄方政策环境变化大，市场不成熟，不稳定因素多；另一方面，中俄两国关于产权交易、投融资等方面的法律差异较大。这就需要在前期组织专业人员对两国的政策、法律进行深入研究，找到中俄双方均认可的契合点，便于业务的顺利开展。

（三）组建专业的管理运营团队

产权交易工作牵涉面广、过程复杂，对人员素质有着较高的要求，同时由于做的是跨国业务，需要精通两国语言、熟悉经济环境与政策法规的专业人才。因此，需要多渠道选聘专业人才加入。

（四）找准中俄产权交易的业务突破口

根据现有条件，将中俄共建的工业园区、中方或俄方的保税区中的企业产股权转让、项目融资以及中俄双方的大宗商品交易作为重点交易品种；利用黑龙江中俄科技合作及产业化中心的优势，也可将俄方技术产品转让作为重点交易品种；利用俄重点发展远东地区以及与黑龙江省交界的优势，将俄远东各州作为寻找企业及项目资源的重点区域。

黑龙江联交所将充分发挥区位优势，用足用好

各类优惠政策及各项便利条件和保障措施，努力建立健全中俄产权交易市场，建设中俄双方企业互信、股权交易的平台机制，促进中俄企业形成你中有我、我中有你、股权交叉、利益锁定的新格局，以产权视角推动对俄经贸合作创新升级，创造中俄贸易互通往来更加辉煌的明天！

浙江国资租赁业务插上互联网的翅膀

浙江产权交易所

2015 年是互联网的时代，传统行业插上了互联网的翅膀后大都进入了一个全新的飞速发展期。浙江产权交易所为国资租赁业务引入互联网基因，借助互联网的思维模式使传统的国资租赁业务插上了互联网的翅膀。

一、背景介绍

2013 年 9 月浙江省国资委下发了浙江省国资委关于印发《浙江省省属国有企业重大资产处置监督管理暂行办法》的通知（浙国资发〔2013〕7号），文件第六条特别规定"本办法所指的处置包括转让所有权或出租等有偿让渡资产使用权的行为"。第十二条规定："省属国有企业重大资产出租行为应遵循下述基本程序：（一）内部决策。应当根据内部资产管理制度做好重大资产出租的市场调研，按照内部决策程序进行审议，并形成书面决议。（二）制定出租方案。应当按照出租标的实际情况，制定出租方案。除法律、法规另有规定外，出租不得对承租方资格设置不合理的限制性条件。（三）发布出租信息。应当将重大资产出租信息在浙江产权交易所网站和其他专业媒介上发布，广泛征集承租方。资产出租公告期不得少于 10 个工作日，出租公告期自公开发布信息之日起计算。（四）确定承租方。企业应根据价格优先原则，确定合适的承租方。经公开征集产生两个以上意向承租方时，应通过竞价、招标或拍卖等方式择优选择承租方。出租合同期限延长以及租金向下调整等合同变更情况应重新签订出租合同，并按照前款要求执行。"对省属国有企业租赁项目进场交易制定了详细的规则。

根据目前的市场形势，针对租赁业务浙江产权交易所与时俱进，一方面为租赁业务制定了规范的进场流程和严格的内控机制；另一方面为租赁业务插上了互联网的翅膀，充分发挥信息资源优势和资源配置功能，做了一些开创性工作，取得了一定的实效。

二、主要做法

（一）重塑挂牌流程

2015 年浙交所租赁录入系统正式上线，一直以来国有企业租赁项目采取出租方提出挂牌申请准备挂牌资料，交易机构人员对挂牌资料审核确认无误后再录入系统发布的模式。浙交所租赁录入系统的正式上线，重塑了挂牌流程，将事先审核变为事后审核，交易机构人员录入变出租方人员录入。交易机构只对项目的合规性审核，由出租方对项目录入的真实性负责。为租赁项目插上了网络的翅膀，大大缩短了挂牌准备时间与工作量。

（二）注入互联网基因

随着网络化生活程度的不断提高，越来越多的人通过网络获得买房、租房等房源信息。在大数据时代的背景下，浙交所与时俱进与 58 同城、房途网、搜房网等知名网络房产中介开展深度合作。同时利用大众流行的微信公众号朋友圈等方式，浙交所通过多渠道网络发布租赁信息，拓宽了信息的受众面，促进了项目的成交，大大提升了项目的溢价率。

（三）拓宽传统宣传渠道

传统中介与交易机构相比，传统中介有着独特的渠道优势与客户资源。为此浙交所与杭州华邦房地产有限公司合作，利用其在房地产市场的专业性和影响力，为浙交所的房产买卖、租赁项目做前期的推广及成交后的贷款等服务，大大拓宽了传统的宣传渠道。

三、成效及启示

案例：望湖宾馆商业区商铺整体招租项目在浙交所平台实现溢价 23%。

浙江省旅游集团项下望湖宾馆商业区商铺整体招租项目在浙江产权交易所挂牌，公开招租。

2015 年 2 月 16 日上午，在浙交所交易大厅组织了该项目的网络电子竞价会，2 家意向承租方通过 20 轮的激烈报价，租金起始价为 1900 万元/首年的出租项目，最终以 2337 万元/首年的价格竞租成功，溢价率达到 23%，15 年总租金溢价达 6960 万元。

该项目最终竞得方为浙交所通过互联网渠道征集。该项目的成交充分体现了《浙江省省属国有企业重大资产处置监督管理暂行办法》对促进国有资产保值增值和规范交易的意义；也体现了产权交易平台注入互联网基因后的客户集聚和价值发现功能的提升，整个项目交易过程实现了高度的市场化和阳光化。同时该项目高溢价成交为浙交所今后进行大型物业租赁项目进场交易积累了宝贵的经验。

重庆区县产权市场创新探索与实践

重庆联合产权交易所　张西建

"规范、创新"是国务院国资委对全国产权市场发展的一贯要求，规范是"生命线"，创新是永恒动力。按此要求，2011 年，重庆联合产权交易所（简称"重交所"）明确提出"二次创业"的转型思路和"三个延伸"的发展路径（诉讼资产交易模式向全国延伸、国有产权交易模式向社会资产延伸、互联网交易系统向公共资源交易领域延伸）。

近年来，在总所的引导和鼓励下，分支机构大胆创新探索与实践，使区县产权市场发生了翻天覆地的变化，2013 年实现交易额 408 亿元，是 2010 年的 16 倍。为全面掌握区县产权市场的创新动态，2014 年 1~3 月，我们到 28 个区县调研，与区县党政领导和分支所长及员工深入交流，并对下一步发展达成共识。

一、总体判断：区县产权市场步入创新时代

调研中，区县产权市场的发展令人鼓舞，分支机构员工的进取精神深深打动调研组每个成员的心。我们的总体判断是，重庆区县产权市场全面步入创新时代。

标志一：创新交易量大幅超过传统业务

2010 年，重庆区县产权市场主要交易品种为地方国有产权和诉讼资产，几无创新，交易额 25 亿元。2011 年，分支机构积极探索业务创新，当年实现交易额 60 亿元，比上年增长 140%，其中创新业务交易额占到 58%。2012 年，区县产权市场继续强势增长，实现交易额 177 亿元，其中创新业务 154 亿元，占 87%。2013 年，区县产权市场突飞猛进，实现交易额 408 亿元，比上年增长 131%，其中创新业务 390 亿元，是传统业务的 21 倍多。可以说，创新推动了区县产权市场的跨越发展。

标志二：创新点多面广并成为新的业务支撑

近几年，通过典型带动以及相互交流学习，区县创新已形成"点多面广"之势。2013 年，30 个分支机构开展了业务创新，占全部远郊区县的 97%。创新品种包括土地出让、国有资产租赁、国有一手房销售、商品房销售、集体资产转让、民营资产转让、个人二手房（二手车）转让、林权转让、农产品销售、招商引资、项目经营权转让，以及河道采砂权、广告经营权、停车位经营权、混凝土搅拌站经营权、出租车经营权等特许经营权出让。

其中，土地出让、国有一手房销售、国有资产

租赁等创新品种由点到面，成为区县产权市场新的业务支撑。2011年6月，涪陵分所率先实现与公共资源交易平台土地出让业务合作，用重交所互联网交易系统替代传统现场拍卖，当年完成土地交易额28亿元，单宗土地最高增值119%。在涪陵分所的带动下，黔江、永川、忠县、云阳、璧山、垫江、南川、大足、双桥、荣昌、彭水、石柱、秀山、巫溪、奉节、江津、合川、铜梁、开县、城口、潼南等23个区县分支机构先后与当地公共资源交易平台建立土地出让合作关系，成为对区县产权市场交易额贡献最大的业务板块。2011年1月，秀山支所在国有一手房销售领域首开先河，将渝东南农副产品交易市场B区、D区商业店铺引入支所交易，为支所创收89万元。其后，石柱、彭水、南川、丰都、万盛、云阳、永川、璧山、铜梁、长寿、合川、忠县、巫山等区县陆续跟进，成为对分支机构交易收入贡献最大的板块。2011年2月，开县滨湖公园试验段内小卖部房屋进入开县支所公开招租，增值99%，社会反响强烈，云阳、彭水、垫江、大足、合川、忠县、巫山、奉节、城口、永川、璧山、荣昌、双桥、黔江、酉阳、石柱、秀山、涪陵、武隆、綦江、万盛、长寿、南川、铜梁等25个区县纷纷跟进，成为区县分布最广的创新品种。

标志二：创新已经成为分支机构的自觉行动

调研中，分支机构员工高昂的创新热情令我们深受感动，他们主动进取、满腔热血的工作画面不断在我们脑海里闪现：涪陵的汪建平，为配合总所土地合作延伸，正激情昂扬地向来访客人介绍合作的经验和成效；璧山的刘隆平，刚说服领导将项目纳入平台交易，又忙着与业主磋商工作细节，直到深夜才拖着疲惫的身体走在回家路上；忠县的刘洪英，为促成土地尽快交易，主动承担公共资源交易平台相关工作；彭水的廖东，在国有存量资产较少的情况下，为争取更多的社会资产交易项目，其奔波忙碌的身影不断出现在各单位、企业；铜梁的段礼华，正在伏案查阅县内各单位、企业的资产动态，苦苦寻找交易机会；开县的李晓军，正向相关领导、单位宣传介绍重交所价值发现和源头防腐优势，极力争取更多项目进场；黔江的吴晓刚，正带领业务团队赶赴成都，与出租方反复磋商招租方案；长寿的陈春云，正冒着烈日，到标的现场逐个

查看富余安置房的具体情况；永川的陈子建，正奔赴贵州、新疆，与转让方商讨异地项目进场交易事宜……

正是他们的不懈努力和孜孜追求，为区县产权市场创新发展谱写崭新的篇章。2010年前，涪陵分所年交易额3亿元，自与公共资源交易平台合作开展土地出让后，交易规模迅速提升，2013年达到88亿元，超过国内中等交易机构规模，成为区县平台业务合作的典范。针对2012年业务萎缩的困境，渝东南分所在广泛市场调研并对流标项目认真分析后，主动与转让方建议协商，将转让处置调整变更为资产租赁，单笔创收145万元，为区县产权市场引入招租业务树立了榜样。类似的情况还在璧山出现。2012年上半年，璧山支所经营举步维艰，还靠总所的支援维持，7月新所长上任后，主动出击，大胆创新，引入国有开发项目进场销售，当年实现收入480万元。永川、合川、长寿、垫江、铜梁、荣昌、开县、忠县、云阳、彭水、石柱等一大批区县产权市场，依靠创新，纷纷进入良性发展的快车道。

二、市场潜力：区县产权市场创新空间无限

重庆区县产权市场已形成的创新业务，归纳起来有国有产权创新、政府特许经营权、国有土地出让和社会资产四大领域，几乎涵盖全社会绝大多数权益性资产（源）交易，具有无限的发展空间。

（一）国有产权创新

国有产权创新业务，指属国有单位所有，但依据现行法律、法规，无须进入产权市场公开处置的国有产权交易业务，如国有开发项目销售、国有资产租赁等。

1. 国有开发项目销售

国有开发项目，主要包括区县国有企业开发的商品房（含住房、商业店铺、写字楼、停车位和其他建筑）、国有企业或国有单位投资修建的剩余保障性房（含安置房、经济适用房、廉租房、公租房及其配套商业店铺、停车位）、各类公益设施（如公园、广场等）的配套商业店铺等。

国有开发项目进入产权市场公开销售，除能降低项目业主销售成本和增加收益外，更重要的是可

以有效杜绝项目销售过程中的"关系房"、"特价房"等权力寻租行为，助推地方廉政建设。2011年，原万盛区某棚户改造小区交由万盛直属支所面向安置户公开销售，彻底消除了安置房分配过程中的不公现象，有效化解了社会矛盾，群众非常满意。2012年4月，石柱国投公司开发的商品房通过产权市场公开销售，创造了国内商品房销售的新模式，既实现了房屋应有的市场价值，又降低了销售成本。2012年6月，铜梁县某园区部分标准厂房在铜梁支所以3.07亿元整体转让成功，创造了区县产权市场单个国有开发项目销售金额之最。璧山掀起这一创新的高潮，2012年8月，该县重点建设项目"南河丽景"小区的122间店铺，在璧山支所的精心组织下，以8956万元成功转让，增值2667万元，平均增值率42%，得到了县委、县政府和委托方的高度评价，成为产权交易市场创新开展国有开发项目销售的典范。

目前，重庆有15个区县产权市场引进了国有开发项目销售与招商业务，成效显著。2012年，在国有政策性业务大幅下滑的情况下，区县产权市场国有开发项目销售创收1200万元，成为区县当年业绩贡献的最大板块。据了解，重庆远郊区县每年可用于公开销售的国有开发项目在100亿元以上，市场潜力巨大。区县产权市场介入国有开发项目销售，大有可为。

2.国有资产租赁

国有资产租赁，主要包括区县党政机关、社会团体、事业单位和国有企业的闲置资产、经营性资产的使用权或经营权租赁。

国有资产低价出租与国有资产低价贱卖在本质上都属于国有资产流失，应该纳入规范范围，但现行的法律法规对此尚无明确规定，缺乏有效监管。而《合同法》第二百二十九条"租赁物在租赁期间发生所有权变动的，不影响租赁合同的效力"和第二百三十条"承租人享有以同等条件优先购买权利"的规定，成为一些人低价套取国有资产的方式。例如，某单位资产在处置之前，以较低租金、较长租期出租，但在租赁期间转让该宗资产时，就必须面临"要么赔偿原承租人损失收回所购资产，要么继续履行原租赁合同获得长期低水平回报"的困扰，这往往迫使意向购买人放弃购买，由原承租

人以较低价格"优先"购得，形成国有资产的流失。因此，从保证国有资产保值增值的角度讲，国有资产租赁应当进入公开市场。

经过两年多的努力，重庆绝大多数区县国有资产通过产权市场公开挂牌招租，涌现了一大批经典案例。2012年5月，黔江区鸿业集团"金冠酒店18年整体招租"项目，以年租金460万元，总租金9386万元成功招租，比挂牌价2040万元增值7346万元，增值率360%。2013年2月，合川区南城花园小区9间商业门面招租项目，年租金挂牌价13.32万元，成交价65.26万元，增值51.95万元，平均增值407%，最高增值810%。2013年3月，彭水县中业集团北大街门面招租项目，挂牌价9万元，成交价26.25万元，增值率192%，单位租金高达1098元/月·平方米。2013年6月，荣昌县体育馆游泳池经营权租赁，挂牌价34万元，成交价80.5万元，增值137%。仅2013年，区县产权市场共完成国有租赁项目224宗，交易额2.76亿元，平均增值超过100%，在社会各界引起了强烈反响。为此，合川、长寿、涪陵、荣昌、永川、梁平等区县政府出台文件，要求国有资产租赁项目强制进场公开招租。

（二）政府特许经营权

目前，除户外广告位经营权、排污权、碳排放权等少数政府特许经营权由市政府明文规定，必须进入重交所及其分支机构公开交易外，河道采砂权、混凝土搅拌站经营权、加油（气）站经营权、长途公交线路经营权、出租车经营权、公共停车场管理经营权、电视（台）频道广告经营权等多数类别未予明确。

近年来，区县产权市场在这方面作了大量探索，取得了良好的效果。2009年5月，彭水县一宗河道采砂权进入彭水支所公开出让，挂牌价2万元，成交价50万元，增值24倍。2010年9月，南川区一宗混凝土搅拌站经营权出让，挂牌价200万元，成交价2654万元，增值12倍，该案例曾于2011年全国"两会"期间在北京人民大会堂滚动播放。2011年9月，巫山县56个出租车经营指标通过巫山支所向社会公开投放，有效化解了社会矛盾。2012年12月，綦江商务局电子屏幕广告经营权通过支所公开招商，挂牌价2万元，成交价32.6

万元，增值 15 倍。2013 年 4 月，垫江县电视频道广告经营权在垫江支所以每年 165 万元成功出让，出让双方对重交所平台的公平公正非常满意。2013 年 6 月，黔江城区三个标段停车位经营管理权通过渝东南分所成功交易，合计成交 197 万元，比挂牌价 60 万元增值 137 万元。永川、开县、城口、长寿、合川等区县也开展了这类业务，效果非常明显。

政府特许经营权由于种类多、分布广、涉及单位部门多，因此，做好这类政府管控权益的公开交易，对提升政府社会管理水平，提高产权市场的公信力、影响力具有重要作用。

（三）土地出让合作

按照重庆现行规定，远郊区县国有建设用地使用权出让（简称"土地出让"）应当进入当地公共资源交易平台。区县产权市场与公共资源交易平台合作开展土地出让，具有重要的现实基础：一是两个平台都是党委政府建立的阳光交易平台，开展业务合作，可以实现优势互补，更有利于平台功能发挥；二是土地出让与产权交易原理相同，在符合基本受让条件的前提下，价格是主要决定因素；三是产权市场建立时间比公共资源交易平台更早，交易管理和信息化水平相对比较成熟，平台合作可以少走弯路，避免重复建设；四是产权市场化配置资源的措施运用得更充分，可以使经营性土地实现更高的价值，增加地方财政收入。

截至 2013 年底，重交所累计与 17 个远郊区县政府签订了战略合作协议，与 23 个区县公共资源交易平台建立了业务合作关系，目前已进入全面深化合作阶段。2013 年，区县产权市场与公共资源交易平台共合作完成土地出让 315 宗，实现交易额 368 亿元，其中经营性土地平均增值率 21%，单宗地最高增值 228%，对两个平台的影响力提升和公信力建设起到了重要的推动作用。

（四）社会资产交易

为全社会资产交易提供服务是产权市场发展的终极目标，也是产权市场生命力的不竭源泉。其中民营企业资产、居民个人二手房资产是产权市场延伸服务的主要领域。

近三年来，涪陵、永川、黔江、万州、开县、垫江、铜梁、南川、璧山、石柱、彭水、云阳、梁平、綦江、丰都等区县产权市场引进了一批社会资

产项目。2011 年 5 月，青啤（重庆）公司部分资产整体转让项目在垫江支所协议成交，成交价 1997 万元。2011 年 12 月，永川区汇龙大道 720 号民营资产转让项目在渝西分所协议成交，成交价 2400 万元。2012 年 5 月，重庆巫溪湾滩河电站 41.35% 民营股权在云阳支所公开挂牌转让，挂牌价 1282 万元，成交价 1560 万元，增值 21.67%。2012 年 10 月，璧山沿河西路南段 72 号民营房地产整体转让项目在璧山支所协议成交，成交价 8500 万元。

从总体上看，区县产权市场社会资产交易量较小，成交率不高，增值效果也不明显，但从长期健康发展需要出发，有必要继续深入探索。通过对以往案例的分析，开展社会资产交易，关键是要破解"谁来做"和"价格怎么确定"两个难题。一方面，可以探索与社会经纪人合作，解决项目资源、专业素质和特色服务问题；另一方面，可以引入社会评估机构对进场项目合理定价，以解决资产定价虚高问题。可喜的是，重交所与重庆影响力最大的三家二手房中介机构已联合组建了二手房交易平台——重庆联房通融投资股份有限公司，重点切入二手房电子商务、融资服务和资金结算环节。条件成熟后，区县产权市场可借助该平台拓展二手房交易。

三、社会价值：创新推动市场转型和社会管理变革

开放度、市场度、创新度是衡量产权市场成熟与否的主要标志。成立区县产权市场的初衷，是为了规范国有资产转让行为，防止国有资产流失。作为政府公信力载体的要素市场，其更高的追求是充分发挥市场在资源配置中的决定性作用，为全社会资产（源）的有序流转和优化配置提供服务，推动经济社会全面发展。

从自身发展角度讲，创新可以推动产权市场转型升级。一方面，区县国有资产总量较小，交易量有限。据统计，31 个远郊区县（含经济开发区）每年国有资产交易量不足 10 亿元，平均每个区县仅有 3000 万元，若局限于国有资产交易，产权市场不可能有大的发展。另一方面，产权市场作为区域性要素配置市场，基本功能是集聚资源和配置资源，因此，只有不断创新，才能吸引更多的资源要素、资本、投资者、金融机构、中介机构、专业人

才在平台集聚，提高资源配置速度、效能，从而不断提高服务区域经济社会发展的能力，平台自身才具备持续发展的生命力、竞争力。这次调研，让我们亲身感受到创新给区县产权市场带来的显著变化，增强了我们对分支机构未来发展的信心。如国家级贫困县彭水，在县域经济总量偏小的情况下，依靠创新，实现了业务的持续健康快速发展，仅2013年交易额即超过13亿元，是2010年的80倍。革命老区城口，全县户籍人口25万人，经济总量全市最小，多年国有产权交易量几乎为零，近期通过学习借鉴其他区县的创新经验，将河道采砂权、资产租赁、土地出让等创新业务引入平台交易，经营状况明显改善，2013年，完成交易额3.5亿元，是前6年总和的4倍。可以说，创新推动了产权市场的转型升级，并赋予平台持续发展的生命力。

从社会管理角度讲，产权市场创新开展政府公权资源市场化配置，能够有效地推动政府管理创新。首先，符合当前改革的总体要求。党的十八届三中全会明确要求，"必须积极稳妥从广度和深度上推进市场化改革，大幅度减少政府对资源的直接配置，推动资源配置依据市场规则、市场价格、市场竞争实现效益最大化和效率最优化"；市委四届三次全会也提出，"坚持正确处理政府与市场、与社会的关系。科学界定政府的行为边界，该政府管的要坚决管好，不该管的不去干预，做到不越位、不错位、不缺位，充分发挥市场机制在资源配置中的决定性作用，更好发挥社会力量在管理社会事务中的作用"。产权市场是我国目前市场化程度最高的非标准化、权益性资产（源）交易要素市场，通过产权市场配置政府公权资源，符合当前改革的基本方向。其次，可以提高交易的公正性与透明度。产权市场是独立的第三方交易平台，符合"管、监、办"分离这一国家行政管理改革的根本要求和基本准则。政府的公权资源通过产权市场处置，可以打破部门、区域、行业的利益争夺和权力寻租，实现交易的公开、公平、公正，维护政府的公信力。最后，可以降低社会管理成本，提高社会管理水平。政府的一级土地出让、特许经营权出让、国有资产租赁等通过产权市场公开交易后，相关单位无须再配置人员、场地和设施设备处理这类事务，既能够减轻财政负担，又可以依靠产权市场先进的

交易方式和市场化手段，提高资产（源）的配置价值和效率，增加财政收入。2012年6月，城口县一宗河道采砂权通过产权市场公开出让，挂牌价15万元，成交价119万元，增值693%。2012年11月，开县城区三个片区公交车站274个广告位经营权进入开县支所交易，挂牌价36.4元/年，成交价79.8万元/年，平均增值119%，单宗最高增值212%。2013年1月，万盛经开区首宗事业单位房屋通过产权市场成功招租，增值率100%，为财政增加收入332万元。2013年10月，城口某国有土地使用权通过产权市场公开出让，挂牌价10097万元，成交价16997万元，增值69%。在这些公权资源交易过程中，代表政府行使管理职能的部门（单位）公信力得到了提高，财政性收益增加且管理成本降低；投资者需要的资源要素得到了及时有效配置，更好地推动了实体经济发展；产权市场集聚的资源更加丰富，市场更加活跃，服务经济社会发展的能力进一步提高。

四、长效机制：创新常态化依靠内在核心竞争力

巩固和提升重交所内在的核心竞争力，是支撑区县产权市场推动创新的坚实基础，也是实现长期可持续发展的必要前提。

（一）良好的平台公信力

重交所是重庆市政府建立的阳光交易平台。重交所将平台公信力建设始终放在首要位置，像珍惜生命一样倍加呵护。"公开、公平、公正"是重交所开展业务一贯遵守的准则，也是赖以生存的基础。在国务院国资委、财政部等六部委的指导下，重交所制定了30多项交易制度和员工从业的"五条禁令"及服务规范，建立了一套严格的交易管理制度和风险控制体系，实行项目层层审核管理，并受国家六部委的共同监督，有效防止了交易过程中的道德风险、法律风险和财务风险。截至2013年，重交所累计交易项目26000宗，交易额超过3500亿元，未发生大的交易纠纷，也未出现一例员工腐败和败诉案件。

（二）先进的交易技术手段

重交所"全流程互联网交易服务系统"处于业内领先水平。从2010年起，除个别批准协议转让

项目外，全面实行互联网竞价。重交所的互联网竞价系统，是由京津沪渝四大产权交易机构联合开发的全国性竞价系统，其可靠性、适应性、成熟度得到国务院国资委、财政部等国家部委的一致认可。2012年，重交所投资设立了业内首个第三方支付结算平台——重庆联付通公司，依托该平台，成功实现了重交所业务从"互联网竞价"向"全流程互联网服务"的转变，信息化水平继续保持业内领先地位。通过互联网，竞买人可以自主完成网上报名、网上缴纳保证金、网上竞价、网上支付结算等流程，从而实现对竞买人信息的完全物理隔绝，彻底消除交易过程中可能存在的人为干扰，为交易的阳光规范和资产的保值增值提供了更可靠的保障。2013年3月，长寿区凤城街道火神街某仓库用房处置项目，3名竞买人借助系统生成的代码，自主完成从网上报名、缴纳保证金到网上竞价、结算的全部交易过程，最终该项目经过397次网上报价，以126万元成交，增值93%。同时，该系统预留空间，可以根据不同业务特点进行调整，满足不同业务的交易需求。

（三）全方位的市场化服务

重交所除通过制度设计和科技手段来保证交易过程的阳光规范外，同时注重市场"投资者发现"和"价值价格发现"，推出项目策划包装、建立投资人数据库、融资服务等一系列市场化措施，这成为社会资源优化配置、国有资产保值增值的重要推手。2011年8月，根据永川茶山竹海会所项目投资人的需求，重交所协调银行为其融资4000万元，促成了项目成交落地。2012年8月，璧山支所接受"南河丽景小区商业店铺项目"销售委托后，通过市场调研分析和策划，向转让方提出了"整体销售变更为分零销售、大商铺拆分为小商铺、适当降低挂牌价格、添制门牌号和标的资料"等优化处置方案，该项目122间门面5天内全部增值成交。2013年5月，黔江区驻蓉办位于成都市金牛区万达广场的5层写字楼以6628万元成功整体招租，比委托价增值1808万元，增幅37.5%。此前，渝东南分所组建专业团队驻守成都，通过尽职调查，发现标的存在下水不通、用途受限、店招位不明显、承租门槛过高等问题，积极与出租方和开发商、物管单位协商，提前消除项目瑕疵，优化招租方案；同时针对客户异地交款及参与竞租的实际情况，制定了完善的技术保障方案。

（四）强大的整体合力

重交所在总所各部门与区县分支机构之间、区县分支机构相互之间建立互动协作机制，能有效整合全市资源、集合全所之力推进项目成交，并争取交易价值最大化。2012年2月，长寿直属支所获得政府支持，将河道采砂权引入支所公开出让，重交所发挥整体优势，安排其他做过同类业务的分支机构主动传授经验，提供投资人信息向全市大面积推介。2012年7月，经总所业务部门与渝东分所协作推介，分别为万州尼斯酒店股权转让项目征集到3名和2名竞买人，实现了项目大幅增值。2013年4月，彭水县3700吨县级储备粮进入支所交易，重交所组织总所业务部门和分支机构收集全市粮食加工企业、饲料加工企业、酿酒企业信息，实施重点推介。

（五）有效的内部激励

总结区县产权市场的创新实践，人的因素至关重要。从某种意义上讲，分支机构人员的责任心和能力决定了区县产权市场创新的广度和深度。为鼓励创新，重交所制定了《关于鼓励分支机构创新发展的意见》（渝联交发〔2011〕51号），对创新业务从收入分配、年终绩效等方面向区县倾斜，极大地激发了分支机构的创新热情。比物质激励更为重要的是，重交所每年的先进评选和典型交流发言安排，均向创新突出的区县和业务标兵倾斜，在区县间形成你追我赶的创新氛围。

重交所《"十二五"发展规划纲要》对区县产权市场提出的发展目标是：2015年实现交易额350亿元，比2010年增长13倍。区县能够实现这个目标吗？这是三年前很多人的普遍疑问。三年来，区县产权市场用实践给出肯定回答：不仅能够实现，而且完全可以提前超额实现！我们深知，这一答案，凝聚着分支机构全体员工的心血、汗水和智慧，也凝聚了他们创新进程中的各种艰辛。有了这种积极进取、锐意创新精神的引领，区县产权市场定能翱翔于市场经济的广阔天空！

做好"加法"与"乘法"，力助中小企业融资"破冰"

常州产权交易所

长期以来，中小企业由于缺乏与国有大型企业公平竞争的融资政策环境，加上金融机构经营理念是"抓大放小"，不重视中小企业的融资需求，从而导致中小企业贷款难、上市筹资难，资金供需脱节，严重制约其进一步发展。为了有效缓解这一难题，近年来，常州产权交易所以服务地方经济发展为中心，围绕企业成长发展、经济转型升级及政府职能转变，依托专业化、市场化的投融资集成服务平台，努力做好"加法"与"乘法"，引导社会资本、金融资本，流向实体经济，帮助中小企业"舒筋活血"。

一、做好"加法"：加强与投融资机构的合作，构建多元化投融资服务体系

当前，在经济下滑、银根紧缩的背景下，劳动力成本、原材料成本普遍上涨，中小企业越来越差钱，然而，中小企业的融资主要通过向银行贷款，渠道狭窄，大部分企业对成本低廉、方式灵活的各种新兴融资渠道和手段不熟悉，加上抵押不足、资信较差等因素，很少从投资机构、担保公司、融资租赁公司等非银行类金融机构获得资金支持。

为了帮助中小企业走出融资困境，近年来，常州产权交易所不断加强与银行、创投、风投、担保等金融机构的合作，积极整合各类融资资源，聚集众多金融机构，打造融资服务链条，将分散的资源变为集中资源，把单一的融资方式变为多样化的融资组合，针对各类中小企业不同发展阶段的融资需求和特点，为其提供全方位的融资服务。目前，常州产权交易所联合建行、交行、中行、工行、江南银行等11家金融机构，为企业分别提供商业贷款、按揭贷款、并购贷款及知识产权质押、股权质押等各类融资服务；与中国风投研究院、深创投、上海秉贤资本、省信用再担保公司等20余家融资服务机构建立了战略合作关系，帮助众多中小企业引入

了天使投资、私募投资，并提供融资担保。

以苏晶电子材料有限公司为例，该公司是常州的一家领军型海归创业企业，常州产权交易所在帮助其解决融资困难的过程中，一是参股创投企业常州高投创业投资有限公司、江苏高晋创业投资有限公司成功为该公司引入初创期创投2500万元，有效缓解了公司在成长初期资金短缺的燃眉之急；二是为满足其成长阶段融资需求，首开先河，以"商标权＋专利权"两项知识产权质物组合的方式，帮助公司从江南银行获批贷款3000万元，解决了其扩大产能的资金问题。

又如常州钣焊厂资产与负债整体转让项目，常州产权交易所除为买卖双方提供交易平台，促成项目顺利转让外，还给买受方朋兴机械提供担保、并购贷款融资咨询服务，为其扩大再生产，解决了资金的后顾之忧，该项目现已成为产交所服务民企的范本。

二、做好"乘法"：引导财政专项资金使用方向，发挥资金循环滚动放大效应

作为政府用市场化手段支持中小企业发展的载体，2008年以来，常州产权交易所及下属平台受托管理创业投资、科技担保、龙城英才、应急周转金等各类政府引导资金7.05亿元，通过采用阶段参股、跟进投资、发放应急贷款等方式，"保、贷、投"联动，把支持项目建设和企业发展结合起来，以有限的政府性投入撬动更多的社会投资，从而发挥财政专项资金的杠杆效应，帮助中小企业融资破"冰"。

1. 科技担保引导资金有效优化担保结构

2011年，常州产权交易所以5000万元科技担保引导资金注资银联、华融两家民营担保公司，引导担保机构加大对科技型中小企业的支持力度，从而进一步优化担保结构。注资以来，两家担保公司

累计为 833 户企业担保 1046 笔，担保金额 32 亿元。其中，为 591 户新兴产业科技企业提供担保达 659 笔，担保金额达 20.26 亿元。

2. 创业投资引导基金撬动 4 倍社会资本

目前，常州产权交易所受托管理创业投资引导资金 5.05 亿元，以阶段参股和跟进投资方式，撬动社会资本 17.31 亿元，资本放大 4.43 倍。截至 2015 年 5 月，参股机构、产权交易所累计投资项目 134 个，投资额 9.58 亿元，成功退出项目 5 个（含上市项目 1 个）。期末，在投项目 129 个，在投金额 8.6 亿元。在投项目中，上市项目 1 个，过会项目 1 个，新三板挂牌项目 3 个，完成二轮以上融资项目 16 个。

3. 应急周转金成为中小企业的"及时雨"

以往银行贷款到期，中小企业往往需要筹措资金进行应急转贷，一旦资金不能准时到位，资金链就会断裂，极易形成借贷风险。自 2012 年 8 月起，常州产权交易所受托管理政府应急专项资金，帮助众多因转贷资金周转不灵而发愁的企业解决了临时难题。目前，产交所管理的政府应急专项资金规模为 1.5 亿元，已累计为 38 家企业发放了 205 笔应急资金，合计 37.86 亿元。此外，常州产权交易所还与多家金融机构合作，以市场化方式为企业提供转贷服务，至 2015 年 5 月，累计为 494 家企业发放贷款 648 笔共 118 亿元。

中小企业"活"，则实体经济"兴"。下一步，常州产权交易所将积极构筑促进中小企业发展的综合型服务平台，综合运用"政策、金融、市场"工具，逐步建立起扶持中小企业发展的融资组合机制和市、辖市（区）、乡镇三级联动，层次清晰、定位合理的融资服务体系，从而为有效缓解各类中小企业融资难，推动实体经济健康快速发展发挥重要作用。

中国产权市场年鉴 2013~2015

China Property Rights Exchange Market Yearbook

交易统计

中国企业国有产权交易机构协会会员单位 2012~2014 年交易业务额汇总表

	业务类型	2012 年		2013 年		2014 年	
		交易宗数	交易金额（万元）	交易宗数	交易金额（万元）	交易宗数	交易金额（万元）
1	产股权交易	37691	23822510	5877	22441839.35	5122	34092708.55
2	实物资产交易	177769	8724993	14041	5498576.93	15487	5259193.89
3	涉诉资产交易	2794	1244545	4113	1857114.51	5402	2026798.35
4	金融产品交易	50314	113050563	94415	195313166.88	3115	67236449.74
5	环境权益交易	2636	1308436	590	876117.49	2669	474958.88
6	公共资源交易	18909	1938360	3540	5552438.34	5655	9396361.44
7	技术产权交易	23396	21184639	24860	12082423.27	24486	15436088.44
8	融资服务交易	45799	52172769	1182	10267913.98	1751	14303058.61
9	文化产权交易	5333	1533351	10370	2927450.6	26794	6107823.18
10	林权交易	—	—	131	62677.38	380	43290.63
11	矿业权交易	—	—	72115	3333609.59	39880	1353472.49
12	农村产权交易	—	—	76	81437.79	67	108114.76
	合计	364641	224980171	231310	260294766.12	130808	155838318.96

对统计数据的说明

一、关于机构排序的说明

本栏目各交易机构排名顺序，依据《全国县级及县以上行政区划代码表（国家标准 GBT）》排列。

二、关于统计报表的说明

本栏目统计报表采用《产权交易行业统计制度办法》中的统计报表。该实施办法于 2012 年 11 月正式生效，开始施行，是行业统一的统计制度方法。从 2013 年起，在原统计 9 大类交易业务数据的基础上，增加了林权、矿业权、农村产权 3 类交易业务，统计业务种类扩展到 12 类。

北京产权交易所

		2012 年		2013 年		2014 年	
		交易宗数	成交金额（万元）	交易宗数	成交金额（万元）	交易宗数	成交金额（万元）
1	产股权交易	—	3430161.16	—	6328400	—	9426317.276
2	实物资产交易	—	261273.25	—	577600.00	—	1046787.68
3	涉诉资产交易	—	20743.51	—	85700.00	—	54082.72
4	金融产品交易	—	59628500.00	—	59171200.00	—	38412539.53
5	环境权益交易	—	3910.00	—	300.00	—	156077.51
6	公共资源交易	—	—	—	—	—	—
7	技术产权交易	—	7592300.00	—	6459300.00	—	8461094.43
8	融资服务交易	—	—	—	85800.00	—	98.00
9	文化产权交易	—	—	—	—	—	—
10	林权交易	—	—	—	44200.00	—	19289.04
11	矿业权交易	—	—	—	1779200.00	—	134321.49
12	农村产权交易	—	—	—	—	—	—

天津产权交易中心

		2012 年		2013 年		2014 年	
		交易宗数	成交金额（万元）	交易宗数	成交金额（万元）	交易宗数	成交金额（万元）
1	产股权交易	—	714618.84	—	520629.29	—	329026.68
2	实物资产交易	—	245750.36	—	523637.53	—	171932.52
3	涉诉资产交易	—	21500.00	—	12602.85	—	24736.70
4	金融产品交易	—	4983799.00	—	5867931.00	—	6174021.73
5	环境权益交易	—	0.32	—	132.76	—	2096.81
6	公共资源交易	—	—	—	—	—	—
7	技术产权交易	—	2579507.60	—	3006770.41	—	4239422.75
8	融资服务交易	—	271272.80	—	362927.00	—	454800.00
9	文化产权交易	—	330.00	—	22557.37	—	6007.37
10	林权交易	—	—	—	—	—	—
11	矿业权交易	—	—	—	—	—	—
12	农村产权交易	—	—	—	1447.42	—	3503.60

河北省公共资源交易中心

		2012 年		2013 年		2014 年	
		交易宗数	成交金额（万元）	交易宗数	成交金额（万元）	交易宗数	成交金额（万元）
1	产股权交易	—	152815.95	—	139800.81	—	486507.31
2	实物资产交易	—	54823.58	—	5049.81	—	8220.43
3	涉诉资产交易	—	—	—	57329.14	—	54043.43
4	金融产品交易	—	60083.40	—	33609.01	—	14121.04
5	环境权益交易	—	321.53	—	1365.34	—	1475.89
6	公共资源交易	—	—	—	—	—	—
7	技术产权交易	—	—	—	—	—	—
8	融资服务交易	—	206000.00	—	1450.00	—	—
9	文化产权交易	—	—	—	—	—	—
10	林权交易	—	—	—	—	—	—
11	矿业权交易	—	—	—	—	—	—
12	农村产权交易	—	—	—	—	—	—

唐山市产权交易中心

		2012 年		2013 年		2014 年	
		交易宗数	成交金额（万元）	交易宗数	成交金额（万元）	交易宗数	成交金额（万元）
1	产股权交易	—	—	—	—	—	6461.62
2	实物资产交易	—	—	—	—	—	5463.6231
3	涉诉资产交易	—	—	—	—	—	—
4	金融产品交易	—	—	—	—	—	—
5	环境权益交易	—	—	—	—	—	—
6	公共资源交易	—	—	—	—	—	—
7	技术产权交易	—	—	—	—	—	—
8	融资服务交易	—	—	—	—	—	—
9	文化产权交易	—	—	—	—	—	—
10	林权交易	—	—	—	—	—	—
11	矿业权交易	—	—	—	—	—	—
12	农村产权交易	—	—	—	—	—	—

秦皇岛市产权交易中心

		2012 年		2013 年		2014 年	
		交易宗数	成交金额（万元）	交易宗数	成交金额（万元）	交易宗数	成交金额（万元）
1	产股权交易	—	3119.90	—	5528.5	—	12300
2	实物资产交易	—	730.52	—	1602.4422	—	6159.26
3	涉诉资产交易	—	—	—	—	—	—
4	金融产品交易	—	—	—	—	—	—
5	环境权益交易	—	—	—	—	—	—
6	公共资源交易	—	—	—	—	—	—
7	技术产权交易	—	—	—	—	—	—
8	融资服务交易	—	—	—	—	—	—
9	文化产权交易	—	—	—	—	—	—
10	林权交易	—	—	—	—	—	—
11	矿业权交易	—	—	—	—	—	—
12	农村产权交易	—	—	—	—	—	—

邯郸产权交易中心

		2012 年		2013 年		2014 年	
		交易宗数	成交金额（万元）	交易宗数	成交金额（万元）	交易宗数	成交金额（万元）
1	产股权交易	—	—	—	924.17	—	2046.55
2	实物资产交易	—	—	—	8237.25	—	—
3	涉诉资产交易	—	—	—	—	—	—
4	金融产品交易	—	—	—	—	—	—
5	环境权益交易	—	—	—	—	—	—
6	公共资源交易	—	—	—	—	—	—
7	技术产权交易	—	—	—	—	—	—
8	融资服务交易	—	—	—	—	—	—
9	文化产权交易	—	—	—	—	—	—
10	林权交易	—	—	—	—	—	—
11	矿业权交易	—	—	—	—	—	—
12	农村产权交易	—	—	—	—	—	—

	山西省产权交易市场					
		2012 年		2013 年		2014 年	
		交易宗数	成交金额（万元）	交易宗数	成交金额（万元）	交易宗数	成交金额（万元）
1	产股权交易	—	85402.11	—	16848.11	—	207559.04
2	实物资产交易	—	69067.45	—	10584.196	—	308892.123
3	涉诉资产交易	—	—	—	—	—	—
4	金融产品交易	—	—	—	—	—	—
5	环境权益交易	—	—	—	—	—	—
6	公共资源交易	—	—	—	—	—	—
7	技术产权交易	—	—	—	—	—	—
8	融资服务交易	—	—	—	—	—	—
9	文化产权交易	—	—	—	—	—	—
10	林权交易	—	—	—	—	—	—
11	矿业权交易	—	—	—	—	—	—
12	农村产权交易	—	—	—	—	—	—

	山西省产权交易中心					
		2012 年		2013 年		2014 年	
		交易宗数	成交金额（万元）	交易宗数	成交金额（万元）	交易宗数	成交金额（万元）
1	产股权交易	—	—	—	—	—	5908.9
2	实物资产交易	—	—	—	—	—	6599.8681
3	涉诉资产交易	—	—	—	—	—	—
4	金融产品交易	—	—	—	—	—	110754.1544
5	环境权益交易	—	—	—	—	—	—
6	公共资源交易	—	—	—	—	—	1514.18
7	技术产权交易	—	—	—	—	—	—
8	融资服务交易	—	—	—	—	—	29500
9	文化产权交易	—	—	—	—	—	—
10	林权交易	—	—	—	—	—	—
11	矿业权交易	—	—	—	—	—	—
12	农村产权交易	—	—	—	—	—	—

阳泉市产权交易市场

		2012 年		2013 年		2014 年	
		交易宗数	成交金额 （万元）	交易宗数	成交金额 （万元）	交易宗数	成交金额 （万元）
1	产股权交易	—	—	—	—	—	3346
2	实物资产交易	—	1664.10	—	199.6	—	907.639
3	涉诉资产交易	—	—	—	60	—	—
4	金融产品交易	—	—	—	—	—	—
5	环境权益交易	—	—	—	—	—	—
6	公共资源交易	—	—	—	—	—	—
7	技术产权交易	—	—	—	—	—	—
8	融资服务交易	—	—	—	—	—	—
9	文化产权交易	—	—	—	—	—	—
10	林权交易	—	—	—	—	—	—
11	矿业权交易	—	—	—	—	—	—
12	农村产权交易	—	—	—	—	—	—

晋城市产权交易市场

		2012 年		2013 年		2014 年	
		交易宗数	成交金额 （万元）	交易宗数	成交金额 （万元）	交易宗数	成交金额 （万元）
1	产股权交易	—	20.00	—	—	—	—
2	实物资产交易	—	476.43	—	10229.94	—	3442.657
3	涉诉资产交易	—	—	—	—	—	—
4	金融产品交易	—	—	—	—	—	—
5	环境权益交易	—	—	—	—	—	—
6	公共资源交易	—	6116.21	—	—	—	6200.569
7	技术产权交易	—	—	—	—	—	—
8	融资服务交易	—	—	—	—	—	—
9	文化产权交易	—	—	—	—	—	—
10	林权交易	—	—	—	—	—	—
11	矿业权交易	—	—	—	—	—	—
12	农村产权交易	—	—	—	—	—	—

临汾市资产调剂产权交易中心

		2012 年		2013 年		2014 年	
		交易宗数	成交金额 （万元）	交易宗数	成交金额 （万元）	交易宗数	成交金额 （万元）
1	产股权交易	—	—	—	22600	—	—
2	实物资产交易	—	—	—	103.9737	—	—
3	涉诉资产交易	—	—	—	—	—	—
4	金融产品交易	—	—	—	—	—	—
5	环境权益交易	—	—	—	—	—	—
6	公共资源交易	—	—	—	—	—	—
7	技术产权交易	—	—	—	—	—	—
8	融资服务交易	—	—	—	—	—	—
9	文化产权交易	—	—	—	—	—	—
10	林权交易	—	—	—	—	—	—
11	矿业权交易	—	—	—	—	—	—
12	农村产权交易	—	—	—	—	—	—

内蒙古产权交易中心

		2012 年		2013 年		2014 年	
		交易宗数	成交金额 （万元）	交易宗数	成交金额 （万元）	交易宗数	成交金额 （万元）
1	产股权交易	—	41458.00	—	143611.105	—	42448.86
2	实物资产交易	—	17502.67	—	42220.4963	—	38357.4038
3	涉诉资产交易	—	—	—	—	—	6338.8562
4	金融产品交易	—	—	—	—	—	—
5	环境权益交易	—	—	—	—	—	—
6	公共资源交易	—	—	—	145.11	—	—
7	技术产权交易	—	—	—	—	—	—
8	融资服务交易	—	58200.0	—	12426	—	—
9	文化产权交易	—	—	—	—	—	—
10	林权交易	—	—	—	—	—	—
11	矿业权交易	—	—	—	—	—	—
12	农村产权交易	—	—	—	—	—	—

沈阳联合产权交易所

		2012 年		2013 年		2014 年	
		交易宗数	成交金额 （万元）	交易宗数	成交金额 （万元）	交易宗数	成交金额 （万元）
1	产股权交易	—	522585.00	—	56505.31	—	46876.56
2	实物资产交易	—	78434.00	—	12536.83	—	71593.8304
3	涉诉资产交易	—	—	—	5656.18	—	13774.07
4	金融产品交易	—	—	—	—	—	245
5	环境权益交易	—	—	—	—	—	—
6	公共资源交易	—	—	—	—	—	—
7	技术产权交易	—	—	—	—	—	—
8	融资服务交易	—	26450.00	—	—	—	—
9	文化产权交易	—	—	—	—	—	—
10	林权交易	—	—	—	—	—	—
11	矿业权交易	—	—	—	—	—	—
12	农村产权交易	—	—	—	—	—	—

大连产权交易所

		2012 年		2013 年		2014 年	
		交易宗数	成交金额 （万元）	交易宗数	成交金额 （万元）	交易宗数	成交金额 （万元）
1	产股权交易	—	—	—	—	—	64892.33
2	实物资产交易	—	—	—	—	—	64857.47
3	涉诉资产交易	—	—	—	—	—	—
4	金融产品交易	—	—	—	—	—	—
5	环境权益交易	—	—	—	—	—	—
6	公共资源交易	—	—	—	—	—	—
7	技术产权交易	—	—	—	—	—	—
8	融资服务交易	—	—	—	—	—	—
9	文化产权交易	—	—	—	—	—	—
10	林权交易	—	—	—	—	—	—
11	矿业权交易	—	—	—	—	—	—
12	农村产权交易	—	—	—	—	—	—

吉林长春产权交易中心

		2012 年		2013 年		2014 年	
		交易宗数	成交金额（万元）	交易宗数	成交金额（万元）	交易宗数	成交金额（万元）
1	产股权交易	—	18442.12	145	153796.4846	15	107504.88
2	实物资产交易	—	49649.60	—	28187.7915	—	52102.0109
3	涉诉资产交易	—	10942.4	—	7124.8292	—	—
4	金融产品交易	—	1020.00	—	695	—	1028
5	环境权益交易	—	—	—	—	—	—
6	公共资源交易	—	—	—	—	—	—
7	技术产权交易	—	—	—	—	—	—
8	融资服务交易	—	144.01	—	124.14	—	346
9	文化产权交易	—	—	—	—	—	—
10	林权交易	—	—	—	—	—	—
11	矿业权交易	—	—	—	—	—	—
12	农村产权交易	—	—	—	—	—	—

哈尔滨产权交易中心

		2012 年		2013 年		2014 年	
		交易宗数	成交金额（万元）	交易宗数	成交金额（万元）	交易宗数	成交金额（万元）
1	产股权交易	—	212920.29	—	1546.6101	—	—
2	实物资产交易	—	90021.12	—	22049.45	—	107132.35
3	涉诉资产交易	—	11716.90	—	17071.14	—	16945.24
4	金融产品交易	—	—	—	9498.71	—	2770.11
5	环境权益交易	—	—	—	—	—	—
6	公共资源交易	—	4758.72	—	422.93	—	41883.15
7	技术产权交易	—	—	—	—	—	—
8	融资服务交易	—	292.00	—	—	—	56
9	文化产权交易	—	—	—	—	—	—
10	林权交易	—	—	—	—	—	—
11	矿业权交易	—	—	—	—	—	—
12	农村产权交易	—	—	—	—	—	—

	黑龙江联合产权交易所					
		2012 年		2013 年		2014 年	
		交易宗数	成交金额（万元）	交易宗数	成交金额（万元）	交易宗数	成交金额（万元）
1	产股权交易	—	275594.86	—	138743.43	—	62280.276
2	实物资产交易	—	12765.73	—	34877.9566	—	58478.9236
3	涉诉资产交易	—	172.40	—	2057.1876	—	1067.0786
4	金融产品交易	—	3174.66	—	5072.1618	—	4623.3
5	环境权益交易	—	—	—	—	—	—
6	公共资源交易	—	—	—	—	—	—
7	技术产权交易	—	—	—	—	—	—
8	融资服务交易	—	—	—	—	—	—
9	文化产权交易	—	—	—	—	—	—
10	林权交易	—	—	—	—	—	—
11	矿业权交易	—	—	—	—	—	—
12	农村产权交易	—	—	—	—	—	—

	黑龙江农垦产权交易中心					
		2012 年		2013 年		2014 年	
		交易宗数	成交金额（万元）	交易宗数	成交金额（万元）	交易宗数	成交金额（万元）
1	产股权交易	—	146.10	—	—	—	14106.41
2	实物资产交易	—	4891.43	—	—		1121.52
3	涉诉资产交易	—	—	—	—	—	—
4	金融产品交易	—	—	—	—	—	—
5	环境权益交易	—	—	—	—	—	—
6	公共资源交易	—	—	—	—	—	—
7	技术产权交易	—	—	—	—	—	—
8	融资服务交易	—	—	—	—	—	—
9	文化产权交易	—	—	—	—	—	—
10	林权交易	—	—	—	—	—	—
11	矿业权交易	—	—	—	—	—	—
12	农村产权交易	—	—	—	—	—	—

大庆市产权交易中心

		2012 年		2013 年		2014 年	
		交易宗数	成交金额 （万元）	交易宗数	成交金额 （万元）	交易宗数	成交金额 （万元）
1	产股权交易	—	—	—	432.3	—	—
2	实物资产交易	—	—	—	2016	—	—
3	涉诉资产交易	—	—	—	—	—	—
4	金融产品交易	—	—	—	—	—	—
5	环境权益交易	—	—	—	—	—	—
6	公共资源交易	—	—	—	—	—	—
7	技术产权交易	—	—	—	—	—	—
8	融资服务交易	—	—	—	—	—	—
9	文化产权交易	—	—	—	—	—	—
10	林权交易	—	—	—	—	—	—
11	矿业权交易	—	—	—	—	—	—
12	农村产权交易	—	—	—	—	—	—

上海联合产权交易所

		2012 年		2013 年		2014 年	
		交易宗数	成交金额 （万元）	交易宗数	成交金额 （万元）	交易宗数	成交金额 （万元）
1	产股权交易	—	7994632.34	—	6644984.96	—	9301818.63
2	实物资产交易	—	4849325.04	—	278886.25	—	305609.79
3	涉诉资产交易	—	—	—	—	—	4538.25
4	金融产品交易	—	47620000.00	—	124998139.60	—	—
5	环境权益交易	—	1302331.98	—	648257.83	—	218170.88
6	公共资源交易	—	—	—	—	—	—
7	技术产权交易	—	10865845.55	—	2300572.45	—	2391173.01
8	融资服务交易	—	43136581.20	—	797954.40	—	2061593.00
9	文化产权交易	—	1499591.45	—	2491846.90	—	6010000.00
10	林权交易	—	—	—	—	—	—
11	矿业权交易	—	—	—	1539904.59	—	1219151.00
12	农村产权交易	—	—	—	75376.54	—	101513.10

江苏省产权交易所

		2012 年		2013 年		2014 年	
		交易宗数	成交金额（万元）	交易宗数	成交金额（万元）	交易宗数	成交金额（万元）
1	产股权交易	—	62652.17	—	66283.1308	—	34865.3999
2	实物资产交易	—	11280.15	—	3635.2	—	—
3	涉诉资产交易	—	—	—	—	—	—
4	金融产品交易	—	—	—	—	—	—
5	环境权益交易	—	—	—	—	—	—
6	公共资源交易	—	—	—	—	—	—
7	技术产权交易	—	—	—	—	—	—
8	融资服务交易	—	—	—	—	—	—
9	文化产权交易	—	—	—	—	—	—
10	林权交易	—	—	—	—	—	—
11	矿业权交易	—	—	—	—	—	—
12	农村产权交易	—	—	—	—	—	—

南京公共资源交易中心

		2012 年		2013 年		2014 年	
		交易宗数	成交金额（万元）	交易宗数	成交金额（万元）	交易宗数	成交金额（万元）
1	产股权交易	—	57285.97	—	73845.00	—	—
2	实物资产交易	—	29288.02	—	34051.74	—	—
3	涉诉资产交易	—	140655.31	—	165040.50	—	—
4	金融产品交易	—	—	—	—	—	—
5	环境权益交易	—	—	—	—	—	—
6	公共资源交易	—	1402.00	—	3182.7	—	—
7	技术产权交易	—	—	—	—	—	—
8	融资服务交易	—	—	—	—	—	—
9	文化产权交易	—	—	—	—	—	—
10	林权交易	—	—	—	—	—	—
11	矿业权交易	—	—	—	—	—	—
12	农村产权交易	—	—	—	—	—	—

无锡产权交易所

		2012 年		2013 年		2014 年	
		交易宗数	成交金额（万元）	交易宗数	成交金额（万元）	交易宗数	成交金额（万元）
1	产股权交易	—	161825.70	—	498743.1013	—	171630.2154
2	实物资产交易	—	24145.96	—	3627.5	—	28006.7148
3	涉诉资产交易	—	—	—	—	—	—
4	金融产品交易	—	—	—	—	—	—
5	环境权益交易	—	—	—	—	—	—
6	公共资源交易	—	25957.54	—	75934.0637	—	164774.8087
7	技术产权交易	—	—	—	—	—	—
8	融资服务交易	—	—	—	—	—	—
9	文化产权交易	—	—	—	—	—	—
10	林权交易	—	—	—	—	—	—
11	矿业权交易	—	—	—	—	—	—
12	农村产权交易	—	—	—	—	—	—

徐州产权交易所

		2012 年		2013 年		2014 年	
		交易宗数	成交金额（万元）	交易宗数	成交金额（万元）	交易宗数	成交金额（万元）
1	产股权交易	—	2862.15	—	18306.1327	—	13132.36
2	实物资产交易	—	7576.42	—	—	—	3488.8463
3	涉诉资产交易	—	—	—	—	—	—
4	金融产品交易	—	—	—	—	—	—
5	环境权益交易	—	—	—	—	—	—
6	公共资源交易	—	1385.70	—	—	—	2027.56
7	技术产权交易	—	101.73	—	—	—	—
8	融资服务交易	—	5198.00	—	—	—	—
9	文化产权交易	—	—	—	—	—	—
10	林权交易	—	—	—	—	—	—
11	矿业权交易	—	—	—	—	—	—
12	农村产权交易	—	—	—	—	—	—

常州产权交易所

		2012 年		2013 年		2014 年	
		交易宗数	成交金额（万元）	交易宗数	成交金额（万元）	交易宗数	成交金额（万元）
1	产股权交易		29177.08		29198.22		42510.6
2	实物资产交易	—	10205.30	—	3495.881	—	1588.0972
3	涉诉资产交易	—	10653.60	—	9111.492	—	—
4	金融产品交易	—	—	—	41855.93	—	2420
5	环境权益交易	—	—	—	—	—	—
6	公共资源交易	—	18891.40	—	20375.1656	—	21071.7976
7	技术产权交易	—	435.80	—	1282	—	1614
8	融资服务交易	—	153280.00	—	184524.21	—	20051.79
9	文化产权交易	—	—	—	—	—	—
10	林权交易	—	—	—	—	—	—
11	矿业权交易	—	—	—	—	—	—
12	农村产权交易	—	—	—	—	—	—

苏州产权交易所

		2012 年		2013 年		2014 年	
		交易宗数	成交金额（万元）	交易宗数	成交金额（万元）	交易宗数	成交金额（万元）
1	产股权交易		73345.99		150916.77		195482.0176
2	实物资产交易	—	9159.76	—	5019.76	—	2503.6084
3	涉诉资产交易	—	—	—	—	—	—
4	金融产品交易	—	—	—	—	—	—
5	环境权益交易	—	—	—	—	—	—
6	公共资源交易	—	—	—	—	—	—
7	技术产权交易	—	—	—	—	—	—
8	融资服务交易	—	—	—	—	—	—
9	文化产权交易	—	—	—	—	—	—
10	林权交易	—	—	—	—	—	—
11	矿业权交易	—	—	—	—	—	—
12	农村产权交易	—	—	—	—	—	—

南通众和产权交易所

		2012 年		2013 年		2014 年	
		交易宗数	成交金额 （万元）	交易宗数	成交金额 （万元）	交易宗数	成交金额 （万元）
1	产股权交易	—	761.31		4164.76		4477.8812
2	实物资产交易	—	14.50	—	796.841	—	115.54
3	涉诉资产交易	—	—	—	—	—	—
4	金融产品交易	—	—	—	—	—	—
5	环境权益交易	—	—	—	—	—	—
6	公共资源交易	—	—	—	—	—	—
7	技术产权交易	—	—	—	—	—	—
8	融资服务交易	—	5630.40	—	5630.4		
9	文化产权交易	—	—	—	—	—	—
10	林权交易	—	—	—	—	—	—
11	矿业权交易	—	—	—	—	—	—
12	农村产权交易	—	—	—	—	—	—

盐城市产权交易所

		2012 年		2013 年		2014 年	
		交易宗数	成交金额 （万元）	交易宗数	成交金额 （万元）	交易宗数	成交金额 （万元）
1	产股权交易	—	13838.77	—	—	—	16244
2	实物资产交易	—	1978.90	—	—	—	—
3	涉诉资产交易	—	—	—	—	—	—
4	金融产品交易	—	—	—	—	—	—
5	环境权益交易	—	—	—	—	—	—
6	公共资源交易	—	—	—	—	—	—
7	技术产权交易	—	—	—	—	—	—
8	融资服务交易	—	—	—	—	—	—
9	文化产权交易	—	—	—	—	—	—
10	林权交易	—	—	—	—	—	—
11	矿业权交易	—	—	—	—	—	—
12	农村产权交易	—	—	—	—	—	—

扬州产权综合服务市场

		2012 年		2013 年		2014 年	
		交易宗数	成交金额（万元）	交易宗数	成交金额（万元）	交易宗数	成交金额（万元）
1	产股权交易	—	59110.92	—	—	—	—
2	实物资产交易	—	—	—	—	—	—
3	涉诉资产交易	—	—	—	—	—	—
4	金融产品交易	—	—	—	—	—	—
5	环境权益交易	—	—	—	—	—	—
6	公共资源交易	—	—	—	—	—	—
7	技术产权交易	—	—	—	—	—	—
8	融资服务交易	—	—	—	—	—	—
9	文化产权交易	—	—	—	—	—	—
10	林权交易	—	—	—	—	—	—
11	矿业权交易	—	—	—	—	—	—
12	农村产权交易	—	—	—	—	—	—

浙江产权交易所

		2012 年		2013 年		2014 年	
		交易宗数	成交金额（万元）	交易宗数	成交金额（万元）	交易宗数	成交金额（万元）
1	产股权交易	—	95372	—	973385.1481	—	290924.0796
2	实物资产交易	—	31991	—	33903.7298	—	59371.1673
3	涉诉资产交易	—	—	—	—	—	—
4	金融产品交易	—	—	—	60538	—	19250
5	环境权益交易	—	—	—	—	—	—
6	公共资源交易	—	—	—	—	—	—
7	技术产权交易	—	—	—	330	—	—
8	融资服务交易	—	100000	—	—	—	—
9	文化产权交易	—	—	—	—	—	—
10	林权交易	—	—	—	—	—	—
11	矿业权交易	—	—	—	—	—	—
12	农村产权交易	—	—	—	—	—	—

杭州产权交易所

		2012 年		2013 年		2014 年	
		交易宗数	成交金额（万元）	交易宗数	成交金额（万元）	交易宗数	成交金额（万元）
1	产股权交易	—	129930	—	99152	—	262780
2	实物资产交易	—	32843	—	165156	—	149793
3	涉诉资产交易	—	136752	—	232850	—	130011
4	金融产品交易	—	—	—	—	—	73885
5	环境权益交易	—	—	—	1236	—	3611
6	公共资源交易	—	—	—	5476	—	1010
7	技术产权交易	—	—	—	—	—	—
8	融资服务交易	—	—	—	—	—	—
9	文化产权交易	—	—	—	—	—	—
10	林权交易	—	—	—	—	—	—
11	矿业权交易	—	—	—	—	—	—
12	农村产权交易	—	—	—	—	—	3098

宁波市产权交易中心

		2012 年		2013 年		2014 年	
		交易宗数	成交金额（万元）	交易宗数	成交金额（万元）	交易宗数	成交金额（万元）
1	产股权交易	—	257976	—	34225.42	—	35625.9196
2	实物资产交易	—	346	—	4027.3786	—	19080.8861
3	涉诉资产交易	—	—	—	—	—	—
4	金融产品交易	—	—	—	—	—	—
5	环境权益交易	—	—	—	—	—	—
6	公共资源交易	—	2149	—	299.2486	—	239.27
7	技术产权交易	—	—	—	—	—	—
8	融资服务交易	—	—	—	—	—	—
9	文化产权交易	—	—	—	—	—	—
10	林权交易	—	—	—	—	—	—
11	矿业权交易	—	—	—	—	—	—
12	农村产权交易	—	—	—	—	—	—

温州产权交易中心

		2012 年		2013 年		2014 年	
		交易宗数	成交金额（万元）	交易宗数	成交金额（万元）	交易宗数	成交金额（万元）
1	产股权交易	—	4916.31	—	55243.31	—	9940.97
2	实物资产交易	—	44101.50	—	—	—	—
3	涉诉资产交易	—	—	—	—	—	—
4	金融产品交易	—	—	—	—	—	—
5	环境权益交易	—	402.00	—	263.614	—	398.862
6	公共资源交易	—	9084.57	—	8040.85	—	5937.09
7	技术产权交易	—	—	—	—	—	—
8	融资服务交易	—	—	—	—	—	—
9	文化产权交易	—	—	—	—	—	—
10	林权交易	—	—	—	—	—	—
11	矿业权交易	—	—	—	—	—	—
12	农村产权交易	—	—	—	—	—	—

金华产权交易所

		2012 年		2013 年		2014 年	
		交易宗数	成交金额（万元）	交易宗数	成交金额（万元）	交易宗数	成交金额（万元）
1	产股权交易	—	12498.00	—	—	—	—
2	实物资产交易	—	3375.00	—	—	—	—
3	涉诉资产交易	—	—	—	—	—	—
4	金融产品交易	—	—	—	—	—	—
5	环境权益交易	—	—	—	—	—	—
6	公共资源交易	—	—	—	—	—	—
7	技术产权交易	—	—	—	—	—	—
8	融资服务交易	—	—	—	—	—	—
9	文化产权交易	—	—	—	—	—	—
10	林权交易	—	—	—	—	—	—
11	矿业权交易	—	—	—	—	—	—
12	农村产权交易	—	—	—	—	—	—

义乌产权交易所

		2012 年		2013 年		2014 年	
		交易宗数	成交金额（万元）	交易宗数	成交金额（万元）	交易宗数	成交金额（万元）
1	产股权交易	—	—	—	1386.3673	—	1982.3773
2	实物资产交易	—	—	—	406.8779	—	2116.4412
3	涉诉资产交易	—	—	—	—	—	—
4	金融产品交易	—	—	—	—	—	—
5	环境权益交易	—	—	—	—	—	—
6	公共资源交易	—	—	—	22596.33	—	25049.78
7	技术产权交易	—	—	—	—	—	—
8	融资服务交易	—	—	—	—	—	—
9	文化产权交易	—	—	—	—	—	—
10	林权交易	—	—	—	—	—	—
11	矿业权交易	—	—	—	—	—	—
12	农村产权交易	—	—	—	—	—	—

台州市产权交易所

		2012 年		2013 年		2014 年	
		交易宗数	成交金额（万元）	交易宗数	成交金额（万元）	交易宗数	成交金额（万元）
1	产股权交易	—	3088.32	—	6415.17		368.5731
2	实物资产交易	—	43.95	—	259.6	—	19409.579
3	涉诉资产交易	—	—	—	—	—	—
4	金融产品交易	—	—	—	—	—	—
5	环境权益交易	—	—	—	—	—	—
6	公共资源交易	—	—	—	691.857	—	3831.9056
7	技术产权交易	—	—	—	—	—	—
8	融资服务交易	—	—	—	8500	—	—
9	文化产权交易	—	—	—	—	—	—
10	林权交易	—	—	—	—	—	—
11	矿业权交易	—	—	—	—	—	—
12	农村产权交易	—	—	—	—	—	—

安徽省产权交易中心

		2012 年		2013 年		2014 年	
		交易宗数	成交金额（万元）	交易宗数	成交金额（万元）	交易宗数	成交金额（万元）
1	产股权交易	—	98961		31188.47		52321.1355
2	实物资产交易	—	13073	—	130479.7	—	33517.3789
3	涉诉资产交易	—	—	—	—	—	6118.05
4	金融产品交易	—	—	—	—	—	—
5	环境权益交易	—	—	—	—	—	—
6	公共资源交易	—	662	—	—	—	—
7	技术产权交易	—	—	—	—	—	—
8	融资服务交易	—	—	—	—	—	—
9	文化产权交易	—	—	—	—	—	—
10	林权交易	—	—	—	—	—	—
11	矿业权交易	—	—	—	—	—	—
12	农村产权交易	—	—	—	—	—	—

合肥市产权交易中心

		2012 年		2013 年		2014 年	
		交易宗数	成交金额（万元）	交易宗数	成交金额（万元）	交易宗数	成交金额（万元）
1	产股权交易	—	—		109309.26		177619.851
2	实物资产交易	—	—	—	10971.7064	—	2225.2316
3	涉诉资产交易	—	—	—	40777.6908	—	38584.0434
4	金融产品交易	—	—	—	—	—	—
5	环境权益交易	—	—		179164.57	—	—
6	公共资源交易	—	—		199504.5788	—	—
7	技术产权交易	—	—	—	—	—	—
8	融资服务交易	—	—	—	—	—	—
9	文化产权交易	—	—	—	1.492	—	1824
10	林权交易	—	—	—	—	—	—
11	矿业权交易	—	—	—	—	—	—
12	农村产权交易	—	—	—	—	—	—

安徽长江产权交易所

		2012 年		2013 年		2014 年	
		交易宗数	成交金额（万元）	交易宗数	成交金额（万元）	交易宗数	成交金额（万元）
1	产股权交易		44375.25		60514		339401.5
2	实物资产交易	—	9499.67	—	37710.2529	—	27454.0397
3	涉诉资产交易	—	4009.48	—	39434.7319	—	39513.15
4	金融产品交易	—	—	—	1807.1849	—	—
5	环境权益交易	—	—	—	—	—	—
6	公共资源交易	—	—	—	—	—	—
7	技术产权交易	—	—	—	—	—	—
8	融资服务交易	—	47670.00	—	—	—	—
9	文化产权交易	—	—	—	—	—	—
10	林权交易	—	—	—	—	—	—
11	矿业权交易	—	—	—	—	—	—
12	农村产权交易	—	—	—	—	—	—

蚌埠市产权交易中心

		2012 年		2013 年		2014 年	
		交易宗数	成交金额（万元）	交易宗数	成交金额（万元）	交易宗数	成交金额（万元）
1	产股权交易	—	—		5308		45965.63
2	实物资产交易	—	2605.89	—	38637.9	—	3284.21
3	涉诉资产交易	—	7147.27	—	—	—	—
4	金融产品交易	—	—	—	—	—	—
5	环境权益交易	—	—	—	—	—	—
6	公共资源交易	—	634422.00	—	739508.6	—	491657.4
7	技术产权交易	—	—	—	—	—	—
8	融资服务交易	—	—	—	—	—	—
9	文化产权交易	—	—	—	—	—	—
10	林权交易	—	—	—	—	—	—
11	矿业权交易	—	—	—	—	—	—
12	农村产权交易	—	—	—	—	—	—

福建省产权交易中心

		2012 年		2013 年		2014 年	
		交易宗数	成交金额（万元）	交易宗数	成交金额（万元）	交易宗数	成交金额（万元）
1	产股权交易		48945.23		92038.02	—	78859.28
2	实物资产交易	—	84725.54	—	58862.79	—	386923.35
3	涉诉资产交易	—	5522.13	—	12145.59	—	34805.47
4	金融产品交易	—	—		13420.28	—	29290.03
5	环境权益交易	—	—	—	—	—	—
6	公共资源交易	—	62722.53	—	219894.07	—	1115590.14
7	技术产权交易	—	—	—	9.38	—	—
8	融资服务交易						32000
9	文化产权交易	—	—	—	—	—	—
10	林权交易	—	—	—	—	—	—
11	矿业权交易	—	—	—	—	—	—
12	农村产权交易	—	—	—	—	—	—

厦门产权交易中心

		2012 年		2013 年		2014 年	
		交易宗数	成交金额（万元）	交易宗数	成交金额（万元）	交易宗数	成交金额（万元）
1	产股权交易		40403.00		69974.3826		65232.3639
2	实物资产交易	—	4493.00	—	34203.8725	—	38990.0704
3	涉诉资产交易	—	—	—	—	—	—
4	金融产品交易	—	—	—	—	—	—
5	环境权益交易	—	—	—	—	—	—
6	公共资源交易	—	289.00	—	—	—	—
7	技术产权交易	—	—	—	—	—	—
8	融资服务交易	—	—	—	—	—	—
9	文化产权交易	—	—	—	—	—	—
10	林权交易	—	—	—	—	—	—
11	矿业权交易	—	—	—	—	—	—
12	农村产权交易	—	—	—	—	—	—

<table>
<tr><td colspan="7" style="text-align:center">江西省产权交易所</td></tr>
<tr><td></td><td></td><td colspan="2">2012 年</td><td colspan="2">2013 年</td><td colspan="2">2014 年</td></tr>
<tr><td></td><td></td><td>交易宗数</td><td>成交金额
（万元）</td><td>交易宗数</td><td>成交金额
（万元）</td><td>交易宗数</td><td>成交金额
（万元）</td></tr>
<tr><td>1</td><td>产股权交易</td><td></td><td>205127.84</td><td></td><td>152003.93</td><td></td><td>79827.664</td></tr>
<tr><td>2</td><td>实物资产交易</td><td>—</td><td>91553.03</td><td>—</td><td>247366.75</td><td>—</td><td>105620.21</td></tr>
<tr><td>3</td><td>涉诉资产交易</td><td>—</td><td>—</td><td>—</td><td>—</td><td>—</td><td>—</td></tr>
<tr><td>4</td><td>金融产品交易</td><td>—</td><td>—</td><td>—</td><td>—</td><td>—</td><td>—</td></tr>
<tr><td>5</td><td>环境权益交易</td><td>—</td><td>—</td><td>—</td><td>—</td><td>—</td><td>—</td></tr>
<tr><td>6</td><td>公共资源交易</td><td>—</td><td>—</td><td>—</td><td>—</td><td>—</td><td>—</td></tr>
<tr><td>7</td><td>技术产权交易</td><td>—</td><td>—</td><td>—</td><td>—</td><td>—</td><td>—</td></tr>
<tr><td>8</td><td>融资服务交易</td><td>—</td><td>459715.00</td><td>—</td><td>—</td><td>—</td><td>—</td></tr>
<tr><td>9</td><td>文化产权交易</td><td>—</td><td>—</td><td>—</td><td>—</td><td>—</td><td>—</td></tr>
<tr><td>10</td><td>林权交易</td><td>—</td><td>—</td><td>—</td><td>—</td><td>—</td><td>—</td></tr>
<tr><td>11</td><td>矿业权交易</td><td>—</td><td>—</td><td>—</td><td>—</td><td>—</td><td>—</td></tr>
<tr><td>12</td><td>农村产权交易</td><td>—</td><td>—</td><td>—</td><td>—</td><td>—</td><td>—</td></tr>
</table>

<table>
<tr><td colspan="7" style="text-align:center">山东产权交易中心</td></tr>
<tr><td></td><td></td><td colspan="2">2012 年</td><td colspan="2">2013 年</td><td colspan="2">2014 年</td></tr>
<tr><td></td><td></td><td>交易宗数</td><td>成交金额
（万元）</td><td>交易宗数</td><td>成交金额
（万元）</td><td>交易宗数</td><td>成交金额
（万元）</td></tr>
<tr><td>1</td><td>产股权交易</td><td></td><td>368571.42</td><td></td><td>220018.705</td><td></td><td>315052.7905</td></tr>
<tr><td>2</td><td>实物资产交易</td><td>—</td><td>148736.31</td><td>—</td><td>398810</td><td>—</td><td>135311.201</td></tr>
<tr><td>3</td><td>涉诉资产交易</td><td>—</td><td>—</td><td>—</td><td>60130.3672</td><td>—</td><td>2129.8139</td></tr>
<tr><td>4</td><td>金融产品交易</td><td>—</td><td>—</td><td>—</td><td>—</td><td>—</td><td>—</td></tr>
<tr><td>5</td><td>环境权益交易</td><td>—</td><td>—</td><td>—</td><td>—</td><td>—</td><td>—</td></tr>
<tr><td>6</td><td>公共资源交易</td><td>—</td><td>—</td><td>—</td><td>—</td><td>—</td><td>—</td></tr>
<tr><td>7</td><td>技术产权交易</td><td>—</td><td>—</td><td>—</td><td>—</td><td>—</td><td>—</td></tr>
<tr><td>8</td><td>融资服务交易</td><td>—</td><td>123874.43</td><td>—</td><td>869252.91</td><td>—</td><td>552</td></tr>
<tr><td>9</td><td>文化产权交易</td><td>—</td><td>—</td><td>—</td><td>—</td><td>—</td><td>—</td></tr>
<tr><td>10</td><td>林权交易</td><td>—</td><td>—</td><td>—</td><td>—</td><td>—</td><td>—</td></tr>
<tr><td>11</td><td>矿业权交易</td><td>—</td><td>—</td><td>—</td><td>—</td><td>—</td><td>—</td></tr>
<tr><td>12</td><td>农村产权交易</td><td>—</td><td>—</td><td>—</td><td>—</td><td>—</td><td>—</td></tr>
</table>

济南产权交易中心

		2012 年		2013 年		2014 年	
		交易宗数	成交金额（万元）	交易宗数	成交金额（万元）	交易宗数	成交金额（万元）
1	产股权交易		397.97		11327.55	—	538
2	实物资产交易	—	11601.43	—	2054.11	—	7781
3	涉诉资产交易	—	—	—	—	—	—
4	金融产品交易	—	—	—	—	—	—
5	环境权益交易	—	—	—	—	—	—
6	公共资源交易	—	—	—	—	—	—
7	技术产权交易	—	—	—	—	—	—
8	融资服务交易	—	—	—	—	—	—
9	文化产权交易	—	—	—	—	—	—
10	林权交易	—	—	—	—	—	—
11	矿业权交易	—	—	—	—	—	—
12	农村产权交易	—	—	—	—	—	—

青岛产权交易所

		2012 年		2013 年		2014 年	
		交易宗数	成交金额（万元）	交易宗数	成交金额（万元）	交易宗数	成交金额（万元）
1	产股权交易		38332.41		83214.6318		176749.5681
2	实物资产交易	—	7691.43	—	4768.1659	—	372924.4657
3	涉诉资产交易	—	—	—	95183.2386	—	94355.17
4	金融产品交易	—	—	—	—	—	—
5	环境权益交易	—	—	—	—	—	—
6	公共资源交易	—	—	—	—	—	—
7	技术产权交易	—	—	—	—	—	—
8	融资服务交易	—	16740.38	—	—		12132.1072
9	文化产权交易	—	—	—	—	—	—
10	林权交易	—	—	—	—	—	—
11	矿业权交易	—	—	—	—	—	—
12	农村产权交易	—	—	—	—	—	—

河南省产权交易中心

		2012 年		2013 年		2014 年	
		交易宗数	成交金额（万元）	交易宗数	成交金额（万元）	交易宗数	成交金额（万元）
1	产股权交易		541259.00		444329.45		121608.69
2	实物资产交易	—	1062.76	—	20924.95	—	9790.364
3	涉诉资产交易	—	65249.27	—	84924.46	—	21644.11
4	金融产品交易	—	—	—	—	—	—
5	环境权益交易	—	—	—	—	—	—
6	公共资源交易	—	—	—	—	—	—
7	技术产权交易	—	—	—	—	—	—
8	融资服务交易	—	93368.00	—	143140.7148	—	47500
9	文化产权交易	—	—	—	—	—	—
10	林权交易	—	—	—	—	—	—
11	矿业权交易	—	—	—	—	—	—
12	农村产权交易	—	—	—	—	—	—

郑州市产权交易市场

		2012 年		2013 年		2014 年	
		交易宗数	成交金额（万元）	交易宗数	成交金额（万元）	交易宗数	成交金额（万元）
1	产股权交易		57940.13		75228.6491	—	49815.236
2	实物资产交易	—	603.03	—	270	—	120.69
3	涉诉资产交易	—	860.00	—	2807.15	—	520.98
4	金融产品交易	—	—	—	—	—	—
5	环境权益交易	—	—	—	—	—	—
6	公共资源交易	—	—	—	—	—	—
7	技术产权交易	—	—	—	—	—	—
8	融资服务交易	—	12000.00	—	—	—	—
9	文化产权交易	—	—	—	—	—	—
10	林权交易	—	—	—	—	—	—
11	矿业权交易	—	—	—	—	—	—
12	农村产权交易	—	—	—	—	—	—

河南中原产权交易有限公司

		2012 年		2013 年		2014 年	
		交易宗数	成交金额（万元）	交易宗数	成交金额（万元）	交易宗数	成交金额（万元）
1	产股权交易	—	—	—	36589	—	30707.8901
2	实物资产交易	—	—	—	—	—	2761.34
3	涉诉资产交易	—	—	—	—	—	—
4	金融产品交易	—	—	—	—	—	—
5	环境权益交易	—	—	—	—	—	—
6	公共资源交易	—	—	—	—	—	—
7	技术产权交易	—	—	—	—	—	—
8	融资服务交易	—	—	—	—	—	—
9	文化产权交易	—	—	—	—	—	—
10	林权交易	—	—	—	—	—	—
11	矿业权交易	—	—	—	—	—	—
12	农村产权交易	—	—	—	—	—	—

许昌亚太产权交易中心

		2012 年		2013 年		2014 年	
		交易宗数	成交金额（万元）	交易宗数	成交金额（万元）	交易宗数	成交金额（万元）
1	产股权交易	—	5599.80	—	—	—	—
2	实物资产交易	—	—	—	—	—	—
3	涉诉资产交易	—	205.00	—	—	—	—
4	金融产品交易	—	—	—	—	—	—
5	环境权益交易	—	—	—	—	—	—
6	公共资源交易	—	—	—	—	—	—
7	技术产权交易	—	—	—	—	—	—
8	融资服务交易	—	—	—	—	—	—
9	文化产权交易	—	—	—	—	—	—
10	林权交易	—	—	—	—	—	—
11	矿业权交易	—	—	—	—	—	—
12	农村产权交易	—	—	—	—	—	—

开封市公共资源交易中心

		2012 年		2013 年		2014 年	
		交易宗数	成交金额（万元）	交易宗数	成交金额（万元）	交易宗数	成交金额（万元）
1	产股权交易		114.46		1302		15495
2	实物资产交易	—	2149.07	—	6910.95	—	5268.34
3	涉诉资产交易	—		—	3174.02	—	1937.58
4	金融产品交易	—	—	—	—	—	—
5	环境权益交易						
6	公共资源交易	—		—	1264372.82	—	1622825.89
7	技术产权交易	—	—	—	—	—	—
8	融资服务交易	—	—	—	—	—	—
9	文化产权交易	—	—	—	—	—	—
10	林权交易	—	—	—	—	—	—
11	矿业权交易	—	—	—	—	—	—
12	农村产权交易	—	—	—	—	—	—

南阳市产权交易中心

		2012 年		2013 年		2014 年	
		交易宗数	成交金额（万元）	交易宗数	成交金额（万元）	交易宗数	成交金额（万元）
1	产股权交易		25559.42	—	—	—	—
2	实物资产交易	—	—	—	—	—	—
3	涉诉资产交易	—	—	—	—	—	—
4	金融产品交易	—	—	—	—	—	—
5	环境权益交易	—	—	—	—	—	—
6	公共资源交易	—	—	—	—	—	—
7	技术产权交易	—	—	—	—	—	—
8	融资服务交易	—	—	—	—	—	—
9	文化产权交易	—	—	—	—	—	—
10	林权交易	—	—	—	—	—	—
11	矿业权交易	—	—	—	—	—	—
12	农村产权交易	—	—	—	—	—	—

武汉光谷联合产权交易所

		2012 年		2013 年		2014 年	
		交易宗数	成交金额（万元）	交易宗数	成交金额（万元）	交易宗数	成交金额（万元）
1	产股权交易		373155.27		255893.40	—	161153.86
2	实物资产交易	—	374549.85	—	87131.01	—	183460.49
3	涉诉资产交易	—	449875.58	—	379932.02	—	500021.91
4	金融产品交易	—	—	—	—	—	4100
5	环境权益交易	—	—		847	—	24002.52
6	公共资源交易	—	—	—	—	—	—
7	技术产权交易	—	15185.74	—	200295.49	—	253081.20
8	融资服务交易	—	266200.00		200631.54	—	512397.38
9	文化产权交易		11938.02		43044.84		89991.81
10	林权交易	—	—	—	—	—	—
11	矿业权交易	—	—	—	—	—	—
12	农村产权交易	—	—	—	—	—	—

湖南省联合产权交易所

		2012 年		2013 年		2014 年	
		交易宗数	成交金额（万元）	交易宗数	成交金额（万元）	交易宗数	成交金额（万元）
1	产股权交易		261218.51		374412.2		197878.349
2	实物资产交易	—	134187.70	—	175307.1797	—	108332.9048
3	涉诉资产交易	—	19504.00	—	28807.7777	—	88578.6993
4	金融产品交易	—	—	—	—	—	—
5	环境权益交易	—	—	—	—	—	—
6	公共资源交易	—	—	—	—	—	—
7	技术产权交易	—	—	—	—	—	—
8	融资服务交易	—	54265.75	—	—	—	20300
9	文化产权交易	—	—	—	—	—	—
10	林权交易	—	—	—	—	—	—
11	矿业权交易	—	—	—	—	—	—
12	农村产权交易	—	—	—	—	—	—

广州产权交易所

		2012 年		2013 年		2014 年	
		交易宗数	成交金额（万元）	交易宗数	成交金额（万元）	交易宗数	成交金额（万元）
1	产股权交易		786168.58		221254.1		314417.2775
2	实物资产交易	—	1097679.97	—	146766.7094	—	129267.1257
3	涉诉资产交易	—	108573.00	—	176706.99	—	148270.8442
4	金融产品交易	—	—	—	—	—	—
5	环境权益交易	—	—	—	41419.516	—	62637.7118
6	公共资源交易	—	25271.77	—	76820.08	—	251591
7	技术产权交易	—	11955.00	—	2865.539	—	5742.551
8	融资服务交易	—	4981778.00	—	7427205.886	—	9363889.17
9	文化产权交易	—	—	—	—	—	—
10	林权交易	—	—	—	—	—	—
11	矿业权交易	—	—	—	—	—	—
12	农村产权交易	—	—	—	—	—	—

广东省产权交易集团

		2012 年		2013 年		2014 年	
		交易宗数	成交金额（万元）	交易宗数	成交金额（万元）	交易宗数	成交金额（万元）
1	产股权交易	—	—	—	652400	—	8036658
2	实物资产交易	—	—	—	170100	—	62260
3	涉诉资产交易	—	—	—	100000	—	21320
4	金融产品交易	—	—	—	4037600	—	20064400
5	环境权益交易	—	—	—	—	—	2067
6	公共资源交易	—	—	—	—	—	—
7	技术产权交易	—	—	—	—	—	—
8	融资服务交易	—	—	—	—	—	1140330
9	文化产权交易	—	—	—	370000	—	—
10	林权交易	—	—	—	—	—	—
11	矿业权交易	—	—	—	—	—	—
12	农村产权交易	—	—	—	—	—	—

深圳联合产权交易所

		2012 年		2013 年		2014 年	
		交易宗数	成交金额 （万元）	交易宗数	成交金额 （万元）	交易宗数	成交金额 （万元）
1	产股权交易		4749110.11		597474.5861		317652.669
2	实物资产交易	—	51988.65	—	208600.528	—	17247.2889
3	涉诉资产交易	—	—	—	—	—	1278.2998
4	金融产品交易	—	—	—	—	—	30000
5	环境权益交易	—	—	—	—	—	—
6	公共资源交易	—	3007.00	—	—	—	190
7	技术产权交易	—	—	—	—	—	—
8	融资服务交易	—	421915.42	—	—	—	6666.6667
9	文化产权交易	—	—	—	—	—	—
10	林权交易	—	—	—	—	—	—
11	矿业权交易	—	—	—	—	—	—
12	农村产权交易	—	—	—	—	—	—

珠海市产权交易中心

		2012 年		2013 年		2014 年	
		交易宗数	成交金额 （万元）	交易宗数	成交金额 （万元）	交易宗数	成交金额 （万元）
1	产股权交易		37711.96		100010.53		62978.73
2	实物资产交易	—	60513.41	—	33486.43	—	7437.62
3	涉诉资产交易	—	—	—	—	—	—
4	金融产品交易	—	—	—	—	—	—
5	环境权益交易	—	—	—	—	—	—
6	公共资源交易	—	27169.87	—	15663.78	—	5040
7	技术产权交易	—	—	—	—	—	—
8	融资服务交易	—	13751.92	—	—	—	361072.425
9	文化产权交易	—	—	—	—	—	—
10	林权交易	—	—	—	—	—	—
11	矿业权交易	—	—	—	—	—	—
12	农村产权交易	—	—	—	—	—	—

广西联合产权交易所

		2012 年		2013 年		2014 年	
		交易宗数	成交金额（万元）	交易宗数	成交金额（万元）	交易宗数	成交金额（万元）
1	产股权交易		3478.09		37275.45		12294.57
2	实物资产交易	—	26643.75	—	74238.2	—	2174.7526
3	涉诉资产交易	—	6296.20	—	—	—	—
4	金融产品交易	—	—	—	—	—	—
5	环境权益交易	—	—	—	—	—	—
6	公共资源交易	—	—	—	—	—	—
7	技术产权交易	—	—	—	—	—	—
8	融资服务交易	—	—	—	—	—	—
9	文化产权交易	—	—	—	—	—	—
10	林权交易	—	—	—	—	—	—
11	矿业权交易	—	—	—	—	—	—
12	农村产权交易	—	—	—	—	—	—

广西北部湾产权交易所

		2012 年		2013 年		2014 年	
		交易宗数	成交金额（万元）	交易宗数	成交金额（万元）	交易宗数	成交金额（万元）
1	产股权交易		43153.86		109590.42		119669.7001
2	实物资产交易	—	8004.78	—	5627.81	—	24269.7635
3	涉诉资产交易	—	741.52	—	331.3895	—	260.275
4	金融产品交易	—	—	—	—	—	—
5	环境权益交易	—	—	—	—	—	—
6	公共资源交易	—	—	—	—	—	—
7	技术产权交易	—	—	—	—	—	—
8	融资服务交易	—	4000.00	—	—	—	868237
9	文化产权交易	—	—	—	—	—	—
10	林权交易	—	—	—	—	—	—
11	矿业权交易	—	—	—	—	—	—
12	农村产权交易	—	—	—	—	—	—

海南产权交易所

		2012 年		2013 年		2014 年	
		交易宗数	成交金额（万元）	交易宗数	成交金额（万元）	交易宗数	成交金额（万元）
1	产股权交易		18798.43		6271.48		181870.5495
2	实物资产交易	—	41998.11	—	71167.89	—	32214.9358
3	涉诉资产交易	—	—	—	2823.13	—	500
4	金融产品交易	—	—	—	—	—	66.34
5	环境权益交易	—	—	—	—	—	—
6	公共资源交易	—	—	—	—	—	—
7	技术产权交易	—	—	—	—	—	50
8	融资服务交易	—	453.92	—	1400	—	5017
9	文化产权交易	—	—	—	—	—	—
10	林权交易	—	—	—	—	—	—
11	矿业权交易	—	—	—	—	—	—
12	农村产权交易	—	—	—	—	—	—

重庆联合产权交易所

		2012 年		2013 年		2014 年	
		交易宗数	成交金额（万元）	交易宗数	成交金额（万元）	交易宗数	成交金额（万元）
1	产股权交易		553828.11		666269.6797		1107309
2	实物资产交易	—	365414.34	—	374786.8339	—	683471.88
3	涉诉资产交易	—	172188.03	—	187719.4152	—	496181.42
4	金融产品交易	—	—	—	1071800	—	1424600
5	环境权益交易	—	1254.69	—	3130.8651	—	2400
6	公共资源交易	—	786571.71	—	1726967.023	—	2627000.09
7	技术产权交易	—	8.50	—	—	—	83910.50
8	融资服务交易	—	340.00	—	—	—	52100.00
9	文化产权交易	—	120.00	—	—	—	—
10	林权交易	—	—	—	11059.91	—	9715.00
11	矿业权交易	—	—	—	—	—	—
12	农村产权交易	—	—	—	—	—	—

西南联合产权交易所

		2012 年		2013 年		2014 年	
		交易宗数	成交金额（万元）	交易宗数	成交金额（万元）	交易宗数	成交金额（万元）
1	产股权交易		845884.00		1212631.076		440191.62
2	实物资产交易	—	62794.65	—	64431.74714	—	32546.39
3	涉诉资产交易	—	847.16	—	46495.5007	—	52380.5164
4	金融产品交易	—	753986.73	—		—	—
5	环境权益交易	—	216.00	—	—	—	2020
6	公共资源交易	—	—	—	—	—	—
7	技术产权交易	—	119300.00	—	110998	—	—
8	融资服务交易	—	259085.23	—	144262.00	—	151008.21
9	文化产权交易	—	21371.72	—	—	—	—
10	林权交易	—	—	—	—	—	—
11	矿业权交易	—	—	—	—	—	—
12	农村产权交易	—	—	—	—	—	—

贵州阳光产权交易所

		2012 年		2013 年		2014 年	
		交易宗数	成交金额（万元）	交易宗数	成交金额（万元）	交易宗数	成交金额（万元）
1	产股权交易		35389.55		38037.46		120403.86
2	实物资产交易	—	16338.86	—	28053.91	—	12934.80
3	涉诉资产交易	—	—	—	—	—	—
4	金融产品交易	—	—	—	—	—	—
5	环境权益交易	—	—	—	—	—	—
6	公共资源交易	—	208367.00	—	933135.35	—	105600.00
7	技术产权交易	—	—	—	—	—	—
8	融资服务交易	—	—	—	—	—	—
9	文化产权交易	—	—	—	—	—	—
10	林权交易	—	—	—	—	—	—
11	矿业权交易	—	—	—	—	—	—
12	农村产权交易	—	—	—	—	—	—

云南产权交易所

		2012 年		2013 年		2014 年	
		交易宗数	成交金额 （万元）	交易宗数	成交金额 （万元）	交易宗数	成交金额 （万元）
1	产股权交易		31508.55		277106.54		89311.8
2	实物资产交易	—	43391.71	—	17169.02	—	89898.69
3	涉诉资产交易	—	—	—	558.38	—	—
4	金融产品交易	—	—	—	—	—	—
5	环境权益交易	—	—	—	—	—	—
6	公共资源交易	—	—	—	—	—	—
7	技术产权交易	—	—	—	—	—	—
8	融资服务交易	—	—	—	—	—	—
9	文化产权交易	—	—	—	—	—	—
10	林权交易	—	—	—	—	—	13575.59
11	矿业权交易	—	—	—	—	—	—
12	农村产权交易	—	—	—	—	—	—

昆明泛亚联合产权交易所

		2012 年		2013 年		2014 年	
		交易宗数	成交金额 （万元）	交易宗数	成交金额 （万元）	交易宗数	成交金额 （万元）
1	产股权交易		7901.76		12367		27076.0488
2	实物资产交易	—	3374.89	—	7609.0193	—	2126.1886
3	涉诉资产交易	—	6433.75	—	63036		109000
4	金融产品交易	—	—	—	—	—	—
5	环境权益交易	—	—	—	—	—	—
6	公共资源交易	—	91377.48	—	133920.4868	—	—
7	技术产权交易	—	—	—	—	—	—
8	融资服务交易	—	—	—	—	—	—
9	文化产权交易	—	—	—	—	—	—
10	林权交易	—	—	—	—	—	—
11	矿业权交易	—	—	—	—	—	—
12	农村产权交易	—	—	—	—	—	—

西部产权交易所

		2012 年		2013 年		2014 年	
		交易宗数	成交金额（万元）	交易宗数	成交金额（万元）	交易宗数	成交金额（万元）
1	产股权交易		65484.52		39163.69		35082.946
2	实物资产交易	—	17901.03	—	7689.3262	—	138523.9283
3	涉诉资产交易	—	43695.78	—	20285.13	—	22001.88
4	金融产品交易	—	—	—	—	—	97.2
5	环境权益交易	—	—	—	—	—	—
6	公共资源交易	—	—	—	—	—	—
7	技术产权交易	—	—	—	—	—	—
8	融资服务交易	—	67546.12	—	10802.319	—	—
9	文化产权交易	—	—	—	—	—	—
10	林权交易	—	—	—	—	—	—
11	矿业权交易	—	—	—	—	—	—
12	农村产权交易	—	—	—	—	—	—

甘肃省产权交易所

		2012 年		2013 年		2014 年	
		交易宗数	成交金额（万元）	交易宗数	成交金额（万元）	交易宗数	成交金额（万元）
1	产股权交易		22008.72		294150.7822		30225.0201
2	实物资产交易	—	40479.00	—	37081.7749	—	23134.41
3	涉诉资产交易	—	260.00	—	2162.21	—	41857.99
4	金融产品交易	—	—	—	—	—	—
5	环境权益交易	—	—	—	—	—	—
6	公共资源交易	—	28754.67	—	21489	—	2074.2
7	技术产权交易	—	—	—	—	—	—
8	融资服务交易	—	1366891.70	—	11882.4613	—	9674.7
9	文化产权交易	—	—	—	—	—	—
10	林权交易	—	—	—	—	—	—
11	矿业权交易	—	—	—	—	—	—
12	农村产权交易	—	—	—	—	—	—

青海省产权交易市场

		2012 年		2013 年		2014 年	
		交易宗数	成交金额（万元）	交易宗数	成交金额（万元）	交易宗数	成交金额（万元）
1	产股权交易		21562.72		323.98		24609.83
2	实物资产交易	—	21292.58	—	1133510.00	—	9376.13
3	涉诉资产交易	—	—	—	—	—	—
4	金融产品交易	—	—	—	—	—	—
5	环境权益交易	—	—	—	—	—	—
6	公共资源交易	—	—	—	—	—	—
7	技术产权交易	—	—	—	—	—	—
8	融资服务交易	—	—	—	—	—	—
9	文化产权交易	—	—	—	—	—	—
10	林权交易	—	—	—	—	—	—
11	矿业权交易	—	—	—	—	—	—
12	农村产权交易	—	—	—	—	—	—

宁夏科技资源与产权交易所

		2012 年		2013 年		2014 年	
		交易宗数	成交金额（万元）	交易宗数	成交金额（万元）	交易宗数	成交金额（万元）
1	产股权交易		7896.45		7011.7601	—	—
2	实物资产交易	—	192.90	—	59.3512	—	40.19
3	涉诉资产交易	—	—	—	—	—	—
4	金融产品交易	—	—	—	—	—	—
5	环境权益交易	—	—	—	—	—	—
6	公共资源交易	—	—	—	—	—	—
7	技术产权交易	—	—	—	—	—	—
8	融资服务交易	—	—	—	—	—	—
9	文化产权交易	—	—	—	—	—	—
10	林权交易	—	—	—	—	—	—
11	矿业权交易	—	—	—	—	—	—
12	农村产权交易	—	—	—	—	—	—

		2012 年		2013 年		2014 年	
		交易宗数	成交金额（万元）	交易宗数	成交金额（万元）	交易宗数	成交金额（万元）
1	产股权交易		66104.98		149807.422		71536.2262
2	实物资产交易	—	37726.63	—	18876.217	—	25369.6725
3	涉诉资产交易	—	—	—	—	—	—
4	金融产品交易	—	—	—	—	—	—
5	环境权益交易	—	—	—	—	—	—
6	公共资源交易	—	—	—	—	—	—
7	技术产权交易	—	—	—	—	—	—
8	融资服务交易	—	20125.68	—	—	—	21890
9	文化产权交易	—	—	—	—	—	—
10	林权交易	—	—	—	—	—	—
11	矿业权交易	—	—	—	—	—	—
12	农村产权交易	—	—	—	—	—	—

新疆产权交易所

中国产权市场年鉴 2013~2015

China Property Rights Exchange Market Yearbook

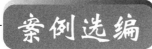

案例选编

北京厂甸庙会摊位承租权处置案例

北京产权交易所

一、项目背景

厂甸庙会作为中国"四大庙会"之一，距今已有 400 多年的历史，是首批列入国家级非物质文化遗产名录的老北京文化庙会，厂甸庙会因邻近琉璃厂，文化气息非常浓郁，已经成为展示北京民俗文化的舞台，商家争相入驻庙会摊位。往年庙会摊位招租工作都是通过常规方式，存在招租不透明、招租结果公信力不足的问题。

二、方案设计

在此次摊位公开招租过程中，北交所本着公平、公正的原则，将摊位承租权招商信息在北交所网站面向社会公开发布，经过意向承租人公开征集、登记承租意向，竞价培训等前期工作后，竞价活动得以顺利进行。一方面最大限度地保证了政府招商工作的公开、公平、公正，在政府与百姓之间建立了沟通和信任的纽带；另一方面也发挥了市场在资源配置中的决定性作用。

为确保庙会活动社会效益和经济效益同时兼顾，庙会确定了最高 5 万元的标准。同时，为了保证公平性和交易便捷性，摊位承租权采用网络竞价方式拍卖。

三、交易结果

2014 年 1 月 10 日，"2014 年北京厂甸庙会摊位承租权网络竞价"活动在北京产权交易所举行，最终 11 位竞买人竞得 17 个摊位承租权。

2015 年 1 月 27 日，2015 年北京厂甸庙会 16 个小吃摊位招租项目举行网络竞价，5 个竞标人竞得 11 个摊位，成功竞价的标的平均溢价率为 11.67%，成交金额 46.9 万元。这是连续第二年厂甸庙会摊位通过北交所旅游资源交易平台成功完成竞价成交。

四、案例意义

通过交易所公开披露摊位招租信息、组织承租权网络竞价，很好地解决了常规方式招租不透明、招租结果公信力不强等难题。北京旅游资源交易平台依托北交所经营规模优势、客户资源优势、合作机构优势、信息渠道优势、资金安全优势、个性化服务优势，为监管部门、企业提供优质服务，实现了旅游资源的优化配置。

北京橡胶五厂破产财产处置案例

北京产权交易所

一、项目背景

北京橡胶五厂是北京市的国有企业，2010 年由北京市第二中级人民法院裁定宣告破产。本次拍卖的破产财产系北京橡胶五厂位于北京市丰台区永定门外南顶村 51 号第 94 幢房地产和其对外长期投资——北京橡五星花防水材料有限责任公司 88%股权。该房地产和长期股权投资经备案后的评估值共计 726.81 万元。

二、方案设计

由于该项目房地产为独栋三层小楼，建成于 20 世纪 80 年代，房屋结构为钢混结构，日常维护保养状况较好，成新度较高，而且邻近南顶路，周边还建有多个居民小区，位置和现状有利于吸引较多的投资人。鉴于本项目房地产存在能够形成竞价的可能性，为了避免现场举牌拍卖过程可能会导致围串标情况的发生，能够更大程度上实现资产的价值，在不违反相关法律规定采用拍卖形式的前提下，改为采用北京产权交易所为政策性破产财产处置量身打造的 V 型网络竞价系统进行拍卖，这一系统正是将先降后升的现场拍卖全过程在网络环境下得以实现。

三、策划重点

该项目于 2013 年 11 月 15 日在《证券时报》发布拍卖公告，11 月 18 日至 20 日组织了预展，为了避免投资人见面造成串标，我们特意安排拍卖公司错开时间、逐一安排进行勘验，前后共有十几家投资人参与了预展，最后共有十家竞买人交纳保证金并参加了拍卖会。

2013 年 11 月 24 日，北京产权交易所就 V 型网络竞价系统的操作流程和系统给拍卖公司、管理人进行了讲解，并就具体拍卖会的一些细节和可能面临的问题进行了沟通。由于本项目是首个通过 V 型网络竞价项目进行拍卖的项目，为了保证项目拍卖的顺利进行，北京产权交易所特意使用本项目的真实数据对该系统进行了多次和全面的测试，对可能出现的系统问题及时进行了修改，最终使拍卖会得以顺利完成。

本项目于 2013 年 11 月 25 日上午 10 时由拍卖公司通过 V 型网络竞价系统对北京市丰台区永定门外南顶村 51 号第 94 幢房地产和北京橡五星花防水材料有限责任公司 88%股权项目进行了打包拍卖，起拍价格为 726.8101 万元。由于多数竞买人未使用过 V 型网络竞价系统参与拍卖，因此在拍卖会正式开始前安排了现场模拟竞价，让所有的竞买人对报价系统进行了熟悉。项目起拍后即立刻有人报价，且价格不断上升，最终经过 107 轮报价，成交价格为 1606.8101 万元，增值额为 880 万元，增值率达到了 121.07%，增值程度远远超过了转让方的预期。

四、案例意义

本项目作为首个通过 V 型网络竞价项目拍卖的市属国有政策性破产财产项目，以及近三年增值幅度较大的项目，具有里程碑的意义。这充分证明了通过网络报价形式进行拍卖在极大程度上可以避免围串标的发生，而且有助于打破竞买人达成的价格壁垒，有利于资产变现价值的提高，能够最大限度地实现国有资产的保值增值，并且保证了破产财产拍卖变现工作的顺利完成。

财富里昂证券有限公司100%股权转让案例

湖南省联合产权交易所

财富里昂证券有限责任公司（以下简称财富里昂）100%股权转让项目于2014年3月在湖南省联合产权交易所（以下简称湖南联交所）挂牌公告，最终以超10亿元的交易额顺利成交。

该项目有两大突出特点：一是证券公司100%股权转让，这在国内实属罕见，常见的是证券公司部分股权的转让；二是转让方之一是境外公司，这在产权行业很少见，湖南联交所第一次遇到这种情形。鉴于这两大特点，其转让程序和外汇结算程序就比较复杂，适用的相关法律法规比较多，需沟通协调的部门也较多。整个交易过程中还有一个关键环节是如何保证资金划转的安全，这也决定着本次交易是否能顺利完成。

一、案例背景

财富里昂是我国加入世贸组织后首家中外合资证券公司，成立于2003年4月10日，位于上海市浦东新区世纪大道100号环球金融中心，注册资本50000.0001万元，其中财富证券有限责任公司持有66.67%股权，中信里昂证券资本市场有限公司（以下简称中信里昂）持有33.33%股权，中信里昂为香港公司。财富里昂主要以投行业务为主，由于其股东之一财富证券也是证券公司，故财富里昂的证券经纪和证券投资顾问业务限长江三角洲地区（温州除外），而财富证券做长江三角洲地区以外的经纪和投资顾问业务。财富证券为解决同业竞争问题，决定将财富里昂的股权进行转让，而中信里昂由于合作伙伴的退出，也决定一并转让其持有的财富里昂股权。

二、案例事件

项目挂牌后，为积极寻找意向受让人，湖南联交所调动各种资源积极招商，在上海、江苏、浙江、广东等经济发达地区兄弟产权交易机构同步发布信息，并且从投资人信息库中精心筛选投资者，通过电话、短信平台、微信平台进行推广。公告期间前来咨询的投资者络绎不绝，备受社会各知名企业的关注，有大型央企、知名网络公司、知名房地产企业等前来咨询。为详细解答意向投资者关心的问题，湖南联交所与转让方共同举办了项目专场情况说明会，共有来自全国各地13家知名企业参加了说明会，说明会反响强烈。

三、案例分析和启示

通过该项目的运作，湖南联交所在涉外股权转让程序、证券公司受让方资格设置以及资金划转安全等方面积累了一些经验，希望与业界同仁共享。

（一）涉外股权的转让程序更加复杂

（1）由于财富里昂的股东之一中信里昂为香港公司，财富里昂为外资参股证券公司，股权转让后变为内资证券公司，故挂牌公告前，转让方除向国有资产监督管理部门申请批准外，还需向证券监督管理部门申请批准。在证券监督管理部门出具无异议函后方可转让。

（2）转、受让双方签订《产权交易合同》后，受让方将交易价款汇入湖南联交所账户结算。财富里昂向上海证监局提出《关于公司变更股东的申请报告》，受让方的受让资格需上海证监局批准。

（3）经上海证监局批复同意后，湖南联交所出具产权交易凭证。

（4）财富里昂向商务主管部门申请缴销台港澳侨投资企业批准证书，然后再向工商管理部门申请股权变更登记。

（5）受让方向相关税务机关进行税务备案，并获取税务机关盖章后的《服务贸易等项目对外支付税务备案表》及代中信里昂代扣代缴预提所得税完税凭证。

（6）湖南联交所代中信里昂代扣代缴合同印花税。

（7）由于中信里昂为香港公司，尽管湖南联交所向中信里昂划付人民币，但为跨境人民币业务，需由受让方向上海外管局申请购付汇核准，取得外汇管理部门的外汇业务核准件后方可划款。

（二）受让方资格条件的设置

由于标的公司是证券公司，根据相关法律法规的规定，成为证券公司的股东须符合相关的要求，而且最终须证券监管部门审核批准，故湖南联交所在公告内容中约定："意向受让方须符合《中华人民共和国公司法》、《中华人民共和国证券法》、《证券公司监督管理条例》、《证券公司行政许可审核工作指引第 10 号——证券公司增资扩股和股权变更》、《关于证券公司变更持有 5% 以下股权的股东有关事项的通知》、《证券公司变更持有 5% 以下股权股东报备工作指引》等法律、行政法规、规章的规定，符合中国证监会规定的其他要求。除此之外，不排除其他监管规定中尚存在对于证券公司股东资格的其他要求或可由监管部门酌定的其他条件，且最终须以监管部门审核意见为准。"

同时湖南联交所在公告中进行了风险提示："意向受让方须自行对照包括但不限于上述法律、行政法规、规章的规定和中国证监会监管要求，对自身的受让资格条件进行核查，并在自行咨询专业人士、相关方和监管部门的基础上自行判断是否符合作为本转让项目受让方的资格，决定是否参与受让标的，并自行承担由此产生的全部后果，包括但不限于费用、风险和损失等。"

（三）创造性地设计既可行又合理的方案，保证资金划转的安全

财富里昂工商变更登记完成后，受让方向上海外管局申请购付汇核准，上海外管局提出：由于该项目交易主体是转、受让双方，交易价款应由受让方直接划转中信里昂。湖南联交所多次与上海外管局沟通，说明该项目是通过湖南联交所挂牌交易的，交易价款已汇入湖南联交所账户。由于上海外管局经办人员表明从没遇到过这种情况，他们坚持认为：根据相关的法规规定，交易价款不能由湖南联交所账户直接划转中信里昂账户。

难题摆到湖南联交所面前，难道又将交易价款汇回受让方账户，这不现实，因为交易凭证已经出具，股权已进行变更，这么大金额的资金汇回受让方账户，万一出现什么不确定因素，湖南联交所责任重大，何况当初中信里昂因为信任才通过湖南联交所交易，湖南联交所绝对不能辜负客户的信任。

湖南联交所全力以赴解决难题，积极与银行、上海外管局充分协调沟通，终于创造性地设计了一个既可行又合理的方案：湖南联交所将交易价款划入银行的"其他待结算账户"，再由银行从"其他待结算账户"划转至中信里昂账户。但又存在一个问题，湖南联交所将这么大金额的资金划入"其他待结算账户"，如果"其他待结算账户"到中信里昂账户的环节出了问题，谁负责呢？最终湖南联交所决定由湖南联交所、受让方、中信里昂和银行四方签署款项划转协议，约定当湖南联交所将交易价款划入银行的"其他待结算账户"后，银行应于当天将交易价款从"其他待结算账户"划入中信里昂账户。协议中约定了相应的违约责任。最终顺利完成跨境人民币划转，资金安全到达中信里昂账户。

在经济全球化和人民币国际化的背景下，我国经济也日益融入全球经济一体化发展，未来会有越来越多的具有外资背景的国内企业股权进行交易，在实际操作过程中会面临诸多复杂的交易难题产权交易机构去协助解决，那么，产权交易机构在不断提升自己服务质量的同时更要提升自己的方案解决能力。

成都双桥大厦资产招租案例

西南联合产权交易所

2013 年 12 月 20 日，成都市成华区经华北路 8 号双桥大厦（以下简称"双桥大厦"）在西南联合产权交易所（以下简称"西南联交所"）成功招租。该项目经过西南联交所精心策划和积极推荐，最终经过 126 轮历时 2 个小时的激烈网络竞价后，由上海新视界医院投资股份有限公司以年租金 603 万元价格成功竞得，较挂牌价年租金 231 万元增值 372 万元，12 年总租金从挂牌价 3230.78 万元增值到 8433.6 万元，增值 5202.82 万元，增值率达到了惊人的 161%。本次招租的大幅增值，实现了西南联交所从产权交易业务向全要素交易业务转型的阶段性目标，符合目前产权交易市场从单纯的产权流转延伸到"产权形成、产权运营等相关产权要素交易"的行业大趋势。

一、项目背景

成都市新曙光旅游（集团）有限责任公司（以下简称"新曙光公司"）所有的双桥大厦位于成都市成华区经华北路 8 号，主楼高 6 层、地下 1 层，建筑面积 8160.9 平方米，周边商业、学校、医院、银行、公园配套齐全，属成都市内坐落较为密集的商业、住宅聚集区，且交通便利，环境条件较好。双桥大厦修建于 20 世纪 90 年代，现整栋建筑外观及内部设施陈旧老化，设施设备已不能正常运转，如手扶电梯、直升电梯、中央空调等大型设备均已停用。

双桥大厦资产招租项目原本由新曙光公司委托某招标代理机构组织招投标，并于 2013 年 11 月 25 日在《成都日报》、中国采购与招标网上发布了招投标信息。公告当日，多位意向承租方电话联系咨询了成都市国有资产监督管理委员会（以下简称"成都市国资委"）以及西南联交所，对招投标方式提出了质疑。成都市国资委也认为市场的事情应交由市场做，国有资产对外公开招租要适应市场经济、

规避风险，招投标方式不适合市场需要，不利于国有资产保值增值和体现租赁价值的最大化，应该在产权交易市场上公开进行。于是，新曙光公司立即终止了该次招投标资产招租行为，并委托西南联交所作为资产招租代理机构，进场公开招租。

二、策划重点及交易流程

（一）扎实的前期准备，细致的项目分析

西南联交所接到该项目后，立即组织了在国有资产招租方面具有丰富经验的项目团队，对新曙光公司进行了认真的政策辅导，同时对招租方案进行了合理的策划与建议。最终新曙光公司决定采用网络竞价方式，对方案中承租方资格条件进行了修改和完善，使条件更加明确、租赁业态增加了"总部办公"、取消了"医疗教育业态优先"。另外，方案中其他披露事项增加了 12 条承租方需承诺的事项，合同履约保证金从 200 万元增加到 400 万元。租赁方案及承租合同修改后，相关条款更加全面细化、权利义务更加明确对等。对于方案设计中的一些重要问题，西南联交所及时向成都市国资委产权处咨询、汇报，在产权处的大力支持和指导下，遵循"公开、公平、公正"原则及市场规律，协助出租方圆满完成本次招租工作。

（二）多管齐下征集意向受让方，形成竞价局面

2013 年 12 月 11 日该项目正式在西南联交所公开挂牌招租。挂牌后，西南联交所在全国范围内对实力雄厚且符合承租条件的企业进行重点推荐。除了在西南联交所的网站上发布招租信息外，还在《金融投资报》、《成都日报》等报刊媒体发布公告征集意向承租方。根据项目的具体情况和特点，西南联交所在多年积淀的投资人库中筛选出一批潜在客户并进行了定向推介。赢得省内外多家企业的青睐，最终确定了上海新视界医院投资股份有限公司、厦门眼科中心集团有限公司、广西伍越投资发

展有限公司、华夏佳泰管理有限公司、四川宏得酒店管理有限公司、四川千居置信装饰工程有限公司、四川省全峰体育用品有限公司、成都锋平房屋拆迁有限公司等全国各地共 8 家企业为符合条件的意向承租方。

（三）激烈竞争，高价成交

2013 年 12 月 20 日，双桥大厦在西南联交所成功完成公开招租。该项目经过西南联交所精心策划和积极推荐，最终经过 126 轮历时近 2 个小时的激烈网络竞价后，由上海新视界医院投资股份有限公司以年租金 603 万元价格成功竞得，较挂牌价 231 万元增值 372 万元，12 年总租金从 3230.78 万元增值到 8433.6 万元，增值 5202.82 万元，增值率达到了惊人的 161%。产权交易机构借助互联网实现网络竞价，打破了传统招租方式在时间和空间上的局限。网络竞价方可以在任何时间、任何地点、借助多种网络工具，只要能够连接互联网就可以实时参与竞价。同时，竞价过程中，所有竞价方的信息都是不对外公开的，从而实现了竞价方相互隔离，有效防范资产招租过程中不规范行为的发生。除交易机构电子大屏外，纪检、国资等相关机构也可通过互联网对竞价过程进行全程监督，确保了竞价公开、交易公正。

（四）创新交易方式，凸显产权市场的公允平台

长期以来，国有资产的招租工作一直由相关各方自行完成。但自行招租往往存在"低价出租"、"承租方跑关系"、"领导打招呼"等现象，不仅使得招租方蒙受经济损失，也令资产招租工作成为招租方的"烫手山芋"。为了避免资产招租过程中不良行为的发生，实现国有资产的保值增值，2011 年省国资委就下发了《关于规范省属企业资产出租管理的意见》（川国资产权〔2011〕78 号），明确要求省属企业资产出租进入省国资委确定的产权交易机构公开招租。第三方平台公开招租、以电子竞价取代"击槌成交"、通过互联网进行交易，已成为国有资产招租工作改革的方向。本次双桥大厦资产招租的大幅增值，再次证明了通过产权交易机构规范化、专业化的运作，能够充分发挥产权交易机构平台项目信息发布和投资意向聚集功能：充分挖掘项目信息、最广化项目受众面、最大化资产增值率，充分体现了产权交易市场价值发现的作用。

三、项目启示

双桥大厦招租项目作为 2013 年度首宗成都市属企业通过西南联交所公开进行的国有资产招租项目，是盘活国有经营性固定资产的一次有益尝试，充分体现了西南联交所在项目策划辅导、发掘资产潜在市场价值等方面的强大实力，是实现产权交易机构从产权交易业务向全要素交易业务转型的重要一步，符合目前产权交易市场从单纯的产权流转延伸到"产权形成、产权运营等相关产权要素交易"的行业大趋势。

第一，产权市场的市场化需要多方解放思想、转变意识。由意向承租方推动项目进场公开招租，在西南联交所的项目史上并不少见，但由招租方主动提出公开进场却是招租项目的第一次。产权市场上国资监管部门以市场化为原则、交易双方形成并落实市场化意识、交易机构走市场化运作道路，是处置国有产权最负责任的态度，是实现国资保值增值的根本。

第二，产权交易机构加强对标的与投资人的分析匹配能力，将更好地辅助产权运营。本项目优缺点均十分明显，对招租方而言，缺点带来的市场偏好会阻碍项目的增值，也存在无法找到最合适投资者的市场风险。因此在承租方资格设置中，西南联交所针对项目优劣势，加强了对承租者实力的要求，最大限度地降低违约风险；同时减少了行业限制，以扩大对意向投资者的覆盖范围。当然，如今产权市场上标的与投资人的匹配大多还是依靠传统方式，交易机构的经验对匹配程度有较大影响。未来产权市场应加强对大数据的运用，加强投资人数据库的建设，方能以最小的成本实现利益最大化的匹配。

双桥大厦招租项目大获成功反映了客户对西南联交所专业化、公开、公平、公正的多要素产权交易服务的高度认可，体现了西南联交所在产权交易市场上的影响力和号召力，是产权交易机构加速市场化的结果。同时再次印证了西南联交所作为一个公开的市场化交易平台所具备的"信息集聚和辐射"的功能，"发现投资人、发现价值"的功能以及"全方位服务"的功能。

为国有企业增资扩股提供经纪服务案例

北京中招国际拍卖有限公司

随着经济体制改革的不断深入，产权交易市场被纳入现代市场体系的范畴，与证券市场、技术市场、土地及矿业权市场、劳动力市场并立。经过十多年的发展建设，各产权交易市场在程序性、规范性、市场影响力、交易系统便捷性等方面都有了长足进步，这为产权交易市场在继续开展国有企业存量资产处置业务（包括资产、股权处置）外，发展新型业务提供了可能。

企业增资扩股是近年来产权交易市场新增的为企业提供股权融资（不包括大股东为融资而出让一部分股权的情况）的新型服务。

作为参与国有企业增资扩股改制项目的中介机构，应该充分发挥专业能力，为企业发展募集资金、寻求合作伙伴，使企业注入强劲动力，焕发新的生命力。国有企业增资扩股进入产权市场，既可以增加改制的透明度并实现阳光交易，又可以提高国有资产市场配置效率。在实际操作过程中我们将业务创新与传统经验相结合，不断打造国有企业通过产权市场增资扩股新模式。

一、背景介绍

北京中招国际拍卖有限公司（以下简称中招国际）作为产交所的经纪会员，为某国有企业的增资扩股提供经纪服务。增资方的增资扩股改制以引进战略投资者为主要目标，募集资本要求不低于10亿元人民币，最终募集规模以公开挂牌交易结果为准。具体为：

1. 保持控股股东的实际控制人地位

增资方母公司拟参与增资扩股的金额合计5.31亿元，参与增资扩股后仍将保持第一大股东和实际控制人地位，持股比例不低于40%。

2. 增资完成后，第二大股东和第三大股东合计持股比例不得超过控股股东持股比例

二、主要做法

中招国际在接受委托后，立即组成了重点项目专项小组，专门负责对增资方增资扩股中存在的问题、难点以及挂牌后可能会出现认购不足等情况逐一进行研究及讨论，并制定《增资扩股改制挂牌交易操作方案》。

（一）调查研究

为了能够制定出切实可行的操作方案，我们充分沟通，了解增资方的要求，并对增资方所属行业的发展概况、行业政策、行业投资人投资方向和意愿进行详尽调查。

1. 现场调研

首先我司工作人员多次深入增资方进行沟通和了解，取得其增资方母公司拟订的《增资扩股改制实施方案（讨论稿）》，增资方撰写的《增资扩股定向募集股金说明书》，以及其他的相关程序性文件，如集团批复、法律意见书、评估报告、职工代表大会决议等。

2. 市场调研

除上述在其增资方母公司及增资方取得文件外，我司还通过网络搜集该行业的政策［如《行业发展中长期规划（2014~2020年)》、《促进行业发展三年行动计划（2014~2016年)》］、研究发展报告、行业新闻、增资方基本情况等。

根据上述调研情况，我司草拟工作方案，并提出问题，带着问题我们走访行业专家，根据专家的建议及我们对项目的研究分析，我们认为增资方增资符合政策规定、行业规划，同时增资方发展状况健康，增资成功的可能性很高，我们对此充满信心。

（二）拟订《操作方案》

通过沟通了解，获得了股东方和意向投资方的有关情况。股东方：原股东共计8个，其中参与此

次增资共计 4 个，且拟超过原持股比例增资的共计 1 个。意向投资方：拟参与增资的企业数量多、行业背景及公司性质不同，针对此种情况，经过多轮次讨论，确定了如下方案：

1. 投资人种类设定

为了增资方今后的战略发展，结合目前老股东的实际情况，最终决定将投资人分为三类，即老股东、战略投资人、财务投资人。

（1）老股东：指截至挂牌日前增资方已有股东。根据《中华人民共和国公司法》第三十四条的规定：公司新增资本时，股东有权优先按照实缴的出资比例认缴出资。依据此条款，老股东在此次增资扩股中，有权优先按照实缴出资比例认缴出资，超过部分参与竞价。

（2）战略投资人：指已经与增资方建立业务合作关系的大客户，或在未来公司战略布局中的战略合作方，或具备优质行业管理经验和技术能力的企业。能为增资方打造成为行业标杆企业提供相关管理、资金、渠道、技术等资源支持。此类投资人的加入对增资方今后的战略发展起到非常积极的作用。

（3）财务投资人：指中华人民共和国境内依法设立并有效存续的企业组织。

2. 标的设定

本轮增资扩股原则应保持控股股东的实际控制人地位。增资方大股东拟参与增资扩股的金额合计 5.31 亿元。增资方母公司参与此次增资扩股后，仍将保持第一大股东和实际控制人地位，持股比例拟定为 40%。本轮增资完成后，第二大股东和第三大股东合计持股比例不得超过增资方母公司 40% 的持股比例。

结合上述要求，最终将需要挂牌征集的 39.178% 股权分割为不等额的 10 个标的，并根据标的种类设定了投资人准入条件。

公开征集的投资人基本条件要求：

（1）报名 B 类标的（即战略投资人）应具备的基本条件：

1）中华人民共和国境内依法设立并有效存续的企业组织（以营业执照、组织机构代码证、税务登记证为准）。

2）资信证明：投资人提交不低于认购标的对应股本金额的银行存款证明。

3）至少满足以下条件之一：

a. 与增资方建立长期业务合作关系（以与增资方签订的 1 年以上的业务合同为准）；

b. 能为增资方提供所需业务资源（如烟酒、纺织、化工产品、五金交电等生产、销售企业，以营业执照中的经营范围为准）；

c. 以增资方为该行业主要供应商（以 2013~2014 年增资方业绩排名为准）；

d. 具备优质该行业管理经验和技术能力，能与增资方分享该行业的管理与技术经验。

（2）报名 C 类投资人（即财务投资人）应具备的基本条件：

1）中华人民共和国境内依法设立并有效存续的企业组织（以营业执照、组织机构代码证、税务登记证为准）。

2）资信证明：投资人提交不低于认购标的对应股本金额的银行存款证明。

（三）确定《操作方案》

对于增资方提出的挂牌后可能会出现认购不足等情况，经过讨论形成了"关于《增资扩股改制挂牌交易操作方案》补充说明"。即：

（1）如果出现认购不足情况，以最终实际认缴出资额进行工商变更登记，各股东股权比例相应提高，增资方母公司所占股权比例不低于 40%。（具体数额体现在《增资协议》和新《公司章程》）

（2）如果出现某个 B 类标的无人认购情况，将对该标的进行分割后转为 C 类标的（分割后的标的最大不超过 5%），供 B 类、C 类意向投资人认购，并按照 5 个工作日为一个周期延长一个周期，以接受新意向投资人报名。（依据：《企业国有产权交易操作规则》第二十条）

综上，经过增资方、我司及产交所的共同努力，最终制定出完整的《增资扩股改制挂牌交易操作方案》，并依照执行。

（四）挂牌流程

1. 产交所实施挂牌

我公司将全部增资扩股所需资料提交给产交所，产交所在该平台进行挂牌，挂牌期限为 1 个月。

2. 推介

挂牌后，我司业务联系人保持手机 24 小时开机，对众多咨询电话都能耐心、详细解答咨询者的问题。

（五）挂牌结果

至报名截止时间，共有 12 家企业法人报名，我公司及时向增资方提交了"关于《增资扩股改制挂牌征集投资人》情况汇报"以及投资人提交的资格证明文件，得到批准后，产交所开始组织竞价。

最终经过竞价，共有 13 个企业法人（含三个联合体）成为本项目最终投资人。增资后增资方新增了注册资本约 11.76 亿元，募集资金 16 亿多元（含增资方母公司等原股东参与增资），圆满实现《增资扩股改制实施方案》确定的目标。

三、案例成效与启示

在增资方本次增资扩股项目运作过程中，我公司指定有着丰富国企改制工作经验的公司副总及项目总监牵头共同完成此次工作，我公司工作人员能够做到对国家相关法律法规、政策熟悉掌握，凭借多年拍卖工作经验，结合本项目具体情况制定了一系列可行性工作方案，并与产交所一同制定了《增资扩股改制挂牌交易操作方案》及相关文件。

将挂牌标的根据投资人认购意愿及增资方实际情况划分为多个标的，是增资扩股项目操作实践中的一项创新举措，从出现竞价情况看，这一举措是成功的、可行的。

这一业务创新模式与传统经验相结合，再次凸显了产权市场"发现投资者、发现价格"的功能作用，有效防止国有资产流失，为增资方实现价值最大化。

海盐国检检测技术有限公司增资扩股案例

浙江产权交易所

党的十八届三中全会"积极发展混合所有制经济"吹响了全国各地国有企业开展增资扩股事项的号角，浙江产权交易所（以下简称浙交所）在浙江省国资委的指导和支持下，以省属企业增资扩股业务指定进场为切入口，设立浙江省国资委混合所有制项目发布平台，全面推进在浙国有企业增资扩股进场交易。

迄今为止，浙交所累计完成国有企业增资扩股项目 10 余宗，而 2015 年 1 月 16 日，浙交所通过场内电子竞价方式成交的海盐国检检测技术有限公司（以下简称"国检公司"）增资扩股项目（以下简称"海盐国检项目"）成为增资扩股项目中可圈可点的经典。

一、案例回顾

2014 年夏，海盐国检项目的主办方负责人就与浙交所多次联系沟通该项目的基本情况和改制方案。经过多次探讨后，海盐国检项目的增资扩股方案最终确定为：国检公司在现有注册资本 2400 万元的基础上，增加注册资本 900 万元，即注册资本由原来的 2400 万元增至 3300 万元，具体为：

（1）引入战略投资者 1 名，持有本次增资后国检公司的 150 万股，占 4.55% 股权，投资金额不得低于 186 万元。

（2）国检公司现有管理层及核心员工参与本次增资扩股，投资金额按战略投资者的正式参股价格折算确定；国检公司现有管理层及核心员工增资后持有本次增资后国检公司的 600 万股，占 18.18% 股权。

（3）武汉金目检测技术有限公司（国检公司拟购民企）管理层参与本次增资扩股，投资金额按战略投资者的正式参股价格折算确定；武汉金目检测技术有限公司管理层增资后持有本次增资后国检公司的 150 万股，占 4.55% 股权。

海盐国检项目于 2014 年 12 月 18 日正式挂牌，至 2015 年 1 月 15 日下午 5 点整，该项目挂牌信息公告已满 20 个工作日。在挂牌报名期间有 4 家合格竞买人提出受让申请。2015 年 1 月 16 日，海盐国检项目通过竞价转让方式成交。整个竞价过程历经 88 轮报价，最终以 364 万元成交，每股股价从挂牌的 1.24 元上涨到 2.43 元，溢价 95.7%。

通过浙交所的公开操作，国检公司不仅择优引入了战略投资者，提升了自身知名度和价值，也解决了管理层参与入股定价的难题，更为日后的可能上市申报排除了障碍。

二、案例分析和启示

海盐国检项目的成功，有其自身优质的个性，也有可供他人借鉴的共性。

（一）国检公司所处的行业需要其进行增资扩股

国检公司是将原有事业单位的业务和资质转让公司内，其所处的行业背景（军工检测）要求其开展增资扩股。

（二）未来有上市预期增加项目的可看性

国检公司已进入上市准备期，未来有上市预期增强了投资者进入的决心。在参与报名竞买的意向方中，都看重了这一特性。

（三）核心管理层人员参与增资，特别是拟收购的子公司管理层人员也参与增资

与其他项目不同的是，本次增资扩股不仅有国检公司的管理层及核心员工的参与，还有国检公司拟收购的一家民企的管理层参与增资。这在其他项目中是没有看到的，不仅印证国检公司未来发展的良好预期，也充分调动管理层的积极性，为公司的收购事项打下坚实的基础。

（四）以往项目为该项目的进场打下了基础

海盐国检项目之所以会选择浙交所进场，是受浙交所在 2007 年为海宁皮革城进行增资扩股的影响。这就说明以往开展的增资扩股案宗已成为最好的宣传利器和案例解读，增强了融资企业进场交易的决心，也解开了融资企业融资难成的心结。

三、尚待探讨的问题

（一）价格优先能否成为增资扩股项目成交的唯一考量标准

浙交所经手的增资扩股项目基本上都是通过市

场公开挂牌，由价格最高者参与增资。但是，目前存在的客观实际就是很多融资方并不希望价格是唯一考虑的因素。事实上，除了价格因素，融资企业往往还要考虑投资者的发展理念与自身是否一致、企业文化与本企能否融合、优势资源与自我可否互补进而实现整合利用等其他非价格因素，其目标直指增资扩股企业未来发展。因此，产权市场开展增资扩股项目最终是通过价格确定投资者还是通过权重设计评选投资者是首要解决的问题。

（二）管理层入股，持股比例上限和参股价格如何确定

《国务院办公厅转发国务院国资委关于进一步规范国有企业改制工作实施意见的通知》（国办发〔2005〕60 号）规定整个管理层的持股总量，不能达到控股或相对控股数量，但是对具体的多少持股量为宜和持股价格并没有明确规定。通过产权市场进行增资扩股则可以解决企业员工持股特别是管理层持股的价格问题。也就是说，可确定企业管理层的买入价为在产权机构这个市场化交易平台上发现的价格。但是，当市场发现的价格（即战略投资者入股价）远远高于管理层入股的心理价位时，管理层可否选择放弃增资；管理层若放弃增资，本次增资能否判定成功，成为未来可能面对并需要解决的问题。

（三）产权交易机构在增资扩股项目中的角色定位

产权市场在增资扩股项目顺利开展上的作用已为越来越多的融资企业所认可。但也要看到的是，无论以往参照 3 号令以价格确定投资者进行的增资扩股项目，还是结合融资方意见通过权重设计、竞争性谈判确定投资者进行的增资扩股项目，产权市场很多时候都成为融资方实现自我目的的跳板或媒介。如果说产权市场在开展增资扩股项目上仅做展示平台，倒也无妨；但是，产权市场在开展增资扩股项目上要增强投行属性，还任重而道远。

杭州中山花园住宅房产交易案例

浙江产权交易所

2014年7月，浙江产权交易所有限公司（以下简称"浙交所"）受托挂牌转让杭州中山花园住宅房产项目，这在挂牌项目中看起来是一个非常平常的项目，但在这一年房地产极其不景气的行情中，如果一挂了之，项目的最终结局只有撤牌。秉承着公司领导班子五个要的精神——要"解放思想、实事求是、与时俱进"的基本思想方法，要跑服务、要创新、要专业化、要信息化，浙交所迎难而上，从项目的具体情况出发，充分考虑意向客户的需求，全方位展开同中介机构的合作，从项目的前期推广、中期服务，到后期贷款过户，环环相扣，为客户提供了优质服务，促进了项目顺利进行。

一、项目介绍

浙江财通物业租赁有限责任公司清算组所持杭州中山花园住宅房产地处杭州市下城区朝晖路213号属老城区，系杭州最早的一批高层住宅建筑，设计上存在一定的缺陷，房龄也近20年。针对项目的具体情况和分析意向客户可能存在的需求，浙交所对项目做了如下的创新举措，全力推进项目的开展，最大限度地满足客户的需求。

二、项目的推广——信息化

随着网络化生活程度的不断提高，越来越多的人通过网络来获得房源信息。浙交所与58同城、房途网、搜房网等知名房产中介门户网站展开合作，将项目信息在浙交所及报纸公布的同时，在这些网站上也进行了大力推广。实践证明，效果显著，通过合作，拓宽了信息受众面，在行情不景气的情形下，还是收到了很多的咨询电话，最终受让方也是通过这一渠道联系浙交所的。

三、为客户提供金融服务——创新

产权交易尤其是房产交易，在业界中目前推行

贷款服务的少之甚少，基本以一次性付款为主。考虑到意向客户以刚需为主以及为确保受众面更广。浙交所与中信银行杭州支行建立战略合作关系，为房产项目贷款等提供金融服务。并且第一次采用了公积金与商业贷款相结合的贷款方式。进一步扩大了客户群体，为客户解决了最为关键的资金问题。

四、与房产中介合作——专业化

房产中介在房产项目上的专业性和影响力是不可否认的，考虑到这些优势，浙交所与杭州华邦房地产有限公司合作，利用其在房产市场的专业性和影响力，为浙交所的房产项目前期的推广、成交后的贷款、房产的过户等提供一系列服务和咨询。这一举措，最大限度地方便了客户，也使得项目的进程更为流畅，操作更为专业化。

五、更好地服务客户——跑服务

标的房产由于长期的空置，内部脏乱不堪，外部门锁也多有损坏。秉承着"跑服务"常态化的宗旨，想转让方之所想，为了给意向客户看房时呈现标的完美的一面，更好地推广标的。浙交所工作人员自行找家政公司，对标的做了全面的清洁及整修。同时尽可能地满足意向客户的要求，在休息日带客户去看房。考察周边的设施，对客户进行了详尽的介绍。

记得前辈们说过，"产权交易机构虽然只是产权交易的平台和服务机构，但在实际操作中产权交易机构需承担促进交易的重要角色，这也是产权交易机构提升服务价值与能力的具体表现"。相信只要每一个产权人发挥主人翁精神，勇于创新，产权交易定会赢来更美好的明天。

湖南省邮政科研规划设计院有限公司 100% 股权转让案例

湖南省联合产权交易所

2014 年 1 月 26 日上午 10 时，湖南省邮政科研规划设计院有限公司（以下简称"邮政设计院公司"）100% 股权转让项目竞价会在湖南省联合产权交易所（以下简称"湖南联交所"）交易大厅举行。该项目底价为人民币 353.38 万元，共有 8 个竞买人参与竞价，经过 52 轮轮番竞价，该项目最终以 1050 万元成交，项目增值 696.62 万元，增值率达 197.13%。邮政设计院公司股权转让项目的成功让我们再一次深刻感受到了网络竞价的魅力。该项目的实践经验也表明，项目本身质地优良是交易成功的基础，这是内因；而产权交易机构的影响力和受众面决定着能否最大化地发现和征集投资者，产权交易机构对于竞价过程能否有效组织和实施决定着能否切实发现市场价格，这是外因。邮政设计院公司项目的成功正是其拥有市场稀缺的建筑行业工程，资质这个内因和湖南联交所充分发挥平台的影响力，并有效组织网络竞价这个外因相结合的结果。

一、案例背景

邮政设计院公司成立于 2005 年，注册资金为人民币 600 万元，是湖南湘邮科技股份有限公司的全资子公司。公司经营范围：凭本企业资质证书从事建筑行业（建筑工程）甲级工程设计；丙级工程咨询服务；承担工程项目的课题研究和科技成果的引进、转让、咨询服务。

邮政设计院公司的突出亮点在于其拥有建筑行业甲级工程设计资质和丙级工程咨询资质。企业资质证书实际上就是指企业有能力完成一项工程的证明书，也是企业承接相应工程的一个前提。根据《建筑业企业资质管理规定》（中华人民共和国建设部令第 87 号），建筑业企业应当按照其拥有的注册资本、净资产、专业技术人员、技术装备和已完成的建筑工程业绩等资质条件申请资质，经审查合

格，取得相应等级的资质证书后，方可在其资质等级许可的范围内从事建筑活动。企业资质的等级、类别、范围直接关系到施工企业在建筑市场中的竞争地位和能力，进而影响企业的经营绩效，对企业的生存、发展有着重大影响。

因此，尽管财务数据并不突出，但鉴于拥有相当于市场准入门槛和敲门砖的资质证书，邮政设计院公司股权成为同行业投资者们竞相追捧的对象。

二、主要做法

邮政设计院公司 100% 股权转让项目挂牌后，湖南联交所高度重视，积极采取各种方式对项目进行大力推广。在征集到多名意向受让方实施网络竞价过程中，湖南联交所更是召开项目专题会，对项目竞价文件发放、竞价模拟、竞价过程等全流程做好详尽的安排，从而保障项目竞价有序、高效进行。

（一）大力推广项目，广泛征集意向受让方

湖南联交所不仅在公司网站和《三湘都市报》发布了邮政设计院公司股权转让信息，同时还通过兄弟产权机构等同步发布信息，此外还从已有的投资人信息库中筛选出相关投资领域的投资人进行电话和短信定向推介；遇到可能的潜在投资者时，湖南联交所的领导和业务人员也随时不忘向他们进行介绍。最终该项目共征集到 9 名来自全国各地的意向受让方，包括法人和自然人。

（二）制定竞价方案，明确竞价时间和规则

湖南联交所在公告中约定：若只征集到一个符合条件的意向受让方，则采取场内协议转让的方式，若征集到两个及以上符合条件的意向受让方，则采取网络竞价的方式，且竞买人在竞买标的时，应保证以不低于挂牌价报价。

当征集到多个意向受让方后，湖南联交所在向竞买人发放的竞价文件中进一步明确：网络竞价分

为定时报价和连续报价两个阶段，规定的加价幅度为 10 万元或 10 万元的整数倍；在连续报价阶段，每一轮应价时间为 90 秒，应价时间截止，最高报价的竞买人为受让方。

这样的竞价规则，一方面给予竞买人合理的时间考虑和适当的加价幅度，另一方面向竞买人施以一定的压力使其产生紧迫感，从而引导竞买人之间良性竞争并激发出竞买人的心理价位。

（三）组织竞价模拟，确保竞买人熟悉竞价系统

竞价前，湖南联交所采取电话或现场的方式为每一位竞买人安排模拟竞价，使每一位竞买人进一步了解竞价规则和熟悉网络竞价系统的操作。在组织竞价模拟时，为防止信息泄露，杜绝竞买人串标，湖南联交所对于相关的经办人员提出了严格的信息保密要求。

（四）配备专人辅导，保障竞价活动有序进行

竞价过程中，湖南联交所为每个竞买人配备了专人协助竞价，随时指导。参与竞价的 8 位竞买人中，有 7 位在湖南联交所的现场，1 位在省外。针对在省外的竞买人，湖南联交所安排专门的业务人员与该竞买人保持电话畅通，随时答疑解惑。

三、成效及启示

邮政设计院公司股权转让项目最终经过 52 轮轮番竞价，以 1050 万元成交，高出挂牌价 696.62 万元。该项目的成功让我们再一次深刻感受到了网络竞价的魅力。网络竞价不受时间和空间上的约束，竞买人可以不到现场而在家中冷静参与竞价，也可以完全不与其他竞买人碰面，这不仅大大地提高了竞买的效率，节约了竞买人的成本，也避免竞买人受到其他因素的干扰。

通过该案例也可以看到，项目本身质地优良是交易成功的基础，邮政设计院公司正是因其拥有稀缺的资质而备受市场关注，实现股权大幅度升值。同时也应该看到，交易所在交易过程中所起的作用也不容小觑。交易所势必要通过优质服务加大在投资者中的影响力，同时采取有效手段为项目进行推广，并有效地组织和实施好项目竞价，这样才能真正起到发现投资者和发现价格的功能，为转受让双方创造出价值。

济南瀚洋固废处置有限公司 60% 国有股权转让案例

济南产权交易中心

2013 年 6 月 3 日至 7 月 1 日，在济南产权交易中心挂牌转让的济南市环境保护产业技术开发服务站所属济南瀚洋固废处置有限公司 60% 国有股权转让项目，经山东中慧资产评估事务所有限公司进行评估，标的企业在评估基准日 2012 年 12 月 31 日的总资产为 2591.45 万元，总负债为 561.46 万元，净资产为 2029.99 万元，济南瀚洋固废处置有限公司 60% 国有股权对应的评估净资产为 1217.99 万元。

为保证国有资产保值增值，挂牌前经过多方询价磋商，最终转让方确定挂牌价格为 2760 万元，通过产交所精心组织，最终该项目以 2760 万元成交，国有资产增值 1542.01 万元，增值率 126.60%。

该项目 2013 年 6 月挂牌，7 月顺利成交，创 2013 年项目完成速度之最。该项目通过充分调研市场，不单纯以评估值确认价格，将行业前景及企业发展优势充分体现在价值里面综合定价，为实现国有资产保值增值提供了新的运作模式，值得同类企业定价借鉴。

绵阳商业银行 16.61%国有股份转让案例

西南联合产权交易所

四川省人民政府办公厅《关于推进城市商业银行改革与发展的意见》（川办〔2013〕68 号）于 2013 年正式出台，为推动绵阳商业银行不断发展，绵阳商业银行通过西南联合产权交易所（以下简称西南联交所）金融资产交易平台将其 16.61%国有股份公开挂牌，尽管这次转让受金融监管的要求设置了严苛的受让条件，但最终通过西南联交所专业化、市场化的服务，以 3.63 亿元成交，折合每股价格 5.2 元，较净资产溢价 13%，体现了西南联交所金融资产交易平台发现价格、发现投资人的功能。

一、项目背景介绍

绵阳商业银行股份有限公司（以下简称绵阳商行）于 2000 年 9 月 26 日成立，注册资本为 4.2 亿元，由绵阳市财政局持股 28.61%、四川富临（集团）公司持股 5.65%、绵阳市丰谷酒业有限公司持股 5.65%等法人及个人联合成立。经济性质为股份所有制，主营中资商业银行金融许可的相关业务。

根据四川华衡资产评估有限公司出具的评估报告（川华衡评报〔2013〕178 号），绵阳商行 2013 年前三个季度资产合计 3155364 万元，负债合计 2960790 万元，股东权益 194574 万元。营业收入 80372 万元，净利润 49480 万元，经营现金流量净额为–364949 万元，各项行业监管指标均符合国家及行业要求。

绵阳市委市政府一直高度重视绵阳商行发展壮大，抓住四川省人民政府办公厅《关于推进城市商业银行改革与发展的意见》（川办〔2013〕68 号）于 2013 年正式出台的契机，2013 年 8 月 22 日，中共绵阳市委财经领导小组 2013 年第七次会议，议定将绵阳商行部分国有股权按照国家相关规定进行转让，并成立了"绵阳商行国有股权转让领导小组办公室"负责此次股权转让。

绵阳商行国有股权转让领导小组办公室根据财政部 54 号令《金融企业国有资产转让管理办法》的规定，按照《金融企业国有资产评估监督管理暂行办法》（财政部令第 47 号）的要求，聘请中介机构对绵阳商行截至 2013 年 9 月 30 日的财务状况及将转让资产价值分别进行了审计和评估。2013 年 12 月，经省评估协会推荐，绵阳市财政局组织专家对资产评估报告进行评审，并按照财政部令第 47 号的规定，对资产评估报告进行了核准。

绵阳商行国有股权转让领导小组办公室特聘四川睿桥律师事务所资深律师作为此次转让的法律顾问，严格遵守国家相关法律法规，制定了完整的《绵阳商业银行股份有限公司部分国有股权转让方案》，由转让方绵阳市财政局上报请示绵阳市人民政府召开专题会议审定，绵阳市人民政府以《关于同意绵阳市商业银行国有股权转让方案的批复》（绵府函〔2013〕306 号）进行了同意的批复。

二、策划重点

按照财政部《金融企业非上市国有产权交易规则》（财金〔2011〕118 号）的要求，该部分金融企业国有股权转让需进场交易。作为四川省财政厅确定的从事金融企业国有资产产权转让的交易机构——西南联合产权交易所（以下简称联交所）获知该信息后，积极与绵阳商行国有股权转让领导小组办公室保持有效沟通，派出专业团队前往项目所在地，与领导小组办公室成员面对面交流，共同研究探讨绵阳商行部分国有股权进场交易的各个关键节点及具体要求。

由于金融行业监管十分严格，按照《中华人民共和国商业银行法》、中国银监会《中资商业银行行政许可事项实施办法（修订）》（银监〔2013〕1 号令）及中国人民银行《关于向金融机构投资入股的暂行规定》等相关法律法规，商业银行股权转让比例在5%以上需经过当地银监局受理，中国银监会审查并决定。西南联交所相关工作人员在进行相关政策咨询及前期辅导时，要求转让方在设置受让条件时，必须符合金融行业的准入规定，符合金融监管部门的各项监管要求。按照《金融企业非上市国有产权交易规则》的要求，项目在交易所进场转让后，需经过当地银监局受理，上报中国银监会审查并决定，获得批准后才能出具《交易鉴证书》。

三、进场交易情况

2014年1月8日，"绵阳商行6990万股国有股权转让信息"通过《金融投资报》及西南联交所网站正式对外公开挂牌，由于公告中明确列出："最近三年连续盈利，注册资本不低于70亿元，2012年末净资产不低于500亿元人民币，受让方竞得后，单个股东或存在关联关系的股东合并持股比例不得超过转让后绵阳市商业银行总股本的20%，受让方或受让方控股股东应为美国《财富》杂志评选的最新世界500强入围企业"等受让条件，因此该转让信息一经发布，即引来众多投资者及媒体的关注，《成都商报》以"绵阳商业银行18.61%股权挂牌：第一大股东将易主，财富500强才可接盘"率先报道，知名网站新浪、腾讯等纷纷转发，一时成为财经热门话题，大家都在关注绵阳商行的第一新股东会花落谁家。

2014年3月3日，西南联交所发布成交公告，绵阳市财政局持有的绵阳市商业银行16.61%股权以协议转让方式成交，转让价格3.63亿元，折合每股价格5.2元，较净资产溢价13%。

由于此次转让需经过中国银行业监管部门的受理、审查并决定，故西南联交所未在成交公告中明示第一大股东。3月5日《二十一世纪经济报道》、《四川日报》等知名媒体撰文报道此事，都在分析新的第一大股东是谁，有关绵阳商行国有股权转让的关注在主流媒体的报道下持续发酵。

在经历了超过半年时间的等待，最终在2014年10月，中国银监会以银监复〔2014〕673号文批准了"绵阳商行6990万股股权转让"，至此，绵阳商行国有股权的受让方——五矿资本控股有限公司浮出水面。

四、案例小结

（一）西南联交所金融资产交易平台服务能力充分显现

西南联交所金融资产交易平台主要负责金融行业的股权、债权、不良资产、实物资产等产权的交易工作。作为金融企业引进战略投资者、增资扩股和整合重组的平台，西南联交所还不断提供相关延伸服务，推动四川地区推动巨额存量金融资产流动，增加金融市场厚度，释放金融风险。在此案例中，西南联交所依托于优秀的服务团队，严格执行国家相关法律法规，认真履职，确保该标的有效转让。

（二）西南联交所信息发布功能逐步完善

绵阳商行3.63亿元国有股权转让之所以众人瞩目，一方面是由于经营良好的城市商业银行大股东的"位置"转让，引起了嗅觉灵敏的资本的追逐；另一方面，依托西南联交所金融资产交易平台强大的信息传播能力，吸引了网络、电视、纸媒等对项目的大范围宣传与报道，扩大了项目的推介范围，为该股权的成功转让奠定了良好的基础。

（三）西南联交所"两个发现"功能得以充分体现

绵阳商行6990万股国有股权转让完美收官，充分体现了西南联交所金融资产交易平台"两个发现"的功能。

"发现价格"：由于金融监管严格的原因，仅有一家符合受让条件的意向受让方参与受让，从而进行协议转让，但是转让价格还是较评估价溢价13%，最后以3.63亿元成交，表明该价格得到了市场的认可，是市场决定给出的最"公允"的价格。

"发现投资人"：由于设置受让条件时，意向受让方必须符合金融行业的准入规定，符合金融监管部门的各项监管要求，这无疑造成了该项目意向受让方的条件将会非常苛刻。"最近三年连续盈利"、"注册资本不低于70亿元"、"2012年末净资产不低于500亿元人民币"、"受让方或受让方控股股东应为美国《财富》杂志评选的最新世界500强入围企业"等条件均显示出该股权受让条件的严格性。然而，以西南联交所金融资产交易平台良好的信息发布功能为基础，依靠产权市场，最后受让方五矿资本控股有限公司经审查后完全符合条件，成功参与受让。根据五矿资本控股有限公司介绍，该公司下设财务公司、保险、期货、信托、证券、金融租赁等多家金融机构，唯独缺少银行牌照。实现公司业务与功能的多元化，是五矿资本想成为绵阳市商业银行第一大股东的主要原因。

西南联交所金融资产交易平台搭建至今，先后与中国银行四川省分行、中国建设银行四川省分行、中国农业银行四川省分行、中国邮政储蓄银行四川省分行等大型国有银行及中国信达资产管理公司四川分公司签订了《战略合作协议》；与中信银行成都分行等股份制银行全方位合作；与银行业协会、担保业协会、小贷业协会等建立良好信息沟通渠道。先后为中国农业银行四川省分行、中国邮政储蓄银行四川省分行、成都银行、成都农商行、华西证券、川财证券、和兴证券等金融机构提供了良好的专业服务，服务项目涉及股份转让、实物资产处置、抵债资产处置、增资扩股等交易品种。

攀枝花钢钒有限公司实物资产交易案例

西南联合产权交易所

2014 年 5 月，西南联合产权交易所（以下简称"西南联交所"）获得处置央企实物资产的资格，随后即制定了合规完善的央企实物资产处置制度与操作细则，建立了相关风控机制。2014 年 12 月 5 日，攀枝花钢钒有限公司热轧板厂两条横切线机组拆除及相关资产在西南联交所成功处置。项目经过全国各地 29 家投资人共 40 轮竞价后，以 70.50% 的增值率成功易主。该项目是西南联交所分支机构攀枝花分所引进的首宗央企实物资产处置项目，成为分支机构处置央企实物资产业务的典型范例。

一、项目背景

攀钢集团有限公司（以下简称"攀钢集团"）原系国务院国有资产监督管理委员会直接管理的中央企业，前身是攀枝花钢铁（集团）公司，2009 年 12 月 18 日起更名为攀钢集团有限公司，现为鞍钢集团公司的全资子公司。经过 40 多年的建设发展，已成为我国最大、世界第二的产钒企业，我国最大的钛原料和产业链最为完整的钛加工企业，我国重要的铁路用钢、无缝钢管、特殊钢生产基地，钒钛钢铁主业主要布局在四川省攀枝花市、凉山州、成都市、绵阳市及重庆市、广西北海市等地。攀钢集团下属的攀枝花钢钒有限公司（以下简称"攀钢钒公司"）于 2009 年 6 月 30 日注册成立，攀钢钒公司处于钢压延行业，主要从事钢铁（包括型材、热轧板材、冷轧板材等）及钒产品的制造、销售业务。攀钢钒公司的热轧板厂有两条横切机组分别于 1993 年 6 月和 1994 年 4 月建成投产，运行近 18 年，一直没有进行升级改造，设备老化严重，虽然还能生产，但加工成本较高，工序成本外亏损约 60 元/吨。两条横切线已经没有存在的必要，若不进行处置，还将产生维护维修等相关费用。为此，攀钢钒公司决定将热轧板厂两条横切线报废处置，并准备相关资料报送攀钢集团。2014 年 8 月 25 日，攀钢集团技改与设备部出具了关于攀钢钒公司热轧板厂两条横切线机组拆除及相关资产处置的批复，"同意对热轧板厂 1#、2# 横切生产线报废资产（含备件）以整体打包方式对外处置"。

二、策划重点及交易情况

（一）耐心细致的前期辅导，详尽全面的方案策划

攀钢钒公司拆除处置热轧板厂两条横切机组涉及的相关资产项目，作为攀枝花地区最具影响力的央企实物资产处置项目，深受西南联交所的重视。从项目进场前期辅导开始，西南联交所就充分利用多年的实物资产处置经验，为攀钢钒公司提供完善的策划服务。一是协助转让方制定实物资产处置方

案；二是完善实物资产交易合同中的相关条款；三是准备了较为详细的项目推介方案。

（二）多种渠道征集意向受让方，形成竞价局面

2014 年 12 月，西南联交所接受攀钢钒公司的委托，首先，在网站、报刊及 LED 显示屏发布了攀钢钒公司拆除处置热轧板厂两条横切机组涉及的相关资产处置的公告信息；其次，西南联交所充分利用自身积累的投资人资源进行了定向的推荐；最后，通过相关商业媒体如《金融投资报》、《四川日报》等面向全国进行了大规模的宣传报道，最终成功征集到了来自浙江、辽宁、河北、四川等地的投资人共计 29 家，为顺利实现竞价处置奠定了良好的基础。

（三）竞价过程公开透明，充分保障参与各方合法权益

首先，西南联交所根据报名情况，对该项目的竞价会时间做了充分的考虑安排，竞价过程中也及时将竞价情况反馈给竞价方，以确保竞价过程的正常有序、公正公平。其次，此次的攀钢钒公司的实物资产处置实为央企实物资产处置，西南联交所根据相关政策，将此次处置接入了国务院国资委的实物资产交易监测系统并进行全程监控。最后，在西南联交所竞价会现场，攀钢集团的领导及攀枝花市相关领导对竞价全过程进行了全程监督，并通过攀枝花市公共资源交易中心的平台向全社会进行了实时的公开展示。西南联交所此一系列的做法，充分体现了西南联交所作为指定国有资产交易平台、央企实物资产交易平台的运作规范化、交易市场化。

（四）激烈竞争，高价成交

2014 年 12 月 5 日上午 9 时 30 分，攀钢集团攀枝花钢钒有限公司拆除处置热轧板厂两条横切机组，涉及的相关资产项目网络竞价会在西南联交所和攀枝花市公共资源交易中心同时拉开序幕，以两地同步使用同一竞价系统报价竞拍的形式展开。经过 40 轮的激烈竞价，最终以 1040 万元的价格成功交易，相比挂牌底价 610 万元，增值 430 万元，增值率达 70.50%。

三、总结与分析

（一）西南联交所已经具备了处置央企实物资产的能力

2013 年 12 月 18 日，国务院国资委正式下发了《关于中央企业资产转让进场交易有关事项的通知》（国资厅发产权〔2013〕78 号），明确提出中央企业实物资产处置必须进入产权交易机构公开进行。2014 年 5 月 6 日，经过国务院国资委对全国产权交易机构的调研，正式下发了《关于公布从事中央企业资产转让交易业务交易机构的通知》（国资厅产权〔2014〕286 号），公布了包括西南联合产权交易所在内的全国共计 18 家产权交易机构具备了进行中央企业实物资产处置的资格。

在成功取得中央企业实物资产交易资格以后，西南联交所便积极与在川央企取得联系，宣传中央企业实物资产进场交易的相关政策，为在川央企提供各项交易服务，努力争取各类交易进场处置。

西南联交所自成立以来，严格按照相关规定，制定了一整套保证企业国有产权交易规范、高效运作的各项规章制度及操作细则，使各种资产处置有规则可依，以促进国有资产的高效、有序、阳光处置和保值增值。此外，还建立了严格的风控体系。西南联交所坚持规范运行，从健全制度、强化监督、严格流程等方面严防道德风险、政策风险、业务决策风险。西南联交所在推进各类国有权益性资产流转方面积累了丰富的经验，曾成功运作了南车集团、中国电子科技集团、中国科学院成都生物研究所等单位的实物资产转让项目，在推动国企改制、盘活国有资产存量、确保国有资产保值、增值等方面做出了积极贡献。

（二）项目亮点

亮点一：西南联交所信息汇聚与发布功能作用显著

产权交易实践证明，通过产权交易机构规范化、专业化运作，能够充分发挥产权交易机构平台项目信息发布和投资意向聚集功能，从而充分传递和推广项目信息，使之最广化项目受众面、最大化资产增值率。在此次项目中，西南联交所除了常规的在交易所网站、LED 大屏、相关报纸上发布信息之外，还利用该项目的市场价值做了适度的推广。

不仅充分挖掘了交易所所保存的投资人资源，同时还吸引了各大报刊纷纷来参与报道此次攀钢钒公司的实物资产转让，扩大了该项目的发布范围，充分体现了西南联交所的信息发布与聚集功能，发现了投资人。

亮点二：西南联交所网络化建设作用明显

首先，在此次项目竞价中，西南联交所借助互联网实现网络竞价，打破了传统拍卖等竞价方式在时间和空间上的局限，使参与受让的意向受让方可以在任何时间、任何地点借助互联网工具参与竞价。该种竞价模式，使得意向受让方不需要来到交易现场，为意向受让方提供了便捷，同时也能够使更多的意向受让方参与竞价。

其次，在此次竞价过程中，西南联交所为了保证竞价的公平公正与公开性，所有竞价方的信息都不对外公开，实现了竞价方相互分离，有效防范了

资产招租过程中不规范行为的发生，防止了国有资产的流失。除了交易所电子大屏外，纪检、国资等各类监督机构同时也通过互联网对竞价过程进行全程监督，确保了竞价公开、交易公正。

最后，在规范、严谨、公正竞价之后，最终成交价比之前挂牌价增值了 430 万元，增值率更是高达 70.50%，充分体现了西南联交所在运用互联网技术之后，使之发现价格的功能更加明显。

此宗实物资产处置项目是西南联交所分支机构攀枝花分所引进的首宗央企实物资产处置项目，西南联交所将借助该项目成功交易的契机，推广央企实物资产进场处置的经验，以促进更多的实物资产以及其他权益类资产选择西南联交所和西南联交所的各个分支机构进场交易，同时与更多的在川央企共同携手，为所有在川央企的各类交易提供最优质的服务。

彭州市百货公司商场综合楼网络竞价转让案例

西南联合产权交易所

一、交易背景

四川省成都市彭州市百货公司商场综合楼即彭州市民口中的"百货大楼"，地处彭州市天彭镇十字口，修建于 1995 年，为框架式砖混结构营业大楼，共四层，总建筑面积为 8441.90 平方米。

2005 年，成都百货公司强势入驻彭州，在二级市场积极布局的成都百货公司，给彭州百货业带来较大冲击，彭州百货公司经营逐渐陷入困境。2011 年，为了彻底解决企业改制遗留问题，盘活存量国有资产，彭州市政府财政局和国资办成立了彭州市百货公司改制工作组，对彭州市百货公司的资产进行处置，其中百货商场综合楼是最重要的资产。经评估，彭州市百货公司商场综合楼资产总值 12930.37 万元，转让方综合考虑各种因素后确认挂牌价格为 13000 万元，并于 2011 年 12 月 13 日在西南联合产权交易所第一次挂牌转让。

二、策划重点及交易流程

（一）"以退为进"的交易策略

西南联交所受理该项目后，各部门通力合作，参照《企业国有产权转让管理暂行办法》、《企业国有产权交易操作规则》、《行政单位国有资产管理暂行办法》（财政部令第 35 号）、《事业单位国有资产管理暂行办法》（财政部令第 36 号）等有关规定对项目挂牌前进行了合规性审批。

2011 年 12 月 13 日在西南联交所挂牌，由于当时全国房地产市场都处于政策调控期，投资者观望情绪浓厚，因而咨询者多却无人报名受让，经挂牌 30 个工作日满后，未征集到意向受让方。西南联交所与转让方结合当时商业房地产投资环境和宏观政策形势分析认为，该房产地处彭州市中心繁华地带，周边商业成熟，交通便利，而且房产权属明晰，通过一定程度地降价重新挂牌，以吸引更多潜

在投资者，抓牢观望的投资者，用"以退为进"的方式推动项目的成交。经相关部门研究并报彭州市国资办批准，严格按照国有资产处置相关管理办法在第一次挂牌价的基础上下浮20%以内，以人民币10500万元作为挂牌转让底价，于2012年2月28日再次挂牌转让，最终以远超初次挂牌价格成功成交。

（二）多种渠道征集意向受让方，形成竞价局面

彭州市百货公司商场综合楼本身产权清晰、商业成熟、配套完善、交通便利且处于市中心核心地带，具有较高的市场价值。西南联交所受让项目后，充分认识到此项目具有很高的投资价值，一定会有很多投资者感兴趣，因此除了在西南联交所的网站上发布转让信息，并在同行业的其他区域产权交易所同步挂牌征集受让方；在《金融投资报》、《成都商报》等多家媒体发布信息，各大媒体纷纷进行转载；另外，在西南联交所的投资人库中有可能对此项目感兴趣的投资人进行定向推介。到2012年3月26日挂牌期满，一共征集到8家意向受让方，充分发挥产权交易市场的"发现投资人"的功能，改变以往国有资产转让因渠道不足导致受众面有限，竞价不够充分，致使国有资产"隐形流失"。

（三）创新交易方式，凸显产权市场的公允平台

根据项目公告设定的条件，该项目定于2012年3月28日采用局域网网络竞价的方式进行公开竞价。

为了凸显西南联交所公开、公平、公正的产权交易平台，西南联交所将每位竞买人分别安排在不同的竞价室，并在各竞价室设置摄像系统全程监控，使各竞买人彼此不能相见，避免传统的拍卖等交易方式因遭遇恐吓而不敢竞买以及竞买人之间串标、围标等非正常情况的发生；另外，为了保护最终的竞买人，西南联交所对每位竞买人人为设置一编号，只有西南联交所和转让方知道最终成功竞买人，避免竞买人成交后遭遇不必要的骚扰。

（四）激烈竞争，高价成交

3月28日上午9:30，西南联交所先对8家竞买人进行交易培训，在经过2轮模拟竞价后，开始进行正式报价。此次竞价异常激烈，在竞价开始的6分钟内即进行了41轮报价，达到13050万元，并

超过了第一次挂牌价格；到第59轮，激烈的竞价进入白热化阶段，第584号和第693号竞买人步步为营，轮流加价，最终584号竞买人以15750万元成功竞得此项目。

竞价当天恰逢由时任中国证监会主席助理姜洋带队的清理整顿各类交易场所部际联席会议调研组到西南联交所考察调研，领导们被激烈的竞价气氛吸引，驻足观看良久，对西南联交所采取的竞价方式及竞价增值幅度给予高度评价。

三、案例总结与分析

彭州市百货公司商场综合楼转让项目最终以15750万元圆满成交，增值5250万元，增值率达50%，超出了各方的预料，为彭州市百货公司顺利完成改制打下了坚实基础。该项目的成功运作，我们分析有以下三点原因：

（一）充分体现了产权市场"发现投资人"功能

产权市场因多年的产权交易，积累了大量的投资人，便于进行有针对的定向寻找意向受让方。另外，通过互相挂牌而使全国产权市场成为一个互联互通的交易市场，便于在全国范围内寻找投资人，该项目就吸引到江浙一带的投资人。这些是其他交易方式所不具备的，充分体现了产权市场对"发现投资人"的优势。

（二）规范运作、积极创新

国有资产的转让具有严格的法律管理制度和交易规则，西南联交所和转让方在严格遵照相关法律法规的同时，积极以市场化的方式促进项目的运作，彭州市财政局和国资办在第一次挂牌转让未征集到意向受让方时，西南联交所经过市场分析后，建议采用"以退为进"的策略降价后再进行第二次挂牌，吸引到了更多的投资者，也留住了观望的投资者，西南联交所再对项目加以客观的推介，帮助投资者分析价值，使无人报名受让转变成8家受让人报名，也形成了较好的竞争态势。

（三）采用网络竞价方式发挥积极效能

网络竞价作为新的资产竞价方式，在近年来受到越来越多的青睐，其不仅使用简便，不受地域限制，不受不良环境干扰的优点使竞价更显公开、公正、公平。严密组织和精心安排，也是竞价会得以顺利完成的重要保障。

此项目的成功转让，体现了西南联交所发掘潜在价值、实现价值的强大能力；凸显了规范运作是国有资产转让的原则、市场化运作是国有资产保值增值的条件、创新方法是国有资产高效增值的突破方式之一。

齐鲁证券股权溢价交易案例

山东产权交易中心

2013 年 6 月，中国建银投资有限责任公司（以下简称建银投资）在北京金融资产交易所挂牌转让所持齐鲁证券有限公司 7.6742% 股权（计 4 亿元股权），挂牌价 152882.27 万元，历时 10 个多月，多次延期，一直无人摘牌。

2014 年 4 月，山东产权交易中心（以下简称中心）通过接洽齐鲁证券公司获取了该项目的转让信息。中心领导高度重视，及时与建银投资取得联系，全面了解项目情况，并与建银投资相关领导、负责部门洽谈，提出项目运作方案的建议。通过积极争取，建银投资最终决定在山东和北京同时招商，以山东为主，最终根据招商结果决定挂牌转让方案。

一、广泛招商

根据项目运作方案，中心主要通过以下方式进行广泛招商：一是成立以副总经理牵头的项目组，组织有关业务部门和会员单位进行全面推广；二是在中心网站面向全国发布招商信息，在突出位置重点推荐，并在上海、武汉、广州等合作产权机构网站发布信息，进行联合推介；三是向中心投资者库中的投资者广泛征求投资意向；四是向山东省的省管企业、大型投资机构和地方国资进行重点推介。其间，中心共向 100 多家企事业单位、投资机构进行了项目推介，并及时将相关信息进行反馈、沟通。

2014 年 9 月 15 日，经中心市场运营部、交易四部联系，《经济导报》刊登文章《齐鲁证券 5.2 亿股权花落谁家》，对正在中心招商的齐鲁证券、齐商银行等金融股权项目进行软文宣传，并被大众网、新浪网、和讯网等多家网站广泛转载，吸引了社会的广泛关注。

二、分包挂牌

经过四五个月的招商推介，中心征集到全国十多家意向购买方，并与建银投资、齐鲁证券进行了及时沟通交流。建银投资对中心的努力和成果非常认同，并在征询各方意见、综合考虑各项因素后，决定采取平均拆包、两地挂牌的转让方案，将项目分拆成 8 个包，每包 5000 万元股权，山东产权交易中心、北京金融资产交易中心各挂牌转让 4 个包。

2014 年 10 月 28 日，四宗齐鲁证券有限公司 5000 万元股权（股权比例 0.95928%）转让项目在山东产权交易中心正式挂牌，单宗挂牌价 15513.4712 万元。挂牌期间，中心对项目再次进行广泛推介，与意向投资者进行了反复沟通交流，答疑解惑，制定竞价方案，办理购买登记。

三、成功竞价

2014 年 11 月 24 日，齐鲁证券项目公告期满。在公告期间，有 13 家意向受让方交纳了交易保证金，中心办理了受让登记手续，采取网络竞价方式组织交易。

2014 年 11 月 26 日，齐鲁证券项目网络竞价圆满成功，四宗项目分别以 17513.4712 万元、16313.4712 万元、16313.4712 万元、17463.4712 万元成交，共计 67603.8848 万元，增值率为 5.16%。

该项目的顺利溢价成交，展现了中心强大的平台处置能力和优质的交易一站式服务功能。中心利用自身投融资平台优势，为交易项目提供专业市场对接、营销推介、尽职调查、协助交割、资金结算、信息咨询等专业服务，有效促进了各类产权流转和产业结构升级，凸显了中心平台的市场效应。

青岛澳柯玛自动售货机股份有限公司增资扩股案例

青岛产权交易所

青岛澳柯玛自动售货机股份有限公司（以下简称售货机股份公司）通过青岛产权交易所公开发布增资扩股公告，引入战略投资者，最终多家各地区相关行业企业组成联合体受让，为售货机股份公司进一步开拓全国市场，增进行业竞争力打下良好的基础。

一、项目背景

售货机股份公司，是由上市公司澳柯玛股份有限公司为主要出资人，主要从事自动售货机的研发、生产和销售，以及自动售货机的商品零售、租赁、广告等业务的公司，公司依托澳柯玛股份有限公司的研发和生产实力，在自动售货机的生产制造方面有较大的优势，但如何整合行业资源，推动拓展产业链，需要进一步完善其股权结构，实现强强联合。澳柯玛股份有限公司依据《企业国有产权转让管理暂行办法》制定了增资扩股方案，经青岛华通国有资本运营（集团）有限责任公司批准，在青岛产权交易所公开挂牌征集投资人。

二、项目实施

2013 年 3 月，青岛产权交易所接受委托后，按《青岛产权交易所企业增资扩股项目操作规则》的要求进行审核后，予以公告挂牌，在《青岛日报》、《证券日报》及网站发布公告，公告期限为 20 个工作日。

公告期间，广东便捷神自动售货机科技有限公司、四川时代和信实业有限公司、苏州乐美自动售货有限公司组成联合体，共同出资 689 万元，持有售货机股份公司 40%股权。

三、增资扩股结果

通过此次增资扩股，售货机股份有限公司注册资本金增加为 1700 万元，引入了全国多地的投资人，对于公司进一步整合资源，在全国推动自动售货机销售业务打下良好的基础。

全国九省市固定资产及相关权益处置拍卖案例

北京中招国际拍卖有限公司

北京中招国际拍卖有限公司自 2011 年起至 2014 年接受某机构委托，对"全国九省市固定资产及相关权益"的处置举行拍卖会，公司秉持"公开、公平、公正、诚实守信"经营理念，克服困难，整合优势，规范运作，凸显了溢价率高、成交率高、反应迅速、瑕疵处置能力强的几大优势，受到委托方的一致好评。据统计，该项目中招国际自接受委托起历时三年多时间，横跨全国 9 省市，共举行拍卖会 46 场，成交额逾 4.1 亿元。

一、背景介绍

受国家宏观调控政策影响，市场状况发生改变，经济运行中不确定性、不平衡性和脆弱性凸显，加之企业经营成本提高等一系列不利因素导致行业中呈现出强者恒强、弱者恒弱的局面。

拍卖行业在国家做出进一步深化改革决定的大背景下，也面临着重大转折，市场不活跃，购买力下降，限购令使土地转让量降低、抑制了房地产市场的成交量，同时与之关联的上下游行业也受到不同程度的影响。而土地、房地产交易又是拍卖企业最为主要的业务领域。

在上述诸多不利因素的背景下，中招国际全员共同努力，外拓市场、内抓管理，人员精诚团结，抓住机遇迎难而上。在新业态、新模式下不断孕育新动力。全力打造有"中招"特色的全业务链产业企业经营模式，不断增强企业的公信力、社会认知度和可持续发展动力。

此外，多个不发达地区发生的民间融资因为资金链断裂引起的连锁反应，使得市场动荡，民间游资进入拍卖市场购买资产或者其他标的的可能性继续减少，购买力的严重受损直接影响了拍卖行业生存的环境。

二、主要方法

（一）前期准备

（1）公司在收到委托后成立了"专项工作小组"，总负责人由董事长亲自担任。根据任务要求分别设置了：专项业务组、客户服务组、法律监督组、资产清查组、市场调研和处置分析组、公共关系和媒体管理组、危机处理组、秘书与档案组。做到分工明确，各司其职，团结协作。

（2）从 2011 年元月开始，各业务组深入一线进行标的实地踏勘。9 省市共计 541 个标的。

1）我司踏勘标的的原则为"三明确，一清晰"，具体为：标的位置明确、标的财税情况明确、标的使用情况明确、标的权属清晰。

2）要求每个标的必须有照片显示方位、内外部全景，便于下一步招商及出具可行性报告。

3）了解熟悉国家政策规定，对划拨用地的标的与当地国土局充分沟通，同时寻找有实力的买家说明情况，化被动为主动，将他们转变为意向购买人。

4）同当地相关人员进行咨询访察，以便更清晰地全面掌握标的情况。此项工作历时 2 个月。

（3）项目组成员在克服了标的使用者不配合、

标的情况年度久远、情况复杂、对当地情况不熟悉等诸多困难后，各业务组人员完成了前期踏勘任务，继续针对每个标的的情况有针对性地进行可行性分析，为下一步的拍卖做好扎实的铺垫工作。在此期间，董事长利用自身资产处置经验、法律专业知识对业务组人员进行传帮带式指导，以确保每个标的可行、合法、严谨、无漏洞。

（二）招商

前期基础工作完毕后，公司又紧锣密鼓地展开大力招商工作。

（1）公司专门一方面安排人员对客户储备库进行逐一访问宣传，并圈定有效竞买人范围重点推介。另一方面，由 9 省市负责人亲自在标的所在地以发放宣传单、与标的使用者进行沟通等形式，通过接洽沟通努力将这些人员转变为竞买人。

（2）根据标的情况，公司又通过市场调查选择在当地发行量大且为房地产类的报纸媒体上进行公告宣传。9 省市发布公告数量逾百个，公告发布数量之多、篇幅之大亦创下了公司公告的历史新高。

（3）9 省市标的情况在公司网站进行同步宣传招商。网站上除载明拍卖基本情况，还配以标的照片、标的情况说明、竞买合同、委托授权书、代付款说明等相关资料。使意向竞买人可以直观地了解标的详情。这样的操作方式，意向竞买人也纷纷表示方便、快捷、公开、透明、规范，对招商工作起到了重要作用。

（三）拍卖会筹备

拍卖会筹备期间，公司严格按《拍卖法》规定向北京市工商局及标的所在地工商局进行备案。拍卖会期间也是严格按《拍卖管理办法》公开工商局监督管理电话，确认拍卖师、拍卖场所并进行拍卖现场记录、拍照、摄像。

（四）拍卖会

据统计：公司共完成 46 场拍卖会，成交额逾4.1 亿元。其中几组数据再一次印证了我司反应迅速、处置能力强、操作规范、专业高效的特性：

最高单个成交额标的为：470 万元。

最高溢价标的成交价：47 万元（保留价：4 万元），溢价率：1075%。

最高成效率：贵州省成交 90%。

最高参加人数：500 人（安徽省）。

三、案例成效与启示

1. 团队优秀、人员精干

公司拥有一支专业性强、综合素质高、朝气蓬勃的团队，我公司同时拥有博士、硕士、国家注册拍卖师、专业律师、资产评估师等高学历人才和专业人员，整合了涉及拍卖活动各个环节的人力资源，可以从容应对解决各种疑难问题。公司董事长作为法学博士具备专业的法律知识外，长期工作在拍卖公司一线，对于资产的处置能力和瑕疵问题的解决能力强。同时，董事长作为中国拍卖行业协会法律咨询与理论研究专业委员会会员，对法律条款的掌控应用也有独到见解。这对于项目整体运作的全程把控以及操作人员的具体指导均起到了关键作用。

2. 队伍团结、不畏困难

公司成立的专项项目组成员大部分为从各部门抽调的精兵强将，对实际工作中出现的省际间跨度大，标的位置分散，标的"零、散、乱"、交通不便，时间紧张等重重困难，每位团队成员都本着一切以项目为重，不计较个人得失的工作态度，团结协作，保质保量地完成任务。

3. 网点多辐射、平台多元化

公司在全国多个省市均设有办事处、联络处、分公司。此次委托项目也是借助各分支机构的力量，协助联络当地的人脉资源并在后勤保障，如当地用车、当地政府部门关系的接洽等方面提供了有力援助。

公司成立后，在全国各省市的分支机构配备了专业人员，我公司在国家级刊物《中国招标》、《中国拍卖》等刊物上开设了拍卖专版，刊登拍卖招商信息，与各省市业务联络部门实行信息共享。这样充分利用媒介优势，保证了对于拍卖标的的全国招商宣传力度，从而保障了拍卖的成功举行，能最大限度地提升标的价值。

4. 经验丰富、处置能力强

公司自 2003 年成立以来，经过 12 年的拍卖运作对于拍卖大额资产，处理复杂问题积累了大量的经验。通过大量标的项目的运作处置，积累了经验和客户资源，提高了客户信任度，为大额资产的处理打下良好基础。

5. 规范经营、风险意识强

规范经营是拍卖企业的生命线，公司一直把规范经营当作一切工作的重中之重来抓。在经营运作中始终强调严格遵守《拍卖法》、《合同法》等相关法律法规，防范和化解经营风险。在项目操作的全过程中，随时保持高度的风险意识，注重操作过程中的每一个细节问题，将风险出现的可能性降至最低，防患于未然。

（1）公司设有专门的法律部，为项目也专门抽调法律部部长作为法律组组长，要求全部项目从公告、委托协议、竞买协议、委托授权书等逐一审核，确保项目稳健运行和安全完整。

（2）在标的项目运作的合同审核环节，公司特别重视风险防范，要求必须严格按合同的流转程序进行审阅签批。各个环节的审核内容各有侧重，相互制约监督，层层把关，共同规避风险，既保障了公司权益，也保证了该项目中合同的审批无任何漏洞。

6. 沟通快捷、联络高效

为保证信息交流的畅通，及时发现和解决项目操作过程中存在的问题，公司委派专人作为信息联络员，并定期召开碰头会，出现问题随时调整解决，有力地保证了信息渠道畅通、快捷，为项目的成功运作再添助力。

在体制上，公司具有规范和灵活的体制优势；在规模上，公司在目前的拍卖公司的规模也具极佳的优势；在业绩上，公司当前拍卖业的各个领域都有典型的案例；在管理上，公司一贯秉持公开、公平、公正、诚实守信的宗旨规范经营。正是有了上述诸多保障，使得公司在经营管理和业绩效益方面都屡创佳绩。

山西光华玻璃有限公司部分设备及房屋建筑物（拆除）资产转让案例

山西省产权交易市场

一、案例分析

1. 项目描述

山西光华玻璃有限公司是太原平板玻璃厂与香港中银集团全资附属巨运有限公司于 1994 年元月合资组建的，以生产销售浮法玻璃、钢化玻璃及其他玻璃深加工产品为主的国家建材行业大型一档企业。

本次挂牌为山西光华玻璃有限公司按照太原市政府关于"西山地区改造"的整体规划和实施方案进行退城入园、异地搬迁改造，需进行拆除的房屋建筑物及机器设备。其中房屋建筑物以砖混和框架结构为主，机器设备大部分于 20 世纪八九十年代构建，除报废资产不能使用外，其余大部分资产虽已超过经济耐用年限，但平时经过检修、维护后仍能维持使用。

2013 年 5 月 31 日，山西光华玻璃有限公司部分废旧资产及房屋建筑物拆除被正式提上了日程。由于该项目涉及城市道路改造，且工期紧任务重。山西省产权交易市场领导高度重视，在接到项目第一时间内抽调市场业务骨干成立专项业务方案制定小组，连续几日加班加点召开紧急会议立方案、定计划，同时由分管领导带队亲临现场实地勘察，认真了解关于本次处置资产及拆除设备厂房等的具体要求和城市道路改造的时限，就该事项与转让方相关领导深入交流，务必确保项目顺利开展，以最短时间配合完成城市道路改造工作。

2. 交易方案策划

鉴于该项目的实际情况，本次交易方式的确定是项目成败的关键，交易确保一次性成功，必须保证工期且最大限度地实现利益最大化。经过专项业务小组多次召开专题会议研究决定采用金马甲网络竞价的方式征集意向受让方。同时将该项目分成两

个标的以满足市政道路改造进度的需要。为此，项目组成员各抒己见，分别在流程设计、报名咨询、竞价实施等方面进行了全面的策划。

3. 交易过程

2013 年 6 月 3 日，一期工程山西光华玻璃有限公司浮法玻璃生产一线设备及房屋建筑物（拆除）转让项目在山西省产权交易市场正式挂牌。同时在全国产权市场各网站做了推介，以及通过信息库电话通知符合条件的意向受让方，最大限度地引起了资源方对该项目的关注。

挂牌期间，共有来自全国各地的 9 家建筑企业提交了竞买文件，均为民营企业，其中不乏既具备一定规模实力，又在建筑行业具有丰富经验的企业。截至挂牌期满，这 9 家企业获得意向受让资格。本项目于 2013 年 6 月 8 日 15:00 采用金马甲网络竞价方式进行交易。以挂牌价 880 万元为起始价经过 4 轮报价，最终吉林市凯沃拆除有限责任公司成为最高应价人，即成为最终受让方，受让价格为 900 万元，竞价增值 2.2727%。

1 号标的征集到了符合条件的意向受让方，美中不足的是溢价率不高。通过专项业务小组的分析研究决定二期工程山西光华玻璃有限公司浮法玻璃生产二线设备及房屋建筑物（拆除）转让项目采用二次报价的交易方式实时交易。二次报价交易的方式（密封报价+网络竞价）来征集意向受让方。意向受让方在报名并交纳保证金同时递交密封报价单，且所填报价不得低于挂牌价。报名截止后山西省产权交易市场及转让方共同评标，报价由高到低排序，前三名取得网络竞价资格，通过网络竞价确定最终受让方。

2013 年 9 月 11 日 17:00 采用一次性密封报价方式进行第一轮报价，取前三名进入第二轮进行金马甲网络竞价。2013 年 9 月 12 日 15:30，山西光

华玻璃有限公司浮法玻璃生产二线设备及房屋建筑物（拆除）转让项目金马甲网络竞价在山西省产权交易市场交易大厅电子大屏进行现场演示。本项目挂牌价1580万元，最终以1928.8万元成交，溢价率达到22%，取得较满意的成绩。

二、案例启示

此次项目的顺利完成是转让方与受让方通过产权交易市场的运作获得"双赢"结果的典范。一方面转让方通过充分利用产权交易市场的公共平台，最大限度地确保了发现价格和真正有实力的买家。

另一方面，在交易方式的选择上，选择了二次报价的方式有效地解决了竞买人恶意竞争和实现价值最大发现的目的。和民间私下交易相比，交易机构具备交易方式的多样性、高效性与结合项目情况专业策划交易模式的能力。

由于项目涉及城市建设和道路改造，时间紧任务重，经过市场业务人员充分准备顺利完成了这一项目，这项成绩的取得充分体现了市场的团队合作精神，为今后的同类资产处置工作奠定了基础。同时也得到上级领导和转让方的一致好评。

深圳市高新投集团有限公司增资40%案例

深圳联合产权交易所

2014年，深圳市高新投集团有限公司（以下简称"高新投"）通过增资扩股方式引进不超过6家投资者，增资比例为40%，募集资金约为29亿元。市国资委高度重视高新投增资进场交易工作，相关领导亲自参与高新投项目操作方案的讨论，始终把握增资交易工作的规范性、科学性以及可操作性。深圳联交所对于高新投增资项目采用提前介入，充分了解标的企业增资需求，并与市国资委、股东单位持续沟通，制订科学、合理的增资实施方案，为该项目的顺利实施奠定了良好的基础。

深圳联交所结合高新投实际情况制作增资公告及登报信息，并于2014年9月29日在《深圳商报》以及联交所网站公开披露高新投增资信息、公司基本情况和相关财务数据，信息披露时间为40个工作日。项目组通过广泛的信息平台和投资人资源库，对潜在投资者进行有效征集与甄别，择优选择符合高新投增资需求的意向投资者。

为让更多的战略投资者以及优秀的投资机构能和高新投进行对接，建立起密切的沟通和合作关系，联交所于2014年10月28日在香港地区举行

了高新投增资项目专场推介会、香港路演会并取得了圆满成功，参加会议的国内外17家机构近50名投资专家中，10家投资机构是由联交所推荐，邀请了如黑石集团、摩根士丹利、招商局资本、佳兆业、华侨城、华润金融、远致富海、PAG、国信弘盛、新世界等多家行业战略投资者以及PE/VC等参加增资项目推介会。

联交所积极进行项目推介，项目组成员利用交易平台优势，从投资者数据库中筛选出符合条件的意向投资者，以及通过网络、其他中介机构推荐等方式积极寻找意向投资者，向投资者展现高新投核心竞争力，突出企业的投资前景，并发送征询函邀请投资者参与增资事项。在挂牌期间，联系了黑石集团、中国平安、美国德太投资、凯雷投资、KKR、高盛、招商局资本、佳兆业、华侨城、华润金融、恒大、IDG、软银等境内外知名投资机构，并组织意向投资者签署保密协议开展尽职调查工作。

目前，该项目通过竞争性谈判方式成交，成交金额约26.5亿元人民币。

深圳市金兰装饰用品实业有限公司 100%股权转让案例

深圳联合产权交易所

深纺集团为了集中资源发展主业，推动战略转型目标的如期实现，将所持有的金兰公司100%股权委托深圳联交所公开挂牌转让。此次转让金兰公司100%股权的评估净资产值为7807.16万元，挂牌价格为7911.49万元。金兰公司的经营以自有物业租赁为主，主要物业为深圳市罗湖区水贝工业区18栋厂房一、二层，该物业位于深圳水贝珠宝产业圈内。通过联交所与深纺集团对此项目深入的分析、精心策划的产权转让公告和努力的推介以及联交所平台的信息集聚优势，在挂牌期间共征集到40家符合资格的意向受让方。最后通过周密组织的拍卖会，由深圳市和润珠宝首饰有限公司以22000万元的价格竞得，比挂牌价格高出14088.51万元，增值率达到178%，实现国有资产价值最大化，充分体现了联交所平台的优势和服务。

1. 转让公告内容及交易条件的策划

项目在挂牌前，联交所与深纺集团就转让公告内容及交易条件进行了多次沟通和探讨，为了能最大限度地征集潜在的意向受让方，同意不对受让方资格设置任何条件，只要是合法的市场主体都可以参与求购，包括联合体。同时考虑到将近年底，投资者的资金相对紧张的现状，同意交易价款采取分期付款的方式。

2. 项目的推广

根据金兰公司核心物业的地理位置是在深圳有名的珠宝产业圈，联交所除了在纸质报刊媒体、联交所网站和联交所交易大屏幕发布转让信息以及在客户多、人流量大的联交所四个下属股权交易见证点见证大厅张贴转让信息公告、向联交所多年积累的房地产投资客户群体进行推介外，还在互联网上

特别是深圳市黄金珠宝首饰行业协会的网站"深圳珠宝网"寻找了一千多家目标客户进行推介，让转让信息最大范围地传播，广泛征集意向受让方。

3. 热情专业的服务

联交所以丰富的专业知识和对该项目的充分分析、了解，详细地向各意向方介绍该项目的亮点，认真细致地解答各意向方的疑问，让各意向方全面、完整地了解项目的具体情况和投资价值。

4. 意向受让方资料的保密

不向任何人包括联交所领导透露意向受让方名称、资料和数量是每个联交所业务人员的基本职责和操守。联交所也不允许转让方或意向受让方向业务人员询问报名登记的相关情况，即使是询问了，业务人员也会拒绝告知。为了不给资料泄露的时间，联交所与深纺集团商定提前发布拍卖公告，在挂牌公告截止日后的第一日就举行拍卖，同时联交所也在最晚的时间才将意向受让方清单发给转让方深纺集团进行资格确认。

5. 拍卖会的周密组织

因参与此项目的竞买人有40家，数量较多，联交所与拍卖公司采取分组进行竞买登记手续，同时各竞买人须在规定的时间内凭号牌限两人进入拍卖厅，并对号入座，避免各竞买人的互相接触，确保拍卖会有序进行，实现标的的充分竞争。

通过上述措施，金兰公司100%股权成功地卖出了高价格，实现了多方共赢，转让方深纺集团实现了国有资产的增值，受让方在公平、公正的平台下竞得了标的，联交所充分发挥了"发现买方，发现价格"和"公开、公平、公正"的功能，体现了联交所平台的市场优势和优质的服务。

神华国华孟津发电有限公司闲置材料转让案例

山西省产权交易市场

一、案例简介

2014年11月8日9:30，神华国华孟津发电有限责任公司闲置材料转让项目在山西省产权交易市场金马甲网络竞价大厅成功转让，该项目挂牌价67.85万元，经过5名竞买人49轮激烈竞价，最终以75.35万元成交，实现增值率11.05%。

二、案例分析

此次资产转让是国务院国资委下发《关于中央企业资产转让进场交易有关事项的通知》（国资厅发产权〔2013〕78号）、《关于公布从事中央企业资产转让交易业务交易机构的通知》（国资厅产权〔2014〕286号）文件以来山西省产权交易市场受理的第一宗中央企业实物资产进场交易项目，也是山西省产权交易市场应用实物交易系统成功实施转让的第一宗央企项目。

神华国华孟津发电有限责任公司是中国神华集团与华阳投资（香港）有限公司共同投资设立的为国家提供高效、节能、环保的电力生产企业。该公司由于设备更新换代，库存的备件、配件通用性较差无法被消耗，采购商不愿意回收从而导致长时间积压，经上级核准对外公开转让。山西省产权交易市场得知项目信息后，及时与转让方取得联系，就资产处置事前、事中、事后的准备事项、操作流程、风险防范等各个环节做了全面分析，为推动工作进度，分管领导带领业务骨干专程前往河南进行实地勘察，深入了解标的情况，挖掘标的亮点，为转让方提出全面、专业、合理的处置建议，通过多次沟通，我方提供的转让方案得到转让方的认可，2014年9月，转让方与山西省产权交易市场签订委托协议。

鉴于本次转让项目是山西省产权交易市场被国务院国资委授予央企资产转让进场交易资质后操作的第一宗项目，也是实物交易系统与金马甲网络竞价平台项目信息自动对接推送后，山西省产权交易市场实施竞价的第一宗交易项目，领导高度重视，在对项目前期准备工作进行安排和监督的同时，提出本次转让项目要坚持"公开、公平、公正"的原则，满足意向受让人异地同步竞价，尽可能避免意向受让人之间互相干扰，杜绝围标、串标现象的发生，争取最大限度地挖掘项目价值，充分保证转让方和受让方的利益。为贯彻这一精神，经与转让方协商，决定采用金马甲网络竞价方式公开处置拟转让资产。

为广泛征集投资人，山西省产权交易市场不仅通过自身多年积累的投资人信息库，还通过网络、报刊上的信息，主动联系符合条件的投资人进行项目推介，在工作人员精心细致的服务下，截至项目公告期满征集到包括省内外5家意向投资人提交受让申请并交纳了竞买保证金。

2014年11月8日9:30，神华国华孟津发电有限责任公司闲置材料转让项目在金马甲网络竞价大厅准时开始竞价，竞价方式分为自由竞价和限时竞价两个阶段。该项目起始价为67.85万元，在自由竞价阶段，意向竞买人即争先恐后、交替报价，到限时竞价阶段，意向竞买人更是争分夺秒，价格频频攀升，有两位竞买人曾多次以加价幅度的2倍和5倍进行出价，经过5家竞买人49轮激烈竞价后，项目最终以75.35万元成交，实现增值率11.05%。

三、案例启示

该项目的圆满成交不仅缩短了交易时间、减少了交易成本、实现了收益最大化，而且开辟了央企资产跨区域转让的先河，为实现国有资产跨区域、跨行业、跨所有制流转积累了经验；该项目的圆满成交不仅发挥了产权交易市场在国有资产处置中的"信息集散、价格发现"两个功能，而且充分体现了国务院国资委实行中央企业资产转让进场交易制度在防止国有资产流失、保证国有资产保值增值方面的重要性和现实意义。

好的开始是成功的一半。山西省产权交易市场将不断夯实业务基础，全面提升服务水平，为国有企业和各类投资人提供公开、公平、公正的交易平台，依法保障交易各方利益，树立企业良好的社会公信力，为中央企业资产转让进场交易业务提供更多更好的服务。

四川化工控股集团成都城南房地产合作开发征集合作方案例

西南联合产权交易所

2013 年 9 月 14 日，四川化工控股（集团）有限责任公司与四川省清凤现代房地产开发有限公司在西南联合产权交易所签订《城南房地产合作开发协议》，历时 3 个多月的房地产开发项目合作方征集终于落下帷幕。相比预期的 5.1 万平方米返还面积，最终的成交面积为 13 万平方米，增加了 7.9 万平方米，按照当时该地段最低市场价计算，至少增值 8 亿多元，增值率达到 154.9%。从 5.1 万元到 13 万元的简单数字变化背后，蕴含了国资监管、国企民企合作、交易机构市场化运作等诸多内容，尤其是该项目最终采用"通过市场化公开征集合作方"的方法，契合了党的十八届三中全会"让市场在资源配置中起决定性作用"的精神。回顾总结这一交易历程，对产权交易机构未来在产权形成、产权运营方面纵深发展，意义重大。

一、背景介绍：地产融资的内忧外困

2008 年，四川化工控股（集团）有限责任公司（以下简称"四川化工"）通过公开市场招拍挂方式拿到了位于成都市高新区范围内的城南地块，该地块占地面积为 39590 平方米（约 59.39 亩）。结合该地块的用地规划①来看，不难发现其开发价值极大，升值空间不容小觑，各方都对该地块项目寄

予厚望。但直到 2013 年，该地块仍未进行开发。

（一）为什么要寻求合作开发？

四川化工属于省属重点国有独资企业，注册资本 20 亿元，在全国具有举足轻重的行业地位。但随着原材料价格的上涨以及销售收入的影响，四川化工陷入经营业绩下滑、无法独立开发的困境。与此同时，四川化工在公开证券市场的融资乏力（参见"川化股份"的上市表现），无疑也增加了其独立开发城南项目的资金困难。加之房地产开发越来越需要投入大量的资金、人力以及后续配套等，这些都成为四川化工不得不面对的现实难题。因此，四川化工决定将战略重心集中于主营业务发展，而依靠房地产项目盘活，反哺主业发展所需资金。因此，城南项目通过寻求合作者的方式予以开发，实属四川化工不得不作出的一项选择。

（二）为什么没有找到合适的合作者？

为了尽快实现对城南地块的开发利用，四川化工陆续与多家知名国有房地产开发企业进行了项目商谈。但是，最终的结果并不理想，要么是对方无法接受合作条件，要么就是达成的合作条件不尽如人意。尤其是当四川化工将某一合作意向方及其条件（条件中最重要一项为合作方返还四川化工 5.1 万平方米地上建筑物）上报四川省国资委批准时，

---

① 该地块位于元华路以西、荣华北路以东、盛安街以南、盛邦街以北；容积率为 3%~8%；土地用途为商业金融业用地，可兼容不超过 30%比例的住宅；建筑限高不超过 83 米（经批准可突破）；建筑密度为总建筑密度不大于 40%，高层建筑密度不大于 25%；绿地率不小于 15%。

监管部门提出了一点重要且是该谈判中极为核心的争议焦点：如何能够保证城南项目的合作开发条件已经完全经过了市场的检验，并且该检验的最终结果可以实现国有资产的保值增值？正是这一来自监管部门的有力质疑，使开始认真思考：通过内部比选的过程确定国有资产的合作开发者，其合法合规性是否有所保证，其经济价值是否得以充分实现？当然，这一思考的结果也可推及适用于对其他非国资项目的交易方式选择。

第一，交易主体有限。四川化工采用个别邀约谈判的方式，即逐一邀请不同的国有房地产开发公司参与合作谈判，这一举措限制了意向合作方的范围与数量。换句话说，邀约的方式很可能排除潜在但并未接收到合作邀请的意向开发商，从而影响到城南项目合作开发的谈判效果。

第二，谈判成本增加。以一对一谈判的方式来确立交易条件，无疑充满了个体性的条件差异，即不同的房地产开发企业对于此项合作开发的条件或要求均有所不同，比如有的合作方拒绝以合资入股新设项目公司的方式进行地产开发，而有的合作方则认为直接以项目承揽的方式开发地产，然后再以房屋权益作价比较便宜，如此种种，不一而足，这些都增加了四川化工以及其他各方的谈判成本。

第三，道德风险增多。由于是以商业谈判（内部比选）的方式来确定项目合作方，因此该方式的隐蔽性较高，加之该种交易方式下的谈判条件也是因人而异，最终便使得该项目的合作谈判过程存在较大道德风险，容易滋生商业腐败。也正是由于这种谈判的隐蔽性以及谈判条件的多变情况，使得潜在合作方不可避免地会担忧该种谈判结果的公正性，因此无法对合作结果形成合理且稳定的预期，最终又影响到该项目的合作开发。

第四，监管难度加强。随着商业谈判过程的推进，可能将产生不同的合作条件，而不同的条件对于监管的成本也是不一样的。比如"加名联建"的合作方式就涉及国有资产的部分转移，尤其需要特别地慎重。而与此同时，谈判过程的隐蔽性又使得全程监督较为困难。当然，更为关键的是仅仅依据谈判双方所采纳的地产评估价值报告，无法全面证明交易标的的实际市场价值，风险较大。

二、主要做法：坚持市场化运作，创新合作方案

四川化工内部比选合作方的尝试在经历了数次失败之后，逐渐开始寻求其他的合作方确定方式，以避免上文提到的几点缺陷。2013 年 6 月，四川化工与西南联合产权交易所（以下简称"西南联交所"）正式签订委托协议，希望借助西南联交所的专业交易平台，实现其项目融资、合作开发的目的。

通过公开的交易平台征集项目开发的合作方，首要任务便在于应当有效避免上文提到的交易条件不统一、人为干扰因素大等问题。因此，西南联交所首先与四川化工就可能达成的交易条件，包括四川化工对合作方资格的要求等内容，进行了充分沟通，并基于公开市场的交易经验，对部分内容进行了修正与补充。最后在征得四川省国资委同意的基础上，形成了该项目的最终交易方案，举其要者：

第一，合作方式确定为"加名联建"，充分调动合作方积极性。所谓"加名联建"，即四川化工提供土地，合作方提供全部开发资金，待项目开发完成 25% 的总投资额时，由合作方负责办理该宗土地的加名手续。显然，这种合作方式的实质是要与合作方共享土地使用权以及所建房屋的所有权。而这无疑从法律层面，为合作者提供了充分的保障——有恒产者有恒心。毕竟给予合作方所有者权益，势必增强对方全力投入地产开发的积极性，把该合作开发的项目真正地当成自己的事业和财产予以打理。而这一合作方式，也是与其他诸如联合成立开发公司，并仅使对方享有债权性的房屋承租权等合作方式的最大区别。正是基于同合作方共享土地权益以及后续所建房屋的所有权，方才有可能最大限度地吸引合作者，让对方心甘情愿地接受诸如"合作方提供全部开发资金"等其他国有企业难以满足的条件。

第二，不仅要实行现场的公开竞价，而且将唯一的变量——竞价创新为"返还面积"。产权交易市场（如西南联交所）的最大优势便在于以其专业水准与硬件设施，充分保证交易方式的公开透明。因此，该项目严格按照西南联交所规定，执行公开挂牌、公开竞价的要求。这样也就很好地避免了交易各方私下谈判的种种不确定性，为交易当事人提

供稳定的预期——只要现场报价最高，就可胜出。与此同时，由于办公楼价值的测算存在诸多的不确定性，更是无法仅仅凭借土地评估报告便作为其价值的衡量标准，因此决定将四川化工可分得的办公楼面积作为竞价变量，由意向合作方在 5.1 万平方米的报价底数上进行竞价。换句话说，将"返还面积"作为竞价变量能够避免评估、谈判等主观因素影响较大的定价方式，而借助市场的充分竞争来帮助发现该项目的真实价值，这也为监管部门对交易价格进行确认，提供了有力支持。

第三，所有交易条件在征集公告中予以明确而充分地披露，且该交易条件不得变更。将项目合作的交易条件提前进行充分披露，能够为意向合作方提供明确的项目判断，减少后期合作的争议。同时，这些经披露的交易条件直接具有法律效力，不得改变，更不允许在合作协议中任意添加，这些都避免了人为因素对交易条件的干扰，保障了所有潜在交易当事人之间的实质平等，减少交易费用。

第四，交易条件的具体内容设定坚持"低门槛高资金"的原则。其中，"低门槛"的要求，如"三级以上房地产开发资质即可"，是为了吸引更多的潜在合作者参与竞价，以更广泛的市场参与度来发现真实的交易价格。当然，西南联交所借助公开的媒体发布平台、全国产权市场信息平台等也同样是为了更广泛地吸收潜在合作者；另外，较高的资金要求，如"协议签订后要求合作方交纳 2 亿元保证金"等，又是为了保证该地产项目的顺利推进，这在某种程度上也可视为是为防止国有资产流失做出的努力。

三、项目成效：实现了多方共赢的良好局面

2013 年 8 月 2 日西南联交所将此项目正式挂牌。之后，除了在传统的报刊媒体上进行公告宣传，静候意向合作方的登记报名之外，还选取了不同地域、不同企业进行重点推荐。一方面，借助全国产权交易机构间的合作平台，将该项目作为重点信息向全国其他几个重要的产权交易机构进行了异地项目推荐。另一方面，将该项目向西南联交所合作会员以及自建投资人库中的多家房地产开发企业进行了定向宣传和推荐。

经过 20 个工作日的公开挂牌，公告截止日共征集到 5 家符合条件的意向合作方，并且这些意向合作方均是省内颇具房地产开发经验和实力的优秀房地产开发企业。按照既定的公开的时间表安排，2013 年 9 月 13 日上午 10 时正式举行了该项目的网络竞价会。经过 27 分钟共计 72 轮的激烈竞价，最终四川省清凤现代房地产开发有限公司[1]（以下简称"清凤地产"）以 13 万平方米的报价成功竞得该项目合作方资格。

该项目的成功交易，实现了多方共赢：四川化工成功寻求到了项目合作方，并附加了多项条件，一是要求清凤地产缴纳 2 亿元项目保证金（项目全部完成后再退还）；二是清凤地产前期需存入共管账户 1.5 亿元，用于项目开发；三是土地证的加名手续是在项目实际开发 25% 以后办理。清凤地产通过西南联交所这个公开市场，成功取得了城南地块开发资格，为清凤地产进入成都核心地段开发赢取了门票。四川省国资委通过西南联交所公开征集，使整个项目运作公开、公平、公正，保证了国有资产的保值增值。

四、项目启示：从产权流转向更广阔的产权形成、产权运营领域奋进

总结在城南项目中西南联交所参与的策划、推介、交易等过程，除了 8 亿多元增值额、154.9% 增值率外，西南联交所坚持的市场化道路是经得起实践检验的，更令人兴奋和鼓舞的是：这是西南联交所由传统产权流转向更高级、更广阔领域——产权形成及产权运营领域迈进的一次有益尝试，也令人坚信产权交易这一中国特色制度有能力在更大、更广范围内服务国有企业及非公有制经济发展。

第一，坚持市场化运作是产权交易机构发展的基础和前提。产权交易机构作为国资系统附属机构

---

[1] 清凤集团成立于 1995 年，集团公司注册资金近 4 亿元，主要从事房地产开发，道路、桥涵、房屋建筑施工，室内外装饰工程设计施工等业务，公司拥有建筑施工国家一级资质、房地产开发国家二级资质、建筑装饰工程及环保工程专业施工二级资质、公路工程施工总承包三级资质、物业服务二级资质。

的时代早已过去，产权交易市场通过坚持市场化运作，已经逐渐构建起统一开放、竞争有序的市场架构，成为现代资本市场体系的重要组成部分。在竞争日益激烈，区域垄断不断打破的今天，市场化程度高低已经成为检验产权交易机构能否真正做大做强的不二法则，这也正好符合中国共产党十八届三中全会对市场体系建设的意见及精神。本次交易中，在方案设计、门槛准入、竞价方式设计、市场营销等方面都以市场化机制运作，最后成功征集到5家意向合作方参与竞价，为项目最终实现高溢价创造了条件，赢得了省国资委和四川化工的高度评价，这也更加坚定了西南联交所走市场化道路的决心和勇气。

第二，坚持"公开、公平、公正"运作，不断提升自身公信力，是产权交易机构的核心竞争力。产权交易市场的高公信力为民营企业进入国企项目提供了可靠的预期，而正是民企对项目合作的稳定心理，才真正增强了民企介入国企改革的信心。以本次交易为例，产权交易机构提前公布项目确定的合作协议文本以及交易条件，并以公开交易的规则赋予其不可变更的强制力，无疑保障了民营企业后期能够平等、有序地与国有企业开展商业合作。也正是基于对地产项目合作的这种稳定而明确的预期，民营企业才能够一开始便放心地进场交易，甚至是心悦诚服地接受许多在其他国有企业看来不可接受的条件。与此同时，产权机构的现场竞价模式，也为民企与其他性质商业组织展开公平竞争提供了条件，因为该种竞价方式能够避免交易参与者暗箱操作，降低交易费用，正所谓"阳光是最好的防腐剂"。

第三，在产权形成以及产权运营领域为产权市场发展提供了更广阔的舞台。传统产权交易经过从产权—国有产权—企业国有产权—企业国有产权流转的不断收敛，交易范围不断缩小，最后仅剩下企业股权和实物资产处置。如何拓展交易范围，不少产权交易机构已经做了很多尝试，但大多仍未跳出产权流转范围，收效甚微。如何在更广范围内拓展交易范围，城南项目的成功运作提供了有益尝试，那就是从产权流转深入到更广阔的产权形成和产权运营领域，在更大范围、更深程度上服务国有企业及非公有制企业。在本案中，如果以传统产权流转思路来设计方案，或许只是将土地装入项目公司，然后卖出股权，如果换种思路，以产权运营的方式来设计方案，就得到本案的最终结果，两种思路孰优孰劣，不言自明。

在本项目骄人的增值率背后，也留下一个亟须思考与解决的问题：如何提高资产评估的准确率？诚然在充分竞价以后，四川化工城南项目找到了自己的市场价格，高增值率说明其资产评估价格是远低于市场预期的。在实践中，类似的问题时有发生，在一些极端情形下，甚至成为腐败的根源。规范资产评估机构、制定严格的资产评估标准及监督检验标准，成为当前规范国有产权交易的重要任务。

后记：2013年11月，四川化工城南地块现场。短短2个月时间，昔日杂草丛生的景象已经变成了忙碌的工地。据四川化工负责人介绍，该项目已经完成了项目立项、产品定位以及场平工作，目前正在进行总体规划设计以及现场打围施工，工作效率之高，也让四川化工为之叹服。通过西南联交所这个"红娘"牵线搭桥，四川化工和清凤集团的合作将会结出累累硕果。

案例点评：

市场的事情最终还是要靠市场解决，无论是交易主体的发现，还是交易条件的达成，甚至包括最后的交易目的的实现。也只有建立"专业、公开、竞争、平等"的市场体系，才能够更好地实现国有资产保护与非公有制经济健康发展等宏大命题。而渐趋成熟并不断发展中的产权交易机构，正以其"公开、公平、公正"的显著优势，与此时代命题相互契合，令人期待！

四川省安县银河建化集团上市前增资扩股案例

西南联合产权交易所

一、背景介绍

四川省安县银河建化集团有限公司（以下简称"银河建化集团"）是亚洲最大的铬盐生产研发企业，国家"863"计划重点项目承担单位，四川省唯一一家铬盐生产企业和绵阳市最大的县域工业企业。公司前身是年产值不足 1000 万元的安县县属地方小煤矿，通过近 20 年的发展，已形成集铬盐化工、精细化工、硫酸化工、水泥建材、矿产开发、机械制造于一体的企业集团。目前，公司拥有全资、控股公司 10 个，两个国家级示范工程、一个省级企业技术中心，员工 2500 余名。其铬盐系列产品远销欧美、日本、中国台湾等 19 个国家和地区。2011 年公司实现销售收入 26.9 亿元，创利税 2.6 亿元，继续保持了综合经济涨幅 25%以上的平稳发展态势。

在继续拓展产业领域、逐步壮大产业规模的同时，银河建化集团也在不断积极寻求在更高层次、更高水平的发展机遇，为了充实发展实力、整合资源优势、助推跨越发展，启动了引进战略投资人工作，从而为公司上市打下坚实基础。经安县政府批准，同意公司采取增资扩股的形式引进战略投资人，以不低于每股 4.48 元的价格新增注册资本 5000 万元，约占增资后公司注册资本的 18%。

经过近半年的紧张工作，公司增资扩股引进战略投资人项目于 2012 年 5 月 9 日正式在西南联合产权交易所挂牌，通过市场竞争确定国有股权价格，为银河建化集团在更广范围内寻找合适的战略合作伙伴，进一步优化股权结构，为公司将来上市打下基础。

二、主要做法

（一）合理策划增资扩股方案

西南联交所收到银河建化集团的委托后，立即组建在国有企业资本运作方面具有丰富经验的项目团队，与银河建化集团深入沟通后了解到，此次增资扩股主要目的是在保持国有控股、不影响原大股东控股权的前提下，增强公司资本实力、整合战略资源，从而助推上市。

根据银河建化的目的和想要达到的效果，双方协商最终采用"拆分股权、团队竞购"的方式，合理进行股权拆分，避免股权过于集中、削弱原有股东决策权；因原有股东中国有股比重为 55.62%，为保证增资扩股后集团仍属于国有控股地位，不降低国有股权的比例，特要求竞购团认购比例中其国有比例为 56%；要求新增股东与银河建化集团股东及管理人员不存在关联关系；为避免同业竞争，要求竞购团及其成员的相关产业，与银河建化集团的上下游产业不存在同业竞争关系；要求新增股东具有一定的资金实力，并出具相关证明，新增股权须以现金方式出资。

（二）采用"融资与融资源相结合"的理念

银河建化集团本次作为上市前的增资扩股，除了补充集团业务拓展所需的资金外，更重要的是为公司积累未来大发展所需的战略资源，其中包括能够支持银河建化发展的产业资源、资本运作资源、科技研发资源、市场资源等。因此，在增资扩股整体方案设计中，坚持采用"融资与融资源相结合"的理念，通过设置一定条件，优先吸引能够支持未来公司发展的战略资源，不支持仅作为财务投资人、具有短视效应的投资资金。

（三）规范各项交易程序，确保国有产权转让阳光操作

西南联交所严格按照《国务院办公厅转发国务院国资委关于规范国有企业改制工作意见的通知》（国办发〔2003〕96 号）、《企业国有资产监督管理暂行条例》（国务院令第 378 号，以下简称《条例》）、

《四川省企业国有产权转让管理暂行办法》、《四川省企业国有产权转让管理暂行办法的实施细则》等有关法规对于国有企业增资扩股的相关要求，对银河建化集团增资扩股项目提出政策建议，并协助其做好各项审批工作，最终按照有关规定通过合规性审查后，于2012年5月9日正式在西南联合产权交易所挂牌。

（四）多种渠道征集意向投资人

项目挂牌后，西南联交所认识到此项目作为一家具有资源优势很强企业的 Pre-IPO 增资扩股项目，具有很高的投资价值，一定会有很多投资者感兴趣，包括很多民营投资者。因此除了在西南联交所的网站上发布转让信息，还在同行业的其他区域产权交易所同步挂牌征集受让方；在《金融投资报》、《成都商报》等多家媒体发布信息；另外，西南联交所也充分发挥产权交易市场的"发现投资人"的功能，根据项目的性质，在投资人库中有可能对此项目感兴趣的投资人进行定向推介，受到包括九鼎投资在内的很多 PE 基金的青睐，并积极配合潜在竞买人开展尽职调查以及双方的洽谈工作。

（五）通过产权市场实现全方位的资源整合

到2012年6月19日挂牌期满，成功征集到四川三新创业投资有限责任公司、四川久远投资控股集团有限公司、北京亘古投资中心、绵阳保峰投资等意向投资方的申请报名。经过商谈，最终形成以四川三新投资公司为主，其他三家参与的竞购团，以每元新增注册资本4.5元的价格共同认购银河建化集团新增5000万元的注册资本，其认购价格高于4.48元挂牌价格0.02元，共实现融资2.25亿元。

银河建化集团通过此次18%的增资扩股，成功地整合了以久远集团为代表的科技研发资源、以四川发展（四川三新为其全资子公司）为代表的产业发展资源、以北京亘古和保峰投资为代表的资本运作资源，实现了在未来战略发展过程中的全方位资源整合。此次成功引进战略投资人，将积极助推银河建化集团在产业发展和资本运作方面的双跨越。

三、成效及启示

银河建化集团此次通过西南联交所成功引进多家战略投资人，实现融资2.25亿元，优化公司股东结构，提升公司治理水平，增强公司经济实力，

加快公司的上市步伐，为公司将来更高层次、更高水平的发展打下了坚实基础。该项目的成功运作，充分体现了西南联交所为国有企业提供投融资服务的以下四大功能：

（一）"发现投资人"的功能

产权交易市场具有媒体或网络的信息公示、信息集散功能，通过专业网站、专业发布平台、指定报刊、其他主流媒体等多种途径对公开挂牌项目进行信息发布；可以通过与其他地区产权交易市场互相挂牌发布信息，便于在全国范围内寻找投资人；还可以通过西南联交所投资人库定向推介。多种渠道共同推介宣传，使增资扩股信息在第一时间实现最大范围的覆盖。

（二）资源整合功能

西南联交所历经多年各类产权交易，积累了大量的投资人和优秀企业、风险投资和私募基金等买方资源，还有政府招商引资、企业资产处置、项目融资需求等项目信息资源，以及银行、担保、信托、拍卖等中介服务资源。基于以上三类资源，加上西南联交所多年亲自参与国有企业资本运作的经验，可以根据国有企业的需要，利用自身优势整合相应资源，为企业提供专业服务，银河建化集团增资扩股很好地说明了这点。

（三）投融资渠道功能

产权市场经过多年发展积累了上述三类资源，通过产权交易平台，投资人可以寻找优质投资项目、企业可以实现多种融资手段，产权市场日益成为社会的重要投融资渠道。值得注意的是，银河建化集团增资扩股项目中，采用"'国有'+'民营'拉帮结伙"组成竞购团的模式，改变了以往民营资本和国有资本单独投资或分开投资的通行做法，为民营资本进入国有优势领域创造了新的模式。

（四）阳光操作，实现保护国企管理人员的功能

增资扩股进场操作，产权交易市场通过制度设计和信息化手段，可以保证所有过程都在监控之下，避免了人为操作和控制，可在一定程度上避免出让方和受让方之间暗箱操作，防止变相低价转让和低价稀释股权，有效防止国有资产流失。同时对于国企管理人员也是一种自保机制，避免落下暗箱操作的口实。

后记： 2012年12月19日，四川省安县银河

建化集团有限公司整体变更设立四川省银河化学股份有限公司，为上市又迈出了坚实的一步。经过增资扩股后的四川省银河化学股份有限公司整体实力进一步提升，2012年实现工业总产值32.5亿元，比上年同期增长20.7%；销售收入31.83亿元，比上年同期增长26.2%；出口创汇1460万美元，比上年同期增长21.7%；上缴入库税金1.38亿元，比上年同期增长83%。

广东江门华联制皮工业有限公司土地使用权及房产司法强制变卖案例

西部产权交易所

该项目是交易所受托的第一宗司法变卖项目。从首次委托拍卖至今已历时四年，其间省法院已进行过两次变卖，但因种种原因均未成功。省法院委托交易所对该项目进行变卖后，根据项目情况分析，潜在买受人很可能会在当地出现，于是交易所在《广州日报》显著位置刊登了变卖公告，同时，将变卖公告内容在交易所网站、新浪产权频道、中国产权报价网、金马甲网站等网络渠道进行广泛发布，并委托标的所在地的同行机构——广州产权交易所进行推介。公告刊登后，交易所又委派相关工作人员配合法官赴项目所在地调查了解标的情况，搜集一手资料，积极进行推介，为意向竞买人提供了大量的咨询服务工作。公告期间，共有数十人对标的有关情况进行了咨询，截至报名结束，共有两名竞买人按规定预付了4356万元的最低变卖款并办理了竞买报名手续。2012年12月3日10时，该项目电子竞价会正式启动，经过竞价，以高于保留价100000元的价格成交。

西安樱豪假日酒店整体资产司法拍卖项目案例

西部产权交易所

2012年10月31日，西安市中院委托的保留价为29025.32万元的西安樱豪假日酒店整体资产司法拍卖项目，在西部产权交易所以网络电子竞价方式公开进行，两名竞买人经过28轮的激烈竞价，最终以32925.32万元成交，增值率达13.44%，受到了委托法院及相关当事人的一致好评。

该项目是交易所作为全省司法拍卖第三方交易平台以来完成的最大一宗项目，项目委托进场后第一次拍卖即以高出保留价3900万元的价格成交。这个项目因债务人重复抵押、非法集资而牵连的债权人和受害群众较多，标的情况比较复杂，因此执行难度较大，多年未能成功处置，社会关注度也比较高，委托法院的领导很重视，希望能够尽快拍卖成功。项目进场后，受托拍卖公司认为标的评估价较高，一次成交可能性很小，交易所通过多种渠道积极推介，征集到两名竞买人，对这样一个案值近3亿元的标的来讲，竞买人信息是非常重要和敏感的，因为业务制度完善，保密责任明确，除项目经理外，其他人都不知道竞买人信息，防止了其他因素可能对竞买人造成的干扰以及串标等情况的发生。竞价当天，交易所接到很多涉案群众打来的电话，希望能到现场观看拍卖过程，交易所工作人员均耐心告知，整个竞价会是向全社会公开的，任何一个人在互联网上登录"人民法院诉讼资产网"点击进入"竞价大厅"模块，都能实时看到该场竞价会的状态和结果，这一点充分展现了司法拍卖"公开、公平、公正"的阳光交易过程。在竞价现场，交易所交易大厅内挤满了闻讯赶来观看竞价过程的当事群众，委托法院的主管副院长、纪检组长、执

行局长等领导也前来现场监督拍卖过程，随着竞买报价节节攀升，现场响起了阵阵掌声，最终该项目以高于评估价3900万元的价格成交。委托法院及当事群众对这一结果均表示满意，经有关媒体报道后，社会反响也非常好。

中国黄金总公司所属安康加油站土地使用权及房产依法破产资产处置项目

西部产权交易所

2012年11月7日，中国黄金总公司安康金矿破产资产转让项目，通过西部产权交易所诉讼资产电子竞价平台成功转让。该项目是交易所启动涉讼资产业务以来受理的第一宗依法破产资产处置项目，项目内含两个标的，标的一为加油站土地及其附属资产，评估价为95万元，在网络电子竞价系统上，经过30分钟、66轮报价，最终以460万元成交，增值金额365万元，增值率达384.21%；标的二为房屋构筑物及土地，评估值475万元，经过160分钟、174轮报价，最终以912万元成交，增值金额437万元，增值率达92%。

项目受理后，交易所对项目进行了精心策划并在《华商报》、安康电视台等多家媒体积极进行宣传

推介，广泛征集意向受让人，报名截止时，共征集到15家意向竞买人。项目公告期间，多名意向竞买人通过各种关系找到交易所，想了解其他竞买人的报名情况或以评估价获得该标的，交易所排除各方干扰，严格遵守竞买人信息保密规定，按照制度和程序规范操作。拍卖活动当日，交易所安排工作人员将十几名竞买人分别安排在不同的电子竞价室内，防止竞买人之间互相见面，杜绝了串标、围标和相互干扰等情况的发生。当天，安康市中级人民法院、中国黄金总公司安康金矿破产清算组及工商局有关领导到场监督观看了竞价过程，对拍卖结果均表示超出预期效果。

乌鲁木齐市商业银行 6.35 亿元国有股权转让案例

新疆产权交易所

按照《金融企业国有资产转让管理办法》，金融企业国有资产转让应当在依法设立的省级以上（含省级）产权交易机构公开进行的规定。新疆产权交易所于2011年5月办理了乌鲁木齐市商业银行6.35亿元国有股权转让业务，运作十分成功。项目最终以6.35亿元的价格成交，与评估价格4.64亿元相比，增值1.71亿元，增值率达36.8%。

一、规范的运作是交易成功的基础

本次乌鲁木齐市商业银行股份有限公司股权转让项目涉及金融服务行业的多项规定，金融资产较大，社会影响广。为此，乌鲁木齐市人民政府、国资委高度重视。为确保本次股权转让成功，交易所迅速成立了以副总经理牵头，金融资产交易与股权

托管部、审核与法律事务部成员组成的项目组。股权转让前后共经历了规范的方案设计、信息披露、资格审核、评审材料制作、评审和商务谈判、签约上报共六个阶段，历时一个半月。

方案设计的规范表现在，严格遵循金融类相关法律法规的规定，并结合以往的工作经验，充分分析该项目的特殊性，确定了"先评审候选人资格，再商务谈判确定受让方的交易方式"的方案，为该项目的成功转让奠定了坚实的基础。

信息披露（项目推介）的规范表现在，整个转让工作在"公开、公平、公正"的原则下进行，实现了政府意图的最大化、资产价值的最大化。转让项目的信息通过向社会公开披露、向股东披露和发邀请函等方式在业界范围内广泛征集意向受让方，利用产权市场的机构网络优势与投资人信息库资源，最大限度挖掘潜在投资人。信息发布引起了包括日照钢铁控股集团有限公司、北京中承恒业金属有限公司、亨通集团有限公司、浙江诸暨润滑油有限公司等实力公司的关注。

资格审核的规范表现在，严格按照《关于向金融机构投资人入股的暂行规定》等相关规定，向各意向方公开，同时与市政府聘请的国内知名律师机构（北京市凯文律师事务所）、财务顾问公司（图鸿投资管理有限公司）共同对各意向方的资格、资信、法律文书等进行审核。

评审文件制作的规范性表现在，为保证公开评审文件的科学性和严谨性，交易所多次与聘请的律师、财务顾问、转让方、商业银行、乌鲁木齐市政府有关主管部门对公开评审文件中涉及项目的关键内容，特别是对项目承诺书、产权转让合同等方面进行反复论证、修订。

评审和商务谈判的合规性表现在，按照乌鲁木齐市政府工作小组根据评审办法独立、客观、公正地进行封闭式评审，评审委员会按照合格意向受让方的最终得分高低进行排序，选取候选单位进入商务谈判阶段。商务谈判小组按照评审委员会确定的候选人顺序依次进行谈判，确定受让方及其受让股权比例。

签约上报的规范性表现在，转让方、受让方在律师的见证下签署了《产权转让合同》；根据《中资商业银行行政许可事项实施办法》等有关规定，标的企业的股东资格经过了银行业监管机构的审批同意，按照股东资格上报要求，交易所制作了备案册，配合完成了相关上报工作。

二、有机的组织协调是交易成功的关键

为确保本次股权转让真正实现"政企分开、政资分开、政事分开和国有资产保值增值"的目标，市政府专门成立了"乌鲁木齐市商业银行股权转让工作领导小组"，并在领导小组的统一领导下各相关部门按照职能的不同进行了具体的分工。市财政局作为转让工作的主管部门，负责转让的组织和协调；新疆产权交易所作为项目的交易代理机构，负责方案的制订、交易工作的具体实施和目标的实现；委托方作为股权所有者，做好通过股权转让所要实现的各种预期目标等决策及配合工作；纪检监察部门对该项目的规范转让进行了全程监督。同时，为保障本次股权转让合法、规范，领导小组还向律师事务所、财务顾问公司聘请了作为项目转让的顾问。通过上述方式，将政府统一行使的行政职能、出资人职能、监督职能在项目运作的各阶段就分离出来，并通过委托代理协议和备忘录的方式予以明确，为本次国有股权的成功转让提供了有力的法律保障。

三、创新成交方式是交易成功的重要环节

一般情况下，产权交易的成交为一对一或一对多（联合受让）的方式。本次乌鲁木齐市商业银行6.35亿元国有股权项目转让，采用了"多对多"的成交方式。通过商务谈判，评审委员会按照合格意向受让方的最终得分高低进行排序，选取候选单位进入商务谈判阶段。商务谈判小组按照评审委员会确定的候选人顺序依次进行谈判，确定受让方及其受让股权比例。对这次成交方式的创新，乌鲁木齐市政府、国资委及相关领导均给予了高度评价。

新津县花源天然气有限公司 70%股权转让案例

西南联合产权交易所

2013年9月17日上午10点，新津县花源天然气有限公司70%股权转让项目在西南联交所交易大厅以网络竞价方式举行。本次网络竞价转让底价为人民币500万元，每次报价的加价幅度为人民币10万元或10万元的整数倍，经过65轮激烈的竞价后，最终以人民币1540万元成交。该转让标的成交价比转让底价500万元增值1040万元，增值率高达208%。

一、信息详尽披露，挖掘投资价值

收到转让方委托后，西南联交所进行了充分的信息发布和广泛的项目推广，分析挖掘出转让标的的投资价值、亮点及增值潜力，并利用自身的信息和渠道优势，有针对性地向西南联交所投资人资源库中的十多家目标客户进行了重点推荐，吸引了众多投资者的关注，有多家投资者上门或通过电话等方式向西南联交所进行了咨询。公告期满，西南联交所共征集到8家意向受让方，并会同转让方共同确认了8家意向受让方的受让资格，同时根据本项目的实际情况决定采用网络竞价方式进行转让。

二、精心组织交易，严保客户信息

为了保证本次转让顺利进行，西南联交所进行了精心的组织和策划，对征集到的意向受让方信息进行了严格的保密，对项目相关文书的领取、递交、政策辅导和网络竞价等环节进行了合理的安排，避免了各意向受让方受到外界的干扰，保障了整个网络竞价活动在"公开、公平、公正"的原则下进行。为了实现本次转让标的价值最大化，西南联交所在分析了项目的具体情况，并征求了转让方的意见后，将每次报价的加价幅度设置为10万元或10万元的整数倍，实际效果非常显著，民营产权得到了大幅增值。

三、竞价异常激烈，网络竞价显威力

通常来讲，民营产权项目由于自身瑕疵较多或者挂牌底价较高，很难成交，更谈不上高增值率。此次新津县花源天然气项目之所以能够实现大幅度增值，除了项目本身含有特许经营权题材外，采取网络竞价也是该项目成功的关键。相对于传统拍卖，网络竞价具有非常突出的优势：一是电脑报价自动记录，更加客观，透明度高；二是最大限度地减少了场外人员的干扰，参与竞价的竞买人相互分离，降低了竞买人之间互相串通围标或因遭遇恐吓而不敢参与竞买等非正常情况的可能性；三是由于采用了互联网报价方式，不接触观众，竞买人独立判断、互不影响，能有效地减少心理压力，从而确保报价的理性化；四是加价幅度灵活，只要遵循报价规则，竞买人可以按加价幅度的倍数进行加价；五是降低了交易成本。

四、试水特许经营权，以市场来定价

此次新津县花源天然气项目的成功交易，可谓多方共赢，转让方得到了实实在在的价值增值，受让方得到了特许经营权和花源镇市场，西南联交所则对特许经营权市场定价进行了有益探索。通过产权市场交易，能够弥补特许经营权、专利技术等无形资产评估的不足，能够让市场来检验价值评估的准确性。下一步，西南联交所将继续探索和构建特许经营权交易平台，包括出租车经营权、河道采沙权、户外广告经营权、燃气经营许可证、烟花爆竹经营权、污水垃圾处理经营权以及汽车入城证竞买、汽车特殊号牌拍卖等，真正用市场为特许经营权定价，从制度上防止特许经营权交易市场腐败。

榆次液压有限公司等部分闲置、报废资产（含在建）转让案例

山西省产权交易市场

一、案例简介

2014 年 8 月初，榆次液压有限公司与山西省产权交易市场联系沟通项目处置事宜，并派专项负责人来市场进行咨询。该公司由于厂区搬迁，部分设备及老厂区需要拆除。经过市场充分的准备工作，该项目于 2014 年 8 月 13 日正式挂牌征集意向受让方。最终以 1280 万元成交，企业最终变现 732 万元。

二、案例分析

榆次液压有限公司（原榆次液压件厂）成立于 1965 年，从日本油研和纺锭公司成套引进产品制造技术和工艺装备，是国内最早生产液压元件的专业厂家，现已发展成为产品种类齐全、技术装备先进、销售网络通畅的大型液压元件和系统生产基地。公司拥有液压行业唯一的国家级企业技术中心和遍布全国的计算机联网销售的 20 余个分公司。

该项目在评估阶段，拆除费用预估值高达 900 多万元，设备资产评估值为 1100 多万元，两项评估价值合并企业最终评估收益大约 200 多万元。因此该项目未将拆除费用包含在评估价值内，最终备案评估值为 1100 多万元。

2014 年 8 月 20 日，该项目在 20 家意向受让方激烈竞争中以设备资产报价 1280 万元，转让方承担拆除费 548 万元确定了最终受让方。

市场领导了解了该项目的具体情况后，对该项目高度重视，多次召开专项研讨会，详细部署工作。考虑到该厂区建设时间长，市场于 2014 年 8 月 5 日派出勘察组进行实地勘察，对标的进行拍照、摄像，掌握了标的现状。由于拆除费用预估值较高，市场详细制定了竞价规则。提出采用分标竞价密封报价方式确定受让方。设定标的 1 为部分闲置、报废固定资产（含在建），标的 2 为建构筑物拆除费（由转让方承担），两个标的捆绑转让。同时设定标的 1 的挂牌价为 1200 万元，标的 2 不设底价，根据转让方变现金额最大值确定受让方。

信息发布期间市场除了在报纸、网站发布信息外，在往年项目的受让方和意向受让方中筛选信用度高、实力强的潜在意向受让方进行重点详细的宣传。对报名参加竞价的意向受让方严格审核，不漏审、免审一证。最终共征集到 20 家意向受让方，通过激烈竞价，标的 1 以 1280 万元成交，标的 2 以 548 万元成交，企业变现 732 万元。变现额度远远超出了转让方的心理预期值。

三、案例启示

该项目的难点在于企业无法科学合理地设定拆除费用的额度。采用分标竞价、不设底价（拆除费）的竞价方式成功解决了这一难题。充分发挥了产权交易市场的价格发现功能，确保国有资产不流失，达到保值增值的目的。

云南省富源矿厂沾益钢铁厂实物资产处置案例

云南产权交易所

一、基本情况

云南省富源矿厂沾益钢铁厂为落实当地政府的安排部署，处置淘汰落后产能，报废报损实物资产，解决企业遗留问题，置换资产解决债务以及安置部分人员等问题，将所持钢铁厂实物资产，通过云南产权交易所（以下简称云交所）公开转让。因该标的属于监狱资产，情况较为复杂，主要表现在以下四个方面：

（1）标的处在监区，监狱尚在正常运作。如何在保障监狱工作安全正常进行的同时又能顺利完成拆除任务，对处置工作，拆除工作提出了很高要求。

（2）拆除要求高。一是建筑物、构筑物、炼铁、发电、烧结、原料、喷煤、运输设备、水网、电网的拆除都需要有专业人员，房屋拆除要求持证上岗。二是机械设备拆除要持证上岗。三是烟囱的拆除要求有爆破资质的专业人员。

（3）转让方要求对部分保留的机械设备进行完好无损的保留。

（4）要求对拆除所有设备及构筑物后的场地进行平整。

二、方案研究

由于项目情况复杂，要求高，专业性强，云交所成立了专门的处置工作小组，由分管领导亲自牵头，组织产权交易部、市场发展部、研究发展部及信息管理部相关人员进行项目分析，而且项目交叉进行，既要紧密合作，又要顺序安排，专业性要求极高。云交所经过周密计划安排，对前期的工作主要从以下三个方面着手：

（1）邀请转让方相关领导来云交所实地考察，考察过程中项目负责人对云交所的规章制度、服务功能、交易流程进行了详细介绍，特别是对云交所

先进、成熟、功能完善、安全稳定的网络竞价系统进行重点介绍后，取得了转让方高度信任，最终拿到项目转让处置任务。

（2）项目前期准备过程中由云交所领导亲自带队实地认真了解情况，积极策划项目招商方案，并多次与监狱分管领导对可能涉及的交易风险进行沟通后严格把控，在确保交易风险安全可控的情况下挂牌转让。

（3）按照前期制定的招商方案，在挂牌期间，云交所通过中国产权交易网及全国各地合作机构发布公告，并有针对性地在当地媒体进行公告，通过市场发展部利用公司客户资源库向特定客户群、企业进行广泛推荐。通过前期大量有效的招商推介工作，各业务部门通力合作，在招商推广期间共接待了40多批次的咨询和商谈。最终报名截止期满后，共征集到24个意向受让方，按照公告条件要求，其中21个被确认资格。通过扎实有效的招商工作，为后续竞价顺利推进及项目增值保值奠定坚实的基础。

三、组织交易

云交所在组织交易过程中，多次组织相关人员讨论业务环节，细致安排每个关键节点，打通层层障碍，积极与云南省公共资源交易中心对接，一是落实场地安排时间。二是反复测试确保系统正常。三是落实细节如竞价人员签到地点及会场和竞价室的安排。四是预防串标，有效及时安排资料交接保管。五是在时间紧、任务重的情况下，及时确定竞价方案，确定了场地及竞价方案，并与国资委领导、公共资源交易中心领导及相关部门多次进行了竞价过程模拟演练，为竞价顺利实施提供有力保障。针对意向受让方对于电子竞价系统运用困难的情况，云交所制定了一套缜密规范且可操作性强的

竞价前培训方案，对每一个参与竞价的竞买人进行了认真讲解和培训。

2014年5月21日下午，在云交所主持人宣读完竞价规则后，云南金恒源拆迁工程有限公司第一次报价833.6万元，拉开本场激烈有序公开透明的竞价大幕，其余意向受让方紧跟其后，价格不断刷新。经过40多分钟的激烈竞争，报价次数达到70次，最终昆明一家房屋拆迁有限公司以2013.6万元竞得此项目，在813.6万元溢价挂牌的基础上通过竞价增值了1200万元，相比评估值738.61万元，增值了1274.99万元，增值率达到了172.62%。

四、项目启示

针对此项目标的特点，云交所在前期项目策划中采用了联合受让的模式，大大降低了意向受让方报名的资格门槛，最终完成了云交所历史上报名人数最多、竞价人数最多的一次网络竞价，转让方对云交所此次项目策划、组织交易给予了高度的评价，云南省国资委与云南公共资源交易中心相关领导也对云交所工作给予了肯定。同时通过认真研究项目，制订周密方案，广泛地推动招商工作，为云交所在实物资产处置工作中进一步积累了经验，为日后实物资产处置工作打下了坚实的基础。此项目顺利完成，再一次证明了云交所市场配置资源的强大力量。云交所辛勤努力工作，终于实现了社会影响得到扩大、处置项目大幅增值的两个目标。

中房集团成都房地产开发有限公司20辆公务车转让案例

西南联合产权交易所

西南联交所为配合党中央、国务院推行公车改革的进程，组织熟悉国有资产转让的专业人员深入研究公车处置政策动态以及二手车交易市场的特点，组建了符合政策法规规范、兼顾二手车交易特点的公车处置平台，推出了"互联网动态报价+线上线下互动服务"的模式，引入专业汽车服务商共同为客户提供一条龙的服务。2014年6月10日，"中房集团成都房地产开发有限公司所持20辆公务车"转让项目经过371轮激烈竞价，实现成交率70%、增值率20.9%。该项目成功转让标志着西南联交所公车处置平台的构想得以进入实践运作并获得社会认可，由此揭开了四川公车处置的新篇章。

一、项目背景

2014年初，中房集团成都房地产开发有限公司（以下简称中房集团）响应党中央、国务院的政策，率先在成都的国有企业中启动公车改革，用货币补贴的形式取代专车配置。经过精心筹备、政策研究、方案论证，最终仅保留少数几辆必要的车辆，将20辆权属清晰、符合车辆流通规范的公车通过委托西南联交所公开转让的方式是完成公车改革的重要一环。

二、项目策划重点

（一）专业的项目辅导，消除转让方顾虑

西南联交所在获知项目信息时，转让方已制定了委托拍卖机构处置车辆的方案，并已着手比选拍卖公司。但交易所的专业工作人员并没有放弃，组织专业团队拜访转让方。经过沟通、政策宣导和业务介绍，转让方当即决定中止原有方案。因不熟悉进场交易程序，担心影响车改进度，中房集团对进场交易仍存有一些顾虑。为此，西南联交所团队对中房集团相关工作人员进行了项目辅导，为其理顺报批程序、辅导撰写请示、转让方案等各类文件，最终在5月12日顺利完成项目挂牌，挂牌总价为68.83万元，其中单辆车最高挂牌价为7.14万元，最低挂牌价为0.18万元，一系列专业的服务最终打消了转让方的担忧。

（二）结合项目特点，制定"批量挂牌、单车竞拍、动态报价"交易策略

在接受中房集团委托之后，西南联交所公车处置平台立即组织了熟悉二手车交易并在国有资产处置方面具有丰富经验的项目团队，在严格按照国务院国资委、成都市人民政府有关国有资产转让法律法规的前提下，结合二手车交易市场的特点，制定了以互联网动态报价模式为基础的"批量挂牌、单车竞拍、动态报价"的交易策略。一是批量挂牌不仅能降低转让方的挂牌成本，还能够在短期内引起轰动效应，达到宣传效果；二是单车竞拍最大限度地降低了竞买人参与公车交易的门槛，就此次项目而言竞买人只需要缴纳 4000 元的保证金，就可以同时参与全部 20 辆车的竞价，有效地驱动公众竞价参与度；三是动态报价模式能促使充分形成竞价、充分实现价值最大化，因其采取远程互联网竞价方式，给投资人提供了最大限度的决策时间和空间，最大限度地增加时间弹性，杜绝了现场交易"围标、串标"行为的发生，最大限度地提高了公平与效率，真正发挥了交易所"价值发现"的功能。

（三）博采众长，深入分析，精心策划项目运作

西南联交所借鉴二手车交易网站车辆项目宣传、推荐的优点，深入分析二手车买方的购买行为和特点，结合项目实际，精心制定了车辆停放、现场照片采集、宣传材料制作、项目推介、媒体造势等一整套的项目运作方案。一是配合转让方组织车辆集中停放，方便竞买人查勘；二是组织人员拍摄现场照片和车辆照片，制作宣传册；三是图文并茂，完善车辆挂牌信息；四是加强项目推介，整合运用向投资人库定向发送宣传册，全国产权交易网站、本所 LED、官网、公车处置平台网站等线上、线下多种渠道和手段推介、宣传项目；五是充分发动《四川日报》、《成都商报》等媒体对项目进行宣传造势，既宣传党中央、国务院的公车改革政策和公车进场交易的优势，又向公众普及公车处置的相关知识，拉近平台和公众的距离，实现公车改革真正地惠及社会。

（四）标的保证金按份设置，一次交纳即可用于全部标的

挂牌的 20 辆车底价从 0.18 万元至 7.14 万元不等，价格区间较大，为了便于竞买人报名，将保证金设置为 800 元一份，每个标的保证金按份计，确保了保证金在所有竞价标的中可以任意组合、自动匹配有效报价，即当前报价为有效报价时则冻结，若有其他更高报价时则该保证金解冻，可再用于竞买其他标的。

三、项目总结分析

（一）项目成交分析

项目挂牌期间，西南联交所运用报刊、网站、LED 公告屏发布项目信息，以及通过向投资人库、会员定向推荐等方式进行广泛的项目推介，共接受意向受让方报名 39 人次、交纳保证金 381 份，竞价标的平均报名率 448%，取得了良好的项目推介效果。项目最终成交 14 辆，成交率 70%，累计报价 371 轮，竞价标的平均报价 27.2 轮，竞价率 71.4%，总成交金额 57.49 万元，较 14 辆车挂牌总价 47.55 万元增值 9.94 万元，增值率 20.9%；其中标的宝来 FV7202XATG（车牌：川 A090U4）和奇瑞 SQR7160（车牌：川 A20323）分别创下 92 轮竞价和 230.77% 增值率的纪录。

（二）项目总结

本次项目的成功，有力地说明了西南联交所在区域公车改革中的优势和作用，也进一步证明了西南联交所组建公车处置平台以配合公车改革政策推进的前瞻性和示范性，对西南联交所未来继续发挥"市场在资源配置中起决定性作用"的方式配合国家推行诸如国有企业产权多元化等改革的进程具有重要的积极意义。

四、对公车处置平台建设的启示

（一）业务平台建设应坚持"业务平台化、平台信息化"的思路

公车处置平台的组建是西南联交所"平台化，平台信息化"向细分业务方向的一次有益的尝试。通过组建专注于公车处置的业务平台，深入分析业务特点，有助于整合社会资源，形成聚合优势。从这次中房集团公车处置项目来看，形成的业务归集效应，不仅有利于吸引投资者，同时也调动了媒体的关注热情，起到了很好的宣传效果。

（二）突出交易所核心价值

西南联交所的核心价值是市场价值，市场价值的核心是"公平、公正、公开",这是西南联交所树立公信力,获得市场认可最重要的基础。因此,业务平台的建设要围绕交易,突出交易所在交易中的"可信赖的"居间人角色,调动市场各方的积极性,促进产权市场长期健康、高效地发展。

(三)以开放、合作的心态,逐步完善增值服务

西南联交所未来将挖掘自身作为区域集中、统

一的要素市场方面的效能,具体到公车处置平台的建设上,西南联交所会同专业的汽车服务商共同拟定有关车辆交易提供停放堆场、代办过户、车况专业查验报告、车辆延保,以及按揭、融资租赁等服务的实施方案,力争将公车处置平台打造成一个功能强大、服务完善的车辆交易综合服务平台。

中国人寿保险股份有限公司全国32省(区、市)留存资产处置综合服务案例

北京金融资产交易所

中国人寿自2011年开始采取全程委托的方式与北京金融资产交易所(以下简称北金所)合作,由北金所为中国人寿提供尽职调查、价值评估、资产分类等全方位的会员服务。此次北金所在对中国人寿全国各地资产进行全面清查、分类、组包、定价的基础上,提供了资产挂牌转让、项目招商推介、组织签约、资产交割等一揽子综合服务。

本次综合服务在金融资产交易业务方面实现了两项创新:首先,实现了产品创新。本次服务突破了原有的传统产权交易模式,将债权类留存资产引入资产交易所进行交易。其次,实现了服务创新。本次综合服务突破了传统的服务模式,将服务范围向上游延伸,为客户提供前期资产清查、尽职调查、资产评估、资产分类等工作。

一、背景介绍

中国人寿保险股份有限公司(以下简称"中国人寿")全国32省市留存资产主要是原中国人民保险公司在20世纪80年代末90年代初对外投资、贷款、拆借形成的有瑕疵的债权类留存资产,该批债权类留存资产主要有如下特点:

(1)资产形态主要有不良债权类资产、股权类资产、涉及政府的资产、费用类或损失类资产等,具有"碎、乱、散"的特点。

(2)因贷款年代久远,绝大多数债务人已经注

销或者被工商管理部门吊销营业执照或无法查找,而且该部分贷款既无抵押、质押,又无债务责任关联方。

(3)因没有在法律规定时限内主张债权,绝大多数债权资产已过诉讼时效,无法通过诉讼途径追索债务。

(4)因管理人员更迭,绝大多数债权资产的贷款材料及贷款证明文件缺失,甚至部分贷款材料和贷款证明文件已完全丢失。

随着中国人寿的快速发展,特别是整体股份制改革的逐步展开,中国人寿亟须将这类留存资产通过公开方式进行处置,以便轻装上阵,全力发展主业。但是一方面中国人寿的留存资产数量大、质量差、年代久远,另一方面中国人寿目前主业突出,没有更多的人力物力来处置留存资产。更重要的是,国家对国有金融资产处置有严格的程序和规范要求,因此中国人寿决定委托金融资产处置的专业机构——北京金融资产交易所为该项目提供专业化的综合服务。北金所是经北京市人民政府批准设立的专业化金融资产交易机构,于2010年5月30日正式揭牌运营。作为财政部指定的金融类国有资产交易平台,北金所是在北京产权交易所原有金融企业国有资产交易和不良资产交易业务基础上,建立的全国性的金融资产规范化、市场化转让的信息平台、金融资产的股权债权交易托管平台、金融资

交易平台和金融资产服务平台。自成立以来，北金所根据市场需求和客户资产特点，结合北金所自身优势，致力于为客户提供综合化、专业化和个性化的创新服务。

针对中国人寿留存资产的现实状况，本着"服务监管、服务市场"的理念，北金所组建了专门的项目团队，为中国人寿留存资产量身定制了综合服务方案。该综合服务由北金所相关部门牵头，挑选了部门内的精兵强将，选聘了业内经验丰富的律师、资产评估师等中介服务机构的专业人士，组成了专业项目服务团队，为中国人寿全国各地资产提供尽职调查、资产评估定价、资产分类等综合服务工作，并在对中国人寿全国各地资产进行全面清查、分类、组包、定价的基础上，依托北金所平台，对各项资产进行公开挂牌、项目招商推介、交易撮合、组织签约、资产交割等一揽子综合服务。

本次综合服务在金融资产交易业务方面实现了两项创新：首先，实现了产品创新。本次服务突破了原有的传统产权交易模式，将债权类留存资产引入资产交易所进行交易。其次，实现了服务创新。本次综合服务突破了传统的服务模式，将服务范围向上游延伸，为客户提供前期资产清查、尽职调查、资产评估、资产分类等工作。

二、北金所的工作方法及服务流程

针对中国人寿留存资产的现状，北金所提供的综合服务方法及流程如下：

1. 组织前期尽职调查，出具尽职调查报告

由于中国人寿各地股份公司提交的资产材料形式凌乱庞杂、内容残缺不全，北金所组织北金所法律部、律师事务所、评估机构赴中国人寿各地分公司、支公司指导资料收集工作，按照处置标准对留存资产进行分类、整理、排序，与各地的联系人沟通、探讨、厘清、解决了上报材料中存在的大量问题。北金所团队还抽调人员奔赴各地查阅企业类债务人的工商档案、财务信息，实地考察企业存续情况、经营现状等。通过尽职调查，对第一批全国21省市留存资产进行了法律尽职调查，出具了3528份法律意见书，为后续工作的顺利开展奠定了坚实的基础。

2. 出具分类建议

根据尽职调查报告对留存资产的分类，北金所按照资产状况将各省资产进行重新梳理，划分为可以转让的一般债权、涉及政府的债权、涉及诉讼的债权、股权类资产、三产类资产及建议财务处理的债权，并为中国人寿各地分公司出具《留存资产分类建议书》。经过大量的基础梳理工作明确了中国人寿21省市的留存资产有1985宗作为普通债权可以转让，853宗资产建议中国人寿各地财务部门做财务处理，其他为涉及政府、涉及诉讼、三产类资产及股权类资产。

3. 价值评估

在法律尽职调查及资产分类的基础上，北金所又组织了评估师事务所对可以转让的1985宗债权资产的价值进行了评估分析，并逐笔出具了《债权资产价值分析报告》。

4. 处置建议

在提交正式尽调报告和价值分析报告的同时，北金所向中国人寿各分公司提出了处置建议，建议主要涉及何种资产可以进场交易；何种资产不适宜进场交易；是否可进场交易的原因等。同时，针对可进场交易的资产，根据资产情况，按照地区、资产价值状况等分别组包，提出处置建议供中国人寿各分公司参考，以便中国人寿各分公司做出留存资产保值的最佳决定。

5. 公开挂牌处置

在公开处置阶段，北金所将可处置的债权资产项目分别公布于北金所官方网站、交易信息平台，《中国证券报》《中国财经报》《上海证券报》《证券日报》等省级以上报刊，详细充分地披露了留存资产的内容、挂牌价格、交易条件等信息，让市场全面、充分地了解留存资产状况、价值，以吸引潜在投资人的兴趣与关注。

6. 大力进行项目招商推介

项目团队在北金所、北交所信息系统的投资人资源库中选取潜在投资人，通过定向方式发送项目信息，力求项目的精准对接。此外，还通过举行中国人寿留存资产推介会，在北金所官方网站开辟专栏等多种方式进行招商推介，力求吸引更多的投资者的目光。通过推介、公告、沟通，投资人普遍反映，中国人寿留存资产存在较大瑕疵，可回收价值

偏低等不足，在重重困难和压力下，北金所项目团队充分发挥北金所平台优势和团队的专业特长，通过深入挖掘项目亮点、分析核心资产价值、提供瑕疵资产处置建议等途径，妥善解决了投资人的顾虑，成功促成了中国人寿千余宗留存资产项目的成交。中国人寿21省市留存资产基本处置完毕，为中国人寿打造国际顶级金融保险集团的战略目标解决了后顾之忧，同时也为受让方找到了不错的资产项目，充分挖掘了留存资产的潜在价值。

7. 组织签约和资产交割

在完成项目处置之后，北金所项目团队依然秉持着专业务实、服务客户的精神，积极与中国人寿各地分公司、项目受让方沟通联系，商量确定签约时间、内容等细节，组织双方签订债权资产交易合同，协助双方顺利完成资产交割、结算等程序。在这一项目中，北金所尽职尽责保证了交易的成功，受到了交易双方及市场的广泛好评。

三、成效及启示

北金所自2011年为中国人寿第一批21省市留存资产提供综合服务工作以来，取得了一系列重大成果，充分发挥市场机制的特点，加快了中国人寿留存资产处置速度，也保证了中国人寿留存资产处置的合法合规。通过北金所及相关机构的不断努力，截至2012年7月，第一批21省留存资产的挂牌工作已顺利完成，共挂牌留存债权资产包27个。截至2013年初，北金所已完成对第一批21省市的3528宗留存资产综合服务工作，共成功转让1985宗，转让率56%。经过北金所的努力和大力推介，中国人寿山东省359宗债权转让项目，通过竞价，溢价率达到了110.46%；福建省48宗债权，溢价率更是达到了209.12%。北金所优质、高效的综合服务工作得到了中国人寿及业内同行的高度重视和广泛认可，中国人寿还将山东和福建省债权转让项目作为典型案例，组织其他省市分公司进行学习。

北金所为中国人寿提供的综合服务工作不仅帮助中国人寿全面、彻底、准确地清查了资产，理顺了债权债务关系，还有效地处置了大量留存资产，

使中国人寿的资产质量进一步优化提高，使其甩掉包袱、轻装前行。与此同时，北金所严格按照财政部关于国有资产处置的规范要求，在有效控制风险的基础上，成功处置了中国人寿21省市的留存资产。这不仅促进了金融资产的合理流动，提高了金融资产的效率，也将北金所在综合服务工作上的创新推上了新高度。

基于北金所综合服务工作在中国人寿第一批留存资产处置中取得的"优秀成绩"，中国人寿决定将第二批11省市（详见附录二）留存资产处置项目继续委托北金所，本次综合服务工作将涉及3577宗处置资产。该项目已经于2012年11月启动，综合服务工作正在稳步有序地进行中。

四、案例点评

本次综合服务工作在金融资产交易业务方面实现了两项创新：首先，实现了产品创新。本次服务突破了传统的产权交易模式，将债权类留存资产引入资产交易所进行交易，扩展了产权交易品种的范围。其次，实现了服务创新。本次综合服务突破了原有的服务模式，将服务范围向上游延伸，为客户提供前期资产清查、尽职调查、资产评估、资产分类等工作，减少了客户的人力投入和时间成本，提高了处置资产相关文件的规范性，增强了资产处置的成功率。

现阶段，全国多家金融机构因历史原因仍持有大量留存资产，随着金融市场化改革，金融机构业务转型和提升竞争力的需要，这些留存资产亟须借助金融资产交易所等专业机构的专业知识、专业团队和丰富经验进行转让处置，这为金融资产交易机构提供了巨大的契机。北金所为中国人寿32省市留存资产处置提供综合服务的成功，不仅具有较强的推广意义，还具有极强的可操作性。通过综合服务工作，金融机构可减少成本投入，提高资产处置的效率和成功率；金融资产交易机构则可以提高资产处置的参与力度，从而实现双方在业务合作上的互利互惠，达到双赢局面。

中国银河投资管理公司在陕资产处置案例

西部产权交易所

2014 年 8 月西部产权交易所受北京金融资产交易所邀请，共同为银河投资在西安一处房产——佳腾大厦寻找意向买受人。通过了解该项目已在北金所挂牌三年，且房地产市场已发生了很大的变化，但转让方转让条件不变。项目优点：①地理位置优越；②在其位置条件不可复制。劣势：①价格不占优势；②商业房产门前无广场，紧贴人行道，无停车位；③原来的中介机构已进行多次公开处置，给投资人造成不具有好的投资价值的印象；④央企资产处置过于严苛。为了与央企合作有一个良好的开端，西部产权交易所依旧对潜在投资人及交易所会员进行了推介，陕西永恒拍卖公司在较短的时间就能锁定意向投资人，并拿出了合作方案，最终在 2014 年 12 月 29 日拍卖成功，项目圆满完成。

合作亮点：第一，相互信任，分工明确。通过多次磋商，两家机构本着合作、信任、负责的态度一起召开了多次业务探讨会议。在会上大家各抒己见，就业务相关程序进行了研讨，业务如何开展进行明确分工。由西部产权交易所负责与北京金融资产交易所和委托方联系，了解项目的挂牌要求，标的的产权及瑕疵，由陕西永恒拍卖公司负责项目的营销、宣传、推介。

第二，发挥各自的专业优势，化努力为成果。在分工明确后，西部产权交易所发挥其本身资产交易的优势，就交易中的相关程序与北金所保持高度畅通的联系沟通。使得交易过程公正、公开、公平、透明。陕西永恒拍卖公司发挥其专业拍卖公司的优势。首先自己对标的情况进行了解、分析、判断，并积极在客户群中进行推介，不断地在意向人和西部产权交易所及委托方之间沟通协调，答疑解惑。以专业和真诚赢得了多位投资意向人的认可，最终有两位投资人报名参与竞买。几经周折，最终仍旧以 3100 万元的价格成功交易。

第三，合作创新，多方互赢。此项目在北金所挂牌近三年，未成交，最终在西交所和陕西永恒拍卖公司的共同努力之下，发挥西交所和陕西永恒拍卖公司对央企在陕项目的本土优势及各自对项目把控的专业优势，通过多轮协商，求同存异，通过两个交易所之间强强联合，把陕西永恒拍卖公司作为西交所的会员和引入方的代理，最终由四家机构共同合作完成了此次交易，在机构合作方面开了一个很好的先例。

重庆市合川区 2844 个临时占道停车位经营权公开出让案例

重庆联合产权交易所

2014 年 5 月，合川区城区临时占道停车位三年期经营权出让项目，在重庆联合产权交易所（以下简称重庆联交所）通过互联网竞价方式以 3895 万元成交，比挂牌价 600 万元溢价 3295 万元，增值率 549.17%，开创重庆市城区占道停车位进场公开出让的先例。

此次公开出让的城区临时占道停车位经营权项目，涵盖了合川城区南城与北城片区 2844 个停车泊位，占全区纳入收费管理的占道停车泊位的 98%。其中，计时停车泊位 922 个，限时停车泊位 1922 个，出让挂牌价 200 万元/年。经过重庆联交所的精心策划和推荐，成功征集 18 家合规投资人，经过 1 个多小时 587 次的互联网报价（8 次/分钟），最终以 3895 万元成交，增值率 549.17%。

据了解，合川城区目前设置临时停车泊位 5603 个，2013 年 11 月，合川区出台《城区临时占道停车管理实施方案》，将 2900 多个停车位纳入收费管理，停车占道费全部上缴财政，用于停车设施设置维护和新增占道停车点的设置等。此次进场公开出让是合川探索规范占道停车管理的重要举措。

随着我国汽车保有量增速迅猛，公共停车泊位日趋紧张。如何对路面停车泊位实行有效管理，提升停车设施利用率，成为现代城市管理的重要课题。一些地区探索在核心区域实行由政府统一监管的限时、有偿停车，促进公共停车位的规范化管理，是创新城市公共管理方式的有益尝试。

重庆市经济开发区"江南世家"112 套商品房司法拍卖案例

重庆联合产权交易所

2013 年 9 月 20 日，重庆联交所最大一宗商品房司法拍卖项目——重庆市经济开发区南坪丹龙路 10 号"江南世家"112 套商品房项目，经过 5 天的网络竞价，总成交价 6996.51 万元，112 套商品房全部售罄，平均增值 19.39%，最高增值 65%，参与竞价的投资人 339 人，一举创下重庆司法拍卖改革以来，项目标的数量最多、报名人数最多、成交数量最多、成交率最高、拍卖持续时间最长多项纪录。

首次推出"产易贷"按揭贷款服务。司法拍卖项目要求买受人一次性支付全额价款。为化解投资人的支付压力，重庆联交所联合三峡银行，推出了针对产权市场房产类项目的"产易贷"融资产品。投资人只要有购买重庆联交所产权项目的意向，就能够申请"产易贷"融资服务，在资料齐备且符合贷款政策前提下，从申请融资到贷款到账一般不超过 10 天，且贷款利率为基准利率。在江南世家项目交易中，有 300 多人报名竞买，其中 160 多人申请了"产易贷"，最终三峡银行提供贷款 2370 万元，覆盖了江南世家 58%的房屋。

"1+N"参与方式，保证购房机会最大化。重庆联交所改变以往资产处置中，一份保证金只对应一个标的报名方式，采用了交纳一份保证金，首选一个标的，备选多个标的的"1+N"报名模式。江南世家项目共设定了 6 级保证金档次，每级涵盖多个户型，当竞买人交纳保证金后，便拥有了参与保证金涵盖的所有户型的竞价资格。投资人在竞价过程中，如果首选标的未竞买成功，可参加备选标的的竞价，直到成功竞标或者标的全部竞价完结为止，最大限度地保证了老百姓买到称心的户型。

网络竞价满足异地同时竞价。每天组织 20 个房屋上线滚动交易，数百名投资人在家通过重庆联交所的网络竞价系统参与竞价，享受与证券交易一样的安全和便捷。

不撤牌连续交易，简化工作程序。交易所在单个房屋流标后，并不撤牌，而是抓住刚需人数众多、购房欲望强烈的时机，立即启动新的征集投资者程序，以确保不断有新竞买人参与交易，省去了以往司法拍卖资产流拍后，重新回到法院审批再挂牌拍卖的程序，提高了工作效率。

产权市场强大的社会公信力和资源集聚能力，使平台销售一手、二手物业的性价比更高，营销成本更低。同时，先进的网络信息系统，以及与各大合作银行在交易配套融资方面得天独厚的优势，使平台在销售批量物业方面，已形成了独特的聚客、确价、融资一体化商业模式，极大地提升了资产的成交率和增值率，拓展了产权交易服务链，加速了产权市场由单纯的交易组织向全方位服务的蜕变。

重庆制药九厂资产转让案例

重庆联合产权交易所

2014 年 12 月，重庆制药九厂一批药品及医疗器械生产技术、商标等资产，在重庆联交所顺利实现转让。经过 145 分钟 230 次的网络报价，资产从挂牌价 305 万元飙升至 3005 万元，增值 2700 万元（增值近 9 倍），一举刷新重庆联交所年内国有资产转让增值的新高。

重庆制药九厂是一家历史悠久的制药国企，现为重庆化医集团下属企业。随着医药市场竞争日趋激烈以及行业标准不断提高，落后的生产线和设备使企业经营陷入困境。为盘活存量资产，扭转持续亏损的不利局面，重庆化医集团决定将制药九厂的部分资产打包转让。与常规的国有产权转让不同，此次转让标的包括药品生产技术及器械生产技术。其中，麝香壮骨膏、关节止痛膏等药品生产技术 7 项和医用胶带等医疗器械生产技术 13 项。项目经重庆谛威资产评估公司评估，评估值为 283.27 万元，两类无形资产在资产估值中占比近 90%，成为此次项目转让的最大亮点。

作为重庆市国有产权转让的专业平台，重庆联交所集团挂牌的涉无形资产项目很少，也鲜有成功案例。为确保此次转让的合法合规有序进行，重庆联交所集团针对药品生产技术转让做了详细的法律调研，明确将受让方 GMP 认证资格作为投资者参与竞买的门槛，并协助转让方对审批资质、法律意见、转让标的注册证有效期、租赁合约等进行了规范，消除项目瑕疵。在深入分析制药行业并购趋势的基础上，重庆联交所将推介重点锁定在医药行业而非设备回收商，并充分借助报纸、网站、微信等推广方式和重点投资人对接机制，将项目推荐扩展到省外，得到了市场的热烈响应。项目成功征集多家意向受让方，一些意向强烈的外地投资人第一时间赴渝报名竞价。最终项目以增值 9 倍的价格被外地制药厂商竞得。

在医药市场充分竞争、繁荣的背景下，通过引入有实力的企业，有效化解当前制药行业药品器械批准文号大量闲置，与大量批文重复申请的矛盾，有利于行业优化资源配置，提高产业集中度，实现产业升级。

粮食交易案例

常州产权交易所

一、项目背景

2011 年起,常州产权交易所受相关单位委托开始处置粳稻、小麦等粮食。当时,国内还有很多地区粮食交易仍采用传统方式,买卖双方都必须到交易现场,由交易市场统一组织秩序,按照交易规则,举牌拍卖交易。这种交易方式不仅手续烦琐、受时间和空间的限制,而且存在串拍的可能性。

二、交易亮点

为了营造公开透明的粮食交易环境,2011 年以来,常州产权交易所依托先进的网络竞价系统,充分发挥产权市场资源优化配置功能,努力发掘标的市场价格,促进区域粮食流通。4 年来,产交所共举办 8 期粮食网络竞价会,吸引了来自南京、江阴、丹阳、兴化、泰州及本地多家粮食企业踊跃参与,累计处置粮食 10.84 万吨,成交总金额达 2.85 亿元。在"网上卖粮"取得一定成绩的同时,产交所也积累了丰富的实操经验,形成了一些特色亮点。

参与便捷:凡是成为产交所粮食会员的意向竞买人,在一年的有效期内只要交纳保证金,即可通过互联网远程参与竞价,简化了竞买人报名手续,减少了其路程奔波的成本。

展示详尽:允许竞买人在交纳保证金后,不仅可以看标的小样,还可以看标的大样,使客户买得放心。

竞争充分:一是拆细标的。将"大库存"拆分成"小标的",给更多小企业参与的机会,激发更多潜在客户参与的热情。二是网络竞价。利用先进的网络竞价系统竞价,有效隔离竞买人,减少人为影响因素,防止串拍现象发生,提高成交率和增值率。

交割灵活:一是分期付款。提货前可分次付款,降低了参与门槛。二是分批交割。买受人根据购买标的的销售情况,在交纳足额提货款后,可以在一个月内选仓,分批、不定量灵活提货,减轻库存压力。

三、启示

"网上卖粮"之所以能够取得成功,主要取决于以下两方面原因:一是注重服务创新。随着"拆细标的"、"分期付款"、"分批交割"等创新举措的实施,更多竞买人受此吸引前来参与,从而进一步提高了项目的成交率。二是重视宣传与客户积累。通过报纸、网站、短信及电话等方式广泛发布项目信息,充分发掘周边地区潜在客户,不断扩充粮食竞买会员库。目前,常州产权交易所已累计收储了近 50 家有效客户,为"网上卖粮"打好了基础。

甘肃天水岐黄药业有限责任公司 42.6%国有股权转让案例

甘肃省产权交易所

一、项目概况

2012 年 10 月 12 日，甘肃天水岐黄药业有限责任公司 42.6%国有股权转让项目，历时 48 小时 51 分 59 秒的网络竞价，经过 254 次报价，最终以 7530 万元成交，较挂牌价 880 万元，增值 6650 万元，增值率高达 755.68%。

该项目的成功运作，创下甘肃省产权交易所（以下简称"甘交所"）多项纪录：首次组织实施异地网络竞价，254 次报价次数刷新了甘交所金马甲网络竞价次数最高纪录，755.68%的高溢价率和 7530 万元的成交价也成为甘交所国有股权类转让项目的最大单和新高点。

二、项目背景

（一）标的企业简介

甘肃天水岐黄药业有限责任公司成立于 2002

年 12 月 26 日，其前身甘肃省天水制药厂，始建于 1958 年。注册资本和实收资本均为 2065 万元。公司类型为有限责任公司。

该公司经营范围：中西成药、片剂、散剂、颗粒剂、硬胶囊剂、胶剂、丸剂、浓缩丸、浓缩丸剂、糖浆剂、口服剂、合剂的生产、销售。产品包括 9 个剂型、148 个国药准字号产品，目前是甘肃省内品种最全、剂型最合理的重点中药生产企业。

经过多年的"以资源为依托，以市场为导向"的结构调整，岐黄药业有限责任公司已发展成为以生产中药制剂为主的综合性制药企业，现拥有总资产 4500 多万元，年消耗中药材 1000 多吨，是天水市"10 强 50 户"企业及市农业产业化重点龙头企业，主导产品销往北京、上海、浙江、广东等 20 多个省、市、自治区。中药浓缩丸、高效浓缩胶囊等产品出口澳大利亚、美国等国家。

（二）资产状况

标的企业评估核准或备案情况	评估机构	甘肃信立新资产评估事务所		
	评估核准（备案）单位	天水市工业和信息化委员会		
	核准（备案）日期	2012-08-14		
	评估基准日	2011-12-31		
	标的企业评估值	资产总额 5803.603977 万元	负债总额 5214.975910 万元	所有者权益 588.628067 万元
	转让标的对应评估值	588.628067 万元		

标的企业审计数据	资产总额	5283.049586 万元	净资产	117.079932 万元
	上年主营业务收入	3771.509982 万元	上年利润总额	195.864857 万元
	上年净利润	−182.905778 万元		

（三）职工状况

企业总人数共计 531 人。其中在编 316 人，在岗 278 人，其他 38 人。

（四）股权结构

标的企业股权结构	前五位股东名称	持有比例
	国有股	42.6000%
	职工股	36.9000%
	社会法人股	20.5000%

（五）SWOT 分析

优势：

（1）天水岐黄药业是天水市"10强50户"企业和天水市农业产业化重点龙头企业，甘肃省陇药产业重点生产企业，2008年被评为中国甘肃医药行业保健行业十大品牌，并且通过了国家GMP认证和澳大利亚TGA-GMP认证，在省内甚至国内知名度较高。

该企业生产的口服液、苁蓉浓缩丸、中药片剂、阿胶等9个剂型在国内市场有着良好的市场占有份额，尤其是独家生产的国家级新药苁蓉通便口服液，获得中国妇女儿童四十年金奖、首届全国老年用品博览会金奖、甘肃省优新产品、新技术成果一等奖，并被列为国家中药保护产品及国家首批OTC品种和独家产品。劳克结核丸为国家保护品种和甘肃省名牌产品。

近年来，该企业坚持走质量效益教育科研型的道路，推行全面质量管理，建立健全质量保证体系，不断完善检测手段，产品质量稳定提高。当归浸膏片、参五味子片、阿胶、牛黄解毒片、银翘解毒片、结核丸、葡萄糖氯化钠注射液、人参蜂王浆等产品连续被评为省优质产品。"天水"牌阿胶由于选料精细、工艺先进、品种优良而被美誉为"西胶"。充分利用当地资源，生产开发的参博力康片、抗饥消渴片、结核丸、姜胃必泰片等新产品前景广阔。在产品的开发上走上了"研制一代、生产一代、调研一代、储备一代"的良性循环轨道。

（2）该企业拥有148个国药准字号药品品种的生产能力，同时拥有"天水"牌、"劳克"牌等省内著名商标（在国内申请一个国药准字号非常艰难，一个新药从研究到上市销售最短要10年，其中研究药物的成分，进行动物实验，做成药片等剂型后进行稳定性考察最少3年，到国家申请临床试验审批最少1年，开始临床试验最少4年，到国家申请生产到上市2年，这还不包括发现药品有效的时间，通常发现一个药品有效5~10年不等）。

（3）本次转让的880万元国有股份为天水市工业和信息化委员会持有的，占总股本的42.6%，是相对控股股东。

（4）该企业按照天水市委、市政府的统一部署，本次转让实施后将以项目为依托，积极实施出城入园工作，未来在园区内投资新建符合GMP要求的厂房，彻底改善企业的生产环境，两年内达到3亿元生产规模，3~5年达到5亿元以上，也被天水市委、市政府列入力争上市的企业，有着良好的发展前景和预期。

劣势：

（1）虽然该企业独家生产的多种剂型行销全国甚至出口澳大利亚、美国等市场，但该企业近年来注重产品的研发，而对自己的独有销售渠道和市场网络投入较少，很多产品依赖外来销售机构代销代售，导致企业成为别人的来料加工基地，没有市场主导权。

（2）该企业是将天水制药厂有效资产重组后组建，历史包袱较为沉重，现有职工531人，其中离退休人员215人，在册职工316人，其中在岗278人，内部退养17人，停薪留职21人。

（3）近七八年来，因为流动资金缺乏，公司的产成品绝大多数为易货产品销售，即以产品给原料供应商抵账，继而由销售处回购再做二次销售给客户，致使企业存在很多债务问题。

三、运作过程

（一）投资人定位

分析：

（1）天水岐黄药业是天水市"10强50户"企业和天水市农业产业化重点龙头企业，甘肃省陇药产业重点生产企业，虽然知名度较高，但主要集中在甘肃省、周边省份和天水当地。

（2）转让方提出的受让条件要求能充分利用岐黄药业现有资源，延续主业，延长产业链，把岐黄药业做大做强。

（3）为做大做强重组企业，甘肃天水岐黄药业有限责任公司现拥有的148个国药准字号必须在天水区域内进行生产，不得在天水区域外的其他地方委托生产。

（4）意向受让方必须为合法存续的企业法人，具备良好的企业经营管理水平、商业信誉、财务状况和支付能力，近三年平均销售收入不低于20000万元。

根据这些要求分析，项目团队将宣传推介的范围主要集中在甘肃、陕西两省及天水当地，选择了甘肃省产权交易所网站、西部产权交易网站、《兰州晨报》、青海产权交易所网站、金马甲交易平台网站发布了《产权交易公告》，筛选天水市内有资金实力的企业，尤其是制药企业及标的企业原股东进行了定向推介。针对主要的意向投资人，重点宣传了标的企业所拥有的国药准字号、企业发展前景等标的潜在价值。

（二）交易方式选择

基于转让方对标的企业存续发展方面的多项要求，以及对职工安置的严格要求，一开始项目团队建议转让方采取综合评审的方式，以方便突出意向受让方除了转让价格以外的其他软实力因素。但根据前期工作的深入，工作人员了解到，意向受让方很有可能会集中出现在天水当地，而且是关联行业，资金实力可能不相上下，极有可能相互认识。为了防止围标、串标的发生，项目团队向转让方建议采取网络竞价的方式，同时用报名承诺的方式解决企业存续发展、职工安置等受让条件的实现。

公告期内共产生了5家意向受让方，分别是：甘肃扶正药业、甘肃天水昊峰集团控股有限公司、天水华圆制药有限公司、西安碑林药业（未按规定时间交纳交易保证金）、甘肃瑞霖医药有限公司。

在项目运作过程中，项目团队注重细节的把控。比如，在报名受理和网络竞价培训环节，为了防止意向受让人在报名阶段有串通机会，工作人员采取逐户上门服务的方式，收取有关资料并进行网络竞价培训；在竞价实施环节，为方便转让方及时掌握项目竞价进程，首次尝试异地网络竞价模式，在当地实施网络竞价。

四、交易结果展示

2012年10月12日，甘肃天水岐黄药业有限责任公司42.6%国有股权项目网络竞价结束，历经48小时51分59秒，经过254次报价，该标的最终以7530万元人民币成交，较挂牌价880万元，增值6650万元，增值率高达755.68%。

该项目的成功运作，开创了甘交所多项纪录：首次组织实施异地网络竞价，254次的报价次数刷新了甘交所金马甲网络竞价次数的最高纪录，755.68%的高溢价率和7530万元的成交价也成为甘交所国有股权类转让项目的最大单和新高点。

本次网络竞价会受到当地政府及相关领导的高度重视，竞价期间，主管工业的副市长雷鸣，市纪委副书记、监察局局长潘春久，市政府副秘书长汪杰刚及天水市工信委主任王祥林等领导亲临现场进行观摩，并对网络竞价模式给予了高度评价。

五、总结与思考

天水岐黄药业股权转让项目的成功除标的自身的优势之外，还得益于以下几点：

（1）推介宣传到位。成功挖掘标的潜在价值，对投资人准确进行定位，推介范围选择准确，达到了良好的推介宣传效果。

（2）交易方式选择恰当。充分发挥了网络竞价发现价格、防止围标串标行为的优势，结合意向受让方报名前期做好承诺事项，既实现了转让方对企业存续发展和员工安置的相关要求，又充分发挥了产权市场国有资产保值增值的作用。

（3）细节把控严密。运作过程中对报名登记、网络竞价培训、竞价实施等各环节的细节把控，进一步确保投资人之间充分竞价。

甘肃稀土新材料股份有限公司增资扩股案例

甘肃省产权交易所

一、项目概况

2012 年 10 月，甘肃省产权交易所组织实施了甘肃稀土新材料股份有限公司增资扩股项目。在当年资本市场普遍低迷的情况下，甘肃稀土逆势融资 5.4 亿多元，融资体量相当于一个创业板上市公司公开发行股票的融资额。实践证明，以"私募"为特点的新兴资本市场——产权市场，不仅可以为企业融得急需的资金，而且可以使企业价值被充分发现，真正体现出产权市场作为多层次资本市场的重要作用和价值。

二、融资方情况介绍

甘肃稀土新材料股份有限公司成立于 2003 年，是集稀土冶炼、分离、产品深加工于一体的中国稀土行业优势企业。具有年可处理稀土精矿 3 万吨的稀土冶炼分离能力，氯化稀土分组及转型能力达 2 万吨，可为各类客户提供氯化稀土类产品，各种混合、单一稀土氧化物产品，稀土氟化物产品，各种稀土盐类产品，稀土金属类产品，稀土抛光材料，稀土贮氢材料，稀土磁性材料，稀土荧光材料 9 大系列 80 多个品种 200 多个规格的产品。所拥有的"熊猫"牌注册商标是中国稀土行业驰名商标和甘肃省著名商标，拥有自营进出口经营权，产品畅销国内 600 多家客户和日本、美国、法国、德国、西班牙等 20 多个国家和地区。拥有大型省级企业技术中心和甘肃省稀土材料工程技术研究中心，技术开发能力雄厚。成功通过国家工信部《稀土行业准入条件》，成为第一批获得准入资质的唯一一家国家一级企业，并参股全球唯一的稀土交易所，发展潜力强劲。

本次增资扩股前，甘肃稀土新材料股份有限公司注册资本为 15000 万元，总股本 15000 万股，其中甘肃稀土集团金熊猫稀土有限责任公司等 8 家国有股东持有 14184 万股，占总股本 94.56%，北京运时投资管理有限责任公司等 3 家社会法人股东持有 816 万股，占总股本的 5.44%。甘肃稀土新材料股份有限公司本次拟以 14.99 元的每股价格增资 3600 万股，所募集资金主要用于购买原料，扩大生产规模，为上市奠定基础。

三、项目运作过程

（一）受理融资申请

2012 年 9 月，融资方甘肃稀土新材料股份有限公司根据国家相关法律、法规和政策的规定履行内部决策、上报批准、财务审计和资产评估等相关程序后，甘肃省产权交易所依据甘肃省政府国资委《关于甘肃稀土新材料股份有限公司增资扩股有关事项的批复》（甘国资发改组〔2012〕275 号），与融资方签订《增资扩股委托合同》，约定双方在融资过程中的权利和义务。

签订《委托合同》后，甘肃省产权交易所在规定时间内对融资方提供的《企业增资扩股信息发布申请书》、相关权属证明、资产评估报告、企业增资扩股方案、核准备案资料、法律意见书等资料进行了审核，符合合规性、齐全性要求后，正式受理。甘肃稀土新材料股份有限公司增资扩股项目进入融资程序。

（二）发布融资信息

融资方材料通过审核之后，增资扩股进入发布融资信息环节。因为融资方为股份公司，所以本次增资扩股行为采用定向发布融资信息的方式。根据融资方的行业特点和融资需求，甘肃省产权交易所将意向投资方初步定位为专业的投资机构和矿业投资机构，从自己的投资人数据库成员中选择 20 多家专业的投资机构和矿业投资机构，在征得融资方同意后，向这 20 多家投资机构定向传递投资信息，明确表示投资意向的有 5 家。组织方于 9 月 18 日召开增资扩股说明会，向 5 家投资者介绍了本次增资扩股的基本情况，并再次征询了他们的投资意向。会后组织方与融资方一起编辑审定完成《增资扩股文件》，并向意向投资人递送《文件》（内容包括：融资方企业简况、主要财务指标和资产评估情况、内部决策和批准情况、重要信息披露、融资条件与投资方资格条件、保证金设置及其他需披露的事项），并约定《投资意向申请书》递交截止时间为 2012 年 10 月 15 日 16 时，《报价文件》递交及履约保证金到账截止时间为 2012 年 10 月 16 日 16 时。

（三）登记、审核投资意向

信息披露后，甘肃省产权交易所随即开展投资咨询、协助尽职调查、意向询价等活动。在对询价回馈信息甄别判研后，由甘肃稀土会同甘肃省产权交易所综合报价水平、投资需求、资质条件等因素，通过书面审查，初步选定了中泽信投资有限公司、安徽润邦投资股份有限公司、安徽鑫世界矿业有限责任公司、浙江维科创业投资有限公司、金城资本管理有限公司 5 家意向投资人，并向 5 家意向投资人递送了《投资资格确认通知书》。5 家意向人在规定时间内递交了《报价文件》，交纳了保证金，获得了竞价资格。

（四）组织交易签约

5 家意向投资人投资资格确认后，根据本次项目《增资扩股》文件规定的时间，甘肃省产权交易所于 2012 年 10 月 17 日召开本次增资扩股现场竞价暨签约活动。

1. 竞价排名原则

根据《增资扩股文件》规定，本次竞价采用每股报价优先原则，进行每股报价排名，报价高者优先满足其认购需求，如果报价相同，则遵循认购数量优先原则，如果报价和认购数量均相同，则遵循履约保证金到账时间优先原则，经上述三轮排序后，认购股数总额达到 3600 万股时，认购即止。

2. 确定认购价格

投资者产生后，根据其有效报价和拟认购股数，经过加权平均后计算得出最终认购价格为 15.057 元，进而确定了各位投资者的认购价款。

3. 签署投资确认书

根据投资人的认购股数和实际认购价款，甘肃省产权交易所组织 5 位投资人签署了《投资确认书》。

最终，甘肃稀土新材料股份有限公司成功增资 3600 万股，募集股金 5.42052 亿元。

4. 组织签约

在现场竞价完结后，甘肃省产权交易所组织融资方甘肃稀土新材料股份有限公司分别与投资方金城资本管理有限公司、浙江维科创业投资有限公司、安徽润邦投资股份有限公司、中泽信投资有限公司、安徽鑫世界矿业有限责任公司签署了《增资扩股协议》，并邀请甘肃省国资委领导、融资方老股东代表等相关各方进行了现场鉴证。

5. 结算与鉴证

竞价及签约活动结束后，甘肃省产权交易所通过产权交易结算专用账户，按照《公告》和《委托合同》的约定对履约保证金及增资扩股资金进行统一结算。

在相关各方签订《企业增资扩股合同》并支付服务费用后，甘肃省产权交易所分别向 5 位投资人出具《增资扩股凭证书》，投资人凭《凭证书》按照有关规定办理股权变更登记手续，并将相关资料报同级国资监管机构备案。

6. 报告与资料归档

增资扩股活动结束后，甘肃省产权交易所分别向甘肃省国有资产监管部门及融资方书面总结报告了增资扩股活动实施的全过程及结果，并在《甘肃产权市场》杂志及甘肃省产权交易网进行了详细披露。

四、项目特点及意义

（一）本次增资扩股活动体现出以下几个方面的特点：

（1）在融资方式和融资时机的选择上，甘肃省产权交易所投融资团队建议融资方避开 2012 年资本大"熊市"，采取先增资扩股后上市的策略，并建议将上市时机放在可能更有利的 2013 年，融资方充分考虑之后，采纳了该建议，为自己成功争取到了两次宝贵的融资机会。

（2）在融资对象的选择上，甘肃省产权交易所打破区域限制，将融资对象延伸到了北上广以及长三角区域等资本活跃、金融资源丰富的地区，并且吸纳了资本雄厚、行业投资经验丰富且具有资源整合优势，能对甘肃稀土发展壮大和成功上市有实际支持的专业投资机构。

（3）在增资扩股活动的组织上，甘肃省产权交易所严格按照产权交易和国企改制的相关法律文件规定，公开竞价，阳光操作，并邀请甘肃省国资委主要领导及相关处室、融资方老股东代表等共同见证了整个竞价活动和签约仪式。

（4）在竞价规则的制定上，实行了"同股同权"的竞价规则，先后按照报价、认购数量和保证金到账时间进行排序，确定投资者，并在投资者产生后，根据其有效报价和拟认购股数，加权平均计算得出最终认购价格，进而确定了各位投资者的认购价款，充分体现了公允和公平。

（二）本次增资扩股项目完成的意义

1. 证明产权市场在多层次资本市场中的重要作用

在 2012 年资本市场普遍低迷、大多数资源类企业经营遭遇困境的情况下，甘肃稀土逆势融资5.4 亿多元，不仅圆满完成了融资任务，并且超越预期，实现了小幅溢价，其融资体量相当于一个创业板上市的公司公开发行股票的融资额。实践再次证明，以"私募"为特点的新兴资本市场——产权市场，不仅可以为企业融得急需的资金，而且可以使企业价值被充分发现，真正体现出产权市场作为多层次资本市场的重要作用和价值。

2. 有助于进一步规范增资扩股操作行为、完善业务规程

本次增资扩股活动的圆满完成，为甘肃省产权交易所提供了鲜活的教材，有助于对受理融资申请、发布融资信息、登记、审核投资意向、组织交易签约、出具交易凭证等增资扩股各环节工作进行进一步完善和细化，规范了操作流程。

综观整个项目，甘肃省产权交易所严格按照《中华人民共和国公司法》、《中华人民共和国企业国有资产法》和《国务院办公厅转发国资委关于进一步规范国有企业改制工作的实施意见的通知》（国办发〔2005〕60 号）等法律法规和甘肃省政府、甘肃省国资委对甘肃稀土增资扩股工作的有关要求组织实施，充分体现了"规范操作，阳光交易"的原则。甘肃稀土增资扩股项目的成功实施，用事实证明了产权市场在多层次资本市场中的重要作用和价值。

广西有色栗木矿业有限公司 49%股权增资扩股案例

广西北部湾产权交易所

交易背景

一、项目由来

广西有色栗木矿业有限公司（以下简称"栗木公司"）是广西有色金属集团桂北投资有限公司（以下简称"桂北公司"）的全资子公司。为加快栗木公司 60 万吨/年采选产业项目的扩能和钽铌（钨锡）资源冶炼综合利用技改项目一期工程钽铌生产线的竣工投产，桂北公司作为其唯一股东，拟对栗木公司进行增资扩股，通过公开遴选的方式，为栗木公司引进战略投资者，优化股权结构，发展混合所有制经济，共同推进栗木公司快速发展。

二、融资方简介

栗木公司位于广西桂林市恭城县栗木镇，是桂北公司于 2009 年 10 月投资收购栗木相关企业并组建成立的全资子公司。公司经营范围：钽、铌、锡、钨等有色金属采矿、选矿、冶炼系列产品的生产、加工、销售；焊锡系列产品、碳化系列产品生产、加工、销售；机械加工；塑料制品、环保设备及管道的制造、销售。栗木矿田是我国大型的钽铌矿床，虽经多年开采，矿区仍保有矿产资源储量：矿石量 5289 万吨，金属量锡 90717 吨、钨 22012 吨、钽 4602 吨、铌 4968 吨，资源开发利用价值巨大。

三、投资方简介

深圳市和盛有色投资管理中心（有限合伙）；认缴出资额：人民币 27100 万元；经营范围：投资兴办实业（具体项目另行申报），投资管理，投资咨询，对未上市企业进行股权投资，开展股权投资和企业上市咨询业务；执行事务合伙人：深圳市前海和盛资本管理有限公司（以下简称"和盛资本"）；和盛资本于 2012 年 11 月 28 日正式在深圳市市场监督管理局登记注册成立，是第一批获准入驻深圳市前海深港现代服务业合作区的金融企业。公司注册资本为人民币 5000 万元，公司服务的对象主要包括上市公司、拟上市企业、央企等股权具有较好流动性的优质企业。作为第三方，为收并购企业牵线搭桥、协调各方关系，提供符合企业战略目标、切实可操作的收并购方案，并为收并购提供资金；同时逐步建立高端的客户群体和资金来源渠道，为有共同理念的资金提供升值服务。和盛资本以稳定优质的投资团队深耕资产升值业务，旨在为企业创造新的财富增长点。管理团队成员是扎根于金融业及实业多年的行业精英，具有丰富的投融资专业知识、资本运作实战经验、企业管理经验以及广泛的资源网络，拥有投资超过 50 个股权项目的成功经验。

四、项目重点、难点

（1）标的挂牌金额较大，达 1.9 亿元；

（2）项目挂牌时有色金属行业低迷，投资者在选择投资项目大多回避有色金属行业；

（3）需引入的战略投资者不仅要有雄厚的资金实力，还要具备规范、优化栗木公司财务并推动栗木公司上市的能力。因此，寻找符合条件的意向投资方以及如何选定最优的投资方成为本项目工作的重点。

五、策划重点及交易过程

（一）策划重点

在项目的挂牌交易过程中，广西北部湾产权交易所对交易各个环节进行了精心的策划和安排，主要有以下几点：

1. 合理设计增资扩股方案保障原国有股东控制权

本着保障国有股东方桂北公司对栗木公司的实际控制权不发生变化的原则，本次增资扩股设计方案为：桂北公司以广西国资委核准的栗木公司净资产评估值 19802.48 万元作为出资，占公司 51% 的股权；引入的战略投资者以不少于人民币 19025.91 万元的现金出资，占公司 49% 的股权。增资后，公司注册资本变更为 32875 万元，超过注册资本的出资部分计入公司的资本公积金，由各股东按所持股权比例分享；完成增资扩股后，栗木公司的股权结构变更为桂北公司持股 51%，战略投资者持股 49%。

2. 明确法人治理结构发展规划提振投资者信心

项目公告中明确增资扩股后栗木公司的法人治理结构，将所有权和经营权分开，使公司能够在一个合法、规范的制度框架内高效、有序地独立运作。通过引资引智，优化股权结构，提升企业管理水平。董事会由 5 名董事组成，其中桂北公司委派 2 名董事，战略投资者委派 2 名，另聘请外部独立董事 1 名，董事长由桂北公司提名。经理层设总经理 1 名，由战略投资者提名，设副总经理 3~5 人。财务负责人的人选由总经理提名。

本次增资扩股所募集的资金用途：一是用于栗木公司水溪庙矿 45 万吨/年采选产业项目建设，与已运营的金竹源矿 15 万吨/年采选生产系统配套，达到 60 万吨/年采选生产规模；二是用于钽铌（钨锡）资源冶炼综合利用技改项目一期工程钽铌产业项目的竣工投产。以上项目预计增加投资 19000 万元，用一年的建设周期，即可完成项目建设。项目建成后，栗木公司基本形成采、选、冶、综合回收、精深加工于一体的完整产业链，为实现规模化生产奠定坚实基础。

发展规划：栗木公司发展定位是构建稀有金属采、选、冶、综合回收和精深加工于一体发展的完整产业链，以钽、铌、钨、锡等稀有金属产品为主，实现产品多样化；通过积极引进战略投资者，实现股权多元化，发展混合所有制经济；通过实体经济与资本市场相结合，把栗木公司打造成为广西最重要的稀有金属资源综合利用示范生产和加工的上市公司。战略投资者持股期间，栗木公司每个盈利的会计年度原则上都应将不低于50%的净利润进行分配。

3. 大力度地宣传与招商，征集意向受让方

由于有色金属行业低迷，而该项目金额大，要求受让方不仅对项目情况有深入的了解，更要有雄厚的资金实力。此外，还要求投资者具备规范、优化栗木公司的财务并推动栗木公司上市的能力。征集意向投资方较有一定难度。针对项目的情况，广西北部湾产权交易所通过加大招商宣传力度，将标的企业的经营状况、发展前景作为项目亮点进行推介，广泛征集意向投资者报名参与。

4. 选择一次性报价+综合评审方式确定投资者

在征集到两名符合条件的意向投资者后，选择一次性报价 + 综合评审方式确定投资者。综合评审是一种参照招投标方式，结合产权交易特点的场内交易方式，即委托方通过交易所公开发布信息征集意向方，由评审专家小组根据事先确定的评分标准对意向方提交的投标文件进行评审打分，并确定得分最高者为中标人的一种交易方式。

本项目要求引入战略投资者的特点及交易条件要求决定了项目价格不再是唯一的决定因素，资金实力、管理能力以及交易条件要求等均需纳入考量范围。经广西北部湾产权交易所与委托方多方论证，最终确定采用一次性报价+综合评审方式。

评审方法和标准：

(1) 评审委员会组成：评审委员会由 5 人组成，其中委托方代表 2 人；其余 3 人依法由委托方公开在社会上招聘的专家组成；负责本项目的工作人员一律不得作为评审委员会成员。

(2) 评审基本程序：在规定的时间及地点，评审人受理接收合格意向投资者提交的参加评审文件；在规定的评审时间、地点进行评审；评审结束后，在规定的评审地点，组织评审委员会进行封闭式评审。

(3) 评分标准：采用百分制综合评审方法，其

中，经济价格要素占评分权重的 20%，商务技术要素占评分权重的 80%。

(4) 评审结果及确认：评审委员会按照评审文件规定的评审办法，独立、客观、公正地进行评审（委托方代表对整个评审过程进行见证监督），委托方根据评审结果确定最终战略投资者，交易所组织双方签订增资扩股协议。

（二）交易流程

(1) 2014 年 12 月 2 日，我交易所与融资方共同拟定好项目公告内容及投资者确定方式并正式对外发布项目公告。

(2) 12 月 29 日，公告期满，共征集到深圳市和盛有色投资管理中心（有限合伙）和上海某投资公司两名符合条件的意向投资者。

(3) 交易所以最快的速度办理了意向投资者的资格审核手续，做好了投资者报价和专家评审打分的各种准备工作。于 12 月 30 日组织了两名意向投资者在互联网报价系统一次性报出各自的心理价位，同时组织评审专家对两家意向投资者提交的申请材料进行评审打分。

(4) 12 月 30 日，报价与评审当天确定出最终成交的投资者。最终意向投资者深圳市和盛有色投资管理中心（有限合伙）综合得分最高被确定为选定的战略投资者。交易所组织融资方栗木公司、原股东方桂北公司、战略投资者和盛资本三方签订了《增资扩股协议》。

六、案例总结与启示

(1) 根据引入战略投资者需要，合理设计增资扩股方案，明确增资扩股后法人治理结构、融入资金用途和企业发展规划，合理设置交易条件，既保证国有股东控制权，又保障战略投资者的能动性。充分发挥标的企业的资源优势，优化资产结构，引入战略投资者形成优势互补，有利于标的企业持续发展。

(2) 采用一次性报价 + 综合评审方式确定投资者的交易方式。该项目增资扩股不仅要解决标的企业需融入资金的金额问题，同时结合标的企业未来发展需要，要求战略投资者须具备一定实力和能力。采用一次性报价 + 综合评审方式有利于选择企业最合适的投资者。

哈尔滨供水集团原煤采购案例

哈尔滨产权交易中心

10月15日，哈尔滨供水集团有限责任公司原煤采购项目在哈尔滨产权交易中心大宗物资采购平台圆满完成。经公开招标，最终采购成交价为425元/吨，采购成本510万元，与采购预算680万元相比，节约采购成本170万元，每吨原煤节约额达142元，节约率高达为25%。

一、提供优质服务，力保采购进入采购平台

9月18日，供水集团采购负责人与中心接触，洽谈原煤采购事宜。该项目采购原煤1.2万吨，采购预算为680万元，最高控制单价为567元/吨。作为一家为哈市千家万户提供饮用水服务的大型公益性企业，供水集团原煤采购项目的重要性是不言而喻的。因为哈尔滨市供暖期是10月20日开始，所以我中心必须在供暖期前完成采购任务。在时间紧、任务重的情况下，中心本着"全心全意为企业服务"的宗旨，倒排时间，加班加点，当天就举行了摇号现场会，在大宗物资采购平台抽取了招标代理机构，为采购成功奠定了良好的基础。

二、严格规范程序，保证采购阳光推进完成

接受供水集团委托后，中心抽调专人成立项目组，配合招标代理机构的各项工作，精心设计采购方案，严格规范程序，全力推进项目完成。

（一）抓住原煤采购关键点，保障采购双方权益

中心多次与供水集团沟通，明确原煤采购项目技术指标、供货进度、交货地点和方式、付款日期和方式、评标方式等关键节点，保证本次招标的公开透明、阳光操作。

（二）积极扩大宣传，吸引供应商参加

中心采用多种手段进行招商，如在《中国采购与招标网》《新晚报》、中心网站、招标代理机构网站、产权中心微信平台等多个途径发布采购信息，甚至中心许多同志都在朋友圈转发采购信息，积极扩大宣传。该项目公告期是9月25日至10月15日，公告期间共有21家供应商积极报名参与，反响热烈，保证了项目的充分竞争性。

（三）严格规范公开招标程序，阳光采购落到实处

只有规格严格，才能功夫到家。中心重新梳理并规范了各个招投标细节，包括：采购单位不派人员参加评标委员会、封存抽取专家人员通信工具、评标专家独立单间评审、专家手机屏蔽、专家疑问须由招标代理机构人员和产权中心人员共同在场答疑，开标评标全过程电子监控，采购人和纪检监督人员在场外监控室监督专家评标，等等。

最终采购项目获得了圆满成功。原煤作为东北企业冬季必须采购的一类大宗物资，供水集团原煤采购的成功具有重要的开拓性意义。

哈尔滨国企利用大宗物资采购平台公开招标第一单

哈尔滨产权交易中心

2013 年 9 月 10~11 日，哈尔滨市城市建设投资集团有限公司委托哈尔滨产权交易中心进行采购的三个项目圆满结束，这是哈尔滨产权交易中心大宗物资采购平台自启动以来首次采用公开招标方式的企业采购活动。

自年 7 月开展市属国有企业大宗物资采购业务以来，中心一方面积极进行国企大宗物资采购平台的建设，另一方面按程序推进已经进场的企业采购项目。截至目前，已经公开征集了四家具有政府采购代理机构甲级资格的招投标代理机构，进一步丰富了大宗物资采购方式。现在中心可采取公开招标、邀请招标、竞争性谈判、动态网络报价等多种采购方式为国有企业进行大宗物资采购提供综合性服务。

8 月中旬，哈尔滨市园林办使用哈尔滨市城市建设投资集团有限公司的资金委托中心的三个采购项目，包括：①园林植物病虫害防治药品；②绿化工程车 10 台、洒水车 12 台；③哈尔滨松江生态公园物业管理公司。该三个项目经中心采用公开摇号方式选定黑龙江信联招投标有限公司为招标代理机构，8 月 19 日在中国采购与招标网、产权交易中心网站、黑龙江信联招投标有限公司网站及《生活报》进行采购公告发布。9 月 10~11 日，完成了开标、评标活动。

国企大宗物资采购平台建设像是一块待挖掘的处女地，闪耀着夺目的光芒。产权交易市场搭建国企大宗物资采购阳光平台，这不是痴人说梦，这更像是破冰之旅，这是一个大有作为的新天地，也是国有企业监管者的福音，更是产权交易市场发展中一个历史性的重大机遇。

和风·江岸项目商铺公开竞价销售案例

海南产权交易所

项目背景

和风·江岸项目商铺由海南发展控股置业集团有限公司开发经营，为了尽快回笼资金，良性循环滚动运作，通过委托海南产权交易所（以下简称海南所），参照企业国有产权转让有关规定及操作方法，公开透明对外进行竞价销售。

首轮销售情况

本次公开竞价销售的和风·江岸项目商铺共计42 套，分为 36 间，即 36 个子项目，总建筑面积7921.19 平方米，首轮成交项目商铺 21 间，共 27套，成交面积为 4740.31 平方米，占总面积的59.84%，成交均价为 16593 元/平方米，较挂牌价增值 585 万元，增值率为 8.04%。其中个别资产增值幅度高达 141.68%。

一、策划竞价销售方案，创新交易方式

和风·江岸项目商铺的销售，这种房地产产品与产权市场对接的尝试，对海南产权市场而言，是

一项新生事物，既是机遇，也是挑战。海南所高度重视此项工作，根据项目特点海南所拟订了和风·江岸项目商铺公开竞价方案。一是通过海南所选聘评估机构，以评估结果作为挂牌价格参考依据；二是遵循"分铺销售、公开销售、公开竞价、价高者得"的原则，采用互联公开竞价方式销售，解决了标的多、竞买人多问题，提高销售效率、降低交易及销售成本；三是根据项目特点分类，设定交易保证金，同类保证金采取"一对多自由竞价，交纳份额与竞得份额相符为限"的模式，满足了客户竞买需要，有力地形成竞价，促进项目保值增值。

二、积极宣传推介，便捷高效服务

海南所加大宣传推介力度，第一，通过《海南日报》、海南产权交易网和省外兄弟交易机构网站多渠道进行宣传推介。同时，为方便客户"一网打尽"，详尽了解项目信息及报名竞买流程，海南所将项目销售涉及的竞买要求、微机培训、报名须知、项目铺面平面示意图等有关内容在网站进行详尽安排，使客户足不出户即可了解项目情况及竞买流程。项目销售信息在网站发布后，全部项目点击率近十万次，创下了海所南网站项目点击率的新高。第二，为了让客户能够更加直观清晰地了解项目情况及商铺具体位置，确保竞买编号与商铺号码

的一一对应，海南所专门制作了和风·江岸项目商铺竞价销售海报和和风·江岸项目商铺平面图等宣传材料，张贴在和风·江岸项目现场和海南所办公场所，做到每一商铺都张贴对应序号、类别及价格等。确保客户现场踏勘，或参与竞价均没有出现错乱现象。第三，安排专人在公告期内对客户进行"一对一"竞价系统的培训，促使客户能够更好地掌握和操作竞价系统。第四，接受客户咨询及查阅资料，带领客户现场踏勘。

三、更新改进系统，确保竞价活动顺利进行

根据项目商铺竞价销售方案对竞价系统技术要求，对网络竞价系统进行更新改进。同时，海南所投入资金对服务器进行升级，确保系统安全稳定地运行，在本项目公告期间近十万点击次数和激烈竞价过程中均未出现网络系统异常情况。

案例启示

房地产项目尤其是国有房地产企业开发的项目，引用产权市场规范机制及交易服务模式，真正实现了房屋定价权交给消费者、交给市场，切实解决了"卖多少、怎么卖、卖给谁"等一系列问题。

美兰新苑住宅小区商铺竞价销售案例

海南产权交易所

2014 年 4 月 23 日，美兰新苑住宅小区 1~12 号商铺项目通过海南产权交易所（以下简称海南所）互联网竞价系统实施竞价销售，全部售罄，整体增值 305 万元，平均增值率达 40%，其中部分铺面增值率高达 124.20%。当天的竞价会，竞争十分激烈，有的铺面出现了 119 轮的报价，海南所充分展示了其市场运作独特优势和规范、高效的平台形象，受到了交易各方的好评。

此次海南所受委托公开挂牌转让的美兰新苑住宅小区 1~12 号商铺项目，共有 12 间铺面，面积 476.75 平方米。该项目自 2014 年 3 月 25 日在《海南日报》、海南产权交易网挂牌，为了顺利做好项目处置工作，海南所主要采取如下措施：

（一）积极做好项目策划

一是与委托方协商，采取各铺面分开销售的方式，方便意向投资方在较为宽松的条件下进行选择，利于市场竞争，最大限度提升项目的价值。二是充分挖掘项目的亮点。海南所多次勘查现场，对

项目的环境和市场前景进行分析。此项目地理位置佳，毗邻南渡江滨江公园，商铺为住宅底商，周边具有成熟的社区，人口较密集，商业气氛浓厚；同时该项目的铺面面积大小适中，适合广大中小型投资者购买，投资自用两相宜，投资风险适中。在后续的推介中，亮点因素吸引了客户的眼球。

（二）大力推介、宣传，广泛发动市场

为了能引起客户的广泛关注，吸引广大投资者积极参与竞买，海南所加大宣传推介力度及做好交易服务工作。一是在《海南日报》和海南所网站上多渠道进行推介宣传，并根据住宅小区的住户身份特点，在美兰区政府信息栏、周边乡镇办公区域相关信息发布处张贴项目公告，给潜在客户群发送项目信息短信，吸引了省内外投资者的广泛关注。二是在美兰新苑项目现场海南所专门制作横幅及每铺面均张贴竞价公告、竞价序号和我所联系电话。三是接受客户咨询及查阅资料，多次带领客户现场勘察等。截至4月22日公告期满，市场反响热烈，咨询、报名者众多。

（三）采用成熟的互联网竞价方式

根据海南所以往处置商铺类项目的丰富经验，本项目采用互联网竞价方式及竞买保证金采用"一对多自由竞价，交纳份额与竞得份额相符为限"的模式，竞买保证金不跨类使用，同类保证金可在同类商铺中滚动使用。此交易方式既能提高竞买保证金的使用率，又能使客户对商铺的选择面增大，方便客户竞买，有效提高了商铺的成交率。客户足不出户就能参与标的竞价，满足了客户安全、隐私、便捷等客观方面的服务需求。

美兰新苑住宅小区1~12号商铺项目在海南所公开竞价销售取得圆满成功，在较好地实现了转让标的的保值增值、得到广大客户广泛赞誉的同时，也为海南所拓展业务领域、不断提升服务水平和增强市场竞争能力，丰富了新建小区商铺竞售的手段和方式，为今后处置类似资产积累了实践经验。

济南高新区火炬大厦实物资产转让案例

山东产权交易中心

2012年12月28日下午，济南高新区火炬大厦实物资产转让项目在山东产权交易中心（以下简称中心）通过异地网络动态报价系统竞价成交。经过竞买人数十轮加价，挂牌价1.27亿元的火炬大厦最终以1.56亿元成交，溢价2907.20万元，增值23%。

火炬大厦为济南高新区管委会所属行政事业资产，房产建筑面积29358平方米，占地18.54亩。项目挂牌前，济南高新区管委会以1.41亿元广泛招商，无人报名购买。济南高新区管委会决定降价10%处置，并委托中心挂牌交易。项目挂牌后，中心对火炬大厦资产进行广泛推介，吸引了多家竞买人。考虑到该项目竞买人多在异地，为方便竞买人参与，防止竞价过程中串通压价，中心决定利用互联网技术，通过网络动态报价方式，由竞买人在异地密码登录网络动态报价系统进行报价。报价期间，竞买人竞争激烈，最终以15600万元成交，溢价2907.20万元，实现了行政事业资产的高溢价转让。

火炬大厦项目的成功转让，是行政事业资产进入产权市场阳光操作的结果，凸显了产权市场集聚资源、发现价格的强大功能。行政事业资产进入运作规范、技术先进、市场效应凸显的产权市场公开处置，不仅可以保证行政事业资产的规范流转，还可以最大限度地发现买主，发现价格，确保行政事业资产保值增值。

目前，中直局、国管局确定中心为中央和国家机关行政事业单位资产处置服务山东分中心；省高院确定中心为全省涉诉国有资产处置的唯一平台；省财政厅指定中心为全省金融资产交易业务的唯一交易机构;省国资委确定中心为省属企业资产处置平台;山东省商业银行、资产管理公司等金融机构确定中心为不良资产处置平台。2012年,山东省

政府确定中心为全省开展企业国有产权交易业务的唯一交易平台。中心愿为全省各级行政事业资产公开处置提供快捷、优质、专业服务。

江西鄱阳县滨田水库水面养殖12年经营权转让案例

江西省产权交易所

项目概况

鄱阳县滨田水库水面养殖12年承包经营权(以下简称"该项目"),于2014年12月1日在江西省产权交易所挂牌,江西省产权交易所上饶办事处指导转让方合理界定经营权时段、努力做好转让基础工作,使该项目于2014年12月24日在江西省产权交易所产权网上交易系统拍卖成交,增值3144万元,增值率高达332%,实现国有资产大幅增值。

背景资料

江西鄱阳县滨田水库是江西省鄱阳县一座以防洪、发电、灌溉、养殖为主要功能的大(二)型水库。本次交易的是该水库12年养殖经营权。虽然滨田水库水面养殖经营权距原承包人还有一年经营承包期,但因该承包人涉及法律纠纷已无法正常经营,特向鄱阳县滨田水库管理局提出终止承包经营的要求。2014年12月1日鄱阳县滨田水库管理局在了解承包方的实际情况并进行市场调研后,决定提前一年将"鄱阳县滨田水库水面养殖12年承包经营权"在江西省产权交易所公开挂牌转让。由于水库水下还有部分鱼苗,岸上还有部分自建设施,而且水里养鱼量和鱼种无法估算,所以如何界定经营权时段,正确解决对原承租人还剩下一年经营期的补偿,成为该项目能否成功转让的最大难题。

主要做法

针对该项目的实际情况,江西省产权交易所上饶办事处经过认真的调查研究,有针对性地提出了合理界定经营权时段和做好转让基础工作的建议,使该项目成功转让。主要做法如下:

一、合理界定经营权时段

江西省产权交易所上饶办事处,针对难以估算原承租人剩下一年经营期补偿值、推迟一年转让可能收不到租金、养殖市场因一年后形势变化可能失去意向受让人等问题,向转让方建议:接受原承租人提前终止的要求,提前一年转让12年经营权(即租赁期自2016年2月8日起计算),上期剩下的一年经营权补偿问题(即2015年的经营权)由新承租人与原承租人自行协商确定,如双方协商不成,由原承租人继续履行合同,不把对原租人的补偿作为确定新承租人的必要条件。转让方认为,合理确定经营权时段、确定该项目移交和补偿由新旧承租人协商解决的办法,保护了国家利益,符合公平性原则,因而接受了江西省产权交易所上饶办事处的建议。

二、努力把基础工作做到位

江西省产权交易所上饶办事处针对鄱阳县滨田水库管理局不熟悉水库养殖经营权进场转让有关政策和程序的情况,指导鄱阳县滨田水库管理局重点做好以下三项基础工作:

(1)聘请有资质的评估机构对12年经营权的价值做了评估。评估值为948万元。

(2)明确竞买人必须是注册资金500万元以上、有水产养殖经营范围的企业法人。

(3)确定竞买人保证金为人民币200万元,经营权价款按年支付。

三、广泛征集竞买人

为了更好地发掘项目的潜在价值，江西省产权交易所对项目做了大量的推介工作，除了利用联网全国交易机构广泛推介外，拍卖公司还在当地报刊、电视媒体上做了广告宣传，通过手机短信、微信向多年积累的客户群发推介，在同时项目实地挂横幅广告进行推介，广泛征集竞买人。通过努力，本项目共征集到 13 家意向竞买人。

四、网上拍卖增值成交

江西鄱阳县滨田水库水面养殖 12 年经营权转让项目，于 2014 年 12 月 1 日在江西省产权交易所公开挂牌转让，由于科学合理地解决了标的的移交和补偿问题，消除了转让方的顾虑，并征得 13 家意向竞买人。按照《江西省产权网上交易管理试行办法》规定，该项目于 2014 年 12 月 24 日由江西物华拍卖有限公司主持，在江西省产权交易所产权网上交易系统中经过 35 轮的激烈网上竞价之后，最终由江西澳洋生态农林发展有限公司以 4092 万元总价成功竞得该项目，比评估值 948 万元增值了 3144 万元。

启示

一、产权交易业务具有广泛拓展空间

江西鄱阳县滨田水库水面养殖 12 年经营权转让项目，属于进场交易边缘性国有资产。但江西省产权交易所上饶办事处通过几年的努力，创造了"横向到边，纵向到底"的国有集体产权交易特色。"横向到边"是包括广告经营权、租赁权、占道收费权、房屋拆除权、山林承包权、政府机关公车出让等各类"边缘性"国有集体资产都进场交易。"纵向到底"是指国有集体产权从市、县、乡（甚至大的村级资产）都能够进场交易。事实说明，经营权这类项目进场交易做好了，既具有国有资产保值增值的重要意义，又增加了交易品种和交易量，拓展了产权交易机构的业务空间。

二、公开和规范是产权交易机构的生命线

鄱阳县滨田水库水面养殖 12 年承包经营权项目公开挂牌后，个别想以低价获得该项目的单位和个人，散布流言蜚语，以各种形式进行干扰。江西省产权交易所一方面在最大范围公告转让信息，另一方面严格按照受让条件做好意向受让人的登记确定工作。在进入网上拍卖程序后，为防止围标串标，对竞买人信息实行严格保密，以确保挑起竞价，充分竞争。按照《江西省产权网上交易管理试行办法》规定，江西鄱阳县滨田水库水面 12 年养殖经营权转让项目在江西省产权交易所产权网上交易系统拍卖成交，成交价高出评估值 3144 万元，实现了国有资产的大幅增值，鄱阳县县委、县政府十分满意，表示这一结果大大超出了他们的期望值。该项目以 332% 的增值率成交的事实，也使各种不实说辞不攻自破。由此说明，公开和规范是产权交易机构的生命线。

江西省天祥混凝土有限公司 100% 股权转让案例

江西省产权交易所

项目概况

江西省天祥混凝土有限公司 100% 股权转让项目，2013 年公开挂牌未成交。在江西省产权交易所的指导下，转让方调整转让方案，该项目于 2014 年 10 月在江西省产权交易所产权网上交易系统以 1468 万元拍卖成交，比评估值 -862.34 万元增值 2330.34 万元，实现了国有资产大幅增值，取得了良好的社会效应。

背景资料

江西省天祥混凝土有限公司（以下简称"标的企业"）是由江西南昌市新建县国有资产运营有限公司（出资51%，以下简称"控股股东"）、南昌望城新区城市投资发展有限公司（出资25%）、新建县市政建设工程有限公司（出资19%）、新建县城乡规划设计院（出资5%）共同出资的国有企业，于2011年2月25日设立，注册资本金1000万元。该公司主营业务是水泥制品、商品混凝土生产销售和建筑材料销售。到2013年3月31日，由于管理体制不健全，运作机制不灵活，导致现金链断裂，公司资不抵债，无法正常运转。为盘活资本，保护国有资产，标的企业股东会决定将公司100%股权在江西省产权交易所公开挂牌转让，但2013年7月22日公开挂牌后未能征集到意向受让人。

主要做法

面对公开挂牌均未能成交的情况，标的企业控股股东江西省南昌市新建县国有资产运营有限公司，邀请新建县国资监管机构、江西省产权交易所、各股东单位、评估和审计机构代表参加协调会。经过分析，江西省产权交易所在会上提出了理顺债务关系、重组债权结构等转让方案调整建议，得到与代表的一致赞同。

一、理顺标的企业债务关系

在2013年5月20日的评估报告显示，标的企业有一批到期债务未偿还。由于标的企业处于停业状态无人着手处理，买受人更不敢接手。控股股东新建县国有资产运营有限公司根据江西省产权交易所建议，通过自己收购债权人持有标的企业债权的方式，来理顺标的企业的债务关系。

二、重组标的企业债权结构

2014年7月14日，四家股东决定以1537万元共同收购标的企业对外持有的全部债权，由控股股东代表其他股东履行追债职责，待债权追回后按股东持股比例分配。

三、重新进行资产评估

鉴于2013年5月20日的评估报告在项目两次挂牌未成交后已超过评估基准日一年，股东会在理顺标的企业债务关系、重组标的企业债权结构的基础上，聘请评估公司于2014年8月11日对标的企业资产进行重新评估。2013年7月22日挂牌公告显示，江西省天祥混凝土有限公司评估结果是：资产总额为7262.38万元，负债总额为6242.34万元，净资产为1020.04万元，评估基准日为2013年3月31日，挂牌转让价格为人民币2040万元。2014年9月2日挂牌公告显示，江西省天祥混凝土有限公司评估结果是：资产总额为4454.27万元，负债总额为5316.60万元，净资产为-862.34万元，评估基准日为2014年7月31日，挂牌转让价格为人民币990万元。

四、网上拍卖增值成交

江西省天祥混凝土有限公司100%股权转让项目，于2014年9月2日重新在江西省产权交易所公开挂牌转让，由于标的企业的债权债务关系得到妥善处理，消除了意向受让人的顾虑，在2014年10月20日前成功征集到两家意向竞买人。按照《江西省产权网上交易管理试行办法》规定，该项目于2014年10月29日由江西汇通拍卖公司主持，在江西省产权交易所产权网上交易系统经过161次报价，最终以1468万元拍卖成交，比-862.34万元的评估值增值2330.34万元。

启示

一、对暂时不能成交的项目不能轻言放弃

江西省天祥混凝土有限公司100%股权转让项目曾经在江西省产权交易所公开挂牌，直到重新挂牌才征集到两家意向受让人，而且增值成交。这说明，有些项目暂时不能成交，有可能需要调整转让方案，提振潜在受让人的购买热情；也有可能信息传导不充分，潜在受让人未及时发现转让项目或转让项目的亮点。因此，在产权交易工作中，对暂时不能成交的项目不能轻言放弃。

二、服务不仅要热情而且要精准

一般来说，产权交易机构，都能对客户提供热情服务，但提供精准服务就有一定难度。面对产权转让遇到问题，达不到转让方顺利转让产权目的时，作为产权交易机构仅仅做到热情服务往往是不够的，有时还需要像医生给病人治病一样，找出病因，对症下药，为转让方提供精准的服务。在江西省天祥混凝土有限公司 100%股权转让项目公开挂牌未成交的情况下，江西省产权交易所根据客户反馈的信息，向转让方提出了理顺债务关系、重组债权结构等建议。转让方根据江西省产权交易所的建

议，调整了转让方案。可以说，江西省产权交易所的精准服务，是该项成交的前提。

三、网上拍卖独具优势

江西省天祥混凝土有限公司 100%股权转让项目，是按照《江西省产权网上交易管理试行办法》规定，在江西省产权交易所产权网上交易系统拍卖成交的。江西的实践说明，实行产权网上拍卖，有利于防止围标、串标，充分挑起竞价；有利于排除利益部门的干扰，杜绝暗箱操作、私下交易；有利于竞买人突破时间和空间限制，实现便捷高效交易；有利于监管部门进行全程、即时、动态监测。

刘国钧高等职业技术学校原址部分房屋建筑物拆除权网络竞价案例

常州产权交易所

一、交易背景

2012 年，常州市刘国钧高等职业技术学校原址部分房屋建筑物置换给田家炳高级中学后，根据学校发展需拆除重建。为了使行政事业单位国有资产处置价值最大化，5 月，常州产权交易所受市财政局委托，对该房屋建筑物拆除权进行网络竞价。

二、交易过程

由于拆除权项目的特殊性与复杂性，行业主管部门通常会采用邀请招标、抽签等"温和"方式处置，但常州产权交易所打破传统处置方式，率先将网络竞价方式引入房屋拆除权交易中。同时，由于拆除权项目的实施单位——拆房公司良莠不齐。为此，产交所确定了"门槛提高、大门敞开"的竞买人征集方式，与行业主管部门拆迁办共同商议确定准入资格，公开征集实施单位。通过严格的资质审查，最终确定 8 家公司为竞买单位。

为确保项目的顺利实施，产交所在网络竞价会前做了大量细致具体的前期准备工作：竞价会前，积极组织项目调研、勘察，设计方案讨论，竞价资

料文件审核会商；不仅通过报纸、网站、短信平台等多渠道发布信息，广泛征集竞买人，而且分批有序组织竞买人进行现场实地踏勘；在项目实施过程中，产交所还认真执行"AB 角"制度和保密制度，由项目部负责项目展示，财务部负责项目报名，办公室负责竞买人电子竞价培训，各部门各司其职，互不干预，确保交易全过程公开、透明。

2012 年 6 月 27 日，8 家竞买单位通过互联网进行报价，经过半小时的角逐，最终该拆除权项目以 38 元/平方米成交，增值 8.57%。

三、启示

此次采用互联网电子竞价方式交易房屋拆除权，是常州产权交易所在创新发展过程中的又一次探索与突破。互联网电子竞价交易具有交易速度快、透明度高、安全性强等优点，利用该种方式处置房屋拆除权，不仅可以有效降低交易成本、提高处置效率、防止发生串标，还能够使国有资产实现价值最大化。下一步，常州产权交易所将继续完善电子竞价系统，在其他交易品种中全面推广互联网电子竞价方式，打造功能更加齐全的

资产处置服务平台，努力为各类交易主体提供更 周到的服务。

开展企业财务顾问业务案例

青岛产权交易所

青岛某工业公司是中日合资企业，其中日方占 52%的股份。经过多年努力，企业的产品市场占有率终于跻身全国同行业前列，企业面临着发展壮大的难得机遇。

但是，日方没有充分重视到我国迅速发展的市场规模与转方式调结构的战略转型，始终想把企业作为外资在中国的低端产品加工厂，技术支持与引进跟不上市场步伐，公司生产的多数是低附加值、高耗能产品，因此，中、日方股东之间就企业的战略发展定位产生了重大分歧。

中方管理层提出了依托产权交易市场，引入战略投资、开展融资、实现企业战略升级和转型等构想。为此，青岛产权交易所专门成立了由所领导牵头、股权托管部组成的项目小组，深入企业开展业务运作。

经过调研论证，项目小组认为，合资双方在战略定位、经营理念、发展方向等方面无法取得一致，从企业的长远发展着想，项目小组为企业制定了"三步走"的运作策略：第一步，取得企业的控制权，采取中方股东收购日方全部股份的模式，其关键在于资产的合理定价与收购资金的融资；第二步，引入高层次的战略投资者，其关键在于能够为企业的技术进步、产业升级、市场开拓以及未来的高层次资本运作打好基础；第三步，推动企业上市融资，实现战略跨越。

经过谈判，最终达成了日方以经评估的净资产价值为依据转让其全部股权的协议。在此之前，项目小组联系了与产交所建立战略合作关系、具备较强业务创新能力的商业银行，为企业设计了采取资产抵押、股权质押等综合担保方式，由银行提供"过桥"资金贷款，确保了股权转让的顺利实施。

遵循产业投资与财务投资并举的原则，项目小组充分利用产权交易市场的信息发布渠道，在投资人群体与战略合作伙伴中为企业物色合格投资者。企业最终从原料供应方、产品用户终端和海外风险投资机构中分别选取了一个投资者。在壮大资本实力的同时，为企业产品升级换代、优化经营结构、拓展海内外市场、开展资本运作打好了基础。

项目小组推荐了具备创新类资质的券商共同深入企业，开展调研，为企业管理层开展规范改制、完善法人治理结构的培训辅导，使企业未来的上市之路有一个良好的开端。

通过规范化和专业化的运作，在原有企业基础上成功转型的有限公司最终成立，新公司现在正向着成为国内行业领先企业，实现在海内、外证券市场上市的目标阔步迈进。

该项目以反向收购的成功案例，打破了诸多企业所走的"合资—亏损—外商收购"发展模式，标志着中国企业在探求自我发展的道路上又走出了一条新路。

"互联网＋产权平台"快速发展

山东产权交易中心

山东普利建设发展有限公司债权项目网络竞价活动在山东产权交易中心（以下简称交易中心）成功举行。项目网络竞价起始价 7720 万元，经过竞买人历经 6 个多小时的 556 轮激烈竞争，最终以 14010 万元成交，溢价 6290 万元，增值率达 81.48%。成交额超出债权本息近 1000 多万元。债权项目通过网络竞价实现大幅增值，"互联网＋产权平台"让资产处置精彩纷呈，大放异彩。

近年来，交易中心积极推进"互联网＋"业务模式的研究和探索，以信息技术的发展引领业务模式创新，信息技术运用日新月异，科技创新成果初步显现。一是为提高资产处置效率，交易中心积极打造"互联网＋资产处置"的资产电商平台，为山东省公车改革、行政事业资产、金融债权、废旧物资等处置提供了高效便捷的通道。资产电商平台对接网络竞价系统，形成了"互联网＋网络竞价＋资产电商平台"的升级模式，取得良好效果。平台上线一年多来，成功处置各类资产近 260 多宗，成交额 303647.56 万元。平台项目竞价率达到 20% 以上。省政府办公厅报废物资、德州油库、山东煤炭物资总公司所属起重设备、齐鲁证券有限公司所属 125 辆机动车转让等项目均实现高效率溢价成交。二是为配套山东省司法拍卖改革，交易中心与山东省高级人民法院通力合作，为省高院量身打造了

"互联网＋司法拍卖"模式下的"山东法院诉讼资产网"，并在全省范围内推广应用。该模式的建设和"山东法院诉讼资产网"统一网络平台的应用，为山东省涉讼资产公开处置提供了高效规范的通道，符合最高院"重点推行网络司法拍卖模式"的改革方向，积极推进山东省法院司法拍卖系统改革快速迈向"互联网＋"。2015 年以来，交易中心按照国家推进"大众创业，万众创新"的总纲要求，继续推进各种"互联网＋"创新模式的研究和探索：通过推进"互联网＋资本"，探索资产证券化平台、众筹平台建设工作，服务山东省省国企混改，解决中小企业融资难题；与省体育局合作推进"互联网＋体育"，建设山东体育资源交易平台，盘活体育赛事资源，撬动万亿体育无形资产。

随着我国互联网金融、大数据应用的不断推进，交易中心逐步加大信息平台建设力度，要素交易的一站式服务模式基本形成。通过系统建设实现了卖方发布信息、买方在线申请受让、线上竞价成交等交易过程的电子化、信息化。同时，强化线下配套服务功能，利用自身投融资平台优势，为线上交易提供项目路演、专业市场对接、营销推介、尽职调查、协助交割、资金结算、信息咨询等专业服务。实现了线上交易与线下服务的完美结合，有效促进了山东省各类产权流转和产业结构升级。

三明市煤气公司通过 PPP 模式改制及增资扩股案例

福建省产权交易中心

2014 年 12 月，国家发改委印发了《关于开展政府和社会资本合作的指导意见》，财政部发布了《政府和社会资本合作模式操作指南（试行）》，政府大力推动公共私营合作，一时间 PPP 模式成为政府创新融资的招商热点，吸引社会资本参与基础设施建设项目。

近几年，产权市场在运用 PPP 融资模式吸引社会资本参与燃气、供水、污水及垃圾处理等市政基础设施建设、推进混合所有制改革方面有不少的成功案例。2014 年，福建省产权交易中心以 PPP 融资模式成功操作了三明市煤气公司改制及增资扩股项目，通过引进民营资本，以公共私营合作方式实现对三明市燃气基础设施的改造、升级，取得政府、民营企业和社会公众"多赢"的局面。

一、项目概述

三明市煤气公司成立于 1990 年，为公用事业单位（企业化管理），是三明市唯一的国有管道燃气运营企业，经过十几年的发展，已形成较为完善的管网输配系统，日供气设计能力 8 万立方米，供气用户总数为 58549 户，供气气源为水煤气与焦炉煤气的混合气（煤气）。

随着社会经济发展，三明市煤气公司存在气源不足、产品落后、设施陈旧、建设资金短缺等发展问题。为盘活国有存量资产、改革城市基础设施投融资机制，三明市政府决定对三明市煤气公司实施改制和增资扩股，推行混合所有制改革，通过产权市场平台，引入社会资本，设立合资公司，提升公司资本实力和运营水平，以期加快推进三明市燃气基础设施建设速度和天然气置换工程，优化三明市能源结构。

受三明市国资委委托，福建省产权交易中心作为三明市煤气公司改制及增资扩股项目（以下简称"三明市煤气项目"）的市场服务平台，通过精心设计交易方案、进行深度项目推介、规范化程序运作，最终经市场比选，中国燃气控股有限公司（香港上市民营企业，以下简称"中国中燃"）以 3.2 亿元（高于本次招商底价 1.2 亿元）获得改制后三明市煤气合资公司 49% 股权。"中国中燃"成为合资公司的股东后，将在技术、资金、经营管理、服务等方面给予合资公司全面支持，加快推进三明地区燃气基础设施建设步伐。

本次"三明市煤气项目"是通过产权市场平台以 PPP 模式进行公用事业融资的成功案例。它以市场化运作方式，引入社会资本参与公共基础设施建设，实现了政府、社会资本和社会公众等多方共赢的局面，对于推进福建省 PPP 试点工作具有较强的示范和借鉴意义，其主要成效如下：

（1）盘活国有存量资产，实现了国有资产增值。三明市煤气公司注册资本金 8791 万元，经评估公司资产总额 23049 万元，负债总额 3941 万元，净资产 19108 万元。通过本次增资扩股，三明市煤气公司净资产市场估值提高到 3.3 亿元，增值约 1.4 亿元，增值率高达 75%。

（2）增强公司发展实力，减轻财政负担。目前，三明煤气公司供气气源为煤气，供热效率低且环保、节能性差。要推进全市天然气置换工程，需要财政投入大量资金进行供气基础设施的改造、升级。通过本次增资扩股，为三明煤气公司引入了 3.2 亿元的增量资金及实力雄厚的战略合作者，改善了公司资产负债结构，降低了财务成本，增强了自我投资发展实力和融资能力。未来几年，改制后的三明煤气合资公司将通过自有资金加大对三明市燃气基础设施建设的投入，全面推进天然气置换工程，扩大产能，提升供气能力和服务水平，优化三明地区能源结构，有效地减轻了三明市财政负担。

（3）创立现代企业制度，提高运营效率。三明煤气公司原是公用事业性单位，市场化程度低。通过本次增资扩股，为三明煤气公司引入战略投资者为"中国中燃"，是一家具有丰富城市管道燃气运营经验的上市民营企业。"中国中燃"将与三明煤气公司设立合资公司，建立完善的法人治理结构，同时充分借助"中国中燃"在技术、资金、管理、人才方面的优势，提高合资公司的运营水平。

（4）建立合同契约关系，保障合作各方利益。本次三明市煤气公司改制及增资扩股项目，中选的"中国中燃"与三明市国资委、住建局和其他相关部门签订了《股权增资扩股协议》、《特许经营协议》、《合资经营合同》、《合资公司章程》等多项合同文件，政府、社会资本和社会公众各方利益以具体的合同条款形式在法律上得到保障。

（5）发挥市场化配置功能，提高了项目运作效率。本次"三明市煤气项目"，依托产权市场，充分发挥产权市场信息集聚和发现投资人、发现价格的功能，通过市场比选择优选定合作者，切实提高了PPP项目运作效率和配置效果：一是有效地降低了融资成本，本次引入3.2亿元增量资金，融资成本（含律师、评估、咨询机构等中介费用）仅占融资额的4‰左右，大大低于其他资本市场融资成本；二是通过公开化市场规范运作，有效解决了PPP项目融资过程中市场估值和对价问题，并提高了项目配置效率。

二、具体运作方式

（1）做好PPP项目方案设计。针对三明煤气公司存在产品落后、设施陈旧以及缺乏资金、技术和市场运营经验的现状，通过充分的市场调研、论证，项目组认为该项目作为市政基础设施，虽对资金需求量大，但项目市场收益率可在8%左右，高于银行贷款利息，对社会资本有吸引力。三明煤气公司若实施整体转让，短期内三明市政府可能会获得高溢价收入，但政府将丧失控制权，社会资本的投资成本可能通过供气涨价等方式转嫁给社会大众。最终，项目组决定采用改制和增资扩股的方式引入社会资本。三明市煤气公司以现有的土地、管网等全部资产作价入股，通过增资扩股引进战略投资者和增量资金，设立合资公司，并由三明市煤气

公司占合资公司51%股权。该方案既能引入具有城市燃气运营经验的社会资本参与三明燃气基础设施改造、升级，同时又保证了三明市政府未来对合资公司的控制权，有效维护社会公众的利益。

（2）做好招商资格条件的设计。PPP项目中，社会资本实力的强弱将影响PPP项目运行效果。若社会资本实力较弱，不是靠自有资金，而是借助银行贷款、信托融资等方式进行公共设施建设，将增加资金成本，而社会资本缺乏公共设施运营经验、技术，也必将增加运营成本，最终推高公共产品价格，损害公众利益；若PPP项目招商资格条件设置过高，将降低市场竞争程度，造成社会资本能以较低成本获得公共设施的运营权。通过前期充分的市场调查、摸底，针对三明煤气公司在气源、技术、资金等方面存在的发展短板，项目组合理设计了"三明市煤气项目"招商资格条件：一是具有从事燃气投资或经营经验；二是净资产不低于5亿元并有充足自有资金；三是拥有稳定的气源；四是能为合资公司天然气建设和运营在技术、服务、管理等方面提供有力支持。该项目资格条件合理设计既确保了入围社会资本能对三明地区燃气建设发展在气源、技术、资金方面提供帮助，又保证了适度的市场竞争度，项目价值能得到市场有效估值。

（3）做好项目合同的制定。PPP项目中，政府与社会资本最终回归到合同关系，各方通过合同条款的履行，保障各自利益。因此，PPP项目中合同的制定尤为关键。根据"三明市煤气项目"特点，项目组制定了《股权增资扩股协议》、《特许经营协议》、《合资经营合同》、《合资公司章程》等多项合同文件，在合资公司治理结构、服务标准、价格管理、回报方式、风险承担、政府监管、退出机制等方面都做出详细的规定，切实做到合同内容全面、规范、有效，使得政府、社会资本和社会公众各方利益都能得到法律保障。

（4）做好项目的路演推介。为提高社会资本对"三明市煤气项目"的关注度和参与度，在招商期间，项目组在项目路演推介方面做了大量的工作：一是做好项目信息披露工作，福建省产权交易中心充分发挥信息平台优势，通过产权市场的网络资源、报刊以及其他主流媒体发布项目信息，并借助会员单位、投资人信息库等多种途径进行项目推

介，项目招商信息实现了最大范围覆盖；二是做好线下项目路演推介工作，根据本次招商资格条件，三明市国资委领导带领项目组成员开展了项目路演推介工作，相继走访了中国燃气控股有限公司、华润燃气投资（中国）有限公司、港华燃气有限公司等多家燃气业巨头，向投资人介绍项目情况及三明市有关支持政策；三是做好投资人尽职调查工作，在投资人签订保密协议的情况下，项目组向投资人全方位地开放项目资料库，积极地配合投资人做好尽职调查工作。本次项目的路演推介工作取得了很好的效果，吸引中国燃气、华润燃气等多家投资人参与最终竞价。

（5）做好市场化比选工作。为实现"好中选优"的目标，"三明市煤气项目"对入围的投资人采用综合评审的方式择优选定项目最终合作者。项目组从投资申请人的经济实力、城市管道燃气经营业绩，对合资公司建设、经营、发展的规划及相关支持、投资报价等方面设置了科学、合理的量化指标，组建由相关专业人员组成的评审小组，经过评审人员独立客观地对投资人提交的投资申请文件进行评估、打分，最终"中国中燃"以综合得分最高胜出，成为"三明市煤气项目"合作者。

（6）做好项目后期工作。一是敦促合作各方按照约定签订项目合同，并按合同约定履行相关责任；二是积极推进合作各方的融合，缩短过渡期，促使合资公司经营管理尽快步入正轨；三是加强项目的跟踪与监管工作，核实投资人对项目资金、技术等方面承诺事项的落实情况，监督投资人履约行为。

三、启示

在公共基础设施建设领域引入 PPP 融资模式，具有极其重要的现实价值。通过吸引社会资本更多地参与到公共基础设施建设中，实现政府的社会责任、规划协调能力与社会资本的资金资源和管理效率相结合，在减轻政府建设投资负担和风险的前提下，提高公共设施的运营效率、服务质量，满足社会公众对公共服务不断增长的需求。

PPP 融资模式在实际运作中，做到规范运作，保障政府、社会资本和社会公众各方利益是 PPP 项目健康运行的关键，依托产权市场平台是运作 PPP 项目的有效途径。

（1）产权市场具有较强的公信力。产权市场作为阳光化的交易平台，其市场公信力已得到社会各界的高度认可。产权机构作为 PPP 项目运行的第三方机构，能公正地协调政府和社会资本之间的关系，切实维护政府、社会资本和社会公众各方利益。

（2）产权市场具有较强的影响力。产权市场作为区域性资本市场具有较强的影响力。目前，产权市场每年交易额均达到万亿级，是我国各类资本流转的重要通道，被社会资本所广泛接受。通过产权市场运行 PPP 项目，有利于项目与社会资本的对接，提高市场化配置效率。

（3）产权市场是规范度较高的市场平台。我国产权市场经过十几年的发展已形成完善的制度体系和监管体系，是规范程度较高的市场平台，通过产权市场运行 PPP 项目，将确保 PPP 项目规范运作，有效防止国有资产流失。

（4）产权市场是专业度较高的市场平台。PPP 项目运作涉及企业并购、结构性融资、特许经营权授予等多个方面，产权机构在具体项目运作中积累丰富的经验和人才储备，能为具体的 PPP 项目提供咨询、设计流程、组织交易、鉴证等一系列专业化的服务。

银垠大厦涉诉资产拍卖案例

甘肃省产权交易所

2014 年 12 月 24 日，甘肃省产权交易所以 40050 万元的价格成功转让银垠大厦司法拍卖项目，相比 29972 万元的司法拍卖评估价和 40000 万元拍卖委托价，分别增值 10028 万元和 50 万元，增值幅度十分明显，项目取得了多方共赢的良好效果。

涉诉资产作为人民法院强制执行的冻结、查封、扣押、罚没等资产，在拍卖过程中面临诸多不确定因素，加上标的遗留问题多、项目瑕疵较大等特性，相比企业国有资产等交易业务更具有特殊性和复杂性，所以在项目拍卖过程中对产权交易机构的能力要求更高、更专业。在银垠大厦司法拍卖过程中，甘肃省产权交易所在面临接受委托的项目标的额大、债权人多、法律关系错综复杂的情况下，充分发挥了产权平台价格发现和资源配置功能及项目经验、团队智慧，成功实现了项目的顺利成交，取得了让政府放心、群众满意、委托方和债权人认可的良好社会效益。同时，针对项目复杂情况在涉诉资产处置模式的完善和法律空白的弥补方面进行了大胆创新和有益的探索。

一、项目背景：错综复杂

银垠大厦为在建工程，位于兰州市天水北路与雁宁路交叉路口，万达广场对面，是兰州北大门区域重要的标志性建筑。大厦于 2005 年 7 月开工建设，是由城关区滩尖子村、甘肃省农垦机电总公司与兰州爱之泰房地产开发公司三方合作开发、自行规划为商业加办公加住宅的超高层项目。大厦在建设过程中，开发商为筹集资金，在没有取得商品房预售许可证的情况下，向 170 多名购房者违规预售了部分房屋。

2008 年大厦主体建设到 28 层后，因开发商爱之泰房地产公司无法偿还多方巨额债务，没有能力继续复工建设搁置。此后，银垠大厦成为兰州众所周知的时间跨度最长、规模最大的"烂尾楼"，被当地群众戏称为兰州的"毒瘤"，不仅严重影响了兰州的市容市貌，更影响了兰州的整体形象，而且也潜藏着巨大的安全隐患和社会不稳定因素。

该项目建设过程中，由于开发商——爱之泰公司资金短缺，拖欠材料供应方兰州天奇物资集团的建筑材料款，被起诉至甘肃省高级人民法院，并要求强制执行。同时，开发商还拖欠浙江宏成公司等几家企业的建设工程款、建设材料款，被上述企业起诉至兰州市中级人民法院。另外，开发商违规预售的 170 余套住宅，多年不能正常交付使用，给相关群众造成了极大的经济损失，多次引发现场殴斗及长期的群体性上访。

由于该案涉及相关企业和众多个人的利益，遗留问题很多，社会关注度高，影响重大，矛盾突出，法律关系错综复杂，历经 4 年漫长的法律程序，经过多次的申诉、判决、异议、裁定，产生了 3 级法院（包括最高院）的 7 次判决，最终省高院将该案指定兰州铁路运输中级人民法院强制执行，决定依法对银垠大厦进行整体司法拍卖，一揽子解决该大厦的所有遗留问题，解决所有的物权、债权债务诉讼纠纷。

二、转让过程：一波三折

2014 年 10 月 10 日，经甘肃省高院审查后，兰州铁路中院以 40000 万元的底价委托甘肃省产权交易所和兰州国际商品拍卖有限责任公司共同实施银垠大厦司法拍卖项目。

接到委托之后，甘肃省产权交易所项目团队在充分了解背景的基础上，对项目进行了集中研判，认为银垠大厦作为一栋"烂尾楼"，项目瑕疵较大，案情错综复杂，案件历时较长，且标的转让额度巨大，转让工作毫无疑问将面临诸多困难，这是一宗真正考验平台能力的项目。

2014年10月27日，银垠大厦涉诉项目司法拍卖公告正式发布，公告期从10月27日至11月21日，网络竞价从11月25日10时正式开始。与此同时，项目团队紧锣密鼓地通过线上线下方式对项目通过各种方式进行了广泛的营销推介，先后向在甘的全国知名房地产企业和省内相关企业进行定向上门推介，并组织有意向的企业现场踏勘标的，并委托法院及案件相关方多次沟通商谈。通过业务团队的不懈努力，银垠大厦项目在公告期内产生了实质的竞买人，竞买人也表达了强烈的竞买意向，一切都在向着项目顺利成交的方向进行。

11月20日，就在项目公告期即将进入实质交易之时，本案的案外人——部分集资购房者向兰铁中院提出了对银垠大厦执行拍卖的异议。11月24日，兰州铁路中院综合考虑各方情况后，依法做出暂缓银垠大厦执行司法拍卖的决定，并于当天召开听证会，听取各方意见，但当天并未做出最终裁定。2014年12月8日，银垠大厦项目暂缓司法拍卖决定之后的第15天，兰州铁路中院做出了"驳回异议"的裁定。银垠大厦司法拍卖程序峰回路转、柳暗花明，组织方甘肃省产权交易所重新启动拍卖工作。12月24日，银垠大厦司法拍卖项目顺利成交。

至此，银垠大厦这栋兰州持续时间最长的烂尾楼更名为智慧绿洲大厦，完成了华丽转身，这桩因牵扯多方利益被当地媒体炒作的案件也最终尘埃落定。

三、项目结果：多方共赢

针对银垠大厦司法拍卖项目的特殊性和复杂性，甘交所业务团队多次进行论证考察和市场调查，并及时与委托法院及省高院、案件的相关各方多次接洽、积极沟通，确保项目能够顺利实施。银垠大厦项目的成交实现了项目标的、相关利益方、产权交易平台等多方共赢的目的，取得了良好的社会效益。

司法拍卖之后，受让方对于银垠大厦的改造做了大量的市场调研和项目论证，并聘请国内外策划、设计、施工、营销等方面的专业团队，对工程进行了全面分析、策划，准备把该项目建设成为西北一流、国内先进的集现代服务产业园、外商服务中心等职能为一体的智能型多功能商务大楼，力争在三年内建成年税收过亿元的楼宇经济典范。

项目结束后，执行法院——兰州铁路中级人民法院在收到项目成交价款之后，按照既定方案，用转让价款逐一兑现了申请执行人及诉讼相关方的诉讼请求，一揽子解决涉案的债权债务问题及相关的法律纠纷，特别是按照已付购房款一倍的标准赔偿了170余户购房户的损失，切实维护了众多购房户的利益，解决了兰州市多年的群访难题，确保了社会稳定。

四、探索创新：填补空白

在此次项目的实施过程中，因现有的法律、法规及司法解释的笼统、模糊，给项目的操作带来了较大的难度，遇到具体问题时无法可依、无章可循。鉴于此，项目团队在与执行法院充分沟通的前提下，遵循有利于项目成交原则，对部分配套制度和规定进行了细化和完善，为以后该类项目的顺利进行做了制度铺垫。主要体现在两个方面：

一是解决了司法委托拍卖过程中，竞买人只有一人但其最高应价不低于拍卖保留价时，本次拍卖结果有效。

众所周知，传统拍卖规定只有在产生两个及两个以上竞买人时，拍卖活动才能合法进行。但是，对竞买人数量的限定是否也适用于司法拍卖项目有待商榷。

首先，司法拍卖只是涉诉资产处置的一种约定俗成的说法，并不完全受《拍卖法》的约束，其处置方式也不限定为单一的传统拍卖，可以采用动态报价等其他竞价方式，不能严格按照拍卖的相关规定进行项目处置。

其次，对于涉诉资产而言，大多数项目瑕疵较大且背景复杂，市场对这类项目投资积极性不高，如果必须按照两家及两家以上竞买人方能产生实质竞价结果的拍卖规定执行，很多项目在实际操作中，最终因为只产生一家竞买人而进入不了竞价程序，不得已流拍。

鉴于此，项目组向最高院咨询并向甘肃省高院提出请示，在只产生一个竞买人参与竞价，且竞买人出价不低于保留价的情况下，报价结果应该合法有效。最终，得到甘肃省高院和委托法院的同意，解决了长期以来只有一名竞买人参与涉诉资产竞价问题的合理性，为涉诉资产项目争取到更大的市场成交空间。

二是涉诉项目在暂缓执行后，原确定的竞买人资格应该继续有效。2002年出台的《关于正确适用暂缓执行措施若干问题的规定》明确规定，案件执行程序开始后，人民法院因法定事由，可以决定对某一项或者某几项执行措施在规定的期限内暂缓实施。

本案中，因为68户小业主对采用司法拍卖方式处置银垠大厦提出异议，执行法院在充分考虑各方利益之后，做出了暂缓执行司法拍卖的决定，召开听证会。通过听证会，兰铁中院认为，案外68人向法院提供的商品房买卖合同等证据，仅证明案外人与爱之泰公司存在买卖合同关系，买卖合同关系属于债权法律关系范畴，该债权可以通过司法等程序予以确认，案外人未能提供物权经确认的证据，不能对抗申请执行人天奇公司的债权请求权，也不能阻止对银垠大厦进行司法拍卖。

听证会驳回了68户购房者的申请，银垠大厦项目恢复司法执行程序。按照相关规定，涉诉项目暂缓执行对象灭失后，暂缓之前已经形成的法律关系不变。但是，这条规定过于原则和笼统，对是否重新公告、是否承认原公告期已经产生的意向竞买

人等细节性问题并没有明确规定，执行法院也无法给出明确答复。在这样的情况下，甘肃省产权交易所项目团队认为：

由于本次司法拍卖公告在众多媒体上已对外发布，明确告知了公告期、参与竞买的要求及报名截止时间，在暂缓通知发出前几天，公告期（报名时间）已届满，产生了符合条件的竞买人，且竞买人已经按要求足额交纳了保证金，取得了竞买资格，其资格应当得到保护。

若恢复拍卖，原来已进入拍卖程序的各方法律关系不变，恢复后的拍卖应当视为原拍卖的继续。拍卖（网络竞价）活动应当在已经报名并且取得竞买资格的竞买人之间举行，以保障原竞买人的权益。这一提议也得到执行法院的认可和同意。

五、项目总结

银垠大厦项目是甘肃省产权交易所从2012年取得涉诉资产司法拍卖指定机构资质以来，单宗成交额度最大的涉诉资产项目。因标的明显的瑕疵和复杂的案件背景，在执行过程中遭遇了诸多的问题和困难。该项目的成功转让，取得良好的社会效益，充分显示了产权交易平台的功能性和专业性。同时，项目在进行中，进一步弥补和完善了涉诉资产司法拍卖的相关规定和制度，积累了经验，对以后类似项目的开展具有十分重要的指导意义和激励作用。

昆明云电信息通信设计有限公司 50.91% 股权转让案例

"昆明云电信息通信设计有限公司50.91%股权项目"是受云南云电信息通信股份有限公司（中央驻滇企业下属公司）委托，在云南产权交易所有限公司（以下简称云交所）通过重庆联合产权交易所挂牌的一个央企项目。

通过在全国主要产权交易机构网站广泛发布转让信息，共征集到3个意向受让方。按照公告内

容，产生两个及以上意向受让方的，该项目采用电子竞价方式来确定受让方。最终，经过138轮激烈报价，省内一民营企业以330.95万元的价格，通过云交所电子竞价系统成功竞得该项标的，成交价为挂牌底价98.95万元的3.34倍！

认真分析总结该项目的整个运作过程，之所以能顺利完成，且达到超出转让方及组织方预想的竞

价效果，主要是很好地解决了以下两个难点问题。

第一，在3个意向受让方中，其中1个为标的企业原股东，另外2个均为云南省内的民营企业。按照《公司法》规定，有限责任公司经股东同意转让的股权，在同等条件下，其他股东享有优先购买权。如何处理好原股东优先权行使程序，关系到竞价的顺利组织以及竞价最终成交的效果。

第二，由于标的挂牌价金额较低，交易保证金设置为10万元，但该项目征集到了3个意向受让方，说明标的存在一定的市场价值，如竞买方的心理价位远高于保证金时，很容易出现极端情况，如各竞买方之间串通、违规等。如何保障优先权的行使并最大限度防范交易所风险，如何在项目竞价中，明确原股东行权的方式，制定最终受让方产生的规则，规范报价人的交易行为，成为该项目的重点。为此，云交所主要做了以下几项工作：

一、保障优先权问题

按照产权交易操作惯例，优先权人到交易机构报名并按要求提交交易保证金后，进入竞价阶段，优先权人一般有两种场内行权方式。一是先由非优先权竞买人通过预定的竞价方式，产生最高报价。交易机构再在此最高报价上采用书面形式征询优先权人意见。此种方式在实际操作中，如优先权人决定在最高报价基础上行权，那么无论是否给予非优先权最高报价人再次加价机会，都存在一定争议。而且由于再询价，时间周期长，组织程序复杂，交易机构投入更多的人力、物力，控制风险的难度无形中增大。二是优先权人与其他非优先权竞买方共同参与竞价，优先权人可以随时在竞价规定时间内在其他报价基础上行权或自行主动报价。但前提必须说服优先权人进入场内与其他竞买方一同参与竞价。

云交所认为，第一种行权方式，只适用于当有多个优先权人时，电子竞价系统只能以优先权人点击"行权"按键的快慢来判定最终竞买方的情况时使用。此次项目中只有一个优先权人，优先权人与其他竞买方共同参加竞价，既能保障优先权人权利，优先权人也能主动报价，充分竞价，使国有产权市场价值最大化。（这在随后的竞价中，有了充分体现，优先权人在竞价过程中累计主动加价了

70万元，而非全程等待行权）经过前期与原股东（优先权人）认真沟通，其同意进场竞价并当场行权。因此，云交所采用了第二种竞价方式，并在《竞价文件》中规定"最高报价人为非优先权人时，征询优先权人是否行使优先权。如优先权人决定行权，而其他报价人决定加价，则再征询优先权人，依此类推直至产生最终受让方"，明确了优先权人行权方式。

二、规范各竞买方报价行为，防范法律风险

产权交易机构的最终目的是促成交易规范地使项目顺利完成，并通过市场化手段实现资产的最大价值。在出现某个竞买方扰乱交易秩序或违规的情况时，如果仅是简单地终止项目，没收交易保证金，那么不仅标的没有顺利转让出去，更严重的是交易机构还将可能面临其他法律纠纷。所以，为了顺利完成项目，有必要认真分析项目风险点，在规则制定之初就采取有效的防范措施，通过完善规则制度，有效地化解和规避交易风险。

所以，交易所应该做的是，如何在项目保证金较低的情况下，尽可能完善交易规则，通过规则制定控制风险的发生、加大竞买方违约成本，最大限度地防止其违规操作。为有效控制风险，并保证项目的顺利完成，此次项目采取了以下几个措施：

（1）在《竞价文件》的保证金条款中，明确扣除保证金的各种情况，当某个竞买方发生可执行保证金情形时，能找到相关依据，避免纠纷。

（2）在执行保证金各种情形中，最容易出现的就是竞买方在被确定为受让方后放弃受让，为了防止出现这种情况，我们在《竞价文件》中设置了这样一条："最终成交价与首次确定的受让方的最后有效报价的差额，转让方可向首次确定的受让方追偿。"这样就从竞价规则上对竞买方行为进行了约束。

（3）当出现受让方放弃受让的情况时，一般可采取报价次高者得的办法，但此次项目涉及优先权问题，还应充分考虑保证优先权人权益，于是，把此种情况分为两种处理方式：

因优先权人未行权，非优先权人被确定为受让方后放弃受让的，则在有效次高报价的基础上征询

优先权人是否行使优先权，优先权人行权则优先权人为受让方，优先权人放弃行权则次高报价人为受让方，成交价格为该有效次高报价。

优先权人行权且被确定为受让方后放弃受让的，则非优先权人最高报价竞买方为受让方，该最高报价竞买方放弃受让的，报价次高的竞买方为受让方，成交价格为该受让方的最终有效报价。

这样，在竞价过程中既保证了在最高报价人放弃受让时，标的同样能顺利转让出去，同时转让方保留追偿差价的权利，也就保证了标的成交价的最大化。

2012 年 2 月 17 日，在云交所主持人宣读完竞价规则后，昆明云电信息通信设计有限公司 50.91% 股权项目电子竞价专场正式开始。上午 10 时零 47 秒，原股东首先抢到挂牌底价 98.95 万元，随后一非优先权竞买方加价 2 万元，原股东紧跟其后以同等价格行权，100.95 万元、128.95 万元、200.95 万元、318.95 万元……价格不断刷新。最终，经过 2 小时 10 分钟的激烈竞争，该项目报价次数达到 138 轮，成交价为 330.95 万元，增值率为 234.46%，很好地实现了国有资产的增值，大大提升了云交所交易平台的影响力。

云南福大保险经纪股份公司 0.85% 股权远程网络竞价案例

云南产权交易所

云南福大保险经纪股份有限公司 0.85% 股权项目是受昆明铁路局（属中央其他部委下属公司）委托的央企项目，该项目标的企业账面资产不理想，股权比例很小，给项目招商推介带来一定难度，但通过云南产权交易所有限公司（以下简称"云交所"）精心组织，首次通过远程网络平台成功竞价交易。

一、项目简介

标的企业云南福大保险经纪股份有限公司，成立于 2002 年，注册资本 1180 万元，其经营范围为：为投保人拟订投保方案、选择保险人、办理投保手续；协助被保险人或收益人进行索赔；再保险经纪业务；为委托人提供防灾防损或风险评估、风险管理咨询服务；中国保监会批准的其他业务等其他事项。

此次转让标的为该公司的 0.85% 股权，挂牌金额仅为 15.94192 万元。属于典型的股权比例小、金额不高、股权持有方话语权小的项目。

二、组织实施

根据对此次小股权项目的分析，云交所项目小组从几个方面进行了有针对性的推介。

首先，在《中国证券报》、《云南经济日报》等有一定影响力的报刊，及全国主要产权交易机构网站广泛发布了产权转让信息，另外，由于该项目为央企项目，与云交所联合挂牌此项目的重庆联合产权交易所，也配合将该项目信息发至其他产权交易机构共同进行项目推介。其次，有针对性地对云交所客户资源库内的投资人及与标的企业有关联的相关企业做了推荐，并及时进行回访与跟踪。

由于标的企业的账面财务状况不佳、转让比例小，在项目推介时主要从企业服务对象、客户资源、企业发展前景等方面进行介绍，取得了良好的效果。

截至报名期满，该转让项目共征集到 2 个意向受让方。按照公告内容，产生两个及以上意向受让方，该项目应采用网络竞价方式来确定受让方。

网络竞价一般分为各竞买方统一到交易所场内通过局域网进行竞价和各竞买方在其所在地通过远程网络各自登录竞价系统进行竞价两种方式。云交所考虑到，此次征集到的 2 个意向受让方均为省外企业（一南一北，一个在北京，另一个在浙江），加之该项目标的金额较小，为了降低各竞买方的交易成本。通过与转让方协商，决定采取通过远程网络的方式组织该次竞价。

通过远程网络竞价确定受让方，是云交所第一次组织，其虽与通过局域网竞价方式本质上没有太大差别，但由于竞买方在异地，存在不能当面沟通、书面材料不能在第一时间交接等一系列问题。于是，项目组在制作《竞价文件》时，尽量把以前未遇到的情况考虑周全，着重将如何操作竞价系统、保管登录密码等细节问题写详尽。通过电话方式，给各竞买方提供详细的讲解，并安排了专门人员配合各竞买方做了充分的系统演练。

最终，通过各方共同努力，2012 年 9 月 5 日云南福大保险经纪股份有限公司 0.85%股权项目网络竞价顺利完成，增值率为 6.27%，再一次实现了国有资产的保值增值。

三、远程网络竞价优势

通过该项目顺利完成，可以看出，与局域网网络竞价、拍卖、招投标等传统竞价交易方式相比，作为创新型竞价方式的远程网络竞价具有突出的优势：

1. 更加客观公正透明

首先，远程网络竞价无须拍卖师或评委，减少了对竞价过程的人为影响、控制。电脑报价自动记录，透明度高，不会出现人为疏忽和错误。其次，采用远程互联网报价，竞买人互不见面，从而最大限度降低了竞买人之间互相串通围标的情况发生。

2. 交易成本低

随着网络的普及，远程网络竞价实现了异地报价，不受竞价场地和时间的限制。作为新型竞价方式的远程网络竞价与传统拍卖和招投标等竞价方式相比，有相当的成本优势。对交易所来说，远程网络竞价无须专业的拍卖师和专家评审，也无须专门的场地，从而大大降低了组织交易的成本。对于竞买人，也省去了车马劳顿赶到竞价现场的苦恼，可以轻松坐在自己的电脑前进行竞价。

3. 竞买人的私密空间大

在远程网络竞价中，参与竞价的竞买人互相分离，因而对竞买人而言，私密性高，从而可以有效避免遭遇恐吓而不敢竞买等非正常情况的可能性。另外，竞买人在报价时，没有场内干扰，不接触其他竞买方，可以互不影响，独立判断，做出更加理性的报价。

4. 竞价方式灵活多样

现行远程网络竞价系统经过多年发展与改进，现已具有动态报价、多次报价、一次报价、限次报价、协商报价、反向报价等多种竞价方式，转让方可以依据项目特点、市场情况及竞价策略等予以选择，从而使竞价效果达到或超过预期目标。本次竞价经与转让方协商采用了多次报价的远程网络竞价方式。

四、远程网络竞价组织过程中存在的问题

在组织此次远程网络竞价活动过程中，云交所也发现了一些细节上的问题，需要在今后的工作中予以探讨和解决。

1. 书面材料传递

《竞买文件》是竞买方表明其参与竞价并完全响应竞价文件要求的文件，是对按竞价规则参与竞价的书面承诺，不可否认其对于交易所规避法律风险有着重要作用。

但在工作中发现存在一个问题，因各竞买方均在外地，竞买方递交《竞买文件》等一系列的书面材料时，只能通过邮寄的方式来实现。此次为了确保交易顺利完成，项目组在时间安排上预留了较长的时间来用于传递书面材料。但是如果碰到项目要求时限较短，或竞买方较多的情况时，项目组就比较被动。如果项目要求时间紧迫，不能给予充分时间送达材料，或是材料已寄出，但因邮寄方的原因，没有按时送达等情况。将如何处理？

据此项目组设想，递交竞买保证金的行为能否代替书面承诺？是否可以在《竞价文件》中规定以竞买方递交保证金的实际行为作为对要约的承诺，只要竞买方按照《竞价文件》程序时间表递交了保证金，就可以看作其已了解并接受竞价文件所有内容，并做出了愿意按《竞价文件》要求参与竞价的意思表示，而无须再提交书面承诺？如果不能取代，但由于特殊情况不能按时送达时，传真件是否可以替代原件？从而使竞价达到真正的方便、快捷、高效。

2. 由于竞价系统出现故障而引起的问题

由于网络竞价是完全依赖于"电子技术"系统

实施操作，万一系统出现故障而使各方失去系统联系，该如何处理？这个"系统"问题包括：中断是由哪方因素造成的，组织方、竞买方还是第三方包括网络服务供应商、电力供应商，还是不可抗力意外因素？故障是人为技术因素造成的故意行为还是过失？系统断开后，又重新连接上后继续进行还是取消前面的竞价过程？由于系统中断引起的可能后果及其损失如何计算、由谁承担、承担什么样的法律责任、如何诉求？等等。这些问题，都还有待继续思考。

浙江物产元通汽车集团有限公司增资扩股引进财务投资者案例

浙江产权交易所

背景介绍：浙江物产元通汽车集团有限公司是我国国内汽车流通行业的龙头企业之一，为抓住汽车市场发展时机，增强企业资本实力，加快转型升级，进一步提升物产元通在汽车流通领域的优势地位，浙江物产元通汽车集团有限公司急需通过资本市场募集财务投资型资金，用于投资物产元通汽车经销及售后服务网络项目。

通过浙江产权交易所（以下简称浙交所）采用非公开定向邀请竞价，有助于在最短时间内，通过竞争性的方式合理确定最终的财务投资者，既帮助融资方实现快速融资、节约融资成本的目标，又规避了由其自行确定投资方带来的种种弊端和风险。

案例简介：2012年11月15日，浙江产权交易所在本所交易大厅成功组织了浙江物产元通汽车集团有限公司增资扩股引进财务投资者的"非公开定向邀请竞价会"，竞投标的分别为5亿元、3亿元、2亿元，最终融资方如期融得了10亿元资金。

浙交所组织该项目成交过程中的主要步骤包括：

（1）浙交所接受融资方委托，确定融资方式、融资金额、竞价标的、投资者确定方式等主要内容。

（2）浙交所制作竞价文件、邀请函等相关材料及内容，由融资方确认。

（3）浙交所以非公开定向方式向潜在意向财务投资者发出竞价邀请。

（4）收到邀请的潜在意向财务投资者在规定时间内作出书面答复，确认是否参与本项目。

（5）确认参与竞价且符合本项目投资条件的意向财务投资者在规定时间里到浙交所办理报名登记手续。

（6）报名结束后，浙交所以书面形式将报名及书面答复相关情况反馈告知融资方，由融资方予以确认。

（7）浙交所采用书面一次性报价方式组织竞价会，并按各投资者的"预期年收益率要求"报价由低到高确定最终财务投资者。竞价过程及结果由公证处现场公证。

（8）投融资方签署投资协议，投资价款根据投资协议的约定进行结算。

（9）浙交所出具产权交易鉴证书。

（10）融资方办理工商变更手续。

成效及启示：这是浙交所成立以来组织完成的最大一宗融资项目，同时也是一次颇具创新意义的探索。

（1）首次采用非公开定向邀请竞价方式为国有企业提供融资服务。在本案中，浙交所共向10多家颇具实力的潜在意向财务投资者发出了投资邀请，最终由三家投资者竞得投资标的。

（2）首次以"预期年收益率要求"为内容进行竞价，并根据竞价标的内容的不同，采用书面竞价方式按"预期年收益率要求"报价由低到高确定财务投资者的方式完成交易。采用该竞价标的有效降低了融资方的融资成本。

该项目是浙交增资扩股改组后由单一国资退出向为国资退出、融资、购并综合服务发展的一次新的尝试，既为产权交易所创新投融资工具与交易组织形式提供了必要的经验借鉴，也为通过市场运作方式完成国有企业改革过程中的要素配置积累了组织经验。

通过对该项目的运作，进一步开拓浙交所业务渠道、创新产权服务举措、深化市场服务理念，在为国企投融资和做大做强方面提供了新的服务内容和举措，受到了包括融资方在内各方的良好评价。

足球公园冠名权转让案例

常州产权交易所

一、交易背景

常州市城西地区综合改造有限公司（以下简称"城西公司"）是专业从事城西地区规划范围内土地一级市场开发和城市基础设施建设的国有投资公司。2014年11月，为盘活国有闲置资产，城西公司委托常州产权交易所对云山诗意小区西侧、云山路北侧的足球公园（拟建）冠名权进行挂牌转让。

二、交易过程

为确保该足球公园冠名权顺利转让，常州产权交易所接受委托后，认真梳理了城西公司提供的相关材料，在对项目进行充分调查后，发现项目存在两大风险：

一是足球公园所在地块存在权属问题。该处地块所有权属于常州市土地储备中心，城西公司对此地块及地上附着物进行权利转让缺乏法律支持。二是冠名权估值存在技术难点。冠名权属于无形资产，可辨认程度差，公允价值难以衡量。此次冠名权转让项目属于国有项目，价值评估的公允至关重要。

为有效应对上述风险，常州产权交易所一方面积极与城西公司沟通，促成城西公司取得土地储备中心对该地块的经营授权，从而解决权属问题；另一方面，建议城西公司积极引进第三方权威机构对冠名权价值进行评估，确保评估价值公允公正。

最终，经过常州产权交易所的努力，该项目以150万元的价格成功转让，实现了交易双方的"双赢"，并开创了常州市足球公园冠名权转让的先河。

三、启示

此次足球公园冠名权以市场化方式成功转让，为常州产权交易所今后实施此类无形资产交易项目积累了一定经验：一是要重视项目前期的调查分析，充分掌握项目可能存在的问题和风险；二是要加强与交易双方的沟通，发挥产交所综合型服务平台的功能，切实做好横向纵向协调工作；三是要加大项目宣传力度，扩大信息发布面，做好全方位宣传。

中国产权市场年鉴 2013~2015

China Property Rights Exchange Market Yearbook

法规选编

中央企业境外投资监督管理暂行办法

2012 年 3 月 18 日　国务院国资委　国务院国资委令第 28 号

第一条　为加强国务院国有资产监督管理委员会（以下简称国资委）履行出资人职责的企业（以下简称中央企业）境外投资监督管理，促进中央企业开展国际化经营，引导和规范中央企业境外投资活动，根据《中华人民共和国企业国有资产法》、《中华人民共和国公司法》和《企业国有资产监督管理暂行条例》等法律、行政法规，制定本办法。

第二条　本办法所称境外投资，是指中央企业及其各级独资、控股子企业（以下简称各级子企业）在我国境外以及香港特别行政区、澳门特别行政区和台湾地区的固定资产投资、股权投资等投资行为。

第三条　国资委依法对中央企业境外投资进行监督管理，督促中央企业建立健全境外投资管理制度，引导中央企业防范境外投资风险，指导中央企业之间加强境外投资合作，避免恶性竞争。

第四条　中央企业应当根据企业国际化经营战略需要制定境外投资规划，建立健全企业境外投资管理制度，提高决策质量和风险防范水平，组织开展定期审计，加强境外投资管理机构和人才队伍建设，加强对各级子企业境外投资活动的监督和指导。

中央企业各级子企业应当依法建立健全境外投资管理制度，严格遵守中央企业境外投资管理规定，加强境外投资决策和实施的管理。

第五条　境外投资应当遵循以下原则：

（一）符合国民经济和社会发展规划和境外投资产业政策；

（二）符合国有经济布局和结构调整方向；

（三）符合企业发展战略和国际化经营战略，突出主业，有利于提高企业的国际竞争力；

（四）投资规模与企业资产经营规模、资产负债水平、实际筹资能力和财务承受能力相适应；

（五）遵守投资所在国（地区）法律和政策，尊重当地习俗。

第六条　中央企业境外投资管理制度应当报国资委备案。境外投资管理制度应当包括下列主要内容：

（一）境外投资指导方针和原则；

（二）境外投资管理机构及其职责；

（三）境外投资决策程序和管理流程；

（四）境外投资风险管理制度；

（五）境外投资评价、考核、审计及责任追究制度；

（六）对所属企业境外投资的监督管理制度。

第七条　中央企业应当根据境外投资规划编制年度境外投资计划，并按照有关要求按时报送国资委。

年度境外投资计划应当包括下列主要内容：

（一）境外投资总规模、资金来源与构成；

（二）重点投资项目基本情况（包括项目背景、项目内容、股权结构、投资地点、投资额、融资方案、实施年限、风险分析及投资效益等）。

重点投资项目是指中央企业按照内部境外投资管理制度规定，由其最高投资决策机构研究决定的中央企业及其各级子企业投资的项目。

第八条　列入中央企业年度境外投资计划的主业重点投资项目，国资委实行备案。对境外投资项目有异议的，国资委应当及时向企业出具书面意见。

第九条　未列入中央企业年度境外投资计划，需要追加的主业重点投资项目，中央企业应在履行企业内部投资决策程序后报送国资委备案，对项目有异议的，国资委应当在 20 个工作日内向企业出具书面意见。

第十条　中央企业原则上不得在境外从事非主业投资。有特殊原因确需投资的，应当经国资委核准。中央企业应向国资委报送下列核准材料：

（一）申请核准非主业投资的请示；

（二）中央企业对非主业投资项目的有关决策文件；

（三）非主业投资项目可行性研究报告、尽职调查等相关文件；

（四）非主业投资项目风险评估、风险控制和风险防范报告；

（五）其他必要材料。

国资委依据相关法律、法规和国有资产监管规定，主要从非主业投资项目实施的必要性、对企业发展战略和主业发展的影响程度、企业投资承受能力和风险控制能力等方面予以审核，在 20 个工作日内出具书面意见。

第十一条　在重点投资项目实施过程中，出现项目内容发生实质改变、投资额重大调整和投资对象股权结构重大变化等重要情况时，中央企业应当及时报告国资委。

第十二条　根据国家境外投资管理有关规定，需要由国务院或国务院有关部门决定、批（核）准的境外投资项目，中央企业应当将有关报批文件同时抄送国资委。

第十三条　中央企业应严格执行内部决策程序，做好项目可行性研究、尽职调查，发挥境内外社会中介机构和财务、法律等专业顾问的作用，提高境外投资决策质量。

第十四条　中央企业应当加强境外投资风险管理，收集投资所在国（地区）风险信息，做好对风险的定性与定量评估分析，制定相应的防范和规避方案，加强风险预警，制定突发事件的应急预案和风险发生后的退出机制，做好风险处置。

第十五条　中央企业应当参照《中央企业固定资产投资项目后评价工作指南》（国资发规划〔2005〕92 号）对境外投资实施后评价管理。

第十六条　境外投资形成产权的，中央企业应当按照有关规定加强境外产权管理工作。

第十七条　中央企业违反本办法的，国资委应当责令其改正；情节严重，致使企业遭受重大损失的，依照有关规定追究企业和相关责任人的责任。

第十八条　本办法自 2012 年 5 月 1 日起施行。

国家出资企业产权登记管理暂行办法

2012 年 4 月 20 日　国务院国资委　国务院国资委令第 29 号

第一章　总　则

第一条　为了加强国家出资企业产权登记管理，及时、真实、动态、全面反映企业产权状况，根据《中华人民共和国企业国有资产法》、《企业国有资产监督管理暂行条例》（国务院令第 378 号）等法律和行政法规，制定本办法。

第二条　本办法所称国家出资企业产权登记（以下简称产权登记），是指国有资产监督管理机构对本级人民政府授权管理的国家出资企业的产权及其分布状况进行登记管理的行为。

第三条　国家出资企业、国家出资企业（不含国有资本参股公司）拥有实际控制权的境内外各级企业及其投资参股企业（以下统称企业），应当纳入产权登记范围。国家出资企业所属事业单位视为其子企业进行产权登记。

前款所称拥有实际控制权，是指国家出资企业直接或者间接合计持股比例超过 50%，或者持股比例虽然未超过 50%，但为第一大股东，并通过股东协议、公司章程、董事会决议或者其他协议安排能够实际支配企业行为的情形。

第四条 本办法所指出资人分为以下五类：

（一）履行出资人职责的机构；

（二）履行出资人职责的机构、国有独资企业、国有独资公司单独或者共同出资设立的企业；

（三）以上两类出资人直接或者间接合计持股比例超过 50%不足 100%的企业；

（四）以上三类出资人直接或者间接合计持股比例未超过 50%但为第一大股东，并通过股东协议、公司章程、董事会决议或者其他协议安排能够实际支配企业行为的企业；

（五）以上四类出资人以外的企业、自然人或者其他经济组织。

以上（二）、（三）、（四）类出资人统称为履行出资人职责的企业。

第五条 企业为交易目的持有的下列股权不进行产权登记：

（一）为了赚取差价从二级市场购入的上市公司股权；

（二）为了近期内（一年以内）出售而持有的其他股权。

第六条 办理产权登记的企业应当权属清晰。存在产权纠纷的企业，应当在及时处理产权纠纷后申请办理产权登记。

第七条 各级国有资产监督管理机构分别负责本级人民政府授权管理的国家出资企业的产权登记管理。国务院国有资产监督管理机构对地方国有资产监督管理机构的产权登记工作进行指导和监督。

第八条 国家出资企业负责对其履行出资人职责的企业的产权登记工作进行管理，并向国有资产监督管理机构申请办理企业产权登记。

第九条 各级国有资产监督管理机构、国家出资企业应当定期对产权登记数据进行汇总分析。

省级国有资产监督管理机构应当于每年 1 月 31 日前，将本地区上年度企业产权登记数据汇总分析后，报国务院国有资产监督管理机构。

第二章 产权登记类型

第十条 产权登记分为占有产权登记、变动产权登记和注销产权登记。

第十一条 履行出资人职责的机构和履行出资人职责的企业有下列情形之一的，应当办理占有产权登记：

（一）因投资、分立、合并而新设企业的；

（二）因收购、投资入股而首次取得企业股权的；

（三）其他应当办理占有产权登记的情形。

第十二条 占有产权登记应包括下列内容：

（一）企业出资人及出资人类别、出资额、出资形式；

（二）企业注册资本、股权比例；

（三）企业名称及在国家出资企业中所处级次；

（四）企业组织形式；

（五）企业注册时间、注册地；

（六）企业主营业务范围；

（七）国有资产监督管理机构要求的其他内容。

第十三条 有下列情形之一的，应当办理变动产权登记：

（一）履行出资人职责的机构和履行出资人职责的企业名称、持股比例改变的；

（二）企业注册资本改变的；

（三）企业名称改变的；

（四）企业组织形式改变的；

（五）企业注册地改变的；

（六）企业主营业务改变的；

（七）其他应当办理变动产权登记的情形。

第十四条 有下列情形之一的，应当办理注销产权登记：

（一）因解散、破产进行清算，并注销企业法人资格的；

（二）因产权转让、减资、股权出资、出资人性质改变等导致企业出资人中不再存续履行出资人职责的机构和履行出资人职责的企业的；

（三）其他应当办理注销产权登记的情形。

第三章 产权登记程序

第十五条 企业发生产权登记相关经济行为时，应当自相关经济行为完成后 20 个工作日内，在办理工商登记前，申请办理产权登记。企业注销法人资格的，应当在办理工商注销登记后，及时办理注销产权登记。

第十六条 企业申请办理产权登记，应当由履行出资人职责的企业按照填报要求，填写有关登记内容和相关经济行为合规性资料目录，逐级报送国家出资企业，国家出资企业负责对登记内容及相关经济行为的合规性进行审核后，向国有资产监督管理机构申请登记。

同一国有资产监督管理机构及其管理的多个履行出资人职责的企业共同出资的企业，由拥有实际控制权的一方负责申请办理产权登记；任一方均不拥有实际控制权的，由持股比例最大的一方负责申请办理产权登记；各方持股比例相等的，由其共同推举一方负责申请办理产权登记。

非同一国有资产监督管理机构及其管理的多个履行出资人职责的企业共同出资的企业，由各方分别申请办理产权登记。

第十七条 国有资产监督管理机构自国家出资企业报送产权登记信息 10 个工作日内，对符合登记要求的企业予以登记；对相关经济行为操作过程中存在瑕疵的企业，国有资产监督管理机构应当向国家出资企业下发限期整改通知书，完成整改后予以登记。

第十八条 已办理产权登记的国家出资企业，由国有资产监督管理机构核发产权登记证；已办理产权登记的其他企业，由国有资产监督管理机构或者由国有资产监督管理机构授权国家出资企业核发产权登记表。

产权登记证、登记表是企业办结产权登记的证明，是客观记载企业产权状况基本信息的文件。产权登记证、登记表的格式和内容由国务院国有资产监督管理机构统一制发，企业在使用过程中不得擅自修改。

第十九条 企业应当在办理工商登记后 10 个工作日内，将企业法人营业执照或者工商变更登记表报送国有资产监督管理机构；工商登记信息与产权登记信息存在不一致的，企业应当核实相关资料，涉及变更产权登记信息的，企业应当修改后重新报送，国有资产监督管理机构或者国家出资企业对相关登记信息进行确认后重新核发产权登记证、登记表。

第二十条 产权登记仅涉及企业名称、注册地、主营业务等基础信息改变的，可在办理工商登记后申请办理产权登记。

第四章 产权登记管理

第二十一条 国家出资企业应当建立健全产权登记制度和工作体系，落实产权登记管理工作责任，并对制度执行情况进行监督检查。年度检查结果应当书面报告国有资产监督管理机构。

第二十二条 各级国有资产监督管理机构应当对企业产权登记工作的日常登记情况、年度检查情况和限期整改事项落实情况等进行检查，并予以通报。

第二十三条 国有资产监督管理机构、国家出资企业应当建立健全产权登记档案管理制度；国家出资企业对办理完成的产权登记事项，应当及时将合规性资料目录中所列资料整理归档，分户建立企业产权登记档案。

第二十四条 企业违反本办法规定，有下列行为之一的，由国有资产监督管理机构责令改正或者予以通报，造成国有资产损失的，依照有关规定追究企业领导和相关人员的责任：

（一）未按本办法规定及时、如实申请办理产权登记的；

（二）未按期进行整改的；

（三）伪造、涂改产权登记证、登记表的。

第五章 附 则

第二十五条 省级国有资产监督管理机构可以依据本办法制定本地区的具体实施办法。

第二十六条 本办法自 2012 年 6 月 1 日起施行。

关于国有企业改制重组中积极引入民间投资的指导意见

2012 年 5 月 23 日　国务院国资委　国资发产权〔2012〕80 号

根据《国务院关于鼓励和引导民间投资健康发展的若干意见》（国发〔2010〕13 号）和《国务院办公厅关于鼓励和引导民间投资健康发展重点工作分工的通知》（国办函〔2010〕120 号）精神，为了积极推动民间投资参与国有企业改制重组，现提出以下意见：

一、坚持毫不动摇地巩固和发展公有制经济、毫不动摇地鼓励支持和引导非公有制经济发展，深入推进国有经济战略性调整，完善国有资本有进有退、合理流动机制。

二、积极引入民间投资参与国有企业改制重组，发展混合所有制经济，建立现代产权制度，进一步推动国有企业转换经营机制、转变发展方式。

三、国有企业改制重组中引入民间投资，应当符合国家对国有经济布局与结构调整的总体要求和相关规定，遵循市场规律，尊重企业意愿，平等保护各类相关利益主体的合法权益。

四、国有企业在改制重组中引入民间投资时，应当通过产权市场、媒体和互联网广泛发布拟引入民间投资项目的相关信息。

五、国有企业改制重组引入民间投资，应当优先引入业绩优秀、信誉良好和具有共同目标追求的民间投资主体。

六、民间投资主体参与国有企业改制重组可以用货币出资，也可以用实物、知识产权、土地使用权等法律、行政法规允许的方式出资。

七、民间投资主体可以通过出资入股、收购股权、认购可转债、融资租赁等多种形式参与国有企业改制重组。

八、民间投资主体之间或者民间投资主体与国有企业之间可以共同设立股权投资基金，参与国有企业改制重组，共同投资战略性新兴产业，开展境外投资。

九、国有企业改制上市或国有控股的上市公司增发股票时，应当积极引入民间投资。国有股东通过公开征集方式或通过大宗交易方式转让所持上市公司股权时，不得在意向受让人资质条件中单独对民间投资主体设置附加条件。

十、企业国有产权转让时，除国家相关规定允许协议转让者外，均应当进入由省级以上国资监管机构选择确认的产权市场公开竞价转让，不得在意向受让人资质条件中单独对民间投资主体设置附加条件。

十一、从事国有产权转让的产权交易机构，应当积极发挥市场配置资源功能，有序聚集和组合民间资本，参与受让企业国有产权。

十二、国有企业改制重组引入民间投资，要遵守国家相关法律、行政法规、国有资产监管制度和企业章程，依法履行决策程序，维护出资人权益。

十三、国有企业改制重组引入民间投资，应按规定履行企业改制重组民主程序，依法制定切实可行的职工安置方案，妥善安置职工，做好劳动合同、社会保险关系接续、偿还拖欠职工债务等工作，维护职工合法权益，维护企业和社会的稳定。

十四、改制企业要依法承继债权债务，维护社会信用秩序，保护金融债权人和其他债权人的合法权益。

中共中央关于全面深化改革若干重大问题的决定

(2013 年 11 月 12 日中国共产党第十八届中央委员会第三次全体会议通过)

为贯彻落实党的十八大关于全面深化改革的战略部署，十八届中央委员会第三次全体会议研究了全面深化改革的若干重大问题，作出如下决定。

一、全面深化改革的重大意义和指导思想

（1）改革开放是党在新的时代条件下带领全国各族人民进行的新的伟大革命，是当代中国最鲜明的特色。党的十一届三中全会召开三十五年来，我们党以巨大的政治勇气，锐意推进经济体制、政治体制、文化体制、社会体制、生态文明体制和党的建设制度改革，不断扩大开放，决心之大、变革之深、影响之广前所未有，成就举世瞩目。

改革开放最主要的成果是开创和发展了中国特色社会主义，为社会主义现代化建设提供了强大动力和有力保障。事实证明，改革开放是决定当代中国命运的关键抉择，是党和人民事业大踏步赶上时代的重要法宝。

实践发展永无止境，解放思想永无止境，改革开放永无止境。面对新形势新任务，全面建成小康社会，进而建成富强民主文明和谐的社会主义现代化国家、实现中华民族伟大复兴的中国梦，必须在新的历史起点上全面深化改革，不断增强中国特色社会主义道路自信、理论自信、制度自信。

（2）全面深化改革，必须高举中国特色社会主义伟大旗帜，以马克思列宁主义、毛泽东思想、邓小平理论、“三个代表”重要思想、科学发展观为指导，坚定信心，凝聚共识，统筹谋划，协同推进，坚持社会主义市场经济改革方向，以促进社会公平正义、增进人民福祉为出发点和落脚点，进一步解放思想、解放和发展社会生产力、解放和增强社会活力，坚决破除各方面体制机制弊端，努力开拓中国特色社会主义事业更加广阔的前景。

全面深化改革的总目标是完善和发展中国特色社会主义制度，推进国家治理体系和治理能力现代化。必须更加注重改革的系统性、整体性、协同性，加快发展社会主义市场经济、民主政治、先进文化、和谐社会、生态文明，让一切劳动、知识、技术、管理、资本的活力竞相迸发，让一切创造社会财富的源泉充分涌流，让发展成果更多更公平惠及全体人民。

紧紧围绕使市场在资源配置中起决定性作用深化经济体制改革，坚持和完善基本经济制度，加快完善现代市场体系、宏观调控体系、开放型经济体系，加快转变经济发展方式，加快建设创新型国家，推动经济更有效率、更加公平、更可持续发展。

紧紧围绕坚持党的领导、人民当家做主、依法治国有机统一深化政治体制改革，加快推进社会主义民主政治制度化、规范化、程序化，建设社会主义法治国家，发展更加广泛、更加充分、更加健全的人民民主。

紧紧围绕建设社会主义核心价值体系、社会主义文化强国深化文化体制改革，加快完善文化管理体制和文化生产经营机制，建立健全现代公共文化服务体系、现代文化市场体系，推动社会主义文化大发展大繁荣。

紧紧围绕更好保障和改善民生、促进社会公平正义深化社会体制改革，改革收入分配制度，促进共同富裕，推进社会领域制度创新，推进基本公共服务均等化，加快形成科学有效的社会治理体制，确保社会既充满活力又和谐有序。

紧紧围绕建设美丽中国深化生态文明体制改革，加快建立生态文明制度，健全国土空间开发、资源节约利用、生态环境保护的体制机制，推动形成人与自然和谐发展现代化建设新格局。

紧紧围绕提高科学执政、民主执政、依法执政水平深化党的建设制度改革，加强民主集中制建

设，完善党的领导体制和执政方式，保持党的先进性和纯洁性，为改革开放和社会主义现代化建设提供坚强政治保证。

（3）全面深化改革，必须立足于我国长期处于社会主义初级阶段这个最大实际，坚持发展仍是解决我国所有问题的关键这个重大战略判断，以经济建设为中心，发挥经济体制改革牵引作用，推动生产关系同生产力、上层建筑同经济基础相适应，推动经济社会持续健康发展。

经济体制改革是全面深化改革的重点，核心问题是处理好政府和市场的关系，使市场在资源配置中起决定性作用和更好发挥政府作用。市场决定资源配置是市场经济的一般规律，健全社会主义市场经济体制必须遵循这条规律，着力解决市场体系不完善、政府干预过多和监管不到位问题。

必须积极稳妥从广度和深度上推进市场化改革，大幅度减少政府对资源的直接配置，推动资源配置依据市场规则、市场价格、市场竞争实现效益最大化和效率最优化。政府的职责和作用主要是保持宏观经济稳定，加强和优化公共服务，保障公平竞争，加强市场监管，维护市场秩序，推动可持续发展，促进共同富裕，弥补市场失灵。

（4）改革开放的成功实践为全面深化改革提供了重要经验，必须长期坚持。最重要的是，坚持党的领导，贯彻党的基本路线，不走封闭僵化的老路，不走改旗易帜的邪路，坚定走中国特色社会主义道路，始终确保改革正确方向；坚持解放思想、实事求是、与时俱进、求真务实，一切从实际出发，总结国内成功做法，借鉴国外有益经验，勇于推进理论和实践创新；坚持以人为本，尊重人民主体地位，发挥群众首创精神，紧紧依靠人民推动改革，促进人的全面发展；坚持正确处理改革发展稳定关系，胆子要大、步子要稳，加强顶层设计和摸着石头过河相结合，整体推进和重点突破相促进，提高改革决策科学性，广泛凝聚共识，形成改革合力。

当前，我国发展进入新阶段，改革进入攻坚期和深水区。必须以强烈的历史使命感，最大限度集中全党全社会智慧，最大限度调动一切积极因素，敢于啃硬骨头，敢于涉险滩，以更大决心冲破思想观念的束缚、突破利益固化的藩篱，推动中国特色

社会主义制度自我完善和发展。

到二〇二〇年，在重要领域和关键环节改革上取得决定性成果，完成本决定提出的改革任务，形成系统完备、科学规范、运行有效的制度体系，使各方面制度更加成熟更加定型。

二、坚持和完善基本经济制度

公有制为主体、多种所有制经济共同发展的基本经济制度，是中国特色社会主义制度的重要支柱，也是社会主义市场经济体制的根基。公有制经济和非公有制经济都是社会主义市场经济的重要组成部分，都是我国经济社会发展的重要基础。必须毫不动摇巩固和发展公有制经济，坚持公有制主体地位，发挥国有经济主导作用，不断增强国有经济活力、控制力、影响力。必须毫不动摇鼓励、支持、引导非公有制经济发展，激发非公有制经济活力和创造力。

（5）完善产权保护制度。产权是所有制的核心。健全归属清晰、权责明确、保护严格、流转顺畅的现代产权制度。公有制经济财产权不可侵犯，非公有制经济财产权同样不可侵犯。

国家保护各种所有制经济产权和合法利益，保证各种所有制经济依法平等使用生产要素、公开公平公正参与市场竞争、同等受到法律保护，依法监管各种所有制经济。

（6）积极发展混合所有制经济。国有资本、集体资本、非公有资本等交叉持股、相互融合的混合所有制经济，是基本经济制度的重要实现形式，有利于国有资本放大功能、保值增值、提高竞争力，有利于各种所有制资本取长补短、相互促进、共同发展。允许更多国有经济和其他所有制经济发展成为混合所有制经济。国有资本投资项目允许非国有资本参股。允许混合所有制经济实行企业员工持股，形成资本所有者和劳动者利益共同体。

完善国有资产管理体制，以管资本为主加强国有资产监管，改革国有资本授权经营体制，组建若干国有资本运营公司，支持有条件的国有企业改组为国有资本投资公司。国有资本投资运营要服务于国家战略目标，更多投向关系国家安全、国民经济命脉的重要行业和关键领域，重点提供公共服务、发展重要前瞻性战略性产业、保护生态环境、支持

科技进步、保障国家安全。

划转部分国有资本充实社会保障基金。完善国有资本经营预算制度，提高国有资本收益上缴公共财政比例，二〇二〇年提到百分之三十，更多用于保障和改善民生。

（7）推动国有企业完善现代企业制度。国有企业属于全民所有，是推进国家现代化、保障人民共同利益的重要力量。国有企业总体上已经同市场经济相融合，必须适应市场化、国际化新形势，以规范经营决策、资产保值增值、公平参与竞争、提高企业效率、增强企业活力、承担社会责任为重点，进一步深化国有企业改革。

准确界定不同国有企业功能。国有资本加大对公益性企业的投入，在提供公共服务方面作出更大贡献。国有资本继续控股经营的自然垄断行业，实行以政企分开、政资分开、特许经营、政府监管为主要内容的改革，根据不同行业特点实行网运分开、放开竞争性业务，推进公共资源配置市场化。进一步破除各种形式的行政垄断。

健全协调运转、有效制衡的公司法人治理结构。建立职业经理人制度，更好发挥企业家作用。深化企业内部管理人员能上能下、员工能进能出、收入能增能减的制度改革。建立长效激励约束机制，强化国有企业经营投资责任追究。探索推进国有企业财务预算等重大信息公开。

国有企业要合理增加市场化选聘比例，合理确定并严格规范国有企业管理人员薪酬水平、职务待遇、职务消费、业务消费。

（8）支持非公有制经济健康发展。非公有制经济在支撑增长、促进创新、扩大就业、增加税收等方面具有重要作用。坚持权利平等、机会平等、规则平等，废除对非公有制经济各种形式的不合理规定，消除各种隐性壁垒，制定非公有制企业进入特许经营领域具体办法。

鼓励非公有制企业参与国有企业改革，鼓励发展非公有资本控股的混合所有制企业，鼓励有条件的私营企业建立现代企业制度。

三、加快完善现代市场体系

建设统一开放、竞争有序的市场体系，是使市场在资源配置中起决定性作用的基础。必须加快形成企业自主经营、公平竞争，消费者自由选择、自主消费，商品和要素自由流动、平等交换的现代市场体系，着力清除市场壁垒，提高资源配置效率和公平性。

（9）建立公平开放透明的市场规则。实行统一的市场准入制度，在制定负面清单基础上，各类市场主体可依法平等进入清单之外领域。探索对外商投资实行准入前国民待遇加负面清单的管理模式。推进工商注册制度便利化，削减资质认定项目，由先证后照改为先照后证，把注册资本实缴登记制逐步改为认缴登记制。推进国内贸易流通体制改革，建设法治化营商环境。

改革市场监管体系，实行统一的市场监管，清理和废除妨碍全国统一市场和公平竞争的各种规定和做法，严禁和惩处各类违法实行优惠政策行为，反对地方保护，反对垄断和不正当竞争。建立健全社会征信体系，褒扬诚信，惩戒失信。健全优胜劣汰市场化退出机制，完善企业破产制度。

（10）完善主要由市场决定价格的机制。凡是能由市场形成价格的都交给市场，政府不进行不当干预。推进水、石油、天然气、电力、交通、电信等领域价格改革，放开竞争性环节价格。政府定价范围主要限定在重要公用事业、公益性服务、网络型自然垄断环节，提高透明度，接受社会监督。完善农产品价格形成机制，注重发挥市场形成价格作用。

（11）建立城乡统一的建设用地市场。在符合规划和用途管制前提下，允许农村集体经营性建设用地出让、租赁、入股，实行与国有土地同等入市、同权同价。缩小征地范围，规范征地程序，完善对被征地农民合理、规范、多元保障机制。扩大国有土地有偿使用范围，减少非公益性用地划拨。建立兼顾国家、集体、个人的土地增值收益分配机制，合理提高个人收益。完善土地租赁、转让、抵押二级市场。

（12）完善金融市场体系。扩大金融业对内对外开放，在加强监管前提下，允许具备条件的民间资本依法发起设立中小型银行等金融机构。推进政策性金融机构改革。健全多层次资本市场体系，推进股票发行注册制改革，多渠道推动股权融资，发展并规范债券市场，提高直接融资比重。完善保险经济补偿机制，建立巨灾保险制度。发展普惠金融。鼓励金融创新，丰富金融市场层次和产品。

完善人民币汇率市场化形成机制，加快推进利率市场化，健全反映市场供求关系的国债收益率曲线。推动资本市场双向开放，有序提高跨境资本和金融交易可兑换程度，建立健全宏观审慎管理框架下的外债和资本流动管理体系，加快实现人民币资本项目可兑换。

落实金融监管改革措施和稳健标准，完善监管协调机制，界定中央和地方金融监管职责和风险处置责任。建立存款保险制度，完善金融机构市场化退出机制。加强金融基础设施建设，保障金融市场安全高效运行和整体稳定。

（13）深化科技体制改革。建立健全鼓励原始创新、集成创新、引进消化吸收再创新的体制机制，健全技术创新市场导向机制，发挥市场对技术研发方向、路线选择、要素价格、各类创新要素配置的导向作用。建立产学研协同创新机制，强化企业在技术创新中的主体地位，发挥大型企业创新骨干作用，激发中小企业创新活力，推进应用型技术研发机构市场化、企业化改革，建设国家创新体系。

加强知识产权运用和保护，健全技术创新激励机制，探索建立知识产权法院。打破行政主导和部门分割，建立主要由市场决定技术创新项目和经费分配、评价成果的机制。发展技术市场，健全技术转移机制，改善科技型中小企业融资条件，完善风险投资机制，创新商业模式，促进科技成果资本化、产业化。

整合科技规划和资源，完善政府对基础性、战略性、前沿性科学研究和共性技术研究的支持机制。国家重大科研基础设施依照规定应该开放的一律对社会开放。建立创新调查制度和创新报告制度，构建公开透明的国家科研资源管理和项目评价机制。

改革院士遴选和管理体制，优化学科布局，提高中青年人才比例，实行院士退休和退出制度。

四、加快转变政府职能

科学的宏观调控，有效的政府治理，是发挥社会主义市场经济体制优势的内在要求。必须切实转变政府职能，深化行政体制改革，创新行政管理方式，增强政府公信力和执行力，建设法治政府和服务型政府。

（14）健全宏观调控体系。宏观调控的主要任务是保持经济总量平衡，促进重大经济结构协调和生产力布局优化，减缓经济周期波动影响，防范区域性、系统性风险，稳定市场预期，实现经济持续健康发展。健全以国家发展战略和规划为导向、以财政政策和货币政策为主要手段的宏观调控体系，推进宏观调控目标制定和政策手段运用机制化，加强财政政策、货币政策与产业、价格等政策手段协调配合，提高相机抉择水平，增强宏观调控前瞻性、针对性、协同性。形成参与国际宏观经济政策协调的机制，推动国际经济治理结构完善。

深化投资体制改革，确立企业投资主体地位。企业投资项目，除关系国家安全和生态安全、涉及全国重大生产力布局、战略性资源开发和重大公共利益等项目外，一律由企业依法依规自主决策，政府不再审批。强化节能节地节水、环境、技术、安全等市场准入标准，建立健全防范和化解产能过剩长效机制。

完善发展成果考核评价体系，纠正单纯以经济增长速度评定政绩的偏向，加大资源消耗、环境损害、生态效益、产能过剩、科技创新、安全生产、新增债务等指标的权重，更加重视劳动就业、居民收入、社会保障、人民健康状况。加快建立国家统一的经济核算制度，编制全国和地方资产负债表，建立全社会房产、信用等基础数据统一平台，推进部门信息共享。

（15）全面正确履行政府职能。进一步简政放权，深化行政审批制度改革，最大限度减少中央政府对微观事务的管理，市场机制能有效调节的经济活动，一律取消审批，对保留的行政审批事项要规范管理、提高效率；直接面向基层、量大面广、由地方管理更方便有效的经济社会事项，一律下放地方和基层管理。

政府要加强发展战略、规划、政策、标准等制定和实施，加强市场活动监管，加强各类公共服务提供。加强中央政府宏观调控职责和能力，加强地方政府公共服务、市场监管、社会管理、环境保护等职责。推广政府购买服务，凡属事务性管理服务，原则上都要引入竞争机制，通过合同、委托等方式向社会购买。

加快事业单位分类改革，加大政府购买公共服务力度，推动公办事业单位与主管部门理顺关系和去行政化，创造条件，逐步取消学校、科研院所、医院等单位的行政级别。建立事业单位法人治理结构，推进有条件的事业单位转为企业或社会组织。建立各类事业单位统一登记管理制度。

（16）优化政府组织结构。转变政府职能必须深化机构改革。优化政府机构设置、职能配置、工作流程，完善决策权、执行权、监督权既相互制约又相互协调的行政运行机制。严格绩效管理，突出责任落实，确保权责一致。

统筹党政群机构改革，理顺部门职责关系。积极稳妥实施大部门制。优化行政区划设置，有条件的地方探索推进省直接管理县（市）体制改革。严格控制机构编制，严格按规定职数配备领导干部，减少机构数量和领导职数，严格控制财政供养人员总量。推进机构编制管理科学化、规范化、法制化。

五、深化财税体制改革

财政是国家治理的基础和重要支柱，科学的财税体制是优化资源配置、维护市场统一、促进社会公平、实现国家长治久安的制度保障。必须完善立法、明确事权、改革税制、稳定税负、透明预算、提高效率，建立现代财政制度，发挥中央和地方两个积极性。

（17）改进预算管理制度。实施全面规范、公开透明的预算制度。审核预算的重点由平衡状态、赤字规模向支出预算和政策拓展。清理规范重点支出同财政收支增幅或生产总值挂钩事项，一般不采取挂钩方式。建立跨年度预算平衡机制，建立权责发生制的政府综合财务报告制度，建立规范合理的中央和地方政府债务管理及风险预警机制。

完善一般性转移支付增长机制，重点增加对革命老区、民族地区、边疆地区、贫困地区的转移支付。中央出台增支政策形成的地方财力缺口，原则上通过一般性转移支付调节。清理、整合、规范专项转移支付项目，逐步取消竞争性领域专项和地方资金配套，严格控制引导类、救济类、应急类专项，对保留专项进行甄别，属地方事务的划入一般性转移支付。

（18）完善税收制度。深化税收制度改革，完善地方税体系，逐步提高直接税比重。推进增值税改革，适当简化税率。调整消费税征收范围、环节、税率，把高耗能、高污染产品及部分高档消费品纳入征收范围。逐步建立综合与分类相结合的个人所得税制。加快房地产税立法并适时推进改革，加快资源税改革，推动环境保护费改税。

按照统一税制、公平税负、促进公平竞争的原则，加强对税收优惠特别是区域税收优惠政策的规范管理。税收优惠政策统一由专门税收法律法规规定，清理规范税收优惠政策。完善国税、地税征管体制。

（19）建立事权和支出责任相适应的制度。适度加强中央事权和支出责任，国防、外交、国家安全、关系全国统一市场规则和管理等作为中央事权；部分社会保障、跨区域重大项目建设维护等作为中央和地方共同事权，逐步理顺事权关系；区域性公共服务作为地方事权。中央和地方按照事权划分相应承担和分担支出责任。中央可通过安排转移支付将部分事权支出责任委托地方承担。对于跨区域且对其他地区影响较大的公共服务，中央通过转移支付承担一部分地方事权支出责任。

保持现有中央和地方财力格局总体稳定，结合税制改革，考虑税种属性，进一步理顺中央和地方收入划分。

六、健全城乡发展一体化体制机制

城乡二元结构是制约城乡发展一体化的主要障碍。必须健全体制机制，形成以工促农、以城带乡、工农互惠、城乡一体的新型工农城乡关系，让广大农民平等参与现代化进程、共同分享现代化成果。

（20）加快构建新型农业经营体系。坚持家庭经营在农业中的基础性地位，推进家庭经营、集体经营、合作经营、企业经营等共同发展的农业经营方式创新。坚持农村土地集体所有权，依法维护农民土地承包经营权，发展壮大集体经济。稳定农村土地承包关系并保持长久不变，在坚持和完善最严格的耕地保护制度前提下，赋予农民对承包地占有、使用、收益、流转及承包经营权抵押、担保权能，允许农民以承包经营权入股发展农业产业化经营。鼓励承包经营权在公开市场上向专业大户、家庭农场、农民合作社、农业企业流转，发展多种形式规模经营。

鼓励农村发展合作经济，扶持发展规模化、专业化、现代化经营，允许财政项目资金直接投向符合条件的合作社，允许财政补助形成的资产转交合作社持有和管护，允许合作社开展信用合作。鼓励和引导工商资本到农村发展适合企业化经营的现代种养业，向农业输入现代生产要素和经营模式。

(21) 赋予农民更多财产权利。保障农民集体经济组织成员权利，积极发展农民股份合作，赋予农民对集体资产股份占有、收益、有偿退出及抵押、担保、继承权。保障农户宅基地用益物权，改革完善农村宅基地制度，选择若干试点，慎重稳妥推进农民住房财产权抵押、担保、转让，探索农民增加财产性收入渠道。建立农村产权流转交易市场，推动农村产权流转交易公开、公正、规范运行。

(22) 推进城乡要素平等交换和公共资源均衡配置。维护农民生产要素权益，保障农民工同工同酬，保障农民公平分享土地增值收益，保障金融机构农村存款主要用于农业农村。健全农业支持保护体系，改革农业补贴制度，完善粮食主产区利益补偿机制。完善农业保险制度。鼓励社会资本投向农村建设，允许企业和社会组织在农村兴办各类事业。统筹城乡基础设施建设和社区建设，推进城乡基本公共服务均等化。

(23) 完善城镇化健康发展体制机制。坚持走中国特色新型城镇化道路，推进以人为核心的城镇化，推动大中小城市和小城镇协调发展、产业和城镇融合发展，促进城镇化和新农村建设协调推进。优化城市空间结构和管理格局，增强城市综合承载能力。

推进城市建设管理创新。建立透明规范的城市建设投融资机制，允许地方政府通过发债等多种方式拓宽城市建设融资渠道，允许社会资本通过特许经营等方式参与城市基础设施投资和运营，研究建立城市基础设施、住宅政策性金融机构。完善设市标准，严格审批程序，对具备行政区划调整条件的县可有序改市。对吸纳人口多、经济实力强的镇，可赋予同人口和经济规模相适应的管理权。建立和完善跨区域城市发展协调机制。

推进农业转移人口市民化，逐步把符合条件的农业转移人口转为城镇居民。创新人口管理，加快户籍制度改革，全面放开建制镇和小城市落户限制，有序放开中等城市落户限制，合理确定大城市落户条件，严格控制特大城市人口规模。稳步推进城镇基本公共服务常住人口全覆盖，把进城落户农民完全纳入城镇住房和社会保障体系，在农村参加的养老保险和医疗保险规范接入城镇社保体系。建立财政转移支付同农业转移人口市民化挂钩机制，从严合理供给城市建设用地，提高城市土地利用率。

七、构建开放型经济新体制

适应经济全球化新形势，必须推动对内对外开放相互促进、引进来和走出去更好结合，促进国际国内要素有序自由流动、资源高效配置、市场深度融合，加快培育参与和引领国际经济合作竞争新优势，以开放促改革。

(24) 放宽投资准入。统一内外资法律法规，保持外资政策稳定、透明、可预期。推进金融、教育、文化、医疗等服务业领域有序开放，放开育幼养老、建筑设计、会计审计、商贸物流、电子商务等服务业领域外资准入限制，进一步放开一般制造业。加快海关特殊监管区域整合优化。

建立中国上海自由贸易试验区是党中央在新形势下推进改革开放的重大举措，要切实建设好、管理好，为全面深化改革和扩大开放探索新途径、积累新经验。在推进现有试点基础上，选择若干具备条件地方发展自由贸易园 (港) 区。

扩大企业及个人对外投资，确立企业及个人对外投资主体地位，允许发挥自身优势到境外开展投资合作，允许自担风险到各国各地区自由承揽工程和劳务合作项目，允许创新方式走出去开展绿地投资、并购投资、证券投资、联合投资等。

加快同有关国家和地区商签投资协定，改革涉外投资审批体制，完善领事保护体制，提供权益保障、投资促进、风险预警等更多服务，扩大投资合作空间。

(25) 加快自由贸易区建设。坚持世界贸易体制规则，坚持双边、多边、区域次区域开放合作，扩大同各国各地区利益汇合点，以周边为基础加快实施自由贸易区战略。改革市场准入、海关监管、检验检疫等管理体制，加快环境保护、投资保护、政府采购、电子商务等新议题谈判，形成面向全球的高标准自由贸易区网络。

扩大对香港特别行政区、澳门特别行政区和台湾地区开放合作。

（26）扩大内陆沿边开放。抓住全球产业重新布局机遇，推动内陆贸易、投资、技术创新协调发展。创新加工贸易模式，形成有利于推动内陆产业集群发展的体制机制。支持内陆城市增开国际客货运航线，发展多式联运，形成横贯东中西、联结南北方对外经济走廊。推动内陆同沿海沿边通关协作，实现口岸管理相关部门信息互换、监管互认、执法互助。

加快沿边开放步伐，允许沿边重点口岸、边境城市、经济合作区在人员往来、加工物流、旅游等方面实行特殊方式和政策。建立开发性金融机构，加快同周边国家和区域基础设施互联互通建设，推进丝绸之路经济带、海上丝绸之路建设，形成全方位开放新格局。

八、加强社会主义民主政治制度建设

发展社会主义民主政治，必须以保证人民当家做主为根本，坚持和完善人民代表大会制度、中国共产党领导的多党合作和政治协商制度、民族区域自治制度以及基层群众自治制度，更加注重健全民主制度、丰富民主形式，从各层次各领域扩大公民有序政治参与，充分发挥我国社会主义政治制度优越性。

（27）推动人民代表大会制度与时俱进。坚持人民主体地位，推进人民代表大会制度理论和实践创新，发挥人民代表大会制度的根本政治制度作用。完善中国特色社会主义法律体系，健全立法起草、论证、协调、审议机制，提高立法质量，防止地方保护和部门利益法制化。健全"一府两院"由人大产生、对人大负责、受人大监督制度。健全人大讨论、决定重大事项制度，各级政府重大决策出台前向本级人大报告。加强人大预算决算审查监督、国有资产监督职能。落实税收法定原则。加强人大常委会同人大代表的联系，充分发挥代表作用。通过建立健全代表联络机构、网络平台等形式密切代表同人民群众联系。

完善人大工作机制，通过座谈、听证、评估、公布法律草案等扩大公民有序参与立法途径，通过询问、质询、特定问题调查、备案审查等积极回应社会关切。

（28）推进协商民主广泛多层制度化发展。协商民主是我国社会主义民主政治的特有形式和独特优势，是党的群众路线在政治领域的重要体现。在党的领导下，以经济社会发展重大问题和涉及群众切身利益的实际问题为内容，在全社会开展广泛协商，坚持协商于决策之前和决策实施之中。

构建程序合理、环节完整的协商民主体系，拓宽国家政权机关、政协组织、党派团体、基层组织、社会组织的协商渠道。深入开展立法协商、行政协商、民主协商、参政协商、社会协商。加强中国特色新型智库建设，建立健全决策咨询制度。

发挥统一战线在协商民主中的重要作用。完善中国共产党同各民主党派的政治协商，认真听取各民主党派和无党派人士意见。中共中央根据年度工作重点提出规划，采取协商会、谈心会、座谈会等进行协商。完善民主党派中央直接向中共中央提出建议制度。贯彻党的民族政策，保障少数民族合法权益，巩固和发展平等团结互助和谐的社会主义民族关系。

发挥人民政协作为协商民主重要渠道作用。重点推进政治协商、民主监督、参政议政制度化、规范化、程序化。各级党委和政府、政协制定并组织实施协商年度工作计划，就一些重要决策听取政协意见。完善人民政协制度体系，规范协商内容、协商程序。拓展协商民主形式，更加活跃有序地组织专题协商、对口协商、界别协商、提案办理协商，增加协商密度，提高协商成效。在政协健全委员联络机构，完善委员联络制度。

（29）发展基层民主。畅通民主渠道，健全基层选举、议事、公开、述职、问责等机制。开展形式多样的基层民主协商，推进基层协商制度化，建立健全居民、村民监督机制，促进群众在城乡社区治理、基层公共事务和公益事业中依法自我管理、自我服务、自我教育、自我监督。健全以职工代表大会为基本形式的企事业单位民主管理制度，加强社会组织民主机制建设，保障职工参与管理和监督的民主权利。

九、推进法治中国建设

建设法治中国，必须坚持依法治国、依法执政、依法行政共同推进，坚持法治国家、法治政府、法治社会一体建设。深化司法体制改革，加快建设公正高效权威的社会主义司法制度，维护人民权益，让人民群众在每一个司法案件中都感受到公平正义。

（30）维护宪法法律权威。宪法是保证党和国家兴旺发达、长治久安的根本法，具有最高权威。要进一步健全宪法实施监督机制和程序，把全面贯彻实施宪法提高到一个新水平。建立健全全社会忠于、遵守、维护、运用宪法法律的制度。坚持法律面前人人平等，任何组织或者个人都不得有超越宪法法律的特权，一切违反宪法法律的行为都必须予以追究。

普遍建立法律顾问制度。完善规范性文件、重大决策合法性审查机制。建立科学的法治建设指标体系和考核标准。健全法规、规章、规范性文件备案审查制度。健全社会普法教育机制，增强全民法治观念。逐步增加有地方立法权的较大的市数量。

（31）深化行政执法体制改革。整合执法主体，相对集中执法权，推进综合执法，着力解决权责交叉、多头执法问题，建立权责统一、权威高效的行政执法体制。减少行政执法层级，加强食品药品、安全生产、环境保护、劳动保障、海域海岛等重点领域基层执法力量。理顺城管执法体制，提高执法和服务水平。

完善行政执法程序，规范执法自由裁量权，加强对行政执法的监督，全面落实行政执法责任制和执法经费由财政保障制度，做到严格规范公正文明执法。完善行政执法与刑事司法衔接机制。

（32）确保依法独立公正行使审判权检察权。改革司法管理体制，推动省以下地方法院、检察院人财物统一管理，探索建立与行政区划适当分离的司法管辖制度，保证国家法律统一正确实施。

建立符合职业特点的司法人员管理制度，健全法官、检察官、人民警察统一招录、有序交流、逐级遴选机制，完善司法人员分类管理制度，健全法官、检察官、人民警察职业保障制度。

（33）健全司法权力运行机制。优化司法职权配置，健全司法权力分工负责、互相配合、互相制约机制，加强和规范对司法活动的法律监督和社会监督。

改革审判委员会制度，完善主审法官、合议庭办案责任制，让审理者裁判、由裁判者负责。明确各级法院职能定位，规范上下级法院审级监督关系。

推进审判公开、检务公开，录制并保留全程庭审资料。增强法律文书说理性，推动公开法院生效裁判文书。严格规范减刑、假释、保外就医程序，强化监督制度。广泛实行人民陪审员、人民监督员制度，拓宽人民群众有序参与司法渠道。

（34）完善人权司法保障制度。国家尊重和保障人权。进一步规范查封、扣押、冻结、处理涉案财物的司法程序。健全错案防止、纠正、责任追究机制，严禁刑讯逼供、体罚虐待，严格实行非法证据排除规则。逐步减少适用死刑罪名。

废止劳动教养制度，完善对违法犯罪行为的惩治和矫正法律，健全社区矫正制度。

健全国家司法救助制度，完善法律援助制度。完善律师执业权利保障机制和违法违规执业惩戒制度，加强职业道德建设，发挥律师在依法维护公民和法人合法权益方面的重要作用。

十、强化权力运行制约和监督体系

坚持用制度管权管事管人，让人民监督权力，让权力在阳光下运行，是把权力关进制度笼子的根本之策。必须构建决策科学、执行坚决、监督有力的权力运行体系，健全惩治和预防腐败体系，建设廉洁政治，努力实现干部清正、政府清廉、政治清明。

（35）形成科学有效的权力制约和协调机制。完善党和国家领导体制，坚持民主集中制，充分发挥党的领导核心作用。规范各级党政主要领导干部职责权限，科学配置党政部门及内设机构权力和职能，明确职责定位和工作任务。

加强和改进对主要领导干部行使权力的制约和监督，加强行政监察和审计监督。

推行地方各级政府及其工作部门权力清单制度，依法公开权力运行流程。完善党务、政务和各领域办事公开制度，推进决策公开、管理公开、服务公开、结果公开。

（36）加强反腐败体制机制创新和制度保障。加强党对党风廉政建设和反腐败工作统一领导。改革党的纪律检查体制，健全反腐败领导体制和工作机制，改革和完善各级反腐败协调小组职能。

落实党风廉政建设责任制，党委负主体责任，纪委负监督责任，制定实施切实可行的责任追究制度。各级纪委要履行协助党委加强党风建设和组织协调反腐败工作的职责，加强对同级党委特别是常委会成员的监督，更好发挥党内监督专门机关作用。

推动党的纪律检查工作双重领导体制具体化、程序化、制度化，强化上级纪委对下级纪委的领导。查办腐败案件以上级纪委领导为主，线索处置和案件查办在向同级党委报告的同时必须向上级纪委报告。各级纪委书记、副书记的提名和考察以上级纪委会同组织部门为主。

全面落实中央纪委向中央一级党和国家机关派驻纪检机构，实行统一名称、统一管理。派驻机构对派出机关负责，履行监督职责。改进中央和省区市巡视制度，做到对地方、部门、企事业单位全覆盖。

健全反腐倡廉法规制度体系，完善惩治和预防腐败、防控廉政风险、防止利益冲突、领导干部报告个人有关事项、任职回避等方面法律法规，推行新提任领导干部有关事项公开制度试点。健全民主监督、法律监督、舆论监督机制，运用和规范互联网监督。

（37）健全改进作风常态化制度。围绕反对形式主义、官僚主义、享乐主义和奢靡之风，加快体制机制改革和建设。健全领导干部带头改进作风、深入基层调查研究机制，完善直接联系和服务群众制度。改革会议公文制度，从中央做起带头减少会议、文件，着力改进会风文风。健全严格的财务预算、核准和审计制度，着力控制"三公"经费支出和楼堂馆所建设。完善选人用人专项检查和责任追究制度，着力纠正跑官要官等不正之风。改革政绩考核机制，着力解决"形象工程"、"政绩工程"以及不作为、乱作为等问题。

规范并严格执行领导干部工作生活保障制度，不准多处占用住房和办公用房，不准超标准配备办公用房和生活用房，不准违规配备公车，不准违规配备秘书，不准超规格警卫，不准超标准进行公务接待，严肃查处违反规定超标准享受待遇等问题。探索实行官邸制。

完善并严格执行领导干部亲属经商、担任公职和社会组织职务、出国定居等相关制度规定，防止领导干部利用公共权力或自身影响为亲属和其他特定关系人谋取私利，坚决反对特权思想和作风。

十一、推进文化体制机制创新

建设社会主义文化强国，增强国家文化软实力，必须坚持社会主义先进文化前进方向，坚持中国特色社会主义文化发展道路，培育和践行社会主义核心价值观，巩固马克思主义在意识形态领域的指导地位，巩固全党全国各族人民团结奋斗的共同思想基础。坚持以人民为中心的工作导向，坚持把社会效益放在首位、社会效益和经济效益相统一，以激发全民族文化创造活力为中心环节，进一步深化文化体制改革。

（38）完善文化管理体制。按照政企分开、政事分开原则，推动政府部门由办文化向管文化转变，推动党政部门与其所属的文化企事业单位进一步理顺关系。建立党委和政府监管国有文化资产的管理机构，实行管人管事管资产管导向相统一。

健全坚持正确舆论导向的体制机制。健全基础管理、内容管理、行业管理以及网络违法犯罪防范和打击等工作联动机制，健全网络突发事件处置机制，形成正面引导和依法管理相结合的网络舆论工作格局。整合新闻媒体资源，推动传统媒体和新兴媒体融合发展。推动新闻发布制度化。严格新闻工作者职业资格制度，重视新型媒介运用和管理，规范传播秩序。

（39）建立健全现代文化市场体系。完善文化市场准入和退出机制，鼓励各类市场主体公平竞争、优胜劣汰，促进文化资源在全国范围内流动。继续推进国有经营性文化单位转企改制，加快公司制、股份制改造。对按规定转制的重要国有传媒企业探索实行特殊管理股制度。推动文化企业跨地区、跨行业、跨所有制兼并重组，提高文化产业规模化、集约化、专业化水平。

鼓励非公有制文化企业发展，降低社会资本进入门槛，允许参与对外出版、网络出版，允许以控股形式参与国有影视制作机构、文艺院团改制经营。支持各种形式小微文化企业发展。

在坚持出版权、播出权特许经营前提下，允许制作和出版、制作和播出分开。建立多层次文化产品和要素市场，鼓励金融资本、社会资本、文化资源相结合。完善文化经济政策，扩大政府文化资助和文化采购，加强版权保护。健全文化产品评价体系，改革评奖制度，推出更多文化精品。

（40）构建现代公共文化服务体系。建立公共文化服务体系建设协调机制，统筹服务设施网络建设，促进基本公共文化服务标准化、均等化。建立群众评价和反馈机制，推动文化惠民项目与群众文化需求有效对接。整合基层宣传文化、党员教育、科学普及、体育健身等设施，建设综合性文化服务中心。

明确不同文化事业单位功能定位，建立法人治理结构，完善绩效考核机制。推动公共图书馆、博物馆、文化馆、科技馆等组建理事会，吸纳有关方面代表、专业人士、各界群众参与管理。

引入竞争机制，推动公共文化服务社会化发展。鼓励社会力量、社会资本参与公共文化服务体系建设，培育文化非营利组织。

（41）提高文化开放水平。坚持政府主导、企业主体、市场运作、社会参与，扩大对外文化交流，加强国际传播能力和对外话语体系建设，推动中华文化走向世界。理顺内宣外宣体制，支持重点媒体面向国内国际发展。培育外向型文化企业，支持文化企业到境外开拓市场。鼓励社会组织、中资机构等参与孔子学院和海外文化中心建设，承担人文交流项目。

积极吸收借鉴国外一切优秀文化成果，引进有利于我国文化发展的人才、技术、经营管理经验。切实维护国家文化安全。

十二、推进社会事业改革创新

实现发展成果更多更公平惠及全体人民，必须加快社会事业改革，解决好人民最关心最直接最现实的利益问题，努力为社会提供多样化服务，更好满足人民需求。

（42）深化教育领域综合改革。全面贯彻党的教育方针，坚持立德树人，加强社会主义核心价值体系教育，完善中华优秀传统文化教育，形成爱学习、爱劳动、爱祖国活动的有效形式和长效机制，增强学生社会责任感、创新精神、实践能力。强化体育课和课外锻炼，促进青少年身心健康、体魄强健。改进美育教学，提高学生审美和人文素养。大力促进教育公平，健全家庭经济困难学生资助体系，构建利用信息化手段扩大优质教育资源覆盖面的有效机制，逐步缩小区域、城乡、校际差距。统筹城乡义务教育资源均衡配置，实行公办学校标准化建设和校长教师交流轮岗，不设重点学校重点班，破解择校难题，标本兼治减轻学生课业负担。加快现代职业教育体系建设，深化产教融合、校企合作，培养高素质劳动者和技能型人才。创新高校人才培养机制，促进高校办出特色争创一流。推进学前教育、特殊教育、继续教育改革发展。

推进考试招生制度改革，探索招生和考试相对分离、学生考试多次选择、学校依法自主招生、专业机构组织实施、政府宏观管理、社会参与监督的运行机制，从根本上解决一考定终身的弊端。义务教育免试就近入学，试行学区制和九年一贯对口招生。推行初高中学业水平考试和综合素质评价。加快推进职业院校分类招考或注册入学。逐步推行普通高校基于统一高考和高中学业水平考试成绩的综合评价多元录取机制。探索全国统考减少科目、不分文理科、外语等科目社会化考试一年多考。试行普通高校、高职院校、成人高校之间学分转换，拓宽终身学习通道。

深入推进管办评分离，扩大省级政府教育统筹权和学校办学自主权，完善学校内部治理结构。强化国家教育督导，委托社会组织开展教育评估监测。健全政府补贴、政府购买服务、助学贷款、基金奖励、捐资激励等制度，鼓励社会力量兴办教育。

（43）健全促进就业创业体制机制。建立经济发展和扩大就业的联动机制，健全政府促进就业责任制度。规范招人用人制度，消除城乡、行业、身份、性别等一切影响平等就业的制度障碍和就业歧视。完善扶持创业的优惠政策，形成政府激励创业、社会支持创业、劳动者勇于创业新机制。完善城乡均等的公共就业创业服务体系，构建劳动者终身职业培训体系。增强失业保险制度预防失业、促进就业功能，完善就业失业监测统计制度。创新劳动关系协调机制，畅通职工表达合理诉求渠道。

促进以高校毕业生为重点的青年就业和农村转移劳动力、城镇困难人员、退役军人就业。结合产业升级开发更多适合高校毕业生的就业岗位。政府购买基层公共管理和社会服务岗位更多用于吸纳高校毕业生就业。健全鼓励高校毕业生到基层工作的服务保障机制，提高公务员定向招录和事业单位优先招聘比例。实行激励高校毕业生自主创业政策，整合发展国家和省级高校毕业生就业创业基金。实施离校未就业高校毕业生就业促进计划，把未就业的纳入就业见习、技能培训等就业准备活动之中，对有特殊困难的实行全程就业服务。

（44）形成合理有序的收入分配格局。着重保护劳动所得，努力实现劳动报酬增长和劳动生产率提高同步，提高劳动报酬在初次分配中的比重。健全工资决定和正常增长机制，完善最低工资和工资支付保障制度，完善企业工资集体协商制度。改革机关事业单位工资和津贴补贴制度，完善艰苦边远地区津贴增长机制。健全资本、知识、技术、管理等由要素市场决定的报酬机制。扩展投资和租赁服务等途径，优化上市公司投资者回报机制，保护投资者尤其是中小投资者合法权益，多渠道增加居民财产性收入。

完善以税收、社会保障、转移支付为主要手段的再分配调节机制，加大税收调节力度。建立公共资源出让收益合理共享机制。完善慈善捐助减免税制度，支持慈善事业发挥扶贫济困积极作用。

规范收入分配秩序，完善收入分配调控体制机制和政策体系，建立个人收入和财产信息系统，保护合法收入，调节过高收入，清理规范隐性收入，取缔非法收入，增加低收入者收入，扩大中等收入者比重，努力缩小城乡、区域、行业收入分配差距，逐步形成橄榄型分配格局。

（45）建立更加公平可持续的社会保障制度。坚持社会统筹和个人账户相结合的基本养老保险制度，完善个人账户制度，健全多缴多得激励机制，确保参保人权益，实现基础养老金全国统筹，坚持精算平衡原则。推进机关事业单位养老保险制度改革。整合城乡居民基本养老保险制度、基本医疗保险制度。推进城乡最低生活保障制度统筹发展。建立健全合理兼顾各类人员的社会保障待遇确定和正常调整机制。完善社会保险关系转移接续政策，扩

大参保缴费覆盖面，适时适当降低社会保险费率。研究制定渐进式延迟退休年龄政策。加快健全社会保障管理体制和经办服务体系。健全符合国情的住房保障和供应体系，建立公开规范的住房公积金制度，改进住房公积金提取、使用、监管机制。

健全社会保障财政投入制度，完善社会保障预算制度。加强社会保险基金投资管理和监督，推进基金市场化、多元化投资运营。制定实施免税、延期征税等优惠政策，加快发展企业年金、职业年金、商业保险，构建多层次社会保障体系。

积极应对人口老龄化，加快建立社会养老服务体系和发展老年服务产业。健全农村留守儿童、妇女、老年人关爱服务体系，健全残疾人权益保障、困境儿童分类保障制度。

（46）深化医药卫生体制改革。统筹推进医疗保障、医疗服务、公共卫生、药品供应、监管体制综合改革。深化基层医疗卫生机构综合改革，健全网络化城乡基层医疗卫生服务运行机制。加快公立医院改革，落实政府责任，建立科学的医疗绩效评价机制和适应行业特点的人才培养、人事薪酬制度。完善合理分级诊疗模式，建立社区医生和居民契约服务关系。充分利用信息化手段，促进优质医疗资源纵向流动。加强区域公共卫生服务资源整合。取消以药补医，理顺医药价格，建立科学补偿机制。改革医保支付方式，健全全民医保体系。加快健全重特大疾病医疗保险和救助制度。完善中医药事业发展政策和机制。

鼓励社会办医，优先支持举办非营利性医疗机构。社会资金可直接投向资源稀缺及满足多元需求服务领域，多种形式参与公立医院改制重组。允许医师多点执业，允许民办医疗机构纳入医保定点范围。

坚持计划生育的基本国策，启动实施一方是独生子女的夫妇可生育两个孩子的政策，逐步调整完善生育政策，促进人口长期均衡发展。

十三、创新社会治理体制

创新社会治理，必须着眼于维护最广大人民根本利益，最大限度增加和谐因素，增强社会发展活力，提高社会治理水平，全面推进平安中国建设，维护国家安全，确保人民安居乐业、社会安定有序。

（47）改进社会治理方式。坚持系统治理，加强党委领导，发挥政府主导作用，鼓励和支持社会各方面参与，实现政府治理和社会自我调节、居民自治良性互动。坚持依法治理，加强法治保障，运用法治思维和法治方式化解社会矛盾。坚持综合治理，强化道德约束，规范社会行为，调节利益关系，协调社会关系，解决社会问题。坚持源头治理，标本兼治、重在治本，以网格化管理、社会化服务为方向，健全基层综合服务管理平台，及时反映和协调人民群众各方面各层次利益诉求。

（48）激发社会组织活力。正确处理政府和社会关系，加快实施政社分开，推进社会组织明确权责、依法自治、发挥作用。适合由社会组织提供的公共服务和解决的事项，交由社会组织承担。支持和发展志愿服务组织。限期实现行业协会商会与行政机关真正脱钩，重点培育和优先发展行业协会商会类、科技类、公益慈善类、城乡社区服务类社会组织，成立时直接依法申请登记。加强对社会组织和在华境外非政府组织的管理，引导它们依法开展活动。

（49）创新有效预防和化解社会矛盾体制。健全重大决策社会稳定风险评估机制。建立畅通有序的诉求表达、心理干预、矛盾调处、权益保障机制，使群众问题能反映、矛盾能化解、权益有保障。

改革行政复议体制，健全行政复议案件审理机制，纠正违法或不当行政行为。完善人民调解、行政调解、司法调解联动工作体系，建立调处化解矛盾纠纷综合机制。

改革信访工作制度，实行网上受理信访制度，健全及时就地解决群众合理诉求机制。把涉法涉诉信访纳入法制轨道解决，建立涉法涉诉信访依法终结制度。

（50）健全公共安全体系。完善统一权威的食品药品安全监管机构，建立最严格的覆盖全过程的监管制度，建立食品原产地可追溯制度和质量标识制度，保障食品药品安全。深化安全生产管理体制改革，建立隐患排查治理体系和安全预防控制体系，遏制重特大安全事故。健全防灾减灾救灾体制。加强社会治安综合治理，创新立体化社会治安防控体系，依法严密防范和惩治各类违法犯罪活动。

坚持积极利用、科学发展、依法管理、确保安全的方针，加大依法管理网络力度，加快完善互联网管理领导体制，确保国家网络和信息安全。

设立国家安全委员会，完善国家安全体制和国家安全战略，确保国家安全。

十四、加快生态文明制度建设

建设生态文明，必须建立系统完整的生态文明制度体系，实行最严格的源头保护制度、损害赔偿制度、责任追究制度，完善环境治理和生态修复制度，用制度保护生态环境。

（51）健全自然资源资产产权制度和用途管制制度。对水流、森林、山岭、草原、荒地、滩涂等自然生态空间进行统一确权登记，形成归属清晰、权责明确、监管有效的自然资源资产产权制度。建立空间规划体系，划定生产、生活、生态空间开发管制界限，落实用途管制。健全能源、水、土地节约集约使用制度。

健全国家自然资源资产管理体制，统一行使全民所有自然资源资产所有者职责。完善自然资源监管体制，统一行使所有国土空间用途管制职责。

（52）划定生态保护红线。坚定不移实施主体功能区制度，建立国土空间开发保护制度，严格按照主体功能区定位推动发展，建立国家公园体制。建立资源环境承载能力监测预警机制，对水土资源、环境容量和海洋资源超载区域实行限制性措施。对限制开发区域和生态脆弱的国家扶贫开发工作重点县取消地区生产总值考核。

探索编制自然资源资产负债表，对领导干部实行自然资源资产离任审计。建立生态环境损害责任终身追究制。

（53）实行资源有偿使用制度和生态补偿制度。加快自然资源及其产品价格改革，全面反映市场供求、资源稀缺程度、生态环境损害成本和修复效益。坚持使用资源付费和谁污染环境、谁破坏生态谁付费原则，逐步将资源税扩展到占用各种自然生态空间。稳定和扩大退耕还林、退牧还草范围，调整严重污染和地下水严重超采区耕地用途，有序实现耕地、河湖休养生息。建立有效调节工业用地和居住用地合理比价机制，提高工业用地价格。坚持谁受益、谁补偿原则，完善对重点生态功能区的生态补偿机制，推动地区间建立横向生态补偿制度。

发展环保市场，推行节能量、碳排放权、排污权、水权交易制度，建立吸引社会资本投入生态环境保护的市场化机制，推行环境污染第三方治理。

（54）改革生态环境保护管理体制。建立和完善严格监管所有污染物排放的环境保护管理制度，独立进行环境监管和行政执法。建立陆海统筹的生态系统保护修复和污染防治区域联动机制。健全国有林区经营管理体制，完善集体林权制度改革。及时公布环境信息，健全举报制度，加强社会监督。完善污染物排放许可制，实行企事业单位污染物排放总量控制制度。对造成生态环境损害的责任者严格实行赔偿制度，依法追究刑事责任。

十五、深化国防和军队改革

紧紧围绕建设一支听党指挥、能打胜仗、作风优良的人民军队这一党在新形势下的强军目标，着力解决制约国防和军队建设发展的突出矛盾和问题，创新发展军事理论，加强军事战略指导，完善新时期军事战略方针，构建中国特色现代军事力量体系。

（55）深化军队体制编制调整改革。推进领导管理体制改革，优化军委总部领导机关职能配置和机构设置，完善各军兵种领导管理体制。健全军委联合作战指挥机构和战区联合作战指挥体制，推进联合作战训练和保障体制改革。完善新型作战力量领导体制。加强信息化建设集中统管。优化武装警察部队力量结构和指挥管理体制。

优化军队规模结构，调整改善军兵种比例、官兵比例、部队与机关比例，减少非战斗机构和人员。依据不同方向安全需求和作战任务改革部队编成。加快新型作战力量建设。深化军队院校改革，健全军队院校教育、部队训练实践、军事职业教育三位一体的新型军事人才培养体系。

（56）推进军队政策制度调整改革。健全完善与军队职能任务需求和国家政策制度创新相适应的军事人力资源政策制度。以建立军官职业化制度为牵引，逐步形成科学规范的军队干部制度体系。健全完善文职人员制度。完善兵役制度、士官制度、退役军人安置制度改革配套政策。

健全军费管理制度，建立需求牵引规划、规划主导资源配置机制。健全完善经费物资管理标准制度体系。深化预算管理、集中收付、物资采购和军人医疗、保险、住房保障等制度改革。

健全军事法规制度体系，探索改进部队科学管理的方式方法。

（57）推动军民融合深度发展。在国家层面建立推动军民融合发展的统一领导、军地协调、需求对接、资源共享机制。健全国防工业体系，完善国防科技协同创新体制，改革国防科研生产管理和武器装备采购体制机制，引导优势民营企业进入军品科研生产和维修领域。改革完善依托国民教育培养军事人才的政策制度。拓展军队保障社会化领域。深化国防教育改革。健全国防动员体制机制，完善平时征用和战时动员法规制度。深化民兵预备役体制改革。调整理顺边海空防管理体制机制。

十六、加强和改善党对全面深化改革的领导

全面深化改革必须加强和改善党的领导，充分发挥党总揽全局、协调各方的领导核心作用，建设学习型、服务型、创新型的马克思主义执政党，提高党的领导水平和执政能力，确保改革取得成功。

（58）全党同志要把思想和行动统一到中央关于全面深化改革重大决策部署上来，正确处理中央和地方、全局和局部、当前和长远的关系，正确对待利益格局调整，充分发扬党内民主，坚决维护中央权威，保证政令畅通，坚定不移实现中央改革决策部署。

中央成立全面深化改革领导小组，负责改革总体设计、统筹协调、整体推进、督促落实。

各级党委要切实履行对改革的领导责任，完善科学民主决策机制，以重大问题为导向，把各项改革举措落到实处。加强各级领导班子建设，完善干部教育培训和实践锻炼制度，不断提高领导班子和领导干部推动改革能力。创新基层党建工作，健全党的基层组织体系，充分发挥基层党组织的战斗堡垒作用，引导广大党员积极投身改革事业，发扬"钉钉子"精神，抓铁有痕、踏石留印，为全面深化改革作出积极贡献。

（59）全面深化改革，需要有力的组织保证和人才支撑。坚持党管干部原则，深化干部人事制度改革，构建有效管用、简便易行的选人用人机制，

使各方面优秀干部充分涌现。发挥党组织领导和把关作用，强化党委（党组）、分管领导和组织部门在干部选拔任用中的权重和干部考察识别的责任，改革和完善干部考核评价制度，改进竞争性选拔干部办法，改进优秀年轻干部培养选拔机制，区分实施选任制和委任制干部选拔方式，坚决纠正唯票取人、唯分取人等现象，用好各年龄段干部，真正把信念坚定、为民服务、勤政务实、敢于担当、清正廉洁的好干部选拔出来。

打破干部部门化，拓宽选人视野和渠道，加强干部跨条块跨领域交流。破除"官本位"观念，推进干部能上能下、能进能出。完善和落实领导干部问责制，完善从严管理干部队伍制度体系。深化公务员分类改革，推行公务员职务与职级并行、职级与待遇挂钩制度，加快建立专业技术类、行政执法类公务员和聘任人员管理制度。完善基层公务员录用制度，在艰苦边远地区适当降低进入门槛。

建立集聚人才体制机制，择天下英才而用之。打破体制壁垒，扫除身份障碍，让人人都有成长成才、脱颖而出的通道，让各类人才都有施展才华的广阔天地。完善党政机关、企事业单位、社会各方面人才顺畅流动的制度体系。健全人才向基层流动、向艰苦地区和岗位流动、在一线创业的激励机制。加快形成具有国际竞争力的人才制度优势，完善人才评价机制，增强人才政策开放度，广泛吸引境外优秀人才回国或来华创业发展。

（60）人民是改革的主体，要坚持党的群众路线，建立社会参与机制，充分发挥人民群众积极性、主动性、创造性，充分发挥工会、共青团、妇联等人民团体作用，齐心协力推进改革。鼓励地方、基层和群众大胆探索，加强重大改革试点工作，及时总结经验，宽容改革失误，加强宣传和舆论引导，为全面深化改革营造良好社会环境。

全党同志要紧密团结在以习近平同志为总书记的党中央周围，锐意进取，攻坚克难，谱写改革开放伟大事业历史新篇章，为全面建成小康社会、不断夺取中国特色社会主义新胜利、实现中华民族伟大复兴的中国梦而奋斗！

关于加强中央文化企业国有产权转让管理的通知

2013 年 5 月 7 日　财政部　财文资〔2013〕5 号

党中央有关部门，国务院各部委、各直属机构，全国人大常委会办公厅，全国政协办公厅，高法院，高检院，有关人民团体，各民主党派中央，有关中央管理企业，上海文化产权交易所，深圳文化产权交易所：

为进一步规范财政部代表国务院履行出资人职责的中央文化企业国有产权转让行为，促进国有资产合理流动、文化产业布局和结构的战略性调整，防止企业国有资产流失，根据《企业国有产权转让管理暂行办法》（国资委　财政部令第 3 号）等有关规定，结合中央文化企业国有资产管理实际情况，现就有关事项通知如下：

一、中央文化企业国有产权转让应当遵守国家法律、行政法规和政策的有关规定，符合国家文化改革发展规划，优化国有资本配置，遵循等价有偿和公开、公平、公正的原则，保障国家和其他各方的合法权益。

二、财政部负责中央文化企业国有产权转让的监督管理工作，依法制定中央文化企业国有产权转让和交易管理办法。中央文化企业负责制定所属企业的国有产权转让管理办法，报财政部备案。

三、财政部依法决定或批准中央文化企业的国有产权转让。中央文化企业决定其子企业的国有产权转让。其中，由中央文化企业直接管理和控制，资产总额和利润总额占本企业比例超过 30% 的重要子企业的国有产权转让事项，应当报财政部批准。涉及政府社会公共管理审批事项的，需预先报经政府有关部门审批。

四、资产财务关系在财政部单列的中央文化企业直接报财政部批准，其他中央文化企业经主管部门审核同意后报财政部批准。

五、中央文化企业国有产权转让应当依法履行内部决策程序和审批程序，按规定做好清产核资、审计和资产评估等有关工作，并以经核准或备案的资产评估值作为转让价格的参考依据。

六、中央文化企业国有产权转让原则应当进场交易，严格控制场外协议转让。对于受让方有特殊要求拟进行协议方式转让的，应当符合国家有关规定，并报财政部批准。

七、中央文化企业在本企业内部实施资产重组，拟直接采取协议方式转让国有产权的，转让方和受让方应为中央文化企业或其全资境内子企业，协议转让事项由中央文化企业负责依法决定或批准，同时抄报财政部。转让价格应以资产评估或审计报告确认的净资产值为基准确定，且不得低于经评估或审计的净资产值。涉及股份有限公司股份转让的，按国家有关规定办理。

八、中央文化企业国有产权进场交易的，应当按照中共中央宣传部、商务部、文化部、原国家广播电影电视总局和原新闻出版总署《关于贯彻落实国务院决定加强文化产权交易和艺术品交易管理的意见》（中宣发〔2011〕49号）规定，在上海和深圳两个文化产权交易所交易，并严格按照有关规定进行交易操作。

九、中央文化企业产权转让收益应当按照财政部、国资委《关于印发〈中央企业国有资本收益收取管理暂行办法〉的通知》（财企〔2007〕309号）规定直接上交中央财政，纳入中央本级国有资本经营预算收入管理。

十、中央文化企业要加强对各级子企业国有权转让的管理，明确管理的机构、人员、职责和管理程序，建立健全产权转让档案。中央文化企业应当在每年度1月31日前，将本企业上一年度的企业国有产权转让事项书面报告财政部，有主管部门的，通过主管部门汇总后书面报告财政部。

十一、财政部对中央文化企业国有产权转让工作进行检查。对于严重违反企业国有产权转让相关法规的企业及主要负责人、相关责任人员将予以通报批评，对造成国有资产损失的，将依法追究相关人员的责任。

中央文化企业国有产权交易操作规则

2013年5月7日　财政部　财文资〔2013〕6号

第一章　总　则

第一条　为规范中央文化企业国有产权交易行为，根据《企业国有产权转让管理暂行办法》等有关规定，制定本规则。

第二条　中央文化企业国有产权交易，是指中央文化企业国有产权转让主体（以下统称"转让方"）在履行相关决策和批准程序后，通过文化产权交易所（以下简称"文交所"）公开发布转让信息，公开竞价转让国有产权的活动。

法律、行政法规和有关政策禁止转让的国有产权，不得作为转让标的。

第三条　本规则所称中央文化企业是财政部代表国务院履行出资人职责的文化企业。产权交易应当进入中央文化企业国有资产监督管理机构（以下简称"中央文资监管机构"）规定的文交所进行。

第四条　中央文化企业国有产权交易应当遵循等价有偿和公开、公平、公正、竞争的原则。文交所应当按照本规则组织中央文化企业国有产权交易，接受中央文资监管机构的监督，加强自律管理，维护市场秩序，保证产权交易活动的正常进行。

第五条　中央文化企业国有产权交易程序包括：受理转让申请、发布转让信息、登记受让意向、组织交易签约、结算交易资金、出具交易凭证。

第二章 受理转让申请

第六条 文交所承担产权转让交易申请的受理工作。实行会员制的产权交易机构，应当在网站上公布会员的名单，供转让方、受让方自主选择，签订委托代理合同，建立委托代理关系。

第七条 转让方向文交所提出产权转让信息发布申请，递交申请书和产权转让公告等相关材料，并对材料的真实性、完整性、有效性负责。

按照有关规定，需要在信息公告前进行产权转让信息内容审批或备案的项目，转让方应当履行相应的报批或备案手续。

第八条 转让方提交的产权转让信息发布申请资料符合齐全性要求的，文交所应当予以接收登记。

第九条 文交所应当建立中央文化企业国有产权转让信息公告的审核制度。在接收转让方申请资料次日起5个工作日内，完成对产权转让信息发布申请资料的合规性审核，重点审核产权转让公告中涉及转让标的信息披露的真实性、完整性、有效性，交易条件和受让方资格条件设置的公平性和合理性，以及竞价方式的选择等内容。

对符合信息公告审核要求的，文交所应当予以受理，并向转让方出具转让受理通知书；不符合信息公告审核制度要求的，文交所应当将要求修改或不予受理的书面审核意见在5个工作日内告知转让方。

第十条 转让方应当在产权转让公告中披露转让方和转让标的的基本情况、为达成交易需要受让方接受的主要交易条件、受让方资格条件、对产权交易有重大影响的相关信息、竞价方式的选择、交易保证金的设置等内容。

第十一条 产权转让公告披露的转让方和转让标的的企业基本情况主要包括：

（一）转让方、转让标的及受托会员的名称；

（二）转让标的企业性质、成立时间、注册地、所属行业、主营业务、注册资本、职工人数、资本（或股权）结构；

（三）转让方的企业性质及其在转让标的企业的出资比例；

（四）转让标的企业前10名出资人的名称、出资比例；

（五）转让标的企业著作权等无形资产基本状况；

（六）转让标的企业最近一个年度审计报告和最近一期财务报表中的主要财务指标数据，包括所有者权益、负债、营业收入、净利润等；

（七）转让标的（或者转让标的企业）资产评估的核准或者备案情况，资产评估报告中总资产、总负债、净资产的评估值，无形资产的评估值；

（八）评估基准日后可能对转让标的价值产生重大影响的重要事项，以及审计报告、评估报告、法律意见书中专项揭示的可能对转让标的价值产生重大影响的重要事项；

（九）产权转让行为的相关内部决策及有关部门批准情况。

第十二条 产权转让公告披露的为达成交易需要受让方接受的主要交易条件，主要包括：

（一）转让标的挂牌价格、价款支付方式和期限要求；

（二）对转让标的企业职工有无继续聘用要求；

（三）产权转让涉及的债权债务处置要求；

（四）对转让标的企业存续发展方面的要求。

第十三条 产权转让公告披露的受让方资格条件，可以包括：

（一）准入条件、主体资格和资质（包括是否可以为转让方管理层或关联方）。如转让标的企业为文化企业的，转让方应当根据文化行业准入要求，明确提出受让方条件；

（二）经营情况、财务状况、管理能力、资产规模等。

上述限制条件不得出现具有明确指向性或者违反公平竞争的内容。

第十四条 产权转让公告披露的对产权交易有重大影响的相关信息，主要包括：

（一）审计报告、资产评估报告有无保留意见或者重要提示；

（二）资产评估基准日后，发生的影响转让标的企业产权结构和价值变动的情况；

（三）管理层及其利益关联方拟参与受让的，应当披露其当前持有转让标的企业的股权比例、拟参与受让国有产权的人员或者公司名单、拟受让比例等；

（四）转让标的企业其他股东是否同意股权转让，是否放弃优先购买权。

第十五条 产权转让公告中应当明确在征集到两个及以上符合条件的意向受让方时，确定受让方采用的公开竞价交易方式。选择招投标方式的，应当同时披露评标方法和标准。

第十六条 转让方可以在产权转让公告中提出交纳交易保证金的要求。交易保证金的设定比例，一般不超过转让标的挂牌价的30%。文交所在产权转让公告中应当明示交易保证金的处置方式。

第三章 发布转让信息

第十七条 产权转让信息应当在文交所选定的转让标的企业注册地或者重大资产所在地覆盖面较广的经济、金融和文化类报刊进行公告，同时在文交所网站联合公告。文交所网站发布信息的日期不应当晚于报刊公告的日期。

第十八条 转让方应当明确产权转让公告的期限。首次信息公告的期限应当不少于20个工作日，信息公告时间以报刊首次信息公告之日起计算。

第十九条 转让方在信息公告期间不得擅自变更转让公告内容。因特殊原因确需变更信息公告内容的，应当由产权转让批准机构出具文件，文交所审核后在原信息发布渠道进行公告，并重新计算公告期。

第二十条 转让方在规定的公告期限内未征集到符合条件的意向受让方，且不变更信息公告内容的，可以按照转让公告的约定延长信息公告期限，每次延长期限应当不少于5个工作日。未在转让公告中明确延长信息公告期限的，信息公告到期自行终止。

第二十一条 转让方首次信息公告时的挂牌价不得低于经核准或者备案的转让标的资产评估结果。如在规定的公告期限内未征集到意向受让方，转让方可以在不低于评估结果90%的范围内设定新的挂牌价再次进行公告。如新的挂牌价低于评估结果的90%，转让方应当在重新获得产权转让批准机构批准后，再发布产权转让公告。

第二十二条 信息公告期间出现影响交易活动正常进行的情形，或者有关当事人提出中止信息公告书面申请和有关材料，文交所可以做出中止信息公告的决定。

第二十三条 文交所根据实际情况设定信息公告的中止期限，一般不超过1个月，并应当在中止期间对相关的申请事由或者争议事项进行调查核实，及时做出恢复或者终止信息公告的决定。如恢复信息公告，累计公告期不少于20个工作日，且继续公告的期限不少于10个工作日。

第二十四条 信息公告期间出现交易活动无法按照规定程序正常进行的情形，并经调查核实后确认无法消除的，文交所可以做出终止信息公告的决定。

产权交易中出现中止、恢复、终止情形的，文交所应当在原公告报刊和网站上进行公告。

第四章 登记受让意向

第二十五条 意向受让方在信息公告期限内，向文交所提出产权受让申请，并提交产权受让申请材料，确认已知晓产权转让公告载明的所有内容和交易条件，并承诺遵守市场规则。文交所应当对提出申请的意向受让方逐一进行登记。

意向受让方对产权受让申请填写内容及提交材料的真实性、完整性、有效性负责。

第二十六条 意向受让方登记受让意向后，转让方应当配合意向受让方对产权标的相关信息进行核实，并对相关问题给予充分、必要地解释。意向受让方可以到文交所查阅产权转让标的的相关信息和材料。

第二十七条 文交所应当对意向受让方提交的申请及材料进行齐全性和合规性审核，按照产权转让公告中的受让方资格条件审核意向受让方受让资格。对于转让标的企业为文化企业的，应当重点审核意向受让方是否符合文化监管部门的市场准入要求。

登记的意向受让方不符合资格条件，或提交的材料不符合齐全性和合规性要求的，文交所应当以书面形式告知意向受让方。需要进行调整的，意向受让方应当在收到通知次日起2个工作日内按要求做出调整。

在信息公告期满后 5 个工作日内，文交所应当将意向受让方的登记情况及其资格确认意见书面告知转让方。

第二十八条　转让方收到资格确认意见后，应当在 5 个工作日内予以书面回复。如对受让方资格条件有异议，应当在书面意见中说明理由，并递交相关证明材料。转让方逾期未予回复的，视为同意文交所做出的资格确认意见。

第二十九条　在征询转让方意见后，文交所应当以书面形式将资格确认结果告知意向受让方，并抄送转让方。

第三十条　转让方对文交所确认的意向受让方资格有异议，应当与文交所进行协商，必要时可以就有关争议事项征询中央文资监管机构意见。

第三十一条　通过资格确认的意向受让方，在事先确定的时限内向文交所交纳交易保证金（以到达文交所指定账户为准）后，获得参与交易资格。逾期未交纳保证金的，视为放弃受让意向。

第五章　组织交易签约

第三十二条　产权转让信息公告期满，产生两个及以上获得参与竞价交易资格意向受让方的，文交所应当按照公告披露的竞价方式组织实施公开竞价；只产生一个符合条件的意向受让方的，由文交所组织交易双方根据挂牌价格及意向受让方报价孰高原则签订产权交易协议。涉及转让标的企业其他股东的，在同等条件下行使优先购买权，文交所应当为其在场内行使优先购买权提供必要的服务。

第三十三条　公开竞价方式包括拍卖、招投标、网络竞价以及国家规定的其他公开竞价方式。

采用网络竞价方式的，可以采取多次报价、一次报价、权重报价等方式。文交所应当按照相关办法组织实施。

第三十四条　转让方制作竞价实施方案，应当保证其内容的真实性、准确性和完整性，并承诺不存在虚假记载、误导性陈述或重大遗漏。竞价实施方案中的交易条件以及影响转让标的价值的其他内容，应当与产权转让公告所载的内容要求保持一致。

第三十五条　文交所应当在确定受让方次日起

3 个工作日内，组织交易双方签订产权交易合同。产权交易合同条款主要包括：

（一）产权交易双方的名称与住所；

（二）转让标的企业的基本情况；

（三）产权转让的方式；

（四）转让标的企业职工继续聘用安置事宜；

（五）转让标的企业的债权、债务处理；

（六）转让价格、付款方式及付款期限；

（七）产权交割事项；

（八）合同的生效条件；

（九）合同争议的解决方式；

（十）合同各方的违约责任；

（十一）合同变更和解除的条件。

第三十六条　文交所应当依据法律法规的相关规定，按照产权转让信息公告的内容及竞价交易结果等，对产权交易合同进行审核。

第三十七条　产权交易涉及主体资格审查、许可审查、行业准入资格审查、反垄断审查等情形，交易双方应当将产权交易合同及相关材料报政府相关部门核准，文交所应当出具政府相关部门审批所需的交易证明文件。

第六章　结算交易资金

第三十八条　产权交易资金包括交易保证金和交易价款，一般以人民币为计价单位。

文交所实行交易资金统一进场结算制度，开设独立的资金结算账户，组织收付产权交易资金，保证结算账户中交易资金的安全，及时支付，不得挪作他用。

第三十九条　受让方应当在产权交易合同约定的期限内，将交易价款交付至文交所的结算账户。受让方交纳的交易保证金可按照相关约定转为交易价款。转让价款原则上一次性收取，如金额较大、一次付清确有困难，可采用分期付款方式，但首付交易价款数额不得低于成交金额的 30%，最长交付期限不超过 1 年。

第四十条　受让方将交易价款交付至文交所结算账户后，文交所应当向受让方出具收款凭证。对符合交易价款划出条件的，文交所应当及时向转让方划出交易价款。转让方收到交易价款后，应当向文交所出具收款凭证。

第四十一条　交易双方为同一实际控制人的，经文交所核实后，交易资金可以场外结算。

第四十二条　产权交易的收费标准应当符合文交所所在地政府物价部门的有关规定。文交所应当在工作场所内和信息发布平台上公示收费标准。

交易双方应当按照文交所的收费标准支付交易服务费用，文交所在收到服务费用后，应当出具收费凭证。

第七章　出具交易凭证

第四十三条　产权交易双方签订产权交易合同，受让方依据合同约定将交易价款交付至文交所资金结算账户，且交易双方支付交易服务费用后，文交所应当在 3 个工作日内出具产权交易凭证。

第四十四条　产权交易涉及主体资格审查、许可审查、行业准入资格审查、反垄断审查等情形时，文交所应当在交易行为获得政府相关部门批准后出具产权交易凭证。

第四十五条　产权交易凭证应当载明项目编号、签约日期、挂牌起止日、转让方全称、受让方全称、转让标的全称、交易方式、转让标的企业评估结果、转让价格、交易价款支付方式、文交所审

核结论等内容。

第四十六条　产权交易凭证应当使用统一格式打印，并加盖文交所印章，手写、涂改无效。

第八章　争议处理和法律责任

第四十七条　产权交易过程中发生争议时，当事人可以向文交所申请调解。争议涉及文交所时，当事人可以向文交所的监管机构申请调解，也可以按照约定向仲裁机构申请仲裁或者向人民法院提起诉讼。

第四十八条　产权交易过程中，涉嫌侵犯国有资产合法权益的，中央文资监管机构可以要求文交所终止产权交易。文交所涉及违规，情节严重的，依法追究法律责任。

第四十九条　进行产权交易的当事人一方违反本规则造成对方损失的，应当承担相应的民事责任；违反法律、法规有关规定的，依法追究相关人员的法律责任。

第九章　附　则

第五十条　本规则自 2013 年 6 月 1 日起施行。

企业国有资产评估项目备案工作指引

2013 年 5 月 10 日　国务院国资委　国资发产权〔2013〕64 号

第一章　总　则

第一条　为进一步规范中央企业及其各级子企业（以下简称企业）国有资产评估项目备案管理工作，确保企业改制重组、产权流转等工作顺利进行，依据《中华人民共和国企业国有资产法》、《企业国有资产评估管理暂行办法》（国资委令第 12 号，以下简称《评估管理办法》）等规定，制定本

指引。

第二条　国务院国有资产监督管理委员会和中央企业（以下简称备案管理单位），按照《评估管理办法》规定对应当备案的资产评估项目进行备案管理工作，适用本指引。

第二章　备案工作程序

第三条　企业发生需要进行资产评估的经济行

为时，应当按照《关于规范中央企业选聘评估机构工作的指导意见》（国资发产权〔2011〕68 号）等文件规定聘请具有相应资质的评估机构。

第四条 在资产评估项目开展过程中，企业应当就工作情况及时通过中央企业资产评估管理信息系统向备案管理单位报告，包括评估基准日选定、资产评估、土地估价、矿业权评估和相关审计等情况。必要时，备案管理单位可对资产评估项目进行跟踪指导和现场检查。

第五条 企业收到评估机构出具的评估报告后，应当在评估基准日起 9 个月内将备案申请材料逐级报送备案管理单位。在报送备案管理单位之前，企业应当进行以下初步审核：

（一）相关经济行为是否符合国家有关规定要求。

（二）评估基准日的选择是否合理。

（三）执业评估机构及人员是否具备相应资质。

（四）评估范围是否与经济行为批准文件或重组改制方案内容一致。

（五）纳入评估范围的房产、土地及矿产资源等资产权属要件是否齐全。

（六）被评估企业是否依法办理相关产权登记事宜。

（七）评估报告、审计报告等资料要件是否齐全。

第六条 企业提出资产评估项目备案申请时，应当向备案管理单位报送下列文件材料：

（一）资产评估项目备案申请文件。

（二）资产评估项目备案表（一式三份）。

（三）与评估目的相对应的经济行为批准文件或其他有效文件，包括相关单位批复文件以及企业董事会决议或总经理办公会议纪要等。

（四）评估所涉及的资产改制重组、产权流转方案或发起人协议等材料。

（五）评估机构提交的评估报告（包括评估报告书、评估说明、评估明细表及其电子文档等）及其主要引用报告（包括审计报告、土地估价报告、矿业权评估报告等）。

（六）被评估资产权属证明文件。

（七）与经济行为相对应的无保留意见标准审计报告。如为非标准无保留意见的审计报告时，对

其附加说明段、强调事项段或修正性用语，企业需提供对有关事项的书面说明及承诺。

（八）拟上市项目或已上市公司的重大资产重组项目，评估基准日在 6 月 30 日（含）之前的，需提供最近三个完整会计年度和本年度截至评估基准日的审计报告；评估基准日在 6 月 30 日之后的，需提供最近两个完整会计年度和本年度截至评估基准日的审计报告。其他经济行为需提供最近一个完整会计年度和本年度截至评估基准日的审计报告。

（九）资产评估各当事方的相关承诺函。评估委托方、评估机构、被评估企业（产权持有单位）均应当按照评估准则的相关规定出具承诺函。

（十）需要提供的其他材料。

第七条 企业应当按照《关于启用中央企业资产评估管理信息系统有关事项的通知》（国资厅产权〔2012〕201 号），及时将项目基本情况、评估报告等录入中央企业资产评估管理信息系统，并组织开展审核工作。必要时可组织有关专家参与评估项目评审工作。

第八条 备案管理单位收到备案申请材料后，应当在 10 个工作日内向企业出具审核意见。企业应当及时组织相关中介机构逐条答复审核意见，并根据审核要求对资产评估报告、土地估价报告、矿业权评估报告和相关审计报告等进行补充修改，并将调整完善后的备案申请材料和审核意见答复在 10 个工作日内报送备案管理单位，备案管理单位应当及时组织复审。经审核符合备案要求的，应当在 10 个工作日内办理完成备案手续。

第三章　资产评估报告审核要点

第九条 备案管理单位应当严格按照《评估管理办法》、《企业国有资产评估报告指南》等企业国有资产评估管理法规和相关评估准则，对备案事项相关行为的合规性、评估结果的合理性等进行审核。

第十条 备案管理单位应当对资产评估报告以下内容进行重点审核：

（一）评估委托方、被评估企业（产权持有单位）概况。

（二）评估目的。

（三）评估对象和评估范围。

（四）价值类型及其定义。

（五）评估基准日。

（六）评估依据。

（七）评估程序实施过程和情况。

（八）评估方法。

（九）评估结论。

（十）特别事项说明。

（十一）签字盖章。

（十二）评估报告附件。

第十一条 备案管理单位审核评估委托方、被评估企业（产权持有单位）概况，应当关注是否对被评估企业历史沿革、股权结构（图）、股权变更、经营管理等情况进行了必要说明，是否反映了近三年的资产、财务、经营状况。存在关联交易的，应当关注是否披露了关联方、交易方式等基本情况。

第十二条 备案管理单位审核评估目的，应当关注评估报告中是否清晰、明确地说明本次资产评估的经济行为目的；以及评估所对应的经济行为获得批准的情况或者其他经济行为依据。

第十三条 备案管理单位审核评估对象和评估范围，应当关注评估对象的基本情况，包括法律权属状况、经济状况和物理状况等；关注评估范围是否与经济行为批准文件、评估业务委托约定书等确定的资产范围一致。

企业价值评估中，备案管理单位应当关注评估范围是否包括了企业拥有的实物资产和专利技术、非专利技术、商标权等无形资产，以及明确的未来权利、义务（负债），特别是土地使用权、探矿权、采矿权等。对实际存在但未入账或已摊销完毕的无形资产、未来义务及或有事项等是否在《企业关于进行资产评估有关事项的说明》中进行了详细说明。

第十四条 备案管理单位审核价值类型及其定义，应当关注评估报告是否列明了所选择的价值类型及其定义。选择市场价值以外的价值类型，应当关注其选择理由和选取的合理性。

第十五条 备案管理单位审核评估基准日，应当关注评估基准日的选择是否接近评估目的对应的经济行为或特定事项的实施日期。企业在评估基准日后如遇重大事项，如汇率变动、国家重大政策调整、企业资产权属或数量、价值发生重大变化等，可能对评估结果产生重大影响时，应当关注评估基准日或评估结果是否进行了合理调整。

备案管理单位审核涉及上市公司股份间接转让项目时，应当关注所选择的评估基准日是否符合《国有股东转让所持上市公司股份管理暂行办法》（国资委证监会令第 19 号）规定，即上市公司股份价格确定的基准日应与国有股东资产评估的基准日一致。国有股东资产评估的基准日与国有股东产权持有单位对该国有股东产权变动决议的日期相差不得超过一个月。

第十六条 备案管理单位审核评估依据，应当关注以下内容：

（一）经济行为依据。

重点关注经济行为依据的合规性和完整性。

（二）法律法规、评估准则、权属、取价等依据。

1. 重点关注评估工作过程中所引用的法律法规和技术参数资料等是否适当。评估依据是否明确、规范、具体，便于查阅和理解；评估依据是否具有代表性，且在评估基准日有效。

2. 收集的价格信息、工程定额标准等是否与评估对象具有较强的关联性。结合评估目的、业务性质和行业特点等，重点关注取价依据、法律法规依据的相关性及其对资产评估结果的影响。

3. 关注土地、房屋建筑物及无形资产等重要资产的权属和使用状况。被评估资产是否权属清晰、权属证明文件齐备。对重要资产权属资料不全面或存在瑕疵的，企业是否已经妥善解决。

4.《企业国有资产评估报告指南》、国资委有关资产评估管理及评估报告审核相关规范文件等是否列示在评估依据文件中。

第十七条 备案管理单位审核评估程序实施过程和情况，应当重点关注评估机构在评估过程中是否履行了必要评估程序，评估过程是否完整，是否存在未履行评估准则规定的必要评估步骤的行为。

备案管理单位应当重点关注资产清查情况。针对评估报告中关于资产清查情况的说明，应当结合特别事项说明、资产评估明细表和资产权属证明文件，以及改制方案、审计报告等资料，对评估范围进行核对，核实是否有账外资产，或有负债、资产（土地、车辆等）权利人与实际使用人不一致等情况。应当关注对企业资产状况的描述，尤其是房地产、无形资产、长期股权投资等重大资产，核实是否存在隐匿或遗漏。

第十八条 备案管理单位审核评估方法，应当重点关注评估方法选择是否合理，是否符合相关评估准则的规定要求，以及评估过程中评估参数选取是否合理等。以持续经营为前提进行企业价值评估时，对企业（含其拥有实际控制权的长期股权投资企业）是否采用了两种或两种以上方法进行评估，并分别说明了选取每种评估方法的理由和确定评估结论的依据。

第十九条 对使用收益法评估的，备案管理单位审核时应当重点关注以下内容：

（一）对企业资产、财务情况的分析是否充分、合理。是否对被评估企业财务报表的编制基础、不具有代表性的收入和支出，如非正常和偶然性的收入和支出等进行了合理调整；是否对被评估企业的非经营性资产、负债和溢余资产进行单独分析，合理判断资产、债务、经营业务配置的有效性，划分与收益存在直接相关性的资产、债务情况。对于不能或不需归集的，是否单独进行评估。

（二）收益预测是否合理。是否根据企业资本结构、经营模式、收益情况等选择了恰当的收益模型，对应的折现率确定过程和依据是否合理。在确定收益预测期间时，是否合理考虑被评估企业经营状况和发展前景，及其所在行业现状、发展前景、国家相关行业政策、企业经营期限及主要产品的经济寿命年限等，并恰当考虑预测期后的收益情况及相关终值的计算。

是否合理预测了相关参数，如被评估企业的收入、成本及费用、折旧和摊销、营运资金、资本性支出、折现率、负债、溢余资产和非经营性资产等。关注相关参数确定的依据是否充分，测算过程是否完整，是否有完整的预测表及说明。

第二十条 对使用市场法评估的，备案管理单位审核时应当重点关注以下内容：

（一）选择的可比案例是否与被评估企业具有可比性，是否处于同一行业或相近行业，或者是受共同因素决定或影响。是否对可比案例及被评估企业的数据进行了必要的分析调整，并消除了偶然性因素的影响。

（二）选择的可比因素是否是企业价值的决定因素，选择的价值比率是否适当可靠，是否经过了必要的修正调整。是否选择了多种可比因素，对于不同可比因素得到的不同评估值是否能够合理的选择计算。

第二十一条 备案管理单位审核评估结论，应当关注评估结果是否涵盖了评估范围，及其与评估目的和经济行为的一致性和适用性。采用两种或两种以上方法进行企业价值评估时，应当关注不同评估方法结果的差异及其原因和最终确定评估结论的理由。

第二十二条 备案管理单位审核特别事项说明，应当关注以下内容：

（一）企业是否逐条分析特别事项说明中的披露事项，了解特别事项形成原因、性质及对评估结果影响程度，并分别对以下事项进行了处理：

1. 对权属资料不全面、评估资料不完整、经济行为有瑕疵等情形，企业是否已经补充完善。

2. 对评估机构未履行必要程序，通过特别事项说明披露大量问题，影响评估结论的，企业和评估机构是否已经妥善解决。

（二）企业是否通过内部审核论证，对未在评估报告中说明但可能对评估结论产生重大影响的事项，与评估机构沟通确定是否须在特别事项说明中披露；对于不宜在报告中披露的，企业是否形成了专项处理意见。

第二十三条 备案管理单位审核签字盖章，应当对照《企业国有资产评估报告指南》等规定，关注评估报告签字盖章是否齐全、规范、清晰。应当关注公司制评估机构的法定代表人或者合伙制评估机构负责该评估业务的合伙人是否在评估报告上签字。关注《企业关于进行资产评估有关事项的说明》是否已经由评估委托方单位负责人和被评估企业（产权持有单位）负责人签字，加盖相应单位公章并签署日期。

第二十四条 备案管理单位审核评估报告附件，应当关注附件是否齐全，评估报告附件内容及其所涉及的签章是否清晰、完整，相关内容是否与评估报告摘要、正文一致。附件为复印件的，评估机构是否与原件进行了核对。

备案管理单位审核《评估业务约定书》，应当关注资产评估项目的评估委托方式是否合规，签署内容是否完整，经济行为与评估报告披露内容是否一致等。

第四章 其他报告审核要点

第二十五条 备案管理单位应当关注审计报告中的以下内容：

（一）审计报告与评估报告之间数据勾稽关系是否合理一致；审计范围是否与经济行为批准文件、审计业务委托约定书等确定的资产范围一致，以及合并报表的合并范围是否合理。

（二）审计报告报表与报表附注之间勾稽关系是否一致；主要会计政策是否合理，包括收入确认原则、成本核算原则等。

（三）企业整体改制涉及资产剥离时，剥离原则是否与改制方案一致，以及模拟的时点是否合理。

（四）涉及计提减值准备时，各项资产计提减值准备的依据和比例是否合理。

第二十六条 备案管理单位应当关注土地使用权估价报告中的以下内容：

（一）土地估价范围、权属、土地资产处置审批与土地估价报告备案情况。如果评估基准日存在划拨土地，应当重点关注划拨土地的处置情况：

1. 关注是否有划拨土地处置审批文件，审批文件是否合法有效、审批内容是否与实际评估土地一致等；

2. 如果是未经处置的划拨土地，应当关注其未处置理由的合规性以及评估中处理方式的合理性等。

（二）土地地价定义是否符合相关准则要求。关注估价方法选取的合理性；相关参数选取依据是否充分、计算过程是否完整及评估结果选取是否合理等。

第二十七条 备案管理单位应当关注矿业权评估报告中的以下内容：

（一）矿业权评估范围、权属、矿业权价款缴纳情况、矿产资源储量评审备案情况。

（二）矿业权评估报告是否符合相关准则要求；评估方法选取是否合理；相关参数选取依据是否充分、计算过程是否完整、确定的结果是否合理。

第二十八条 资产评估结果引用土地使用权、矿业权或者其他相关专业评估报告评估结论的，应当关注以下事项：

（一）资产评估师是否对所引用报告进行了必要的专业判断，并声明其了解所引用报告结论的取得过程，承担引用报告结论的相关责任。

（二）所引用报告评估目的、价值类型是否一致；评估基准日、评估结论使用有效期是否一致；评估假设是否一致，资产评估引用结果是否与所引用报告披露的结果一致，所引用报告披露的相关事项说明是否与资产评估报告一致。

第五章 境外评估或估值报告审核要点

第二十九条 备案管理单位审核境外评估或估值报告，应当关注评估或估值机构的选聘是否符合《中央企业境外国有产权管理暂行办法》（国资委令第 27 号）和《关于加强中央企业境外国有产权管理有关工作的通知》（国资发产权〔2011〕144 号）等规定。

第三十条 对境外企业国有资产评估或估值项目，备案管理单位应当关注评估或估值机构是否协助企业进行尽职调查、询价，是否参与交易过程。经济行为涉及的交易对价是否以评估或估值结果为基础，确有差异的是否具有充足合理的理由。

第三十一条 审核境外评估及估值机构出具的评估或估值报告，应当关注其是否明示了所依据的评估准则，是否合理参考了境内评估准则及要求。评估或估值结果是否以人民币为计量币种。使用其他币种计量的，是否注明了该币种与人民币在评估基准日的汇率。如果评估或估值结果为区间值的，应关注是否在区间之内确定了一个最大可能值，并说明确定依据。

第三十二条 备案管理单位可以使用备案表或者备案确认函的方式对境外评估或估值机构出具的评估或者估值报告予以备案。备案确认函应当简要描述评估项目有关情况，包括评估行为各当事方及经济行为、评估基准日、评估结果使用有效期、评估对象账面价值等内容，明确评估结果区间值及最大可能值，明确评估行为各当事方的权、责、利等执行情况。

第六章　附　则

第三十三条　地方各级国有资产监督管理机构可以参照本指引，根据当地国有资产产权管理实际情况，制定适合本地使用的国家出资企业资产评估项目备案工作指引。

第三十四条　本指引自印发之日起施行。

关于中央企业资产转让进场交易有关事项的通知

2013 年 12 月 18 日　国务院国资委　国资厅发产权〔2013〕78 号

各中央企业：

为加强中央企业资产转让管理，提高企业资产转让公开透明度，建设"阳光央企"，促进国有资产保值增值，根据《中华人民共和国企业国有资产法》等有关法律法规，现就中央企业资产转让进场交易有关事项通知如下：

一、中央企业及其各级控股企业一定金额以上的资产对外转让，应当遵循公开、公平、公正的原则，在依法设立的企业国有产权交易机构（以下简称产权交易机构）公开进行。涉及企业内部或特定行业的资产转让，确需在国有、国有控股企业之间协议转让的，由中央企业负责审核批准。

二、中央企业要建立并完善企业生产设备、房产、在建工程以及土地使用权、债权、知识产权等各类资产转让的管理制度，明确资产转让管理的职责部门、管理权限、决策程序、工作流程，对其中应当进场交易的资产种类、金额标准作出具体规定，并将相关制度报送国务院国资委备案。

三、资产转让进场交易应当遵守企业国有产权转让制度的相关规定，结合资产转让的特点进行操作。

（一）资产转让按照有关规定需进行资产评估的，应当进行评估并履行相应的核准、备案手续，首次挂牌价格不得低于经核准或备案的资产评估结果。

（二）转让方可以根据转让标的情况合理确定转让信息公告期限。挂牌价格高于 100 万元的资产转让项目，信息公告期应当不少于 10 个工作日；挂牌价格高于 1000 万元的资产转让项目，信息公告期应当不少于 20 个工作日。

（三）经公开征集产生 2 个及以上意向受让方的，应当采用竞价方式进行交易。经公开征集没有产生意向受让方的，转让方可以根据标的情况确定新的挂牌价格并重新公告，如拟确定新的挂牌价格低于资产评估结果的 90%，应当获得相关资产转让行为批准机构书面同意。

（四）除国家法律法规或相关规定有明确要求的，资产转让不得对受让方的资格条件作出限制。

（五）资产转让成交后原则上应当一次性支付全部交易价款。

四、产权交易机构所在省、区、市建立了资产转让进场交易制度，且资产交易信息接入国务院国资委企业国有产权交易信息监测系统的，可以从事中央企业资产交易业务。

五、产权交易机构要按照统一信息披露、统一交易规则、统一交易系统、统一过程监测的原则和本通知要求，梳理资产转让业务规则和工作流程，集成交易系统和竞价系统，规范开展企业资产转让相关业务。

六、各地国资监管机构可参照本通知制定本地区企业资产转让进场交易管理制度，切实做好监管企业的资产转让管理工作。

政府购买服务管理办法（暂行）

2014 年 12 月 15 日　财政部　财综〔2014〕96 号

第一章　总　则

第一条　为了进一步转变政府职能，推广和规范政府购买服务，更好发挥市场在资源配置中的决定性作用，根据《中华人民共和国预算法》、《中华人民共和国政府采购法》、《中共中央关于全面深化改革若干重大问题的决定》、《国务院办公厅关于政府向社会力量购买服务的指导意见》（国办发〔2013〕96 号）等有关要求和规定，制定本办法。

第二条　本办法所称政府购买服务，是指通过发挥市场机制作用，把政府直接提供的一部分公共服务事项以及政府履职所需服务事项，按照一定的方式和程序，交由具备条件的社会力量和事业单位承担，并由政府根据合同约定向其支付费用。

政府购买服务范围应当根据政府职能性质确定，并与经济社会发展水平相适应。属于事务性管理服务的，应当引入竞争机制，通过政府购买服务方式提供。

第三条　政府购买服务遵循以下基本原则：

（一）积极稳妥，有序实施。从实际出发，准确把握社会公共服务需求，充分发挥政府主导作用，探索多种有效方式，加大社会组织承接政府购买服务支持力度，增强社会组织平等参与承接政府购买公共服务的能力，有序引导社会力量参与服务供给，形成改善公共服务的合力。

（二）科学安排，注重实效。突出公共性和公益性，重点考虑、优先安排与改善民生密切相关、有利于转变政府职能的领域和项目，明确权利义务，切实提高财政资金使用效率。

（三）公开择优，以事定费。按照公开、公平、公正原则，坚持费随事转，通过公平竞争择优选择方式确定政府购买服务的承接主体，建立优胜劣汰

的动态调整机制。

（四）改革创新，完善机制。坚持与事业单位改革、社会组织改革相衔接，推进政事分开、政社分开，放宽市场准入，凡是社会能办好的，都交给社会力量承担，不断完善体制机制。

第二章　购买主体和承接主体

第四条　政府购买服务的主体（以下简称购买主体）是各级行政机关和具有行政管理职能的事业单位。

第五条　党的机关、纳入行政编制管理且经费由财政负担的群团组织向社会提供的公共服务以及履职服务，可以根据实际需要，按照本办法规定实施购买服务。

第六条　承接政府购买服务的主体（以下简称承接主体），包括在登记管理部门登记或经国务院批准免予登记的社会组织、按事业单位分类改革应划入公益二类或转为企业的事业单位，依法在工商管理或行业主管部门登记成立的企业、机构等社会力量。

第七条　承接主体应当具备以下条件：

（一）依法设立，具有独立承担民事责任的能力；

（二）治理结构健全，内部管理和监督制度完善；

（三）具有独立、健全的财务管理、会计核算和资产管理制度；

（四）具备提供服务所必需的设施、人员和专业技术能力；

（五）具有依法缴纳税收和社会保障资金的良好记录；

（六）前三年内无重大违法记录，通过年检或

按要求履行年度报告公示义务，信用状况良好，未被列入经营异常名录或者严重违法企业名单；

（七）符合国家有关政事分开、政社分开、政企分开的要求；

（八）法律、法规规定以及购买服务项目要求的其他条件。

第八条　承接主体的资质及具体条件，由购买主体根据第六条、第七条规定，结合购买服务内容具体需求确定。

第九条　政府购买服务应当与事业单位改革相结合，推动事业单位与主管部门理顺关系和去行政化，推进有条件的事业单位转为企业或社会组织。

事业单位承接政府购买服务的，应按照"费随事转"原则，相应调整财政预算保障方式，防止出现既通过财政拨款养人办事，同时又花钱购买服务的行为。

第十条　购买主体应当在公平竞争的原则下鼓励行业协会商会参与承接政府购买服务，培育发展社会组织，提升社会组织承担公共服务能力，推动行业协会商会与行政机构脱钩。

第十一条　购买主体应当保障各类承接主体平等竞争，不得以不合理的条件对承接主体实行差别化歧视。

第三章　购买内容及指导目录

第十二条　政府购买服务的内容为适合采取市场化方式提供、社会力量能够承担的服务事项。政府新增或临时性、阶段性的服务事项，适合社会力量承担的，应当按照政府购买服务的方式进行。不属于政府职能范围，以及应当由政府直接提供、不适合社会力量承担的服务事项，不得向社会力量购买。

第十三条　各级财政部门负责制定本级政府购买服务指导性目录，确定政府购买服务的种类、性质和内容。

财政部门制定政府购买服务指导性目录，应当充分征求相关部门意见，并根据经济社会发展变化、政府职能转变及公众需求等情况及时进行动态调整。

第十四条　除法律法规另有规定外，下列服务应当纳入政府购买服务指导性目录：

（一）基本公共服务。公共教育、劳动就业、人才服务、社会保险、社会救助、养老服务、儿童福利服务、残疾人服务、优抚安置、医疗卫生、人口和计划生育、住房保障、公共文化、公共体育、公共安全、公共交通运输、三农服务、环境治理、城市维护等领域适宜由社会力量承担的服务事项。

（二）社会管理性服务。社区建设、社会组织建设与管理、社会工作服务、法律援助、扶贫济困、防灾救灾、人民调解、社区矫正、流动人口管理、安置帮教、志愿服务运营管理、公共公益宣传等领域适宜由社会力量承担的服务事项。

（三）行业管理与协调性服务。行业职业资格和水平测试管理、行业规范、行业投诉等领域适宜由社会力量承担的服务事项。

（四）技术性服务。科研和技术推广、行业规划、行业调查、行业统计分析、检验检疫检测、监测服务、会计审计服务等领域适宜由社会力量承担的服务事项。

（五）政府履职所需辅助性事项。法律服务、课题研究、政策（立法）调研草拟论证、战略和政策研究、综合性规划编制、标准评价指标制定、社会调查、会议经贸活动和展览服务、监督检查、评估、绩效评价、工程服务、项目评审、财务审计、咨询、技术业务培训、信息化建设与管理、后勤管理等领域中适宜由社会力量承担的服务事项。

（六）其他适宜由社会力量承担的服务事项。

第十五条　纳入指导性目录的服务事项，应当实施购买服务。

第四章　购买方式及程序

第十六条　购买主体应当根据购买内容的供求特点、市场发育程度等因素，按照方式灵活、程序简便、公开透明、竞争有序、结果评价的原则组织实施政府购买服务。

第十七条　购买主体应当按照政府采购法的有关规定，采用公开招标、邀请招标、竞争性谈判、单一来源采购等方式确定承接主体。

与政府购买服务相关的采购限额标准、公开招标数额标准、采购方式审核、信息公开、质疑投诉等按照政府采购相关法律制度规定执行。

第十八条　购买主体应当在购买预算下达后，根据政府采购管理要求编制政府采购实施计划，报同级政府采购监管部门备案后开展采购活动。

购买主体应当及时向社会公告购买内容、规模、对承接主体的资质要求和应提交的相关材料等相关信息。

第十九条　按规定程序确定承接主体后，购买主体应当与承接主体签订合同，并可根据服务项目的需求特点，采取购买、委托、租赁、特许经营、战略合作等形式。

合同应当明确购买服务的内容、期限、数量、质量、价格等要求，以及资金结算方式、双方的权利义务事项和违约责任等内容。

第二十条　购买主体应当加强购买合同管理，督促承接主体严格履行合同，及时了解掌握购买项目实施进度，严格按照国库集中支付管理有关规定和合同执行进度支付款项，并根据实际需求和合同规定积极帮助承接主体做好与相关政府部门、服务对象的沟通、协调。

第二十一条　承接主体应当按合同履行提供服务的义务，认真组织实施服务项目，按时完成服务项目任务，保证服务数量、质量和效果，主动接受有关部门、服务对象及社会监督，严禁转包行为。

第二十二条　承接主体完成合同约定的服务事项后，购买主体应当及时组织对履约情况进行检查验收，并依据现行财政财务管理制度加强管理。

第五章　预算及财务管理

第二十三条　政府购买服务所需资金，应当在既有财政预算中统筹安排。购买主体应当在现有财政资金安排的基础上，按规定逐步增加政府购买服务资金比例。对预算已安排资金且明确通过购买方式提供的服务项目，按相关规定执行；对预算已安排资金但尚未明确通过购买方式提供的服务项目，可以根据实际情况转为通过政府购买服务方式实施。

第二十四条　购买主体应当充分发挥行业主管部门、行业组织和专业咨询评估机构、专家等专业优势，结合项目特点和相关经费预算，综合物价、工资、税费等因素，合理测算安排政府购买服务所需支出。

第二十五条　财政部门在布置年度预算编制工作时，应当对购买服务相关预算安排提出明确要求，在预算报表中制定专门的购买服务项目表。

购买主体应当按要求填报购买服务项目表，并将列入集中采购目录或采购限额标准以上的政府购买服务项目同时反映在政府采购预算中，与部门预算一并报送财政部门审核。

第二十六条　财政部门负责政府购买服务管理的机构对购买主体填报的政府购买服务项目表进行审核。

第二十七条　财政部门审核后的购买服务项目表，随部门预算批复一并下达给相关购买主体。购买主体应当按照财政部门下达的购买服务项目表，组织实施购买服务工作。

第二十八条　承接主体应当建立政府购买服务台账，记录相关文件、工作计划方案、项目和资金批复、项目进展和资金支付、工作汇报总结、重大活动和其它有关资料信息，接受和配合相关部门对资金使用情况进行监督检查及绩效评价。

第二十九条　承接主体应当建立健全财务制度，严格遵守相关财政财务规定，对购买服务的项目资金进行规范的财务管理和会计核算，加强自身监督，确保资金规范管理和使用。

第三十条　承接主体应当建立健全财务报告制度，按要求向购买主体提供资金的使用情况、项目执行情况、成果总结等材料。

第六章　绩效和监督管理

第三十一条　财政部门应当按照建立全过程预算绩效管理机制的要求，加强成本效益分析，推进政府购买服务绩效评价工作。

财政部门应当推动建立由购买主体、服务对象及专业机构组成的综合性评价机制，推进第三方评价，按照过程评价与结果评价、短期效果评价与长远效果评价、社会效益评价与经济效益评价相结合的原则，对购买服务项目数量、质量和资金使用绩效等进行考核评价。评价结果作为选择承接主体的重要参考依据。

第三十二条　财政、审计等有关部门应当加强对政府购买服务的监督、审计，确保政府购买服务资金规范管理和合理使用。对截留、挪用和滞留资金以及其他违反本办法规定的行为，依照《中华人民共和国政府采购法》、《财政违法行为处罚处分条例》等国家有关规定追究法律责任；涉嫌犯罪的，依法移交司法机关处理。

第三十三条 民政、工商管理及行业主管等部门应当按照职责分工将承接主体承接政府购买服务行为信用记录纳入年检（报）、评估、执法等监管体系，不断健全守信激励和失信惩戒机制。

第三十四条 购买主体应当加强服务项目标准体系建设，科学设定服务需求和目标要求，建立服务项目定价体系和质量标准体系，合理编制规范性服务标准文本。

第三十五条 购买主体应当建立监督检查机制，加强对政府购买服务的全过程监督，积极配合有关部门将承接主体的承接政府购买服务行为纳入年检（报）、评估、执法等监管体系。

第三十六条 财政部门和购买主体应当按照《中华人民共和国政府信息公开条例》、《政府采购信息公告管理办法》以及预算公开的相关规定，公开财政预算及部门和单位的政府购买服务活动的相关信息，涉及国家秘密、商业秘密和个人隐私的信息除外。

第三十七条 财政部门应当会同相关部门、购买主体建立承接主体承接政府购买服务行为信用记录，对弄虚作假、冒领财政资金以及有其他违法违规行为的承接主体，依法给予行政处罚，并列入政府购买服务黑名单。

第七章 附 则

第三十八条 本办法由财政部会同有关部门负责解释。

第三十九条 本办法自 2015 年 1 月 1 日起施行。

关于加强企业实物资产转让管理工作的通知

2012 年 2 月 21 日　北京市国资委　京国资发〔2012〕4 号

各企（事）业单位、区县国有资产监督管理机构：

为进一步规范我市国有及国有控股企业实物资产转让工作，提高资产处置的效率及促进国有资产保值增值，根据《中华人民共和国企业国有资产法》、《企业国有资产监督管理暂行条例》等法律法规的有关规定，现就加强和规范企业实物资产转让管理的有关事项通知如下：

一、实物资产转让的要求

（一）国有及国有控股企业（以下简称转让方）将所属重要实物资产转让给境内外法人、自然人或者其他组织（以下简称实物资产转让），应当在北京产权交易所有限公司（以下简称北交所）公开进行。

（二）本通知所称重要实物资产包括转让方列入固定资产的房地产、机动车、特种车辆及其他单宗原值 50 万元人民币以上或批次原值 100 万元人民币以上的机器设备、物品等。

（三）市国资委履行出资人职责的企业（以下简称所出资企业）应当依据有关法律法规以及本通知的规定，规范对实物资产的监督管理，制定本企业集团的实物资产管理制度，上报市国资委备案。

（四）实物资产确需在所出资企业集团内部有偿调配的，应当在控股企业间进行。同时，所出资企业应当制定实物资产内部调配管理办法并报市国资委备案。

（五）实物资产转让涉及上市公司的，按照国家有关法律法规的规定执行。

二、实物资产转让的程序

（一）履行内部决策程序。转让方应当按照所出资企业实物资产管理制度，做好可行性研究，履行实物资产处置的内部决策程序。

（二）进行资产评估。转让方应当委托具有相关资质的资产评估机构依照国家有关规定进行资产评估。评估报告经核准或者备案后，作为确定实物资产转让价格的参考依据。

（三）制定转让方案。转让方应当按照转让标的的实际情况，制定转让方案。实物资产转让原则上不得设置受让方资格条件。

（四）确定转让方式。实物资产转让可以采取动态报价、拍卖及挂牌转让等方式进行。

动态报价转让是指北交所依据转让方的申请，将实物资产转让项目信息在省级以上公开发行的经济或者金融类报刊和北交所网站进行发布，信息一经在北交所网站发布，竞买人即可通过北交所指定的动态报价系统竞争受让转让标的的行为，动态报价活动由自由报价期和限时报价期组成。选择动态报价转让方式的，信息发布时间与自由报价期一致，不少于 5 个工作日。

拍卖转让是指北交所依据转让方的申请，组织经北交所认可的拍卖机构，将实物资产转让项目以拍卖方式确定受让方的行为。选择拍卖转让方式的，拍卖公告期不少于 7 个自然日。

挂牌转让是指北交所依据转让方的申请，将实物资产转让项目信息在省级以上公开发行的经济或者金融类报刊和北交所网站进行发布，公开征集意向受让方的行为。选择挂牌转让方式的，信息发布时间不少于 20 个工作日。经公开征集只产生一家符合条件的意向受让方的，采取协议方式转让；产生两家及以上符合条件的意向受让方的，应采取拍卖或网络竞价方式确定受让方。

（五）公开披露信息。转让方应当将实物资产转让公告委托北交所刊登在省级以上公开发行的经济或者金融类报刊和产权交易机构的网站上，公开披露有关实物资产转让信息，广泛征集受让方。

实物资产转让首次信息公告时的挂牌价格不得低于经备案或者核准的转让标的的资产评估结果。如在规定的公告期内未征集到意向受让方，设置新

的挂牌价格低于评估结果的 90%时，转让方应当在获得相关资产评估备案或者核准部门批准后，再发布实物资产转让公告。

（六）确定受让方。北交所按照交易规则确定最终受让方，并组织交易双方签署实物资产交易合同或相关交易证明文件。

（七）支付转让价款。受让方应当在实物资产交易合同或相关交易证明文件约定的期限内，将实物资产转让价款支付到北交所的结算账户。转让价款原则上应当一次付清。如金额较大、一次付清确有困难的，可以采取分期付款的方式。采取分期付款方式的，受让方首期付款不得低于总价款的 30%，并在合同生效之日起 5 个工作日内支付；其余款项应当提供合法的担保，并应当按同期银行贷款利率向转让方支付延期付款期间利息，付款期限不得超过 1 年。

（八）出具交易凭证。实物资产转让成交后，北交所出具实物资产交易凭证。

三、实物资产转让的监督检查

（一）市国资委负责组织相关部门对所出资企业实物资产转让工作进行监督检查；对北交所有关实物资产转让的制度建立、系统建设、流程设计、交易行为、财务审计、重大问题报告以及信息披露等实施指导和监督。

（二）所出资企业负责指导所属企业建立实物资产管理制度，规范实物资产转让行为，对所属企业实物资产转让进行监督检查。

（三）区县国资监管机构依据有关法律法规以及本通知的规定，规范本区县企业实物资产的监督管理，负责对企业实物资产转让行为进行监督检查。

（四）所出资企业及区县国资监管机构应当在每年三月底前将上年度本集团（区、县）实物资产转让情况报告上报市国资委。报告内容应当包括：上年度企业实物资产转让的交易数据、进场交易的监督检查情况、典型案例等。

本通知自印发之日起施行。

内蒙古自治区企业国有资产转让管理办法

内蒙古自治区人民政府令第 205 号

第一条 为规范企业国有资产转让行为，促进企业国有资产合理流动和优化配置，根据《中华人民共和国企业国有资产法》和国家有关法律、法规，结合自治区实际，制定本办法。

第二条 本办法所称企业国有资产转让，是指依法将国家对企业的出资所形成的权益转移给其他单位或者个人的行为，按照国家规定无偿划转国有资产的除外。

本办法所称国家出资企业，是指国家出资的国有独资企业、国有独资公司以及国有资本控股公司、国有资本参股公司。

第三条 自治区行政区域内企业国有资产的转让活动适用本办法。

金融类企业国有资产转让和上市公司的国有股权转让，按照国家有关规定执行。

第四条 企业国有资产转让应当遵循等价有偿、公开、公平、公正的原则。

第五条 旗县级以上人民政府国有资产监督管理机构负责本行政区域内企业国有资产转让的监督管理工作。

财政、发展改革、工商行政管理、国土资源、住房城乡建设、公安等部门按照各自职责，做好企业国有资产转让的相关管理工作。

第六条 企业国有资产权属关系不明确或者存在权属纠纷的，不得转让。

设有担保物权的企业国有资产转让，应当符合《中华人民共和国担保法》和《中华人民共和国物权法》的有关规定。

第七条 企业国有资产转让应当按照企业内部决策程序进行审议，并形成书面决议。

国有独资企业的资产转让，应当由总经理办公会议审议。国有独资公司的资产转让，应当由董事会审议；没有设立董事会的，由总经理办公会议审议。

企业国有资产转让涉及职工合法权益的，应当听取转让标的企业职工代表大会的意见，对职工安置等事项应当经职工代表大会讨论通过。

第八条 企业国有资产转让应当履行下列审批程序：

（一）企业国有资产转让由履行出资人职责的机构决定。履行出资人职责的机构决定转让全部国有资产或者转让部分国有资产致使国家对该企业不再具有控股地位的，应当经本级人民政府批准。

（二）国家出资企业决定其子企业的国有资产转让。其中，重要子企业的重大国有资产转让事项，应当经本级人民政府国有资产监督管理机构批准。

（三）直接协议转让国有资产的，应当经自治区人民政府国有资产监督管理机构批准。

企业国有资产转让中涉及政府社会公共管理审批事项的，应当报经本级人民政府有关部门批准。

第九条 企业国有资产转让的批准机构应当自接到转让方提交的书面申请材料之日起二十个工作日内作出决定。符合条件的，作出准予转让的书面批复；不符合条件的，应当向转让方书面说明理由。

第十条 除按照国家规定可以直接协议转让的以外，企业国有资产转让应当在依法设立的具备企业国有资产产权交易资质的产权交易机构中公开进行。

转让方应当如实披露有关信息，征集受让方；征集的受让方为两个以上的，转让应当采取网络竞价、拍卖、招标投标等公开竞价的交易方式。

禁止场外转让或者私下转让。

第十一条 有下列情形之一的，可以直接协议转让：

（一）国民经济关键行业、领域中对受让方有特殊要求的。

（二）国家出资企业内部的资产重组中，转让方和受让方均为国有独资公司或者国有资本控股公司。

第十二条 有下列情形之一的，应当进入产权交易机构进行交易：

（一）国有独资企业整体或者部分产权转让。

（二）国有独资公司、国有控股公司、国有参股公司的国有股权转让。

（三）国有独资企业、国有独资公司以及国有控股公司具有进场交易价值的实物资产的转让。

（四）国有独资企业、国有独资公司以及国有控股公司债权、知识产权、经营性土地使用权、矿业权等重要权益性资产转让。

（五）国有独资企业、国有独资公司以及国有控股公司资产出租出借、承包经营权等资产使用权的有偿转让。

（六）国有独资企业、国有独资公司以及国有控股公司的破产和涉诉资产转让。

（七）法律、法规规定的其他企业国有资产转让。

第十三条 向境外投资者转让企业国有资产的，应当符合国家和自治区有关外商投资的规定和产业指导目录，不得危害国家安全和社会公共利益。

第十四条 企业国有资产转让应当以依法评估的、经履行出资人职责的机构认可或者由履行出资人职责的机构报经本级人民政府核准的价格为依据，合理确定最低转让价格。

第十五条 转让企业国有资产的首次挂牌价格不得低于经核准或者备案的资产评估结果。经公开征集没有产生意向受让方的，转让方可以根据标的情况确定新的挂牌价格并重新公告；如拟确定新的挂牌价格低于资产评估结果的百分之九十，应当取得相关资产转让批准机构书面同意。

第十六条 进入产权交易机构进行企业国有资产转让的，应当按照下列程序进行：

（一）转让方提出申请，产权交易机构对申请材料进行审核并受理。

（二）转让方委托产权交易机构通过网络和报刊等媒体面向社会公开发布企业国有资产转让信息，征集受让方。

（三）意向受让方提出受让申请，产权交易机构对申请材料进行审核，符合条件的，进行受让登记。

（四）产权交易机构根据意向受让方登记情况组织公开竞价交易活动，并组织交易双方签订转让合同。

（五）产权交易机构开设独立结算账户，对交易资金实行统一进场结算。

（六）产权交易机构向交易双方出具交易凭证。

第十七条 转让方、受让方凭交易凭证办理有关权属变更登记。

第十八条 从事企业国有资产转让活动的产权交易机构应当履行下列义务：

（一）为产权转让提供场所、设施和信息发布、咨询等服务。

（二）对产权转让各方所提供文件的真实性、合法性进行审核。

（三）对产权转让合同进行审核，并出具产权交易凭证。

（四）根据国有产权交易规则制定国有产权交易实施细则。

（五）与转让方、受让方存在利益关系的应当回避。

（六）为转让活动以及当事人保守商业机密。

（七）向国有资产监督管理机构报告企业国有产权转让情况。

（八）法律、法规、规章规定的其他义务。

第十九条 凡未按照本办法规定进入产权交易机构转让的，国有资产监督管理机构、国土资源、住房城乡建设、公安等部门不得办理相应权属变更登记。

第二十条 转让方、受让方以及转让标的企业违反本办法规定，有下列行为之一的，由国有资产监督管理机构或者企业国有资产转让相关批准机构责令转让方终止资产转让活动；对负有直接责任的主管人员和其他直接责任人员，依法给予处分；造成国有资产损失的，应当承担赔偿责任;构成犯罪的，依法追究刑事责任：

（一）场外转让或者私下转让的。

（二）转让方、转让标的企业不履行内部决策程序、批准程序或者超越权限转让企业国有资产的。

（三）转让方未按照规定妥善安置职工，侵害职工合法权益的。

（四）法律、法规、规章规定的其他禁止性行为。

第二十一条 产权交易机构在企业国有资产转让中弄虚作假、徇私舞弊，损害国家利益或者资产转让各方合法权益的，由国有资产监督管理机构责令改正；依法追究直接责任人员的责任；构成犯罪的，依法追究刑事责任。

第二十二条 国有资产监督管理机构或者履行出资人职责的机构及其工作人员违反本办法规定，有下列行为之一的，对主要负责人和直接责任人员依法给予行政处分；构成犯罪的，依法追究刑事责任：

（一）擅自批准、越权批准或者违反规定办理企业国有资产转让事项的。

（二）索取、收受贿赂的。

（三）不履行法定职责的。

（四）其他滥用职权、徇私舞弊、玩忽职守的行为。

第二十三条 本办法自 2015 年 1 月 1 日起施行。内蒙古自治区人民政府 2003 年 3 月 28 日公布的《内蒙古自治区企业国有资产产权交易管理办法》（自治区人民政府令第 126 号）同时废止。

关于促进企业产权流转有关事项的通知

2014 年 9 月 29 日　内蒙古国资委　内国资产权字〔2014〕207 号

各盟市国资监管机构，自治区区直企业：

为促进国家出资企业产权流转，优化产权配置，降低企业改革成本，更好地服务于结构调整，国务院国资委根据党的十八届三中全会改革精神和国务院要求，坚持依法履行国有资产监管和企业出资人职责的工作定位，本着"该管的管好，不该管的可管可不管的坚决不管"的原则，印发了《关于取消和下放一批工作事项的通知》（国资发〔2014〕92 号）和《关于促进企业国有产权流转有关事项的通知》（国资发产权〔2014〕95 号）。依据自治区党委、政府"实行经营性国有资产集中统一监管"等改革决定和工作部署，为促进我区产权流转和优化产权配置，深化国资国企改革，发挥好产权管理在国资监管中的基础性、枢纽性、战略性作用，结合自治区实际，经研究，现将有关事项调整如下：

一、取消自治区区直企业主辅分离核减（增）国有权益审批。

二、取消自治区各级国有控股上市公司股权分置改革方案审批。

三、自治区各级国有股东因破产、清理、注销、合并、分立等原因导致上市公司股份持有人变更事项，由国家出资企业依法办理，通过国务院国资委上市公司国有股权管理信息系统，取得《上市公司股份持有人变更备案表》，到中国证券登记结算有限责任公司办理相关手续。

四、自治区各级国有股东参股的非上市企业参与非国有控股上市公司资产重组的，该国有股东所涉及的国有股权管理事项，由国家出资企业依法办理。重组后国有股东持有上市公司股份的，按照《国有股东受让上市公司股份管理暂行规定》（国资发产权〔2007〕109 号）等相关规定报自治区国资委备案，对其证券账户标注"SS"标识。

五、自治区各级国有股东质押上市公司股份，由国家出资企业依法办理，通过国务院国资委上市公司国有股权管理信息系统，取得《国有股东所持上市公司股份质押备案表》，到中国证券登记结算有限责任公司办理相关手续。

六、根据自治区区直企业实物资产转让管理的相关规定，可由自治区区直企业内部决策批准或决定的实物资产转让开展的资产评估项目，自治区国资委不进备案管理，由一级企业进行备案管理。

七、国有全资企业之间或国有全资企业与国有独资企业、国有独资公司之间，经双方全体股东一致同意，其所持股权可以实施无偿划转。具体程序按照《国有股东转让所持上市公司股份管理暂行办法》（国资委、证监会令第19号）、《企业国有产权无偿划转管理暂行办法》（国资发产权〔2005〕239号）的规定办理。本通知所称国有全资企业，是指全部由国有资本形成的企业。

八、国有全资企业发生原股东增资、减资，经全体股东同意，可依据评估报告或最近一期审计报告确认的净资产值为基准确定股权比例。

九、国有控股的企业与其直接、间接全资拥有的子企业，或其直接、间接全资拥有的子企业之间转让所持股权，按照《中华人民共和国公司法》、公司章程规定履行决策程序后，可依据评估报告或最近一期审计报告确认的净资产值为基准确定转让价格。

十、本通知规定事项适用于境内企业，境外企业的国有产权管理事项参照《中央企业境外国有产权管理暂行办法》（国资委令第27号）及相关规定办法。

按照自治区经营性国有资产集中统一监管的要求，自治区各部门和事业单位、各盟市国有资产监督管理机构、自治区区直企业和各级国家出资企业要严格执行相关法律、法规及本通知的有关规定，做好相关基础工作，不得自行扩大适用范围，执行过程中遇到问题及时向自治区国资委反映。

所出资企业国有产权转让管理办法

2014年4月3日　福建省国资委　闽国资产权〔2014〕48号

第一章　总　则

第一条　为了规范企业国有产权转让行为，促进经济布局和结构调整，优化资源配置，防止国有资产流失，根据《中华人民共和国企业国有资产法》、《企业国有产权转让管理暂行办法》（国务院国资委、财政部令第3号）及国家有关规定，结合我省实际，制定本办法。

第二条　本办法适用于福建省人民政府国有资产监督管理委员会（以下称省国资委）、福建省人民政府（以下称省政府）授权省国资委履行出资人职责的企业（以下称所出资企业）及其独资、控股的各级子企业（以下统称企业）将所持有的企业国有产权有偿转让给境内外法人、自然人或者其他组织的活动。

第三条　本办法所称企业国有产权是指国家对企业以各种形式投入形成的权益、企业各种投资所形成的应享有的权益，以及依法认定为国家和企业所有的其他权益。

第四条　企业国有产权转让应当遵循等价有偿和公开、公平、公正的原则。除按照有关规定可以直接协议转让的以外，企业国有产权转让应当在依法设立的产权交易场所公开进行。

金融类企业的国有产权、上市公司的国有股权转让和企业主辅分离、辅业改制涉及国有产权的转让，按照国家和我省有关规定执行。

第五条　企业国有产权转让涉及管理层收购的，应当按照《企业国有产权向管理层转让暂行规定》（国资发产权〔2005〕78号）执行。

第六条　转让的企业国有产权权属应当清晰。产权权属关系不明晰或者存在纠纷的，必须在依法界定明晰或者消除纠纷后，方可转让。被设置为担保物权的企业国有产权转让，应当符合《中华人民共和国物权法》、《中华人民共和国担保法》及国家有关规定。

第二章　产权转让的管理和监督

第七条　省国资委对企业国有产权转让履行下

列职责：

（一）在本办法规定的权限内，决定或者批准企业国有产权转让事项；

（二）选择确定从事企业国有产权交易活动的产权交易机构；

（三）负责企业国有产权转让情况的监督检查，开展日常检查、重点抽查和后评价等工作；

（四）负责企业国有产权转让信息的收集、汇总、分析和上报工作；

（五）负责及时向省政府报告所出资企业及其重要子企业的重大产权转让事项；

（六）履行省政府赋予的其他监管职责。

第八条 所出资企业对所属企业国有产权转让履行下列职责：

（一）制定本企业国有产权转让管理制度，并报送省国资委；

（二）在本办法规定的权限内，决定或者批准企业国有产权转让事项；

（三）负责所属企业国有产权转让情况的监督检查；

（四）建立健全企业国有产权转让事项的档案管理制度，确保档案资料完整；

（五）每年1月31日前向省国资委报告上一年度企业国有产权转让的情况；

（六）履行省国资委赋予的其他监管职责。

第三章　产权转让的批准权限和程序

第九条 转让所出资企业国有产权致使省国资委不再拥有控股地位的，由省国资委提出意见，报省政府批准。

第十条 省国资委决定或者批准的企业国有产权转让事项包括：

（一）转让所出资企业国有产权且控股权不发生转移的；

（二）除第十三条规定外，转让企业国有产权金额（账面净值，下同）在5000万元（含5000万元）人民币以上的；

（三）所出资企业转让所属企业国有产权致使该所出资企业不再拥有控股地位的；

（四）除第十三条规定外，以协议方式转让企业国有产权的。

第十一条 除第九条、第十条以外的企业国有产权转让行为，由所出资企业依照法律、法规自行决定。

所出资企业决定或者批准企业国有产权转让的文件应当抄送省国资委。

第十二条 在国民经济关键行业、关键领域中，企业国有产权转让对受让方有特殊要求的，企业实施资产重组中将企业国有产权转让给所属控股企业的，以及企业国有产权转让给其他所出资企业及其所属企业的，经省国资委批准，可以采取协议转让的方式转让国有产权。

转让价格应当以资产评估报告确认的净资产值为底价确定。

第十三条 在所出资企业内部资产重组中，转让方和受让方均为所出资企业及其直接或者间接全资拥有的境内各级子企业的国有产权协议转让，由所出资企业决定或者批准。所出资企业不得将审批权限下放给所属企业。

转让价格可以资产评估或者审计报告确认的净资产值为底价确定。以审计报告确认的净资产值为基准确定转让价格的，应当采用由专业机构出具的上一会计年度审计报告或者最近时点的审计报告。

第十四条 企业国有产权转让应当在可行性研究的基础上，严格按照内部决策程序研究审议。

企业审核、决定或者批准企业国有产权转让事项，已经设立董事会的由董事会审议，未设立董事会的由企业总经理办公会议审议，审议结果应当经审议人签名。

第十五条 企业国有产权转让涉及职工合法权益的，应当听取转让标的企业职工代表大会的意见，对职工安置等事项应当经职工代表大会讨论通过。

第十六条 企业国有产权转让涉及政府行政审批事项的，应当报政府有关行政管理部门批准。

第十七条 企业国有产权转让涉及债权人权益的，应当征求债权人意见；公开发行企业债券的企业在企业债券存续期转让企业国有产权涉及资产重组的，应当按照《国家发展改革委员会办公厅关于进一步加强企业债券存续期监管工作有关问题的通知》（发改办财金〔2011〕1765号）等有关规定执行。

第十八条 企业国有产权转让事项经决定或者批准后，转让方应当组织转让标的企业按照国家有关规定委托专业机构进行财务审计。

转让企业国有产权致使转让方不再具有控股地位的，转让方应当按照有关规定组织对转让标的企业进行清产核资和审计（包括对转让标的企业法定代表人的离任审计）。清产核资结果由所出资企业报省国资委核准。

第十九条 在清产核资和审计的基础上，转让方应当委托具有相应资质的资产评估机构依照国家有关规定进行资产评估，并按照省国资委有关规定对评估结果进行公示。评估报告经核准或者备案后，作为确定企业国有产权转让价格的参考依据。

第二十条 企业国有产权转让事项在决定或者批准之前，应当审查下列书面材料：

（一）涉及企业改制的，应当提供有关改制行为的批准文件；

（二）企业国有产权转让的有关决议；

（三）企业国有产权转让方案；

（四）律师事务所出具的法律意见书；

（五）受让方应当具备的基本条件；

（六）转让方和转让标的企业的国有产权登记证；

（七）转让方和转让标的企业的近期会计报表；

（八）决定或者批准机构要求提供的其他材料。

第二十一条 企业国有产权转让方案，应当载明下列内容：

（一）转让标的企业国有产权的基本情况；

（二）企业国有产权转让行为有关方案的论证情况；

（三）企业国有产权转让拟采取的方式；

（四）转让标的企业职工安置方案（方案内容应当包括企业全体职工的劳动关系分类处理方式、补偿标准和资金来源）；

（五）转让标的企业涉及的债权、债务的处理方案；

（六）企业国有产权转让收益处置方案；

（七）企业国有产权转让公告的主要内容。

第二十二条 转让企业国有产权涉及国有划拨土地使用权和由国家出资形成的探矿权、采矿权等资源性资产及其他专营权转让的，应当按照国家和我省有关规定执行。

第二十三条 省国资委决定或者批准的企业国有产权转让事项，应当自受理之日（本办法规定的相关材料收齐之日）起 10 个工作日内作出决定或者批准。特殊情况确需延长办理期限的，省国资委应当告知所出资企业。

第二十四条 企业国有产权转让事项决定或者批准后，转让方案发生重大变化的，应当按照规定重新履行决定或者批准程序。

第四章　产权交易管理

第二十五条 除直接协议转让外，企业国有产权转让应当依法进入省国资委选择确定的产权交易机构公开竞价交易。公开竞价方式包括拍卖、招投标、网络竞价以及其他竞价方式。

第二十六条 企业国有产权转让公告应当刊登在省级以上公开发行的经济或金融类报刊和省国资委选择确定的产权交易机构的网站上。其中，转让标的在我国境内其他省（市、自治区）的，转让公告还应当刊登在转让标的所在地的主要报刊和产权交易机构网站上。

转让公告期不少于 20 个工作日，转让公告期自报刊发布信息之日起计算。

第二十七条 转让方应当向产权交易机构提交转让公告所需相关材料，并对所提交材料的真实性、合法性、完整性、有效性负责。产权交易机构应当建立转让信息公告的审核制度，对涉及转让标的信息披露的准确性和完整性，交易条件和受让方资格条件设置的公平性和合理性，以及竞价方式的选择等内容进行规范性审核，并在转让信息披露过程中加强管理，充分征集意向受让方。

第二十八条 企业国有产权转让信息应当公开披露以下内容：

（一）转让标的基本情况；

（二）转让标的企业的产权构成情况；

（三）产权转让行为的决定或者批准情况；

（四）转让标的企业近期经审计的主要财务指标数据；

（五）转让标的资产评估结果和挂牌价格；

（六）受让方应当具备的基本条件；

（七）其他应当披露的事项。

第二十九条 产权转让公告发布后，不得任意变更公告内容，或者撤销所发布的信息。因特殊原因确需变更或撤销所发布信息的，应当经企业国有产权转让的决定或者批准机构同意，由产权交易机构在原信息发布渠道上进行公告，并书面告知已经征集到的意向受让方。变更或者重新发布信息的公告期不少于 20 个工作日，转让公告期自变更或者重新发布信息之日起计算。

第三十条 产权转让公告提出的受让条件不得出现具有明确指向性或者违反公平竞争的内容。企业国有产权转让信息公开披露后，应当按照同等受让条件选择意向受让方。

第三十一条 经公开征集产生两个及两个以上符合条件的意向受让方时，由产权交易机构按照公告的竞价方式组织实施公开竞价。

第三十二条 经公开征集只产生一个符合条件的意向受让方时，由产权交易机构组织交易双方按照挂牌价格与买方报价孰高的原则直接签约。

第三十三条 转让企业国有产权的首次挂牌价格不得低于经核准或者备案的资产评估结果。经公开征集没有产生意向受让方的，转让方可以根据转让标的情况确定新的挂牌价格并重新公告。当新确定的挂牌价格低于资产评估结果的 90%，应当获得产权转让的决定或者批准机构同意。

第三十四条 企业国有产权转让成交后，转让方和受让方应当凭产权交易机构出具的产权交易凭证，按照国家有关规定及时办理相关产权登记手续。

第三十五条 企业国有产权转让的全部价款，受让方应当按照产权转让合同的约定支付。

转让价款原则上应当一次性付清。若金额较大、一次性付清确有困难的可以采取分期付款的方式。采取分期付款方式的，受让方首期付款不得低于总价款的 30%，并在合同生效之日起 5 个工作日内支付；其余价款应当向转让方提供合法的担保，并应当按同期银行贷款利率向转让方支付延期付款期间的利息，付款期限自合同生效之日起不得超过 1 年。

第三十六条 企业国有产权转让涉及的职工安置、社会保险等有关费用，不得在评估作价之前从拟转让的国有净资产中先行扣除，也不得从转让价款中抵扣。

第三十七条 转让所出资企业国有产权的转让收入应当按有关规定上缴省级国库，并纳入国有资本经营预算管理。

第三十八条 省国资委选择确定的产权交易机构应当于每一季度后 5 个工作日内将上季度企业国有产权交易情况及本年度以来汇总情况报告省国资委。

第五章 责任约束

第三十九条 在企业国有产权转让过程中，转让方、转让标的企业和受让方有下列行为之一的，省国资委或者企业国有产权转让的相关批准机构应当要求转让方终止产权转让活动，必要时应当依法向人民法院提起诉讼，确认其转让行为无效。

（一）转让方、转让标的企业不履行相应的批准程序或者超越权限擅自转让企业国有产权的；

（二）未按规定在产权交易机构中进行企业国有产权交易的；

（三）转让方、转让标的企业故意隐匿应当纳入评估范围的资产，或者向社会中介机构提供虚假会计资料，导致审计、评估结果失真，以及未经审计、评估转让企业国有产权的；

（四）与受让方恶意串通，低价转让企业国有产权的；

（五）转让方未按规定落实转让标的企业的债权债务，非法转移债权或者逃避债务清偿责任的，或者以企业国有产权作为担保，转让企业国有产权时，未经担保权人同意的；

（六）转让方、转让标的企业未按规定妥善安置职工、接续社会保险关系、处理拖欠职工各项债权债务，以及未补缴欠缴的各项社会保险费，侵害职工合法权益的；

对以上行为的企业负责人和直接责任人，由企业国有产权转让的决定或者批准机构以及相关企业根据人事管理权限予以处分；造成国有资产流失的，应当承担赔偿责任；构成犯罪的，依法追究刑事责任。

第四十条 企业违反本办法规定，有下列行为之一的，企业国有产权转让的决定或者批准机构应当责令企业限期改正，并视情节追究企业负责人及其相关责任人的责任：

（一）未按规定制定并执行企业国有产权管理制度的；

（二）未按规定履行企业国有产权转让的内部决策程序的；

（三）未按规定建立企业国有产权转让档案，或者档案资料不完整的；

（四）未按规定汇总、分析和报告企业国有产权转让情况的；

（五）未按规定在产权交易成交后办理产权变动登记等相关手续的；

（六）未按规定办理其他应当办理的事项的。

第四十一条 在企业国有产权转让过程中，企业负责人违规决策，造成国有资产损失的，按照有关规定追究相关企业负责人的责任。

第四十二条 审计、评估、法律服务等社会中介机构，在国有产权转让中违反法律、行政法规的规定和执业准则，出具虚假报告的，企业国有产权转让的决定或者批准机构应当将有关情况通报政府有关部门及其行业组织，建议给予相应处理；构成犯罪的，依法追究刑事责任。企业不得再委托其从事企业国有产权转让的相关业务。

第四十三条 产权交易机构违反规定组织交易、损害国家利益或者交易各方合法权益的，应当依照有关规定追究产权交易机构及其相关责任人的责任，省国资委不再选择其从事企业国有产权交易的相关业务。

第四十四条 企业国有产权转让的决定或者批准机构及其有关人员违反本办法，依照相关规定给予处理；构成犯罪的，依法移送司法机关追究刑事责任。

第六章　附　则

第四十五条 企业实物资产、无形资产等其他资产转让参照本办法执行。

第四十六条 境外企业国有产权转让按照省国资委所出资企业境外国有产权管理的相关规定执行。

第四十七条 各设区市及县（市、区）可以参照本办法规定，制定本级人民政府出资企业国有产权转让管理办法。

第四十八条 本办法由省国资委负责解释。

第四十九条 本办法自发布之日起施行。《福建省人民政府国有资产监督管理委员会关于印发福建省省属企业国有产权转让管理暂行办法的通知》（闽国资产权〔2006〕146 号）同时废止。

福建省省级文化企业国有产权转让管理暂行办法

2014 年 12 月 30 日　中共福建省委宣传部　福建省财政厅　闽财文资〔2014〕15 号

第一章　总　则

第一条 为规范省级文化企业国有产权转让行为，推动文化企业进行资源整合和结构调整，优化产业发展布局，防止国有资产流失，根据《中华人民共和国企业国有资产法》、《企业国有产权转让管理暂行办法》（国资委财政部令第 3 号）等有关规定，结合省级文化企业国有资产管理实际情况，制定本办法。

第二条 本办法适用于福建省财政厅履行国有资产监管职责的省级文化企业及其所属企业（以下统称"文化企业"）将其所持有的企业国有产权有偿转让给境内外法人、自然人或者其他组织的活动。

第三条 本办法所称国有产权是指国家对文化企业以各种形式投入形成的权益、文化企业各种投资所形成的应享有的权益，以及依法认定为国家和文化企业所有的其他权益。

第四条 省财政厅负责按照本办法规定权限对文化企业国有产权转让事项进行审核或审批。文化企业国有产权转让事项在报省财政厅审批前，应按照《关于在文化体制改革中加强国有文化资产管理的通知》等中央和我省有关文件规定，报省委宣传部审查把关。

第五条 省级文化企业集团公司负责制定所属企业国有产权转让管理办法和监督检查工作，按权限对所属企业国有产权转让事项进行审核或审批。

第六条 文化企业国有产权转让应当遵守国家法律、行政法规和政策的有关规定，符合国家和省文化改革发展规划，遵循等价有偿和公开、公平、公正的原则，除按照有关规定可以直接协议转让的以外，国有产权转让原则上应当在依法设立的产权交易场所公开进行。

文化企业为实施资产重组，在所属企业之间的国有产权转让，以及将国有产权转让给其他省级国有文化企业的，经省财政厅批准后，可以采取协议转让的方式转让国有产权。

第七条 文化企业拟转让的国有产权权属应当清晰。产权权属关系不明晰或者存在纠纷的，必须在依法界定明晰或者消除纠纷后，方可转让。被设置为担保物权的企业国有产权转让，应当符合《中华人民共和国物权法》、《中华人民共和国担保法》及国家有关规定。

第八条 文化企业应根据国家国有资产管理法规和本办法规定，结合企业实际情况，研究制定企业国有产权转让具体管理制度。

第二章 管理权限

第九条 转让文化企业集团母公司国有产权的，由省财政厅提出意见并经省文化改革发展工作领导小组研究同意后报省政府批准。

第十条 文化企业下列国有产权转让事项由省财政厅审批：

（一）省直部门所属文化企业国有产权转让；

（二）文化企业集团公司转让所属企业国有产权致使集团公司不再拥有控股地位；

（三）转让文化企业国有产权评估价值在 2000万元（含 2000 万元）以上的；

（四）文化企业集团公司所属全资、控股子企业之间，以及与其他省级国有文化企业之间的国有产权协议转让事项。

第十一条 文化企业集团公司及其所属企业除第九条、第十条以外的国有产权转让行为，由集团公司依照法律、法规和内部决策程序自行决定，并将批准文件抄送省委宣传部、省财政厅。

第三章 转让程序

第十二条 文化企业国有产权转让应当依照法律、行政法规以及企业（公司）章程管理制度的规定履行相应决策程序，并做好清产核资、审计和资产评估等有关工作。

第十三条 文化企业国有产权转让涉及职工权益的，应当听取转让标的企业职工代表大会的意见，对职工安置等事项应当经职工代表大会讨论通过。

第十四条 文化企业按规定需报省财政厅审批的国有产权转让事项，按以下程序办理。

（一）文化企业集团公司及其所属企业国有产权转让事项，由集团公司向省财政厅提出申请。

（二）省直部门所属文化企业国有产权转让事项，由主管部门向省财政厅提出申请。

第十五条 文化企业申请批准国有产权转让事项时，应当提供下列材料：

（一）企业国有产权转让的有关决议；

（二）企业国有产权转让方案；

（三）法律意见书；

（四）受让方应当具备的基本条件；

（五）资产评估报告和审计报告；

（六）其他需要上报的文件和材料。

第十六条 文化企业国有产权转让方案，应当载明下列内容：

（一）企业国有产权基本情况；

（二）企业国有产权转让拟采取的方式；

（三）企业职工安置计划（内容应当包括企业全体职工的劳动关系分类处理方式、补偿标准和资金来源）；

（四）企业债权、债务处理方式；

（五）企业国有产权转让收入使用。

第十七条　文化企业国有产权转让涉及政府行政审批事项的，应当报政府有关行政管理部门批准。

第十八条　文化企业国有产权转让涉及债权人权益的，应当征求债权人意见；公开发行企业债券的文化企业在企业债券存续期转让企业国有产权涉及资产重组的，应当按照现行有关规定执行。

第十九条　文化企业国有产权转让涉及国有土地使用权和以国家出资形成的探矿权、采矿权等资源性资产及其他专营权转让的，应当按照现行有关规定执行。

第二十条　省财政厅对申请材料齐全的，应当及时受理。对由省财政厅审批的事项，10 个工作日内予以批复。对需要征求有关方面意见的，15 个工作日内予以批复。特殊情况确需延长办理期限的，应当书面告知文化企业。

第二十一条　文化企业国有产权转让事项经批准后，转让方案发生重大变化的，应当按照规定重新履行审批程序。

第四章　交易管理

第二十二条　除协议转让外，文化企业国有产权转让应当进入依法设立的产权交易机构公开竞价交易。公开竞价方式包括拍卖、招投标、网络竞价以及其他竞价方式。

第二十三条　转让方应当向产权交易机构提交转让公告所需相关材料，并对所提交材料的真实性、完整性、有效性负责。产权交易机构应当建立转让信息公告的审核制度，重点审核产权转让公告中涉及转让标的信息披露的真实性、完整性、有效性，交易条件和受让方资格条件设置的公平性和合理性，以及竞价方式的选择等内容。

第二十四条　产权转让公告提出的受让条件不得出现具有明确指向性或者违反公平竞争的内容。产权转让公告中应当明确在征集到两个及以上符合条件的意向受让方时，确定受让方采用的公开竞价交易方式。选择招投标方式的，应当同时披露评标方法和标准。

第二十五条　转让方首次信息公告时的挂牌价不得低于经核准或者备案的转让标的资产评估价值。如在规定的公告期限内未征集到意向受让方，

转让方可以在不低于评估价值 90% 的范围内设定新的挂牌价再次进行公告。如新的挂牌价低于评估价值的 90%，转让方应当按照规定重新履行审批程序再发布产权转让公告。

第二十六条　文化企业国有产权转让成交后，转让方和受让方应当凭产权交易机构出具的产权交易凭证，按照国家有关规定及时办理相关产权登记手续。

第二十七条　文化企业国有产权转让的价款，受让方应当按照产权转让合同的约定支付。

第二十八条　文化企业国有产权转让涉及的职工安置、社会保险等有关费用，不得在评估作价之前从拟转让的国有净资产中先行扣除，也不得从转让价款中抵扣。

第二十九条　转让文化企业集团母公司国有产权的转让收入应当按有关规定上缴省级国库，并纳入国有资本经营预算管理。

第三十条　文化企业集团公司所属全资、控股子企业之间，以及与其他省级国有文化企业之间的国有产权协议转让，转让价格应当以资产评估价值为底价确定。

第五章　法律责任

第三十一条　文化企业违反本办法及企业国有产权转让相关法规规定的，依照有关法规追究有关人员责任；对造成国有资产损失的，应当承担赔偿责任；构成犯罪的，依法追究刑事责任。

第三十二条　在文化企业国有产权转让过程中，企业负责人违规决策，造成国有资产损失的，按照有关规定追究相关企业负责人的责任。

第三十三条　文化企业国有产权转让批准机构及其有关人员违反本办法，依照相关规定给予处理；构成犯罪的，依法移送司法机关追究刑事责任。

第六章　附　则

第三十四条　省级文化事业单位所属企业、实行企业化管理并执行企业财务会计制度的省级文化事业单位及其所属企业的国有产权转让参照本办法执行。

第三十五条　本办法自 2015 年 1 月 1 日起　　　施行。

江西省省属企业股权质押融资暂行办法

2013 年 2 月 1 日　江西省国资委　赣国资产权字〔2013〕50 号

为加强省属企业股权质押融资管理，规范国有股东行为，防范和控制质押融资风险，维护省属企业和其他利害关系人的合法权益，根据《物权法》、《公司法》、《担保法》、《商业银行法》等法律法规，以及《江西省股权质押融资指导意见》等有关规定，结合省属企业实际，制定本办法。

第一条　本办法所称"省属企业"是指江西省人民政府授权江西省国有资产监督管理委员会（以下简称"省国资委"）和省直其他部门、机构履行出资人职责或监管的企业及其独资、全资或通过股权、董事会、相关协议拥有实质控制权的企业。

本办法所称"省属企业股权"（简称"国有股权"）是指省属企业持有的在工商行政管理部门登记注册的非上市公司的股权。

第二条　本办法所称"股权质押融资"是指以省属企业股权作为债权的担保，通过金融机构及担保机构等进行的融资活动。

第三条　省属企业将其持有的国有股权质押，用于银行贷款和发行企业债券，应当遵守《公司法》、《担保法》及有关国有股权管理等法律法规的规定，并制定严格的内部管理制度和责任追究制度。

第四条　公司发起人持有的国有股权，在法律限制转让期限内不得用于质押。

第五条　省属企业持有的国有股权只限于为本单位及其全资或控股子公司融资提供质押。如需为上述之外的企业融资提供质押的，需经省国资委批准。

第六条　省属企业以国有股权进行质押，必须事先进行充分的可行性论证，合理确定股权价值，明确资金用途，制订还款计划，并经有权机构审议

决定。

第七条　以省属企业股权质押所获资金，应当按照规定的用途使用。

第八条　省属企业在质押协议签订后，应按照产权管理隶属关系报省国资委备案，由省国资委出具股权质押备案表。

第九条　以省属企业股权质押的，被质押的省属企业股权应在江西省产权交易所办理股权登记托管。省属企业应依据省国资委出具的股权质押备案表到江西省产权交易所办理股权质押登记手续，再到工商行政管理部门办理《股权出质设立登记通知书》。

第十条　省属企业办理国有股权质押备案应当提交如下文件：

1. 省属企业持有国有股权的证明文件；
2. 股权质押的可行性报告；
3. 股东（大）会、董事会或总经理办公会决议；
4. 被担保的主债权合同书；
5. 股权质押担保合同书；
6. 资金使用及还款计划；
7. 国有股权质押的法律意见书。

第十一条　国有股权质押后，借款人应当按时清偿债务。若出现借款人逾期不履行债务或者发生当事人约定的实现质权的情形，应依据国有产权管理相关规定通过江西省产权交易所依法处置股权，并从处置所得价款中优先受偿，不得将国有股直接过户到借款人名下。

第十二条　本通知自印发之日起执行，解释权归省国资委。

附件：江西省省属企业股权质押备案表

江西省省属企业股权质押备案表

编号：

基本情况	所出资企业（有关部门）			
	联系人		联系电话	
	拟质押股权的公司名称			
	拟质押股权数和所占比例			
	被担保的主债务情况			
提交的文件				

申报备案	同意转报备案	备案
拟质押股权的单位盖章：	上级单位盖章（所出资企业、有关部门）：	国有资产监督管理机构：
法定代表人签字：		
年 月 日	年 月 日	年 月 日

关于进一步推动企业国有产权有序流转和优化配置的若干意见

2013 年 2 月 1 日　江西省国资委　赣国资产权字〔2013〕51 号

为推动我省国有及国有控股企业并购重组，加快国有产权有序流转和优化配置，提高国有产权配置效率，根据《企业国有资产法》、《企业国有产权转让管理暂行办法》（国务院国资委、财政部令第3号）、《企业国有产权无偿划转管理暂行办法》（国资发产权〔2005〕239号）等规定及其配套文件精神，现就有关事项通知如下：

一、进一步提高对推动产权流转重要性的认识

代表各级政府履行出资人职责的机构、部门（以下统称各级出资人机构）和各国有及国有控股企业要充分认识产权流转的重要性，把推动产权有

序流转，实现优化配置，提高运营效益作为企业国有产权管理工作的首要任务，下大力气推动流转、防止流失、优化配置、提升价值。

要紧紧围绕国有经济布局结构调整和产业转型升级，结合本地区、本行业和本企业"十二五"发展规划，推动国有产权在不同企业、不同行业、不同地区、不同国别乃至不同所有制之间有序流转和优化配置，充分发挥市场配置资源的基础性作用，激活产权价值。

要积极鼓励和引导民间投资，发展混合所有制经济。企业国有产权转让时，不得在意向受让人资质条件中单独对民间投资主体设置附加条件。民间投资主体可以以货币、实物、知识产权、土地使用

权等多种出资方式，通过出资入股、收购股权、认购可转债、融资租赁、共同设立股权投资基金等多种形式，参与国有企业改制重组。

二、不断创新产权流转和配置路径

各级出资人机构和各国有及国有控股企业要切实把握好产权流转时机和节奏，积极嫁接和创新多种产权配置路径。

要大力推进企业内部重组整合，进一步突出和精干主业，压缩企业管理层级，推动国有资本从低效、无效、非主业领域退出，向战略性新兴产业集中、向优势领域和具有潜在优势的领域集中、向产业链和价值链高端集中，推动产业升级改造，提高企业核心竞争力。

要积极开展企业合作，推动企业之间非主业、非优势业务、同类业务之间的重组整合，以产权为纽带，实现优势互补，形成发展合力。

要遵循市场机制，充分发挥股票市场、产权市场、债券市场的价值发现和资本形成功能，把优质资产逐步纳入上市公司，提高资产证券化率，并尽快实现增资扩股等项目进入产权交易市场公开操作。

要鼓励和支持有条件的企业加快"走出去"，利用好国际国内两种资源、两个市场，努力把企业做强做优。要把加强境外产权管理摆在重要议事日程，组织做好境外国有产权流转的可行性研究、内部决策、资产评估或估值等各环节工作，加强过程管理和责任追究，保障境外国有产权安全。

三、积极推进产权进场阳光交易

除国家相关规定允许协议转让者外，全省所属企业国有产权均应当进入由我委选择确定并报经国务院国资委备案的产权交易市场公开挂牌转让。我委选择确定江西省产权交易所为从事全省所属企业国有产权转让的交易机构，并支持江西省产权交易所与各地公共资源交易机构开展合作，牵头整合全省产权市场，尽快建立统一规范的全省性产权市场。

各从事产权交易的机构必须严格执行《企业国有产权转让管理暂行办法》（国务院国资委、财政部第3号令）及相关配套文件规定，严格按照《企业国有产权交易操作规则》（国资发产权〔2009〕120号）开展交易业务。要主动接入国务院国资委

研发和运行的"企业国有产权交易监测系统"，自觉接受各级国资监管机构的工作指导和业务监督。

各级国资监管机构应切实履行产权交易监管职责，要按照《关于清理整顿各类交易场所切实防范金融风险的决定》（国务院38号文件）要求，巩固清理整顿成果，规范交易机构从业行为。要在督促产权交易机构自查的基础上，对产权交易活动进行监督检查，对企业国有产权转让信息进行收集、汇总、分析和上报，重要情况和重大问题应及时报告我委。

四、切实提高产权流转和配置的效率

在国有经济结构调整或各国有及国有控股企业内部的资产重组中，符合直接协议转让条件的，协议转让项目的评估报告必须报送我委核准或备案，协议转让价格不得低于经核准或备案的资产评估结果。如转让方和受让方均为国有企业及其直接或间接全资拥有的境内子企业，协议转让价格可以专业机构出具的上一会计年度的年度审计报告或最近时点的审计报告确认的净资产值为基准确定，但不得低于审计报告的净资产值。出具该审计报告的专业机构最近三年内不得有违规违法执业处罚记录。

企业国有产权在政府机构、事业单位、国有独资企业和国有独资公司之间，以及国有独资企业、国有独资公司、国有事业单位投资设立的一人有限责任公司及其再投资设立的一人有限责任公司之间，可以进行无偿划转。无偿划转企业国有产权，划入方管理层次原则上不超过三级。划转双方应当严格防范和控制无偿划转的风险，所作的承诺事项应合理可行，且与被划转企业直接相关，且不得以重新划回产权等作为违约责任条款。有限责任公司国有股权的划转，还应当遵循《公司法》的有关规定。

企业实施资产重组时，国有企业及其独资、全资及绝对控股企业（以下统称国有单位）相互之间以所持企业产权、资产进行交换，或者国有单位以所持企业产权与中央企业实际控制企业所持产权、资产进行交换，且现金作为补价占整个资产交换金额比例低于25%的行为，经我委批准，可以进行国有产权、资产置换，并以经我委备案的资产评估结果，作为确定置换价格的依据。国有单位进行国有

产权、资产置换，应当符合国家有关法律法规和产业政策的规定，符合国有经济布局和结构调整的需要，有利于做强主业和优化资源配置，提高企业核心竞争力，置换标的权属清晰，标的交付或转移不存在法律障碍。产权、资产置换如涉及职工安置和债权债务处理等事宜，应当制订相关解决方案。置换双方协商一致后，应当签订置换协议，明确置换价格及补价方式、置换标的交割、违约责任和纠纷解决方式以及协议生效条件等。地方企业与中央企业之间的产权、资产置换，按照《关于中央企业国有产权置换有关事项的通知》（国资发产权〔2011〕121号）执行。

企业国有产权流转涉及面广、政策性强，对企业发展具有重要意义，各地区、各单位在推进国有产权有序流转和优化配置过程中，要妥善处理好规范与创新、监管与服务、促进发展和防范风险的关系，要加强与有关部门的沟通协调，形成发展合力。各地区、各单位应及时掌握和总结企业国有产权流转和配置活动中的新情况、新问题，并将有关重要情况和重大问题及时报告我委。

关于加强省属企业实物和无形资产转让管理工作的通知

湘国资产权〔2012〕159号

各有关厅局（行管办）、省属企业、市州国资委：

为进一步规范省属企业实物和无形资产（以下统称资产）转让工作，提高资产处置效率，防止国有资产流失，根据《中华人民共和国企业国有资产法》、《企业国有资产监督管理暂行条例》、《湖南省人民政府关于省属企业国有资产处置有关事项的通知》（湘政发〔2011〕43号）和《国务院国资委办公厅关于转发北京市人民政府国有资产监督管理委员会加强企业实物资产转让管理工作通知的通知》（国资厅发产权〔2012〕34号）等规定，现就加强和规范省属企业资产转让管理的有关事项通知如下：

一、资产转让的要求

（一）本通知所称省属企业，是指省国资委履行出资人职责的企业和省国资委履行国有资产监管职能的省政府其他厅委办局（社）、行业管理办公室、事务工作办公室所属的非金融类企业。

省属企业及其所属各级企业（以下统称转让方）将所属资产转让给境内外法人、自然人或者其他组织，原则上应当在湖南省联合产权交易所（以下简称省联交所）公开进行。国家法律、行政法规另有规定的，从其规定。

（二）本通知所称资产为实物资产和无形资产，包括：

1. 以出让等有偿方式取得且可以依法转让的国有土地使用权；

2. 地面建筑物、构筑物及其附属设施；

3. 各类设备设施；

4. 机动车及其他交通运输工具；

5. 报废与核销资产；

6. 存货；

7. 债权资产；

8. 商标专用权、专利权及著作权等知识产权；

9. 其他依法可以转让的实物和无形资产。

上述资产不包括企业正常经营过程中对外销售的产品。

（三）省属企业应当依据有关法律法规以及本通知的规定，规范对资产的监督管理，制定本企业集团的资产管理制度，上报省国资委备案。

（四）资产确需在企业集团内部有偿调配的，可以协议转让，转让方和受让方应为同一企业集团内的全资、绝对控股企业。同时，省属企业应当制定资产内部调配管理办法并报省国资委备案。

（五）省联交所应当按照国家有关法律法规和本通知的要求制定资产交易规则，规范资产交易工作。

二、资产转让的程序

（一）内部决策审议。转让方应当根据省属企业的资产管理制度做好资产转让的可行性研究，按照内部决策程序进行审议，并形成书面决议。

（二）进行资产评估。转让方应当依照省国资委相关规定，聘请具有相应资质的评估机构对资产进行评估。评估报告经核准或者备案后，作为确定资产转让价格的参考依据。

（三）制定转让方案。转让方应当按照转让标的的实际情况，制定转让方案。资产转让不得对受让方资格设置不合理的限制性条件。

（四）履行审批程序。根据公司章程及有关授权规定，资产转让需报有关部门批准的，由省属企业按程序报批。

（五）发布转让信息。转让方应当将资产转让信息公告委托省联交所刊登在省级以上公开发行的经济或者金融类报刊和省联交所网站上，公开披露有关资产转让信息，广泛征集受让方。

资产转让首次信息公告时的挂牌价不得低于经备案或者核准的转让标的的资产评估结果。如在规定的信息公告期内未征集到意向受让方，设置新的挂牌价格低于评估结果的90%时，转让方应当在重新获得资产转让批准机构批准后，再发布资产转让信息公告。

（六）确定转让方式。资产转让可以采取挂牌转让、动态报价转让及拍卖转让等方式进行。

挂牌转让是指省联交所依据转让方的申请，将资产转让信息公告通过省级以上公开发行的经济或者金融类报刊和省联交所网站进行发布，公开征集意向受让方的行为。经公开征集只产生一个符合条件的意向受让方的，由省联交所组织交易双方按挂牌价与买方报价孰高原则直接签约；产生两个及以上符合条件的意向受让方的，由省联交所按照信息公告约定的竞价方式组织实施公开竞价。选择挂牌转让方式的，信息公告期应当不少于20个工作日。

动态报价转让是指省联交所依据转让方的申请，将资产转让信息公告通过省级以上公开发行的经济或者金融类报刊和省联交所网站进行发布，信息公告一经在省联交所网站发布，竞买人即可通过省联交所指定的报价系统竞争受让转让标的的行

为。动态报价活动由定时报价期和连续报价期组成。选择动态报价转让方式的，信息公告期与定时报价期一致，不少于7个工作日。

拍卖转让是指省联交所依据转让方的申请，组织省联交所的拍卖会员机构，以拍卖方式确定受让方的行为。选择拍卖转让方式的，信息公告期应当不少于7个自然日。

单项原值50万元人民币以下或者批次原值100万元人民币以下的设备设施、存货转让，转让方可通过省联交所网站发布资产转让信息公告，并采取动态报价方式转让。

单项资产挂牌价/评估价在500万元（含500万元）人民币以上的资产，应当采取挂牌转让方式。

（七）组织交易签约。省联交所应当在确定受让方后组织交易双方签署资产交易合同。

（八）结算交易资金。受让方应当在资产交易合同约定的期限内，将资产转让价款支付到省联交所的结算账户。转让价款原则上应当一次付清。如金额较大、一次付清确有困难的，可以采取分期付款的方式。采取分期付款方式的，受让方首期付款不得低于总价款的30%，并在合同生效之日起5个工作日内支付；其余款项应当提供合法的担保，并应当按同期银行贷款利率向转让方支付延期付款期间利息，付款期限不得超过1年。

（九）出具交易凭证。交易资金结算完成后，省联交所应当出具资产交易凭证。

三、资产转让的监督检查

（一）省国资委负责组织相关部门对省属企业资产转让工作进行不定期的监督检查；对省联交所有关资产转让的制度建立、系统建设、流程设计、交易行为、重大问题报告等实施指导和监督。

（二）省属企业负责指导所属各级企业建立资产管理制度，规范资产转让行为，对所属各级企业资产转让工作进行监督检查。

（三）省属企业应当在每年三月底前将上年度本集团资产转让整体情况报告上报省国资委。报告内容应当包括：上年度企业资产转让的审批情况、交易方式、交易数据，进场交易的监督检查情况，典型案例等。

（四）在资产转让过程中，有下列行为之一的，

由省国资委责令转让方予以纠正，必要时应依法向人民法院提起诉讼。

1. 未按规定在省联交所进行公开转让的；

2. 转让方不履行相应的内部决策程序、批准程序或者超越权限、擅自转让相关资产的；

3. 转让方故意隐匿应当纳入评估范围的资产，或者向中介机构提供虚假资料，导致评估结果失真，以及未经评估，造成国有资产流失的；

4. 转让方与受让方串通，低价转让相关资产，造成国有资产流失的；

5. 受让方采取欺诈、隐瞒等手段影响转让方的选择以及资产交易合同签订的；

6. 受让方在资产转让过程中，恶意串通压低价格，造成国有资产流失的；

7. 其他违法违规行为。

转让方有上述行为造成国有资产流失的，由有关部门按照规定追究相关人员的责任；构成犯罪的，移送司法机关处理。

四、其他

（一）省属国有控股、参股企业的国有股东代表（产权代表）在企业内部决策审议资产转让事项时，应当提出执行本通知有关规定的意见，行使表决权。

（二）省属企业及其所属各级企业独资或者控股的境外企业在境外的资产评估（估值）和转让，还应当参照《湖南省省属企业境外国有产权管理暂行办法》（湘国资〔2012〕110号）的有关规定执行。

（三）各市州国资委可参照本通知做好市属企业资产转让的监督管理工作。

关于鼓励我区国有企业积极引入民间投资和支持民营企业发展的实施意见

2013年8月12日　广西壮族自治区国资委　桂国资发〔2013〕179号

根据《国务院关于鼓励和引导民间投资健康发展的若干意见》（国发〔2010〕13号）、《广西壮族自治区人民政府关于印发进一步促进民营经济发展的若干措施的通知》（桂政发〔2010〕76号）、《关于国有企业改制重组中积极引入民间投资的指导意见》（国资发产权〔2012〕80号）精神，为鼓励我区国有企业积极引入民间投资和支持民营企业发展，现提出以下实施意见：

一、积极引入民间投资参与国有企业改制重组

（一）坚持毫不动摇地巩固和发展公有制经济、毫不动摇地鼓励支持和引导非公有制经济发展，完善国有资本有进有退、合理流动机制。积极引入民间投资参与我区国有企业改制重组，大力发展混合所有制经济，建立现代产权制度，进一步推动我区国有企业转换经营机制，转方式调结构，与民间投资主体互利共赢、共同发展。

（二）我区国有企业改制重组中引入民间投资，应当符合国家、自治区对国有经济布局与结构调整的总体要求和相关规定，遵循市场规律，尊重企业意愿，平等保护各类相关利益主体的合法权益。

（三）我区国有企业在改制重组中引入民间投资时，应当通过产权市场、媒体和互联网广泛发布拟引入民间投资项目的相关信息，重点引入业绩优秀、信誉良好和具有共同目标追求的民间投资主体。

（四）民间投资主体可以通过出资入股、收购股权、认购可转债、融资租赁等多种形式参与我区国有企业改制重组，可以用货币出资，也可以用实物、知识产权、土地使用权等法律、行政法规允许的方式出资。

（五）民间投资主体与我区国有企业之间可以共同设立项目公司、股权投资基金，共同投资基础设施行业、战略性新兴产业，共同开展境外投资。

（六）我区国有企业改制上市或国有控股的上市公司增发股票时，应当积极引入民间投资。国有

股东通过公开征集方式或通过大宗交易方式转让所持上市公司股权时，不得在意向受让人资质条件中单独对民间投资主体设置附加条件。

（七）企业国有产权转让时，除国家相关规定允许协议转让者外，均应当进入由自治区国资委选择确认的产权市场公开竞价转让，不得在意向受让人资质条件中单独对民间投资主体设置附加条件。从事国有产权转让的产权交易机构，应当积极发挥市场配置资源功能，有序聚集和组合民间资本，参与受让企业国有产权。

（八）我区国有企业改制重组引入民间投资，要遵守国家相关法律、行政法规、国有资产监管制度和企业章程，依法履行决策程序，维护出资人权益。

（九）我区国有企业改制重组引入民间投资，应按规定履行企业改制重组民主程序，依法制定切实可行的职工安置方案，妥善安置职工，做好劳动合同、社会保险关系接续、偿还拖欠职工债务等工作，维护职工合法权益，维护企业和社会的稳定。

（十）改制企业要依法承继债权债务，维护社会信用秩序，保护金融债权人和其他债权人的合法权益。

二、积极支持我区国有企业加强与民营企业合作发展

（十一）鼓励民营企业参与到我区国有企业负责投资建设的高速公路、铁路、机场、港口、能源、旅游、资源勘探及开发等基础设施项目，精心

筛选一批投资条件较好的重大项目与民营企业开展多种方式合作，加快我区国有企业基础设施建设步伐，提升基础设施建设水平。

（十二）重点围绕钢铁、机械、汽车、有色、建材、能源、化工、食品、装备制造等我区国有企业的优势工业产业，推进我区国有企业与全国知名民营企业合作开发，促进资源集聚，以增量优化存量，深化产业分工协作，加强研发创新和配套能力建设，进一步壮大产业规模，提升产业竞争力。

（十三）围绕加快发展现代服务业深化合作发展，在现代物流、旅游、金融、信息、科技、商务、文化、外包服务等领域，深化我区国有企业与民营企业的合作，促进我区现代服务业加快发展，构建功能完备、服务高效、供给良好的现代服务业体系。

三、鼓励引导我区国有金融机构支持民营企业发展壮大

（十四）鼓励和引导我区国有金融机构加大对民营企业发展支持力度，引导国有金融机构加强金融产品与服务创新，为民营企业投资项目量身提供包括信贷、债券、信托、基金、保险等多种综合工具相融合的一揽子金融服务。

（十五）鼓励和引导我区国有金融机构进一步创新民营企业贷款质押担保方式，进一步完善我区中小企业信用担保体系，积极解决我区中小民营企业贷款难题，支持广西各类中小民营企业和高新技术企业发展。

关于规范企业国有资产进场交易有关问题的通知

2014 年 9 月 3 日　广西壮族自治区国资委　桂国资发〔2014〕271 号

区直各有关委、办、厅、局，各自治区国资委履行出资人职责的企业，各市国资委：

为进一步加强企业国有资产交易监管，规范我区企业国有资产转让行为，根据《中华人民共和国企业国有资产法》、《企业国有产权转让管理暂行办法》（国务院国资委、财政部令第 3 号）、《广西壮族

自治区企业国有产权转让监督管理暂行办法》（桂政发〔2005〕60 号）等有关规定，结合我区实际，现就有关事项通知如下：

一、严格执行企业国有资产进场交易制度

全区各级各类企业国有资产转让必须在依法设

立并经自治区国有资产监督管理机构选择确定的产权交易机构（以下简称"产权交易机构"）公开进行，按照企业国有产权转让制度的相关规定规范交易，做到"应进必进、能进则进、进则规范、操作透明"。

（一）应进场交易的企业国有资产包括：

1. 企业产权。

国有及国有控股企业及其子公司以股权为对象进行重组所涉及的产权转让行为，包括：企业改制产权转让、国有股东转让股权、导致国有股权比例减少的增资扩股，以及以国有及国有控股企业的股东权益为司法委托拍卖标的的转让等。

2. 企业的资产。

（1）国有及国有控股企业的实物资产转让，包括房地产、机械设备、机动车、在建工程，以及作为司法委托拍卖标的的国有及国有控股企业的资产等；

（2）国有及国有控股企业的债权；

（3）国有及国有控股企业的无形资产（包括商标权、专利权、商号权等知识产权，特许经营权等）。

3. 国有及国有控股企业的经营权（含委托管理、承包经营等面向社会寻找经营人）。

4. 国有资产监督管理机构认定的或者企业董事会、股东会认为有必要进场交易的其他情形。

（二）国有参股企业的国有股东应积极引导前款所述的转让行为进场交易，保障国有出资人权益。

（三）企业招商引资涉及的企业资产作价出资行为鼓励通过产权交易机构公开挂牌进行。

（四）产权交易机构应为企业国有资产转让提供规范、高效、优质的服务，充分发挥产权交易平台的市场功能，推动资源的优化配置，促进国有资产的保值增值。产权交易机构开展企业国有资产转让活动接受国有资产监督管理机构的指导、监督。

二、加强企业资产转让重点环节的监管，完善进场交易的操作规范

（一）企业的资产进场交易应遵守企业国有产权转让制度的相关规定，结合资产转让的特点进行操作。

1. 资产转让按照有关规定需进行资产评估的，应当进行评估并履行相应的核准（备案）手续，首次挂牌价格不得低于经核准（备案）的资产评估结果。首次挂牌没有成交转让方可调整挂牌价格，拟调整的挂牌价格如低于资产评估结果的90%应获得相关资产转让行为批准机构书面同意。

单项（含整批）资产账面净值低于100万元的实物资产转让可根据市场询价、供需情况、资产现状等因素综合确定首次挂牌价格，但首次挂牌价格不得低于经核准（备案）的资产评估结果。

2. 自治区本级国有或国有控股企业及其所属企业转让资产，单项（含整批）账面净值不低于100万元的报自治区国资委审批，评估结果报自治区国资委核准，并进入产权交易机构公开转让；低于100万元的由企业主管部门或各自治区国资委履行出资人职责的企业批准，资产评估结果报主管部门或各自治区国资委履行出资人职责的企业备案，在保证公开、公平、公正的前提下，鼓励通过产权交易机构转让，具体由主管部门或各自治区国资委履行出资人职责的企业决定。各市国有资产监督管理机构可以根据本地情况，决定账面价值低于100万元的资产的转让方式，账面价值不低于100万元的应当进入产权交易机构公开转让。

3. 转让方可以根据转让标的情况合理确定转让信息公告期限。挂牌价格高于100万元的资产转让项目，信息公告期应当不少于10个工作日，挂牌价格高于1000万元的资产转让项目，信息公告期应当不少于20个工作日。

4. 除国家法律法规或相关规定有明确要求以外，资产转让项目不得对受让方的资格条件作出限制，产权交易机构根据公示的意向受让条件给予确认意向受让资格。

5. 资产转让成交后原则上应当一次性支付全部交易价款。如金额较大、一次付清确实有困难的，可以采取分期付款的方式。采取分期付款的方式的，受让方首期付款不得低于总价款的30%，其余价款应当提供合法的担保，付款期限原则上不得超过1年。

（二）完善竞价交易方式。完善网络电子竞价（拍卖式报价或投标式报价）、综合评审等资产交易竞价方式，根据标的的不同特点采用不同的竞价交易方式；鼓励采用互联网电子竞价方式以防止围标、串标行为发生，努力提高资产交易的溢价率。

（三）加强协议转让方式的监管

1. 完善协议转让的审批、交易流程。经产权交易机构公开挂牌只产生一个意向受让方的场内协议转让项目，由产权交易机构组织双方草签交易合同并将项目挂牌协议转让的过程形成《场内协议转让情况报告》提交自治区国有资产监督管理机构审批。

国民经济关键行业、领域中对受让方有特殊要求的；在国有独资企业之间转让的企业国有产权以及将企业国有产权转让给所属控股企业的，产权转让行为经自治区国有资产监督管理机构批准且资产评估结果获得核准（备案）后可以进行场外协议转让。

2. 各级国有资产监督管理机构应做好企业国有产权场外协议转让项目条件的审核把关，防止不符合条件的项目自行采用协议转让方式交易。未经批准擅自进行场外协议转让的，各级国有资产监督管理机构不得给予办理企业产权变动登记。

（四）严格交易鉴证及国有产权变更、注销程序。产权交易机构对按照企业国有产权转让管理相关规定进行规范交易的产权转让行为给予开具交易鉴证书。交易完成后，转让方凭产权转让批准文件、交易鉴证书到国有资产监督管理机构办理企业国有产权变更、注销登记手续。

国有资产监督管理机构应当通过网站等公开渠道公告产权变更、注销及工商等登记结果。转让方应当将产权变更、注销及工商登记等情况在转让标的企业进行公示。

（五）加强产权交割履约监督。转让方、受让方必须严格履约，不得擅自改变双方签订的产权转让合同。转让行为的批准机构应对转让合同的履约情况进行监督，确保转让双方按照产权转让合同履约。

（六）完善产权交易投诉和举报制度。设区的市国有资产监督管理机构应设立产权转让投诉举报电话并对外公布，认真受理、查办和处理投诉举报事项。对实名投诉举报的，要及时负责地予以查实并答复，同时做好对举报人的保密工作。

（七）建立产权转让监管协作机制，加大对违法违规行为的惩处和责任追究力度。国有资产监督管理机构应定期向同级纪检监察机关通报企业国有产权转让情况，加强工作沟通，形成监管合力。对企业国有产权转让过程中违规操作的，可责令限期整改，进行约谈提醒或通报批评，并记入企业负责人经营业绩考核；对违规操作造成国有资产流失的，根据具体情节对企业法定代表人及相关责任人给予降级或经营业绩考核扣分处理，并相应扣发其绩效薪金和中长期激励；构成违纪的，依法给予纪律处分或者提请有权部门给予纪律处分；涉嫌犯罪的，依法移送司法机关处理。

关于规范区直企业资产出租管理的通知

2014 年 9 月 3 日　广西壮族自治区国资委　桂国资发〔2014〕272 号

区直各委、办、厅、局，各区直企业：

为规范区直企业（含自治区国资委履行出资人职责的企业和区直其他委、办、厅、局管理的企业）及各级独资、控股子企业（以下称各级子企业）的资产出租行为，提高国有资产运营效益，防止国有资产流失，确保国有资产的保值增值，从源头上预防腐败，防范风险，根据《中华人民共和国企业国有资产法》、《企业国有资产监督管理暂行条例》（国务院令第 378 号）和《广西壮族自治区企业国有产权转让监督管理暂行办法》（桂政发〔2005〕60 号）等有关法律法规的规定，结合区直企业实际，现就规范企业资产出租管理有关事项通知如下：

一、本通知适用于各区直企业及其各级子企业资产出租的管理。

本通知所称资产出租是指各区直企业及其各级子企业作为出租方，将自身拥有或有处置权的非流动性资产（包括土地使用权、房屋建筑物、设施设备、广告位经营权等）出租给自然人、法人或其他组织（以下简称承租人）使用，向承租人收取租金、承包费、管理费或者其他收入的经营行为。下列情形除外：（一）专业租赁公司从事的租赁经营业务；（二）租赁期不超过三个月的短期租赁行为；（三）企业承办的专业市场、商场按市场规则组织的对外招租；（四）物业管理公司从事的经营业务；（五）企业住房分配给本企业职工居住的；（六）法律和行政法规另有规定的。

二、各区直企业及其各级子企业资产出租应当制订资产出租方案并按公司章程规定由董事会或经理（厂长）办公会审议通过。资产出租方案应包括拟出租资产的产权状况及实物现状、出租资产的目的及可行性、资产明细清单、出租用途及期限、租金收缴办法、承租条件、招租底价及底价拟订依据、招租方式等。

整体资产或主要经营场所出租的资产出租方案应提交职工代表大会审议通过并报自治区国资委审批，其他设施设备、土地使用权、房屋建筑物等资产出租涉及职工权益的，资产出租方案应提交职工代表大会审议通过。

三、各区直企业及其各级子企业的资产出租事项按以下权限审批：单项（含整批）账面净值或资产租赁评估价格不低于 100 万元，或出租期限高于 3 年的企业资产出租，由各区直企业报自治区国资委审批。账面净值或资产租赁评估价格低于 100 万元的企业资产出租，由各区直企业自行审批并报自治区国资委备案。

四、各区直企业及其各级子企业资产出租原则上应当对租赁价格进行资产评估。特殊设备经批准或单项（含整批）出租资产账面净值不超过 20 万元的，可以由中介机构或专业部门、专业人员进行询价。

报自治区国资委审批的企业资产出租项目，评估结果也应报自治区国资委备案，各区直企业自行审批的项目由各区直企业自行备案。经备案的资产评估结果或询价结果，作为制定招租底价的参考依据。

五、各区直企业及其各级子企业资产出租应当遵循公开、公平、公正的原则，引入市场竞争机制，采取公开招租的方式进行，以提高企业资产的利益效益，实现企业资产价值最大化。

各区直企业及其各级子企业资产出租，单项（含整批）资产每年招租底价不低于 100 万元的，原则上应当委托自治区国资委确定的产权交易机构按照企业国有产权交易的规则和程序进行公开招租；情况特殊的，招租方式由各区直企业按照有关内部决策程序决定，并报告自治区国资委审批。

企业不得恶意将整体或同类资产拆分，以规避进入产权交易机构进行公开竞价招租。

自治区国资委确定的产权交易机构应加强与各企业的沟通和联系，主动做好服务工作，提高服务质量和效率。

六、各企业自行组织招租的，招租信息应通过产权交易机构网站对外公开披露，同时也可在本企业网站、信息公开栏、拟出租物业现场、报纸杂志等进行披露。

七、企业资产出租有下列情况之一者，可以采取直接协议签约的方式进行，并在签约后 15 天内报自治区国资委备案：

（一）承租方为国有企业、国有独资公司及其它国有单位的；

（二）各企业及其子企业之间的资产出租；

（三）坐落位置较偏僻、面积小、年租金金额小的房地产，确实不宜采取公开招租方式出租的零星资产、特殊设施设备；

（四）经公开招租只产生一个意向承租方的；

（五）其他有规定不宜公开招租的情况。

八、企业资产出租期限一次不宜过长，一般不超过 3 年；特殊情况可以适当延长，但不应超过 10 年。企业资产出租期满后，应按本通知规定重新进行招租。

九、各企业资产出租，应依照《中华人民共和国合同法》及其他有关规定，与承租人签订资产出租合同，按规定履行相关权利、承担义务，并加强资产出租合同档案的管理。

十、各企业的资产出租决策情况、招租公告、招租结果等信息应当在本企业内部进行公示，接受企业职工监督。

十一、各区直企业及其各级子企业有关负责人在资产出租过程中违规操作的，可责令限期整改，进行约谈提醒或通报批评，并计入企业负责人经营业绩考核；对违规操作造成国有资产流失的，根据具体情节对企业法定代表人及相关责任人给予降级或经营业绩考核扣分处理，并相应扣发其绩效薪金和中长期激励；构成违纪的，依法给予纪律处分或者提请有权部门给予纪律处分；涉嫌犯罪的，依法移送司法机关处理。

十二、各企业在执行本通知过程中遇到问题，应当及时向自治区国资委反映。

十三、鼓励各国有参股子企业的资产出租参照本通知执行。

成都市企业国有产权转让管理办法

2014 年 7 月 1 日　成都市政府　成府发〔2014〕21 号

第一章　总　则

第一条　（目的依据）

为规范企业国有产权转让行为，加强企业国有产权转让的监督管理，完善企业国有产权转让的市场化定价机制，防止企业国有资产流失，促进企业国有资产的合理流动，实现国有经济布局和结构的战略性调整，根据《中华人民共和国企业国有资产法》、《企业国有资产监督管理暂行条例》（国务院令第 378 号）、《企业国有产权转让管理暂行办法》（国务院国资委、财政部令第 3 号）、《四川省企业国有产权转让管理暂行办法》（川办发〔2005〕25 号）等法律、法规和政策的规定，结合我市实际，制定本办法。

第二条　（适用范围）

国有资产监督管理机构、持有国有资本的企业（以下统称转让方）将所持有的企业国有产权有偿转让给境内外法人、自然人或者其他组织（以下统称受让方）的行为适用本办法。

第三条　（适用除外）

金融类企业国有产权转让和上市公司的国有股权转让，按照国家有关规定执行。非上市股份有限公司的国有股权转让需经省级国有资产监督管理机构批准的，按照国家、省有关规定执行。

第四条　（转让原则）

（一）遵守法律、法规和政策规定；

（二）符合国家和地方产业结构调整的需要，有利于国有经济布局和结构的战略性调整，促进国有资本优化配置；

（三）坚持公开、公平、公正的原则，实现充分的市场化定价，防止国有资产流失，保护国家和其他各方合法权益。

第五条　（转让场所）

企业国有产权转让应当在依法设立的交易机构公开进行。法律、法规另有规定的，从其规定。

第六条　（转让形式）

企业国有产权转让应当采取拍卖、招投标、竞价等公开竞买方式或协议转让方式以及法律、法规规定的其他方式进行。

第七条　（监管部门）

国有资产监督管理机构负责企业国有产权转让的监督管理工作。

第八条　（企业国有产权）

本办法所称企业国有产权，是指国家对企业以各种形式投入形成的权益、国有及国有控股企业各种投资所形成的应享有的权益，以及依法认定为国家所有的其他权益。

第九条　（所出资企业）

本办法所称所出资企业是指国有资产监督管理机构履行出资人职责或由其授权其他职能部门（委托管理部门）履行出资人职责的企业。

第十条　（其他规定）

转让的企业国有产权权属应当清晰。权属关系不明确或者存在权属纠纷的企业国有产权不得转让。被设置为担保物权的企业国有产权转让，应当符合《中华人民共和国物权法》、《中华人民共和国担保法》等法律的有关规定。

第二章　企业国有产权转让的监督管理

第十一条　（国资监管机构职责）

国有资产监督管理机构对企业国有产权转让履行下列监管职责：

（一）按照有关法律、法规的规定，制定企业国有产权转让监督与管理办法；

（二）决定或批准政府授权范围内所出资企业及以下层次企业的国有产权转让事项；

（三）会同财政部门负责所出资企业国有产权转让收入的监缴和管理工作；

（四）负责企业国有产权交易情况的监督检查工作；

（五）负责企业国有产权转让信息的收集、汇总、分析和上报工作；

（六）履行本级政府赋予的其他监管职责。

第十二条　（所出资企业职责）

所出资企业（不包含委托管理企业）对企业国有产权转让履行下列职责：

（一）按照国家有关规定和国有资产监督管理机构的要求制订本企业发展规划和改制计划、方案；

（二）决定或批准政府授权范围内本企业及以下层次企业的国有产权转让事项；

（三）研究、审议政府授权范围以外的国有产权转让事项，报国有资产监督管理机构批准或由国有资产监督管理机构上报本级政府批准；

（四）负责所属子企业国有产权转让收入的监缴和管理工作；

（五）向国有资产监督管理机构报告国有产权转让情况；

（六）国有资产监督管理机构授权履行的其他职责。

第十三条　（委托管理部门职责）

委托管理部门对委托管理企业的国有产权转让履行下列职责：

（一）按照国家有关规定和国有资产监督管理机构的要求制定委托管理企业的发展规划和改制计划、方案；

（二）决定或批准政府授权范围内的委托管理企业及以下层次企业的国有产权转让事项；

（三）研究、审议政府授权范围以外的国有产权转让事项，报国有资产监督管理机构批准或由国有资产监督管理机构上报本级政府批准；

（四）负责委托管理企业国有产权转让信息的收集、汇总和分析，并报国有资产监督管理机构备案、汇总；

（五）国有资产监督管理机构授权履行的其他职责。

第三章　企业国有产权转让的程序

第十四条　（申请立项）

转让方应当做好企业国有产权转让的可行性研究，按照企业内部决策程序进行审议，形成书面决议，并将书面决议情况在转让标的企业进行公示。公示期为5个工作日，在公示期间由转让方受理职工对决议的意见。拟申请转让国有产权的，应向批准机构提交企业国有产权转让立项的书面申请，并附送以下材料：

（一）企业内部决策机构的书面决议及公示结果；

（二）转让标的企业工商登记资料，包括企业营业执照副本复印件、组织机构代码证复印件、公司章程等；

（三）企业国有资产产权登记证及需要提供的其他产权权属证明；

（四）转让标的企业最近一个年度经审计的财务会计报告；

（五）涉及政府社会公共管理职能的（含行政许可事项），需提供政府有关职能部门的审批文件；

（六）需提供的其他资料。

第十五条　（批准立项）

批准机构在接到转让方提交的合规书面申请后应作出书面批复；需报政府批准的，经国有资产监督管理机构上报本级政府批准后，由国有资产监督管理机构作出书面批复。

因企业改制已按有关程序作立项批复的，不再单独申请产权转让立项。

第十六条 （中介机构）

转让方应按照有关法律、法规以及相关行业主管部门的规定委托会计师事务所、评估事务所、律师事务所从事涉及企业国有产权转让的财务审计、资产评估及出具法律意见书等业务。

企业实施改制必须由审批改制方案的单位按照有关法律、法规以及相关行业主管部门的规定委托中介机构进行财务审计、资产评估及出具法律意见书等。

国有资产监督管理机构认为必要时，可直接指定中介机构。

第十七条 （项目审计）

企业国有产权转让经批准立项后，转让方应当组织转让标的企业按照有关规定开展清产核资，并按照有关法律、法规以及相关行业主管部门的规定委托审计机构，对产权转让标的企业进行审计。

对企业资产损失的认定与核销，应当按照国家有关规定办理。

第十八条 （资产评估）

在审计的基础上，转让方应当按照有关法律、法规以及相关行业主管部门的规定委托具有相关资质的资产评估机构进行资产评估。资产评估项目完成后，属于所出资企业（不包含委托管理企业）和委托管理部门批准权限内的国有产权转让资产评估项目，由所出资企业（不包含委托管理企业）和委托管理部门备案，其他所有涉及国有产权转让的资产评估项目均应报国有资产监督管理机构核准或备案。

经核准或备案后的资产评估结果，作为确定企业国有产权转让底价的参考依据，并由批准机构决定转让底价（不得低于资产评估结果）。

企业改制或破产等涉及土地资产评估的，土地评估结果应报国土管理部门备案。

第十九条 （禁止规定）

项目审计和资产评估业务不得委托同一中介机构进行。

第二十条 （制定方案）

转让方应当制定产权转让方案，转让方案经转让方内部决策程序通过并由律师事务所出具法律意见书后，报批准机构审批。

企业改制涉及的产权转让方案，纳入改制方案审批。

第二十一条 （方案内容）

转让方案一般应当载明下列内容：

（一）转让标的企业国有产权基本情况；

（二）企业国有产权转让行为的可行性论证情况；

（三）受让方应当具备的基本条件；

（四）转让底价的确定情况；

（五）转让标的企业涉及的、经企业所在地劳动保障部门审核的职工安置方案；

（六）转让标的企业涉及的债权、债务（包括拖欠职工债务）的处理方案；

（七）批准机构认为需要载明的其他内容。

转让企业国有产权导致转让方不再拥有控股地位的，应当附送经债权金融机构书面同意的相关债权债务协议、职代会审议职工安置方案的决议。

第二十二条 （审查内容）

批准机构决定或批准企业国有产权转让行为，应当审查下列书面文件：

（一）转让企业国有产权的有关决议文件；

（二）企业国有产权转让方案；

（三）转让方和转让标的企业国有资产产权登记证或相关国有产权的权属证明材料；

（四）律师事务所出具的法律意见书；

（五）受让方应当具备的基本条件；

（六）批准机构要求的其他文件。

第二十三条 （方案审批）

批准机构在接到转让方提交的转让方案及相关文件后，依法进行审核并作出书面批复。其中，需经政府批准的国有产权转让事项，由国有资产监督管理机构研究提出意见，上报本级政府审批后，由国有资产监督管理机构作出书面批复。

第二十四条 （评议审查）

批准机构及转让方在决定或批准重大产权转让事项时，应引入专家咨询、评议及审查机制，必要时可召开听证会进行审议。

第二十五条 （信息披露）

批准机构书面批复后，转让方应将批准的转让方案在转让标的企业公示，公示期为 5 个工作日。公示期结束后，转让方应委托交易机构通过省级以上公开发行的经济或金融类报刊和交易机构的网站发布。

两次以上征集受让方的公告期为：第一次为20个工作日，第二次不少于10个工作日。第一次公告期结束次日（若遇节假日顺延）立即进行第二次公告。转让公告期自在指定媒体首次发布信息之日起计算。

国有资产监督管理机构应当对转让信息披露行为进行指导和监督。

第二十六条　（转让价格）

企业国有产权转让价格应进场公开竞价形成。首次挂牌价格不得低于经核准或备案的资产评估结果。经两次以上公开征集没有产生意向受让方的，转让方可以根据标的企业情况确定新的挂牌价格并重新公告；如拟确定新的挂牌价格低于资产评估结果的90%，应获得相关产权转让批准机构书面同意。

第二十七条　（登记意向受让方）

在公告期内，意向受让方凭企业营业执照副本复印件或个人有效身份证明等相关资料到交易机构登记，并交纳一定数额的保证金。交易机构向各意向受让方收取的保证金数额应当相同。

由交易机构负责意向受让方的登记管理。交易机构不得将对意向受让方的登记管理委托转让方或其他方面进行。交易机构应与转让方按照有关标准和要求对登记的受让方进行资格审查，确定符合条件的意向受让方，并将意向受让方资料存档备查。

第二十八条　（外方受让）

受让方为外国及中国香港特别行政区、澳门特别行政区、台湾地区的法人、自然人或者其他组织的，受让企业国有产权应当符合国务院公布的《指导外商投资方向规定》（国务院令第346号）及其他规定。

第二十九条　（公开转让）

在企业国有产权转让过程中，当征集到两个或两个以上意向受让方的，转让标的以价格高低作为唯一条件时，可采取拍卖、竞价方式转让。采取拍卖方式转让的，按照《中华人民共和国拍卖法》的规定办理。采取招投标方式转让的，应当在交易机构主持下制定招标方案，按照《中华人民共和国招标投标法》的规定办理。采用其他竞价等公开竞买方式转让的，应当在交易机构的主持下公开进行。

经两次以上公开征集仍只征集到一个意向受让方而采取协议方式转让的，转让价格不低于本次挂牌价格，并按照本办法第三十八条规定办理。

第三十条　（签订转让合同）

转让方在正式签订转让合同前，应当在交易机构和转让标的企业对成交事项进行公示，公示期不少于5个工作日。成交公示期间，由批准机构、交易机构或国有资产监督管理机构受理咨询或投诉。

转让方与拟选受让方正式签订企业国有产权转让合同，转让合同应符合《中华人民共和国合同法》的规定。合同包括下列内容：

（一）转让方与受让方各自的名称与住所；

（二）转让标的企业国有产权基本情况；

（三）转让标的企业涉及职工安置方案；

（四）转让标的企业涉及债权债务处理方案；

（五）转让方式、转让价格、价款支付时间和方式及付款条件；

（六）产权交割事项；

（七）转让涉及有关税费事项的约定；

（八）产权过户事项及过户期间权益归属约定；

（九）经营管理权以及高层管理人员交接条款；

（十）合同争议的解决方式；

（十一）合同各方的违约责任；

（十二）合同变更和解除的条件；

（十三）转让方和受让方认为必要的其他条款。

第三十一条　（支付价款）

受让方按照产权转让合同的约定支付价款，转让价款原则上应当一次付清。如金额较大、一次付清有困难的，可以采取分期付款方式。采取分期付款方式的，受让方首期付款不得低于总价款的30%，并在合同生效之日起5个工作日内支付；其余款项应当提供合法的担保，并应当按同期银行贷款利率向转让方支付延期付款期间利息，付款期限自首期付款之日起不得超过一年。

第三十二条　（办理手续）

受让方按照转让合同的约定将全部转让价款存入交易机构指定的资金账户后，由交易机构审查转让合同及付款凭证，出具产权交易鉴证书。涉及所出资企业国有产权转让的，交易机构应将转让合同及付款凭证（复印件）送国有资产监督管理机构和财政部门备案。转让方凭批准文件、产权交易鉴证书到相关部门办理企业国有产权变动或注销登记以及工商变更登记等手续。

第三十三条 （结果备案）

产权转让项目完成后，转让方须在 5 个工作日内将转让的相关情况及资料（含电子文档）报国有资产监督管理机构备案。

第四章 审批权限

第三十四条 （立项审批权限）

企业国有产权转让的立项，由转让方提出申请并按下列规定逐级上报审批：

（一）国有资产监督管理机构转让所出资企业国有产权的，上报本级政府按有关规定审批立项；

（二）所出资企业（不包含委托管理企业）及其以下层次企业转让国有产权账面净值在 500 万元以内的，由所出资企业（不包含委托管理企业）决定立项；账面净值 500 万元及以上、3000 万元以内的，由所出资企业（不包含委托管理企业）报国有资产监督管理机构审批立项；账面净值 3000 万元及以上的，由国有资产监督管理机构上报本级政府按有关规定审批立项；

（三）委托管理企业及其以下层次企业转让国有产权账面净值 500 万元以内的，由委托管理企业报委托管理部门审批立项；账面净值 500 万元及以上、3000 万元以内的，由委托管理部门报国有资产监督管理机构审批立项；账面净值 3000 万元及以上的，由国有资产监督管理机构上报本级政府按有关规定审批立项。

第三十五条 （方案审批权限）

国有资产监督管理机构转让所出资企业国有产权的，转让方案上报本级政府按有关规定审批。

企业转让的国有产权评估值不高于账面净值的，国有产权转让方案由转让方逐级上报本次转让的立项审批单位批准。

企业转让的国有产权评估值高于账面净值的，国有产权转让方案由转让方按下列规定逐级上报审批：

（一）所出资企业（不包含委托管理企业）及其以下层次企业转让国有产权评估值在 500 万元以

内的，转让方案由所出资企业（不包含委托管理企业）审批；评估值 500 万元及以上、3000 万元以内的，转让方案由所出资企业（不包含委托管理企业）报国有资产监督管理机构审批；评估值 3000 万元及以上的，由国有资产监督管理机构上报本级政府按有关规定审批；

（二）委托管理企业及其以下层次企业转让国有产权评估值 500 万元以内的，转让方案由委托管理企业报委托管理部门审批；评估值 500 万元及以上、3000 万元以内的，转让方案由委托管理部门报国有资产监督管理机构审批；评估值 3000 万元及以上的，转让方案由国有资产监督管理机构上报本级政府按有关规定审批。

第三十六条 （变动报批）

企业国有产权转让事项经批准或者决定后，如转让方改变产权转让比例或者企业国有产权转让方案有重大变化的，应当按照规定程序重新报批。

第三十七条 （其他规定）

企业账面净值 100 万元（含 100 万元）以下的单宗固定资产和在建工程（不含土地使用权等无形资产）的转让，可采取进场交易或其他公开转让方式，具体方式由所出资企业（不包含委托管理企业）或委托管理部门批准。

各区（巿）县可以根据本地情况，决定国有产权转让的审批权限以及金额较小的单宗固定资产和在建工程的公开转让方式。

第五章 协议转让

第三十八条 （进场交易的协议转让）

经两次以上公开征集受让方仍只征集到一个受让方时，转让方和受让方应在交易机构的主持下进行充分协商并达成一致后，方可进行协议转让。

第三十九条 （直接批准的协议转让）

对于国民经济关键行业、领域中对受让方有特殊要求的，企业实施资产重组中将企业国有产权转让给所属控股企业的国有产权转让，需采取协议转让方式转让国有产权的，按国家和省的相关规定执行。

第六章 法律责任

第四十条 （转 [受] 让方责任）

除国家规定可要求终止产权转让及确认转让无效的行为外，转让方、受让方及其他机构人员严重违反本办法进行产权转让的，国有资产监督管理机构或批准机构可要求转让方终止产权转让行为并依法追究有关责任人员的责任，必要时依法向法院提起诉讼。

第四十一条 （中介机构责任）

交易机构和中介机构在企业国有产权转让过程中违规执业的，由行业主管部门给予相应处罚；造成国有资产损失的，应追回所得，依法承担赔偿责任并不再委托其从事企业国有产权转让的相关业务；情节严重涉嫌犯罪的，依法移送司法机关追究刑事责任。

第四十二条 （批准机构责任）

批准机构及其有关人员违反本办法，擅自批准或者在批准中以权谋私，造成国有资产流失的，由有关部门按照干部管理权限，给予纪律处分；构成犯罪的，依法移送司法机关追究刑事责任。

第七章 附 则

第四十三条 （文件解释）

本办法由成都市国有资产监督管理委员会负责解释。

第四十四条 （县级国有产权转让管理）

区（市）县企业国有产权转让可以参照本办法执行。

第四十五条 （增资扩股）

国有企业增资扩股参照本办法执行。本办法所称的增资扩股，是指企业新股东投资入股、原非国有股东增加投资或国有股东和非国有股东不同比例增加投资，从而增加企业资本金，导致企业国有股权比例减少的行为。

第四十六条 （施行日期）

本办法自发布之日起施行，有效期 5 年。《成都市企业国有产权转让管理暂行办法》（成府发〔2008〕39 号）自本办法施行之日起废止。

甘肃省人民政府国有资产监督管理委员会关于规范企业实物类资产转让管理工作的通知

2012 年 7 月 18 日 甘国资发产权〔2012〕228 号

市、州国有资产监督管理机构，省属监管企业，省产权交易所：

为进一步规范我省国有及国有控股企业实物类资产转让工作，提高资产处置的效率及促进国有资产保值增值，根据《中华人民共和国企业国有资产法》《企业国有资产监督管理暂行条例》（国务院令第 378 号）、《企业国有产权转让管理暂行办法》（国务院国资委、财政部令第 3 号）等法律法规的有关规定，现就加强和规范企业实物类资产转让管理的有关事项通知如下：

一、国有及国有控股企业将所属实物类资产转让给境内外法人、自然人或者其他组织，应当在甘肃省产权交易所有限责任公司（简称省产交所）公开进行。

二、本通知所称实物类资产，主要包括国有及国有控股企业的土地、矿产、房屋及建筑物、在建工程、存货、机器设备等资产。

三、重要实物类资产，如土地、矿产、房产、成套设备等，不论账面金额大小，在企业履行内部决策程序形成书面意见后，须报国资监管机构审核。国资监管机构审核同意后，按照国资监管机构有关中介机构的选聘办法，选聘中介机构进行资产评估，在国资监管机构对评估结果备案后，进入省产交所公开竞价转让。

四、一般实物类资产，如车辆、小型设备等，资产原值在30万以内的，在企业内部决策后，按照国资监管机构有关中介机构的选聘办法，选聘中介机构进行资产评估，在国资监管机构对评估结果备案后，进入省产交所公开竞价转让。

资产原值在30万以上（含30万）的，在企业履行内部决策程序形成书面意见后，须报国资监管机构审核。国资监管机构审核同意后，按照国资监管机构有关中介机构的选聘办法，选聘中介机构进行资产评估，在国资监管机构对评估结果备案后，进入省产交所公开竞价转让。

五、实物类资产转让首次信息公告时的挂牌价不得低于经国资监管机构核准或者备案的转让标的资产评估结果。如在规定的公告期限内未征集到意向受让方，企业可以在不低于评估结果90%的范围内设定新的挂牌价再次进行公告。如新的挂牌价低于评估结果的90%，企业应当获得国资监管机构批准后，再发布实物资产转让公告。

六、省政府国资委履行出资人职责的企业（以下简称所出资企业）应当依据有关法律法规以及通知的规定，规范对实物类资产的监督管理，制定本企业集团的实物类资产管理制度，上报省政府国资委备案。

七、实物类资产确需在所出资企业集团内部有偿调配的，应当在控股企业间进行。同时，所出资企业应当制定实物类资产内部调配管理办法并报省政府国资委备案。

八、实物类资产转让涉及上市公司的，按照国家有关法律法规的规定执行。

九、省产交所应当制定、完善实物资产交易规则、流程，不断创新交易手段，提升服务水平，为企业实物类资产交易做好服务保障。

十、国有及国有控股企业要按本通知要求严格执行国有资产进场交易规定，不得擅自处置或拆细处置实物类资产。企业实物类资产转让过程中，未按规定在产权交易机构中进行交易的，转让行为无效。

十一、省政府国资委负责组织相关部门对所出资企业实物类资产转让工作进行监督检查；对省产交所有关实物类资产转让的制度建立、系统建设、流程设计、交易行为、重大问题报告以及信息披露等实施指导和监督。

十二、所出资企业负责指导所属企业建立实物类资产管理制度，规范实物类资产转让行为，对所属企业实物类资产转让进行监督检查。

十三、市（州）国资监管机构依据有关法律法规以及本通知的规定，规范本市（州）企业实物类资产的监督管理，负责对企业实物类资产转让行为进行监督检查。

十四、所出资企业及市（州）国资监管机构应当在每年三月底前将上年度本集团或市（州）实物类资产转让情况报告上报省政府国资委。报告内容应当包括：上年度企业实物类资产转让的交易数据、进场交易的监督检查情况、典型案例等。省产交所应于每月5日前将全省上月实物类资产进场交易情况汇总上报甘肃省政府国资委。

十五、本通知自印发之日起实施。

甘肃省省属监管企业固定资产监督管理暂行办法

2013 年 10 月 30 日　甘肃省国资委　甘国资发财监〔2013〕310 号

第一章　总　则

第一条　为依法履行出资人职责，规范省属监管企业固定资产监督管理，确保固定资产处置规范化、程序化，明确审批权限和责任，提高固定资产使用效益，防止国有资产流失，根据《中华人民共和国企业国有资产法》、《企业国有资产监督管理暂行条例》及相关法律法规，制定本办法。

第二条　本办法所称省属监管企业，是指甘肃省人民政府国有资产监督管理委员会（以下简称省政府国资委）履行出资人职责的国有独资企业、国有控股企业（以下简称省属监管企业）。

第三条　本办法所称的固定资产监督管理主要内容包括：固定资产管理职责界定、固定资产的范围和处置方式、固定资产处置审批权限及申报程序等管理工作。

第四条　固定资产处置审批范围包括省属监管企业的土地、房屋及构筑物、通用设备、专用设备、交通运输设备、电子产品及通信设备等。

第二章　固定资产监管职责

第五条　省政府国资委依法对省属监管企业固定资产的监督管理履行出资人职责，主要包括以下职责：

（一）指导和监督省属监管企业建立健全固定资产管理制度；

（二）掌握各类固定资产的质量和使用情况，保障固定资产的安全、完整；指导、协调、监督和检查省属监管企业的各项固定资产管理工作。

（三）督促省属监管企业组织实施年度固定资产投资计划，监督、检查年度固定资产计划的执行

情况；

（四）对固定资产项目组织开展监督检查工作；

（五）其他法定职责。

第六条　省属监管企业是固定资产管理的主体和直接责任人，主要包括以下职责：

（一）贯彻执行国家有关固定资产管理的法律、法规和规章，制定本企业固定资产管理制度和固定资产目录，建立健全企业固定资产管理制度体系并执行本企业固定资产管理制度；

（二）按照企业预算管理的要求和程序，审批或审定企业固定资产构建、更新改造和大修理等事项。

（三）审定分公司、直接管理的内部核算单位和全资子公司、控（参）股子公司的固定资产处置。

（四）组织进行固定资产项目的可行性研究和必要的专家论证；按时上报年度固定资产计划；组织实施固定资产项目建设，加强项目管理和风险控制。

（五）审批分公司、集团公司直接管理的内部核算单位和全资子公司固定资产减值准备的提取；审批子公司和控股子公司固定资产减值准备的提取。

（六）其他法定职责。

第七条　固定资产管理坚持统一政策、分级负责与归口管理相结合、责权利相结合的原则。

固定资产处置要有利于国有资产的优化配置和合理流动，符合国有经济布局调整以及企业的发展战略和规划，有利于企业的稳定和发展，同时要坚持公开、公平、公正，维护国有权益，防止国有资产流失。

第三章　固定资产的范围和处置方式

第八条　在建工程转入固定资产之前，必须进

行竣工决算审计和工程造价审计，并将审计结果报省政府国资委备案；在建工程达到预定可使用状态后应及时转入固定资产并根据实际状况提取折旧。

第九条　固定资产同时满足下列条件，才能予以确认：

（一）与该固定资产有关的经济利益很可能流入企业；

（二）该固定资产的成本能够可靠的计量。

具体固定资产范围按不同行业的固定资产目录执行，并报省政府国资委备案。

第十条　固定资产按用途和使用情况两种口径分类：

（一）按用途分类；

（二）按使用情况分类。

第十一条　为实现固定资产的归集、统计分析、合理使用和提高使用效率等管理需要，固定资产应同时按第十条规定的两种分类口径进行管理与核算，即在按使用情况分类的基础上再按经济用途分类。

第十二条　固定资产处置是各企业对其占有、使用的固定资产进行转让或核销等行为。固定资产处置的方式包括转让、报废、报损等。

（一）转让，是指出售各类固定资产（不包括已报废固定资产的残值回收），以固定资产对外投资、抵偿债务，及其他转让固定资产所有权的行为。

（二）报废，指经过技术鉴定或按有关规定，已不能继续使用，进行所有权注销的行为。

（三）报损，指对发生的非正常损失等，按有关规定进行核销的行为。

第四章　固定资产处置申报程序及审批权限

第十三条　各类固定资产处置必须履行申报审批程序：

省属监管企业及所属企业转让土地、房屋构筑物、通用设备、专用设备、交通运输设备、电子产品及通信设备等固定资产，由省属监管企业报省政府国资委审批。

第十四条　省属监管企业固定资产处置按照下列程序进行：

（一）转让固定资产由省属监管企业提出申请，填报《国有企业固定资产处置申报审核表》，经省政府国资委审批后，由省政府国资委下达《国有企业固定资产处置批复书》，并委托有资格的中介机构对资产进行评估或询价后，按照统一监管、统一交易规则、统一信息发布、统一审核鉴证和统一收费标准的要求，一律进入省政府国资委指定的交易市场内进行交易。

（二）报废，报损国有资产由省属监管企业审核通过后，填写《国有企业固定资产资产报废（损）申请表》，并向省政府国资委提出申请，经省政府国资委审批后，由省政府国资委下达《国有企业固定资产处置批复书》，作为冲减单位资产的依据。

第十五条　申报审批工作程序及申报材料

（一）省属监管企业报废、报损固定资产，应由省属监管企业审核汇总后于每年的10~11月报省政府国资委审批。

（二）企业处置固定资产，应报送下列有关材料：

1. 省属监管企业及各分公司、子公司申请文件以及相关决议。

2. 资产原值凭证。

资产原值凭证可以提供购货单（发票、收据等）、工程决算副本、记账凭证、固定资产卡片等的复印件，须经本单位审核，并签署审核意见。

3. 省属企业技术鉴定小组意见。

省属企业处置机器设备等固定资产时应当自行组织技术鉴定，并提交《技术鉴定报告》；《技术鉴定报告》应由鉴定小组全体成员签字并加盖所属单位红章。

4. 资产权属证明，包括土地证、房屋产权证等。

（1）申请处置房屋建筑物时，必须提交《房屋所有权证》复印件；

（2）申请处置车辆时，必须提交车辆行驶证复印件；其中，按规定已经报废回收的，必须提交《报废汽车回收证明》复印件；

（3）因建设项目而准备拆除房屋建筑物的，必须逐项说明原因，并出具建设项目批文、城市规划文件、规划设计图纸等复印件；

（4）企业对外以无偿调拨方式处置资产时，必须具备省政府国资委国有资产无偿划转通知和接收资产单位的接收函。

5. 特殊情况的说明。

上述材料如有缺失，应逐一详细说明原因，经所属单位审核并加盖红章后，以《情况说明》的形式与上述文件一并报送。

第十六条 固定资产转让应当符合以下要求：

（一）固定资产转让要进入产权交易市场，遵循公开、公平、公正的原则，在报刊或网站上公开信息。省政府国资委对产权交易市场的相关交易行为及主要环节进行全过程监督。转让方式包括拍卖、招投标、协议转让或国家法律规定的其他方式。

（二）对于经公开征集只产生一个受让方的国有企业，经省政府国资委同意，可以直接采取协商定价交易等办法，简化进场交易的程序。

（三）转让固定资产的底价主要依据经核准（或备案）的资产评估结果确定（价值较低或可以在市场直接询价的经核准可不评估），允许交易价格在底价的基础上有一定比例的上下浮动。当交易价格低于评估结果的 90% 时，应暂停交易，在获得省政府国资委同意后方可继续进行。

（四）固定资产转让合同，由省属监管企业与受让方签署。

第十七条 固定资产的评估、拍卖等中介服务活动，须委托具备法定资格的社会中介机构进行。省政府国资委对评估机构的评估结果实行核准制或备案制，并出具核准、备案通知书。未经省政府国资委核准、备案的评估或询价结果，不能作为固定资产交易和变动的依据。

固定资产转让成交后 30 日内，省属监管企业将交易结果及相关材料报省政府国资委备案，并按照备案结果进行相应的账务处理。

第五章　违规处罚

第十八条 固定资产保管人、使用人玩忽职守，违反有关固定资产管理规定及操作规程，擅自赠送、变卖、拆除固定资产的行为和破坏固定资产的现象，造成固定资产损失者，应予赔偿。赔偿数额依据损失大小和责任大小确定，同时追究其相关领导的责任。

第十九条 造成重大固定资产安全事故，依据国家安全法规和省属企业有关安全管理规定，对相关责任人进行纪律处分和经济处罚，并追究相应的法律责任。

第二十条 对擅自处置或不按规定处置国有资产并导致国有资产权益受到严重损害的单位和个人，参照《中央企业资产损失责任追究暂行办法》（国务院国有资产监督管理委员会令第 20 号）的相关规定追究直接责任人和单位负责人的责任，涉嫌犯罪的，依法移送司法机关处理。

第六章　附　则

第二十一条 本办法由省政府国资委负责解释。

第二十二条 各省属监管企业可结合本企业实际情况，制定固定资产管理具体实施细则。

第二十三条 各市、州国有资产监督管理机构可以参照本办法，制定本地区所出资企业固定资产管理相关规定。

第二十四条 本办法自印发之日起施行。

关于监管企业资产转让进场交易有关事项的通知

2014 年 1 月 14 日　新疆维吾尔自治区国资委　新国资发〔2014〕35 号

各监管企业：

为进一步规范监管企业资产转让工作，提高资产转让公开透明度，促进国有资产保值增值，根据《中华人民共和国企业国有资产法》、《企业国有资产监督管理暂行条例》等法律法规，参照国务院国资委《关于中央企业资产转让进场交易有关事项的通

知》(国资厅发产权〔2013〕78号),现就加强和规范监管企业资产转让进场交易有关事项通知如下:

一、资产转让的要求

(一)自治区国资委履行出资人职责的企业(以下简称所出资企业)及其各级控股企业将所属重要资产对外转让必须在自治区国资委指定的产权交易机构公开进行。

(二)本通知所称重要资产包括房屋、车辆、机器设备、土地使用权、知识产权等特定资产以及其他单项或批量原值50万元人民币以上的资产。

(三)涉及企业内部或特定行业的资产转让,确需在国有控股企业之间协议转让的,报自治区国资委审核批准。

(四)所出资企业应当依据有关法律法规以及本通知的规定,规范对重要资产转让的监督管理,制定本企业集团的资产转让管理制度,明确资产转让管理的职责部门、管理权限、决策程序、工作流程,并将相关制度于2014年3月31日前报送自治区国资委备案。

二、资产转让的程序

资产转让进场交易应当遵守企业国有产权转让相关制度的相关规定,结合资产转让的特点进行操作。

(一)转让方应当按照所出资企业资产转让管理制度,做好可行性研究,履行资产转让的决策程序。其中账面原值1000万元以上资产处置事项转让方按规定履行完内部决策程序后报自治区国资委审核批准。

(二)资产转让按照有关规定需进行资产评估的,应当进行评估并履行相应的核准或者备案手续,首次挂牌价格不得低于经核准或备案的资产评估结果。

(三)转让方可以根据转让标的的情况合理确定转让信息公告期限。挂牌价格低于1000万元的资产转让项目,信息公告日应不少于10个工作日;挂牌价格高于1000万元的资产转让项目,信息公告日应不少于20个工作日。

(四)经公开征集产生2个及以上意向受让方的,应当采用竞价方式进行交易。经公开征集没有产生意向受让方的,转让方可以根据标的情况确定新的挂牌价格并重新公告,如拟确定新的挂牌价格低于资产评估结果的90%时,应当获得相关资产转让行为批准机构书面同意。

(五)除国家法律法规或相关规定有明确要求的,资产转让不得对受让方的资格条件作出限制。

(六)资产转让进场交易原则上应一次性支付全部交易价款。

三、对资产交易机构的要求

(一)产权交易机构要按照统一信息披露、统一交易规则、统一交易系统、统一过程监测的原则和本通知要求,梳理资产转让业务规则和工作流程,集成交易系统和竞价系统,规范开展企业资产转让相关业务。

(二)产权交易机构必须将资产交易信息接入国务院国资委企业国有产权交易信息检测系统。

四、本通知自印发之日起施行

兵团国有及国有控股企业重要财产转让的规定

新疆生产建设兵团国资委　兵国资发〔2014〕149号

第一条　在严格贯彻执行国家、国务院国资委及兵团有关产权转让规定的基础上,为规范兵团国有及国有控股企业重要财产的转让行为,加强企业重要财产交易的监督管理,防止国有资产流失,制定本规定。

第二条　兵团国有及国有控股企业是指兵、师各级国资委监管企业。

第三条 本规定所称重要财产主要指:

1. 可以依法转让的国有土地使用权,地面建筑物及其附属设施;

2. 所有车辆和账面原值(或评估价值)在 10 万元(含)以上的其它固定资产;

3. 账面值 100 万元(含)以上的债权资产;

4. 可以依法转让的无形资产。

第四条 转让的重要财产权属应当清晰,权属关系不明确或存在权属纠纷的不得转让。设有担保的重要财产转让,应当符合国家有关法律的规定。

第五条 国资委监管企业应建立并完善重要财产转让的管理制度,对不同类型重要财产转让的决策程序、职责部门和管理权限等作出具体规定,并将相关制度报送同级国资委备案。

第六条 兵团国有及国有控股企业重要财产的转让应当遵循公开、公平、公正原则,由转让企业按其内部相关财产转让管理制度,做好可行性研究,履行内部决策程序,形成书面决议,并在依法设立的、接入国务院国资委企业国有产权交易信息监测系统的企业国有产权交易机构中公开进行交易。

严禁兵团国有及国有控股企业为规避进场交易故意拆分拟转让财产。

第七条 兵团国有及国有控股企业转让重要财产,应当委托具有相应资质的资产评估机构,依照国家有关规定进行评估,并报同级国资委核准或备案,作为确定重要财产转让价格的参考依据。

第八条 重要财产转让首次挂牌价不得低于转让标的评估结果。如在规定公告期内未征集到意向受让方,转让方可以在不低于评估结果 90% 的范围内设定新的挂牌价再次公告。如新的挂牌价低于评估结果 90% 的,转让方应当获得同级国资委同意,并再次发布转让公告。

第九条 转让方应当将重要财产的转让公告委托产权交易机构刊登在省级以上公开发行的经济或金融类书刊及产权交易机构的网站上,必要情况下委托产权交易机构在标的物所在地报刊上进行公告,公开披露转让信息,广泛征集受让方。转让公告期不得少于 10 个工作日,涉及不动产的公告不得少于 15 个工作日。

转让方披露的重要财产转让信息应当包括但不限于下列内容:

(一)转让标的基本情况;

(二)转让行为的内部决策及批准情况;

(三)转让标的资产评估核准或备案情况;

(四)受让方应当具备的基本条件;

(五)其他需披露的事项。

第十条 除国家法律法规或相关规定有明确要求的,重要财产转让不得对受让方的资格条件做出限制。

第十一条 经公开征集只产生一个受让方的,可以采取场内协议转让的方式进行交易。

第十二条 经公开征集产生两个或两个以上受让方时,应当采用竞价方式进行交易。

第十三条 重要财产在兵团国有独资企业之间转让的,经转让方履行内部决策程序,报转让方同级国资委批准后,可以采取直接协议方式转让。

在监管企业内部的资产重组中,监管企业与其全资、控股子企业之间或其全资、控股子企业之间的重要财产转让,可由监管企业审核批准后,采取直接协议方式转让。同时报同级国资委备案。

第十四条 在审批直接协议方式转让时,应当审查下列文件:

(一)转让重要财产的申请、决议文件;

(二)重要财产的转让方案,一般应当载明下列内容:

1. 拟转让重要财产的基本情况;

2. 拟转让重要财产的权属证明;

3. 转让收益处置方案;

(三)受让方的情况;

(四)转让协议;

(五)其他文件。

第十五条 重要财产转让成交后原则上应当一次性支付全部交易价款。

第十六条 产权交易机构要按照统一信息披露、统一交易规则、统一交易系统、统一过程监测的原则和本规定要求,梳理资产转让业务规则和工作流程,集成交易系统和竞价系统,规范开展转让业务。

第十七条 转让重要财产涉及国有土地使用权转让和由国家出资形成的探矿权、采矿权转让的,按照国家有关规定另行办理相关手续。

第十八条　违反本规定转让重要财产的，按照国务院国资委 3 号令的有关处罚规定和自治区、兵团有关规定给予相应的处罚。

第十九条　本规定由兵团国资委负责解释。

第二十条　本规定自公布之日起实施。《兵团国有及国有控股企业重要财产转让的暂行规定》（兵国资发〔2010〕195 号）同时废止。

关于加强出资企业资产转让管理工作的通知

2014 年 4 月 16 日　黑龙江省国资委　黑国资产〔2014〕105 号

各出资企业：

为深入贯彻落实十八届三中全会精神，完善国有资产管理制度，按照"以管资本为主加强国有资产监管"的要求，精简出资人审批事项，进一步规范省国资委出资企业资产转让管理工作，提高资产处置效率，促进国有资产保值增值，根据《中华人民共和国企业国有资产法》等有关法律法规，现就省国资委出资企业资产转让管理工作有关事项通知如下：

一、本通知适用范围为省国资委出资企业及其各级全资、控股（包括绝对控股、相对控股、企业中具有实际控制权的）子企业。

二、本通知所称资产转让是指企业的实物资产和无形资产转让，具体包括：

1. 地面建筑物、构筑物及其附属设施；

2. 各类设备设施；

3. 机动车及其他交通运输工具；

4. 闲置、报损、报废、账销案存资产；

5. 可以依法转让的国有土地使用权、探（采）矿权；

6. 商标权、专利权、专有技术、著作权等知识产权；

7. 其他可依法转让的实物资产和无形资产。

三、转让资产的权属应当清晰。权属关系不明确或存在纠纷的资产不得转让；被设置为担保物权的资产转让，应当符合《中华人民共和国担保法》的有关规定；涉及上市公司的资产转让，按照国家有关法律法规执行。

四、资产对外转让，应当遵循公开、公平、公正的原则，在省产权交易市场（黑龙江联合产权交易所有限责任公司）按照国务院国资委《关于印发〈企业国有产权交易操作规则〉的通知》（国资发产权〔2009〕120 号）的规定公开进行。

五、出资企业对外转让资产应当按照有关资产管理制度，做好可行性研究，认真履行资产处置的内部决策程序。设立董事会的由董事会审议批准；未设立董事会的由总经理办公会议审议批准。

六、出资企业要建立并完善本企业的资产转让管理制度，对资产转让进场交易的范围、职责部门、管理权限、决策程序、工作流程、对子企业的监督检查等作出具体规定。出资企业应将本企业的资产转让管理制度上报省国资委备案。

七、按本通知的规定履行批准审核程序后，企业资产转让需按照有关规定进行资产评估，并履行相应的备案手续，进场交易首次挂牌价格不得低于经省国资委备案的资产评估结果。

八、出资企业及其全资或绝对控股的境内子企业之间因改革重组工作需要转让资产的，由出资企业履行决策程序后，可采取协议转让方式。转让方和受让方均为出资企业及其直接或间接全资拥有的境内子企业的，转让价格依据评估报告或最近一期审计报告确认的账面资产净值为基准确定；转让方或受让方不属于出资企业及其直接或间接全资拥有的境内子企业的，转让价格须以资产评估报告确认的净资产值为基准确定。

九、转让资产涉及企业经营业务调整或者资产重组的，转让事项须提交职工代表大会或职工大会审议。

十、资产转让形成的损益，出资企业要在企业年度财务决算报告中予以专项说明，并提请负责审计工作的中介机构进行审计确认。产权交易机构出具的相关资产转让交易凭证是中介机构审核出资企业年度财务决算的重要依据。

出资企业转让资产未进场交易产生的损益部分，省国资委在出资企业年度财务决算审核工作中将不予批复。

十一、出资企业应于每年三月底前将上年度本企业资产转让情况报告省国资委。报告内容主要包括：上年度企业资产转让数据（详见附表）、对子企业监督检查情况、相关问题和建议，并附送负责企业年度财务决算审计的中介机构出具的专项审计意见。

十二、省国资委定期对出资企业资产转让工作进行监督检查；对未按规定进行转让造成资产损失的，将按照《黑龙江省国资委关于出资企业资产损失责任追究暂行办法》（黑国资业〔2009〕158号）的规定追究相关人员的责任；涉嫌犯罪的，依法移送司法机关处理。

十三、出资企业转让土地使用权、探（采）矿权的，国土资源管理部门另有规定的，从其规定。

十四、出资企业出售债权性资产的，比照本通知执行。

十五、各市（地）国资监管机构可参照本通知制定本地区的企业资产转让管理制度，切实做好监管企业的资产转让管理工作。

关于加强和规范省国资委出资企业资产租赁管理有关事项的通知

2014 年 6 月 10 日　黑龙江省国资委　黑国资产〔2014〕134 号

各出资企业：

近年来，出资企业在对外租赁资产过程中存在决策不公开透明，租赁合同签订不严密，未按规定履行评估程序、租金约定不合理，经济纠纷较多等问题，阻碍了产权的有序流转，有的甚至造成国有资产流失。为加强出资企业资产租赁管理，规范资产租赁行为，提高资产租赁公开透明度，建设"阳光企业"，促进国有资产保值增值，防止国有资产流失，结合出资企业实际，现就加强和规范出资企业资产租赁管理的有关事项通知如下：

一、本通知所称资产租赁是指出资企业及其各级全资、控股子企业（以下简称各级子企业）作为租赁方，将企业整体资产或自身拥有的非流动性资产（包括土地使用权、房屋建筑物、设施设备等）租赁给自然人、法人或其他组织（以下简称承租人）使用，向承租人收取租金的行为。但专业租赁公司从事的租赁经营业务以及法律和行政法规对相关资产另有规定等情形除外。

二、出资企业应建立健全资产租赁管理制度，明确资产租赁管理的职责部门、管理权限、决策程序、工作流程等，并将相关制度报送省国资委审查备案。

三、出资企业资产租赁应当遵循公平、公开、公正的原则，在省级产权交易市场公开进行，如实披露有关信息，广泛征集承租方，征集产生的承租方为两个以上的，应当采用公开竞价的招租方式。

四、出资企业重大资产租赁（指将企业主要生产经营用资产或企业整体资产对外租赁）应当制订资产租赁方案。资产租赁方案应包括拟租赁资产的产权状况及实物现状、租赁资产的目的及可行性、资产明细清单、租赁用途及期限、租金收缴办法、承租条件、招租底价及底价制订依据、招租方式等。

五、出资企业将企业重大资产租赁给非国有单位应当对相关资产进行评估，作为确定租金底价的参考依据。

六、出资企业资产租赁应当符合企业发展规

划，合理确定资产租赁期限，资产租赁不得影响企业改革发展方向。单项资产租赁期限一般不得超过3年，企业整体租赁期限一般不得超过5年。

七、出资企业及其各级子企业的资产租赁事项由出资企业认真履行内部决策程序。企业重大资产租赁方案应由董事会审议决定，未设立董事会的应由总经理（厂长）办公会审议决定。重大资产租赁事项应作为企务公开的重要内容在本企业公示，接受职工监督，其中：资产租赁涉及职工切身利益的须在租赁前提交职工代表大会或职工大会审议通过。

出资企业及其所属一级子企业的重大资产租赁事项履行企业内部决策程序后，应报省国资委备案。

八、出资企业应强化租金收入管理，租金收入应按照财务会计制度进行核算。

九、出资企业接到本通知后，要组织对以往发生的租赁行为进行清理规范，填写租赁资产情况统计表（见附件），7月31日前形成自查报告后报省国资委。报告内容包括：租赁资产名称、数量，履行决策程序情况，承租方基本情况、资产评估情况、合同签订情况、租金收取时间与方式，存在问题、整改措施等。

十、省国资委将对出资企业资产租赁情况进行专项检查，对未按规定进行资产租赁造成损失的，将按照《黑龙江省国资委关于出资企业资产损失责任追究暂行办法》（黑国资业〔2009〕158号）的规定追究相关人员的责任。

十一、各市（地）国资监管机构可参照本通知制定本地区的企业资产租赁管理制度，切实做好监管企业的资产租赁管理工作。

联系人：李国伟，电话：82877030。

附件：租赁资产情况统计表1
　　　租赁资产情况统计表2
　　　租赁资产情况统计表3

附件

租赁资产情况统计表 1									
类别 ＼ 项目	资产名称	账面净值（万元）	是否评估（万元）	合同签订情况（有、无）	租期（年）	审批部门	租金（元/年、季、月）	租金收取（已收万元）	承租方情况（自然人、法人、其他组织）
机器设备									
……									
合计									
其他									
……									
合计									

租赁资产情况统计表 2									
类别 ＼ 项目	使用面积（平方米）	坐落	账面净值（万元）	评估值（万元）	合同签订情况（有、无）	租期（年）	审批部门	租金（元/年、季、月）	租金收取（已收万元）	承租方情况（自然人、法人、其他组织）
房产									
……									
合计									

租赁资产情况统计表3

项目 类别	土地性质 (出让、 划拨)	面积（平 方米）	坐落	账面净值 （万元）	评估值 （万元）	合同签订 情况 (有、无)	租期 (年)	审批部门	租金 (元/年、 季、月)	租金收取 (已收) 万元	承租方情 况（自然 人、法人、 其他组织)
土地											
……											
合计											

关于企业国有产权转让有关问题的通知

2014 年 7 月 9 日   黑龙江省国资委   黑国资产〔2014〕162 号

各出资企业：

为深入贯彻落实十八届三中全会精神，完善国有产权管理制度，按照"以管资本为主加强国有资产监管"的要求，精简出资人审批事项，进一步促进产权流转，优化产权配置，降低改革成本，现就企业国有产权转让过程中的有关问题通知如下：

一、出资企业及其各级子企业对外转让国有产权，应当遵循公开、公平、公正的原则，在省级产权交易市场公开进行，严禁暗箱操作、违规进行场外交易。

二、省国资委决定出资企业的国有产权转让，出资企业决定其子企业的国有产权转让。其中，重要子企业的重大国有产权转让事项，须报省国资委批准。

黑龙江龙煤矿业控股集团有限责任公司、黑龙江省建设集团有限公司按照工业和信息化部、国家统计局、发展改革委、财政部《关于印发中小企业划型标准规定的通知》（工信部联〔2011〕300 号）和国家统计局《关于印发统计上大中小微型企业划分办法的通知》（国统字〔2011〕75 号）的规定，将所属一级国有及国有控股子企业中的大中型企业确定为重要子企业范围，其他出资企业按照上述标准的同时，还应在综合考虑所属一级子企业与集团主业相关度、资产总额、利润等因素的基础上，合理确定重要子企业的范围，以最近一个经审计的年度合并会计报表为依据，确定的重要子企业资产总额和利润总额的合计占集团公司的比例应达到 60% 以上。出资企业确定重要子企业范围后报省国资委备案，并依据上述标准于每年 5 月底前做一次调整。

重大国有产权转让事项是指转让（部分）国有产权致使国有独资企业、国有独资公司改为国有资本控股或者非国有资本控股公司；国有资本控股公司改为非国有资本控股公司。

上市公司的国有股权转让，按照国家有关规定执行。

三、出资企业在本企业内部实施资产重组，符合《关于企业国有产权转让有关事项的通知》（国资发产权〔2006〕306 号）相关规定的境内企业协议转让事项，由出资企业负责批准或依法决定。其中涉及股份有限公司股份转让的，按照国家有关规定办理。

出资企业在本企业内部实施资产重组，转让方和受让方均为出资企业及其直接或间接全资拥有的境内子企业的，转让价格可以资产评估或审计报告确认的净资产值为基准确定，且不得低于经评估或审计的净资产值；转让方或受让方不属于出资企业及其直接或间接全资拥有的境内子企业的，转让价格须以资产评估报告确认的净资产值为基准确定。

四、出资企业要严格按照《中华人民共和国企业国有资产法》等有关法律法规及《企业国有产权转让管理暂行办法》（国务院国资委 财政部令第3号）、《关于印发〈企业国有产权向管理层转让暂行规定〉的通知》（国资发产权〔2005〕78号）等相关配套文件的规定，制定本企业的产权转让管理制度，对国有产权转让的原则、程序、监督管理、法律责任等作出具体规定。并将本企业国有产权转让管理制度上报省国资委审查备案。

五、出资企业要建立企业国有产权转让事项报告制度，应于每年3月底前将上年度本企业产权转让情况报告省国资委，报告主要内容包括：批准单位、批准文号、转让方情况（转让方名称、国有股权比例、所属行业等）、标的企业情况（标的企业名称、国有股权比例、企业级次、所属行业、财务状况等）、转让价格、受让方情况（企业名称、注册资本、所属行业等）、其他需要说明事项等。

六、省国资委定期对出资企业产权转让工作进行监督检查，对未按规定进行转让造成资产损失的，将按照《黑龙江省国资委关于出资企业资产损失责任追究暂行办法》（黑国资业〔2009〕158号）的规定追究相关人员的责任。

七、本通知自发布之日起实施，原《关于加强企业国有产权转让监督管理工作的通知》（黑国资发〔2004〕2号）同时废止。

出资企业在执行本通知过程中，遇到问题应当及时向省国资委反映。

关于全面深化国资国企改革的意见

2014年11月6日 中共黑龙江省委 黑龙江省人民政府 黑发〔2014〕14号

为进一步深化黑龙江省国资国企改革，增强地方国有经济的活力、控制力和影响力，促进全省经济社会持续健康发展，现提出以下意见。

一、总体要求

（一）指导思想

深入贯彻党的十八届三中全会精神，坚持和完善基本经济制度，发展壮大国有经济；坚持市场化改革方向，提升国有企业价值创造能力；遵循市场经济规律、企业发展规律和国家法律法规及相关政策，着力优化国有经济布局结构，加强国有资本优化配置；着力完善国资监管体制，加强国有资产统一监管；着力提升国资管理效能，加强国有企业分类监管；着力健全现代企业制度，建立适应市场化、国际化竞争的经营机制，加快混合所有制经济发展，促进国有经济与其他所有制经济共同繁荣，不断增强国有经济在全省经济社会发展中的主导作用。

（二）基本原则

——坚持市场主导。按照市场在资源配置中起决定性作用的要求，运用市场化手段，在更高层次、更宽领域深化国有企业开放发展，促进资源优势与资本优势有效结合，推进资源配置依据市场规则、市场价格、市场竞争实现效益最大化和效率最优化，充分发挥国有企业的市场主体作用。

——坚持问题导向。以解决影响国有企业发展的突出矛盾和问题为导向，坚决破除体制机制障碍，努力在国资国企改革难点问题上实现根本性突破，释放改革红利，持续激发国有企业用改革解决问题、促进发展的内生动力。

——坚持改革创新。坚持正确的改革方向，进一步解放思想、开拓创新，敢于突破传统观念和思维定势，敢于触碰各种矛盾和问题，坚定改革信心、形成改革共识、凝聚改革合力。

——坚持稳妥推进。注重改革的系统性、整体性和协同性，坚持顶层设计与先行先试相结合，整体推进与重点突破相促进，妥善处理好改革、发展、稳定的关系。

——坚持规范操作。在深化改革的过程中，注重完善制度、规范程序、加强监管，坚持做到公开透明、阳光操作、依法合规、全面监督，遵守好国家法律和政策规定，发挥好产权交易平台的作用，防止国有资产流失。

（三）主要目标

紧紧围绕国家支持东北振兴若干重大政策举措和我省"五大规划"发展战略，优化国有经济布局结构，形成适应市场经济要求的现代企业制度和国资监管体制。到2020年，在国资国企改革重要领域和关键环节取得突破性、决定性成果。

——国有经济结构进一步优化。国有资本的流动性明显增强，形成功能明确、流动顺畅的国有资本配置机制。加快转方式、调结构，大幅提高国有资本集中度，将80%以上的国有资本集中到提供公共服务、加强基础设施建设、发展前瞻性战略性产业、保护生态环境、保障民生等领域。提升国有资本证券化率，积极推动具备条件的国有企业集团和子公司加快上市，国有资本证券化率力争达到50%。国有资本的市场价值不断提升，资本回报不低于社会资本的平均水平，国有经济布局结构持续优化，对全省经济社会发展的影响和支撑作用日趋显著。

——国有企业活力进一步增强。通过3~5年扎实推进，积极推动60%左右具备条件的国有企业集团及其子公司实现产权多元化和混合所有；通过2~3年重组整合，再打造3~5家在全国规模较大、行业领先、优势明显的国有大企业集团；力争用2~3年时间，妥善解决厂办大集体、分离企业办社会职能、离退休人员社会化管理等历史遗留问题。国有企业的活力和竞争力明显增强，成为促进经济发展、提供公共服务的主力军，成为贯彻省委、省政府决策部署和承担重大任务的中坚力量，成为推动实施"五大规划"、引领重点产业升级、实施创新驱动发展的重要骨干，成为维护我省和谐稳定、积极履行社会责任的先锋表率。

——现代企业制度进一步健全。依法规范国有企业法人治理结构，健全市场化经营机制，完善现代企业制度。董事会在公司治理中的核心地位得到确立，依法落实董事会组织制定战略规划、业绩考核、薪酬管理等职权，规范董事会选聘和管理经理层。国有企业优胜劣汰、经营者能上能下、人员能进能出、收入能增能减的市场化经营管理机制普遍

建立。

——国资监管体制进一步完善。各级国资监管机构依法履行出资人职责，以管资本为主加强国有资产监管的法规制度基本成熟定型。全省各类国有资产系统整合，规则统一、权责明确、运行有效、规范透明的经营性国有资产监管体系基本形成。

二、完善国资监管体系

（四）着力构建集中统一国资监管体制

坚持政企分开、政资分开，进一步转变政府职能。以管资本为主推进全省各级国有资源、国有资产的梳理分类，着眼于驻省央企、省属企业、市属企业三个层级国有资产的整合重组，实现大资源、大配置，推进除金融、文化资产外的经营性国有资产统一监管，实现经营性国有资产监管全覆盖。完善各级国资监管机构的职能，加快建立统一的国资监管体系。政企脱钩后的国有企业、事业单位改革转制形成的国有企业，以及新组建的国有企业，明确出资人后，按照国有资产监督管理职能分工进行监管。各市（地）要结合当地实际，确定各类国有资产统一监管实现模式。省级国有资产监管机构要切实加强对市（地）国资监管工作的指导。

（五）着力优化国资监管方式方法

立足于管资本为主，以管控资本投向、优化资本结构、规范资本运作、提高资本使用效率和效益为重点，调整完善国资监管规章制度，建立统一的基础监管工作体系，进一步探索有效的国资监管方式方法。切实管理好国有股东代表，通过股东代表参加股东（大）会或董事会，提出提案、发表意见、行使表决权，体现出资人的意志。通过公司章程和治理结构，加强对全资、控股国有企业的战略规划、投资决策和风险控制等重大事项管理，落实出资人职责。加强国资监管、纪检监察、审计等监管力量的协同配合，强化国有企业领导人员经济责任审计，提升监管效能。

（六）着力推进国有企业分类监管

根据不同领域国有资本的战略定位和发展目标，综合分析国有企业现状和地位作用，将国有企业分为竞争类、功能类和公益类三个类别，实施分类监管、分类指导、分类考核。

——竞争类企业，完全遵循市场规律、公平参

与市场竞争，以经济效益最大化为主要目标，力争成为国内同行业中具有核心竞争力和较强品牌影响力的国有企业。原则上竞争类业务资本指标占本企业资本总量的比重应超过60%。

依据对全省社会经济发展影响，将其细分为战略竞争和一般竞争两类。战略竞争企业应符合以下两个条件之一：一是满足全省经济发展战略需要、引领带动黑龙江省产业发展的龙头企业；二是对全省经济总量有一定支撑作用，原则上资产总额、营业收入、利润总额中有两项在本级国有企业中占比超过15%的支柱性企业。一般竞争企业指除战略竞争类之外的其他竞争企业。

——功能类企业，以承担省政府重大专项任务，实现政府在调节经济、促进社会发展等方面的战略意图为主要功能，兼顾社会效益和经济效益；原则上承担功能类业务资本指标占本企业资本总量的比重应超过60%。

——公益类企业，主要提供公共产品或服务，以增强城市承载能力和运行保障水平、实现社会效益为主要目标。原则上公益类业务资本指标占本企业资本总量的比重应超过60%。

各市（地）可根据监管企业功能参照上述分类标准进行分类。按照国资布局结构和企业发展战略，企业分类可做动态调整。

（七）着力推进国有资本投资公司试点

国有资本投资公司试点主要是探索以管资本为主加强国有资产监管的体制模式，改革国有资本授权经营体制的实现途径，着眼于积极推进国有资产监管体制架构变革，推动国有经济布局结构调整，更有效地实施资本运作，更大程度地促进国有资本合理流动。我省改组国有资本投资公司和组建运营公司试点，侧重于发展产业和国有资本运营，以投资实业拥有国有股权，以资产经营和管理实现国有资本保值增值，在政府授权经营范围内对所出资企业履行出资人监管职责。

（八）着力完善国有资本经营预算制度

建立覆盖全部经营性国有企业、分级管理的国有资本经营预算制度。加强国有资本收益收缴，逐步提高国有资本收益收取比例。充分发挥国有资本经营预算在推进改革发展、布局调整、科技创新和转型升级等领域的导向和引领作用，同时更多用于保障和改善民生。

三、深化国有企业改革

（九）大力发展混合所有制经济

实施混合所有制改革，加快国有资产资本化步伐，要坚持有利于放大国有资本功能、保值增值，增强国有经济的控制力和影响力，增强国有企业的活力和竞争力。在改革重点上，区分功能类和竞争类属性以及企业级次和经营规模，推动子公司着力于资产增量，率先发展混合所有制经济，鼓励国有企业集团引入有实力的战略投资者。在实现路径上，采取引入战略投资者、推进企业改制上市、探索员工持股、吸引股权投资基金入股、引导社会资本进入公共项目等方式。在股权结构上，除国家规定外，国有资本持股比例不设下限。在引入社会资本上，同步考虑品牌、管理、人才、技术等因素，注重选择实力强、信誉好的民营和外资企业。在交易程序上，坚持通过资本市场和产权市场两条主渠道进行，做到全过程规范、全方位公开、全社会监督，实现信息公开化、评估规范化、竞价制度化和交易平台化。在监管模式上，对混合所有制企业，依据《中华人民共和国公司法》或约定治理模式行使权力，实行更加市场化的监管机制。在营造氛围上，正确引导社会预期，凝聚社会共识，维护企业员工的合法权益。

在符合法律法规和政策规定，有利发展、保证公平和职工拥护的前提下，允许已完成混合所有制改革的国有企业员工持股，允许正在进行混合所有制改革的国有企业同步实行员工持股，允许竞争性企业关键岗位的经营管理者、业务骨干和核心技术人员以现金、技术、员工持股公司、信托公司、持股基金等多种方式参与本企业改制，形成资本所有者和劳动者利益共同体。实行员工持股的混合所有制企业，不能排斥各类所有制的投资方；员工持股的每股单价，须进入产权交易市场公开竞价确定。

（十）支持非国有资本参与国有企业投资项目

除国家及省政府要求必须保留国有独资的项目外，鼓励采用市场化方式引进非国有资本参与投资，实行"新项目、新体制、新机制"，放大国有资本功能。在城市基础设施建设、环境治理等领域，积极推广政府与社会资本合作机制（PPP）等模式。

（十一）加快推进资本证券化

加速推进"资源资产化、资产资本化、资本证券化"进程，充分利用国内外多层次资本市场，形成境内主板、中小板、创业板、新三板及境外资本市场等多板并举的国有企业上市（挂牌）梯次格局。积极推动符合条件的竞争类国有控股及国有参股企业加快上市步伐，提高国有资本证券化率。由黑龙江联合产权交易所发起组建黑龙江股权交易中心，打造我省高起点、高标准、规范化的区域性股权交易市场；开展股权挂牌转让、股权质押融资、私募债发行等业务，为省内国有和非国有企业提供服务，促进我省国有企业股权多元化，缓解中小企业融资难，培育潜在上市资源。力争到 2020 年，在境内外资本市场上市（挂牌）国有企业新增 10~15 户，在黑龙江股权交易市场股权挂牌国有企业数量超过 600 户。

（十二）不断完善公司法人治理结构

推动国有企业通过实施股权多元化、混合所有制、上市、组建或改组国有资本投资公司等改制途径，建立健全股东（大）会、董事会、监事会和经理层，形成协调运转、有效制衡的决策、执行、监督机制。重点推进国有独资公司规范的董事会建设，配齐配强董事，探索引进外部董事。选择董事会健全规范、经营正常、制度执行良好的国有企业开展试点，依法落实董事会经理层选聘和业绩考核、薪酬管理等职权。注重建立更加专业化、职业化的董事监事队伍，完善董事监事激励考核制度。对混合所有制企业依法推荐董事、监事人选。设立董事会、监事会的公司制企业应依法建立职工董事、监事制度，职工董事、监事由职工民主选举产生。切实强化国有企业经营投资责任追究，形成责、权、利对等的运行机制。

（十三）逐步建立市场化的选人用人和管理机制

逐步理顺国有企业领导人员监管体制，改革选聘方式，建立职业经理人制度，优化企业家成长机制和环境；在市场化程度较高的国有企业，积极探索试行主要经营者和经营层竞争性选聘；支持有条件的国有企业，根据企业实际，逐步推进经营部门负责人和子公司领导人员内部竞争性选聘；坚持把党管干部原则和董事会依法选聘经营管理者、经营管理者依法行使用人权有机结合，合理增加市场化选聘比例，具备条件的国有企业可探索选聘职业经理人，健全完善企业领导人员培养选拔、考核评价、激励约束机制，充分发挥企业家的作用。

（十四）着力深化劳动用工制度改革

全面推行分级分类公开招聘制度，依法建立以合同管理为核心、以岗位管理为基础的市场化用工机制。全面建立公开、公平、公正、透明的企业员工市场化招聘制度，切实做到信息公开、过程公开、结果公开，杜绝选人用人过程中的不正之风。进一步深化国有企业内部管理人员能上能下、员工能进能出、收入能增能减的制度改革，精简管理层冗员和企业富余人员，切实转换企业经营机制。广开就业渠道，把就业安置与大力发展生产性服务业和生活性服务业充分结合，研究解决好涉及职工切身利益的实际问题，积极妥善安置转岗职工。

（十五）切实解决好历史遗留问题

本着尊重历史、解决负担、创新政策的原则，抓住国家支持东北振兴若干重大政策举措的战略机遇，抓紧解决国有企业历史遗留问题。通过股权转让收益等方式多渠道筹措资金，建立改革成本分担机制。新改组混合所有制企业，必须妥善解决好历史包袱。积极推进全省厂办大集体改革工作，剥离国有企业办社会职能。各市（地）政府（行署）要为央企和省属重点国有企业分离供水、供电、供热、物业和医院等办社会职能提供服务。

（十六）积极引导国有企业履行社会责任

国有企业在深化改革过程中，要带头贯彻落实中央宏观调控政策和省委、省政府重大决策部署，自觉维护市场经济秩序，积极创造就业机会，抓好安全生产，维护职工生命和健康权益等合法权益，开展节能减排，发展循环经济，改善生态环境，建设资源节约型、环境友好型企业。

（十七）有效发挥党组织政治核心作用

建立健全与现代企业制度相适应的企业党组织领导体制和工作机制，探索现代企业制度与党组织发挥政治核心作用、职工民主管理有效融合的途径。企业党组织要加强思想政治工作，超前搞好思想引领，凝聚改革共识，充分调动职工支持改革、参与改革的积极性。要建立健全职工代表大会、厂务公开制度，支持和保证职工代表大会依法行使各项职权。推进股份制和混合所有制改革时，要根据企业体制架构变化的实际，及时建立撤并党组织，理顺党组织关系，同步开展党的工作。坚持和完善"双向进入、交叉任职"的企业领导体制，健全企业党组织参与企业重大问题决策机制，保证党组织参与决策、带头执行、有效监督。进一步实施人才强企战略，为国有企业发展提供有力的人才支撑。

四、加强规范监督

（十八）强化依法合规操作机制

在改革中要严格按照国家和我省有关法律法规规定，公开透明、按程序操作。改革全过程要纳入财政、审计、监察、国资、国土资源等部门监督，确保国有资产安全。

（十九）健全长效激励约束机制

努力实现劳动报酬增长和劳动生产率提高同步，健全工资决定和正常增长机制，健全资本、知识、技术、管理等由要素市场决定的报酬机制，逐步规范国有企业收入分配秩序，形成合理有序的收入分配格局。合理确定并严格规范企业领导人员履职待遇、业务支出，实现薪酬水平适当、结构合理、管理规范、监督有效。除国家规定的履职待遇

和符合财务制度规定标准的业务支出外，取消其他职务消费。推进符合条件的国有企业加快发展企业年金。探索推进国有企业财务预算等重大信息公开，接受社会公众监督，提高国有企业运营透明度，进一步做好职代会民主评议企业领导人员工作。坚持反腐倡廉建设与加强国有企业管控相结合，加强对权力运行的制约和监督，强化对改制重组、物资采购、产品销售、对外投资、项目合作等重点领域和关键环节的监察。国有企业党委要在本企业的党风廉政建设和反腐败工作中切实肩负好主体责任，企业纪委要落实好监督责任。

（二十）建立鼓励改革创新的容错机制

在推进国有企业改革过程中，建立科学评价机制，对法律法规规章和国家政策未规定事项，尊重基层首创精神，鼓励创新、鼓励探索、鼓励实践。如改革创新工作未能实现预期目标，但有关国有企业和个人依照法律法规规章、国家和我省有关政策作出决策和组织实施，且勤勉尽责、未牟取私利，不作负面评价，依法免除相关责任。

有关市（地）、部门、单位要依据本意见精神，结合实际，大胆探索实践，研究制定贯彻实施方案，加快推进落实。

常州市市级行政事业单位国有资产管理暂行办法

2013 年 7 月 15 日 常州市政府 常政规〔2013〕10 号

第一章 总 则

第一条 为规范和加强市级行政、事业单位国有资产管理，维护国有资产的完整和安全，合理配置国有资产，提高国有资产使用效益，根据《机关事务管理条例》、《行政单位国有资产管理暂行办法》（财政部令第 35 号）、《事业单位国有资产管理暂行办法》（财政部令第 36 号）和《江苏省行政事业单位国有资产管理办法》（苏财规〔2010〕22 号）等

有关规定，结合本市实际情况，制定本办法。

第二条 本市市级党的机关、人大机关、行政机关、政协机关、审判机关、检察机关、各民主党派机关及社会团体机关（以下简称行政单位）和市级各类事业单位（以下简称事业单位，行政单位和事业单位以下统称行政事业单位）的国有资产管理活动，适用本办法。

本办法所称国有资产，是指由行政事业单位占有、使用的，依法确认为国家所有，能以货币计量的各种经济资源的总称，即行政事业单位的国有

（公共）财产。行政单位国有资产主要包括固定资产、流动资产和无形资产等。事业单位国有资产主要包括固定资产、流动资产、无形资产和对外投资等。

第三条 行政事业单位国有资产管理应当遵循以下原则：

（一）资产管理与预算管理相结合；

（二）资产管理与财务管理相结合；

（三）资产管理与绩效管理相结合；

（四）实物管理与价值管理相结合。

第四条 行政事业单位国有资产管理目标为：

（一）保障需求、科学配置；

（二）控制增量、盘活存量；

（三）合理使用、规范处置；

（四）保值增值、提高效益；

（五）产权清晰、账实一致。

第五条 行政事业单位国有资产管理实行国家统一所有，政府分级监管和单位占有、使用的管理体制。

第二章　管理机构及其职责

第六条 市财政部门是市人民政府负责行政事业单位国有资产管理的职能部门，对市级行政事业单位国有资产实施综合管理。其主要职责是：

（一）贯彻执行国有资产管理的有关法律法规和政策；

（二）根据国有资产管理的有关规定，拟订行政事业单位国有资产管理的政策措施，并对执行情况进行监督检查；

（三）会同有关部门研究制定行政事业单位国有资产配置标准，按照规定进行资产配置、资产处置及产权变动事项审批与备案；

（四）依法负责行政事业单位国有资产出租、出借以及事业单位利用国有资产对外投资、担保等事项审批；

（五）配合有关部门拟订事业单位改革改制的具体措施，对改革改制中事业单位国有资产实施监督管理；

（六）组织开展行政事业单位资产调剂、产权纠纷调处、产权界定、产权登记、资产清查和资产评估管理等工作；

（七）对行政事业单位国有资产收益实施监督管理；

（八）建立和完善行政事业单位国有资产信息化管理制度，对行政事业单位国有资产实施动态管理；

（九）建立健全国有资产绩效考核体系，对行政事业单位国有资产实施绩效管理；

（十）对行政事业单位国有资产管理工作进行监督检查，指导、监督下级财政部门国有资产管理工作；

（十一）向市人民政府和上级财政部门报告有关行政事业单位国有资产管理工作情况。

第七条 事业单位的主管部门（以下简称主管部门）负责对本部门所属事业单位的国有资产实施监督管理。其主要职责是：

（一）根据本办法等有关规定制定本部门所属事业单位国有资产管理的具体措施，并组织实施和监督检查；

（二）组织本部门所属事业单位国有资产登记、统计报告、清查及绩效考核等工作；

（三）按照规定权限审核本部门所属事业单位国有资产出租、出借、对外投资和担保等事项；

（四）按照规定权限审核或审批本部门所属事业单位有关资产购置、处置事项；

（五）调剂本部门所属事业单位长期闲置、低效运转和超标配置的国有资产，优化国有资产配置，推动事业单位国有资产共享、共用；

（六）督促本部门所属事业单位按照规定缴纳国有资产收益；

（七）指导、监督本部门所属事业单位国有资产信息化管理工作；

（八）接受市财政部门的指导、监督，并向其报告本部门国有资产管理工作情况。

第八条 行政事业单位负责对本单位占有、使用的国有资产实施具体管理。其主要职责是：

（一）制定本单位国有资产具体管理制度，并组织实施；

（二）负责本单位国有资产的账卡管理、清查登记、统计报告及日常监督检查工作；

（三）负责本单位国有资产的购置、验收、维修和保养等日常管理工作，保障国有资产的完整和安全；

（四）依法办理本单位国有资产的配置、处置、出租、出借、对外投资和担保等事项的报批工作；

（五）依法办理本单位国有资产收益管理工作；

（六）对本单位国有资产实施信息化管理；

（七）接受市财政部门和主管部门的指导、监督，并向其报告本单位国有资产管理工作情况。

第九条 市财政部门、主管部门和行政事业单位应当明确国有资产管理的机构和人员，具体做好行政事业单位国有资产管理工作。

市财政部门根据工作需要，可以将国有资产管理的部分工作委托有关部门实施。有关部门在市财政部门的指导、监督下，开展受托的国有资产管理工作，并按照规定向市财政部门负责和报告工作情况。

市机关事务管理部门按照职责分工，制定和组织实施机关资产管理的具体制度，并接受市财政部门的指导、监督。

第三章　资产配置

第十条 行政事业单位应当根据履行职能的需要，按照规定的标准和程序，通过购置、调剂等方式配备资产。

第十一条 行政事业单位国有资产配置，应当遵循依法配置、保障需要、科学合理、优化结构、勤俭节约、从严控制的原则。

第十二条 行政事业单位国有资产配置，规定统一标准的，按照相关规定执行；没有规定统一标准的，应当从实际需要出发，从严控制，合理配置。

第十三条 行政事业单位国有资产配置，应当充分利用现有的资产存量。对能通过调剂共享共用解决的，原则上不再重新购置。

第十四条 行政事业单位资产购置应当纳入预算管理，按照规定的预算编制程序进行报批。未经批准，不得将资产购置项目列入预算安排和单位经费支出。

行政事业单位在年度预算执行中确需追加资产配置预算的，由单位提出申请，按照预算编制程序报批。

第十五条 召开重大会议、举办大型活动以及经市人民政府批准组建的临时机构等需要购置资产的，由主办单位和临时机构提出资产购置申请，报市财政部门审批。

第十六条 行政事业单位购置纳入政府采购目录范围的资产，依法实施政府采购。

第十七条 行政事业单位对购置的资产应当及时进行验收、登记，按照规定录入资产管理信息系统，并进行相应的账务处理。

第四章　资产使用

第十八条 资产自用和出租、出借等。事业单位国有资产使用，主要包括事业单位国有资产自用和出租、出借及对外投资、担保等。

行政单位不得利用国有资产对外投资、担保，法律另有规定的除外。

第十九条 市财政部门、主管部门和行政事业单位应当按照规定加强国有资产的使用管理，建立健全国有资产使用管理制度。

第二十条 行政事业单位应当认真做好国有资产的使用管理工作，充分发挥国有资产的使用效益，做到物尽其用，保障国有资产的完整和安全，防止国有资产在使用中的损失和浪费。

行政事业单位应当建立严格的国有资产使用管理责任制，定期清查盘点，做到家底清楚，账、卡、物相符，并将国有资产使用管理责任落实到人。

第二十一条 行政事业单位应当加强对本单位专利权、商标权、著作权、非专利技术以及商誉等无形资产的管理，防止无形资产流失。

第二十二条 行政事业单位在确保履行公共服务职能、促进各项社会事业发展的前提下，经批准可以将闲置的国有资产出租、出借给公民、法人或其他组织使用。

行政单位出租、出借国有资产的，应当报市财政部门批准；事业单位出租、出借国有资产的，应当进行必要的可行性论证，经主管部门同意后，按照规定报市财政部门审批。未经批准，一律不得出租、出借。

第二十三条 市财政部门和主管部门应当按照规定加强对事业单位对外投资的审批和监管，严格控制事业单位对外投资，加强对外投资行为的风险管理。

第五章　资产处置

第二十四条　行政事业单位国有资产处置，主要包括国有资产的无偿转让、出售、置换、报损、报废、捐赠以及核销等。

第二十五条　行政事业单位国有资产处置应当遵循公开、公平、公正的原则。

第二十六条　行政事业单位处置国有资产应当按照规定履行审批手续。未经批准，不得擅自处置。

第二十七条　行政事业单位应当加强对不动产、车辆等重大资产的处置管理。相关部门应当配合市财政部门做好重大资产处置管理工作。

第二十八条　行政事业单位分立、撤销、合并、改制以及隶属关系发生改变时，应当对其占有、使用的国有资产进行清查登记、编制清册，报市财政部门审批后处置，并及时办理资产转移手续。

第二十九条　召开重大会议、举办大型活动以及经市人民政府批准组建的临时机构等，需临时购置短期使用的国有资产的，由主办单位和临时机构对购置的国有资产编制清册，在活动结束或机构撤销后，按照规定履行资产处置报批手续后予以处置。

第六章　资产收益

第三十条　行政事业单位国有资产收益主要包括：

（一）行政事业单位通过国有资产出租、出借等取得的收益；

（二）事业单位利用国有资产对外投资取得的投资收益；

（三）行政事业单位通过国有资产有偿转让、报废等取得的处置收益；

（四）事业单位实行产权制度改革改制取得的国有资产出让收益；

（五）事业单位减持或转让国有股取得的收益；

（六）其他国有资产收益。

第三十一条　行政事业单位国有资产有偿使用及处置收入属于政府非税收入，实行"收支两条线"管理。

第三十二条　市财政部门应当建立健全行政事业单位国有资产收益收缴、使用和监督等方面的管理制度，并加强对行政事业单位国有资产收益缴纳、使用等情况的监管。

第三十三条　行政事业单位应当加强对国有资产使用及处置收益的监管。任何单位和个人不得隐瞒、截留、挤占、坐支和挪用国有资产收益。

第七章　资产清查与资产评估

第三十四条　开展行政事业单位资产清查工作，应当按照规定要求、工作程序和方法，对行政事业单位进行账务清理、财产清查，依法认定各项资产损溢，真实反映行政事业单位国有资产占有使用状况。

第三十五条　行政事业单位有下列情形之一的，应当进行资产清查：

（一）根据国家、省专项工作要求或者市人民政府实际工作需要，被纳入统一组织的资产清查范围的；

（二）进行重大改革或者整体、部分改制为企业的；

（三）遭受重大自然灾害等不可抗力造成资产严重损失的；

（四）会计信息严重失真或者国有资产出现重大流失的；

（五）会计政策发生重大变更，涉及资产核算方法发生重要变化的；

（六）市财政部门认为应当进行资产清查的其他情形。

第三十六条　行政事业单位自行组织资产清查的，按照财务管理隶属关系，报经市财政部门批准立项后组织实施。其中，市机关事务管理部门扎口管理的行政事业单位，应当先向市机关事务管理部门提出申请，由市机关事务管理部门审核后报市财政部门；其他事业单位应当先向主管部门提出申请，由主管部门审核后报市财政部门。

国家、省和市人民政府统一部署开展资产清查的，按照规定要求进行。

第三十七条　行政事业单位国有资产清查，主要包括国有资产基本情况清理、账务清理、财产清理、损溢认定、资产核实和制度完善等。资产清查的具体办法由市财政部门另行制定。

第三十八条　开展行政事业单位国有资产评估工作，应当由专门机构和人员依据有关规定，根据特定目的，依托有关资料，遵循适用的原则和标准，按照法定程序，运用科学的方法，对行政事业单位的国有资产进行评定和估价。

第三十九条　开展行政事业单位国有资产评估工作，应当委托具有相应评估资质的资产评估机构进行。行政事业单位应当如实提供有关情况和资料，并对其所提供情况和资料的客观性、真实性和合法性负责，不得以任何形式干预资产评估机构独立执业。

第四十条　市财政部门对行政事业单位国有资产评估项目实行核准或备案制。

第八章　产权纠纷和产权界定

第四十一条　行政单位之间发生国有资产产权纠纷的，由当事人协商解决；协商不成的，由市财政部门或者市人民政府调解、裁定。

行政单位与非行政单位、组织或者个人之间发生国有资产产权纠纷的，由行政单位提出处理意见，并报经市财政部门同意后，与对方当事人协商解决；协商不成的，按照司法程序处理。

第四十二条　事业单位与其他国有单位之间发生国有资产产权纠纷的，由当事人协商解决；协商不成的，可以向市级或者共同上一级财政部门申请调解或者裁定，必要时，报有管辖权的人民政府处理。

事业单位与非国有单位或者个人之间发生国有资产产权纠纷的，由事业单位提出处理意见，经主管部门审核并报市财政部门批准后与对方当事人协商解决；协商不成的，按照司法程序处理。

第四十三条　行政事业单位国有资产产权界定工作，根据资产类别和性质，按照有关规定执行。

第四十四条　行政事业单位产权登记工作，由市财政部门根据上级机关的工作部署及国有资产管理的工作需要组织实施。

第九章　资产信息管理与绩效管理

第四十五条　行政事业单位应当按照要求，利用行政事业单位国有资产管理信息系统，对资产现状以及配置、使用、处置等环节实施信息化动态管理，及时登记有关资产变动信息，确保资产账账相符、账实相符，发挥国有资产管理信息系统在加强国有资产监管、合理配置、规范处置等方面的重要作用。

第四十六条　行政事业单位国有资产占有、使用状况，是市财政部门编制和安排部门预算的重要参考依据。市财政部门、主管部门应当充分利用国有资产管理信息系统，全面掌握行政事业单位国有资产占有、使用动态状况，建立完善资产与预算、资产与绩效有效结合的激励与约束机制，充分利用国有资产管理信息系统，做好国有资产统计报告工作。

第四十七条　开展行政事业单位国有资产绩效管理工作，市财政部门、主管部门和行政事业单位应当利用年度部门决算报表、财务报告、财产清查、资产统计报告及资产信息化数据库等资料，采用多层次的指标体系，采取多因素的方式方法，科学考核行政事业单位国有资产的配置、使用及处置等绩效。

第四十八条　市财政部门、主管部门和行政事业单位应当积极探索国有资产绩效管理的方式方法，不断提高财政资金安排使用的物化率和行政事业单位国有资产管理的完整性、安全性及有效性。

第四十九条　市财政部门应当逐步建立国有资产管理绩效考核体系，遵循"经济性、效率性、有效性"的原则，通过科学合理、客观公正的方法、标准、指标和机制，真实反映和解析行政事业单位国有资产运营效果，提高行政事业单位资产运营效率和效益。

第十章　监督检查和法律责任

第五十条　市财政部门、主管部门和行政事业单位及其工作人员，应当认真履行国有资产管理职责，依法维护国有资产的完整和安全，提高国有资产使用效益。

第五十一条 市财政部门、主管部门和行政事业单位开展国有资产管理工作，应当坚持单位内部监督与财政监督、审计监督、社会监督相结合，事前监督、事中监督、事后监督相结合，日常监督与专项检查相结合。

第五十二条 市监察、审计等部门依法履行行政事业单位国有资产管理监察、审计职责。

第五十三条 市财政部门、主管部门、行政事业单位及其工作人员在行政事业单位国有资产管理工作中，违反有关规定的，依法予以处罚、处理或处分。

第十一章 附 则

第五十四条 行政事业单位行业特点突出，需要制定行业国有资产具体管理办法的，由市财政部门会同有关主管部门制定。

第五十五条 民办非企业单位、社会团体中占有、使用国有资产的，参照本办法执行。

第五十六条 行政单位直属企业、与行政单位尚未脱钩的经济实体、实行企业化管理并执行企业会计制度的事业单位、事业单位投资创办的具有法人资格的企业、事业单位体制改革设立的企业，由市财政部门按照企业国有资产监督管理的有关规定实施监督管理。

第五十七条 各辖市、区可结合本地实际情况，参照本办法执行。

第五十八条 本办法自 2013 年 9 月 1 日起施行。我市以前有关规定与本办法不一致的，以本办法为准。今后，国家和省有新规定的，按新规定执行。

关于加强市属国有企业资源性资产租赁综合监管的指导意见（试行）

2013 年 11 月 28 日　深圳市国资委　深国资委〔2013〕98 号

为加强市属国有企业资源性资产租赁管理，规范资源性资产租赁行为，促进廉洁从业，实现企业经营效益提高和国有资产保值增值，根据《中华人民共和国企业国有资产法》、《深圳经济特区房屋租赁条例》等法律、法规和政策的有关规定，现提出如下指导意见：

一、指导思想和基本原则

（一）指导思想。

认真贯彻落实党的十八大精神，进一步明确市国资委和市属国有企业在资源性资产租赁管理方面的职责权限，以提高国有资产经营效益为目标，以制度建设为保障，以信息化管理为支撑，构建市属国有企业资源性资产租赁管理的责任体系、风险防控体系、公开招租体系和监督体系，促进企业资产租赁工作更加公开透明、合法规范、高效务实，提升租赁资产经济效益，从源头上预防和治理腐败，

防止国有资产流失，实现国有资产保值增值。

（二）基本原则。

1. 坚持市国资委引导与市场运作相结合的原则。在市国资委的推动和引导下，建立面向市场的公开招租体系，充分发挥企业自主、市场配置的作用，实现国有资产保值增值。

2. 坚持公开、公平、公正与效率相结合的原则。大力推动企业资源性资产公开招租，提高资源性资产的管理和使用效益，提高企业租赁管理的透明度。

3. 坚持经济效益与社会效益相结合的原则。结合国企加快转变发展方式的契机，充分盘活企业存量资产，助力企业转变发展方式，提升发展质量；引导企业加强资源性资产的整合，促进协同规划与设计，发挥协同效益，以资源性资产租赁带动区域产业转型升级，切实履行企业社会责任。

二、适用范围

本指导意见适用于市国资委直接履行出资人职责的国有独资企业、国有独资公司、国有控股企业（以下统称直管企业）及其所属各级全资、控股企业（直管企业及其所属企业以下简称企业）。

本指导意见所称资源性资产是指企业所有、受托管理或掌握实际控制权的，按法律法规可用于租赁，并可通过租赁获得收益的资产，包括房屋建筑物、土地、广告位、设施设备等（以下简称资产）。

本指导意见所称资产租赁是指企业将其资源性资产部分或全部出租给自然人、法人或其他组织（以下简称承租人）使用，并向承租人收取租金的行为。企业用于本企业职工居住的住宅不适用本指导意见。

本指导意见所称进场公开招租是指企业资产租赁通过市国资委认可的交易机构组织实施的行为。

三、构建责任体系

市国资委和企业应建立权限清晰、职责明确的租赁管理责任体系。

（一）市国资委是企业实行资产租赁的监管主体，主要履行以下职责：

1. 探索建立企业资产租赁的协同发展机制，推动协同规划，促进协同发展，提高经济效益与社会效益；

2. 督促企业建立健全资产租赁管理制度；

3. 推动企业资产进场公开招租，完善信息化管理系统；

4. 监管企业资产租赁管理行为；

5. 法律、法规、规章和规范性文件所规定的其他监管职责。

（二）企业是资产租赁的实施主体，主要履行以下职责：

1. 负责制定本企业资产租赁管理制度，明确资产租赁的决策审批权限，完善租赁管理业务流程；

2. 负责本企业资产的规划设计工作，制定资产租赁价格的指导区间；

3. 负责组织实施本企业资产租赁工作；

4. 负责本企业资产的日常管理与安全维稳工作，建立健全租赁管理机构，规范租赁管理行为；

5. 负责监管所属企业的资产租赁管理行为；

6. 法律、法规、规章、规范性文件和企业内控制度所规定的其他职责。

（三）交易机构是企业进场公开招租的服务主体，主要履行以下职责：

1. 制定交易制度和交易流程，建立健全操作规则；

2. 为企业公开招租提供信息发布平台、交易平台和服务平台；

3. 建立企业资产进场公开招租情况数据库，并及时向市国资委反馈；

4. 配合开展租赁管理信息系统的开发建设工作；

5. 市国资委赋予的其他职责。

四、健全制度流程

（一）健全租赁制度。企业必须结合自身实际情况，建立完整的租赁管理制度，明确具体部门负责资产租赁管理工作，建立健全资产租赁管理台账，加强对在租资产的跟踪管理，规范租赁管理行为。

（二）完善租赁流程。企业必须建立"制定方案、决策审批、实施招租、日常管理、监督检查、责任追究"的闭环管理流程，从流程设计入手，建立高效、规范的租赁管理程序，提高租赁管理水平。

五、规范决策审批

（一）规范决策程序。企业必须健全租赁管理的内部决策程序，明确决策主体、决策权限和决策责任，坚持科学民主决策、集体决策，杜绝"一言堂"。

（二）租赁方案制定及审批。企业资产租赁应当制定合理的租赁方案，内容应包括：租赁资产的基本情况（资产现状、地点、面积、规划用途等）、租赁目的、可行性、租赁期限及期限确定依据、租金标准及用途、租金收缴办法、承租条件、招租底价及底价拟订依据、招租方式等。资产租赁方案应提交企业相关决策会议集体研究决定。

（三）租赁期限的审批。企业资产单次租赁期限原则上不超过 3 年，需要承租方对承租资产有较大投入的，可适当延长租期。企业资产单次租赁期限 6 年以上的应报直管企业董事会审议，并报市国资委备案。

六、规范日常管理

（一）加强合同管理。

1. 合同签订。承租人确定后，企业应当依据《中华人民共和国合同法》及时订立书面租赁合同，企业应当加强对合同审核和管理。

2. 合同履行。企业应当按合同约定加强合同履约监管，保证合同正常履行。承租人不履行或不完全履行合同，企业应当按约定及时采取措施，维护企业合法权益。

3. 合同变更。租赁合同一旦签订生效，原则上不允许变更。确因重大情况需要变更的，由原决策机构审议。变更内容涉及租赁价格、租赁期限等核心条款的，应当重新公开招租。

（二）规范在租资产管理。

1. 加强履约评价。资产出租后，企业应当做好跟踪管理和安全维稳工作，及时收缴租金，建立承租人评价机制，定期对承租人进行履约评价。

2. 加强使用跟踪。资产出租后，承租人不得擅自改变资产的结构和用途，不得擅自改建、扩建；否则，企业有权终止合同，采取措施保护资产安全，维护企业权益。

3. 加强续约管理。资产租赁到期后，应当重新公开招租。原承租人要求续租的，应当在租期届满前 3 个月提出书面申请，在公开招租时享有同等条件下的优先承租权。

未按要求提出续租申请的承租人，在重新公开招租时不得享有优先承租权；拖欠租金或者履约评价不合格的承租人，不得续租。

4. 加强转租管理。资产出租后，承租人不得擅自转租，即不得将承租资产部分或全部再出租给第三人。确因特殊情况需要转租的，承租人提出书面申请，由原决策机构审议后方可转租。转租合同的内容必须事先征得出租企业的同意，否则不得转租。

七、实行公开招租

（一）有下列情形之一的，企业必须进场公开招租：

1. 企业单宗资产或一次性招租的资产租赁面积在 500 平方米以上；

2. 企业单宗资产或一次性招租的资产招租底价每年在 100 万元以上。

除上述二种情形以外的资产租赁，企业也应当自行采取公开招租。

特殊的不适宜公开招租的资产租赁，企业应当报上级产权单位备案。

企业不得以"化整为零"等方式规避进场公开招租。

（二）公开招租应当以公开竞价的方式为主。企业在以公开竞价为主要方式的基础上，结合实际情况，进行公开招租。

（三）企业资产的招租底价可根据市场询价及供求情况确定，以周边相同地段，类型、功能、用途相似的参照物的市场租赁价格及深圳市有关租金指导价作为参考依据，或者采取估值方式确定招租底价。

（四）企业进场公开招租的，应当通过交易机构公告招租信息；企业自行采取公开招租的，应当通过本企业外部网站及市级以上媒体或市国资委认可的交易机构的信息平台公告招租信息。公告时间均不得少于 10 个工作日。

（五）经公开招租只有一个符合条件的报名者，经直管企业批准后，可以采取协议租赁方式，并按规定公示 5 个工作日后无异议方可实施，但租金标准仍不得低于原招租底价。无报名者，经原决策机构批准，可按不低于出租底价 90% 的价格重新公开招租。

八、加强信息化建设

（一）开发租赁管理信息系统。市国资委应当加强企业资产租赁管理的信息化建设和应用，组织开发电子登记系统、交易系统和监测系统，对企业资产实施信息化管理，逐步实现企业资产租赁动态登记和实时监测，及时掌握企业资产的租赁情况。

企业应当配合做好租赁管理信息系统的开发建设、数据对接等工作，共同推进租赁管理信息化。

（二）推动信息资源的分析应用。企业应当深入开发利用信息资源，建立企业租赁资产数据库，系统分析企业资产的现状、分布、特点及市场租赁情况，提高资产租赁决策效率；推动在租资产日常管理的信息化，利用信息系统加强在租资产管理，提高资产租赁管理水平。

九、强化监督检查

（一）市国资委应当加强对企业资产租赁管理工作的指导，依法行使监督职能。市国资委派驻企业的监事会主席和财务总监应对企业资产租赁工作进行监督，对企业租赁管理制度的执行情况进行定期检查。市国资委有关处室可通过审计、专项检查等方式，对企业贯彻落实资产公开招租情况进行监督，推动企业规范租赁管理行为，扩大公开招租范围。

（二）企业纪检监察等部门应当对本企业的资产租赁工作进行全过程监督，对在租资产的日常管理情况进行定期检查，对租赁合同的履行情况进行随机抽查，查找问题，及时纠正，确保资产租赁管理工作规范有序。

（三）企业应当将资产租赁情况纳入企务公开范围，向本企业职工公开，接受职工监督。不适宜公开的，应报上级产权单位备案。

（四）企业相关责任人在资产租赁过程中违反相关法律、法规、规章，滥用职权、玩忽职守，造成国有资产损失的，应当依法承担赔偿责任，由有关部门按照干部管理权限依法依规追究党纪政纪责任；构成犯罪的，移送司法机关依法追究刑事责任。

（五）交易机构在企业进场公开招租过程中弄虚作假或者玩忽职守，损害交易双方合法权益或者造成国有资产损失的，依法追究交易机构负责人和直接责任人员的相应责任。

十、其他

（一）企业应当根据本指导意见，对已出租资产租赁合同进行全面清理，发现存在显失公平、租金明显过低以及没有约定承租期限等情形的，应当在 3 个月内清理完毕。

本指导意见颁布施行后，企业资产重新招租或续租，按本指导意见执行。

（二）企业自营的专业市场、大型城市商业综合体、产业园区、物流园区等资产可根据有关政府政策、市场规律、行业发展特点参照本指导意见执行。

（三）市国资委直管企业之间、直管企业所属全资和控股企业之间的资产租赁行为，可由有关企业自行协商确定。

（四）本指导意见由市国资委负责解释。

（五）本指导意见自颁布之日起施行。

四川省国有股权投资企业所持股权转让管理工作指引

2013 年 4 月 1 日　四川省国资委　川国资产权〔2013〕21 号

第一章　总　则

第一条　为完善国有股权投资企业所持股权退出机制，规范国有股权投资企业所持股权转让行为，促进国有股权投资企业所持股权合理流动，实现股权价值最大化，根据《企业国有资产法》、《公司法》、《合伙企业法》、《企业国有产权转让管理暂行办法》、《四川省企业国有产权转让管理暂行办法》（川办发〔2005〕25 号）、《四川省企业国有产权转让管理暂行办法实施细则》（川国资产权〔2006〕66 号，以下简称实施细则）等有关法律、法规，结合我省国有股权投资企业所持股权转让的实际，制定本指引。

第二条　本指引所称国有股权投资企业系指以非公开发行方式向特定对象募集资金，主要投资于非上市公司股权、上市公司非公开发行的股权，依法设立并经省级以上有关部门备案的国有及国有控股企业，包括产业投资基金、创业投资基金，以及创业投资引导基金等。

第三条　本指引所称国有股权投资企业所持股权转让，是指国有股权投资企业将投资形成的股权有偿转让给境内外法人、自然人或者其他组织，实现投资退出的行为。

第四条　本指引适用于四川省国有股权投资企业转让所持非上市企业股权。国有股权投资企业转让所持上市公司股权和全资、控股非上市公司股权，以及以清算方式退出的股权，不适用本指引，按国家有关规定执行。

第五条　国有股权投资企业转让所持股权，应当在依法设立并经四川省国资委确定的产权交易机构公开进行，不受地区、行业、出资或者隶属关系的限制。国家法律、行政法规另有特殊规定的，从其规定。

第二章　股权转让的决策程序

第六条　国有股权投资企业所持股权转让事项，由国有股权投资企业决定。

第七条　国有股权投资企业要按照有关法律及企业章程规定，制订科学、合理的股权转让内部决策程序，提高决策水平，防范决策风险。

第八条　国有股权投资企业应当对股权转让项目的转让方式、转让价格、价款收取等重要事项进行审议并作出书面决议。

第九条　国有股权投资企业的风险控制委员会（或相应机构）应对股权转让事项发表专项审核意见。

第十条　国有股权投资企业的法律部门（或委托的律师事务所）应对股权转让事项发表专项法律意见。

第十一条　国有股权投资企业转让股权时，投资协议中对转让方式、条件、价格、对象等事项有事前约定的，按照事前的约定履行决策程序。

第三章　资产评估（估值）备案管理

第十二条　国有股权投资企业所持股权转让应按规定对拟转让股权进行资产评估或估值并办理评估（或估值）项目备案。以经备案的资产评估结果（或估值结果）为确定转让底价参考依据。

国有股权投资企业所持股权在投资形成时，在投资协议中对股权转让价格进行了事前约定的，股权转让的挂牌价格可以以约定转让价格为依据确定。

第十三条　国有股权投资企业所持股权转让进行资产评估的，应当按照有关规定，聘请外部独立的具有资质的中介机构开展审计工作，在审计的基础上出具资产评估报告。审计和评估业务不得委托同一机构进行。

第十四条　国有股权投资企业所持股权转让进行估值的，应采用合理的方法进行公允价值估值，具体估值方式可以聘请外部独立的具备相关资质的中介机构出具估值报告，也可以由国有股权投资企业按照企业内部制度规定进行估值并出具估值报告。

第十五条　国有股权投资企业转让所持股权的资产评估报告（或估值报告）由同级国有资产监督管理机构或其授权的所出资企业备案。

第四章　股权转让程序

第十六条　国有股权投资企业所持股权转让按照本指引第二章和第三章规定的程序进行决策和确定转让底价后，委托省国资委确定的产权交易机构进行公开转让，产权转让信息公告期为20个工作日。

第十七条　国有股权投资企业所持股权转让履行"信息披露、登记意向受让方、公开转让、成交公示、签订转让合同、交易鉴证及变更、注销"程序，按照《实施细则》相关规定办理。其中：

一、在信息公告期20个工作日内经公开征集只征集到一个意向受让方时，采取协议方式转让的，由产权交易机构主持，撮合转让双方成交。

二、在信息公告期20个工作日内经公开征集未征集到意向受让方时，由国有股权投资企业决定是否终止转让或改变受让条件继续转让。如决定改变受让条件继续转让，由产权交易机构在原信息发布渠道上进行公告，公告期重新计算。

三、国有股权投资企业委托产权交易机构以其他公开竞价的交易方式进行股权转让的，按照产权交易机构制订的符合行业惯例的交易规则执行。

四、成交公示期按3个工作日办理。

第十八条　国有股权投资企业所持股权转让符

合企业国有产权管理相关规定，直接采取协议转让方式的，按以下程序办理：

一、国有股权投资企业按照本指引第二章和第三章规定的程序进行决策和确定转让底价后，按规定程序逐级报省国资委批准。

二、协议转让事项经省国资委批准后，国有股权投资企业履行"成交公示、签订转让合同、交易鉴证及变更、注销"程序，按照《实施细则》相关规定办理。

第五章　股权转让的监督检查

第十九条　国有股权投资企业应建立股权转让项目专项档案，加强档案管理。股权转让项目专项档案应当包括股权转让事项涉及的决策文件、资产评估报告（估值报告）、评估项目备案表、股权交易情况等相关文件资料。

第二十条　国有股权投资企业应当建立健全股权转让内部管理制度，加强内部管控，规范股权转让工作。股权转让内部管理制度应当由第一大股东经所出资企业报同级国有资产监督管理机构备查。

第二十一条　所出资企业应落实部门和人员对国有股权投资企业制度建设、档案管理、投资决策、转让股权等进行管理。

第二十二条　省国资委按有关规定对国有股权投资企业所持股权转让行为、转让情况进行监督检查，发现违规操作的，将依法追究有关人员责任。

第六章　附　则

第二十三条　国家对国有股权投资企业所持股权转让另有规定的，按国家的规定执行。

第二十四条　适用本指引的国有股权投资企业，应按程序逐级报省国资委备案。

第二十五条　本指引由省国资委负责解释。

第二十六条　本指引自发布之日起实施。

关于进一步加强企业国有产权转让管理的规定

2014 年 10 月 16 日　四川省人民政府　川府发〔2014〕5/ 号

为进一步加强企业国有产权转让管理，防止国有资产流失，特制定本规定。

一、进场交易。严格落实企业国有产权转让进场交易制度。企业国有产权是指国家对企业以各种形式投入形成的权益，国有及国有控股企业各种投资所形成的应享有的权益以及依法认定为国家所有的其他权益。全省各级企业国有产权转让，除符合国家规定可以采取直接协议转让方式外，必须进入依法设立并经省级国有资产监督管理机构确定的产权交易机构和场所挂牌交易（目前暂在西南联交所交易，待条件成熟后，也可进入县级以上人民政府设立的公共资源交易平台交易），公开征集受让方，实现公开、公平、公正的阳光交易。

二、审批权限。各级人民政府、国有资产监督管理机构及其他履行出资人职责的机构要严格按照规定，在审批权限范围内，依法审批决定企业国有产权转让事项。不得超越权限，不得违反规定程序决定企业国有产权转让事项。严格控制直接协议转让范围，除国民经济关键行业、领域中对受让方有特殊要求，企业实施资产重组中将企业国有产权转让给所属控股企业的以外，其他转让事项均不得采取直接协议转让方式。

三、资产评估。除符合规定的情形外，企业国有产权转让必须进行资产评估，严禁不评、低评、漏评；委托的资产评估机构必须具有相应资质；评估项目必须履行备案或核准程序，不得逾期办理备案或核准手续，不得使用过期资产评估报告。

四、信息披露。企业国有产权转让要通过省级以上公开发行的经济或金融类报刊和产权交易机构网站公开披露转让信息，并在省公共资源交易信息网同步披露转让信息，广泛征集境内外法人、自然人或其他组织作为意向受让方，公平参与竞争，落实社会公众和职工的知情权、参与权、表达权、监督权。

五、受让条件和资格确认。企业国有产权进场公开转让原则上不能限制参与受让主体，集体、民营、外资、混合所有制经济等各类资本享有平等权利。转让公告中提出的受让条件不得出现具有明确指向性或违反公平竞争的内容。受让条件一经发布不得擅自变更，确需变更受让条件的，应经产权转让相关批准机构批准后，在原信息发布渠道予以公告，公告期重新计算。产权交易机构要按照公布的受让条件提出对受让方资格的审核意见，并在征求转让方意见后，最终确认意向受让人资格。未经公布的受让条件不得作为确认或否定意向受让方资格的依据。

六、公开竞价。企业国有产权转让价格应当以资产评估结果为参考依据，在产权交易市场中公开竞价形成。企业国有产权转让征集到两个以上意向受让方，必须在产权交易机构的主持下，采用电子竞价等公开竞价方式，最大限度保证国有资产保值增值。在产权交易市场中公开形成的企业国有产权转让价格，不得以任何付款方式为条件进行打折、优惠。

七、价款支付、交易鉴证及权属变更。企业国有产权转让价款原则上应当一次付清，如金额较大、一次付清确有困难的，可采取分期付款方式，首期付款不得低于总价款的30%，付款期限不得超过1年。受让方付清全部转让价款后，产权交易机构才能出具产权交易鉴证书。企业国有产权交易鉴证书是国土资源、房管、工商等部门办理企业国有产权权属变更手续的必备要件。

八、关联受让方管理。企业董事、监事、高级管理人员或者其近亲属，或者上述人员所有或者实际控制的企业参与受让企业国有产权的，应当与其他受让参与者平等竞买。转让方应当按照有关规定，如实披露有关信息，相关的董事、监事和高级管理人员不得参与转让方案的制定和组织实施的各项工作。

九、产权转让监督和纪律。省级国有资产监督管理机构定期对企业国有产权转让进行监督检查，并向省公共资源交易管理委员会报告；企业国有产权转让必须严格按照本规定执行，违反规定的，依纪依法追究相关人员责任，情节严重涉嫌犯罪的，依法移送司法机关处理。

十、其他。除国家另有规定外，国有企业无形资产转让、实物资产转让、报废资产转让按照本规定执行；国有企业增资扩股、资产出租、资产合作项目参照本规定执行；行政事业单位的经营性国有资产转让，比照本规定执行。

本规定自发布之日起实施，我省之前文件中与本规定不一致的，以本规定为准。

北京市属企业境外国有产权管理暂行办法

2012 年 12 月　北京市国资委　京国资发〔2012〕35 号

第一章　总　则

第一条　为了加强和规范北京市属企业境外国有产权管理，保障和维护境外国有产权的合法权益，根据《中华人民共和国企业国有资产法》、《企业国有资产监督管理暂行条例》（国务院令第 378 号）和国家有关法律、行政法规的规定，参照《中央企业境外国有产权管理暂行办法》（国务院国资委令第 27 号），结合本市实际情况，制定本办法。

第二条　北京市人民政府国有资产监督管理委员会（以下简称市国资委）履行出资人职责的企业（以下简称所出资企业）及其各级独资、控股子企业（以下简称各级子企业）持有的境外国有产权管理适用本办法。国家法律、行政法规另有规定的，从其规定。

本办法所称境外国有产权是指所出资企业及其各级子企业以各种形式对境外企业出资所形成的权益。

前款所称境外企业是指所出资企业及其各级子企业在我国境外以及香港特别行政区、澳门特别行政区和台湾地区依据当地法律投资设立或依法取得的企业。

第三条 所出资企业是其境外国有产权管理的责任主体，应当依据我国法律、行政法规以及本办法的规定制定境外国有产权管理制度，同时遵守境外注册地和上市地的相关法律规定，规范境外国有产权管理。

第四条 所出资企业应当完善境外企业治理结构，加强境外企业章程管理。境外企业章程中原则上载明境外国有产权管理的相关规定和要求。

第五条 所出资企业及其各级子企业独资或者控股的境外企业所持有的境内国有产权的管理，包括但不限于产权登记、资产评估、产权转让等相关事项，比照境内国有产权管理的有关规定执行。

第六条 境外国有产权应当由所出资企业或其各级子企业等以法人名义持有。境外企业注册地相关法律规定须以个人名义持有的，应当由所出资企业从严控制，依据有关规定决定或批准，依法办理委托出资等保全国有产权的法律手续，并向市国资委报告。

凡已经以个人名义持有境外国有产权的，除企业注册地法律规定外，应当将个人持有转为法人持有。如确需保留的，应当将保留原因、相关依据、委托出资协议及公证文件等报市国资委备案。

以个人名义持有境外国有产权的，应当严格按照《关于加强北京市国家出资企业产权登记管理工作的通知》（京国资办发〔2012〕35号）的要求办理境外国有产权登记。

第七条 所出资企业不得随意设立离岸公司等各类特殊目的公司。因重组、上市、转让或者经营管理需要确需设立特殊目的公司的，应当由所出资企业决定或者批准，并向市国资委报告。已无存续必要的特殊目的公司，应当及时依法予以注销。

第八条 所出资企业及其各级子企业应当避免

或降低境外投资中因境外企业驻在地出现政治风险等情况而导致的投资损失，可以采取投保境外投资保险等相关财产保全措施保护境外投资利益。

第二章　境外国有产权登记

第九条 境外国有产权登记应当由所出资企业按照规定统一向市国资委办理。

第十条 以投资、分立、合并等方式新设境外企业，或以收购、投资入股等方式首次取得境外企业产权的，应当及时办理占有产权登记。

第十一条 境外企业名称、级次、注册资本、注册地、主营业务范围等企业基本信息发生改变，或因企业出资人、出资额、出资比例等变化导致境外企业产权状况发生改变的，应当及时办理变动产权登记。

第十二条 境外企业解散、破产或因产权转让、减资等不再保留国有产权的，应当及时办理注销产权登记。

第十三条 所出资企业应当按规定完成境外企业产权登记情况的年度检查工作，并向市国资委报送境外企业产权登记年度检查分析报告。

第三章　境外国有资产评估

第十四条 所出资企业及其各级子企业发生下列经济行为之一的，应当按照《北京市企业国有资产评估管理暂行办法》（京国资发〔2008〕5号）的相关规定聘请具有相应资质的境内评估机构对标的物进行评估，出具评估报告，并履行评估备案或核准程序：

（一）所出资企业及其各级子企业以其拥有的境内国有产权向境外企业注资或者转让的；

（二）所出资企业及其各级子企业以其拥有的境外国有产权向境内企业注资或者转让的；

（三）所出资企业及其各级子企业以其拥有的境内（外）非货币资产向境外（内）企业注资的；

（四）所出资企业及其各级子企业收购境外产权的；

（五）境内（外）法律、行政法规规定必须进行资产评估的事项。

第十五条　境外企业发生下列经济行为之一的，应当聘请境内评估机构对标的物进行评估出具评估报告，或聘请具有相应资质、专业经验和良好信誉的境外专业机构合理估值出具估值报告，评估项目或者估值情况应当由所出资企业备案：

（一）发生转让或者受让产权的；

（二）以非货币资产出资的；

（三）非上市公司国有股东股权比例发生变动的；

（四）境外企业进行合并分立、解散清算行为的；

（五）境内（外）法律、行政法规规定必须进行资产评估或估值的事项。

前款中涉及重要子企业由国有独资转为绝对控股、绝对控股转为相对控股或者失去控股地位等经济行为的，应当聘请具有相应资质的境内评估机构进行评估出具评估报告，并报市国资委核准。

第十六条　评估或估值应当遵守以下规定：

（一）境外企业产权变动需要进行评估或者估值的，选聘的境内评估机构或境外专业机构应当由所出资企业决定或批准，标的企业不得自行委托；

（二）估值报告应当为中文报告并注明以中文文本为准，提供估值报告的同时应提供境内评估机构出具的符合评估要求的复核报告；

（三）评估或估值应当遵循独立、客观、公正原则。评估过程及结论应充分考虑境外企业注册地相关法律、法规、政治经济环境等因素可能产生的影响；

（四）所出具的评估或估值报告原则上应当遵守中国资产评估准则或国际评估准则，中国资产评估准则或国际评估准则未规定的，应当按照资产评估原理和行业通常惯例执业。如执业过程中的处理原则与中国资产评估准则或国际评估准则有不同，应当在报告中披露并解释。

第十七条　境外企业在进行与评估或者估值相应的经济行为时，其交易对价应当以经核准或备案的评估或者估值结果为基准。

第四章　境外国有产权转让

第十八条　境外国有产权转让由所出资企业决定或批准。对于重要子企业由国有独资转为绝对控股、绝对控股转为相对控股或者失去控股地位等的，应当报市国资委审核同意。

第十九条　境外国有产权的转让价格应当以资产评估或估值的净资产值为基础合理确定。

第二十条　所出资企业在本企业内部实施资产重组，转让方为所出资企业及其直接或者间接全资拥有的境外企业，受让方为所出资企业及其直接或者间接全资拥有的境内外企业的，转让价格可以以评估或者审计确认的净资产值为底价确定。

第二十一条　所出资企业及其各级子企业转让境外国有产权，应当公开发布转让信息，广泛征集意向受让方，通过北京产权交易所挂牌交易。不具备进场交易条件的，由所出资企业将相关情况报市国资委，采用多方比选意向受让方、竞价转让或协议转让等方式进行交易。

第二十二条　境外国有产权转让价款应当按照产权转让合同约定支付，原则上应当一次付清。采取分期付款的，受让方须提供合法的担保，付款期限原则上不得超过一年。

第二十三条　转让以个人名义持有的境外国有产权，由该境外国有产权的实际出资人按照本办法相关规定办理。

第五章　境外上市公司国有股权管理

第二十四条　所出资企业及其各级子企业独资或者控股的境外企业在境外首次公开发行股票，或者所出资企业及其各级子企业持有的境外注册并上市公司的股份发生变动的，由所出资企业按照证券监管法律、法规决定或批准，并于股份变动后15个工作日内将有关情况向市国资委报告，在境外首次公开发行股票的，应当同时提交境外上市公司国有股权管理方案。

第二十五条　对于列入市国资委重要子企业名单的境外注册并上市公司，所出资企业及其各级子企业持有的股份发生变动的，应当由所出资企业按照《国有股东转让所持上市公司股份管理暂行办法》（国资委　证监会令第19号）等相关规定执行。

第二十六条　境外注册并上市公司的资产重组、发行证券等事项应当由所出资企业履行内部决策程序,并在实施完成后 15 个工作日内将有关情况向市国资委报告。

第二十七条 所出资企业应当对受让境外上市公司股份的行为实施统一管理,禁止投机行为。所出资企业及各级子企业受让境外上市公司股份后具有上市公司控股权的,应当逐级报市国资委审核批准。境外企业受让境内外上市公司股份应当由所出资企业履行内部决策程序,并在实施完成后 15 个工作日内将有关情况向市国资委报告。

第六章　监督管理

第二十八条 所出资企业应当按照本办法的要求明确境外国有产权管理工作责任,完善档案管理,确定境外国有产权管理的职能机构及其工作职责,逐项落实管理要求,建立健全境外国有产权管理制度,并及时向市国资委报告。

第二十九条 所出资企业应当每年对各级子企业执行本办法的情况进行监督检查,并及时将检查情况向市国资委报告。

第三十条 市国资委将对所出资企业境外国有产权管理情况进行不定期抽查。市国有企业监事会将对所出资企业境外国有产权管理情况进行监督检查。

第三十一条 所出资企业及其各级子企业有关责任人员违反国家法律、法规或本办法规定,未履行对境外国有产权的监管责任,没有建立健全并贯彻落实境外国有产权管理制度,导致国有资产损失的,或境外企业有关责任人员或工作人员因工作失职、滥用职权、以权谋私,导致国有资产损失的,由有关部门按照干部管理权限给予处分;涉嫌犯罪的,依法移交司法机关处理。

第七章　附　则

第三十二条 境外分公司、项目部、办事处等各类分支机构的境外国有产权管理,按照本办法执行。

第三十三条 区县国有资产监督管理机构可以参照本办法制定所出资企业境外国有产权管理制度。

第三十四条 本办法自印发之日起施行。

浙江省省属国有企业重大资产处置监督管理暂行办法

2013 年 9 月　浙江省国资委　浙国资发〔2013〕7 号

第一章　总　则

第一条 为了进一步规范省属国有企业重大资产处置行为,促进国有资产保值增值,根据《中华人民共和国公司法》、《中华人民共和国企业国有资产法》、《企业国有资产监督管理暂行条例》和《浙江省企业国有资产监督管理办法》等法律、法规、规章的有关规定,制定本办法。

第二条 本办法所称省属国有企业,是指浙江省人民政府国有资产监督管理委员会(以下简称省国资委)履行出资人职责的国有独资企业、国有独资公司、国有资本控股公司(以下简称省属国有企业本级)及其各级全资、控股或其他拥有实际控制权的企业。

第三条 上市公司、中外合资企业、中外合作企业、外商独资企业等重大资产处置按相关法律、法规执行,没有规定的参照本办法执行。

持有金融许可证的省属国有企业,其金融资产处置按照相关法律、法规执行。

第二章　重大资产监督管理范围

第四条 本办法所称的重大资产包括:

（一）资产账面原值在 100 万元人民币及以上或占企业全部净资产 20% 及以上的土地、地面建筑物、构筑物及其附属设施；

（二）资产账面原值在 100 万元人民币及以上或占企业全部固定资产原值 20% 及以上的生产线、机器设备、交通工具等其他资产；

（三）商标专用权、专利权及著作权等知识产权。

第五条 企业正常销售的产成品、半成品、商品和副产品不属于本办法所称的重大资产。

第六条 本办法所指的处置包括转让所有权或出租等有偿让渡资产使用权的行为。

第三章 重大资产处置要求

第七条 省属国有企业处置资产应遵守国家法律、行政法规和政策规定。处置的资产权属应当清晰，权属关系不明确或者存在权属纠纷的资产不得进行处置。

第八条 本办法监管范围的重大资产处置原则上应当在浙江产权交易所公开进行。

第九条 省属国有企业本级应当依据有关法律法规以及本办法的规定，制定本企业的资产管理制度，规范企业重大资产处置行为，并报省国资委备案。

第十条 省属国有企业重大资产处置原则上不允许协议转让，确需在省属国有企业内部有偿调配进行协议转让的，转让方和受让方应为国有全资、绝对控股企业。

其中，国有全资企业之间的协议转让，可由省属国有企业自行决策，并按照重大资产处置事先或事后备案程序报省国资委备案。其他协议转让行为均需报省国资委批准同意，相关程序参照股权协议转让程序执行。

第四章 重大资产处置程序

第十一条 省属国有企业重大资产转让行为应遵循下述基本程序：

（一）内部决策。应当根据内部资产管理制度做好资产处置的可行性研究，按照内部决策程序进行审议，并形成书面决议。其中，报省国资委核准的资产处置项目须由省属国有企业本级董事会审议通过。

（二）资产评估。应当依照省国资委相关规定对资产进行评估。其中，涉及土地、房产、珠宝、探矿权、采矿权等资产的评估项目，需委托具有相应资质的评估机构进行评估。

（三）制定转让方案。应当按照转让标的实际情况，制定转让方案。除法律、法规另有规定外，资产转让不得对受让方资格设置不合理的限制性条件。浙江产权交易所对决策及审批文件进行审核，符合规定的予以受理，并将相关信息及时报送省国资委。

（四）发布转让信息。应当将资产转让信息公告委托浙江产权交易所刊登在省级以上公开发行的经济或者金融类报刊和产权交易机构网站上，公开披露有关资产转让信息，广泛征集受让方。资产转让公告期不得少于 20 个工作日，转让公告期自公开发布信息之日起计算。

资产转让首次信息公告时的挂牌价，不得低于转让标的的资产评估值。如在规定的信息公告期内未征集到意向受让方，设置新的挂牌价格低于评估结果的 90% 时，资产处置方应当在重新获得资产处置批准机构批准后，再发布资产处置信息公告。

（五）确定受让方。浙江产权交易所按照交易规则确定最终受让方，并组织交易双方签署资产交易合同。经公开征集产生两个以上意向受让方时，应采取电子竞价、拍卖、招投标方式以及符合法律法规规定的其他竞价方式组织实施资产交易。

（六）结算交易资金。受让方应当在资产交易合同约定的期限内，将资产价款支付到产权交易机构的结算账户。

（七）出具交易凭证。交易资金结算完成后，产权交易机构应当出具资产交易凭证。

第十二条 省属国有企业重大资产出租行为应遵循下述基本程序：

（一）内部决策。应当根据内部资产管理制度做好重大资产出租的市场调研，按照内部决策程序进行审议，并形成书面决议。

（二）制定出租方案。应当按照出租标的实际情况，制定出租方案。除法律、法规另有规定外，出租不得对承租方资格设置不合理的限制性条件。

（三）发布出租信息。应当将重大资产出租信息在浙江产权交易所网站和其他专业媒介上发布，广泛征集承租方。资产出租公告期不得少于 10 个工作日，出租公告期自公开发布信息之日起计算。

（四）确定承租方。企业应根据价格优先原则，确定合适的承租方。经公开征集产生两个以上意向承租方时，应通过竞价、招标或拍卖等方式择优选择承租方。

出租合同期限延长以及租金向下调整等合同变更情况应重新签订出租合同，并按照前款要求执行。

第十三条 省属国有企业重大资产通过其他方式让渡资产使用权的，参照本办法第十一条、第十二条规定执行。

第五章 核准、备案事项

第十四条 省国资委对省属国有企业重大资产处置行为实行核准、事先备案及事后备案制。

（一）非国有全资企业间的重大资产协议转让实行核准制；

（二）本办法第四条第一项中的重大资产处置行为实行事先备案制；

（三）其他重大资产处置行为实行事后备案制。

第十五条 省属国有企业重大资产处置行为需报省国资委核准或备案的，应同时报送下列材料：

（一）关于重大资产处置行为的请示或备案表；

（二）企业内部相关决策文件；

（三）转让资产评估报告；

（四）转让标的资产未有他项权利的声明文件；

（五）转让方案的可行性研究报告；

（六）省国资委要求的其他材料。

第十六条 省属国有企业重大资产协议转让行为的核准工作按下列程序进行：

（一）省属国有企业在董事会等有权决策部门决议形成后 5 个工作日及以内，按规定程序报省国资委核准；

（二）省国资委收到上报的申请材料后，在 15 个工作日及以内作出是否同意核准的批复；

（三）需要补充材料的，省国资委中止核准，由省属国有企业按要求补充材料，补充材料到再次

上报的时间不计入核准所需工作时间。

第十七条 核准工作主要审核如下内容：

（一）所需资料是否完备；

（二）内部决策程序是否到位；

（三）处置方案是否符合企业发展需要；

（四）评估机构是否具有相应资质，评估报告是否已予备案；

（五）其他省国资委要求核准的事项。

第十八条 省属国有企业重大资产处置行为的备案工作按下列程序进行：

（一）对于事先备案的重大资产处置行为，省属国有企业在董事会等有权决策部门决议形成后 5 日个工作日及以内，报省国资委备案；省国资委在收到上报材料后，在 15 个工作日及以内明确是否同意备案；

（二）对于事后备案的重大资产处置行为，省属国有企业在处置完成后 15 个工作日及以内，报省国资委备案；省国资委收到上报材料后，在 5 个工作日及以内明确是否同意备案，超过 5 个工作日未提出疑义的视同自动备案；

（三）需要补充材料的，省国资委中止备案，由省属国有企业按要求补充材料，补充材料到再次上报的时间不计入备案所需工作时间。

第十九条 备案工作主要审核如下内容：

（一）所需资料是否完备；

（二）内部决策程序是否到位；

（三）处置方案是否符合企业发展需要；

（四）评估机构是否具有相应资质，评估报告是否符合相关要求；

（五）其他省国资委要求备案的事项。

第六章 监督检查

第二十条 省国资委对省属国有企业重大资产处置工作进行监督检查，对浙江产权交易所有关资产处置的制度建立、系统建设、流程设计、交易行为、重大问题报告等进行指导监督。

第二十一条 省属国有企业本级应建立相应的资产管理制度，规范资产处置行为，对所属各级企业资产处置工作进行监督检查。

第二十二条 省属国有企业本级应将上年度各

级企业的重大资产处置情况纳入每年的国有产权转让专项检查报告中，并上报省国资委。

第二十三条　浙江产权交易所应将每月挂牌的国有重大资产处置情况上报省国资委。

第二十四条　省属国有企业本级是资产处置行为的责任主体，对所提交的材料的真实性、完整性负责；各中介机构按照业务委托约定书的要求，履行其权利、义务和责任。

第二十五条　省属国有企业违反本办法规定进行资产处置的，省国资委责令其纠正，并予以通报批评；情节严重、致使企业遭受重大损失的，依照有关规定追究企业相关人员的责任。

第七章　附　则

第二十六条　本办法未涉及事项，按国家和省相关规定执行。

第二十七条　各市、县（市、区）国资监管机构可参照本办法，制定所出资企业重大资产处置监管的具体办法。

第二十八条　本办法由省国资委负责解释。

第二十九条　本办法自发布之日起 30 日后施行。

关于省国资委监管企业资产转让进场交易有关事项的通知

2014 年 5 月　陕西省国资委　陕国资产权发〔2014〕100 号

各监管企业：

为加强监管企业资产转让管理，提高企业资产转让公开透明度，促进国有资产保值增值，根据《中华人民共和国企业国有资产法》等有关法律法规，参照国务院国资委《关于中央企业资产转让进场交易有关事项的通知》（国资厅发产权〔2013〕78 号）精神，现就省国资委监管企业企业资产转让进场交易有关事项通知如下：

一、监管企业及其各级控股企业资产转让事项由监管企业负责审核批准。

二、监管企业及其各级控股企业对外转让单宗原值在 50 万元以上或批次原值在 100 万元以上的生产设备、房产、在建工程以及土地使用权、债权、知识产权等各类资产，应当遵循公开、公平、公正的原则，在西部产权交易所公开进行。涉及企业内部或特定行业的资产转让，确需在国有、国有控股企业之间协议转让的，由监管企业审核批准。

三、监管企业要切实做好资产转让管理工作，明确资产转让管理的职责部门、管理权限、决策程序、工作流程，建立管理制度，并将相关制度报送省国资委备案。

四、资产转让进场交易应当遵守企业国有产权转让制度的相关规定，结合资产转让的特点进行操作。

（一）资产转让按照有关规定需进行资产评估的，应当进行评估并由监管企业履行相应的核准、备案手续，首次挂牌价格不得低于经核准或备案的资产评估结果。

（二）转让方可以根据转让标的情况合理确定转让信息公告期限。挂牌价格高于 50 万元的资产转让项目，信息公告期应当不少于 5 个工作日，挂牌价格高于 100 万元的资产转让项目，信息公告期应当不少于 10 个工作日；挂牌价格高于 1000 万元的资产转让项目，信息公告期应当不少于 20 个工作日。

（三）经公开征集产生 2 个及以上意向受让方的，应当采用竞价方式进行交易。经公开征集没有产生意向受让方的，转让方可以根据标的情况确定新的挂牌价格并重新公告，如拟确定新的挂牌价格低于资产评估结果的 90%，应当获得相关资产转让行为批准机构书面同意。

（四）除国家法律法规或相关规定有明确要求

的，资产转让不得对受让方的资格条件作出限制。

（五）资产转让成交后原则上应当一次性支付全部交易价款。

五、西部产权交易所要按照统一信息披露、统一交易规则、统一交易系统、统一过程监测的原则和本通知要求，梳理资产转让业务规则和工作流程，集成交易系统和竞价系统，规范开展企业资产转让相关业务。

六、各市国资监管机构可参照本通知制定本地区企业资产转让进场交易管理制度，切实做好监管企业的资产转让管理工作。

关于产权交易行业（机构）为公共资源交易市场化服务的意见

2012 年 7 月 24 日　中国企业国有产权交易机构协会

中共中央办公厅、国务院办公厅《关于深化政务公开加强政务服务的意见》（中办发〔2011〕22号）于去年 6 月印发后，中央治理工程建设领域突出问题工作领导小组办公室积极推动贯彻落实，于去年 9 月草拟了《关于建立统一规范的公共资源交易市场的意见》并征求了相关单位的意见。本协会及时了解此件内容，迅速向会员单位下发了对征求意见稿的答复口径，跟踪掌握公共资源交易市场化改革的动态，主动反映本行业尤其是会员单位的诉求与呼声，积极协调并参加了由中央纪委执法监察室、国资委纪委和产权局联合召集的座谈会，提交了协会秘书处撰写的调研报告。在此后一段时间，《关于建立统一规范的公共资源交易市场的意见》起草组曾经考虑过企业国有产权交易沿用原体制机制。但是，在全国各地普遍建立统一规范的公共资源交易市场的新形势下，今年 6 月，中央治理工程建设领域突出问题工作领导小组办公室再次向各地下发了关于这项工作的征求意见稿，其中“国有产权交易”仍被纳入“公共资源交易项目目录”，且规定：“列入交易目录的各类交易活动必须在公共资源交易中心或网络交易平台进行。”在贯彻这一规定过程中，如何处理企业国有产权交易机构与公共资源交易中心之间的关系，加速产权交易和公共资源交易的市场化进程，目前已经在河北、天津、江西等地产生多种方式。鉴于上述情况，现就产权交易行业（机构）如何更好地为公共资源交易市场化服务，提出以下意见。

一、以法律法规为依据，维护产权交易行业（机构）的正当权益

2004 年 2 月 1 日起施行的《企业国有产权转让管理暂行办法》（国资委、财政部令第 3 号）第四条规定：“企业国有产权转让应当在依法设立的产权交易机构中公开进行，不受地区、行业、出资或隶属关系的限制。”2009 年 5 月 1 日起施行的《企业国有资产法》第五十四条规定：“国有资产转让应当遵循等价有偿和公开、公平、公正的原则。除按照国家规定可以直接协议转让的以外，国有资产转让应当在依法设立的产权交易场所公开进行。”与该法同日施行的《金融企业国有资产转让管理办法》（财政部令第 54 号）规定：“非上市企业国有产权的转让应当在依法设立的省级以上（含省级）产权交易机构公开进行，不受地区、行业、出资或者隶属关系的限制。”

根据国务院国资委《关于做好产权交易机构选择确定工作的指导意见》（国资发产权〔2004〕252号）要求，除西藏和台湾外，各省、自治区、直辖市国资监管机构都选定了从事本地区企业国有产权交易活动的机构并在国务院国资委备案。由此可见，企业国有产权通过国务院国资委和省级国资委选定的产权交易场所实现流转，是依法行事、受法律保护的。当前，已有三十余个省国资委和财政厅选择确定的国有产权交易机构接入了国务院国资委国有产权交易信息监测系统，接受国务院国资委和

省级国资委实时动态监管。产权交易行业（机构）在交易规则、操作流程方面合法合规，未发生过重大违法违规事件，为国有资产保值增值、从源头上预防腐败作出了积极贡献。

二、大力宣传产权交易市场功能及发展新态势，展示产权交易行业（机构）为公共资源交易提供完全服务的能力

（一）宣传中央领导的指示。产权交易市场的规范发展多次得到中央领导的肯定。2010年3月，中央政治局常委、中央政法委书记周永康就法院涉诉资产通过重庆联合产权交易所进行处置这一举措，给予充分肯定，评价其"解决了一个大难题，使司法拍卖更加公开公正透明，这是社会管理的一个创新。它看起来是战术性的，实际上是战略性的，这项改革应该向全国推广"。同年8月，中央书记处书记、中纪委副书记何勇在北京产权交易所考察时指出："要从建立健全惩治和预防腐败体系，推动社会主义市场经济体制完善的高度，深刻认识产权交易市场化改革的意义。"同年11月，中共中央政治局常委、中央纪律委书记贺国强在重庆市积极推进国有产权交易制度创新，确保国有资产阳光交易保值增值的报告上批示："重庆等地推进公共资源、公共资产、公共资金管理和交易改革的做法很好，建立交易平台，实行阳光营运，健全相关制度，力求从源头上防治腐败。请注意总结推广这方面的经验。"2011年4月，全国人大常委会委员长吴邦国视察重庆联合产权交易所时指出："重庆创建六大要素交易平台，既有利于促进经济发展，又做到了公开透明，防止腐败滋生，对长远发展意义重大。"2011年11月，在《国务院关于清理整顿各类交易场所切实防范金融风险的决定》（国发〔2011〕38号）出台后，本协会会员单位以统一规范的运作和实践，全部通过本轮清理整顿检查，以事实证明产权交易行业（机构）能够担负为公共资源交易服务的职能。今年1月，中国证监会主席郭树清一行考察天津股权交易所，肯定了该所运作规范，及其在建设区域性场外交易市场方面所取得的成绩。

（二）宣传在清理整顿过程中进场业务的新进展。产权交易行业（机构）在各地执行国务院38号文的清理整顿过程中，始终坚持在规范中创新，以事实证明自身具备服务于公共资源交易的能力。其进场交易业务有六个方面的新进展：一是为诉讼资产司法委托进场服务。2011年9月出台的《最高人民法院关于人民法院委托评估、拍卖工作的若干规定》（法释〔2011〕21号），将涉诉资产的评估和司法拍卖委托给省级以上产权交易机构，今年2月，又出台了关于实施该《若干规定》的实施细则（法〔2012〕30号）。二是为金融企业国有产权进场交易服务。依据财政部54号令和《金融企业非上市国有产权交易规则》（财金〔2011〕118号），省级以上国有产权交易机构正在开展金融企业非上市国有产权交易业务，并接受财政部、省财政厅的监督和指导，为促进我国庞大的金融企业国有资产有序流转作出新贡献。三是为文化产权进场交易服务。按照中宣部、文化部等五部委联合印发的《关于贯彻落实国务院决定加强文化产权交易和艺术品交易管理的意见》（中宣发〔2011〕49号），上海文化产权交易所和深圳文化产权交易所已成为文化产权和艺术品交易业务试点机构。四是为实物资产进场交易服务。一些省市如北京出台文件，规定企业实物资产进入产权交易市场交易。五是非上市企业实现股权融资流转服务。证监会今年5月下发《关于规范区域性股权交易市场的指导意见（试行）》（征求意见稿），打造区域性股权交易市场，为行政区划内中小微企业提供股权、债券的转让和融资服务。凭借天津滨海新区金融改革方面的扶持政策，不断探索运作场外交易市场，面向中小型企业提供投融资服务，促进实体经济发展。六是承担公共资源交易业务。近期，河北省委办公厅、省政府办公厅印发《关于建立统一规范的公共资源交易市场的意见》（冀办字〔2012〕31号），确定："以具有一定规模且设施完备的省产权交易中心和石家庄市建筑市场管理中心为基础，整合建立省会公共资源交易中心。"此举为各地建设公共资源交易平台提供了经验。

（三）宣传六部委联合监管产权交易市场的有效机制。根据中央纪委关于严格执行产权交易制度和国务院关于规范发展产权交易市场的要求，包括国务院国资委、财政部、国家发改委、监察部、国家工商总局、中国证监会在内的六部委从2005年

起对产权交易市场实行联合监管，取得了显著效果。今年6月，监察部第一监察室派员参加了由六部委组织的针对京津沪渝四家交易机构的第四次综合评审会，充分肯定了六部委联合监管产权交易市场的工作机制，对评审结果给予高度评价。

（四）宣传国务院国资委监测系统的意义。中央《建立健全惩治和预防腐败体系2008~2012年工作规划》提出："推进产权交易市场建设。重点建设和推广使用信息监测系统，实现交易动态监管。"国务院国资委在中央纪委的支持下，组织开发了企业国有产权交易信息监测系统，并规定监测系统在每个省只对接一家产权交易机构，逐步实现国务院国资委对国有产权交易行为的全面动态监测。

三、对推进公共资源交易市场建设的建议

（一）依据《企业国有资产法》和因地制宜的原则，向所在地政府和纪检监察部门表达诉求，积极拓展为公共资源交易服务的范围和方式，坚持以我为主，顺势而为，推进公共资源交易市场整合，坚持"国有产权进入省级国资监管机构指定的交易场所交易"的基本原则。

（二）探索产权交易行业（机构）服务于公共

资源交易市场化的模式。软硬件条件具备的省级产权交易机构，可考虑采用"一套人员、两块牌子"的方式。学习"河北方式"，依托产权交易市场推进当地公共资源交易市场建设。学习"江西方式"，利用产权交易行业（机构）已建成的信息化系统，依托网络交易平台建设公共资源交易中心，避免重复建设。

（三）按照市场化的原则，保留省级国资监管机构选定的从事企业国有产权交易的机构的独立法人地位。如会员单位遇有可能失去独立法人地位的情况，应及时告知本协会。本协会将高度重视，与相关政府有关部门联系，反映行业的诉求，取得支持。

（四）抓紧整合省（区、市）统一的产权交易大市场。在推进建立公共资源交易市场的过程中，一些省（区、市）反映，凡完成了一个省（区、市）的区域性产权交易大市场整合工作的地方，地市级产权交易机构都得以保留产权交易市场的机制体制，凡没有完成这一工作的省（区、市），其地市级产权交易机构大都被并入当地公共资源交易中心。各地可以考虑总结这方面的经验与教训，加快推进产权交易市场整合工作。

中国企业国有产权交易机构协会企业国有产权交易档案管理规范（试行）

2013年4月11日

第一章　总　则

第一条　为进一步规范企业国有产权转让行为，改进和加强企业国有产权交易档案（以下简称"产权交易档案"）管理，根据《中华人民共和国档案法》、《中华人民共和国企业国有资产法》以及《企业国有产权转让管理暂行办法》（国务院国资委、财政部令第3号），依照国务院国有资产监督管理委员会《企业国有产权交易操作规则》（国资发产权〔2009〕120号），结合产权交易机构档案管理工作实际，制定本规范。

第二条　本规范所称产权交易档案，是指企业国有产权进行交易全过程所形成的具有保存价值的文字、图表、声像、电子数据等各种形式与载体的历史记录；所称产权交易档案管理，是指产权交易机构对产权交易档案的收集、立卷与归档，整理、保管与利用，鉴定、销毁与移交。

第三条　本规范的适用主体是从事企业国有产权交易的产权交易机构（以下简称产权交易机构），以及参与产权交易活动的相关各方。

产权交易机构应按本规范建立档案管理制度，接受国有资产监督管理机构（以下简称国资监管机构）、中国企业国有产权交易机构协会（以下简称

本协会）的统筹规划和监督检查。

第二章 产权交易档案管理的基本要求

第四条 产权交易档案管理的基本要求是：

（一）按照本规范制定相应的产权交易档案管理办法；

（二）建立产权交易档案管理责任机制；

（三）产权交易档案应当按照《企业国有产权交易操作规则》生成和排列；

（四）产权交易档案管理工作应当规范化、标准化、信息化。

第三章 产权交易程序及交易方式类别

第五条 本规范所称产权交易程序，是指受理转让申请、发布转让信息、登记受让意向、组织交易签约、结算交易资金、出具交易凭证等普遍性程序。

产权交易中止情形、产权交易终结情形、产权交易争议情形属于或然性程序。

产权交易机构应当杜绝产权交易程序先行、文件材料滞后或缺漏的行为。

第六条 本规范所称产权交易方式类别是指企业国有产权转让方公开发布竞价转让信息，征集产生符合条件的意向受让方后，产权交易机构依据公告并通过审核所确定采取的交易方式，包括协议转让、拍卖转让、招投标转让、网络竞价转让以及其他公开竞价方式。

第四章 产权交易方式类别及档案构成要件

第七条 采取拍卖、招投标、网络竞价或其他竞价交易方式类别的，应当分别按照以下要求单独建立档案。

（一）拍卖转让项目档案构成要件：

1. 拍卖公告；

2. 委托代理合同；

3. 竞拍者名单；

4. 现场拍卖竞价过程记录；

5. 拍卖成交确认文件。

（二）招投标转让项目档案构成要件：

1. 招标公告；

2. 委托代理合同；

3. 投标邀请文件；

4. 投标者名单；

5. 投标资料；

6. 评标报告；

7. 招标结果通知文件；

8. 开标、评标过程记录和其他相关材料。

（三）网络竞价转让项目档案构成要件：

1. 网络竞价方案；

2. 竞买文件；

3. 参与竞价者名单；

4. 竞价过程记录文件；

5. 竞价结果通知文件。

（四）其他竞价方式转让项目档案构成要件：

1. 竞价方案；

2. 竞买文件；

3. 参与竞价者名单；

4. 竞价过程记录文件；

5. 竞价结果文件。

第五章 产权交易档案的收集、立卷与归档

第八条 产权交易机构的产权交易业务部门负责交易项目文件材料的收集、立卷与归档工作。

第九条 产权交易业务部门应当为每一宗交易项目指定一个项目负责人，负责该项目文件材料的收集、立卷与归档工作。

项目负责人是该项目文件材料符合真实性、完整性和有效性要求的直接责任人。

第十条 直接责任人应当根据《企业国有产权交易操作规则》的要求，在完成一宗产权交易各程序业务，以及出具产权交易凭证时，应当同步完成相关文件材料的收集、核实工作；在发生产权交易或然性情形时，应当同步完成相关文件材料的收集、核实工作。

第十一条 直接责任人应当根据《产权交易档案必备文件材料及排序指引》立卷，向档案室集中归档。

第十二条 产权交易文件材料归档应当实行集

中归档制度。案卷归档原则上以完成该宗产权交易
（即产权交易机构出具《产权交易凭证》之日）1个
月为限。

对归档后因故形成的后续文件材料，由原该项
目负责人按照归档要求，及时做好相关文件材料的
补充归档工作。

第六章　产权交易档案的整理、保管与利用

第十三条　产权交易机构应当设立档案室建
制。档案室是负责产权交易档案管理的职能部门，
主要职责包括但不限于：

（一）负责按照本规范修订档案管理工作制度；

（二）负责对相关业务部门的产权交易文件材
料立卷、归档工作进行指导和验收；

（三）负责接受、登记、整理、留存产权交易
档案；

（四）负责保管产权交易档案和提供档案利用
工作；

（五）负责本机构产权交易档案销毁、移交
工作；

（六）其他相关工作。

第十四条　档案库房最小面积应当能适应产权
交易档案存放需要，并配备必要的设施设备，达到
防盗、防火、防潮、防尘、防光、防高温、防污
染、防有害生物的 "八防" 要求。

第十五条　档案管理人员应当具备产权交易类
职业经历或具有档案管理从业资质，积极掌握产权
交易专业知识和档案专业知识，提高产权交易档案
管理的能力和水平。

第十六条　直接责任人与档案管理人员进行交
易项目文件材料的归档与接收工作。

档案管理人员应当核对《交易项目文件材料归
档目录表》，符合规定要求的予以签收，双方各执
一份留存；不符合规定要求的，则填写《交易项目
文件材料退档说明书》并退回归档案卷，双方各执
一份留存。

第十七条　档案室应当对接受的案卷进行整
理。整理包括分类、编号、排列、编写案卷目录等。

第十八条　企业国有产权转让项目档案的档号

统一由四部分组成：全宗号＋年度号＋类目号＋案
卷号。

全宗号标识统一分为5类：协议转让项目标识
是XY、拍卖转让项目标识是PM、招投标转让项目
标识是ZT、网络竞价转让项目标识是WL，其他方
式竞价转让项目标识是QT。

类目号可自行编制。参照《产权交易行业统计
工作实施办法》（中产协发〔2012〕8号）附表内
容，设计相关一级类目、二级类目，一般不超过三
级类目。类目号设置不得相互交叉和包容。

案卷号采用同类别档案流水号。

第十九条　一宗案卷内的产权交易文件材料应
当包括：

（一）《产权交易凭证》及项目审核意见；

（二）发布转让信息相关材料；

（三）转让方、标的方、受让方相关材料；

（四）交易过程记录文件；

（五）保证金及交易价款支付凭证；

（六）产权交易中止、终结或争议等或然性情
形的材料。

第二十条　一宗案卷内的目录应当与卷内文件
材料内容一致，案卷目录按照前述四部分先后
编写。

第二十一条　产权交易机构应当充分利用本协
会产权交易信息平台，进一步完善产权交易档案管
理系统，确保产权交易纸质文件材料与电子文件材
料的一致性，加快实现纸质档案和电子档案"双套
制"管理，逐步实现电子文件材料收集、归档、整
理、保管的操作自动化，利用网络化和管理信息化。

第二十二条　产权交易机构应当根据产权交易
信息利用需求，编制适用的产权交易档案检索指
南，进行产权交易档案信息编研工作，积极为产权
交易监管和相关决策提供服务。

第二十三条　产权交易机构应当设置档案利用
的权限制度，严格履行查阅和借阅手续，切实做好
利用产权交易档案的保密工作。对网络方式利用产
权交易电子文件材料，应当采取身份认证、权限控
制等安全保密措施，切实维护产权交易各方的合法
权益。

第七章　产权交易档案的鉴定、销毁与移交

第二十四条　产权交易机构应当根据国家相关规定组建档案鉴定工作小组，对保管期限已满的产权交易档案，及时进行鉴定工作。

第二十五条　经鉴定需销毁的档案，应当编制销毁档案清册，并经产权交易机构主管领导审查批准，由两名指定的监销人和两名档案管理人员共同监督销毁，在销毁档案清册上签字。销毁档案清册属于永久保留。

第二十六条　产权交易机构如被整合，应当在撤销或注销前向做出撤销或注销决定的相关部门提交产权交易档案处理的专项报告，并按照相关部门的批复进行处理。

第二十七条　产权交易机构可以根据本规范制定实施细则，落实产权交易档案管理的各项措施。

附件：产权交易档案必备文件材料及排序指引

附件

产权交易档案必备文件材料及排序指引

一、交易鉴证及审查意见

（一）产权交易凭证；

（二）交易机构的审查意见，包括但不限于以下内容：

1. 信息发布的完整性是否存在缺失；

2. 受让人资格条件设置的合理性；

3. 意向受让人资格审查是否存在争议；

4. 交易各方是否按规定履行了相应的工作程序；

5. 交易过程中是否出现争议或纠纷，对上述问题的处理结果和意见；

6. 转让合同内容与公告条件的一致性，是否符合相关法律法规和制度规定；

7. 其他可能引起争议或应当说明的事项。

二、转让信息发布材料

（一）产权转让信息发布申请书；

（二）产权转让信息发布申请受理通知书；

（三）报刊公告（复印件）；

（四）网络公告（下载文档）。

三、转让方材料

（一）工商注册登记证书；

（二）组织机构代码证；

（三）企业国有资产产权登记证；

（四）法律意见书；

（五）内部决策文件；

（六）产权交易机构审核意见。

四、转让标的方材料

（一）工商注册登记证书；

（二）组织机构代码证；

（三）企业国有资产产权登记证；

（四）内部决策文件；

（五）财务审计报告；

（六）资产评估报告；

（七）资产评估报告核准或备案表；

（八）涉及职工安置的文件材料（如有）；

（九）产权交易机构要求提供的其他文件材料。

五、各意向受让方材料

（一）受让申请；

（二）申请受理文件；

（三）工商注册登记证书；

（四）组织机构代码证；

（五）内部决策文件；

（六）身份证复印件（受让方为自然人）；

（七）涉及满足受让条件的文件材料；

（八）转让方认可意向受让方的受让资格函件；

（九）产权交易机构对意向受让方的资格审查

意见；

（十）产权交易机构要求提供的其他文件材料。

六、产权交易机构材料

（一）对各意向受让人的资格审查意见；

（二）确定受让方的审核意见；

（三）交易保证金支付凭证；

（四）产权交易合同；

（五）结算交易资金凭证。

七、或然性程序材料

（一）产权交易中止（或终结）申请书；

（二）产权交易中止（或终结）申请受理通知书；

（三）产权交易中止（或终结）决定通知书；

（四）产权交易不予中止（或终结）决定通知书；

（五）产权交易延长中止期限决定通知书；

（六）恢复交易决定通知书；

（七）产权交易中止（或终结）公告；

（八）延长产权交易中止期限公告；

（九）恢复产权交易公告；

（十）产权交易争议调解申请书；

（十一）申请人授权委托书（如有）；

（十二）产权交易争议调解协议；

（十三）产权交易争议处理决定；

（十四）产权交易机构关于处置或然性情形的专题会议纪要。

八、单独建档的竞价交易相关文件

中国企业国有产权交易机构协会关于建设"四统一"信息集成服务平台的意见

2013 年 12 月 17 日　中国企业国有产权交易机构协会　中产协发〔2013〕18 号

为落实国务院关于"实行统一信息披露、统一交易规则、统一交易系统、统一过程监测"（简称"四统一"）的重要决策，适应政府职能转变和行业协会职能拓展的要求，改革和完善产权交易制度，更好地服务于政府和会员，现就建设"四统一"信息集成服务平台提出如下意见。

一、用好用足"四统一"政策，抓住行业发展机遇

今年以来，在深入贯彻落实中共十八大精神，进一步转变发展方式，调整经济结构，防范金融风险的宏观背景下，国务院及有关部委就产权交易制度改革完善和产权交易市场化问题，作出了一系列重要决策指示。国务院办公厅相继印发关于实施《国务院机构改革和职能转变方案》任务分工的通知、《关于贯彻第一次廉政工作会议精神任务分工的通知》，国资委党委印发《关于国资委贯彻落实2013 年反腐倡廉工作任务分工的意见》，明确提出实行"四统一"，并将工作任务分解到相关部门。

上述决策指示，把"四统一"作为建立惩治和预防腐败体系、促进国资国企调整转型的重大举措，作为政府职能转变、处理好政府与市场关系的重要环节，为产权交易行业发展进步为行业协会的职能拓展创造了有利的政策环境。产权交易行业应当顺势而为，相机而动，把推进"四统一"作为行业规范、创新、合作、发展的主攻方向，把实行"四统一"作为做大做强做优的难得机遇。全行业要积极动员起来，挖掘政策红利，抓住发展机遇，整合利用行业信息网络资源，建设行业"四统一"信息集成服务平台。

二、正确认识行业现有信息网络资源的优势和不足，有效应对网络经济领域的竞争

产权交易行业是较早将信息网络技术运用于自

身业务的行业，有的机构 20 年前就引入了计算机局域网。近 10 年来，交易业务与网络信息手段的融合度不断提高，截至 2013 年 8 月底，全国已有 38 家产权交易机构通过互联网接入了国务院国资委的企业国有产权交易监测系统，能够配合国资监管机构实现对国有产权交易的实时动态监测。创新业务中产生的"电子竞价"、"动态报价"等交易方式，已经并将继续替代传统的招标、拍卖等交易方式。北京金马甲产权网络交易公司、中国产权交易报价网、人民法院诉讼资产网等竞价交易平台，已经具备了泛区域性、类行业性电子商务平台的元素和功能。构建行业信息集成服务平台的基础条件已初步具备。

但是，囿于国有资产出资人代表管理权限、交易机构选定方式、区域市场功能差别等原因，目前，产权交易行业信息网络资源配置存在明显缺陷。一是信息网络分头开发、分散投资、重复建设，个体实力普遍较弱；二是各个网络系统自成体系，变相封闭，竞相排斥，使用效率低下；三是信息披露不充分，竞价不透彻，服务流程五花八门，过程监测困难，影响市场流动性、公开性、规范性；四是网络资源各行其道，单打独斗，有相当一些地方指令进场业务趋于萎缩，市场自发业务拓展乏力。

行业信息网络资源配置的上述局限性，难以应对近年来迅猛发展的电子商务、云技术和物联网等新兴业态激烈竞争的冲击。目前，淘宝网等电商不仅以在线销售和在线结算贯通其全部物流体系，而且已经开始涉足产权交易业务领域，在线拍卖涉诉资产和实物资产，事实上，跨入权益类交易业务领地也已经没有什么技术障碍。随着"宽带中国"由部门行动提升为国家战略，暴发式增长的互联网经济将对传统的产权交易运营模式产生颠覆性的影响，挑战迫在眉睫。产权交易行业必须加紧整合行业信息网络资源，发挥优势，形成合力，在竞争中争取主动。

三、整合行业信息网络资源，建设"四统一"信息集成服务平台

建设"四统一"信息集成服务平台的基本思路：

（一）全面整合。将目前行业内各局域网、泛区域性网、类行业性网整合为一个综合的、统一的信息集成服务平台。

（二）系统开发。以"会员机构实物资产交易监测系统"为起点，有计划、分步骤建设覆盖产权交易机构 12 类交易业务（产股权、实物资产、涉诉资产、金融产品、环境权益、公共资源、技术产权、融资服务、文化产权、农村产权、林权、矿权交易）的统一作业系统，直到完成统一的信息集成服务平台建设任务。

（三）共同参与。会员机构应顾全大局，主动贡献自有信息网络资源，在经费、技术、人才上给协会以支持，提高优质资源的集中度。协会将以统一信息集成服务平台的运营效益反哺会员。

（四）资本化运作。将"四统一"信息集成服务平台置于资本联合体框架内运作，兼顾经济效益和社会效益，做成经营实体，使之与产权交易市场化改革相适应。

建设"四统一"信息集成服务平台的具体措施：

（一）协会在"会员机构实物资产交易监测系统"基础上，实现实物资产交易业务的统一数据采集、统一信息发布、统一过程监测和预警，实现产权交易机构 12 类业务全口径统计功能。所有从事实物资产交易的会员单位均应接入该监测系统。

（二）设立"四统一"信息集成服务平台建设工程，力争在国家财政投资中立项。"四统一"信息集成服务平台将作为整合行业信息网络资源的唯一的综合性平台，覆盖目前产权交易行业全部 12 类业务，联动全部会员单位，辐射要素市场。在全行业范围内实现"统一信息披露、统一交易规则、统一交易系统、统一过程监测"。根据实物资产监测系统网络运维的实际情况，考虑通过相关的法定程序（例如招投标程序），在行业内现有的泛区域性、类行业性网络平台中，选定一家作为"四统一"信息集成服务平台的长期运维服务机构。

（三）"四统一"信息集成服务平台建成并通过验收后，委托第三方机构做出资产价值评估。协会以该基建项目形成的固定资产作股本注入拟成立的具有独立法人资格的信息中心，并与网络运维机构共同发起成立资本联合体。实行信息集成服务平台与资本联合体一体化市场化运营。

（四）举行业之力扶持资本联合体成长。吸收

会员单位和其他社会法人注资，进行增资扩股，改良股东结构，完善法人治理，推动"四统一"信息集成服务平台发展壮大为产权交易网络集团。

中国企业国有产权交易机构协会实物资产交易规则（试行）

2013 年 11 月 18 日　中国企业国有产权交易机构协会　中产协发〔2013〕19 号

第一章　总　则

第一条　为规范产权交易机构的实物资产交易活动，维护交易各方的合法权益，根据《中华人民共和国物权法》、《中华人民共和国企业国有资产法》、《企业国有产权交易操作规则》（国资发产权〔2009〕120 号）等相关法律法规，制定本规则。

第二条　本规则所称实物资产，是指具有物质形态的资产，包括但不限于生产设备、土地、房产、运输工具以及在建工程等。

第三条　本规则所称实物资产交易，是指在产权交易机构进行的以货币计量的实物资产的有偿转让活动。

法人、自然人、其他组织依法转让实物资产的适用本规则。

第四条　从事实物资产交易活动应当遵守国家相关法律、行政法规和部门规章的规定，应当遵循公开、公平、公正的原则，不得侵犯他人的合法权益和损害社会公共利益。

第五条　权属关系不明确或者存在权属纠纷的实物资产不得作为转让标的。

第六条　实物资产交易应当公开挂牌转让，可选择的交易方式包括协议转让、网络竞价（含动态报价）以及法律法规允许的其他公开竞价方式。

第七条　参与产权交易机构实物资产交易的各方当事人均应当遵守本规则。

第八条　产权交易机构、转让方应对意向受让方或竞买人的名称、数量以及可能影响公平竞争的其他情况承担保密义务。参与实物资产转让的各方，在公开披露的信息之外所知悉的他人商业秘密，均负有保密义务。

第九条　本规则适用于实行会员制与非会员制的交易机构。

第二章　交易程序

第一节　受理转让委托

第十条　实物资产交易申请的受理工作由产权交易机构负责承担。转让方申请办理实物资产交易时，应与产权交易机构签订委托协议。

第十一条　转让方应向产权交易机构提交下列材料，并对其真实性、完整性、有效性负责。

（一）转让方的身份证明（转让方为法人/其他组织的提供身份证明、组织机构代码证、法定代表人/负责人身份证明；转让方为自然人的提供身份证明），如需委托代理的应提交转让方的授权委托书；

（二）交易资产的权属证明；

（三）有权批准机构关于交易资产转让行为的批准文件；

（四）交易资产清单及基本情况说明（交易资产使用情况、现状、是否涉及共有、抵押、出租、查封等情况）；

（五）交易资产涉及共有或设置其他权利的，应当依法履行相应的程序，并提供相关权利人明确表示认可转让行为的书面材料；

（六）交易资产涉及优先权的，应当提供其依法履行相关义务的证明文件；

（七）依法需进行评估的，应提供中介机构出具的交易资产评估报告及评估的备案或核准文件；

（八）实物资产交易信息公告申请书；

（九）受理交易机构要求提供的其他资料。

第十二条 转让方设置受让方资格条件的，不得出现具有明确指向性或违反公平竞争的内容。

第十三条 转让方在委托转让时应按产权交易机构的相关规定设置保证金条款。

第十四条 产权交易机构应当在接到转让方或会员制代理方委托及相关材料次日起 3 个工作日内，对其提交的材料进行齐全性及规范性审核。

通过审核的，按本规则规定进行公开转让。审核未通过的，产权交易机构将审核意见告知转让方。

第二节 发布转让信息

第十五条 产权交易机构受理委托后，应当在本协会、产权交易机构门户网站同日发布交易公告。交易公告期自发布之日起计算；在报刊发布信息的，交易公告期自报刊发布之日起计算。

如在规定的公告期限内未征集到符合条件的意向受让方，且不变更信息发布内容的，转让方可以按照《实物资产转让申报书》的约定延长信息发布期限；如未明确延长信息发布期限的，信息公告到期自行终结，产权交易机构将书面告知转让方。

第十六条 实物资产转让公告应当载明以下内容：

（一）转让标的的品名、数量、用途等基本情况；

（二）公告期限、转让方式、挂牌价格、保证金设置、标的展示期、付款方式和期限等；

（三）其他需要转让方说明的事项。

第十七条 实物资产转让公告发布期间，转让方不得擅自取消所发布的公告，也不得擅自变更转让公告的内容。如特殊原因确需变更的，应在履行相关决策程序后，委托产权交易机构在原信息发布渠道重新予以发布，信息发布期限重新计算。

第十八条 国有实物资产转让首次信息发布时的委托底价不得低于经备案的转让标的资产评估结果。如在规定的公告期限内未征集到意向受让方，转让方可以在不低于评估结果 90%的范围内设定新的委托底价再次发布实物资产转让公告。如新的委托底价低于评估结果的 90%，转让方应当重新履行内部决策程序后，再发布实物资产转让公告。

第三节 受让意向登记

第十九条 意向受让方在信息公告期限内，向产权交易机构提出产权受让申请，并提交相关材料。产权交易机构应当对意向受让方逐一进行登记。

第二十条 意向受让方应向产权交易机构提交以下材料：

（一）受让意向登记表；

（二）法人资格证明或自然人身份证明；

（三）符合受让资格条件的证明文件；

（四）产权交易机构要求提交的其他文件。

第二十一条 采取联合受让的，联合受让各方应签订联合受让协议。联合受让各方需委托办理受让相关事宜的，应当签署授权委托书并明确授权范围、代理期限等内容。

第二十二条 如涉及共有人、承租人或其他权利人行使优先购买权的，共有人、承租人或其他权利人应在实物资产转让信息公告期间，向产权交易机构提出受让申请并按照产权交易机构的交易规则参与交易。

第二十三条 意向受让方应对其提交材料的真实性、完整性、有效性负责。

第二十四条 产权交易机构对意向受让方所提交的材料进行齐全性和规范性审核，经审核通过并按时交纳保证金的，确定其意向受让方或竞买人资格。

第二十五条 产权交易机构可在公告发布期间设置转让标的的展示期，意向受让方要求查勘转让标的的，转让方应予以配合。

第四节 组织交易签约、结算、出具交易凭证

第二十六条 产权交易机构应当按照公告约定的交易方式组织交易并确定受让方，由产权交易机构通知转、受让双方根据实物资产交易公告的内容及交易结果签订实物资产转让合同。

第二十七条 实物资产交易各方应通过产权交易机构或其指定的机构进行交易资金的结算。实物资产交易资金包括保证金和交易价款，一般以人民币结算。

第二十八条 受让方应在资产交易合同约定的期限内，将交易价款支付到产权交易机构或其指定的机构结算账户。受让方已交纳的保证金可转为交易价款。未受让的意向受让方交纳的保证金按约定退还至原账户。

第二十九条 转让方和受让方依实物资产转让合同约定办理资产交割手续。具备交易价款划转条

件的，产权交易机构应按约定完成交易价款划转。

第三十条 产权交易机构在受让方签订了成交确认书后，可参照拍卖收费标准向交易双方收取交易服务费用。

第三十一条 产权交易机构根据成交结果向交易双方出具资产交易凭证。

第三章 异常情况处理

第三十二条 实物资产交易信息公告期间，如实物资产发生毁损、灭失或与信息公告内容发生重大变化情形时，转让方如决定中止、终结交易的，应当及时通知产权交易机构，由产权交易机构如实披露。由此产生纠纷的，转让方应依法承担责任。

第三十三条 如发生电力故障、网络故障、系统故障及其他不可抗力因素导致交易活动无法继续进行或继续进行显失公平的，产权交易机构应当中止交易。

在影响交易活动正常进行的因素消除后，产权交易机构应当宣布交易继续进行，也可另择交易时间，并通知各交易相关方。

第三十四条 交易过程中，公、检、法机关及相关行政管理部门依法发出中止交易书面通知的，产权交易机构应及时中止交易活动。

第三十五条 实物资产交易过程中发生如下情况的，产权交易机构应当视具体情况，做出中止或者终结交易的决定，过错方因如下行为造成他方经济损失的，应当承担赔偿责任。

（一）转让标的存在权属瑕疵，属于转让方无权处分、越权处分的资产；

（二）转让方隐瞒转让标的重大缺陷或其他重大事项，提供转让标的的虚假材料的；

（三）意向受让方弄虚作假、恶意串通、压低价格，扰乱竞价交易秩序，妨碍公平竞争、影响竞价活动公正性的；

（四）发生其他违反本规则或者其他违法行为，致使交易无法进行的。

第四章 附 则

第三十六条 国家法律、法规及有关部门对实物资产交易有特别规定的，从其规定。

第三十七条 本规则的解释权和修订权属于中国企业国有产权交易机构协会。

第三十八条 本规则自发布之日起施行。

附件：1. 实物资产转让申报书

2. 受让意向登记表

3. 实物资产转让合同

4. 拍卖成交确认书

5. 报价结果通知单

6. 物权转让信息发布申请书

7. 房产转让信息发布申请书

8. 旧机动车转让信息发布申请书

9. 产权受让申请书

附件 1

项目编号：_____

实物资产转让申报书

转让标的名称：_____

转让方（盖章）：

转让方法定代表人（签名）：_____

申报日期：_____年____月____日

受托经纪会员			
联系人		电话	

转让方简况	转让方名称			地址	
	法定代表人			职务	
	国资监管机构名称			所出资企业	
	经济类型		经营规模		所属行业	
	组织机构代码证			集团企业总部代码证	
	联系人			联系电话	
	传真			电子信箱	

转让标的名称	
资产类别	□ 整体资产　　　□ 部分资产　　　□ 其他

交易说明	标的评估值		委托底价	
	转让要求及受让条件			
	其他需要说明的情况			

公开挂牌转让方式	□ 网络竞价（含动态报价）　　　□ 拍卖转让　　　□ 其他

土地使用权转让情况				
位置				
土地性质	□ 出让　　　□ 划拨		权证编号	
规划用途	□ 综合　　　□ 商业 □ 工业　　　□ 住宅 □ 其他		目前用途	□ 综合　　　□ 商业 □ 工业　　　□ 住宅 □ 其他
土地面积			容积率	
周边环境				

设备转让明细表

金额单位：万元

序号	名称	规格型号	生产厂家	计量单位	数量	购置年月	账面原值	净值	评估值	转让参考价	备注
1											
2											
3											
4											
5											
6											
7											
8											
9											
10											
11											
12											
13											
14											
15											
合计											

注：设备数量太多，本表不足填报时，可另附明细表。

核销资产转让明细表

金额单位：万元

序号	名称	发生或购置时间	账面余额（扣除折耗）	已提减值准备金额	账面价值	预计清理损益	资产核销原因	备注
1								
2								
3								
4								
5								
6								
7								
8								
9								
10								
合计								

注：核销资产或物资数量太多，本表不足填报时，可另附明细表。

建筑物转让明细表

金额单位：万元

序号	名称	权证编号	结构	建成年月	建筑面积	账面原值	净值	评估值	转让参考价	备注
1										
2										
3										
4										
5										
6										
7										
8										
9										
10										
11										
12										
13										
14										
15										
合计										

注：建筑物数量太多，本表不足填报时，可另附明细表。

资产转让提交材料清单

转让方资料	交易机构审核情况	备 注
实物资产转让申报书	有 □ 　无 □	
法人资格及权属证明文件、组织机构代码证	有 □ 　无 □	
资产转让内部决策文件	有 □ 　无 □	
转让公告	有 □ 　无 □	
转让方承诺函	有 □ 　无 □	
标的资料		
资产评估报告及资产评估报告核准文件或备案表	有 □ 　无 □	
土地证、房产证、登记证或其他权属证明文件	有 □ 　无 □	
标的涉及共有或设置其他权利的，相关权利人意思表示书面材料	有 □ 　无 □	
土地估价报告及备案表	有 □ 　无 □	
产权交易机构要求的其他材料	有 □ 　无 □	

审核意见

初审意见	经办人（签字）： 日　期＿＿年＿月＿日
复核意见	经办人（签字）： 日　期＿＿年＿月＿日
审批意见	经办人（签字）： 日　期＿＿年＿月＿日

附件 2

项目编号：＿＿＿＿＿＿＿＿

受让意向登记表

受让标的名称：＿＿＿＿＿＿＿＿＿＿＿＿＿＿＿＿＿＿＿＿＿＿＿＿＿＿

意向受让方（盖章）：

意向受让方法定代表人（签名）：＿＿＿＿＿＿＿＿＿＿＿＿＿＿＿＿＿＿

申报日期：＿＿＿＿＿年＿＿月＿＿日

受托经纪会员			
联系人		电话	

意向受让方基本情况

意向受让方名称			
住　所			
联系人		电话	
传　真		电子邮件	
法人基本情况	注册资本		法定代表人	
	经营规模		经济类型	
	组织机构代码		是否标的企业管理层直接或间接出资	□ A. 是　　□ B. 否
	经营范围			
近期资产状况	资产负债表：_____年___月___日			
	资产总额		净资产	
自然人基本情况	国籍		证件名称	
	工作单位		证件号码	
	现任职务		是否设立一人有限责任公司	□ A. 是　　□ B. 否
	是否标的企业管理层	□ A. 是　　□ B. 否	是否进行了经济责任审计	□ A. 是　　□ B. 否
意向受让比例（%）			意向受让出价	
受让意向描述				

附件 3

实物资产转让合同

根据我国的《合同法》等相关法律法规，本合同当事人遵循自愿、等价有偿、诚实信用和公开、公平、公正的原则，经协商一致，订立条款如下，以资共同遵守。

一、合同的双方当事人

转让方：＿＿＿＿＿＿＿＿＿＿＿＿＿＿＿＿＿＿（企业名称），即甲方，

住　所：＿＿＿＿＿＿＿＿＿＿＿＿＿＿＿　　邮编：＿＿＿＿＿＿＿＿＿

法定代表人：＿＿＿＿＿＿＿＿＿＿＿　　职务：＿＿＿＿＿＿＿＿＿

委托代理人：＿＿＿＿＿＿＿＿＿＿＿　　电话：＿＿＿＿＿＿＿＿＿

受让方：＿＿＿＿＿＿＿＿＿＿＿＿＿＿＿＿＿＿（企业名称），即乙方，

住　所：＿＿＿＿＿＿＿＿＿＿＿＿＿＿＿　　邮编：＿＿＿＿＿＿＿＿＿

法定代表人：＿＿＿＿＿＿＿＿＿＿＿　　职务：＿＿＿＿＿＿＿＿＿

委托代理人：＿＿＿＿＿＿＿＿＿＿＿　　电话：＿＿＿＿＿＿＿＿＿

二、转让标的的基本情况

本次转让为甲方将所属的＿＿＿＿＿＿＿＿＿＿＿＿＿＿＿＿＿＿＿＿（以下简称"标的"），该标的评估价值＿＿＿万元，该标的转让行为已经＿＿＿＿＿＿＿＿＿＿＿＿＿＿＿批准。

标的涉及房屋、土地的，地址为＿＿＿＿＿＿＿＿＿＿＿＿＿＿＿＿＿＿＿＿＿＿＿＿。

三、标的转让价款支付

甲方通过＿＿＿＿＿＿＿＿＿＿＿＿＿＿（交易机构名称）以＿＿＿＿＿＿＿＿方式将标的转让给乙方，转让价格为人民币（大写）＿＿＿＿＿＿＿＿＿＿＿＿＿＿[即人民币（小写）＿＿＿＿＿＿＿万元]。

转让价款原则上一次性付清，乙方将转让价款在本合同签订之日起＿＿＿＿＿日内汇入（产权交易机构名称）指定的结算账户；如金额较大、一次付清确有困难的，可以采取分期付款的方式。采取分期付款方式的，乙方首期付款不得低于总转让价款的 30%，并在合同生效之日起 5 个工作日内支付；其余款项应当提供合法的担保，分＿＿＿次付清，并应当按同期银行贷款利率向甲方支付延期付款期间利息，付款期限不得超过＿＿＿年。

四、资产交割

乙方通过＿＿＿＿＿＿＿＿＿＿＿（产权交易机构名称）的指定账号支付转让价款或首付款后，甲、乙双方＿＿＿＿＿＿＿＿＿＿＿（①按付款比例②一次性）进行资产交割，甲方将编制好的《资产转让交割单》提交给乙方，由乙方凭此清单逐项核对与验收，核对无误、验收完毕后，由甲、乙双方及其经办人员在该清单上盖章、签字方视为交割完成。

五、税费负担

甲、乙双方约定，本次转让所涉及的税费按如下方式处理：＿＿＿＿＿＿＿＿＿＿。

六、争议处理

在本合同履行过程中，甲、乙双方发生争议，经协商无效时，当事人可以向产权交易机构申请调解，也可以依合同的约定双方选择＿＿＿＿＿＿（①依法向＿＿＿＿＿＿所在地仲裁机构申请仲裁、②依法向＿＿＿＿＿＿所在地

人民法院起诉)。

七、违约责任

1. 乙方在报名受让时，通过_____（产权交易机构名称）交付保证金人民币（大写）_____元。当合同履行后，乙方交付的保证金退还给乙方或抵作价款。当乙方不履行合同的约定，则无权要求返还保证金；若甲方不履行合同的约定，应当向乙方支付相当于乙方交付保证金数额的补偿；若甲、乙双方要求解除合同的，保证金扣除乙方相应交易费用后返还给乙方。

2. 乙方未能按期支付本合同标的的价款，或者甲方未能按期交割本合同标的，每逾期一日应按逾期部分金额的_____%，向对方支付违约金。

3. 一方违约给另一方造成直接经济损失，且违约方支付违约金的数额不足以补偿对方的经济损失时，违约方应偿付另一方所受损失的差额部分。

八、合同的变更和解除

当发生下列情况之一时，可以变更、解除合同：

1. 因情况发生变化，当事人双方协商一致，并订立了变更或解除协议，而且不因此损害国家和社会公共利益的。

2. 由于不可抗力致使本合同的条款不能履行的。

3. 由于一方在合同约定的期限内因故没有履行合同，另一方予以认同的。

本合同需变更或解除，甲、乙双方必须签订变更或解除协议，并报产权交易机构备案后生效。

九、权证变更

甲、乙双方在交割完成后，由_____负责，于_____日之内办妥权证变更事项。

十、双方约定的其他条款：_____。

十一、合同的生效

本合同由甲、乙双方当事人签字盖章后生效，_____（产权交易机构名称）凭交易合同及《资产转让交割单》出具实物资产转让成交确认书。

十二、其他

本合同共_____页，附件_____件（共 页）。一式_____份，甲、乙双方及委托的会员各执_____份；产权交易机构备存_____份。

甲方：（盖章）   乙方：（盖章）

法定代表人：（签字）   法定代表人：（签字）

签约地点：

签约时间：_____年___月___日

附件 **4**

拍卖成交确认书

拍卖会时间：＿＿＿年＿＿月＿＿日　　　　　　拍卖地点：＿＿＿＿＿＿　　　编号：＿＿＿＿＿＿

拍品编号		拍品名称			竞价牌号		买受人签字		
落槌价 （元）		成交数量		成交金额 （元）			佣金比例 （%）		佣金金额 （元）
成交金额 及佣金 总计 （小写）			大写 （元）						
拍卖师签字：　　　　　开单员：　　　　　　收款人： 单位：（盖章）									

说明：1. 买受人应遵守拍卖人在拍卖前宣读的拍卖须知中的有关规定。

2. 买受人应在规定时间内支付拍卖标的的成交价款和拍卖佣金。

3. 买受人应在规定的时间内办理完毕拍品的过户手续，并承担相应的过户费用。

4. 买受人通过竞拍获得的机动车辆，在过户期间因买受人的过失造成机动车辆的丢失、损毁、违章等事故，由买受人承担相应的责任。

附件5

报价结果通知单

祝贺_____竞得_____中_____标的。

注册用户名		电子邮箱	
有效证件号码		联系电话	
标的名称		成交时间	
成交价款	小写： 大写：		
交易佣金	小写： 大写：		比例 %
应付交易价款总额	小写： 大写：		
竞价保证金	小写： 大写：		
价款支付期限			
交易价款结算场所			
通知事项			
买受人： 签字（盖章） 年 月 日		组织方： 签字（盖章） 年 月 日	

附件 6

项目编号：_____

物权转让信息发布申请书

（适用于机动车和房屋之外的其他物权）

根据《中国企业国有产权交易机构协会实物资产交易暂行规则》的规定，本转让方同意在_____（产权交易机构）对外进行转让信息发布和组织实施交易，服务期为　　年 月 日至　　年 月 日，并承诺：

1. 本转让方对所填写的内容及提交的所有材料（包括原件、复印件）的真实性、合法性、完整性承担责任；并同意交易机构按上述材料内容发布公告；

2. 标的权属清晰，成交后若发生移交纠纷，由我方负责解决，并承担相应的法律责任；

3. 已知悉交易机构的交易规则，并充分理解和认可，同意按照交易机构交易规则的相关规定组织实施交易活动；

4. 已知悉并认可交易机构的收费项目及标准，同意按规定交纳相关费用；

5. 挂牌后，除不可抗力、国家法律法规及政策调整外，不得撤牌，不得随意变更公告内容；

6. 在服务期内不通过其他渠道进行交易；

7. 若意向受让方（或受让方）出现违约行为，则其所交纳的保证金自动转为违约金，同意以意向受让方（或受让方）交纳的保证金为限，在扣除交易机构的交易组织费用和相关会员的服务费用后，向意向受让方（或受让方）主张相应的赔偿责任。

申报单位（盖章）

法定代表人（授权代表）：

年　月　日

填报说明：1. 表中各栏、各指标内容，务请如实、准确填写。如有疑义请咨询交易机构；

2. 填写时，请使用蓝黑或黑色墨水，字迹须工整，不得涂改；

3. 本申请书请转让方加盖骑缝章。

产权单位名称 （本栏需盖章）					
产权单位性质					
住所					
注册资本 （开办资金）			注册登记号		
法定代表人 （负责人）			身份证号		
联系人			联系电话		
传真			E-mail		
行为批准机构			评估备案机构		
转让价款付至	账户名称： 开户行： 账号：				
评估值（万元）			挂牌价（万元）		
标的概况	编号	品名	型号	挂牌价	备注
报名时是否缴纳保证金 （建议约定缴纳）	□ 否　　　□ 是			保证金金额为　　　　万元	
需要说明的其他事项及受让要求	1. 标的是否有担保等限制转让事项？无 □　　　有 □（详细说明） 2. 其　　他：无 □　　　有 □（详细说明） 3. 受让要求：无 □　　　有 □（详细说明）				
挂牌期满，如未征集到 意向受让方：	□ A. 不变更挂牌条件，按照 5 个工作日为一个周期延长挂牌，直至征集到意向受让方。 □ B. 变更挂牌条件，重新挂牌。 □ C. 终止挂牌。				

注：本表填报者可根据实际自行调整空白处大小或另附页，另附页需与本页一同提交并加盖骑缝章。

附件 7

项目编号：_____

房产转让信息发布申请书

（一证一书）

　　根据《中国企业国有产权交易机构协会实物资产交易暂行规则》的规定，本转让方同意在_____

_____（交易机构名称）对外进行转让信息发布和组织实施交易，服务期为　　年　月　日至　　年　月　日，并承诺：

　　1. 本转让方对所填写的内容及提交的所有材料（包括原件、复印件）的真实性、合法性、完整性承担责任；并同意交易机构按上述材料内容发布公告；

　　2. 标的权属清晰，成交后若发生过户或移交纠纷，由我方负责解决，并承担相应的法律责任；

　　3. 已知悉交易机构的交易规则，并充分理解和认可，同意按照交易机构交易规则的相关规定组织实施交易活动；

　　4. 已知悉并认可交易机构的收费项目及标准，同意按规定交纳相关费用；

　　5. 挂牌后，除不可抗力、国家法律法规及政策调整外，不得撤牌，不得随意变更公告内容；

　　6. 在服务期内不通过其他渠道进行交易；

　　7. 若意向受让方（或受让方）出现违约行为，则其所交纳的保证金自动转为违约金，同意以意向受让方（或受让方）交纳的保证金为限，在扣除交易机构的交易组织费用后，向意向受让方（或受让方）主张相应的赔偿责任。

申报单位（盖章）

法定代表人（授权代表）：

年　月　日

填报说明：1. 表中各栏、各指标内容，务请如实、准确填写。如有疑义请咨询交易机构；

2. 填写时，请使用蓝黑或黑色墨水，字迹须工整，不得涂改；

3. 本申请书请转让方加盖骑缝章。

产权单位名称 (本栏需盖章)					
产权单位性质					
住所					
注册资本 (开办资金)			注册登记号		
法定代表人 (负责人)			身份证号		
联系人			联系电话		
传真			E-mail		
行为批准机构			评估备案机构		
评估值（万元）			挂牌价（万元）		

转让价款付至	账户名称：			
	开户行：			
	账号：			
	备注：通过交易所结算，待新房产证办理完成后，方能划转价款。			

房产概况	房权证编号		租赁协议	无 □ 有 □；租赁期至： 年 月 日		
	坐落		区市县 镇 路（街巷） 号 附 号			
	建成时间		建/套面积		m²	户型
	证载用途		实际用途			装修
	土地使用权情况	权证编号		取得方式	出让 □ 划拨 □	
		土地使用面积		证载用途		
		规划用途				
		土地使用期限	至 年 月 日			
	周边及内部情况详述					

分零转让明细	房号	建/套面积（m²）	挂牌价	备注

报名时是否缴纳保证金 (建议约定缴纳)	□ 否 □ 是	保证金金额为 万元
能否实际移交	能 □ 不能 □（说明理由并附相应证明）	
限制转让或需特别告知的 其他事项	□ 无 □ 有（附相关说明及过户手续办理承诺）	
受让要求		
挂牌期满，如未征集 到意向受让方：	□ A. 不变更挂牌条件，按照 5 个工作日为一个周期延长挂牌，直至征集到意向受让方。 □ B. 变更挂牌条件，重新挂牌。 □ C. 终止挂牌。	

注：本表填报者可根据实际自行调整空白处大小或另附页，另附页需与本页一同提交并加盖骑缝章。

附件 8

项目编号：_____

旧机动车转让信息发布申请书

（一车一书）

根据《中国企业国有产权交易机构协会实物资产交易暂行规则》的规定，本转让方同意在_____
_____（交易机构名称）对外进行转让信息发布和组织实施交易，服务期为　年　月　日至
　年　月　日，并承诺：

1. 本转让方对所填写的内容及提交的所有材料（包括原件、复印件）的真实性、合法性、完整性承担责任；并同意交易机构按上述材料内容发布公告；

2. 标的权属清晰，成交后若发生过户或移交纠纷，由我方负责解决，并承担相应的法律责任；

3. 已知悉交易机构的交易规则，并充分理解和认可，同意按照交易机构交易规则的相关规定组织实施交易活动；

4. 已知悉并认可交易机构的收费项目及标准，同意按规定交纳相关费用；

5. 挂牌后，除不可抗力、国家法律法规及政策调整外，不得撤牌；不得随意变更公告内容；

6. 在服务期内不通过其他渠道进行交易；

7. 若意向受让方（或受让方）出现违约行为，则其所交纳的保证金自动转为违约金，同意以意向受让方（或受让方）交纳的保证金为限，在扣除产权交易机构的交易组织费用后，向意向受让方（或受让方）主张相应的赔偿责任。

申报单位（盖章）

法定代表人（授权代表）：

　年　月　日

填报说明：1. 表中各栏、各指标内容，务请如实、准确填写。如有疑义请咨询交易机构；
　　　　　2. 填写时，请使用蓝黑或黑色墨水，字迹须工整，不得涂改；
　　　　　3. 本申请书请转让方加盖骑缝章。

车籍单位名称（本栏需盖章）				
车籍单位性质				
住所				
注册资本（开办资金）		注册登记号		
法定代表人（负责人）		身份证号		
联系人		联系电话		
传真		E-mail		
行为批准机构		评估备案机构		
评估值（万元）		挂牌价（万元）		

车辆概况		号牌号码		厂牌型号		车辆类型	
		登记日期		排量		载客数	
		登记证	有□　无□	购置本	有□　无□	检验合格至	年　月
		养路费至	年　月　日	车船税至	年　月　日	路桥费至	年　月　日
	保险情况	险种		保险/限额		保险期限至	
	需要说明的其他事项	1. 是否转出/转籍限制？是□ 否□ 2. 是否设有抵押？有□ 无□					
对受让方的要求		1. 车辆购买后的一切税、费由受让方自行负责； 2. 车辆购买前的所有费用由转让方负责（另有公告的除外）； 3. 受让方若需旧车交易发票，请自行缴纳有关税、费后办理； 4. 其他要求：					

注：本表填报者可根据实际自行调整空白处大小或另附页，另附页需与本页一同提交并加盖骑缝章。

附件 9

产权受让申请书

申请人名称：
受让标的名称：
挂牌价（万元）：
受让底价（万元）：
保证金（万元）：
交易及过户所涉及一切税、费的承担方式：全部由受让方承担 □　　转让方和受让方各自承担 □　　其他：
是否联合受让：是 □　　否 □
申请人是否拥有优先购买权：是 □　　否 □
申请人是否为经常投资人：是 □　　否 □
申请人获取本标的转让信息的渠道：产权交易机构网站 □　　报纸 □　　其他：
代办人名称：
是否已提供授权委托书和代办人身份证明：是 □　　否 □
申请人是否系会员引荐：是 □　　否 □
若申请人系会员引荐，是否已至产权交易机构备案：是 □　　否 □

申请人若为个人，请填写以下内容	申请人若为单位，请填写以下内容
姓名： 联系电话： 传真： 国籍： 证件类型：身份证 □　　护照 □　　军官证 □ 证件号码： 电子邮箱： 地址：	单位名称： 联系人： 联系电话： 传真： 公司类型： 注册资本（万元）： 注册资本币种：人民币 □　　美元 □　　港币 □　　欧元 □ 证件类型：营业执照 □　　组织机构代码证 □　　事业法人登记证 □　　社团法人登记证 □　　机关法人登记证 □ 证件号码： 单位规模： 所属行业： 法定代表人： 法定代表人证件类型：身份证 □　　护照 □　　军官证 □ 法定代表人证件号码： 电子邮箱： 单位地址： 组织机构代码证号码：

风险提示： 1. 请意向受让方在详细了解标的的相关情况及瑕疵后决定是否参与受让，且无论采用何种交易方式，意向受让方均须参与并保证以不低于挂牌价的价格应价，否则所交保证金转为违约金，不予退还。 2. 意向受让方交纳保证金后，若转让方撤销挂牌、不及时与受让方签订合同或发生其他违规违约行为，请意向受让方自行与转让方协商解决，产权交易机构不承担任何责任。 3. 请意向受让方在详细了解相关国家政策规定后决定是否参与受让，意向受让方交纳保证金后，因国家政策规定发生变动而产生的一切后果，均由意向受让方自行承担，产权交易机构不承担任何责任。 4. 产权交易机构披露的标的相关信息以转让方提供的资料为依据，如遇标的信息披露存在虚假记载、误导性陈述或重大遗漏，请意向受让方自行与转让方协商解决，产权交易机构不承担任何责任。

申请人/单位：
年　月　日

受让申请与承诺

　　本意向受让方现特向贵所提出申请，意向受让_____持有的
_____，请予审核。本意向受让方依照公开、公平、公正、诚实的原则，作出如下承诺：

　　1. 本次受让是我方真实意愿表示，相关行为已经过有效的内部决策并得到相应的批准，所提交材料及受让申请中内容不存在虚假记载、误导性陈述或重大遗漏，我方对其真实性、完整性、合法性、有效性承担相应的法律责任。（法人适用）

　　本次受让是我真实意愿表示，所提交材料及受让申请中内容不存在虚假记载、误导性陈述或重大遗漏，并对其真实性、完整性、合法性、有效性承担相应的法律责任。（自然人适用）

　　2. 我方系合法有效存续的组织，具有独立法人资格（或经法人主体授权），能独立承担民事责任；无任何不良社会记录、行政违规记录、司法执行记录等，具有良好的财务状况、支付能力和商业信用，且资金来源合法，符合有关法律法规及本项目对受让人应当具备条件的规定。（法人适用）

　　我具有完全民事行为能力，并具备良好的社会信誉和支付能力，且资金来源合法，符合有关法律法规及本项目对受让人应当具备条件的规定。（自然人适用）

　　3. 本人/单位已认真阅读项目公告，并表示充分的理解和接受。

　　4. 本人/单位已对标的进行了现场查勘，对标的及瑕疵情况进行了充分了解，了解到的情况与信息披露的情况相符。经认真考虑标的及瑕疵情况，本人/单位愿意接受披露的受让条件且承担可能存在的一切交易风险。

　　5. 本人/单位已认真阅读《中国企业国有产权交易机构协会实物资产交易暂行规则》的规定，并表示充分的理解和接受。

　　6. 我方已了解相关的法律、法规及政策规定，会依法行使所享有的权利并履行应承担的义务。

　　7. 无论采用何种交易方式，本人/单位将以不低于挂牌价的价格报价，否则所交交易保证金转作违约金，作为对转让方及产权交易所的违约赔偿（在扣除产权交易所应收的服务费后，其余部分支付给转让方），不予退还。

　　8. 如遇标的信息披露存在虚假记载、误导性陈述或重大遗漏，本人/单位承诺自行与转让方协商解决，产权交易所不承担任何责任。

　　9. 如在产权交易机构收取保证金后，转让方撤销挂牌或发生其他违规违约行为的，本人/单位承诺自行与转让方协商解决，产权交易机构不承担任何责任。

　　10. 若产生交易纠纷，我方承诺按照《中国企业国有产权交易机构协会实物资产交易暂行规则》的规定处理。

　　我方保证遵守以上承诺，如违反上述承诺或有违规行为，给交易相关方造成损失的，本人/单位愿意承担法律责任及相应的经济赔偿责任。

　　上述承诺系本人（单位）真实意思表示，本人（单位）已充分知晓并接受。（手抄一遍）

意向受让方（签字/盖章）

年　月　日

中国产权市场年鉴 2013~2015

China Property Rights Exchange Market Yearbook

附　录

2012~2014 年度企事业国有产权交易相关法律规章索引

序号	法规名称	颁布日期	发文部门	法规文号
1	陕西省高级人民法院关于确定司法拍卖第三方交易平台机构和做好进场交易的通知	2012-5-8	陕西省高级人民法院	陕高法〔2012〕132 号
2	青岛市中级人民法院流拍财产变卖工作规定（试行）	2013-9-1	青岛市中级人民法院	（青中法〔2013〕218 号）
4	关于印发《浙江省属企业境外国有资产监督管理暂行办法》的通知	2012-1-11	浙江省国资委	（浙国资发〔2012〕2 号）
5	关于印发浙江省级事业单位出资企业国有资产管理暂行办法的通知	2012-12-17	浙江省财政厅	（浙财资产〔2012〕39 号）
6	福建省高级人民法院司法评估拍卖工作规定	2012-8-14	福建省高级人民法院	福建省高级人民法院审判委员会 2012 年 8 月 4 日第 85 次会议通过
7	江西省发展改革委 江西省国资委 江西省财政厅江西省工商局关于印发《江西省产权网上交易管理试行办法》的通知	2012-12-28	江西省发展改革委 江西省国资委 江西省财政厅江西省工商局	赣发改财字〔2012〕2949 号
8	关于加强不适合采取网上交易项目管理的通知	2013-5-21	江西省发改委	赣发改财字〔2013〕1057 号
9	江西省人民政府金融工作办公室关于印发《江西省交易所管理办法（试行）》的通知	2013-5-24	江西省人民政府金融工作办公室	赣府金办发〔2013〕4 号
10	关于企业改制与产权转让资产评估管理工作有关事项的通知	2012-9-28	广西壮族自治区国有资产监督管理委员会	（桂国资发〔2012〕151 号）
11	关于印发《关于规范使用法律意见书的若干规定》的通知	2013-6-28	广西壮族自治区国有资产监督管理委员会	（桂国资发〔2013〕101 号）
12	关于印发《四川省属企业国有资产合作方管理的指导意见》的通知		四川省国资委	川国资发〔2014〕23 号
13	四川省人民政府印发关于进一步加强企业国有产权转让管理规定的通知		四川省人民政府	川府发〔2013〕57 号
14	四川省国有股权投资企业所持股权转让管理指引		四川省国资委	川国资产权〔2013〕21 号
15	云南省国资委关于国有企业国有产权处置流转管理工作的通知	2014-11-25	云南省国资委	云国资产权〔2014〕309 号
16	甘肃省人民法院委托司法拍卖、评估、拍卖管理规定	2012-12-27	甘肃省人民法院	甘高法〔2012〕391 号
17	省高院对外委托司法拍卖工作实施细则	2012-12-27	甘肃省人民法院	甘高法〔2012〕392 号
18	《黑龙江省国资委关于国有产权转让公告信息审核备案事项的通知》	2014-7-22	黑龙江省国资委	黑国资产〔2014〕183 号
19	黑龙江省国资委关于转发国务院国资委关于推进国有产权流转有关事项通知的通知	2014-9-1	黑龙江省国资委	黑国资产〔2014〕248 号
20	《广西壮族自治区行政事业单位国有资产管理办法》	2012 年 1 月 1 日起施行	广西壮族自治区人民政府	（政府第 68 号令）
21	《南宁市人民政府国有资产监督管理委员会监管企业实物资产处置暂行规定》	2013-12-30		
22	重庆市碳排放交易管理暂行办法			渝府发〔2014〕17 号

续表

序号	法规名称	颁布日期	发文部门	法规文号
23	吉林省交易场所监督管理暂行办法（试行）	2015-1-1	吉林省人民政府	（吉林省人民政府令第 248 号）
24	吉林省国资委关于进一步加强出资企业实物资产转让管理工作的通知	2012-6-28	吉林省国资委	吉国资产权〔2012〕69 号
25	吉林省国资委关于印发《吉林省国资委出资企业产权转让工作规范》的通知	2012-6-28	吉林省国资委	（吉国资产权〔2012〕70 号）
26	关于印发《吉林省国资委出资企业国有资产评估管理工作规范》的通知	2012-1-9	吉林省国资委	（吉国资产权〔2012〕2 号）
27	《湖北省国资委关于印发〈湖北省国家出资企业产权登记管理实施办法〉的通知》			（鄂国资规〔2012〕8 号）
28	《省国资委关于省出资企业资产转让进场交易有关事项的通知》			（鄂国资产权〔2014〕62 号）
29	《涉国有资产司法拍卖工作暂行规定》			
30	《山东省国资委关于加强省管企业实物资产和无形资产处置管理的通知》			

中国企业国有产权交易机构协会会员单位通讯录

常务理事单位

序号	单位名称	法定代表人	地址	电话	传真
1	北京产权交易所	吴汝川	北京市西城区金融大街甲 17 号	010-66295788	010-66295588-5669
2	上海联合产权交易所	钱 珏	上海市云岭东路 689 号 1 号楼	021-63616880	021-63618801
3	天津产权交易中心	孔晓艳	天津市河西区琼州道 103-1 号	022-58792892	022-58792860
4	重庆联合产权交易所	张西建	重庆市渝中区中山三路 128 号投资大厦	023-63668826	023-63622060
5	中国诚通控股集团有限公司	马正武	北京南四环西路 188 号总部基地 6 区 17 号楼 9 层	010-83673037	010-83673066
6	武汉光谷联合产权交易所	陈志祥	武汉市东湖高新技术开发区鲁巷光谷资本大厦 5 楼	027-67885699	027-67885689
7	西部产权交易所	雷承孙	陕西省西安市长安北路 14 号省政务大厅内	029-85210111	029-85226271
8	广州产权交易所	刘晓鸿	广州市海珠区新港西路 82 号广州联合交易园区广州交易所集团办公大楼	020-87383666	020-89160999
9	山东产权交易中心	苗 伟	济南市高新区舜华路 1173 号泰山财险北楼	0531-86196197	0531-86196167
10	河北省公共资源交易中心	周爱清	石家庄市石清路 9 号河北公共资源大厦	0311-87015966	0311-87010891
11	哈尔滨产权交易中心	徐志越	哈尔滨市道里区南岗长江路 28 号	0451-84630899	0451-84642207
12	江苏省产权交易所	吕宗才	南京市山西路 128 号和泰大厦 29 楼	025-83163377	025-86568800
13	青岛产权交易所	宫立安	青岛市崂山区银川东路 9 号	0532-66718915	0532-66718919
14	沈阳联合产权交易所	王琳琳	辽宁省沈阳市沈河区奉天街 328 号	024-22566020	024-22566005
15	广东省产权交易集团	刘 闻	广州市天河北路 28 号时代广场 7 楼	020-22360281	020-22360299
16	湖南省联合产权交易所	胡小龙	长沙市芙蓉中路三段 569 号湖南商会大厦西塔 20 层	0731-84178688	0731-84178611
17	甘肃省产权交易所	安 涛	兰州市城关区张掖路 87 号中广商务大厦 8 楼	0931-8455011	0931-8482808
18	浙江产权交易所	周 琪	浙江省杭州市上城区望江东路 332 号望江国际中心 4 号楼 1805 室	0571-88210028	0571-87293055
19	内蒙古产权交易中心	马志春	呼和浩特市中山东路 7 号诚信数码大厦 10 楼	0471-6936588	0471-6963995
20	福建省产权交易所	张亚明	福州市鼓楼区湖东路 152 号中山大厦 A 座 22 楼	0591-87821628	0591-87854516
21	西南联合产权交易所	景 平	四川省成都市高新区天紫路 120 号	028-86142585	028-85122801
22	厦门产权交易中心	连 炜	厦门市思明区展鸿路 82 号厦门金融中心大厦十八楼	0592-2938938	0592-2896770
23	贵州阳光产权交易所	朱志刚	贵阳市金阳新区高新技术开发阳关大道 112 号煤田科技中心 3 号楼	0851-86791266	0851-86790266

理事单位

序号	单位名称	法定代表人	地址	电话	传真
24	山西省产权交易市场	王国卿	山西省太原市平阳路101号国瑞大厦3楼309室	0351-7218385	0351-7218385
25	大连产权交易所	李晓光	大连市甘井子区东北北路101号大连市公共行政服务中心12楼	0411-62986769	0411-65851200
26	吉林长春产权交易中心	谭志刚	吉林省长春市超达路333号	0431-85370118	0431-85176310
27	宁波产权交易中心	陆仁中	宁波市江东区宁穿路1901号行政服务中心大楼314室	0574-87195383	0574-87195400
28	安徽省产权交易中心	郑承乾	安徽省合肥市屯溪路239号富广大厦17楼1709室	0551-62871606	0551-62871600
29	江西省产权交易所	刘超	江西省南昌市南京西路555号永溪大厦9-10楼	0791-88529979	0791-88523082
30	郑州市产权交易市场	杨大为	河南省郑州市嵩山南路10号	0371-67189198	0371-67189187
31	深圳联合产权交易所	叶新明	深圳市高新南一道中国科技开发院3号8楼	0755-83789977	0755-26577562
32	北部湾产权交易所	黄斌	广西南宁市竹溪大道43号竹溪苑商业楼B3楼	0771-5585008	0771-5585019
33	海南产权交易所	李建林	海南省海口市国兴大道61号华夏银行大厦18楼	0898-66558018	0898-66558036
34	云南省产权交易所	樊宏	云南省昆明市祥云街55-59号国资银佳大厦17楼	0871-63628456	0871-63622456
35	青海省产权交易市场	商桂林	青海省西宁市新宁路28号紫恒大厦13楼	0971-6151818	0971-6113361
36	宁夏科技资源与产权交易所	苑尔卓	宁夏银川市湖滨西街65号投资大厦10楼	0951-6721785	0951-6721785
37	新疆产权交易所	胡海亮	新疆乌鲁木齐市扬子江路188号3楼	0991-5506611	0991-5812866
38	黑龙江联合产权交易所	李方权	黑龙江省哈尔滨市松北区科技创新城（世茂大道66号）	0451-58894157	0451-58894152
39	长治市产权交易市场	侯建政	山西省长治市紫金西街40号	0355-2183282	0355-2183285
40	安徽长江产权交易所	武冰	芜湖市镜湖区渡春路1号（原人大常委会办公楼）	0553-5992101	0553-3117971
41	常州产权交易所	黄称	江苏省常州市新北区龙锦路1259-2号1105-1107室	0519-80589900	0519-85580378
42	河南中原产权交易有限公司	王耀辉	郑州市经三路15号广汇国贸10楼	0371-65665760	0371-65665727
43	北京金马甲产权网络交易有限公司	赵宗辉	北京市西城区宣武门西大街甲127号大成大厦15楼	010-63954801	010-83954777
44	北京九汇华纳产权经纪有限公司	徐世湘	北京市朝阳门外大街22号泛利大厦601室	010-56882800-666	010-85890353-632
45	珠海产权交易中心	夏毅	珠海市横琴金融产业服务基地13号楼	0756-2992701	0756-2602605

会员单位

序号	单位名称	法定代表人	地址	电话	传真
46	广西联合产权交易所	潘盛泽	南宁市东葛东路 76 号产业投资大厦 4 楼	0771-5702168	0771-5705494
47	河南省产权交易中心	李鸿乐	河南省郑州市铭功路 83 号豫港大厦 27 楼	0371-66285701	0371-66285708
48	南京公共资源交易中心	杨洋	南京市建邺区江东中路 265 号	025-68505958	025-68505993
49	苏州产权交易所	顾铭	江苏省苏州市胥江路 431 号	0512-68228393	0512-68221604
50	徐州产权交易所	李中亚	江苏省徐州市中山南路 55 号	0516-83705958	0516-83705608
51	无锡产权交易所	胡志伟	无锡市大湖新城金融一街国联大厦 10 栋 5 楼	0510-82600190	0510-82833660
52	南通市产权交易所	吴正飞	南通市工农南路 150 号政务中心裙楼四楼 445 室	0513-85120028	0513-59001165
53	扬州产权综合服务市场	张立新	扬州市扬子江北路 471 号扬州财会服务中心	0514-87363198	0514-87311486
54	杭州市公共资源交易中心	钟伟	浙江省杭州市富春路 188 号市民中心 A 楼 5 楼	0571-85085073	0571-85085347
55	台州市产权交易所	余毓富	台州市市府大道 777 号浙江泰商业银行五楼 511 室	0576-88685188	0576-88685177
56	合肥市产权交易中心	汪浩	合肥市滨湖新区南京路 258 号要素市场 5 楼 502 室	0551-62674832	0551-66223704
57	南阳市产权交易中心	张国提	南阳市市民服务中心 3 号楼 5 楼 502 室	0377-62297966	0377-62291719
58	开封市公共资源交易中心	王宏生	河南省开封市民之家五楼开封大道与第三大街交叉口	0378-3708208	0378-3859087
59	银川市产权交易中心	谈军	银川市闽海湾中央商务区视划路银川市民大厅 C 区 715 室	0951-5556029	0951-5556027
60	邯郸产权交易中心	张宏涛	邯郸市人民东路 342 号邯郸市民服务中心 421 乙室	0310-2031777	0310-2031779
61	焦作市公共资源交易中心	陈跃红	焦作市人民路 889 号阳光大厦 B 座 1 楼	0391-3568915	0391-3568891
62	晋城市产权交易市场	王占文	晋城市迎宾街 328 号晋城市财政局西院	0356-2029098	0356-2038160
63	临汾市资产调剂产权交易中心	郝万生	山西省临汾市解放东路 11 号	0357-3331800	0357-3331800
64	济南市产权交易中心	刘炳利	山东省济南市二环东路 2717 号	0531-87087305/09	0531-87087373
65	义乌产权交易市场	赵秋明	浙江省义乌市稠州北路 505 号 5 层	0579-89906600	0579-85544445
66	阳泉市产权交易市场	温永红	山西省阳泉市城区德胜东街 23 号	0353-2011935	0353-2011935
67	烟台联合产权交易中心	王仁升	山东省烟台市南大街 267 号	0535-6237968	0535-6617895/6613326
68	抚顺市产权交易中心	李庆文	抚顺市顺城区宁远街 15 甲号	024-57581632	024-57581632
69	乌鲁木齐市产权交易中心	叶文江	乌鲁木齐市新华南路 803 号浦瑞大厦 1310 室	0991-2666112	0991-2666120
70	保定市产权交易中心	赵常义	保定市东风西路 1 号市政府院内	0312-3088242	0312-3088622
71	唐山市产权交易市场	刘常青	唐山市西山道 65 号建设大厦 1613 号房	0315-2801585	0315-2801549
72	吉林市产权交易中心	孙野	吉林市船营区政务大厅 5 楼	0432-62451267	0432-62451267

续表

序号	单位名称	法定代表人	地 址	电 话	传 真
73	朝阳市产权交易市场	兰显华	辽宁省朝阳市双塔区南大街 2-2 号	0421-2650820	0421-2650830
74	秦皇岛市产权交易中心	李贺先	秦皇岛市开发区华山中路 2 号秦皇岛财政局产权交易中心	0335-3606185	0335-3614181
75	晋中市产权交易中心	张建平	山西省晋中市榆次区蕴华街 715 号	0354-3030309	0354-2034309
76	佳木斯产权交易中心	曹广顺	黑龙江省佳木斯市向阳区长安路 608 号	0454-8668509	0454-8668509
77	西安产权交易中心	贾毓鹏	陕西省西安市新城区新民街 37 号	029-87257363	029-87214499
78	中山产权交易中心	肖 波	中山市东区兴文路 13 号中环商务街二楼 226-231 号	0760-88803062	0760-88807188
79	北京金融资产交易所	王乃祥	北京市西城区金融大街乙 17 号	010-67896789	010-57896688
80	喀什市产权交易中心	张月洋	新疆喀什地区喀什市人民东路 336 号（住建大楼二楼）	0998-2822969	0998-2572092
81	青海股权交易中心	姚洪仲	西宁市城中区南山路鸣翠柳山庄 C 座 4 楼	0971-6119955	0971-8171681
82	山西省产权交易中心	王杰民	山西省太原市迎泽大街 388 号国际大厦 1403	0351-4121655	0351-4086656
83	株洲市产权交易中心	刘守军	株洲市天元区黄河南路 455 号财经办公大楼 19 楼	0731-28686515	0731-28626500
84	长沙市产权交易所	钟 勋	长沙市芙蓉区浏正街 136 号	0731-82224041	0731-84445107
85	包头市产权交易中心	王成久	包头市昆区市府西路 8 号 301	0472-5161827	0472-5161879
86	北京中招国际拍卖有限公司	龚 涛	北京市海淀区紫竹院路 116 号嘉豪国际中心 B 座 6 层	010-58930655	010-58931078
87	北京中诚天下投资顾问有限公司	徐 勇	北京市丰台区广安路 9 号国投财富广场 2 号楼 16 层	010-63799892	010-63799892
88	中华国际产权与资产交易所	于 波	北京市西城区中华家园 1 号楼 2 门 302 室	13718881666	
89	北京志森律师事务所	雷东刚	北京市东城区安定门东大街 28 号雍和大厦 D 单元 1503-1509 室	13810048565	010-84004936
90	龙华皇朗（北京）投资顾问有限公司	严效华	北京市海淀区蓝靛厂世纪城晴波园 3-1-B1A	010-82604008-216	010-8204228
91	镇江市产权交易中心				
92	北京华诺信诚财务顾问有限公司	李晓芳	北京市西城区西直门南大街 16 号院东楼二层 201 号	010-68095927	010-68084673
93	连云港市产权交易所	苏 静	江苏省连云港市海州区朝阳东路 32 号金海财富中心 610 室	0518-85110069	0518-85110036
94	盐城市产权交易所	韩旭东	江苏省盐城市区鹿鸣东路 6 号 4 楼	0515-88355660	0515-88380811
95	江苏淮安市产权交易中心	王昌友	江苏省淮安市深圳路 16 号 5 楼	0517-83638526	0517-83638200
96	泰州国联产权交易所				
97	温州产权交易中心	郑 滨	浙江省温州市民航路 128 号	0577-88152800	0577-88152700
98	金华产权交易所	丁海燕	浙江省金华市丹溪路 1223 号金宇大厦 8 楼	0579-84267161	0579-82467565

续表

序号	单位名称	法定代表人	地　址	电　话	传　真
99	蚌埠市产权交易中心	韩伟文	安徽省蚌埠市胜利东路 1525 号	0552-2073319	0552-2073319
100	许昌亚太产权交易中心	毛旭东	河南省许昌市新兴路中段路西	0374-5260737	0374-5260009
101	洛阳市产权交易中心	姜建国	河南省洛阳市王城大道 286 号	0379-63231110	0379-69921073
102	昆明泛亚联合产交易所	郭俊涛	云南省昆明市西山区滇池路口 208 号	0871-68181840	0871-63957353
103	宁夏产权交易所	施晓军	宁夏银川市金凤区上海西路鑫业大厦 9 楼	0951-6014678	0951-6019518
104	牡丹江市产权交易所	苏志学	牡丹江市爱民区西祥伦街 88-A 号	0453-6521944	0453-6521945
105	黑龙江农垦产权交易中心	王宝国	黑龙江省哈尔滨市香坊区珠江路 29 号	0451-55199860	0451-55195753
106	衡水市产权交易中心	李建峰	衡水市永兴西路 819 号	0318-2685688	0318-2685688
107	邢台市企业产权交易中心	陈健荣	邢台市中兴东大街 220 号	0319-3860898	0319-3861280
108	昌吉回族自治州产交易中心	王卫军	新疆昌吉市建国西路 39 号	0994-2518490	0994-2525717
109	安徽省股权交易所	丁　毅	安徽省合肥市政务区祁门路 1688 号兴泰金融广场 15 楼	0551-3753868	0551-63753863
110	铁岭市产权交易中心	刘爱军	铁岭市银州区文化街 67 号	024-72610266	024-2668166
111	伊犁联合产权交易有限责任公司	王素芬	新疆伊宁市斯大林大街三巷 15 号		0999-8071065
112	辽源市产权交易中心	庞燕平	辽源市人民东路 223 号	0437-3195925	0437-3195925
113	新乡市公共资源交易中心	胡科长	河南省新乡市人民东路 115 号	0373-3055037	0373-3055924
114	河北产权市场廊坊分公司	刘　澜	河北省廊坊市广阳区银河北路第六大街 4 号楼北区中邮 411 号	0316-5295698	0316-5212571
115	阜新市公共资源交易中心	綦慧云	辽宁省阜新市高新区科技立街中段 99 号（久伟加气站对面）	0418-3378866	0418-3378831
116	大庆市产权交易中心	顾国际	黑龙江省大庆市东风新村政府西街 2 号行政许可中心	0459-4671737	0459-4671735
117	齐齐哈尔市产权交易中心	李旭丹	齐齐哈尔市建华区新明大街 29 号公共资源交易中心产权交易	0452-2442681	0452-2799603
118	张家口市产权交易中心	刘启航	张家口市桥西区西河沿 40 号	0313-5988188	0313-5988190/5988197
119	大同市产权交易市场	樊宝来	山西省大同市城区王河西路 98 号中国银行五层	0352-2503268	0352-2503268
120	太原市产权交易中心	李永杰	太原市府西街 40 号金融大厦对面	0351-2020301	0351-5289379
121	中国技术交易所有限公司		北京市海淀区北四环西路 66 号中国技术交易大厦 B 座 16 层	010-62679600	010-62679666
122	北京环境交易所有限公司	杜少中	北京市西城区丰汇园 11 号丰汇时代大厦 3 层	010-66295556	010-66295798
123	南平市产权交易中心	陈秀姝	南平市延平区解放路紫云商住大楼 4 层	0599-8860868	0599-8860618
124	衢州市产权交易中心	尹　冰	衢州市花园东大道 169 号（5 楼）	0570-3891707	0570-3891707
125	北京金建资产管理有限公司	曹跃庆	北京市西城区太平街 19 号陶然亭公园北门向西 50 米	010-67631697-813	010-67631697-816

续表

序号	单位名称	法定代表人	地址	电话	传真
126	北京合航投资顾问有限公司	王学峰	北京市朝阳区科荟路 51 号院 12 号楼	010-51650550-671	010-51650550-888
127	广西广飞投资管理有限公司	郑澄	广西南宁市青秀区东葛路产权投资大厦	0771-5711008	0771-5711006
128	山西金凯拍卖有限公司	樊峰莲	太原市杏花岭区府西街西府王府大夏 A 座 22 层 E 户	0351-3377290	0351-3377290
129	重庆华融财讯文化传媒有限公司	韩平	重庆市北部新区胡杨路 39 号 1 幢 1—5（南极·凤麟苑小区内）	023-63869272	023-63869272
130	山东潍坊产权交易中心	丛乐敬	潍坊市高新技术产业开发区东方路中段	0536-8881505	0536-8881505
131	中煤时代资产经营管理公司	万祖安	北京东城区安外大街 200 号	010-64263761	010-64229693

行业风采

领跑中国要素市场
——北京产权交易所

2004年2月14日时任北京市市长王岐山为北京产权交易所揭牌

北京产权交易所集团架构图

北京产权交易所（以下简称北交所）是经北京市人民政府批准设立的综合性产权交易机构。

作为政府授权的市场化平台，北交所以国有产权进场交易为契机，建立了完善交易制度和交易规则，搭建了完备的交易系统，聚拢了众多的国内外投资人和中介服务机构，"公平、公开、公正"的平台特性不断凸显，"发现投资人、发现价格"的基本功能得到充分发挥，服务范围拓展到各类国有资产处置、企业改制重组、企业投融资服务等领域，业已成为中国领先的并购交易平台，在服务各类权益流转和股权融资方面发挥着重要作用。

作为"首都要素市场的重要建设者和运营者"，北交所近年来积极向要素资源交易领域拓展，初步形成了"一托十"的集团架构，业务领域涵盖权益、实物、金融产品和大宗商品等四大类别，在要素资源市场化配置和价格的市场化形成中发挥着重要作用。2015年，北交所集团交易规模达到54900.86亿元，已经成为全国产权交易市场的中心市场和领先机构。

未来，北交所将秉承"专注诚信、创造卓越"的企业精神，继续倡导"效益、服务、团结、奉献"的企业文化，以集团化运营、金融化提升、信息化推进、国际化布局作为主要着力方向，立足北京、服务中央、引领全国、面向世界，力争将北交所集团打造成为"国内一流、国际知名的主要为非上市公司权益流转和股权融资服务的新型资本市场平台，为各类要素的市场化配置提供服务"。

服务实体经济
优化市场资源配置

——提升广州产权交易市场综合服务平台功能，建设具有国际影响力的区域性产权交易市场

广州交易所集团是国内首家从事各类交易平台投资运营的第三方交易公共服务平台，一直坚持核心业务与创新业务的双轮驱动，积极为各类所有制主体提供多元化服务，促进资源的优化配置以及价值的市场发现。

广州交易所集团下属共有广州产权交易所、广州农村产权交易所、广州碳排放权交易所、广州商品交易所、广州物流交易所5家通过国家部际联席会议验收通过的交易机构，打造了包括"企业综合产权交易平台"、"行政事业单位资产与公共资源交易平台"、"碳排放权交易平台"、"技术产权交易平台"、"招商引资平台"、"企业投融资平台"、"农村产权交易平台"、"大宗商品交易平台"、"物流交易平台"、"数据交易平台"、"体育资源交易平台"等15个专业作业平台。

广州产权交易所

广州产权交易所成立于1999年6月，是广州交易所集团辖属全资企业，是中国产权协会副会长单位。广州产权交易所是广东省较早从事企业产权交易和综合配套服务的区域性专业机构，在华南地区企业并购、资产重组及经济结果调整中发挥重要作用，主要为各类所有制企业的股权、物权、知识产权、债权的交易提供公开、公平、公正的市场平台。广州产权交易所始终坚持信息公开、规范运作流程、以信息化手段强化廉政风险防控，通过市场化手段完善价格机制，防止利益输送造成国有资产流失，为国有资本阳光交易、促进国有资本有序流转做了大量富有成效的工作。

- ● 广东省首批从事国有产权交易机构之一
- ● 广东省开展最早、规模最大的涉诉资产业务交易平台
- ● 广东省较早开展行政事业单位资产、公共资源交易的平台
- ● 国内首家承接中小客车增量指标竞价业务的产权交易机构
- ● 首批从事中央企业资产转让交易业务的产权交易机构

西南联合产权交易所

  西南联合产权交易所有限责任公司（下文简称"西南联交所"）是四川省、西藏自治区两地政府为形成川藏地区统一、集中、规模化的产权交易市场，按照四川省人民政府《关于组建西南联合产权交易所有限责任公司的通知》（川府函〔2009〕287号），由四川省、西藏自治区和成都市两省区、三方的国有企事业单位于2009年12月共同出资设立的全国唯一一家跨省区的产权交易机构，开创了全国产权交易机构实现跨区域整合的先例，在全国产权市场引起了强烈反响。

  西南联交所先后控股、参股了西藏产权交易中心、四川金融资产交易所、天府商品交易所、四川联合环境交易所、成都（川藏）股权交易中心、成都文化产权交易所、北京金马甲产权网络交易有限公司七家交易机构。业务覆盖了产股权、金融资产、矿业权、碳排放、大宗商品、文化创意、互联网金融、区域性股权等，成为川藏地区要素市场不可或缺的部分。

  西南联交所坚持"做优做强第三方平台、创新构建第四方平台"的发展战略，依托西藏电子商务工程，搭建非标准资产和权益交易领域"淘宝网"——第四产权。第四产权以"大交易"、"大金融"、"大生态"为核心，力争成为全国性非标资产和权益要素交易市场。

阳光、专业、卓越

第四产权上线试运营启动仪式

四川沱牌舍得集团有限公司增资扩股签约仪式

名称：西南联合产权交易所有限责任公司
地址：四川省成都市高新区天泰路120号交易所大厦
联系电话：028-85337159

名称：第四产权
网址：www.dscq.com
地址：四川省成都市高新区天泰路120号交易所大厦

山西省产权交易市场
Shanxi Property-Rights Exchange Market

▶ 中国企业国有产权交易机构协会理事单位

▶ 山西省国资委选择确定并报国务院国资委备案的企业国有产权交易定点机构

▶ 国务院国资委首批选择确定的从事中央企业资产转让进场交易业务的18家机构之一

▶ 山西省财政厅确定的从事我省行政事业单位资产处置、金融企业国有产权交易业务服务机构

▶ 北京金马甲网络交易有限公司股东单位

山西省产权交易市场成立于1994年,注册资本金3500万元,下设山西环境交易中心(有限公司)、山西国信拍卖有限公司两个全资子公司。

近年来,山西省产权交易市场在国务院国资委产权局和中国产权协会的关怀和指导下,在山西省国资委的领导和支持下,围绕国有资产的优化配置和国有资本的有序流转,专注主业,苦练内功,俯身躬行,大力加强交易业务能力建设和信息化建设,取得了长足发展,目前已成为省内领先、国内靠前的专业产权交易机构。

山西省产权交易市场将不忘初心,砥砺前行,不断完善交易制度体系,加快全电子化建设,延展平台服务功能,竭诚欢迎国内外的朋友光临合作,洽谈业务,共谋发展,我们期待为您提供优质、高效、规范、满意的服务。

图一:山西省副省长王一新在市场调研

图二:中国产权协会学习32号令培训班在太原开班

图三:北京融新创达投资开发有限公司100%股权成功转让

图四:晋深两地签署战略合作协议

网站二维码　　　微信二维码

地址:太原市平阳路101号国瑞大厦2层　邮编:030006

电话/传真:0351-7218385

网址:www.sxpre.com

邮箱:sxpre@163.com

常州创业投资集团
CHANGZHOU VENTURE CAPITAL GROUP CO., LTD.

常州创业投资集团有限公司成立于2013年12月，是由常州市政府出资设立，以常州产权交易所为基础组建的市级金融集团，是政府以市场化手段支持中小企业成长的服务平台。

成立以来，集团实行"政府引导，市场化运作"的经营模式，以服务中小企业、实体经济为主线，以标准化、信息化融合为支撑，全速推进综合化集成式生产型服务业平台建设，"交易、投融资、互联网"三轮驱动，"保、贷、投、交、询"五翼联动，为广大中小企业提供综合性、集成式服务，促进工业经济转型升级，推动先进制造业、现代服务业和现代农业健康发展。

目前，集团受托管理常州市政府投资基金以及创业投资、科技担保、龙城英才等各类政策性基金，参控股企业84家；开创了围绕中小企业发展全过程的"链式"服务及聚集中介机构为企业提供全方位服务的"一站式"服务两大特色服务；建成集电子交易、电子招标采购、综合信息发布、资金结算、金融支持在内的全流程、多维度的全国性互联网交易平台——e交易；独立起草的《产权交易服务规范》和《政府采购代理机构服务规范》两项江苏省服务业地方标准已发布实施；"产权交易"和"政府采购代理"两项国家级服务业标准化试点项目均已高分通过验收。

地址：常州市新北区龙锦路1259-2号10-13楼　邮编：213000　固定电话：0519-86680622
传真：0519-86609148　集团网址：www.eccjt.com　e交易平台网址：www.e-jy.com.cn

常创集团携手内蒙古、广西和黑龙江等地产权交易机构共同建设全国性互联网交易平台e交易，按照"共建、共用、共治、共享、共赢"的原则，用开放的心态将平台贡献给全行业，为实现产权市场"四统一"作出不懈努力。

常创集团协办全国产权交易行业2015年投融资业务培训研讨班，60余家产权交易机构100多位代表到会。

常创集团举办全国性互联网交易平台e交易培训会，20多家产权机构的领导和代表共50余人应邀出席。

常创集团成员单位常州产权交易所承担建设的产权交易国家级服务业标准化试点项目以96.5的高分通过验收。

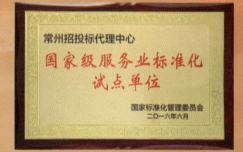

常创集团下属常州招投标代理中心承担建设的政府采购代理国家级服务业标准化试点项目以96的高分通过验收。